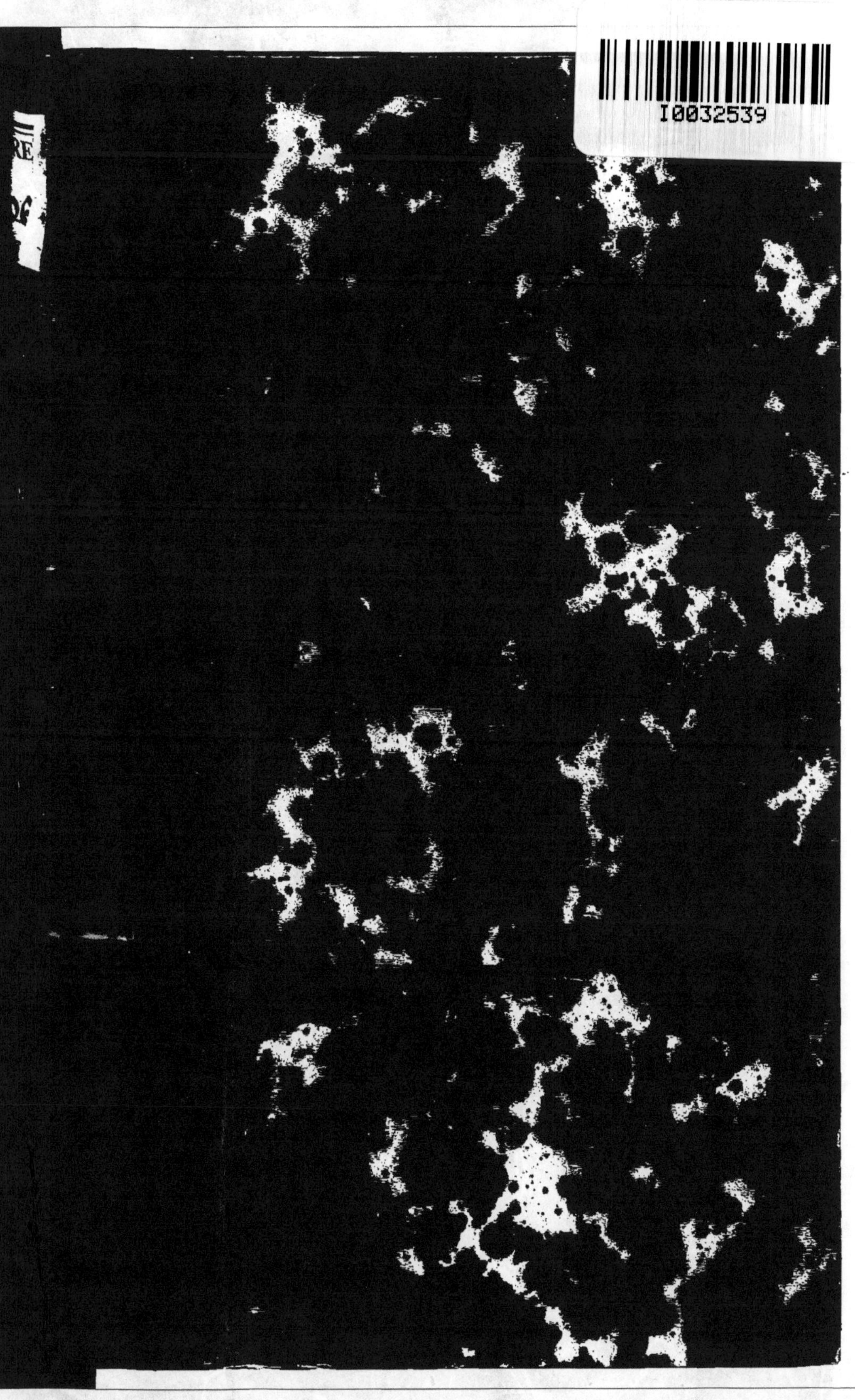

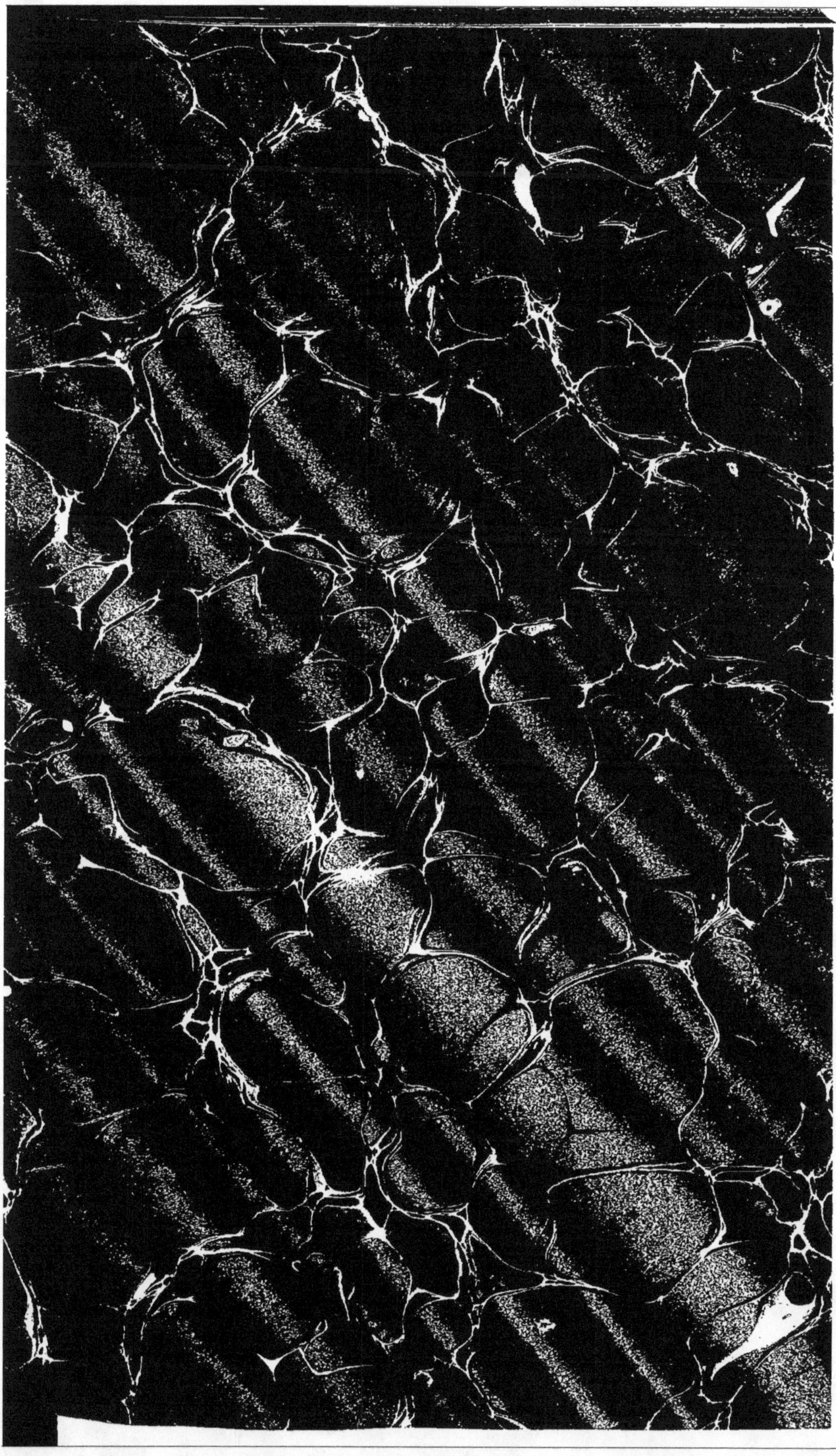

F

MANUEL
DES MAIRES.

TOME SECOND.

H — Z.

EXTRAIT DU CATALOGUE DU MÊME LIBRAIRE.

Manuel du Cuisinier et de la Cuisinière, à l'usage de la ville et de la campagne; contenant toutes les recettes les plus simples pour faire bonne chère avec économie, ainsi que les meilleurs procédés pour la pâtisserie et l'office; précédé d'un traité sur la dissection des viandes, suivi de la manière de conserver les substances alimentaires, et d'un traité sur les vins, par M. *Cardelli*, ancien chef d'office; *troisième édition*; 1 gros vol. in-18, orné de figures, 1825. 2 fr. 50 c.

Manuel théorique et pratique des Gardes-malades et des personnes qui veulent se soigner elles-mêmes, ou *l'Ami de la Santé*, contenant un exposé clair et précis des soins à donner aux malades de tout genre, des attentions à apporter aux maladies de toute espèce; la manière de gouverner les femmes pendant leurs couches, les enfans au moment de la naissance, et généralement de ce qu'il importe le plus de connaître à tous ceux qui veulent se livrer au soulagement de l'humanité souffrante; par M. *Morin*, docteur en médecine; 1 gros vol. in-18, 1824. 2 fr. 50 c.

Manuel des Justices de Paix, ou Traité des fonctions et des attributions des Juges de paix, des greffiers et huissiers attachés à leur tribunal; avec les formules et modèles de tous les actes qui dépendent de leur ministère; auquel on a joint un recueil chronologique des lois, des décrets, des ordonnances du roi et des circulaires et instructions officielles, depuis 1790; et un extrait des cinq Codes, contenant les dispositions relatives à la compétence des justices de paix; par M. *Levasseur*, ancien jurisconsulte; *cinquième édition*; 1 gros vol. in-8, 1824. 7 fr.

Manuel du Limonadier, du Confiseur et du Distillateur; contenant les meilleurs procédés pour préparer le café, le chocolat, le punch, les glaces, boissons rafraichissantes liqueurs, fruits à l'eau-de-vie, confitures, pâtes, esprits, essences, vins artificiels, loochs, juleps, pâtisserie légère, bière, cidre, eaux, pommades et poudres cosmétiques, vinaigre de ménage et de toilette, distillation de toutes les différentes espèces d'eaux-de-vie, etc., etc.; par M. *Cardelli*, ancien chef d'office; 1 gros vol. in-18, *troisième édition*, 1823. 2 fr. 50 c.

Manuel raisonné des officiers de l'état civil, ou Recueil des lois, décrets, avis, décisions ministérielles, etc., etc.; *seconde édition*; par *de la Fontenelle de Vaudoré*; 1 gros vol. in-12, 1813. 3 fr.

Manuel théorique et pratique du Peintre en bâtiment, du Doreur et du Vernisseur, ouvrage utile tant à ceux qui exercent ces arts, qu'aux fabricans de couleurs et à toutes les personnes qui voudraient décorer elles-mêmes leurs habitations, leurs appartemens, etc., etc.; par M. *J. Riffault*, ex-régisseur des poudres et salpêtres, 1 vol. in-18, 1825. 2 fr. 50 c.

Manuel de Physique, ou Élémens abrégés de cette science, mis à la portée des gens du monde et des étudians; contenant l'exposé complet et méthodique des propriétés générales des corps solides, liquides et aériformes, ainsi que des phénomènes du son; suivi de la Nouvelle Théorie de la lumière dans le système des ondulations et de celle de l'électricité et du magnétisme réunis, par *C. Bailly*, élève de MM. Arago, Biot et Gay-Lussac, membre de la Société Linnéenne de Paris; 1 vol. in-18, 1825, orné de planches. 2 fr. 50 c.

Manuel abrégé de chimie, ou Elémens de cette science mis à la portée des gens du monde et des étudians, par M. *Riffault*, traducteur de la Chimie de Tompson, du Dictionnaire de Chimie de Andrew-Ure, etc., etc., ex-régisseur des poudres et salpêtres, membre de la Légion-d'honneur, etc., etc., un gros volume in-18, 1825. 3 fr.

Manuel du Praticien, à l'usage de la ville et de la campagne, par M. *Dufour*, avocat à la Cour royale; un gros volume in-18, 1825. 3 fr.

MANUEL

COMPLET

DES MAIRES,

DE LEURS ADJOINTS

ET

DES COMMISSAIRES DE POLICE.

CONTENANT, par ordre alphabétique, le Texte ou l'Analyse des Lois, Ordonnances, Règlemens et Instructions ministérielles, relatifs à leurs fonctions et à celles des Membres des Conseils municipaux, des Officiers de gendarmerie, des Bureaux de bienfaisance, des Commissions d'hospices, des Fabriques des églises, etc.; avec les Formules des actes de leur compétence;

PAR M. DUMONT,

ANCIEN CHEF DE DIVISION AU MINISTÈRE DE LA JUSTICE.

HUITIÈME ÉDITION,

CORRIGÉE ET CONSIDÉRABLEMENT AUGMENTÉE.

TOME SECOND.

PARIS,

RORET, LIBRAIRE, RUE HAUTEFEUILLE,

AU COIN DE CELLE DU BATTOIR.

182[illegible]

PARIS, IMPRIMERIE DE COSSON, RUE GARANCIÈRE, N° 5.

MANUEL
DES MAIRES,
DE LEURS ADJOINTS
ET
DES COMMISSAIRES DE POLICE.

HAIES. Les maires annoncent, par une affiche et aux époques nécessaires, qu'il est ordonné de clore, dans le délai de trois jours, les haies trouées, etc., de relever les fossés, pour interdire aux bestiaux l'entrée des prés, héritages et autres lieux.

Ils annoncent encore, par une affiche, qu'il est enjoint aux propriétaires riverains d'élaguer ou de faire élaguer, toujours aux époques déterminées et dans le délai de dix jours, les haies et les arbres qui, par leurs branches, sont dans le cas d'obstruer le passage dans les rues et voies publiques.

Les art. 10 et 17 du tit. 2 de la loi du 28 septembre-6 octobre 1791, et 456 du Code pénal de 1810, prononcent des peines contre ceux qui auraient allumé du feu près des haies, qui auraient coupé des branches de haies vives, ou enlevé du bois des haies sèches. *Voyez*-les sous le mot DÉLITS.

HALAGE. Le gouvernement, informé que plusieurs propriétaires riverains faisaient sur le bord des rivières de l'Yonne, de la Seine, de l'Aube, des entreprises qui interceptaient le chemin de halage, a pris, le 13 nivose an 5, un arrêté par lequel, en prescrivant l'exécution des lois et règlemens de police sur la navigation, il a ordonné à tous propriétaires d'héritages aboutissant aux rivières navigables de laisser le long des bords vingt-quatre pieds pour le trait des chevaux sans pouvoir planter des arbres, faire des clôtures ni ouvrir des fossés plus près du bord que de trente pieds. Il a été aussi enjoint à tous propriétaires d'héritages aboutissant aux rivières et ruisseaux flottables à bûches perdues de laisser le long des bords quatre pieds pour le passage des employés à la conduite des flots.

En cas de contravention, les arbres doivent être arrachés, les fossés comblés, les ouvrages détruits, et les localités réparées aux frais des contrevenans, sans préjudice des dommages-intérêts résultant des pertes occasionées par les entreprises.

HALLES. Les droits qui étaient perçus en nature ou en argent à raison de l'apport ou du dépôt des grains, viandes et autres comestibles dans les halles, ont été supprimés sans indemnité par la loi du 15-28 mars 1790.

Un décret du 26 mars 1806 a ordonné que les halles dont la régie du domaine était en possession seraient abandonnées aux communes, d'après estimation contradictoire de leur valeur, par un expert nommé par la régie et un expert nommé par la commune; et, en cas de partage, par un tiers-expert à la nomination du préfet. Le même décret porte que les communes seront tenues de payer la rente à cinq pour cent, sans retenue, du montant de l'estimation, jusqu'à ce qu'elles aient soldé le principal.

L'art. 4 de la loi du 11 frimaire an 7 (B. 247) met les réparations des halles au rang des dépenses communales.

D'après un avis du conseil d'état du 1er–18 août 1807 (B. 156), les communes peuvent être autorisées à poursuivre les débiteurs de rentes pour concessions de bancs sous les halles, ces concessions n'étant pas féodales.

Suivant un autre avis du même conseil en date du 2 août 1811, approuvé le 6 du même mois, lorsqu'une commune veut acquérir une halle appartenant à un particulier, l'expert qui est chargé de faire l'estimation des bâtimens ne doit pas cumuler dans son travail les droits ou redevances que prétendrait le propriétaire, et qui ont été supprimés, comme on vient de le voir par la loi du 15-28 mars 1790; mais cependant lorsqu'il s'agit, de la part des communes, de louer ou d'acquérir les halles établies sur leur territoire, sans avoir traité à l'amiable avec le propriétaire, l'ordonnance du 2 juin 1819 (B. 289) porte qu'il faut, en exécution de la loi du 8 mars 1810 (B. 273), se conformer aux règles prescrites sur les expropriations pour cause d'utilité publique, c'est-à-dire payer une indemnité préalable.

D'après l'ordonnance du roi du 8 août 1821 (B. 471), et une circulaire du ministre de l'intérieur du 10–novembre suivant, on ne doit autoriser la perception de droits pour la location de places dans les halles, foires et marchés, que lorsqu'il n'en peut résulter aucune gêne pour la voie publique et la liberté du commerce. Cette autorisation doit, d'ailleurs, être précédée de la rédaction d'un tarif réglé sur le produit présumé des emplacemens que devront occuper les objets à mettre en vente, et non sur les marchandises, car alors le produit pourrait être considéré comme un droit d'octroi.

Quand une commune veut établir elle-même établir une halle,

elle est obligée, pour l'acquisition du terrain nécessaire, de remplir les formalités indiquées sous le mot ACQUISITION. *Voyez* aussi les mots, BANCS, DETTES, IMMEUBLES, LOCATIONS, RENTES, RÉPARATIONS.

HAMEAU. Un hameau peut devenir commune particulière, ou, s'il est annexé à une commune, des circonstances peuvent déterminer à l'en distraire et à le réunir à un autre. Ces distractions et réunions sont toujours prononcées par le corps législatif, et les lois rendues à cet égard ont ordonné que les contributions assises sur les maisons dont le hameau était composé, et sur les terrains qui en dépendaient, seraient déduites du contingent de la commune qui éprouvait la distraction, et ajoutées à celles de la commune à laquelle la réunion était opérée.

HANNETONS. Ces insectes ne causent pas seulement des dégâts considérables aux arbres dont on leur voit dévorer les feuilles au printemps, leurs larves en rongent sous terre les racines; et, à toutes les époques d'une vie fort longue, les hannetons sont infiniment nuisibles à la végétation. Leur métamorphose dure quatre années : celle où ils deviennent insectes parfaits est la dernière de leur existence. En détruisant un individu de l'espèce, on est donc garanti des ravages qu'une nombreuse progéniture opèrerait pendant quatre ans dans l'obscurité, et l'on devrait bien se donner quelque peine pour se débarrasser d'un ennemi si dangereux, et qui est pendant si long-temps à l'abri de nos poursuites. La négligence des cultivateurs à cet égard est même d'autant plus étonnante, que l'insecte est, par sa grosseur et ses habitudes, très-facile à détruire, et qu'il suffit pour cela de battre avec de longues perches les arbres auxquels il se tient suspendu pendant le jour, et de l'écraser ensuite.

En 1807, il a été détruit dans le canton de Berne, 32,011 boisseaux de hannetons qui, d'après un calcul qu'on a fait, contenaient 295 millions de ces insectes, lesquels auraient produit 1,780 millions de larves ou vers blancs pour l'année 1808.

HARAS. Une loi du 21 avril 1806 (B. 90) renferme des dispositions sur les établissemens de haras.

L'art. 16 du décret du 4 juillet suivant (B. 105) affecte sur les fonds destinés à la dépense de ces établissemens une somme convenable pour accorder des primes aux cultivateurs qui auront présenté les plus beaux élèves, et à la délivrance des prix remportés dans les courses de chevaux.

Le même décret porte, art. 28, que la connaissance des difficultés qui pourront naître entre les concurrens aux courses est réservée exclusivement aux maires des lieux pour le provisoire, et aux préfets pour la décision définitive, sauf le recours au conseil d'état.

HAUTE POLICE. *Voyez* SURVEILLANCE DE LA HAUTE POLICE.

HECTARE. Etendue superficielle de cent ares, égale à un carré de cent mètres de côté.

L'hectare remplace l'arpent, et toutes les grandes unités de mesure agraire. Il équivaut à peu près à deux arpens, mesure des eaux et forêts.

Les terrains de toute grandeur sont maintenant évalués en hectares, ares et centiares ; mais on peut négliger les centiares vis-à-vis des hectares, parce qu'un centiare n'est que la dix-millième partie d'un hectare.

HECTOGRAMME. Poids de cent grammes.

HECTOLITRE. Mesure contenant cent litres, propre pour le commerce des grains et matières sèches. Le demi-hectolitre diffère peu du minot de quatre boisseaux ; il excède d'environ un tiers le minot à blé.

Les capacités du demi-hectolitre, de l'hectolitre et du double hectolitre, sont celles qu'il est à propos d'adopter pour les futailles destinées au commerce des vins.

HECTOMÈTRE. Longueur de cent mètres, ou d'environ cinquante une toises. Ce terme n'est guère usité que pour exprimer et préciser les petites distances, telles qu'un jet de pierre ou une portée de fusil.

HERBORISTES. *Voyez*, sous le mot PHARMACIE, l'art. 37 de la loi du 21 germinal an 11 (B. 270).

HONNEURS PUBLICS. Une loi du 11 vendémiaire an 8 (B. 314) a ordonné que les noms des administrateurs, des gardes nationales, et des citoyens qui se seraient signalés par des actions éclatantes de dévouement dans les départemens livrés à des troubles civils ou attaqués par l'ennemi, seraient honorablement inscrits sur une colonne de marbre placée dans le chef-lieu du département, et que cet honneur ne pourrait être décerné que par le corps législatif, sur la proposition du gouvernement.

Un décret du 24 messidor an 12 (B. 10) a prescrit les règles à observer dans les cérémonies publiques pour les préséances et les honneurs civils et militaires.

D'après les dispositions de ce décret,

Le rang des maires est immédiatement après celui des présidens des tribunaux de première instance et de commerce, celui des commissaires de police après les juges et paix. (Tit. 1er, art. 1er et 8.)

Quand le roi doit venir dans une place, le maire et les adjoints, accompagnés par une garde d'honneur de trente hommes au moins, que fournit la garde nationale sédentaire, se rendent à cinq cents pas environ pour lui présenter les clés de la ville. Dans les voyages du roi, annoncés par les ministres, le préfet, accompagné d'un détachement de gendarmerie et de la garde nationale du canton, vient le recevoir sur la limite du département; chaque sous-préfet vient pareillement le recevoir sur la limite de son arrondissement, et les maires de la commune l'attendent chacun sur la limite de leurs municipalités respectives, accompagnés de leurs adjoints, du conseil municipal et d'un détachement de la garde nationale. (Tit. 3, art. 22.)

A l'entrée du roi dans chaque commune, toutes les cloches sonnent. Si l'église se trouve sur son passage, le curé ou desservant se tient sur la porte, en habits sacerdotaux, avec son clergé. (Art. 23.)

Dans les villes où le roi s'arrête ou séjourne, les autorités et les fonctionnaires civils et judiciaires sont avertis de l'heure à laquelle il leur accordera audience, et sont présentés par l'officier du palais à qui ces fonctions sont attribuées.

Les honneurs à rendre au prince royal, lorsqu'il n'accompagnera pas le roi, seront déterminés par un décret particulier. Il en sera de même de ceux à lui rendre quand le roi sera présent.

Le régent recevra les mêmes honneurs que les princes français. (Tit. 4, art. 1er et 2.)

Lorsque les princes voyagent dans les départemens, et qu'il a été donné avis officiel de leur voyage par les ministres, les maires et adjoints les reçoivent à environ deux cent cinquante pas en avant de l'entrée de leur commune; et, si les princes doivent s'y arrêter ou y séjourner, les maires les conduisent au logement qui leur a été destiné. Dans les villes, un détachement de la garde nationale va à leur rencontre à deux cent cinquante pas en avant du lieu où le maire les attend. (Tit. 5, art. 13 et 14.)

Lorsqu'ils sortent d'une ville dans laquelle ils ont séjourné, les maires et adjoints se trouvent à la porte par laquelle ils doivent sortir, accompagnés d'un détachement de la garde nationale.

Les grands dignitaires du royaume reçoivent, dans les mêmes circonstances, les mêmes honneurs civils et militaires que les princes. (Tit. 6, article unique.)

Les ministres reçoivent, dans les villes de leur passage, les mêmes honneurs que les grands dignitaires du royaume, sauf les exceptions suivantes:

Les maires, pour les recevoir, les attendent à la porte de la ville.

Le détachement de la garde nationale va au-devant d'eux à l'entrée du faubourg, ou, s'il n'y en a point, à cent cinquante pas en avant de la porte. (Tit. 7, art. 3.)

Les maires et adjoints vont, au moment de leur départ, prendre congé d'eux dans leur logis. (Art. 4.)

Les maires et adjoints sont tenus de se trouver à leur logis avant l'arrivée des grands officiers du royaume, qui doivent trouver à l'entrée de la ville un détachement de la garde nationale sous les armes.

Les maires et adjoints vont prendre congé d'eux dans leur logis, au moment de leur départ. (Tit. 8, art. 6.)

Section II. — *Honneurs civils.*

Lorsque les grands-officiers, chefs de cohorte de la légion d'honneur, se rendent pour la première fois au chef-lieu de leur cohorte, il en est de même dans le chef-lieu de la cohorte, que des sénateurs lors de leur première entrée.

Lorsqu'ils y reviennent ensuite, ils sont reçus comme les sénateurs venant faire leur résidence annuelle. (Tit. 11, art. 3.)

Les généraux de division commandant une armée ou un corps d'armée reçoivent, dans l'étendue de leur commandement, les honneurs civils attribués aux maréchaux d'empire. (Tit. 14, art. 24.)

Le préfet, arrivant pour la première fois dans le chef-lieu de son département, est reçu à la porte de la ville par le maire et ses adjoints, accompagnés d'un détachement de la garde nationale, et d'un détachement de la gendarmerie, commandé par le capitaine. Cette escorte le conduit à son hôtel, où il est attendu par le conseil de préfecture et le secrétaire général, qui le complimentent. (Tit. 17, art. 15.)

Les sous-préfets, arrivant dans le chef-lieu de leur sous-préfecture, sont attendus dans leur demeure par le maire, qui les complimente. (Art. 19.)

Les commandans d'armes, à leur arrivée dans la ville où ils commandent, font la première visite aux autorités supérieures, et reçoivent celle des autorités inférieures.

Toutes ces visites sont faites dans les vingt-quatre heures, et rendues dans les vingt-quatre heures suivantes. (Tit. 18, art. 9.)

Les archevêques ou évêques qui sont cardinaux reçoivent, lors de leur installation, les honneurs rendus aux grands-officiers du royaume : ceux qui ne le sont point reçoivent ceux qu'on rend aux sénateurs.

Lorsqu'ils rentrent, après une absence d'un an et un jour, ils sont visités chacun par les autorités inférieures, auxquelles ils rendent la visite dans les vingt quatre heures suivantes : eux-mêmes visitent les autorités supérieures dans les vingt-quatre heures de leur arrivée, et leur visite leur est rendue dans les vingt-quatre heures suivantes. (Tit. 19, art. 10.)

HOPITAUX. *Voyez* HOSPICES CIVILS.

HORLOGERS. D'après l'art. 2 de l'arrêté du 3 germinal an 9 (B. 77.) les horlogers ne peuvent, sans la permission du maire, faire usage des presses, montans, laminoirs, balanciers. etc.

HOSPICE DE LA MATERNITÉ. On a vu au mot ACCOUCHEMENT qu'il existe à Paris, sous le nom d'hospice de la Maternité, un établissement où des jeunes filles de campagne peuvent être envoyées pour faire des études.

D'après un arrêté pris le 30 août 1821, par le préfet du département de la Côte-d'Or, on a établi à Dijon un petit hospice de la Maternité, où les filles indigentes et près de devenir mères ont un refuge d'autant plus propre à les sauver d'un crime, qu'elles pourront même compter sur le placement de leur enfant lorsqu'elles seront hors d'état d'en prendre soin.

HOSPICES CIVILS. Quoique la surveillance immédiate des hospices d'un arrondissement appartienne au sous-préfet, les maires doivent personnellement s'occuper des moyens de maintenir une bonne police dans ceux de leurs communes respectives, et d'empêcher qu'il ne s'y introduise des abus. Voici les dispositions les plus essentielles des lois applicables au régime intérieur de ces établissemens, et à l'administration des biens qui en forment la dotation.

La loi du 16 vendémiaire an 5 (B. 81) portait, art. 1er, que les administrations municipales auraient la surveillance immédiate des hospices civils établis dans leur arrondissement, et qu'elles nommeraient une commission composée de cinq citoyens résidant dans le canton, qui éliraient entre eux un président et choisiraient un secrétaire ; et, art. 3, que chaque commissaire nommerait, hors de son sein, un receveur qui lui rendrait compte tous les trois mois, et qu'elle remettrait ce compte à l'administration municipale (au sous-préfet), qui l'adresserait dans les dix jours, avec son avis, à l'administration centrale (au préfet), pour être approuvé s'il y avait lieu.

Cet ordre de choses avait été confirmé par une loi du 16 messidor an 7 (B. 193), qui a ainsi réglé le *régime intérieur des hospices :*

Art. 6. Les commissions sont exclusivement chargées de la gestion des biens, de l'administration intérieure, de l'admission et du renvoi des indigens.

7. Les employés des hospices seront à la nomination des commissions; ils pourront être remplacés par elles.

8. Tout marché pour fournitures d'alimens ou autres objets nécessaires aux hospices civils sera adjugé au rabais dans une séance publique de la commission en présence de la majorité des membres, après affiches mises un mois avant la publication, à peine de nullité. L'adjudicataire fournira le cautionnement qui sera déterminé dans le cahier des charges. Le marché n'aura son exécution qu'après avoir été approuvé par l'autorité qui a la surveillance immédiate.

9. Les comptes à rendre par les receveurs aux commissions seront transmis par elles, dans le délai de trente jours, avec leur avis, à l'administration qui exerce la surveillance immédiate. Les commissions rendront elles-mêmes à cette administration compte de leur gestion tous les trois mois.

10. Tout arrêté pris par les commissions sera adressé, dans les dix jours, à l'administration exerçant la surveillance immédiate.

11. Ceux relatifs à la partie du service journalier auront leur exécution provisoire.

12. L'administration qui a la surveillance immédiate statuera sur tous les arrêtés soumis à son approbation, dans le délai de deux mois.

13. Le directoire fera introduire dans les hospices des travaux convenables à l'âge et aux infirmités de ceux qui y sont tenus.

14. Les deux tiers du produit du travail seront versés dans la caisse des hospices; le tiers restant sera remis en entier aux indigens, soit chaque dix jours, soit à la sortie, suivant les règlemens qui seront faits par les commissions administratives.

15. Les biens-fonds des hospices seront affermés de la manière prescrite par les lois.

Les maisons non affectées à l'exploitation des biens ruraux pourront être affermées par baux à longues années ou à vie, et aux enchères en séance publique, après affiche : ces baux n'auront d'exécution qu'après l'approbation de l'autorité chargée de la surveillance immédiate.

16. Sur la demande des administrations centrales, le directoire exécutif proposera au corps législatif les réunions d'hospices dans les lieux où il en aurait plusieurs, et lorsque l'utilité en sera reconnue.

17. Il n'est point dérogé aux dispositions des lois antérieures, en ce qu'elles ne sont pas contraires à la présente.

D'après ces lois et l'art. 9 de celle du 28 pluviose an 8 (B. 17), les sous-préfets ont dû, comme remplaçant les administrations municipales, nommer les commissions administratives des hospices, sauf l'approbation des préfets. En rappelant ce principe par une circulaire du 19 floréal an 8, le ministre de l'intérieur a ajouté que les préfets continueraient de nommer immédiatement les membres de ces commissions dans les cas prévus par l'art. 2 de la même loi, sauf la confirmation du ministre, qui a prévenu, par une autre circulaire du 15 prairial suivant, que les commissions des hospices et les bureaux ou agences de bienfaisance, n'étant plus composés que d'agens du gouvernement, pouvaient être organisés quand le gouvernement le jugeait à propos, et non à l'époque déterminée par la loi antérieure à celle du 28 pluviose an 8.

Le même ministre a pris à ce sujet, le 7 germinal an 13, un arrêté ainsi conçu :

Art. 1er. Les administrations gratuites et charitables des pauvres et des hospices, sous quelque dénomination qu'elles soient connues, seront désormais renouvelées chaque année par cinquième.

2. La sortie aura lieu par la voie du tirage, qui se fera dans une assemblée générale de l'administration. Le plus prochain renouvellement aura lieu le 1er vendémiaire an 14.

3. Il sera pourvu au remplacement de chaque membre sortant, par le ministre de l'intérieur, sur l'avis des préfets et d'après une liste de cinq candidats présentés par l'administration.

4. Les candidats ne pourront être pris que parmi les habitans ayant leur domicile de droit dans l'arrondissement. Les membres sortans qui réuniront cette condition seront rééligibles, et pourront, en conséquence, faire partie de la liste de présentation.

5. Ne pourront rester membres de ces administrations ceux qui n'ont pas conservé leur domicile de droit dans l'arrondissement où elles sont établies.

6. Les vacances survenues dans le cours de chaque année, soit en vertu de l'article précédent, soit par mort ou démission, compteront pour le tirage prescrit par l'article 2.

7. Les dispositions qui précèdent ne sont point applicables aux membres des administrations charitables qui, dans les villes où elles siégent, remplissent, dans les corps ou administrations supérieures, des fonctions publiques à la nomination de sa majesté.

La deuxième loi du 11 frimaire an 7 (B. 247) avait prescrit les dispositions suivantes :

Art. 11. Les sommes imposées pour compléter le fonds nécessaire aux besoins des hospices civils et autres établissemens de bienfaisance seront perçues, ordonnancées et payées dans la même forme et de la même manière que celles destinées à l'acquit des autres dépenses locales.

Elles continueront néanmoins, ainsi que les retenues autorisées sur les représentations théâtrales, les entreprises de fêtes et établissemens de prêts sur nantissement, et les autres revenus appartenant ou spécialement affectés aux hospices civils et autres établissemens de bienfaisance, à être administrées dans chaque canton par la commission des hospices civils, créée en vertu de la loi du 16 vendémiaire an 5, et par les bureaux de bienfaisance, créés par la loi du 7 frimaire suivant, lesquels rendront tous les mois compte de l'emploi des fonds au bureau central ou à l'administration municipale.

12. Le compte général et détaillé des recettes et dépenses desdits hospices et autres établissemens sera rendu à la fin de l'année à l'administration départementale (au préfet), qui l'arrêtera définitivement après avoir pris l'avis du bureau central ou de l'administration municipale (du sous-préfet), et en adressera un double au ministre de l'intérieur.

Mais le mode de *comptabilité* des receveurs des hospices a été définitivement réglé par un décret du 7 floréal an 13 (B. 43) dont le texte se trouve sous le mot Receveurs des hôpitaux.

L'art. 5 de la loi du 19 mars 1793, concernant une nouvelle organisation des secours publics, avait ordonné la *vente* des *biens* des hôpitaux, fondations et dotations en faveur des pauvres : mais cette vente a été suspendue par l'art. 1er de la loi du 1er mai suivant, et l'art. 2

a ordonné que les biens seraient provisoirement régis, sous la surveillance des corps administratifs, par les anciens administrateurs ou par les individus qui auraient été choisis pour les remplacer, comme ils l'étaient avant la loi du 18 août 1792, à la charge d'en rendre compte ainsi qu'il était prescrit par l'art. 14 de la loi du 5 novembre 1790.

Une loi du 23 messidor an 2 (B. 20) a déclaré dettes nationales les créances passives des hôpitaux, maisons de secours, hospices de vieillards, de malades, d'enfans, bureaux des pauvres, et autres établissemens de bienfaisance ; elle a en même temps ordonné que l'actif de ces établissemens, faisant partie des propriétés nationales, serait administré ou vendu conformément aux lois existantes pour les domaines nationaux.

Il a été sursis par une loi du 9 fructidor an 3 (B. 174) à la vente des biens des hospices.

L'exécution de la loi du 23 messidor an 2 a été suspendue le 2 brumaire an 4 (B. 198).

Une loi du 28 germinal suivant (B. 41) a aussi provisoirement excepté les biens des hôpitaux de ceux dont la vente avait été ordonnée le 28 ventose même année.

Enfin la loi du 16 vendémiaire an 5 (B. 81) a conservé les hospices civils dans la jouissance de leurs biens. En voici l'extrait :

Art. 4. Les établissemens existans, destinés aux aveugles et aux sourds-muets resteront à la charge du trésor national.

5. Les hospices civils sont conservés dans la jouissance de leurs biens, et des rentes et redevances qui leur sont dues par le trésor public ou par des particuliers.

6. Ceux desdits biens qui ont été vendus en vertu de la loi du 23 messidor, qui est définitivement rapportée par la présente, en ce qui concerne les hospices civils, leur seront remplacés en biens nationaux du même produit, suivant le mode réglé ci-après.

7. Les administrations centrales de départemens se feront remettre, dans le mois de la publication de la présente, l'état des biens vendus dépendans d'hospices situés dans leur territoire.

8. Dans le mois suivant les administrations centrales désigneront des biens nationaux du même produit, en remplacement des biens vendus ; et ce, après estimation d'experts dont un sera nommé par elles, l'autre par le directeur des domaines nationaux.

Le travail des administrations centrales ne sera que préparatoire, et n'aura son effet définitif qu'en vertu d'une loi expresse.

9. Les redevances, de quelque nature qu'elles soient, dont ils jouissaient sur des domaines nationaux qui ont été vendus, ou sur des biens appartenant à des particuliers qui, pour s'en libérer, en ont versé le prix au trésor public, seront payées par le trésor public auxdits hospices.

10. Jusqu'à ce que cette remise soit effectuée, il sera payé auxdits hospices une somme égale à celle que leur produisaient en 1790 leurs biens vendus.

11. Au moyen du remplacement ordonné par les articles précédens, il ne pourra être accordé auxdits hospices aucun secours sans une autorisation spéciale du corps législatif.

12. La trésorerie nationale est déchargée pour l'avenir du paiement des rentes perpétuelles et viagères dues par les hospices. Sa commission présentera un projet de résolution pour déterminer l'époque à laquelle la présente

disposition recevra son exécution, et à laquelle les hospices seront tenus d'acquitter les rentes dons ils étaient chargés.

Les mesures d'exécution de la loi du 16 vendémiaire an 5, relativement aux *créances* et *dettes* des hospices civils, ont été réglées par une loi du 20 pluviose suivant (B. 107), qui a ordonné la restitution des titres déposés à la trésorerie ou à la liquidation générale; au moyen de quoi les hospices civils seraient tenus d'acquitter les intérêts des rentes, à compter du 1er germinal an 5.

A légard des *rentes* précédemment inscrites et depuis transférées, et de celles au-dessous de 50 livres, antérieurement liquidées et déclarées remboursables, la loi a ordonné qu'elles seraient définitivement à la charge du trésor public, sans que les créanciers pussent former aucune action contre les hôpitaux.

La loi du 20 ventose an 5 (B. 113) a ajouté les dispositions suivantes à celles ci-dessus :

Art. 1er. Les art. 5, 6, 7, 8, 9, 10, 11 et 12 de la loi du 16 vendémiaire an 5, qui conservent aux hospices civils ceux de leurs biens qui n'ont point été vendus et qui déterminent le mode de remplacement de ceux qui ont été aliénés, lorsque le trésor public a profité du produit de leur vente, sont communs aux établissemens formés pour les secours à domicile.

2. Les administrations centrales désigneront aux hospices civils et aux bureaux de bienfaisance établis pour les secours à domicile, en observant les formalités prescrites par les art. 7 et 8 de la loi du 16 vendémiaire an 5, des rentes foncières ou constituées dues à l'état, lorsqu'il s'en trouvera, en remplacement de celles qu'ils prouveront leur être dues par le trésor public, en exécution de l'art. 9 de ladite loi, ou à quelque titre que ce soit.

Un arrêté du 3 vendémiaire an 7 (B. 229) a ordonné que les capitaux provenant du remboursement des rentes sur l'état et sur particuliers, appartenant aux hospices civils, maisons de secours et autres établissemens de bienfaisance, seraient employés en *prêts à intérêts*.

Une loi du 5 ventose an 8 (B. 10) a ordonné l'établissement d'*octrois municipaux et de bienfaisance* sur les objets de consommation locale dans les communes dont les hospices civils n'ont pas de revenus suffisans pour leurs besoins. *Voyez* Octrois.

Il a été pourvu, par un arrêté du 15 brumaire an 9 (B. 52), au paiement des sommes dues aux hospices civils, et au remplacement en capitaux de leurs biens aliénés. Cet arrêté est ainsi conçu :

Art. 1er. Les sommes qui restent dues aux hospices civils par les départemens de la guerre, de la marine et de l'intérieur pour service des années 5, 6, 7 et 8, leur seront payées sans délai en capitaux de rentes appartenant à l'état.

2. Ces paiemens seront faits à chaque hospice en rentes dues dans le département où il est situé.

3. Les administrateurs des hospices ne pourront aliéner lesdites rentes qu'à concurrence de leurs dettes, et après en avoir obtenu l'autorisation du gouvernement, donnée sur l'avis du préfet du département constatant la nécessité et les avantages de l'aliénation.

4. En cas de remboursement desdites rentes par les débiteurs, les administrations des hospices seront tenues d'en faire de suite le remplacement et

l'emploi en acquisition de rentes sur l'état, sauf les cas où l'hospice serait grevé de rentes constituées; le produit du remboursement des rentes foncières pourra alors, sous l'autorisation du préfet, être employé à l'extinction desdites dettes de l'hospice.

5. Toutes rentes appartenant à l'état, dont la reconnaissance et le paiement se trouveraient interrompus, sont spécialement affectées aux hospices.

Les administrations des hospices recevront les avis que leur en donneront les préfets, sous-préfets, maires, notaires, et autres fonctionnaires et citoyens qui auront connaissance de rentes de cette espèce; et, à leur première requête, les commissaires du gouvernement près les tribunaux seront tenus d'en poursuivre la restitution au profit desdits hospices.

6. Il en sera de même pour les domaines nationaux qui auraient été usurpés par des particuliers.

7. Une somme de quatre millions de revenus en domaines nationaux sera de plus employée au profit des différens hospices civils en remplacement des biens qu'ils possédaient et qui ont été aliénés, d'après l'état qui en sera fourni par le ministre de l'intérieur.

8. La somme en capitaux de rentes foncières pour les dépenses publiques autres que celles des hospices ne pourra excéder vingt millions, et pour ce qui reste à disposer sur cette somme on n'emploiera que les rentes dues dans les départemens dans lesquels on n'a pas aliéné les biens des hospices, ou qui en ont reçu le remplacement.

Par une loi du 4 ventose an 9 (B. 73), toutes les rentes appartenant à l'état, dont la reconnaissance et le paiement se trouvaient interrompus, et tous domaines nationaux qui avaient été usurpés par des particuliers, ont également été affectés aux besoins des hospices les plus voisins de leur situation; et il a été ordonné que les administrations des hospices recevraient les avis que leur en donneraient les préfets, sous-préfets, maires, notaires et autres fonctionnaires et citoyens qui auraient connaissance de rentes ou domaines de cette espèce, et qu'à leur première requête les commissaires du gouvernement près les tribunaux seraient tenus d'en poursuivre la restitution au profit de ces hospices.

Un arrêté du 7 messidor de la même année (B. 86) contient les dispositions suivantes sur les rentes et domaines ci-dessus énoncés.

§ Ier. *Des rentes affectées aux hospices.*

Art. 1er. Les commissions administratives des hôpitaux auront droit aux arrérages comme au principal des rentes qui leur sont affectées par la loi du 4 ventose dernier.

2. Seront réputées rentes affectées aux hospices les rentes et prestations dues par les détenteurs de biens nationaux à titre de bail emphytéotique, ou qui dépendaient des anciens domaines engagés, ou faisaient partie des anciens apanages et des biens soumis à la confiscation, sous quelque dénomination qu'elles soient connues, s'ils n'ont point rempli les obligations qui leur ont été imposées par les articles 29 et 39 de la loi du 1er décembre 1790, et qu'elles soient dans le cas prévu par la loi.

3. Il en sera de même,

1°. Des rentes en argent ou en nature dues pour fondations à des cures, paroisses, fabriques, corps et corporations, et déclarées nationales par les lois des 18 février et 16 octobre 1791, et par celle du 13 brumaire an 2, dans les cas prévus par la loi du 4 ventose;

2°. Des rentes foncières représentatives d'une concession de fonds et sous quelque dénomination qu'elles se présentent; et, en cas de rachat desdites rentes, les commissions administratives se conformeront aux dispositions de la loi du 29 décembre 1790, dans les cas prévus par la loi du 4 ventose.

§ II. *Des domaines nationaux affectés aux hospices.*

4. Les commissions administratives des hôpitaux qui pourront découvrir les biens ecclésiastiques possédés autrement qu'en vertu de décrets de l'assemblée nationale, depuis la publication de la loi du 2 novembre 1789, auront droit de les réclamer en exécution de la loi du 4 ventose dernier.

5. Elles poursuivront de même en restitution ceux auxquels il a été fait des abandons de biens-fonds à condition d'acquitter la portion congrue ou d'autres charges relatives au service divin, en tout ou en partie, ou de payer quelques redevances ou réfusions s'ils n'ont pas fait le versement ou l'option prescrits par l'art. 11 du titre 5 de la loi du 5 novembre 1790.

6. Seront de même poursuivis au profit des hospices, les fermiers, locataires, concessionnaires et autres jouissant à quelque titre que ce soit, s'ils n'ont pas déclaré, conformément à l'article 37 de la loi du 6, 11, 24 août 1790, comment et en vertu de quoi ils jouissent, et s'ils n'ont pas représenté et fait parafer leurs titres.

7. Seront pareillement poursuivis,

1° Les détenteurs de biens à titre de baux emphytéotiques ou à longues années, qui ne seraient pas revêtus des formalités prescrites par la loi du 27 avril 1791;

2° Tous dépositaires, comptables et débiteurs envers les émigrés et autres, auxquels l'état a succédé, qui se seront soustraits aux recherches de la régie et à l'exécution des articles 11 et suivans de la loi du 25 juillet 1793, ainsi qu'à celles des 26 frimaire an 2, 26 floréal et 21 prairial de l'an 3.

8. Les commissions administratives des hôpitaux prendront connaissance des maisons et autres propriétés nationales possédées à titre d'usufruit par des titulaires des bénéfices en vertu de titres, usages ou autres droits quelconques; et dans le cas où les usufruits en seraient éteints et que les héritiers ou représentans des titulaires auraient éludé d'en faire la déclaration et remise à l'administration des domaines, les propriétés dont il est question seront, comme celles énoncées aux articles qui précèdent, soumises à l'effet de la loi du 4 ventose; le tout ainsi qu'il est prescrit par les articles 26, 27, 28 et 29 de la loi du 24 juillet, 24 août 1790.

Quant aux usufruits qui s'éteindront par la suite, dans le cas où ils seraient soustraits aux recherches et à la connaissance de la régie, les commissions administratives qui parviendront à les découvrir seront subrogées aux droits de l'état.

9. Conformément à l'article 2 de la loi du 4 ventose, les préfets, sous-préfets, maires, notaires et autres fonctionnaires et citoyens qui connaissent des rentes et domaines nationaux de la nature de ceux dont il est question aux articles qui précèdent, en donneront avis aux commissions administratives.

10. Pourront les commissions administratives, sur les indications qui leur seront données, compulser les registres des différens préposés de la régie des domaines et de l'enregistrement; à l'effet de quoi lesdits préposés seront tenus de leur donner, sans frais, toutes communications et facilités nécessaires.

11. Les actions juridiques que les commissions administratives croiront devoir intenter pour les cas prévus par les articles précédens seront préalablement soumises à l'examen d'un *comité consultatif*, qui sera formé dans chaque arrondissement communal. Il sera composé de trois membres, qui seront choisis par le sous-préfet parmi les jurisconsultes les plus éclairés de l'arrondissement.

12. Ce comité déclarera, par une consultation écrite et motivée, s'il y a lieu de les autoriser à plaider.

13. L'avis du comité sera transmis au conseil de préfecture, qui, conformément à l'article 4 de la loi du 28 pluviose an 8, accordera ou refusera l'autorisation.

14. Les commissaires du gouvernement feront, près des tribunaux, tous les réquisitoires qui seront nécessaires pour que les actions soient jugées sommairement et sans frais; ils se conformeront particulièrement aux dispositions de l'arrêté du directoire exécutif du 10 thermidor an 4. (B. 62.)

15. Pourra le comité consultatif, pour les cas qui le permettront, transiger sur tous les droits litigieux.

Les transactions recevront leur exécution provisoire; mais elles ne seront définitives et irrévocables qu'après avoir été approuvées par le gouvernement, à l'effet de quoi elles seront transmises au ministre de l'intérieur revêtues de l'avis des préfets et sous-préfets.

16. Tous les trois mois les préfets se feront rendre compte des rentes et domaines usurpés, en possession desquels les commissions administratives auront pu être envoyées, soit par jugement des tribunaux, soit par mesure de conciliation et d'arbitrage, et ils en transmettront l'état au ministre de l'intérieur.

17. Dans le cas où plusieurs commissions découvriraient en même temps les mêmes rentes ou domaines usurpés, le comité consultatif, prononcera, sauf la confirmation du sous-préfet, sur celle à laquelle il conviendra d'accorder la préférence.

Aux termes des lois des 16 vendémiaire an 5 et 16 messidor an 7 (B. 81 et 293), les propriétés des pauvres et des hospices doivent être *affermées* de la manière prescrite par les lois. Des inductions tirées de la loi du 11 février 1791 et de l'art. 14 de celle du 5 novembre 1790, rapprochées de quelques dispositions des deux premières, ont fait mettre en question si les *inscriptions* prises en vertu de ces *baux* étaient valables, et si, pour l'avenir, les administrations charitables pouvaient se dispenser du ministère d'un notaire. Cette double question a été décidée par un avis du conseil d'état du 25 juillet 1807, approuvé le 12 août suivant, et par un décret de ce dernier jour.

L'avis est ainsi conçu :

Les baux précédemment passés aux enchères, soit devant les autorités administratives, soit devant les commissions des hospices, étant faits en vertu de lois existantes, à l'observation desquelles ces établissemens sont sujets, et dans les formes prescrites, emportent voie parée, sont exécutoires sur les propriétés mobilières et donnent hypothèque sur les immeubles; en conséquence, tous actes conservatoires ou exécutoires et toutes inscriptions faits ou à faire en vertu des expéditions desdits baux, doivent avoir leur effet contre les débiteurs des hospices ou autres établissemens publics, comme si les actes avaient été faits par-devant notaire.

Et voici les termes du décret :

Art. 1er. Les baux à ferme des hospices et autres établissemens publics de bienfaisance ou d'instruction publique pour la durée ordinaire seront faits aux enchères par-devant un notaire qui sera désigné par le préfet du département, et le droit d'hypothèque sur tous les biens du preneur y sera stipulé par la désignation, conformément au Code civil.

2. Le cahier des charges de l'adjudication et de la jouissance sera préalablement dressé par la commission administrative, le bureau de bienfaisance ou le bureau d'administration, selon la nature de l'établissement.

Le sous-préfet donnera son avis, et le préfet approuvera ou modifiera ledit cahier des charges.

3. Les affiches pour l'adjudication seront apposées dans les formes et aux termes déjà indiqués par les lois et règlemens ; et en outre leur extrait sera inséré dans le journal du lieu de la situation de l'établissement, ou à défaut dans celui du département, selon qu'il est prescrit à l'article 683 du Code de procédure civile.

Il sera fait mention du tout dans l'acte d'adjudication.

4. Un membre de la commission des hospices, du bureau de bienfaisance ou du bureau d'administration assistera aux enchères et à l'adjudication.

5. Elle ne sera définitive qu'après l'approbation du préfet du département, et le délai pour l'enregistrement sera de quinze jours après celui où elle aura été donnée.

6. Il sera dressé un tarif des droits des notaires pour la passation des baux dont il est question au présent décret, lequel sera approuvé par nous, sur le rapport de notre ministre de l'intérieur.

Les administrateurs des hospices d'Amiens ayant consenti à la réduction du prix du bail d'une ferme appartenant à ces hospices, et passé aux enchères publiques, le préfet du département a proposé l'acceptation de cette délibération ; mais le conseil d'état avait déjà déclaré, par un avis du.... approuvé le 12 décembre 1806, qu'on ne pouvait délibérer sur une semblable proposition faite par le ministre de l'intérieur, et, comme il était de la plus haute importance de maintenir l'exécution des baux passés aux enchères publiques, le bail dont il s'agit a été maintenu par un décret du 31 octobre 1810 (B. 326).

D'après un arrêté du 14 ventose an 11 (B. 252), la résiliation ou la modération du prix des *baux* des biens des pauvres et des hospices, consenties par les commissions administratives des hospices ou par les bureaux de bienfaisance, ne peuvent avoir leur effet qu'en remplissant les formalités prescrites par l'arrêté du 7 germinal an 9 (B. 77), qui se trouve sous le mot Baux.

Le conseil d'état, auquel avait été soumise la question de savoir si la loi du 27 avril 1791, relative aux baux emphytéotiques et autres, faits par les corps, communautés et bénéficiers, et aux traités faits entre des ci-devant bénéficiers et des particuliers, était applicable à de pareils baux faits par les commissions administratives des hospices et autres traités faits entre les admistrateurs de ces établissemens et des particuliers, a donné, le 24 janvier 1807, un avis approuvé le 10 mars suivant (B. 137), et portant que la loi du 27 avril 1791 n'est applicable qu'aux baux des biens ci-devant ecclésiastiques, et aux traités faits entre des chapitres, corps, communautés ou bénéficiers supprimés, et des particuliers, et qu'elle ne peut être opposée à des hospices qui n'ont jamais été classés parmi les établissemens ecclésiastiques, ni traités comme tels.

Un décret du 10 brumaire an 14 (B. 63) contient des dispositions sur les *constructions et réparations* de bâtimens appartenant aux hospices et autres établissemens de charité.

D'après un avis du conseil d'état, approuvé le 7 octobre 1809, les administrateurs des hospices et des bureaux de charité ne doivent *régir* aucune de leurs propriétés sans y être formellement autorisés, savoir : par les préfets, lorsque ces propriétés sont d'un revenu de mille francs et au-dessous; par le ministre de l'intérieur, quand le revenu est au-dessus de mille francs et au-dessous de deux mille ; et par sa majesté, en conseil d'état, lorsque le revenu excède deux mille francs.

Le conseil d'état ayant mis au rang des propriétés qu'il convenait de ne pas affermer les jardins, les champs, les prés, les vignes et les bois qui étaient à la proximité des maisons hospitalières, ainsi que les manufactures établies dans l'intérieur de ces maisons, le ministre de l'intérieur a jugé utile de faire connaître aux préfets les observations dont ces exceptions lui paraissaient susceptibles. Tel a été l'objet de la circulaire du 31 décembre suivant, par laquelle il expose, 1° que, s'il est avantageux pour les hospices d'exploiter par eux-mêmes les jardins, les champs et les prés qui sont à leur proximité, en ce que cette exploitation leur procure les légumes, les grains et les fourrages nécessaires à la consommation, il importe de veiller à ce qu'aucune partie des jardins ne soit distraite pour l'agrément personnel des agens, sans indemnité pour les pauvres ;

2° Que pour les vignes et vergers, il est convenable de restreindre l'autorisation d'exploitation personnelle aux vignes et aux vergers qui entourent les lieux hospitaliers ou qui sont à leur proximité, tant pour prévenir les gaspillages que pour éviter l'embarras qui résulterait du paiement des droits établis sur les vins, lesquels doivent être acquittés en un seul mois ;

3° Qu'à l'égard des bois, les seuls qu'on doive affermer sont ceux qui se trouvent sur des montagnes escarpées ou loin de toute espèce de débouché, dont la garde est dispendieuse, dont les frais absorbent quelquefois le produit, et que pour les parties de bois qui ne sont pas affermées, au lieu de permettre aux hospices de les exploiter par eux-mêmes, il est préférable de fixer d'abord la quantité de bois nécessaire à leur consommation, de procéder à la vente des coupes, à la charge par l'adjudicataire de fournir cette quantité, d'après un prix déterminé par le cahier des charges ;

4° Que la location des manufactures établies dans quelques hospices serait en différens cas contraire aux intérêts des maisons hospitalières, notamment lorsque ces maisons ont pourvu aux frais du premier établissement, et fait les fonds nécessaires pour en soutenir l'exploitation, mais que néanmoins il peut quelquefois leur être avantageux de consentir la location d'emplacemens disponibles demandés par des fabricans, sous la condition d'y former des ateliers et d'y employer les pauvres moyennant des prix de journées qui seraient réglés entre les fabricans et les administrateurs de ces maisons.

Un arrêté du 3 vendémiaire an 10 (B. 107) a ordonné 1° que

les *rentes* d'une somme annuelle et intégrale de cent cinquante francs et au dessous, appartenantes aux hospices civils sur des établissemens supprimés, et dont les titres se trouveraient perdus ou adirés, seraient admises à la liquidation sur des extraits en bonne forme des registres ou comptes des anciens établissemens débiteurs, constatant l'existence et la possession de ces rentes par les hospices, antérieurement à la suppression desdits établissemens, avec déclaration de l'absence des titres, et les certificats et *visa* d'usage.

2° Qu'à défaut desdits registres ou comptes, il y serait suppléé par des extraits, aussi en bonne forme, des propres registres et comptes des hospices, pris pour les dix dernières années antérieures à la suppression des établissemens débiteurs, ou depuis la création des rentes pour celles qui auraient été consenties pendant lesdites années.

Le conseil d'état, consulté sur la question de savoir si, d'après le décret du 7 messidor an 12 (1), il y avait lieu de confirmer tous les *remboursemens* de sommes dues aux hospices, qui avaient été faits dans les caisses nationales, antérieurement à la loi du 16 vendémiaire an 5, quoique depuis la publication de celle du 9 fructidor an 3, a donné le 21 ventose an 13 un avis approuvé le 23 du même mois (B. 37), et qui est conçu en ces termes :

Considérant que la raison de douter sur cette question se tire de la disposition d'un arrêté du gouvernement, rendu sur le rapport du ministre de l'intérieur, le 24 ventose an 12, par lequel a été déclaré nul le remboursement dans une caisse nationale par le sieur Judicis, postérieurement à la loi du 9 fructidor an 3, d'une créance due à l'hospice de Martel, département du Lot;

Que, dans une circulaire adressée aux préfets, cette décision a été annoncée comme consacrant en principe que, « à partir du 9 fructidor an 3, » la loi du 23 messidor an 2 s'est trouvée paralysée dans son exécution, tant » à l'égard des biens, qu'à l'égard de toutes autres ressources faisant partie » de la dotation des hospices »; et que dès lors les établissemens d'humanité ont dû jouir, comme les autres citoyens, du bénéfice de la loi du 25 messidor an 3, qui suspend la faculté de rembourser;

Considérant qu'on ne peut établir qu'une jurisprudence erronée, toutes les fois qu'on veut déduire des principes généraux des décisions qui ne statuent que sur des cas particuliers ; que par conséquent ce n'est point par des inductions tirées, soit de l'arrêté du 24 ventose an 12, soit du décret du 7 messidor suivant, mais par le texte et l'esprit des lois rendues sur la matière, que la question présentée dans le rapport du grand-juge, ministre de la justice doit être résolue;

Considérant que la loi du 23 messidor an 2 avait déclaré tout l'actif des hopitaux et établissemens de bienfaisance réuni au domaine national, pour être administré et vendu comme les autres domaines nationaux;

---

(1) Ce décret, dont le titre analytique se trouve au bulletin 7, série 4, n° 72, autorise la commission administrative des hospices de Paris à accepter une créance constituée en rente viagère, devenue nationale par l'inscription encore subsistante du propriétaire sur la liste des émigrés, et dévolue aux hospices en vertu de la loi du 4 ventose an 9, par le défaut de main-mise de la régie du domaine.

Que la loi du 9 fructidor an 3 n'a prononcé autre chose que la suspension de la vente des biens provenant des hospices, comme elle aurait pu suspendre celle de toute autre classe de domaines nationaux;

Que par cette loi, ni les immeubles, ni les créances actives des hospices n'ont cessé de faire partie de la propriété nationale;

Que quand on étendrait à l'une et à l'autre espèce la dénomination générique *biens*, la nation n'avait fait que s'interdire à elle-même la faculté de les mettre hors de sa main *par vente*;

Que la loi du 25 messidor an 3 n'a suspendu la faculté de rembourser qu'entre particuliers, et non vis-à-vis de la nation;

Que l'état n'a cessé d'exercer tous les droits ci-devant appartenans aux hospices, que par la loi du 16 vendémiaire an 5, qui leur a rendu la pleine administration de leurs biens et revenus, pour être gérés, sous la surveillance qu'elle a établie, par les commissions administratives;

Est d'avis qu'il y a lieu de déclarer que tous remboursemens de rentes ou obligations contractées au profit d'établissemens de bienfaisance, ont pu être valablement faits à l'état dans l'intervalle qui s'est écoulé entre les lois des 25 messidor an 3 et 16 vendémiaire an 5.

Le décret du 23 juin 1806 (B. 102), sur les *placemens à rente*, est ainsi conçu :

Art. 1er. Les administrateurs des hospices civils ou autres établissemens de charité pourront recevoir en placement à rente viagère et fonds perdus, sur la simple autorisation des préfets, les sommes que les pauvres existant dans ces établissemens désireraient verser dans leurs caisses, dans les cas où ces sommes n'excéderaient pas cinq cents francs. L'intérêt annuel de ces fonds ne pourra être au-dessus de dix pour cent du capital.

2. Les sommes excédant cinq cents francs ne pourront être reçues qu'en vertu de l'autorisation du gouvernement, obtenue suivant les formes prescrites par les lois et règlemens.

3. Ces fonds seront employés par la commission administrative, sous la surveillance du préfet du département, de la manière la plus avantageuse à l'hospice.

4. Les sommes qui seront offertes pour l'admission des pauvres dans un établissement de charité pourront, lorsqu'elles seront au-dessous de cinq cents francs, être acceptées d'après la simple autorisation du préfet, et employée sous sa surveillance comme il est dit ci-dessus.

5. Dans le cas où ces sommes excéderaient cinq cents francs, elles ne pourront être acceptées que d'après l'autorisation du gouvernement.

Les personnes qui ont des moyens d'existence ne sont admises dans les hospices destinés aux pauvres que moyennant une donation ou sous la condition d'une pension annuelle. La pétition qui renferme les offres est adressée à l'administration de l'hospice, qui, par une délibération spéciale, demande l'autorisation de les accepter. Cette délibération est soumise par le sous-préfet à l'examen du conseil municipal de la commune dans laquelle l'hospice est situé ; et, quand la pièce lui a été renvoyée avec l'avis de ce conseil, il y joint le sien, et adresse le tout au préfet, qui, suivant l'importance de l'offre, accorde l'autorisation nécessaire ou la provoque auprès du gouvernement.

Quand les objets donnés ou abandonnés à un hospice exigent, pour leur *acceptation*, des actes particuliers, l'arrêté ou le décret qui autorise l'acceptation autorise également à passer ces actes en présence et sur l'avis du comité consultatif de l'arrondissement.

L'arrêté du 15 brumaire an 12 (B. 327), d'après lequel des donations entre-vifs et testamentaires en faveur des hospices ne sont assujéties au droit d'*enregistrement* qu'à raison d'un franc fixe, porte aussi que ces donations n'auront leur pleine et entière exécution qu'après que leur acceptation aura été autorisée par le gouvernement.

Les droits à percevoir au profit du trésor public pour la *transcription* ordonnée par l'art. 939 du Code civil, des actes de donation et d'acceptation d'immeubles susceptibles d'hypothèques, ainsi que la notification de l'acceptation faite par acte séparé aux bureaux des hypothèques, dans l'arrondissement desquels les biens donnés sont situés, et le droit d'enregistrement desdites donations, ont aussi, par une loi du 7 pluviose an 12 (B. 338), été modérés, en ce qui concerne les pauvres et les hôpitaux, au droit fixe d'un franc pour l'enregistrement, et d'un franc pour la transcription, sans préjudice des droits dévolus au conservateur.

Le comité consultatif de l'arrondissement de Mont-de-Marsan ayant déclaré, par un avis, que la commission administrative de l'hospice de cette ville pouvait être autorisée à poursuivre contre divers détenteurs, en vertu de la loi du 4 ventose an 9, au lieu et place de la régie du domaine, et comme biens nationaux usurpés, la restitution des terrains qui formaient les anciens fossés et remparts de Cazères, cette commission a passé aux détenteurs des actes de concession en forme de transaction, à la charge par eux d'une rente annuelle envers ces établissemens; et les transactions ont été confirmées par un décret du 9 frimaire an 13.

Les créanciers des hospices ne peuvent actionner les commissions administratives devant les tribunaux, sans y avoir été autorisés par le conseil de préfecture. Lorsque la légitimité de la créance a été reconnue par les tribunaux, il appartient à l'autorité administrative de déterminer quand et comment elle sera payée.

Les dispositions de l'arrêté du 18 thermidor an 10, relativement aux *pensions* et *gratifications* annuelles à accorder dans les différens départemens du ministère, ont, par un arrêté du 8 vendémiaire an 13 (B. 218), été rendues applicables aux hospices et autres établissemens d'humanité; en conséquence, aucune pension ni gratification annuelle ne peut, sous quelque prétexte que ce soit, être accordée aux employés attachés au service de ces établissemens, que par arrêté du gouvernement, sur la proposition du ministre de l'intérieur.

Le gouvernement a ordonné, par un arrêté du 11 fructidor an 11 (B. 310), que le traitement des vicaires, chapelains et aumôniers attachés à l'exercice du CULTE, dans les établissemens d'humanité, ensemble les frais du culte dans ces établissemens, seraient réglés par les préfets, sur la proposition des commissaires et l'avis des sous-préfets; que les arrêtés pris par les préfets ne seraient exécutés qu'après avoir été soumis à l'approbation du ministre de l'intérieur.

D'après un arrêté du 17 messidor an 12 (B. 7), le droit exigé pour la permission d'ériger des *oratoires* particuliers pour l'exercice du culte, ne doit pas être perçu sur les hospices et autres établissemens de charité qui obtiennent des permissions de cette nature.

La loi du 5 décembre 1814 (B. 58), relative aux *biens non vendus des émigrés*, excepte, art. 8, de la remise à leur faire les biens dont, par des lois ou des actes d'administration, il a été définitivement disposé en faveur des hospices, maisons de charité et autres établissemens de bienfaisance, en remplacement de leurs biens aliénés ou donnés en paiement des sommes dues par l'état; mais le même article porte, que quand les hospices auront reçu un accroissement de dotation égale à la valeur de leurs biens, et quand les biens donnés en remplacement ou en paiement excèderont la valeur des biens aliénés et le montant des sommes dues à ces établissemens, l'excédant sera remis aux anciens propriétaires, leurs héritiers ou ayans-cause, et afin de pourvoir à ce que les remises ordonnées par la loi se fissent avec régularité, le roi a rendu le 11 juin 1816 (B. 94) une ordonnance ainsi concue :

Art. 1er. Les émigrés ou leurs héritiers et ayans-cause qui croiront avoir droit à des reprises sur les hospices ou bureaux de charité, en vertu de l'article 8 de la loi du 5 décembre 1814, présenteront leur requête au préfet du département qui la communiquera à l'administration de l'hospice ou du bureau contre lequel la réclamation sera dirigée.

2. Sur la réponse de l'établissement de charité, l'avis du sous-préfet, et après les expertises prescrites ci-après, le préfet donnera également son avis et l'adressera avec les pièces à notre ministre secrétaire d'état au département de l'intérieur, pour, sur son rapport, y être pourvu par nous, en conseil d'état, comme pour les transactions et aliénations de biens des hospices ou des communes.

3. Si les biens concédés à un établissement de charité, en exécution de la loi du 16 vendémiaire an 5, en remplacement de son ancienne dotation vendue en vertu de la loi de messidor an 2, excèdent la valeur de ladite dotation, l'excédant sera restitué aux émigrés dont tout ou partie de ces biens sera provenu, dans quelque forme que la concession ait été faite.

4. Si l'état a affecté, depuis la loi du 16 vendémiaire an 5, ou vient à affecter par la suite d'autres biens auxdits hospices, il sera remis aux émigrés y ayant droit, ou à leurs héritiers, une portion correspondante de biens provenant d'eux ou de leurs auteurs.

5. Seront compris dans les biens affectés par l'état, les biens domaniaux ou ecclésiastiques concédés aux établissemens de charité par suite de révélations ou de découvertes, en exécution de la loi du 4 ventose an 9, ou les sommes qui les représentent.

6. Seront comprises dans les affectations mentionnées en l'article 4., les donations entre-vifs ou testamentaires faites aux établissemens par des particuliers avec l'autorisation du gouvernement. (Cet article a été rapporté par l'ordonnance du 12 août 1818 (B. 232.)

7. Ne seront pas compris dans l'estimation des anciennes dotations des établissemens, les dîmes, droits féodaux et autres revenus dont ils ont été privés par des lois générales et dont l'état n'a point bénéficié, ni les rentes hypothéquées sur les domaines nationaux qui en ont été affranchis par les lois, et dont les établissemens ont dû poursuivre la liquidation et l'inscription au grand livre.

8. La comparaison de la valeur des anciens biens des établissemens avec

ceux qui leur ont été affectés en remplacement, sera faite d'après l'état actuel desdits biens.

9. Elle sera faite en masse, c'est-à-dire que l'on estimera la valeur totale de l'ancienne dotation de l'établissement et la valeur totale des biens reçus en remplacement, et que l'hospice n'aura à restituer que l'excédant définitif.

10. Cette estimation sera faite par expertises contradictoires : les émigrés réclamans d'une part, et les hospices de l'autre, nommeront les experts, et, faute par les hospices de le faire, le préfet en nommera d'office.

11. En cas de partage les experts nommeront un tiers-expert, et s'ils ne sont pas d'accord sur le choix, ce tiers-expert sera nommé par le conseil de préfecture.

12. Dans le cas où les capitaux de rentes transférés aux hospices en vertu de l'arrêté du 15 brumaire an 9 auraient excédé le montant des créances antérieures à l'an 9 que ces capitaux devaient acquitter, l'excédant sera restitué aux émigrés auxquels lesdits capitaux appartenaient.

13. Seront considérés comme acquittement de dettes, les capitaux donnés en remplacement des subventions dues par le ministère de l'intérieur pour les enfans trouvés et autres dépenses à sa charge.

14. Lorsque deux ou plusieurs hospices auront été réunis, soit avant, soit depuis les remplacemens ou acquittemens prescrits par la loi du 16 vendémiaire an 5 et l'arrêté du 15 brumaire an 9, la comparaison s'établira également entre la totalité de leurs anciennes dotations et la totalité des indemnités qu'ils ont reçues, et ils restitueront l'excédant définitif.

15. Si un établissement réunissait autrefois des fondations ecclésiastiques ou monastiques à des fondations de charité, il ne sera considéré comme ayant eu droit à remplacement que pour la partie de son ancien revenu qui était expressément consacrée à des œuvres de charité, et son ancienne dotation sera estimée sur ce pied. Ne sont pas compris au nombre de ces établissemens mixtes, les hospices desservis par des membres de congrégations religieuses qui n'y étaient placés que pour soigner les pauvres et les malades.

16. Lorsqu'un hospice aura été indemnisé aux dépens de deux ou de plusieurs émigrés, et que l'excédant qu'il a eu ou qu'il aura à restituer en vertu des articles ci-dessus ne suffira pas pour que chacun desdits émigrés retrouve ce qu'il avait perdu, cet excédant sera partagé entre eux au prorata de ce qui provenait de chacun.

17. Lorsque les biens provenant d'un émigré seront sortis des mains de l'hospice par voie d'échange, ou lorsqu'ils auront été vendus à l'effet d'acquérir d'autres biens, l'excédant, s'il existe ou s'il vient à exister en vertu des articles ci-dessus, sera dû par ledit hospice.

18. Il en sera de même si les biens d'émigrés ont été vendus à l'effet d'acquitter des dettes antérieures aux ventes des anciens biens de l'hospice.

Aux termes d'une ordonnance du 6 septembre 1820 (B. 401), lorsque les administrations des hospices et établissemens de charité croient devoir demander qu'il soit accordé des pensions aux employés de ces établissemens, la liquidation en doit être faite d'après les bases fixées par les art. 12 et suivans jusqu'à 22 inclusivement du décret du 7 février 1809, relatif aux pensions de retraite des administrateurs et des employés des hospices et secours de la ville de Paris. Voici ces articles :

Extrait du décret rendu le 7 février 1809 sur le rapport du ministre de l'intérieur et le conseil d'état entendu, portant fixation à deux centimes par franc de la retenue à faire sur les traitemens des employés des hospices de Paris, pour former un fonds de pensions de retraite.

Art. 12. Les droits à une pension de retraite ne pourront être réclamés qu'après trente ans de service effectif, pour lequel on comptera tout le temps d'activité dans d'autres administrations publiques qui ressortissaient au gouvernement, quoique étrangères à celle dans laquelle les postulans se trouvent placés, et sous la condition qu'ils auront au moins dix ans de service dans l'administration des hospices.

La pension pourra cependant être accordée avant trente ans de service à ceux que des accidens, l'âge ou des infirmités rendraient incapables de continuer les fonctions de leurs places, ou qui, par le fait de la suppression de leur emploi, se trouveraient réformés après dix ans de service et au-dessus, dont cinq ans dans l'administration des hospices, et les autres dans les administrations publiques qui ressortissaient au gouvernement.

13. Pour déterminer le montant de la pension, il sera fait une année moyenne du traitement fixe dont les réclamans auront joui pendant les trois dernières années de leur service.

Les indemnités pour logement, nourriture et autres objets de ce genre (les gratifications exceptées) seront considérées comme ayant fait partie du traitement fixe, et évaluées en conséquence pour former le montant de la pension et des retenues.

14. La pension accordée après trente ans de service sera de la moitié de la somme réglée par l'article précédent.

Elle s'accroîtra du vingtième de cette moitié pour chaque année de service au-dessus de trente ans.

Le *maximum* de la retraite ne pourra excéder les deux tiers du traitement annuel du réclamant, calculé comme il est dit dans l'article qui précède, sur le terme moyen des trois dernières années de son service.

15. La pension accordée avant trente ans de service, dans le cas prévu par le deuxième paragraphe de l'article 12, sera d'un sixième du traitement pour dix ans de service et au-dessous.

Elle s'accroîtra du soixantième de ce traitement pour chaque année de service au-dessus de dix ans, sans pouvoir excéder la moitié du traitement.

16. Les pensions et secours aux veuves et orphelins ne seront accordés qu'aux femmes et aux enfans des administrateurs et employés décédés en activité de service avec droit acquis à une pension de retraite ou jouissant déjà de cette pension.

Les veuves ne pourront y prétendre qu'autant qu'à l'époque du décès de leurs maris elles se trouveraient dans la cinquième année de leur mariage et n'auraient pas divorcé : elles perdront leurs droits à la pension en contractant un nouveau mariage.

La quotité des secours annuels accordés aux veuves et orphelins sera fixée d'après les règles suivantes.

17. Les pensions des veuves, des administrateurs et employés décédés sans aucun enfant au-dessous de l'âge de quinze ans, seront du quart de la retraite dont jouissaient leurs époux, ou à laquelle ils avaient droit à l'époque de leur décès.

Dans le cas où le décès aurait laissé à la charge de la veuve un ou plusieurs enfans au-dessous de quinze ans, la pension pourra être augmentée, pour chacun de ces enfans, de cinq pour cent de la retraite qui aurait été réglée pour le décédé, et sans toutefois que la totalité de la somme à accorder à la veuve, tant pour elle que pour ses enfans, puisse jamais excéder le double de celle qu'elle eût obtenue dans la première hypothèse.

Si le décédé laisse, outre sa veuve et les enfans qu'il a eus de son union avec elle, des enfans nés de précédens mariages, il pourra être accordé à ces derniers, pour le temps déterminé par les articles suivans, des pensions et secours proportionnés à leur état d'isolement ; mais dans ce cas les pensions assignées tant à la veuve et à ses enfans qu'aux enfans des autres lits seront calculées de manière à ne pouvoir outrepasser la moitié de la pension dont aurait joui le père de famille.

18. Si la veuve décède avant que les enfans provenant de son mariage avec son défunt mari aient atteint l'âge de quinze ans, la pension sera réversible à ses enfans, qui en jouiront comme les autres orphelins jouiront de la leur par égale portion jusqu'à l'âge de quinze ans accomplis, mais sans réversibilité des uns aux autres enfans.

19. Si les administrateurs et employés ne laissent pas de veuves, mais seulement des orphelins, il pourra être accordé à ces derniers des pensions de secours jusqu'à ce qu'ils aient atteint l'âge de quinze ans: la quotité des secours sera fixée pour chacun à la moitié de ce qu'aurait eu leur mère si elle avait survécu à son mari, et ne pourra excéder pour tous les enfans ensemble la moitié de la pension à laquelle leur père aurait eu droit ou dont il jouissait.

La pension qui pourrait revenir, d'après les précédentes dispositions, à un ou plusieurs de ses enfans, leur sera conservée pendant toute leur vie s'ils sont infirmes, et, par l'effet de ces infirmités, hors d'état de travailler pour subvenir à leurs besoins.

20. Les employés élevés dans les hospices ne pourront faire valoir leurs services qu'à compter de l'âge de vingt-un ans révolus, et du moment où ils auront été pourvus d'un emploi avec jouissance d'un traitement de mille francs et au-dessus, tant en argent qu'en logement et nourriture.

21. En cas de concurrence entre plusieurs réclamans, la pension, l'âge et les infirmités d'abord, et ensuite l'ancienneté de service, donneront droit à la préférence.

22. L'absence pour service militaire par l'effet de la réquisition ou de la conscription n'est pas considérée comme interruption du service pour les employés qui ont déjà rempli ou remplissent encore ce devoir ou qui y seraient appelés par la suite.

Les années de service militaire ne sont, comme celles passées dans tout autre emploi, comptées chacune que pour une année.

Une ordonnance du roi du 31 octobre 1821 (B. 488) contient les dispositions suivantes :

TITRE Ier. — *Organisation.*

ART. 1er. Les commissions gratuites chargées de l'administration des hospices sont partout composées de cinq membres.

2. Ces commissions seront assistées par des conseils de charité dont la composition et les attributions seront ci-après déterminées, et qui auront les mêmes fonctions auprès des bureaux de bienfaisance.

3. Sont de droit membres des conseils de charité les archevêques et évêques, les premiers présidens et procureurs généraux des cours royales, et à défaut de ceux-ci les présidens et procureurs du roi des tribunaux de première instance, les présidens des tribunaux de commerce, les recteurs des académies, les plus anciens des curés, les présidens des consistoires, les vice-présidens des chambres de commerce, et le plus ancien des juges de paix.

Les autres membres de ces conseils, au nombre de cinq dans les villes ou communes ayant moins de cinq mille âmes, et de dix partout ailleurs, seront nommés et renouvelés dans les formes déterminées par notre ordonnance du 6 février 1818.

4. Les règles prescrites pour les commissions administratives des hospices, en ce qui concerne le nombre, la nomination et le renouvellement de leurs membres, sont communes aux bureaux de bienfaisance.

Ces bureaux peuvent nommer dans les divers quartiers des villes, pour les soins qu'il est jugé utile de leur confier, des adjoints et des dames de charité.

5. Les mêmes individus peuvent être à la fois membres des commissions administratives et des bureaux de bienfaisance.

Les membres de ces commissions et de ces bureaux ne peuvent faire partie des conseils de charité.

Les uns et les autres doivent avoir leur domicile réel dans le lieu où siégent ces conseils et ces administrations.

6. A chaque renouvellement les membres sortant des conseils de charité seront choisis de préférence pour remplir les places vacantes dans les commissions des hospices et dans les bureaux de bienfaisance; de même les membres sortant de ces administrations seront choisis de préférence pour les places vacantes dans les conseils de charité.

7. Les services dans les commissions administratives des hospices et dans les bureaux de bienfaisance sont considérés comme des services publics et comptent pour l'admission dans l'ordre royal de la Légion-d'Honneur.

Titre II. — *Attributions et services intérieurs.*

8. Les conseils de charité se réunissent soit avec les commissions administratives des hospices, soit avec les bureaux de bienfaisance, pour les délibérations concernant les budgets annuels, les projets de travaux autres que de simple entretien, les changemens dans le mode de gestion de biens, les transactions, les procès à intenter ou à soutenir, les emprunts, les placemens de fonds, les acquisitions, ventes et échanges d'immeubles, les comptes rendus soit par l'administration, soit par les receveurs, les acceptations de legs ou donations, et les pensions à accorder à d'anciens employés.

9. Les conseils de charité ont tous les ans deux sessions ordinaires avec les commissions des hospices et avec les bureaux de bienfaisance.

Ils peuvent être extraordinairement convoqués, mais seulement pour s'occuper des affaires qui donnent lieu à ces convocations.

Les préfets déterminent d'avance les époques des sessions ordinaires et prescrivent ou autorisent les autres réunions.

10. Toutes les fois que des affaires intéressant à la fois les hospices et les bureaux de bienfaisance demanderont la réunion des deux administrations, les conseils de charité pourront être convoqués.

11. Les délibérations prises en vertu des articles 8, 9 et 10, ne peuvent être exécutées qu'après avoir été approuvées soit par nous, soit par notre ministre secrétaire d'état au département de l'intérieur, soit par nos préfets, conformément aux règles établies ou rappelées par les articles suivans.

12. L'approbation doit toujours être précédée de l'avis des conseils municipaux pour celles de ces délibérations qui sont relatives à des emprunts, à des acquisitions, ventes ou échanges d'immeubles, ou au règlement des budgets et des comptes des hospices ou bureaux de bienfaisance auxquels les communes doivent des subventions sur les octrois ou sur toute autre branche de leurs revenus.

13. Doivent être soumis à l'approbation de notre ministre secrétaire d'état de l'intérieur les budgets qui excèdent 100,000 francs pour les divers établissemens régis par une même commission d'hospices.

A quelque somme que s'élèvent les budgets des bureaux de bienfaisance, ils sont définitivement réglés par les préfets.

14. Il continuera à être procédé conformément aux règles actuellement en vigueur pour les acquisitions, ventes, échanges, baux emphytéotiques, emprunts et pensions, et conformément à l'article 4 de notre ordonnance du 8 août dernier pour les constructions dont la dépense devra s'élever à plus de 20,000 francs.

15. Toutes autres délibérations concernant l'administration des biens, les constructions, reconstructions et autres objets, lorsque la dépense à laquelle elles donneront lieu devra être faite au moyen des revenus ordinaires de ces établissemens ou des subventions annuelles qui leur sont alloués sur les budgets des communes, seront exécutées sur la seule approbation des préfets, qui néanmoins devront en rendre immédiatement compte à notre ministre secrétaire d'état de l'intérieur.

16. Les commissions des hospices et les bureaux de bienfaisance pourront ordonner, sans autorisation préalable, les réparations et autres travaux dont la dépense n'excédera pas 2,000 francs.

17. Le service intérieur de chaque hospice sera régi par un règlement particulier proposé par la commission administrative et approuvé par le préfet. Ces règlemens détermineront, indépendamment des dispositions d'ordre et de police concernant le service intérieur, le nombre des aumôniers, médecins, chirurgiens, pharmaciens, employés et gens de service.

Les préfets prescriront la rédaction de semblables règlemens pour les bureaux de bienfaisance partout où ils le jugeront utile.

18. Les aumôniers sont nommés par les évêques diocésains, sur la présentation de trois candidats par les commissions administratives.

Les médecins, chirurgiens, pharmaciens et agens comptables sont nommés par les préfets sur une semblable présentation. Ils sont révocables dans les mêmes formes; mais la révocation n'est définitive qu'après avoir été approuvée par notre ministre secrétaire d'état au département de l'intérieur.

Tous les autres employés, à l'exception des receveurs, dont il sera parlé ci-après, seront nommés par les commissions administratives, et peuvent être révoqués par elles.

Les mêmes dispositions sont applicables aux bureaux de bienfaisance.

19. Les sœurs de charité employées dans les hospices, conformément au règlement du 18 février 1809, que leur âge ou leurs infirmités rendraient incapables de continuer leur service, pourront être conservées à titre de *reposantes*, à moins qu'elles n'aiment mieux se retirer; auquel cas il pourra leur être accordé des pensions, si elles ont le temps de service exigé, et si les revenus de ces établissemens le permettent.

Titre III. — *Comptabilité.*

Art. 20. Les commissions administratives et les bureaux de bienfaisance ne peuvent faire que les dépenses autorisées, ainsi qu'il est réglé par les articles précédens. Les receveurs sont personnellement responsables de tout paiement qui ne résulterait point de ces autorisations ou qui les excéderaient.

21. Ces comptables ont seuls qualité pour recevoir et pour payer. A l'avenir les recettes, les paiemens effectués sans leur intervention, ou faits de toute autre manière en contravention au présent règlement, donneront lieu à toutes répétitions et poursuites de droit.

22. Ces receveurs sont nommés par notre ministre secrétaire d'état de l'intérieur sur une liste de trois candidats présentés par les commissions administratives ou par les bureaux de bienfaisance, et sur l'avis des préfets. Leur cautionnement et leurs remises sont réglés dans les mêmes formes, en observant les proportions déterminées pour le cautionnement et les remises des receveurs des communes. Ils peuvent toutefois être autorisés à faire leur cautionnement en immeubles, et leurs remises peuvent être augmentées lorsque cela est indispensable. Ces dispositions exceptionnelles exigent l'avis du conseil de charité.

23. Les cautionnemens en numéraire sont versés à titre de dépôt et de prêt dans les caisses des monts-de-piété.

S'il n'y a point de mont-de-piété dans la ville où sont les établissemens de charité, et qu'il y en ait un dans le département, celui-ci reçoit le dépôt. S'il y en a plusieurs, le préfet désigne celui qui doit le recevoir. S'il n'y en a point dans le département, la désignation est faite par notre ministre secrétaire d'état au département de l'intérieur.

24. Lorsque les recettes des hospices réunies aux recettes des bureaux de bienfaisance n'excèdent pas 20,000 fr., elles sont confiées à un même receveur. Lorsqu'elles n'excèdent pas 10,000 fr., elles sont confiées au receveur municipal. Il peut n'y avoir qu'un même receveur pour les hospices et les bureaux de bienfaisance, et leurs recettes réunies peuvent être confiées au receveur municipal, lors même qu'elles s'élèvent au-dessus des proportions ci-dessus déterminées ; mais dans ce cas la mesure ne peut avoir lieu que du consentement des administrations respectives et des conseils de charité.

25. Indépendamment des vérifications de caisse et d'écritures auxquelles les administrations charitables peuvent, toutes les fois qu'elles le jugent utile, soumettre leurs receveurs, les préfets sont tenus de les faire vérifier au moins deux fois par an et toujours à la fin de chaque année, et d'en transmettre les procès-verbaux à notre ministre secrétaire d'état au département de l'intérieur.

26. Des vérifications extraordinaires des mêmes comptables seront confiées aux inspecteurs des finances pendant leur inspection dans les départemens. A cet effet notre ministre secrétaire d'état de l'intérieur adressera la désignation des receveurs à vérifier, avec ses instructions particulières, à notre ministre d'état au département des finances, qui donnera en conséquence aux inspecteurs les ordres nécessaires et transmettra ensuite à notre dit ministre de l'intérieur le résultat de ces vérifications.

27. Les inspecteurs des finances devront se renfermer dans les ordres qu'ils auront reçus en vertu de l'article précédent. Ils ne pourront néanmoins se refuser, pendant le cours de leur tournée, à toutes autres vérifications des mêmes comptables demandées par les préfets, auxquels ils auront soin de donner connaissance de toutes celles qu'ils auront faites, et d'adresser sur chacune d'elles les observations qu'ils jugeront utiles au bien du service.

28. Les receveurs des établissemens de charité sont tenus de rendre, dans les premiers six mois de chaque année, les comptes de leur gestion pendant l'année précédente. Ces comptes, après avoir été examinés dans les réunions prescrites par l'article 8 et revêtus des observations résultant de cet examen, seront immédiatement transmis aux préfets pour être définitivement jugés et arrêtés conformément à nos ordonnances des 21 mars 1816 et 21 mai 1817.

29. Les arrêtés de compte seront notifiés dans le mois aux administrations et aux comptables qu'ils concerneront, sans préjudice de la faculté laissée aux parties d'en réclamer plus tôt une expédition. Le recours réservé par notre ordonnance du 21 mai 1817 devra être exercé dans les trois mois de la notification ou de la délivrance de l'expédition, l'une et l'autre constatées par le reçu de la partie intéressée.

30. Les préfets pourront prononcer la suspension de tout receveur des hospices ou des bureaux de bienfaisance qui n'aurait pas rendu ses comptes dans les délais prescrits par les articles précédens, ou qui les aurait rendus d'une manière assez irrégulière pour déterminer cette mesure de rigueur.

La suspension entraînera telles poursuites que de droit, soit qu'il y ait nécessité d'envoyer, aux frais du receveur, un commissaire pour l'apurement de ses comptes, soit que, déclaré en débet, faute d'avoir justifié de l'emploi des sommes dont il était chargé en recette, il y ait lieu de prendre inscription sur ses biens, conformément à l'avis du conseil d'état du 24 mars 1812.

31. Tout arrêté de suspension sera suivi de la révocation du comptable, s'il n'a pas rendu ses comptes dans les délais qui lui auront été fixés par ledit arrêté, ou s'il résulte de leur examen des charges suffisantes pour motiver cette mesure.

Les révocations sont prononcées par notre ministre secrétaire d'état au département de l'intérieur, d'après l'avis des préfets, lesquels ne peuvent le donner qu'après avoir entendu les commissions administratives ou les bureaux de bienfaisance.

32. Les préfets useront des mêmes moyens contre tout receveur dans la gestion duquel des vérifications faites comme il est réglé par la présente ordonnance auraient constaté soit une infidélité, soit un déficit, ou un désordre grave, ou une négligence coupable,

33. Lorsque les mesures de rigueur prévues par les articles qui précèdent concerneront un receveur de commune se trouvant en même temps receveur d'établissemens charitables, il en sera immédiatement donné connaissance à notre ministre secrétaire d'état des finances, qui, s'il y a lieu, prononcera la révocation, après s'être concerté avec notre ministre de l'intérieur.

34. Les comptes d'administration des commissions des hospices et des bureaux de bienfaisance seront, dans les mêmes délais que les comptes des receveurs, rendus aux préfets, qui prononceront sur ceux de ces comptes concernant les établissemens dont ils règlent les budgets, et soumettront les autres, avec leur avis, à notre ministre secrétaire d'état de l'intérieur.

Titre IV. — *Dispositions générales et transitoires.*

35. Il n'est rien innové, par la présente ordonnance, à l'organisation administrative du service des hospices et des secours de notre bonne ville de Paris; lui seront toutefois applicables les dispositions d'ordre et de comptabilité résultant des articles 13, 14, 15, 16, 20, 21, 25, 26, 27, 28, 29, 30, 31, 32 et 34. Il n'est également rien innové aux formes particulières d'administration établies pour l'hôpital royal des Quinze-Vingts, les instituts des sourds-muets, des jeunes aveugles et de l'hospice de Charenton; seulement les mêmes règles de comptabilité s'appliqueront, par analogie, à ces établissemens, à l'exception du règlement des comptes, lequel continuera à être fait par notre ministre secrétaire d'état de l'intérieur.

36. Les dispositions des décrets et ordonnances relatives au service des hospices et des bureaux de bienfaisance, non abrogées ou modifiées par la présente ordonnance, continueront à être exécutées.

37. Les changemens ordonnés par les dispositions qui précèdent, dans l'organisation administrative de l'un et de l'autre service, recevront leur exécution à dater du 1er janvier 1822.

Là ou les membres actuels des commissions des hospices ou des bureaux de bienfaisance excéderont le nombre de cinq, fixé par l'article 1er, la réduction s'opérera par une nouvelle nomination faite parmi les membres en exercice.

Seront également pris de préférence parmi eux, pour la première formation des conseils de charité, les membres à nommer dans ces conseils.

38. Les receveurs des hospices et des bureaux de bienfaisance actuellement titulaires, et régulièrement nommés, dont les recettes et les remises ne seraient point réglées comme il est dit aux articles 22 et 24, les conserveront telles qu'elles sont établies, jusqu'à ce qu'il y ait lieu de procéder à leur remplacement, auxquels cas lesdits articles recevront leur exécution.

39. Nos ministres secrétaires d'état de l'intérieur et des finances sont, chacun en ce que le concerne, chargés de l'exécution de la précédente ordonnance.

Voyez Administrations charitables, Bureaux de bienfaisance, Caisse de service, Etablissemens de charité, Receveurs des hospices, et pour les cas où les administrateurs des hôpitaux sont tenus de donner avis des décès, les art. 80 et 97 du Code civil, insérés sous le mot Etat civil.

Voyez aussi les mots Amendes, Batimens, Bière, Bois, Bureaux de bienfaisance, Chapelles, Certificats, Comptabilité des com-

MUNES, DÉCÈS, ENFANS ABANDONNÉS, ETABLISSEMENS DE CHARITÉ, FABRIQUES D'ÉGLISES, LITS, MÉDICAMENS, OCTROIS MUNICIPAUX, RECEVEURS DES ÉTABLISSEMENS DE CHARITÉ, RENTES, SOUPES ÉCONOMIQUES, SPECTACLES, TUTELLE.

HOSPITALIÈRES. Un arrêté du 27 prairial an 9 (B. 107) a déclaré que les biens spécialement affectés à la nourriture, à l'entretien et au logement des hospitalières et des filles de charité attachées aux anciennes corporations, vouées au service des pauvres et des malades, faisaient essentiellement partie des biens destinés aux besoins généraux de ces établissemens; il a en conséquence, et conformément aux lois des 16 vendémiaire et 20 ventose an 5, ordonné que l'administration en serait rendue aux commissions administratives des hospices et des établissemens de secours à domicile.

D'après le même arrêté, sont pareillement compris dans les dispositions qui précèdent les biens affectés à l'acquit des fondations relatives à des services de bienfaisance et de charité, à quelque titre et sous quelque dénomination que ce soit.

Dans le mois de fructidor an 10, le préfet du département de la Côte-d'Or a désapprouvé plusieurs articles d'un règlement fait par l'administration des hospices, pour les hospitalières, et, entre autres, deux dispositions dont l'une exigeait pour l'admission des postulantes, comme condition absolument nécessaire, qu'elles professassent la religion catholique, apostolique et romaine, et dont l'autre obligeait ces dames à entendre tous les jours la messe. Ces articles ont paru évidemment contraires aux lois, ainsi que quelques autres qui semblaient recréer un nouvel ordre monastique, et faire autant de religieuses de ces femmes qu'un zèle au-dessus de tout éloge consacre uniquement au soulagement de l'humanité.

Des difficultés s'étant élevées entre quelques administrateurs d'hospices et des sœurs de charité attachées à ces établissemens, le ministre de l'intérieur a fait déterminer, par un avis de l'école de médecine, les médicamens dont la préparation pouvait leur être confiée. Voici le projet de règlement dont le ministre a recommandé de donner connaissance aux commissions administratives et aux bureaux de secours à domicile.

1° Dans les hospices particuliers dont la direction serait confiée aux sœurs de la charité, ces sœurs seront chargées d'administrer les médicamens prescrits par les officiers de santé, en se conformant exactement aux précautions qui leur seront indiquées par ces derniers.

2° Elles seront autorisées à préparer elles-mêmes les tisanes, les potions huileuses, les potions simples, les loochs simples, les cataplasmes, les fomentations, les médecines et autres médicamens magistraux semblables dont la préparation est si simple qu'elle n'exige pas de connaissances pharmaceutiques bien étendues.

3° Il leur sera interdit de s'occuper des médicamens officinaux, tels que les sirops composés, les pilules, les électuaires, les sels, les emplâtres, les extraits, les liqueurs alcooliques, et généralement tous ceux dont la bonne préparation est subordonnée à l'emploi de manipulations compliquées.

4° Les médicamens officinaux dont le besoin aura été constaté par les officiers de santé attachés aux hospices seront procurés aux sœurs de la charité par l'administration, laquelle fera faire cette fourniture par un pharmacien légalement reçu.

5° Il en sera de même pour les drogues simples que l'administration leur fera fournir par un droguiste connu dont la capacité soit constatée.

6° Les officiers de santé attachés aux hospices veilleront à ce que le local destiné à l'établissement de la pharmacie confiée aux sœurs soit situé de manière que les médicamens qu'elles seront obligées de garder ne soient pas altérés par l'humidité, la lumière, la chaleur et le froid.

7° Indépendamment de la surveillance habituelle des officiers de santé des hospices, il sera fait de temps à autre des visites dans les pharmacies des sœurs de charité, pour s'assurer si les drogues, tant simples que composées, qu'elles auront à leur disposition, sont de bonne qualité.

Ces visites seront confiées à des officiers de santé désignés à cet effet, et le procès-verbal de chaque visite sera envoyé à l'administration qui en devra connaître.

8° Les médicamens que les sœurs de la charité conserveront dans leur pharmacie ne devant être destinés que pour les malades des hospices, il leur sera expressément défendu d'en vendre au public.

9° Elles seront tenues d'inscrire sur un registre les fournitures qui leur seront faites, tant des drogues simples que des drogues composées. Sur un autre registre elle feront mention de l'emploi de ces mêmes drogues, emploi qui ne pourra être fait que d'après les prescriptions des officiers de santé attachés aux hospices.

10° Toutes les dispositions comprises dans les précédens articles ne pourront avoir lieu que dans les hospices où il n'y aurait point de pharmaciens salariés. Dans le cas contraire, les sœurs de la charité ne pourront, en aucune manière, s'occuper de la préparation des médicamens : les pharmaciens seuls en seront chargés, sauf à eux à se conformer aux règlemens particuliers qui seront jugés nécessaires pour assurer le service des hospices auxquels ces pharmaciens seront attachés.

11° Enfin ces mêmes dispositions seront appliquées aux établissemens de secours à domicile.

Un décret du 18 février 1809 (B. 225) a ordonné que les statuts des congrégations ou maisons hospitalières seraient approuvés par le gouvernement pour être reconnus et avoir force d'institution publique. L'art. 5 de ce décret porte que toutes les fois que des administrations d'hospices ou de communes voudront étendre les bienfaits de cette institution aux hôpitaux de leur commune ou arrondissement, les demandes seront adressées par les préfets au ministre des cultes, qui, de concert avec les supérieurs des congrégations, donnera des ordres pour l'établissement des nouvelles maisons dont il soumettra l'institution à l'approbation de sa majesté quand cela sera nécessaire.

L'art. 8 autorise les novices âgées de vingt et un ans à s'engager pour cinq ans, en présence de l'évêque ou d'un ecclésiastique par lui délégué, et de l'officier civil chargé d'en dresser l'acte, et de le consigner sur un registre double, dont un exemplaire se dépose entre les mains de la supérieure, l'autre à la municipalité, et pour Paris, à la préfecture de police.

Par l'art. 29, les maisons des congrégations hospitalières sont, comme toutes les autres maisons de l'état, soumises à la police des maires, des préfets et des officiers de justice. *Voyez* Legs, Lits.

HOTEL DES INVALIDES. L'art. 4 d'une ordonnance du 6 septembre 1815 (B. 23, n° 110) a indéfiniment prorogé le prélèvement du centime sur les revenus communaux pour la dotation de cet hôtel, ordonné par le décret du 25 mars 1811, et maintenu implicitement par l'art. 4 de l'ordonnance du 12 décembre 1814.

HOTELLERIES. L'ordonnance d'Orléans de 1560 a défendu aux maîtres d'hôtellerie de loger plus d'une nuit dans leur maison des gens sans aveu et inconnus, et elle leur a enjoint de les dénoncer, à peine de prison et d'amende.

Les aubergistes et les personnes qui louent des chambres garnies sont assujétis à en faire leur déclaration à la police, et à tenir registre de tous ceux qui viennent occuper leurs chambres.

Voyez Aubergistes, Logeurs, Maisons garnies.

HOTELS-DE-VILLE. Le ministre de l'intérieur, informé que dans quelques villes du royaume les bâtimens des hôtels-de-ville étaient affectés en partie à des services particuliers, et que des maires et adjoints, ou d'autres administrateurs, y étaient logés, a observé, par une circulaire adressée le 13 novembre 1810 aux préfets, que ces bâtimens devaient être réservés en entier, tant pour la tenue des séances des conseils municipaux et des bureaux des mairies, que pour les autres besoins publics; et que, dans aucun cas, sous aucun prétexte, ils ne pouvaient être occupés par des fonctionnaires de quelque ordre qu'ils fussent.

HUISSIERS. Ces officiers ministériels qui ne sont pas nécessaires au tribunal de police simple devant le maire peuvent requérir son assistance ou celle de l'adjoint pour l'ouverture des portes qui sont fermées ou qu'on refuse d'ouvrir. (*Code de procédure civile*, art. 169, et 587.)

HYPOTHÈQUES. Les communes et les établissemens publics ont une hypothèque légale sur les biens des receveurs et administrateurs comptables. (*Code civil*, art. 2121.)

Les acquisitions, les échanges, et généralement tous les actes portant mutation de propriété, doivent être transcrits au bureau des hypothèques dans l'arrondissement desquels les biens sont situés; et la même obligation est prescrite pour les donations de biens susceptibles d'hypothèques, par les art. 939 et 940 du Code civil.

Voyez Prescription.

ILLUMINATION. L'illumination des rues, quais, etc., est un des objets confiés à la surveillance des municipalités. (*Loi du* 17-24 *août* 1790, titre 2, art. 3, n° 1.)

Le ministre de l'intérieur a, par une circulaire du 9 avril 1808, informé les préfets que sa majesté avait pris en conseil d'état une décision portant que les frais d'illumination des préfectures, dans les fêtes nationales et publiques, devaient être payés par les villes; mais par une ordonnance du 17 mai 1817, les communes ont été dégrevées de cette obligation.

Voyez MATÉRIAUX.

IMAGES. *Voyez* ESTAMPES.

IMMEUBLES. Les mots *acquisition* et *ventes d'immeubles* contiennent l'exposition des formalités à remplir pour les actes de cette nature qui intéressent des communes: on ajoutera seulement ici que les acquisitions doivent être précédées d'une estimation d'experts nommés d'un côté par le préfet ou le sous-préfet, et de l'autre par le directeur de la régie de l'enregistrement, et que le paiement s'effectue de la même manière que celui du prix des domaines nationaux. *Voyez* BIENS DES COMMUNES.

IMMONDICES. Les art. 20 et 21 d'un arrêt du ci-devant parlement de Paris, du 30 avril 1663, sur le nettoiement de cette commune, ont enjoint aux propriétaires et locataires des maisons de faire porter et jeter les ordures dans les tombereaux, lorsqu'ils passent par les rues pour les recevoir, et ils ont fait défense à toutes personnes de jeter par les fenêtres de l'urine et autres ordures et de garder dans leurs maisons des eaux croupies, gâtées et corrompues, leur enjoignant au contraire de les vider sur le pavé des rues, et d'y jeter à l'instant un ou deux seaux d'eau claire. Telles sont aussi les dispositions des art. 3 et 8 d'une ordonnance de police du 8 novembre 1780.

IMPORTATION. *Voyez* DOUANES, MARCHANDISES PROHIBÉES.

IMPOSITIONS. Le titre 6 de la loi du 3 frimaire an 7 établit les principes d'après lesquels se fait l'évaluation du revenu imposable des propriétés foncières, et le titre 7 expose les exceptions dont ces principes sont susceptibles.

Le recouvrement des impositions directes se fait par des directions qui remplacent les agences des contributions.

Voyez CONTRIBUTIONS DIRECTES.

IMPOSITIONS EXTRAORDINAIRES. Les impositions extraordinaires accordées aux communes ont lieu sur les contributions foncière, mobilière, personnelle et somptuaire, au centime le franc. *Voyez* les dispositions générales des lois des 16 et 29 ventose an 12 (B. 356).

On trouve au B. 138, série 3, une loi particulière du 14 frimaire an 10, qui autorise la commune de Sechilienne à faire sur elle-même l'imposition d'une somme destinée au paiement des frais d'un procès ayant pour objet le recouvrement de biens par elle réclamés; et B. 184 une autre loi du 2 floréal suivant, qui autorise la commune de Lieury à s'imposer extraordinairement une somme pour les réparations des chemins vicinaux, données par adjudication, et dont les travaux devaient être examinés et reçus par l'un des ingénieurs des ponts et chaussées du département, et payés, avec l'autorisation du préfet, en la forme prescrite pour les travaux publics nationaux.

C'est le préfet seul qui a le droit de donner son avis sur les demandes en impositions extraordinaires formées par des communes. Le conseil de préfecture du département du Gard en ayant donné un sur une demande de cette nature, formée par la commune de Vallebrègne, l'arrêté pris en conséquence a été annulé par le gouvernement le 3 pluviose an 10 (B. 159).

Il a été ordonné, par un décret du 28 août 1810, que les projets de décrets pour impositions extraordinaires seraient présentés avant le 1er juillet de l'année qui précéderait celle de la perception, afin que ces impositions pussent être perçues avec le principal des contributions, et comprises dans les rôles de l'année.

Voyez sous le mot EMPRUNT les art. 43 et 45 de la loi du 15 mai 1818 (B. 211).

IMPRESSIONS. *Voyez* LOIS, PUBLICATIONS.

IMPRIMERIES. Les imprimeurs doivent avoir soin de ne pas contrevenir aux lois qui ordonnent d'imprimer les affiches particulières sur papier de couleur, et de n'imprimer les journaux que sur papier timbré, en y insérant leur nom, leur demeure, et le nom de l'auteur. L'indication de la demeure de l'imprimeur est exigée pour les imprimés quelconques.

Un décret du 8 février 1810 (B. 264) contient règlement sur l'imprimerie et la librairie.

On peut aussi consulter l'ordonnance du 24 octobre 1814 et les lois des 17 et 26 mai 1819.

Voyez AUTEURS, CONTREFAÇONS, JOURNAUX, LIBRAIRIE, PRESSE.

INCENDIE. Les maires et adjoints sont chargés de prendre les mesures propres à prévenir ou arrêter les incendies. Ils donnent, en ce cas, des ordres aux pompiers, requièrent les ouvriers maçons, charpentiers, couvreurs; ils requièrent aussi la force publique existant dans la commune, et en déterminent l'emploi. Ils ont la surveillance du corps des pompiers quand il en existe, la distribution et le placement des corps-de-garde, magasins de pompes, réservoirs, tonneaux, seaux à incendies, machine et ustensiles de tout genre, destinés à les arrêter.

Une ordonnance de police du 21 juin 1726 défend de tirer, dans les cheminées où le feu aurait pris, des coups de fusil chargés autrement que de sel, cendrée ou menu plomb.

S'il est nécessaire, pour arrêter le cours d'un incendie, d'abattre des maisons voisines, le magistrat de police l'ordonne sur l'avis des ouvriers, et sans que les propriétaires puissent, dans ce cas seul, obtenir d'indemnité. Ce magistrat commet des gardes pour la conservation des effets sauvés de l'incendie. Il doit veiller à ce que tous ceux qui, par leur profession, sont obligés de serrer chez eux des matières combustibles, tiennent ces marchandises en des lieux écartés des cheminées, fours, fourneaux, forges.

On ne peut entrer dans les écuries, granges, greniers à foin, avec des pipes allumées ou avec des lumières qui ne seraient point enfermées dans des lanternes bien closes. Il est aussi défendu à toutes personnes de tirer dans les rues aucuns pétards ou fusées, à peine d'amende et de prison.

L'autorité municipale fait tous les ans la visite des fours et cheminée de toutes les maisons et bâtimens éloignés de moins de cent toises (cent quatre-vingt-quinze mètres) des autres habitations. Elle empêche qu'il soit allumé du feu dans les champs, plus près de cinquante toises (quatre-vingt-dix-huit mètres) des maisons, bois, bruyères, vergers, haies, meules de grains de paille, ou de foin.

Deux ordonnances de police des 1er septembre 1779 et 17 novembre 1781, ont enjoint aux maçons, couvreurs, charpentiers, plombiers et autres ouvriers, de se transporter, sur la réquisition des officiers de police, aux lieux où il y aurait incendie, sous peine d'amende. La dernière de ces ordonnances prescrit aussi différentes précautions pour prévenir les incendies, telles que de faire ramoner les cheminées au moins quatre fois l'année; d'empêcher les charretiers, palefreniers et valets d'écurie, d'entrer avec des lumières et sans lanternes dans les lieux où l'on conserve du foin, de la paille; de ne pas laisser brûler de pailles ou fumiers dans les rues, etc. Il a de plus été enjoint aux propriétaires des maisons de tenir leurs puits en bon état, et d'ouvrir leurs portes en cas d'incendie.

Lorsque l'incendie des propriétés mobilières ou immobilières d'autrui a eu pour cause la vétusté ou le défaut de réparation et de nettoyage des fours, cheminées, forges, maisons, ou usines prochaines ou des feux allumés dans les champs, à moins de cent mètres des maisons, édifices, forêts, bruyères, bois, vergers, plantations, haies, meules, tas de grains, etc., ou des feux et lumières portés ou laissés sans précaution suffisante, ou des pièces d'artifice allumées et tirées par négligence ou imprudence, la peine est d'une amende de 50 francs au moins, et de 500 francs au plus. (*Code pénal de* 1810, art. 458.)

L'article 475 de ce Code prononce une amende de 6 à 10 francs contre ceux qui refuseraient leurs secours en cas d'incendie.

D'après l'art. 15 de l'ordonnance du roi du 4 avril 1821 (B. 454), qui autorise la compagnie d'assurances mutuelles contre l'incendie dans le département de la Somme, la personne incendiée est tenue d'en faire dans les vingt-quatre heures, au maire de sa commune, une déclaration énonciative des causes et circonstances de l'incendie, et le maire en dresse un procès-verbal et donne son avis. La personne incendiée envoie le tout au correspondant le plus voisin de l'administration.

Il s'est établi beaucoup de compagnies, qui ont chacune des règlemens particuliers.

INCOMPATIBILITÉ. Aux termes du décret du 22 décembre 1789, ceux qui étaient employés à la levée des impositions directes, ni les membres des corps municipaux, ne pouvaient être en même temps membres des administrations de département et de district. (Sect. 2, art. 7 et 8.)

Ces incomptabilité sont été appliquées au nouveau système d'administration.

La loi du 6-27 mars 1791 porte aussi, article 1er, que nul ne peut être juge de paix et en même temps officier municipal.

L'art. 1er de la loi du 24 vendémiaire an 3 a également déclaré incompatibles les fonctions d'officiers municipaux avec celles des juges de paix ou d'assesseurs, actuellement suppléans.

Les adjoints municipaux ne peuvent de même remplir les fonctions d'huissiers, puisqu'ils sont chargés de celles du ministère public devant le tribunal de simple police, et qu'alors ils pourraient se trouver dans le cas de requérir le jugement de ceux qu'ils auraient eux-mêmes cités, de signifier et d'exécuter ensuite le jugement, et dans certains cas où il y aurait une partie civile, de citer pour et contre, quoique ne devant requérir que pour l'une des parties. Aussi, par leurs avis et décisions du 5 fructidor an 10, les ministres de l'intérieur et de la justice ont-ils déclaré cette incompatibilité.

Les maires ni les adjoints ne peuvent, suivant l'art. 3 du titre 2 de la loi du 24 vendémiaire an 3, être receveurs des contributions, du droit d'enregistrement, membres des administrations forestières, employés dans le service des douanes, poste et messageries, ni remplir d'autres fonctions publiques sujettes à comptabilité pécuniaire.

L'art. 4 de la même loi prononce une pareille exclusion pour les officiers chargés de constater l'état civil des citoyens.

Les fonctions de commissaire de police sont aussi incompatibles avec l'exercice de celles d'officier municipal, de notaire et d'avoué. (*Lois du* 8 *juin* 1792, *art.* 2, et *du* 25 *ventose an* 11 (B. 258), article 7.)

D'après une décision du ministre de l'intérieur, en date du 3 frimaire an 10, les fonctions de membre du conseil municipal et celles d'administrateur d'un hospice sont incompatibles.

La même incompatibilité a lieu entre les fonctions de juge et celles de conseiller de préfecture.

Le préfet de la Côte-d'Or, par une circulaire adressée, dans le mois de messidor an 13, aux maires et sous-préfets, a exposé qu'il y avait incompatibilité entre les fonctions de maire et celles de curé ou desservant, attendu que les curés et desservans, étant sous surveillance des maires, ne peuvent se surveiller eux-mêmes.

INCOMPÉTENCE. Le sous-préfet de l'arrondissement de Lunéville ayant ordonné une assemblée générale des habitans de Reherrey pour délibérer sur une pétition d'*Isidor Perrin*, tendant à obtenir un terrain pour bâtir, moyennant une rente, le gouvernement, considérant qu'aux termes de la loi du 28 pluviose an 8, les conseils municipaux étaient seuls compétens pour délibérer sur des objets pareils, et que de semblables convocations étaient contraires au texte et à l'esprit de la loi, a, par un arrêté du 27 messidor an 9 (B. 91), annulé la décision du sous-préfet, la délibération des habitans, les avis approbatifs du sous-préfet et du préfet, et ordonné que le ministre de l'intérieur renverrait la pétition d'Isidor Perrin, et les pièces y jointes, à l'effet de procéder de nouveau selon les formes prescrites par la loi du 28 pluviose, pour, sur la délibération du conseil municipal, l'avis du sous-préfet de Lunéville et du préfet de la Meurthe, être par le gouvernement statué ce qu'il appartiendrait.

La cour de cassation a décidé, le 6 juin 1811, que le tribunal de police n'était pas compétent pour connaître d'une plainte en injures verbales, si le plaignant allègue avoir reçu des coups, quand ce dernier fait ne serait pas prouvé; l'affaire doit, dans ce cas même, être renvoyée au tribunal de police correctionnelle.

INDEMNITÉS. Quand une personne veut réclamer des indemnités à raison de pertes occasionées par accidens imprévus, incendies, inondations, grêle, etc., elle fait au maire de sa commune une déclaration des biens-fonds qu'elle possède, des moyens d'existence et des ressources qui lui restent encore; elle joint à cette déclaration un relevé des rôles des diverses contributions qu'elle paie, certifié par le percepteur, et visé par le contrôleur des contributions.

Le maire nomme ensuite deux experts pour procéder, article par article, en sa présence et en celle du contrôleur des contributions, à l'estimation de la perte que le réclamant a faite.

Cette opération terminée, le contrôleur insère à la suite du procès-verbal son avis particulier sur la quotité du secours qu'il est nécessaire d'accorder. Le maire donne aussi son avis sur le même objet; il fait mention du nombre des enfans de la personne qui a éprouvé la perte, de leur âge, de leur sexe, de ses ressources, s'il est propriétaire ou fermier des objets pour lesquels il réclame du secours. Après toutes ces formalités, le maire adresse au sous-préfet toutes les pièces. En matière de délit rural, la loi du 28 septembre-6 octobre 1791 déclare l'indemnité payable par préférence à l'amende. (Titre 2, art. 3.)

Le décret du 22 octobre 1810 (B. 324) porte que la perception faite sous le nom d'*indemnité* sur les boissons ou marchandises en transit ou en entrepôt fera partie des revenus des villes, et sera portée dans leurs budgets, lorsque les tarifs qui en règlent la perception auront été délibérés par les conseils municipaux, et arrêtés comme les tarifs d'octroi; que tout tarif de transit ou entrepôt actuellement existant ne pourra être exécuté passé le 1er avril 1811, s'il n'est régularisé au conseil d'état; et que, pour jouir de l'entrepôt ou transit, il ne sera pas nécessaire d'être domicilié dans la commune.

Voyez Dommages-Intérêts, Pertes, Propriétés.

INDÉPENDANCE. Les administrations locales ne peuvent être troublées dans l'exercice de leurs fonctions par aucun acte du pouvoir judiciaire. (*Loi du* 22 *décembre* 1789.)

INDICATEURS. Dans l'art. 40 de la loi du 3 frimaire an 7 (B. 243), on désigne sous ce nom les propriétaires ou fermiers que les répartiteurs de la contribution foncière s'adjoignent pour obtenir des renseignemens.

INDIGENS. Le ministre de l'intérieur a écrit le 13 fructidor an 10, aux préfets, une circulaire conçue en ces termes :

L'administration générale des forêts a remarqué qu'une des principales causes de la dévastation des forêts prend sa source dans la facilité que trouvent les délinquans à se soustraire, en obtenant des certificats d'indigence, au paiement de l'amende à laquelle ils ont été condamnés. Il paraît que les maires ou adjoints auxquels ils s'adressent à ce sujet, ne croyant pas être responsables de l'abus qui peut résulter de cette délivrance inconsidérée, s'y prêtent avec une sorte d'empressement; ainsi l'impunité qu'obtient la violation de propriété l'autorise à la perpétuer : aucune mesure de police, aucune disposition tendant à réprimer les délits ne doivent être négligées; mais le maintien de celles qui concernent les bois appelle surtout, par l'importance de l'objet, l'attention de l'administration. Veuillez donc faire observer aux maires et adjoints qu'ils ne sauraient trop s'assurer, avant de délivrer des certificats d'indigence, que l'état de pauvreté des pétitionnaires les met dans l'impossibilité absolue de payer : pour être certains de la circonspection de ces fonctionnaires, dites-leur qu'ils seront personnellement responsables de toute attestation qu'ils donneraient à des redevables en état d'acquitter l'amende, et prenez des mesures propres à vérifier s'il y a abus, afin d'intimider par de sévères exemples les maires qu'une funeste condescendance porterait à l'oubli de leurs devoirs.

Voyez Passeports, Bureau de bienfaisance, Détention, Mendicité, Pauvres, Secours, Spectacles.

INFRACTION. Celle que les lois punissent des peines de police est une contravention. (*Code pénal* de 1810, art. 1.)

Voyez Délits.

INHUMATIONS. Aucune inhumation ne doit, suivant l'art. 77 du Code civil, être faite sans une autorisation de l'officier de l'état civil, et avant qu'un délai de 24 heures se soit écoulé depuis le décès, hors les cas prévus par les règlemens de police, et à moins que la décomposition rapide du cadavre ne force à abréger ce délai.

On a, en effet, une foule d'exemples de léthargies qui offraient les signes de la mort, et entre autres celui d'un aubergiste de Bruxelles, enterré au mois de fructidor an 8, et qui n'est mort que dans son cercueil après les vains efforts qu'il avait faits pour en sortir. Il ne faut donc permettre d'ensevelir qu'après avoir constaté le décès par des circonstances non équivoques. *Voyez* l'art. 358 du Code pénal.

Le décret du 4 thermidor an 13 (B. 52) a renouvelé en ces termes les dispositions du Code civil :

Il est défendu à tous maires, adjoints et membres d'administrations municipales, de souffrir le transport, présentation, dépôt, inhumation des corps, ni l'ouverture des lieux de sépulture; à toutes fabriques d'églises et consistoires, ou autres ayant droit de faire les fournitures requises pour les funérailles, de livrer lesdites fournitures à tous curés, desservans et pasteurs, d'aller lever aucun corps ou de les accompagner hors des églises et des temples, qu'il ne leur apparaisse de l'autorisation donnée par l'officier de l'état civil pour l'inhumation, à peine d'être poursuivis comme contrevenant aux lois.

Le maire de la ville de Metz a pris, le 31 juillet 1821, un arrêté qui ajoute aux précautions convenables avant de procéder aux inhumations. Les personnes décédées ne peuvent, d'après cet arrêté, être ensevelies, dans les cas ordinaires, que 12 heures au moins après le décès apparent, et 24 heures en cas de mort subite. Avant de procéder à l'ensevelissement, il sera appelé un officier de santé pour constater le décès et les causes qui y auront donné lieu. Conformément à l'art. 80 du Code civil, lorsqu'il y aura des signes ou indices de mort violente ou d'autres circonstances qui pourraient le faire soupçonner, l'officier de santé sera tenu d'en faire son rapport et de le remettre au procureur du roi. L'inhumation ne pourra, dans ce cas, avoir lieu qu'après qu'elle aura été permise par l'autorité judiciaire. Lors même que le décès aura été constaté par l'officier de santé, le corps ne pourra être placé dans le cercueil qu'après le délai de douze ou de vingt-quatre heures prescrit par l'art. 1er ci-dessus. Le cercueil ne sera couvert et cloué que 24 heures après le décès dans les cas ordinaires et 48 heures lors de la mort subite, conformément à l'art. 7 de l'arrêté du 14 janvier 1819. La permission ne sera donnée que sur la présentation du certificat de l'officier de santé qui aura fait la visite prescrite par l'art. 2 ci-dessus. Lorsque le décès sera arrivé à la suite d'une maladie réputée contagieuse et pouvant se propager, ou que la putréfaction se manifestera, la permission d'inhumer pourra être accordée avant les délais ci-dessus fixés, à la vue du certificat de l'officier de santé constatant que la mort est certaine, et qu'il est indispensable de faire l'inhumation avant les délais.

Voyez Décès, Églises, État civil, Sépultures.

INJURES. L'art. 471, n° 11 du Code pénal de 1810, prononce la peine d'une amende d'un franc jusqu'à cinq francs pour injures proférées sans provocations et autres que celles prévues pour des cas étrangers aux simples contraventions de police, par les articles 367 et suivans ; elles sont de la compétence exclusive des juges de paix. (*Code d'instruction criminelle* (B. 214 *bis*), art. 139.)

Les maires ou adjoints qui seraient menacés ou insultés dans l'exercice de leurs fonctions peuvent faire saisir le coupable et l'envoyer à la maison d'arrêt de l'arrondissement, en vertu d'un mandat délivré à cet effet. *Voyez* Incompétence.

INONDATIONS. Les maires et adjoints peuvent, dans le cas d'inondation, comme dans ceux d'incendie, requérir les secours des citoyens, et dénoncer même au tribunal de police ceux qui auraient refusé leur assistance.

L'art. 131 de la loi du 28 germinal an 6 les autorise aussi dans ces circonstances, ainsi que la gendarmerie nationale, à entrer dans les maisons particulières sans réquisition.

Les principales mesures à prendre dans les cas d'inondation consistent à faire supprimer les batardeaux et digues en terre qui existent dans les fossés d'écoulement et de dégorgement, servant à l'arrosement des prairies, à faire rehausser et rendre solides les bords dégradés de ces fossés, des ruisseaux, ravins, rivières, etc., à faire reboucher de suite les saignées qui auraient pu être pratiquées ; à surveiller la hausse et la baisse, suivant le besoin, des relais et vannes, afin que les eaux trouvent un libre cours. Ces dispositions doivent avoir lieu aux frais des propriétaires, s'ils s'y refusent.

L'art. 475, n° 12, du Code pénal de 1810, prononce la peine d'une amende de six à dix francs pour refus de secours en cas d'inondation.

Ce refus se constate par un procès-verbal ainsi conçu :

Le nous soussigné, maire de ou adjoint de en l'absence du maire, déclarons que (prénoms, noms, professions et domiciles des personnes) ont refusé de prêter leurs secours ou de fournir (désigner les ustensiles et outils qu'on leur aurait demandés) après en avoir été requis pour servir à arrêter les ravages de l'incendie ou de l'inondation qui a eu lieu (désigner le jour, l'heure et le lieu), en conséquence nous avons dressé le présent acte de refus pour servir et valoir ce que de raison.

Fait à , les jour, mois et an ci-dessus énoncés.

Le maire fait viser et enregistrer par débet, dans les délais prescrits, le procès-verbal qu'il a dressé, et l'envoie de suite au procureur du roi près le tribunal de l'arrondissement, qui fait condamner les refusans à l'amende.

Les pertes occasionées par ces sortes d'événemens sont constatées par des actes particuliers. *Voyez*, pour les secours à accorder par le gouvernement en cas de dommages causés par l'inondation, le mot GRÊLE ; et, pour la peine de celui qui aurait inondé l'héritage rural de son voisin, l'art. 16 du titre 2 de la loi du 28 septembre-6 octobre 1791, sous le mot DÉLITS.

Le ministre de l'intérieur a fait publier en l'an 4, en l'an 7 et en l'an 10, les instructions suivantes sur les effets des inondations et de la gelée, et sur les moyens d'y remédier.

Effet des débordemens des rivières sur les prés.

ART. 1er. Les rivières en débordant déposent sur les prés, par des alluvions subites, des limons plus ou moins abondans. (Ce qui se dit ici des rivières peut s'entendre à beaucoup d'égards des ravins qui produisent à peu près les mêmes effets.)

2. Si ces dépôts limoneux sont gras et non graveleux, si leur couche est peu épaisse, c'est un puissant amendement pour les prés qu'ils recouvrent, quoiqu'un accident pour les récoltes du moment : alors ces objets doivent y être précieusement conservés.

3. Si ces dépôts de bonne qualité sont assez épais pour craindre que l'herbe ne puisse pas les percer, évènement peu commun, il faut, lorsque cela est possible, en enlever la plus grande partie ; ce sera une puissante ressource pour les engrais ; elle dédommagera avec usure des avances qu'on pourrait consacrer à son emploi.

4. Lorsque l'excédant de la couche de ces dépôts peut être enlevé pour le répandre sur d'autres terres, principalement sur celles qui sont plantées en vignes, il faut auparavant calculer les moyens de transport les plus économiques.

5. Des ouvriers placés en relais, conduisant des brouettes sur des planches, offrent le meilleur moyen pour retirer des prés, lorsque leur étendue n'est pas trop considérable, les alluvions qu'on veut en extraire; vient ensuite celui des bêtes de somme que l'on charge avec des vaisseaux de bois percés de petits trous pour en laisser échapper l'eau surabondante. Des camions triangulaires à bascule sont préférables pour de grands travaux à cause de la faculté de leur déchargement; ceux qu'on voudrait employer dans les prés devraient avoir des roues dont les jantes auraient environ un pied de large.

6. L'enlèvement de ces couches limoneuses doit être prompt, afin de diminuer le danger de leurs émanations, qui est toujours proportionné à l'étendue de leur surface, et afin de se ménager la récolte du terrain qu'elles recouvraient. En attendant une saison plus favorable pour les transporter au loin, on peut les mettre en tas sur les bords des prés d'où on les a tirées.

7. Ces couches limoneuses devraient servir principalement à relever les berges des rivières qui les ont produites, et à diminuer alors les accidens qu'occasionent toujours leurs débordemens : on pourrait y en déposer plus que moins : cet excédant, après sa maturité, pourrait servir comme un excellent engrais pour les prés et autres terrains auxquels on voudrait le consacrer. Il faut veiller seulement à ce que les dépôts amoncelés sur les berges ne puissent pas retomber dans le lit des rivières dont ils obstrueraient le cours.

8. Toutes ces terres limoneuses entassées éprouveront, par la chaleur de l'été, une fermentation utile à la perfection de l'engrais qu'elles doivent fournir, car elles sont plus ou moins mélangées ; en les répandant ensuite sur les terres immédiatement avant la gelée, elles y recevront par son action la division nécessaire à leur effet.

9. Mais si ces dépôts, charriés par l'eau sur les prés, étant de bonne qualité, et leur couche étant trop épaisse pour permettre à la meilleure herbe de croître, leur excédant ne pouvait cependant être enlevé faute de moyens d'exécution, il faudrait bien alors renoncer à ces prés et cultiver cette terre nouvelle comme toute autre qui lui serait analogue. Après plusieurs hersages pour favoriser l'évaporation de l'humidité, il serait nécessaire de donner plusieurs labours profonds afin de détruire les fortes plantes de ces prairies, derniers signes de leur précédente végétation.

10. Si ce nouveau sol pouvait être assez promptement préparé, on pourrait encore y semer avant l'automne des navets et turneps : ce serait un moyen de remplacer pour les bestiaux la nourriture que l'ancienne superficie devait leur procurer, et ensuite au printemps y faire des semis de chanvre ; enfin, après une culture de deux ou trois années, ces terrains pourraient être remis en pré.

11. Si ces dépôts, suite des débordemens, sont par couches minces et de mauvaise qualité, ce qui est infiniment rare, il faut se résoudre à les laisser sur les prés ; ils y rendront le service de détruire la mousse, et l'on

peut les bonifier. Pour cet effet, le plus tôt qu'il sera possible, on y mêlera, avec la herse à dents de fer, une petite quantité de fumier bien consommé : en ameublissant la terre par ce moyen on procurera à l'herbe qu'elle recouvre la facilité de percer à travers.

12. Enfin si ces dépôts sont épais et de mauvaise qualité (ce qui est peu commun), il faut encore se résoudre à les laisser sur les prés : les cas où ils pourraient être employés d'une manière utile sont trop rares pour établir en principe la nécessité de les enlever : alors ces prés devront être cultivés comme les autres terres auxquelles ils sont devenus semblables. On observera cependant que ces terrains étant plus humides ils seront susceptibles de fournir des produits plus abondans et de recevoir des cultures plus variées. Il ne faut pas oublier qu'avec de l'eau, du sable, des engrais et un travail assidu on obtient encore des récoltes fructueuses.

13. On doit se hâter de couvrir ces nouveaux terrains d'une plante quelconque; quelque légère qu'en soit la ressource pour la nourriture des animaux, leur culture est indispensable pour la salubrité de l'air : la végétation n'est jamais plus belle qu'au milieu des émanations délétères que l'homme ne peut respirer sans de grands dangers; les plantes au contraire s'en nourrissent et n'exhalent dans l'atsmosphère, à leur place, que l'air le plus pur.

14. Il résulte de ce qui précède que les alluvions en général sont moins fâcheuses qu'on ne le croit; qu'il y a même beaucoup de circonstances où les engrais qu'elles fournissent à l'agriculture peuvent les faire regarder comme une de ses plus puissantes ressources.

15. Les alluvions procurent d'autres avantages : en relevant des sols fangeux et marécageux, elles les consolident et les rendent alors susceptibles de toutes les cultures les plus productives.

16. Si les alluvions naturelles sont les sources de ces inappréciables avantages, il faut, lorsque la nature nous refuse ce secours, les obtenir par des alluvions artificielles.

17. Un ruisseau supérieur, une prise d'eau dans une petite rivière, menée dans des temps d'orage sur un terrain en suivant lentement ses pentes, retenue à propos par des batardeaux pour donner à l'eau le temps de déposer son limon, sont les moyens simples que l'observation nous offre pour imiter la nature.

Mesures à prendre pour les récoltes sur les prés qui ont été submergés, et moyens d'y suppléer.

18. Les rivières en débordant ayant déposé des terres limoneuses sur l'herbe des prés qu'elles ont submergés, leur récolte peut se trouver par ce dépôt plus ou moins endommagée, soit dans sa quantité, soit dans sa qualité. L'eau s'écoule, le limon reste; son humidité prolongée peut le rendre dangereux aux hommes en viciant l'air qu'ils respirent, aux animaux en altérant leur principale nourriture.

19. Hâter l'écoulement de l'eau est un des premiers soins à prendre : on y réussira en lui ouvrant ses débouchés naturels, en lui créant de nouvelles routes par des rigoles, des saignées faites d'après les sinuosités et les pentes du terrain. Des fossés profonds, suivant les circonstances, serviront à recevoir les eaux, lorsque, pour le moment, d'autres moyens seraient insuffisans. Les terres qui sortiront de ces fossés pourront être utiles pour opposer de nouveaux obstacles à l'eau, pour en guider le cours, pour recharger même et bonifier le terrain.

20. Lorsque pour prévenir de nouveaux débordemens il est nécessaire de rendre durable l'établissement des fossés, on doit préférer de faire des pierrées souterraines ou fossés couverts, afin de ne rien perdre du terrain de la superficie : l'art de ces constructions consiste à remplir avec des cailloux le sommet de l'angle ou le fond que forme l'ouverture de la pierre, de couvrir ces cailloux en travers avec des fagots dont les bouts les dépassant

portent sur le terrain échancré à cet effet, et de recharger le tout d'environ quinze pouces de la terre sortie de l'excavation en mettant d'abord au fond les gazons qui se trouvent dans cette terre. Les cailloux, les fagots, les gazons, la terre qui forme cette construction doivent être tellement distribués qu'ils arrivent au niveau de la superficie du terrain. Cette superficie, étant semée en pré, ne laissera apercevoir aucune trace de la construction qu'elle recouvre.

21. L'eau étant écoulée, le dépôt qu'elle a laissé étant aussi sec qu'il est susceptible de l'être dans ce premier moment, il ne s'agit plus que de soigner la récolte, si déjà il y en avait une à l'instant du débordement. Ce qui a été dit dans la première partie suffit pour indiquer les soins convenables à prendre pour le pré et la salubrité de l'air, dans le cas où cette récolte n'existerait pas encore ou n'existerait plus.

22. Lorsqu'on parle de récolte on suppose que le foin n'a pas eu le temps de pourrir entièrement; alors on ne saurait trop se presser de le faucher: on le transportera, s'il est possible, sur un lieu sec et en pente; là, s'il ne survient point de pluies assez abondantes pour le laver, il sera arrosé de de manière à le nettoyer entièrement du limon qui le recouvre; ensuite promptement et complètement fané, afin de lui faire perdre surtout une partie de l'odeur qu'il aurait pu contracter.

23. Si au contraire le foin est tellement gâté qu'il n'y ait aucune espérance de pouvoir le donner à manger aux animaux, il est toujours nécessaire de l'enlever du pré, à moins qu'il n'y en ait très-peu: son séjour augmenterait le foyer de putréfaction qui existe déjà, le rendrait inutile comme fumier (il serait dangereux comme litière), et suivant l'état où se trouverait la prairie il pourrait nuire à sa prochaine récolte: s'il était trop pourri, on n'aurait d'autre moyen de l'enlever qu'avec des rateaux à dents de fer; la herse, suivant les circonstances, pourrait y suppléer. Cette pratique est encore indispensable, quand il y aurait peu de foin gâté, lorsqu'on aurait l'espérance d'une nouvelle herbe qui ne manquerait pas d'être altérée par le contact de l'ancienne; d'ailleurs les restes de cette mauvaise herbe seraient nuisibles aux animaux qui se nourriraient de la nouvelle.

24. Lorsque la submersion des prés, en détruisant une partie de la récolte, prive les animaux de la nourriture qu'ils devaient attendre de ces prés, principalement pour l'hiver, il faut, autant qu'il est possible, se hâter de remplacer celle qu'on devra leur donner dans cette saison et de suppléer à celle qu'ils auraient pu prendre sur les prés mêmes aussitôt leur récolte.

25. S'il n'est plus temps de semer des végétaux pour les donner en sec aux animaux pendant l'hiver il faut profiter de tous ceux qui existent pour en tirer ce parti; telles sont de préférence les feuilles des arbres: on en élague les jeunes branches, on les fait sécher et on les conserve pour le besoin; les feuilles qu'il faut surtout préparer ainsi sont celles d'orme, de tous les peupliers, du saule blanc, du saule marsault, du sycomore, du charme, du tilleul, du bouleau, du frêne, de l'aulne, de la vigne.

26. La nourriture en sec pour l'hiver pouvant être extrêmement diminuée, il faut la remplacer par des racines dont l'usage, suivant les circonstances, pourra se prolonger jusqu'au printemps: telles sont principalement celles des navets, turneps et panais. Les premières seront semées sur les jachères et devront être employées d'abord et sur les alluvions de prés, ainsi que les panais, ou dans tous autres lieux convenables.

27. Pour économiser la nourriture d'hiver et suppléer à celle que les animaux pourraient prendre dans les prés dont l'entrée pour le moment doit leur être interdite, il faut se hâter de créer sur les jachères ou autres terrains des prairies artificielles momentanées: on les obtiendra en semant des sarrasins, des vesces, des pois gris, de la spergule, etc.

Dans les lieux où l'usage permet aux animaux l'entrée des prairies aussitôt que la première récolte en est faite, celle des prés submergés doit cependant pour le moment leur être interdite; il serait aussi dangereux pour leur santé qu'ils y allassent à cause de la mauvaise qualité de l'herbe, qu'il serait nuisible qu'ils foulassent le pré avant que le sol en fût entièrement affermi : le temps que durera cette interdiction doit être assez prolongé pour que l'herbe puisse se renouveler.

Dangers auxquels sont exposés les animaux qui se nourrissent de foins terrés.

29. Le plus grand nombre des maladies épizootiques qui, à diverses époques, ont dépeuplé les campagnes de bestiaux, se sont montrées après des inondations qui avaient altéré les fourrages : les maladies charbonneuses, les plus fréquentes et peut-être les plus dangereuses de toutes, ne reconnaissent presque jamais d'autre cause.

30. Les foins vasés portent en eux le principe de plusieurs maladies essentiellement différentes.

1° La terre dont ils sont couverts s'accumule quelquefois dans l'estomac; elle s'y agglomère, et forme des masses considérables qui peuvent faire périr les animaux dans lesquels elle se trouve.

2° Il se détache des foins vasés une poussière noire, épaisse, qui, introduite dans les poumons avec l'air inspiré, s'insinue jusque dans les vésicules pulmonaires, les obstrue, les irrite, donne lieu à des toux violentes, à l'asthme sec, à la phthisie pulmonaire.

3° La vase déposée sur les foins renferme des milliers d'insectes de toute espèce dont la décomposition infecte le fourrage et le rend la source d'un grand nombre de maladies putrides.

4° Les foins qui ont été mouillés, lors même qu'ils ne sont pas terrés, conservent le plus souvent un reste d'humidité qui les fait moisir et leur fait contracter une odeur fétide qui inspire aux animaux une répugnance que la faim seule peut les forcer à surmonter.

C'est ce commencement de corruption qui donne lieu le plus souvent aux maladies putrides dont sont affectés les animaux, parce qu'on n'est pas assez généralement persuadé de ses effets, et qu'on croit d'ailleurs pouvoir les annuler en mêlant ce fourrage avec des alimens de bonne qualité.

5° Le foin, par son séjour dans l'eau, perd sa qualité nutritive, et les animaux qui s'en nourrissent dépérissent sensiblement quoique leur ventre prenne beaucoup de volume.

Moyens préservatifs et curatifs contre ces dangers.

31. Le premier et le plus sûr c'est, quand on le peut, de proscrire entièrement le foin vasé ou moisi de la nourriture des bestiaux. Les sacrifices qu'on fera dans cette circonstance n'ont aucune proportion avec les risques auxquels on s'expose par des motifs d'économie mal entendue.

32. En mêlant une partie de bon fourrage avec le mauvais on en diminue sans doute le danger, mais on ne l'annule pas.

33. C'est une vérité incontestable et trop peu connue qu'une petite quantité de bons alimens nourrit beaucoup mieux qu'une très-grande quantité de mauvais; d'où il suit qu'il y a bien moins d'inconvéniens à donner aux animaux une faible portion de bon fourrage qu'à leur en donner une plus forte dans laquelle il y en aurait d'altéré.

34. C'est encore une vérité sur laquelle on ne peut trop insister, qu'on donne souvent aux animaux une bien plus grande quantité d'alimens qu'il n'en faudrait pour les bien nourrir. Les animaux comme les hommes contractent aisément l'habitude de manger au-delà du besoin. La ration des chevaux du midi n'est guère que le quart de celle des nôtres, ce qui ne tient pas uniquement à la meilleure qualité des alimens, car en Angle-

terre, où les chevaux de labour sont de très-grande taille, ils consomment un tiers moins que ceux de France, et n'en font pas moins d'ouvrage.

35. Plutôt que d'employer des fourrages vasés ou moisis il vaut mieux diminuer momentanément le nombre de ses animaux.

36. Si l'on était réduit à la nécessité absolue de faire consommer des fourrages viciés, ce qui n'est que trop ordinaire, on en diminuerait le danger par des précautions prises tant dans la préparation du foin que dans sa distribution aux animaux.

37. C'est une bonne pratique que d'entremêler le foin qui a été submergé avec de la paille, couche par couche, en ayant soin que celles de paille soient toujours les plus épaisses.

38. Rien de plus propre à prévenir les effets de la putréfaction que le sel dont on saupoudre chaque couche de fourrage. Il est bon de l'égruger le plus qu'il sera possible. On peut en employer environ une livre par quintal de foin vasé.

39. Lorsque le foin n'a pu être lavé et qu'il est poudreux, il est indispensable de le bien secouer avant de le donner. Cette opération doit toujours se faire hors de l'étable ou de la bergerie, qu'elle remplirait d'une poussière épaisse, nuisible aux animaux.

40. Si le foin n'a pas été salé il sera très-bon de faire dissoudre une livre de sel dans un baquet d'eau contenant cinq à six seaux et d'y plonger le foin avant de le mettre dans les rateliers, ou de l'asperger d'eau salée avec le balai.

41. Il faut bien se garder de mouiller le foin avant de l'avoir secoué, comme cela se pratique trop souvent. On prévient bien par ce procédé la séparation de la poussière qui fait tant de ravages dans la poitrine des animaux ; mais on la fixe sur chaque brin de fourrage, et ce n'est qu'un moyen de plus pour la leur faire avaler et la fixer dans leur estomac.

42. Pendant tout le temps que les animaux sont à l'usage des fourrages altérés, il convient de mêler de temps en temps dans leur boisson quelques verrées de vinaigre ou quelques gouttes d'acide vitriolique. On en connaîtra aisément les doses convenables en goûtant l'eau qui doit alors imprimer sur la langue une très-légère et agréable acidité. Si les animaux la refusaient il faudrait la leur faire avaler ; et, dans ce cas, comme le volume serait moins considérable, on peut employer proportionnément une plus grande quantité d'acide, de manière cependant qu'en goûtant la boisson on ne la trouve pas très-désagréable.

43. Dans le cas où, malgré ces précautions, on reconnaîtrait quelques animaux affectés de maladies qui eussent des caractères de putridité, il ne faudrait point hésiter à passer quelques sétons, non-seulement aux animaux attaqués, mais encore à ceux qui seraient menacés de l'être, ayant participé à la même cause : ce moyen est d'une efficacité incontestable, ce dont on peut s'assurer par les faits rapportés dans les *Recherches sur les maladies charbonneuses*, où l'on trouvera d'ailleurs, dans le plus grand détail, tout ce qu'il convient de faire tant pour s'opposer au développement des maladies de ce genre que pour les combattre lorsqu'on n'a pu les prévenir.

Effets des inondations sur les terres ensemencées en grains.

Les dommages que les grains peuvent éprouver de l'inondation et de la gelée, réunies ou successives, ont plus ou moins d'étendue.

Si l'action combinée de ces fléaux a exercé son influence sur des espaces considérables, les cultivateurs peuvent se passer d'instruction ; ils savent bien que, lorsque leur ouvrage, dans des pièces de terres ensemencées en automne, est détruit entièrement par le séjour de l'eau ou de la gelée, il faut au printemps y semer d'autres grains dont la végétation s'accomplisse en quelques mois.

En 1709, les blés gelèrent. Dans beaucoup de communes on laboura les champs précédemment ensemencés, et on y répandit de l'orge qui produisit une telle abondance qu'on souffrit peu de la perte des blés.

Les cultivateurs n'ignorent pas non plus que certains terrains trop battus par l'eau doivent être labourés de nouveau plus ou moins superficiellement; qu'un hersage préparatoire est nécessaire à d'autres; et enfin que dans d'autres terrains on peut se contenter de semer et de herser après.

Ces mesures, qu'il serait superflu de détailler, parce qu'elles sont connues dans tous les lieux où l'on cultive, sont à peu près les seules applicables à une grande étendue de terrain.

Mais il arrive plus ordinairement que l'inondation et la gelée ne maltraitent que des portions de champ.

Si ces portions sont peu considérables, on peut réparer promptement le mal en employant une pratique rarement usitée en France, mais dont le succès est assuré. C'est ici que nous ne pouvons nous dispenser de donner des détails.

On prendra des touffes de froment, de seigle ou d'escourgeon, qu'on voudra repiquer; on les levera avec soin et on les préservera de la sécheresse.

On les séparera en plusieurs brins, laissant à chacun des racines.

On plantera ces brins à la distance de neuf centimètres (environ trois à six pouces) les uns des autres, suivant l'*ébat* des plants et la qualité des terres.

Les trous auront neuf centimètres (environ 3 pouces de profondeur).

On se servira d'un plantoir ou d'une cheville ordinaire comme pour repiquer les légumes, ou, ce qui vaudra beaucoup mieux, d'un plantoir à plusieurs branches qui seront écartées convenablement et assujéties par une traverse dans laquelle on fixera le manche. Avec cet instrument on fait plusieurs trous à la fois.

Avant de planter on remuera la terre, s'il en est besoin, avec les instrumens du pays les plus expéditifs.

Lorsque temps est sec il faut choisir l'après-midi pour cette opération : le matin convient également si le ciel est disposé à la pluie ou le temps couvert.

Quelques sarclages qu'on fera dans la suite rendront la végétation plus vigoureuse.

L'avantage de cette manière de réparer les pertes partielles des grains c'est que ce qui est repiqué mûrit aussi promptement que les parties semées en automne, qui ont résisté à l'inondation et à la gelée, en sorte que tout le champ peut être récolté en même temps.

Lorsque les dégâts, sans être immenses, occupent des espaces très-étendus, lorsqu'ils n'ont pas eu lieu par petites places, mais dans des portions continues du même terrain, il est utile de planter à la charrue, opération prompte et facile. Dans ce cas on doit labourer en faisant des sillons qui n'aient que douze centimètres (4 pouces) de profondeur.

Des cultivateurs, hommes, femmes ou enfans suivent la charrue et posent les plans à la manière dont on repique le colzat dans beaucoup de pays.

De toutes les plantes qu'on peut repiquer au printemps, le seigle est celle qui reprend le mieux, parce qu'il a une végétation plus forte et plus accélérée.

Le repiquage des grains n'est pas seulement utile pour des remplacemens; il peut être pratiqué tous les ans au printemps et avec beaucoup d'avantage, quelque hiver qu'on ait éprouvé.

Il offre une ressource à ceux qui, à cause des grandes pluies de l'automne ou de tout autre empêchement, n'ont point ensemencé une partie de leur champ avant l'hiver.

Les cultivateurs qui emploieront cette méthode avec intelligence s'apercevront qu'elle n'est pas dispendieuse. Nous ne craignons point de la recommander ici comme une pratique très-avantageuse, attendu que les essais que nous en avons faits par ordre du gouvernement ont complètement réussi.

Nous ajouterons à cette courte instruction deux observations qui ne sont point ignorées des bons cultivateurs, mais qu'on ne saurait trop reproduire.

1°. Il y a des terrains auxquels la gelée est très-avantageuse. Tels sont ceux de nature argileuse qu'on n'a labourés qu'avec peine et en laissant de grosses mottes; elle les divise et recouvre les pieds des plantes qu'on y a semées.

2°. D'autres terrains naturellement légers et presque friables se divisent par la gelée de manière à mettre à découvert les racines des plantes, qui se dessèchent aux premiers chaleurs et n'ont plus qu'une faible végétation. On prévient cet accident au printemps en faisant usage pour ces terrains du rouleau qui rechausse les racines.

INSALUBRITÉ. *Voyez* SALUBRITÉ.

INSCRIPTION CIVIQUE. L'art. 2 de l'acte constitutionnel de l'an 8 exige, pour une des conditions qui établissent la qualité de citoyen français, l'inscription sur le registre civique de l'arrondissement communal. *Voyez* DROITS POLITIQUES.

INSCRIPTION MARITIME. Il y a une inscription particulière des citoyens français qui se destinent à la marine. (*Loi du 3 brumaire an 4*. (B. 205), art. 1.)

Cette inscription comprend :

1° Les marins de tout grade et de toute profession naviguant dans l'armée navale ou sur les bâtimens de commerce ;

2° Ceux qui font la navigation ou la pêche de mer sur les côtes, ou dans les rivières jusqu'où remonte la marée ; et pour celles où il n'y a pas de marée, jusqu'à l'endroit où les bâtimens de mer peuvent remonter.

3° Ceux qui naviguent sur les pataches et chaloupes dans les rades et dans les rivières jusqu'aux limites ci-dessus indiquées.

Tout citoyen qui commence à naviguer ne pourra s'embarquer ni être employé sur les rôles d'équipage d'un bâtiment de l'état ou du commerce, que sous la dénomination de *mousse*, depuis l'âge de dix ans jusqu'à quinze ans accomplis, et sous celle de *novice*, au-dessus de ce dernier âge. (Art. 2.)

Néanmoins tout mousse ou novice qui, ayant navigué pendant six mois dans l'une de ces deux qualités, aura en outre satisfait à l'examen prescrit, sera employé sous la dénomination d'*aspirant de la dernière classe*. (Art. 3.)

Il sera donné connaissance des diverses dispositions de la présente loi à tout citoyen commençant à naviguer, et il sera inscrit sur un rôle particulier. (Art. 4.)

Sera compris dans l'inscription maritime tout citoyen âgé de 18 ans révolus, qui, ayant rempli une des conditions suivantes voudra continuer la navigation ou la pêche :

1° D'avoir fait deux voyages de long cours ;

2° D'avoir fait la navigation pendant 18 mois ;

3° D'avoir fait la petite pêche pendant deux ans ;

4° D'avoir servi pendant deux ans en qualité d'apprenti marin ;

A cet effet il se présentera, accompagné de son père ou de deux de ses plus proches parens ou voisins, au bureau de l'inscription de son quartier, où il lui sera donné connaissance des lois et règlemens qui déterminent les obligations et les droits des marins inscrits. (Art. 5.)

Les charpentiers de navires, perceurs, calfats, voiliers, poulieurs, tonneliers, cordiers et scieurs de long, exerçant leur profession dans les ports et lieux maritimes, et non inscrits comme marins, seront appelés dans les ports militaires, dans les cas de guerre, de préparatifs de guerre, ou de travaux extraordinaires et considérables. Il en sera tenu un enregistrement particulier dans les bureaux de l'inscription, et ils seront dispensés de toutes autres réquisitions que celles relatives au service de la marine. (Art. 44.)

Un arrêté du gouvernement, du 24 fructidor an 4 (B. 76), a rappelé aux autorités constituées les obligations qui leur étaient imposées à cet égard.

Art. 1er. Les corps administratifs, municipaux et autres autorités constituées, sont tenus, sous leur responsabilité, de prêter aux officiers d'administration de la marine, préposés à l'inscription maritime, et syndics des marins,

1°. Les secours prescrits par les lois des 7 janvier 1791 et 3 brumaire an 4, relativement aux levées de gens de mer et ouvriers requis pour le service des vaisseaux ou pour celui des ports et arsenaux;

2°. Ceux prescrits par les lois et arrêtés des 21 septembre 1793 et 3 floréal an 3, pour contraindre lesdits gens de mer et ouvriers déserteurs, fuyards ou désobéissans, à se présenter, et pour les faire rejoindre.

2. En cas de refus ou de retard à l'exécution des ordres de levées, les frais de recherches, d'arrestation et de conduite par la gendarmerie nationale ou par la force armée, des gens de mer et ouvriers, seront entièrement à la charge desdites autorités constituées, conformément aux lois et arrêtés des 21 septembre 1793 et 5 floréal an 3.

3. Les administrations municipales, et notamment les commissaires du pouvoir exécutif près de celles desdites administrations dans l'arrondissement desquelles se trouveront des marins déserteurs, fuyards ou désobéissans, seront personnellement responsables de l'inexécution du présent arrêté.

Voyez Marine.

INSCRIPTIONS CINQ POUR CENT CONSOLIDÉS. Un décret du 3 messidor an 12 (B. 6.) porte que les rentiers qui ont perdu leurs extraits d'inscription doivent en faire la déclaration devant le maire de leur commune, en présence de deux témoins qui constatent leur individualité.

Pour ce qui concerne l'établissement des *inscriptions départementales*, voyez Grand-livre.

INSECTES. L'art. 20 de la section 4 du titre 1er de la loi du 28 septembre-6 octobre 1791 enjoint aux autorités administratives d'employer les moyens de protection et d'encouragement en leur pouvoir pour la destruction des animaux et des insectes qui peuvent nuire aux récoltes.

Voyez Chenilles, Hannetons.

INSENSÉS. Les officiers de police sont chargés par l'art. 3 du titre 11 de la loi du 16-24 août 1790, d'obvier ou de remédier aux événemens fâcheux qui pourraient être occasionés par les insensés ou les furieux laissés en liberté.

Il y a cependant beaucoup de précautions à prendre pour l'arrestation des insensés.

Le ministre de l'intérieur ayant remarqué, par l'examen des comptes analytiques des préfets, que plusieurs avaient de leur propre autorité fait arrêter des insensés, pour être, sur leur ordre, enfermés dans des maisons de force, a, par une circulaire du 30 fructidor an 12, rappelé les principes et les règles sur cette matière. Suivant la loi du 22 juillet 1791, conforme sur ce point aux anciens règlemens, les parens des insensés doivent veiller sur eux, les empêcher de divaguer, et prendre garde qu'ils ne commettent aucun désordre. L'autorité municipale, suivant la même loi, doit obvier aux inconvéniens qui résulteraient de la négligence avec laquelle les particuliers rempliraient ce devoir. Les furieux doivent être mis en lieu de sûreté; mais ils ne peuvent être détenus qu'en vertu d'un jugement que la famille doit provoquer. La loi du 8 germinal an 11 indique, avec beaucoup de détail, la manière dont on doit procéder à l'interdiction des individus tombés dans un état de démence ou de fureur. C'est aux tribunaux seuls qu'elle confie le soin de constater cet état. Les lois qui ont déterminé les conséquences de cette triste infirmité ont pris soin qu'on ne pût arbitrairement supposer qu'un individu en est atteint; elles ont voulu que sa situation fût établie par des preuves positives, avec des formes précises et rigoureuses. En substituant à ces procédés réguliers une décision arbitraire de l'administration, on porte atteinte à la liberté personnelle et aux droits civils de l'individu que l'on fait détenir; on donne lieu à des tiers intéressés de soutenir, les uns que les actes faits par un homme ainsi détenu sont nuls, parce qu'il est dans un état de démence constatée, les autres, que de tels actes sont valides, parce qu'il n'y a de démence reconnue que celle qui est régulièrement constatée. L'administration n'est pas plus fondée à remettre en liberté et en possession de leur état des individus détenus comme insensés par ordre de justice; d'abord parce qu'il ne lui appartient point de suspendre l'effet des décisions judiciaires, et de plus, parce que l'état civil des individus n'est pas mis à sa disposition, ni placé sous sa surveillance. *Voyez*, sous le mot DÉLITS, les articles 475 et 479 du Code pénal de 1810.

INSOLVABILITÉ.

Voyez ABSENCE, CERTIFICATS.

INSPECTEURS DES CONTRIBUTIONS. Ces inspecteurs font partie des directions d'impositions établies par la loi du 3 frimaire an 8.

Voyez CONTRIBUTIONS.

INSPECTEURS GÉNÉRAUX DU TRÉSOR ROYAL. Ils

peuvent, sur la demande des autorités locales, vérifier les caisses des établissemens publics et de charité, sans avoir le droit de prescrire aucune mesure pour l'emploi des fonds. Il résultera de cette vérification une plus grande garantie des intérêts des pauvres, et les administrateurs, loin de pouvoir se plaindre de cette sorte de surveillance, auront intérêt à la provoquer.

Voyez Contributions directes.

INSTALLATION. L'installation des autorités administratives inférieures se fait par les autorités administratives supérieures.

INSTITUTEURS. On nomme ainsi ceux qui sont chargés de l'instruction de la jeunesse.

Les instituteurs des écoles publiques ou particulières sont sous la surveillance des municipalités.

Ils sont responsables du dommage causé par leurs élèves pendant le temps qu'ils sont sous leur surveillance, à moins qu'ils ne prouvent qu'ils n'ont pu empêcher le fait qui donne lieu à cette responsabilité. (*Code civil*, art. 1384.)

L'ordonnance du roi du 31 octobre 1821 (B. 492), contenant règlement relatif aux maisons d'éducation de *filles* de degrés supérieurs, porte, art. 2, qu'aucune école primaire, pension ou institution de filles, ne peut être ouverte sans que la maîtresse se soit préalablement pourvue d'une autorisation du préfet du département; et d'après les dispositions des art. 5 et 6, les maîtresses d'écoles qui, sans avoir l'autorisation ou après l'autorisation retirée, tiendraient des écoles, doivent être poursuivies à la diligence du préfet pour contravention aux règlemens de police.

Voyez Ecoles primaires, Instruction publique.

INSTRUCTION JUDICIAIRE. *Voyez* Police judiciaire, Tribunaux de police.

INSTRUCTION PUBLIQUE. Un nouveau système d'éducation publique avait été établi par le décret du 17 mars 1808 (B. 185), qui a confié l'enseignement à l'université.

Des bourses et des portions de bourses ont été créées par l'acte du gouvernement du 10 mai suivant, à la charge des communes, dans les lycées qui ont remplacé les anciens colléges.

Un décret du 2 mai 1811 (B. 368) renferme plusieurs dispositions relatives à ces bourses.

Le régime de l'université avait aussi été déterminé par un autre décret du 15 novembre 1811 (B. 402), mais les bases en ont été changées par une ordonnance du roi du 17 février 1815 (B. 80), dont le titre 1er est ainsi conçu:

Art. 1er. Les arrondissemens formés sous le nom d'*académie*, par le décret du 17 mars 1808, sont réduits à dix-sept, conformément au tableau annexé à la présente ordonnance.

Ils prendront le titre d'*université*.

Les universités porteront le nom du chef-lieu assigné à chacune d'elles.

Les lycées actuellement établis seront appelés *colléges royaux.*

2. Chaque université sera composée, 1° d'un conseil présidé par un recteur, 2° de facultés, 3° de colléges royaux. 4° de colléges communaux.

3. L'enseignement et la discipline dans toutes les universités seront réglés et surveillés par un conseil royal de l'instruction publique.

4. L'école normale de Paris sera commune à toutes les universités : elle formera, aux frais de l'état, le nombre de professeurs et de maîtres dont elles auront besoin pour l'enseignement des sciences et des lettres.

La même ordonnance contient, en outre, les dispositions suivantes :

TITRE V. — *Recettes et dépenses.*

ART. 68. La taxe du vingtième des frais d'étude imposée sur les élèves des colléges et des pensions est abolie ;

69. Sont maintenus, 1° les droits d'inscription, d'examen et de diplomes de grades, au profit des facultés; 2° les rétributions payées par les élèves des colléges royaux et communaux, au profit de ces établissemens; 3° les rétributions annuelles des chefs d'institution et de pensionnat, au profit des universités.

70. Les communes continueront de payer les bourses communales et les sommes qu'elles accordent à titre de secours à leurs colléges : à cet effet le montant desdites sommes, ainsi que des bourses, sera colloqué à leurs budgets parmi leurs dépenses fixes, et il n'y sera fait aucun changement sans que notre conseil royal de l'instruction publique ait été entendu.

71. Les communes continueront aussi de fournir et d'entretenir de grosses réparations les édifices nécessaires aux universités, facultés et colléges.

72. Les conseils des universités arrêtent les budgets des colléges et des facultés.

73. Les facultés et les colléges royaux dont la recette excède la dépense versent le surplus dans la caisse de l'université.

74. Les conseils des universités reçoivent les rétributions annuelles des chefs d'institution et de pensionnat.

75. Ils régissent les biens attribués à l'université de France qui sont situés dans l'arrondissement de chaque université, et ils en perçoivent les revenus.

76. En cas d'insuffisance des recettes des facultés et de celles qui sont affectées aux dépenses de l'administration générale, les conseils des universités forment la demande distincte et détaillée des sommes nécessaires pour remplir chaque déficit.

77. Cette demande est adressée par eux à notre conseil royal de l'instruction publique, qui la transmet, avec son avis, à notre ministre secrétaire d'état au département de l'intérieur.

78. Les dépenses des facultés et des universités, arrêtées par notre ministre secrétaire d'état au département de l'intérieur, sont acquittées, sur ses ordonnances, par notre trésor royal.

79. Sont pareillement acquittées par notre trésor royal, 1° les dépenses de notre conseil royal de l'instruction publique; 2° celles de l'école normale; 3° les bourses royales.

80. A cet effet, la rente de quatre cent mille francs, formant l'apanage de l'université de France, est mise à la disposition de notre ministre secrétaire d'état au département de l'intérieur.

81. De plus, et en remplacement provisoire de la taxe abolie par l'article 68 de la présente ordonnance, notre ministre secrétaire d'état au département de l'intérieur est autorisé par nous, pour le service de l'instruction publique dans notre royaume, pendant l'année 1815, à s'adresser au ministre de notre maison, qui mettra à sa disposition la somme d'un million à prendre sur les fonds de notre liste civile.

82. Le fonds provenant de la retenue du vingt-cinquième des traitemens

dans l'université de France, demeure affecté aux pensions de retraite : notre conseil royal est chargé de nous proposer l'emploi le plus convenable de ce fonds, ainsi que les moyens d'assurer un nouveau fonds pour la même destination dans toutes les universités.

Une ordonnance du roi du 12 mars 1817 (B. 148) porte, relativement aux bourses communales, 1° que les villes continueront à acquitter celles dont elles sont chargées, et que leur distribution entre les divers colléges royaux est provisoirement maintenue; 2° que les conseils municipaux auront la nomination de la moitié des bourses vacantes, à l'effet de quoi les maires présenteront trois candidats pour chacune, l'autre moitié devant continuer à être donnée au concours, 3° que les bourses communales occupées au commencement d'un trimestre, seront payées pour un trimestre entier.

Le mode de la répartition des bourses ou portions de bourses attribuées aux communes, dans les colléges royaux, a été réglé par une ordonnance du 25 décembre 1819 (B. 340), dont voici le texte :

TITRE Ier. — *Fondations.*

ART. 1er. Les villes comprises dans le tableau ci-joint continueront à entretenir dans les colléges royaux désignés audit tableau des élèves boursiers qui seront assimilés en tout aux boursiers de l'état.

2. En conséquence, lesdites communes porteront chaque année dans leurs budgets les sommes affectées auxdites bourses, sans qu'il puisse être rien innové à cet égard qu'en vertu d'une ordonnance royale.

TITRE II. — *Mode de nomination.*

3. Les bourses fondées par les communes ne pourront être obtenues qu'au concours et par suite d'examens qui seront faits d'après les règles et aux conditions ci-après exprimées.

4. Lorsqu'une de ces bourses deviendra vacante, le proviseur du collége royal en donnera immédiatement avis au maire de la ville fondatrice, qui sera prévenu, en outre, trois semaines avant les époques ci-après fixées, du jour où le concours aura lieu.

5. Les concours pour les bourses vacantes seront ouverts dans les communes fondatrices au mois de mai et au mois de septembre de chaque année; et, dans le cas où il serait jugé convenable d'ouvrir un concours extraordinaire, le conseil municipal de la ville intéressée se concertera à cet effet avec le recteur de l'académie.

6. Le conseil municipal formera une liste des candidats qu'il jugera convenable de présenter au concours : ils devront être nés ou domiciliés dans la ville fondatrice, et remplir les conditions exigées par les règlemens sur l'instruction publique.

La liste devra être triple, au moins, du nombre des bourses vacantes; elle sera signée par le maire, et remise à l'inspecteur chargé du concours.

7. Il sera procédé au concours, soit par un inspecteur général des études, soit par l'inspecteur de l'académie, ou tout autre officier de l'instruction publique désigné par le recteur à cet effet, en présence du maire ou de l'adjoint à ce commis. Le concours sera public.

8. Le procès-verbal du concours, signé par le maire ou par l'adjoint présent, auquel seront jointes les pièces exigées par les règlemens, sera transmis au recteur de l'académie, qui l'adressera sur-le-champ à la commission royale de l'instruction publique; et la commission nommera immé-

diatement aux bourses vacantes les élèves qui se seront le plus distingués au concours.

9. Dans la huitaine de la nomination, la commission en donnera connaissance au maire de la commune intéressée, par l'intermédiaire du préfet du département, et à notre ministre de l'intérieur.

Elle fera connaître en même temps l'époque à laquelle les élèves nommés devront être rendus à leur destination.

L'arrêté de nomination sera transcrit sur le registre des délibérations du conseil municipal, et le maire en donnera avis à chaque élève nommé, ainsi que du jour où il devra être rendu au collége royal.

Titre III. — *Dispositions générales.*

10. Les bourses supérieures devant être la récompense des élèves déjà boursiers qui obtiennent le plus de succès dans l'intérieur des colléges royaux, les élèves admis au concours ne pourront obtenir pour la première fois que des bourses à demi-pension ou à trois quarts de pension, à moins qu'il ne se soit présenté à l'examen des sujets particulièrement distingués et dont les parens ne puissent fournir au paiement de la moitié ou du quart de la bourse mise au concours; ce qui sera attesté par le maire.

11. Il ne sera jamais nommé aux bourses communales vacantes, sous quelque prétexte que ce soit, que les élèves présentés par les conseils municipaux des villes fondatrices.

12. Tout élève qui ne sera pas rendu à sa destination dans les trois mois de sa nomination, à moins d'empêchement légitime constaté par le maire, sera considéré comme démissionnaire, et il sera pourvu à son remplacement d'après le procès-verbal du dernier concours et en suivant l'ordre des numéros donnés aux concurrens, sauf le cas d'un nouveau concours, comme il est dit art. 5.

13. Tout boursier qui, par suite de sa paresse ou de sa négligence habituelle, ne passerait pas, à la fin de chaque année scolastique, dans une classe supérieure, sera remis à ses parens.

14. Les retenues qui s'opèreraient sur les bourses vacantes, conformément au décret du 2 mai 1811 et à notre ordonnance du 12 mars 1817, ne seront plus exercées à l'avenir et à compter du 1er janvier 1820.

15. Les communes dont les fondations de bourses ont cessé d'être comprises dans le tableau de répartition ci-joint, et qui par la suite voudraient rétablir ces fondations, ou celles qui à l'avenir voudraient fonder une ou plusieurs bourses dans les colléges royaux, feront connaître leurs vœux à cet égard à notre ministre secrétaire d'état de l'intérieur; et, sur la proposition de notre commission royale de l'instruction publique, lesdites communes seront admises au bénéfice de la fondation, d'après les règles et aux conditions déjà établies.

Titre IV. — *Dispositions transitoires.*

16. Les bourses créées par le décret du 10 mai 1808, et qui ne sont point conservées par la présente ordonnance, continueront néanmoins à être entretenues par les communes, comme par le passé, si elles sont en ce moment occupées; et ce, jusqu'à ce que les titulaires desdites bourses aient terminé le cours de leurs études.

Des difficultés s'étant élevées relativement à l'exécution de l'art. 10 de l'ordonnance ci-dessus, le ministre de l'intérieur a, par une circulaire du 19 juin 1820, fait observer que les communes désignant seules les candidats qui concourent pour obtenir les bourses inférieures, les candidats une fois admis ont droit par leur bonne conduite au complément de leurs bourses, qui ne sont d'abord que de demi ou de trois quarts de pension ; que cette récompense étant un prix proposé à leur émulation, les juges de ce prix ne peuvent être que les maîtres auxquels ils sont confiés ; que la commune qui a présenté les candidats, et leur a ainsi donné le droit à une demi-bourse ou aux trois quarts de bourse, leur a aussi donné le droit à une bourse entière, s'ils se conduisent de manière à l'obtenir ; qu'elle ne peut en conséquence leur ôter ce droit, mais qu'elle ne peut en être juge, comme elle ne l'est pas du mérite des candidats qu'elle a autorisés à concourir, et qu'en conséquence il ne peut être question dans l'art. 11 de l'ordonnance que de la première vacance de chaque bourse, et non de son complément, les conseils municipaux, qui ne connaissent pas les progrès et la conduite de leurs boursiers, ne pouvant indiquer ceux à qui la pension entière doit être accordée.

Une autre ordonnance du 6 novembre 1821 (B. 491), qui contient règlement sur la nomination aux bourses, est conçue en ces termes :

Art. 1er. Les bourses royales et communales pourront être données désormais à des élèves qui ne sont pas âgés de plus de douze ans, mais à la charge, pour ceux qui auront atteint cet âge, de justifier qu'ils ont l'instruction nécessaire pour être admis, à l'ouverture de l'année scolaire qui suivra, dans la classe de sixième.

2. Ces bourses pourront être aussi conférées à des élèves plus âgés qui seraient pensionnaires depuis l'âge de douze ans, dans un collége de l'université, et qui auraient une instruction proportionnée à leur âge.

3. La nomination aux bourses communales sera faite par le conseil municipal de la ville qui paie lesdites bourses ; cependant les élèves nommés ne seront admis que d'après un examen qui constatera qu'ils ont le degré d'instruction nécessaire pour entrer dans la classe qui correspond à leur âge. Notre conseil royal de l'instruction publique déterminera les formes et les conditions de cet examen.

4. Dans le cas où un sujet nommé ne serait pas jugé avoir le degré d'instruction convenable, le conseil municipal, sur l'avis qui lui en aura été donné par le recteur de l'académie, devra nommer dans le délai d'un mois, un autre sujet qui remplisse les conditions exigées.

5. Toutes les dispositions de notre ordonnance du 25 décembre 1819, auxquelles il n'est pas dérogé par la présente, sont maintenues.

L'ordonnance du roi du 8 février 1824 (B. 664) contient des dispositions particulières sur l'administration supérieure de l'instruction publique, les colléges, les institutions, les pensions et les écoles primaires. *Voyez* sous le mot Écoles primaires les art. 7 et suivans de cette ordonnance.

Depuis l'ordonnance du 1er novembre 1820 (B. 416), l'instruction publique était dirigée par une commission ; mais celle du 26 août 1824 (B. 694) qui a créé un ministère des affaires ecclésiastiques et de l'instruction publique et a fixé les attributions dont les colléges royaux et les bourses royales font partie, porte que les fonctions de grand-maître de l'université, relatives aux facultés de théologie protestante, seront exercées par un membre du conseil royal d'instruction publique, et continueront d'être dans les attributions du ministère de l'intérieur ainsi que toutes les affaires relatives aux cultes non catholiques.

INSTRUMENS ARATOIRES. Aux termes de l'art. 2, titre 1er, section 3, de la loi du 28 septembre – 6 octobre 1791, les ustensiles ni les bestiaux servant à l'exploitation des terres ne peuvent être saisis ni vendus pour contributions publiques; ils ne sont saisissables qu'au profit de la personne qui les a fournis, ou pour acquit de fermages dus au propriétaire, et même dans le seul cas d'insuffisance d'autres objets mobiliers.

L'art. 388 du Code pénal de 1810 prononce la peine de la réclusion contre ceux qui auraient volé dans les champs des instrumens d'agriculture; et, aux termes de l'art. 451 du même Code, la destruction de ces instrumens est punie d'un emprisonnement d'un mois au moins et de deux mois au plus.

Lorsqu'un cultivateur s'est aperçu du vol ou de la destruction d'une charrue, il doit en faire la déclaration chez le juge de paix, afin de pouvoir, en cas de découverte de l'auteur du délit, obtenir réparation du tort par lui souffert.

INSUBORDINATION. *Voyez*, pour l'insubordination dans les ateliers, les art. 25 et 30 de la deuxième partie de la loi du 19-22 juillet 1791.

Voyez aussi les mots MANUFACTURES, OUVRIERS.

INSULTES. *Voyez* INJURES.

INTÉRÊT. *Voyez* ARGENT.

INVALIDES *Voyez* HÔTEL DES INVALIDES.

INVENTIONS. Les auteurs d'inventions et découvertes trouveront, dans les lois des 31 décembre 1790-7 janvier 1791 et 14-26 mai suivant, la marche qu'ils doivent tenir pour l'obtention de brevets et la jouissance des avantages qui y sont attachés. Voici l'extrait de la première de ces lois :

ART. 1er. Toute découverte ou nouvelle invention dans tous les genres d'industrie est la propriété de son auteur, et en conséquence la loi lui en garantit la pleine et entière jouissance, suivant le mode et pour le temps déterminés.

2. Tout moyen d'ajouter, à quelque fabrication que ce puisse être, un nouveau genre de perfection sera regardé comme une invention.

3. Quiconque apportera le premier en France une découverte étrangère jouira du même avantage que s'il en était l'inventeur.

4. Celui qui voudra conserver ou s'assurer une propriété industrielle du genre de celles énoncées aux précédens articles sera tenu,

1° De s'adresser au secrétariat de la préfecture de son département et d'y déclarer par écrit si l'objet qu'il présente est d'invention, de perfection ou seulement d'importation;

2° De déposer sous cachet une description exacte des principes, moyens et procédés qui constituent la découverte, ainsi que les plans, coupes, dessins et modèles qui pourraient y être relatifs, pour ledit paquet être ouvert au moment où l'inventeur recevra son titre de propriété.

Extrait de la seconde loi.

TITRE Ier. Art. 1er. Il est délivré, sur une simple requête et sans examen préalable, des patentes nationales sous la dénomination de *brevets d'invention*, à toutes personnes qui voudraient exécuter ou faire exécuter des objets d'industrie jusqu'alors inconnus en France.

TITRE II. Art. 4. Si la soumission du brevet (celle d'acquitter la deuxième moitié de la taxe s'il n'a pas payé la totalité en présentant sa requête) n'est point remplie au terme prescrit, le brevet qui lui a été délivré sera de nul effet : l'exercice de son droit deviendra libre et il en sera donné avis à tous les départemens par le directoire des brevets d'invention. Si quelque personne annonce un moyen de perfection pour une invention déjà brevetée, elle obtient sur sa demande un brevet pour l'exercice privatif dudit moyen de perfection, sans qu'il lui soit permis sous aucun prétexte d'exécuter ou de faire exécuter l'invention principale ; et réciproquement sans que l'inventeur puisse faire exécuter par lui-même le nouveau moyen de perfection.

Ne sont point mis au rang des perfections industrielles les changemens de formes ou de proportions, non plus que les ornemens de quelque genre que ce puisse être.

Tout concessionnaire de brevet obtenu pour un objet que les tribunaux ont jugé contraire aux lois, à la sûreté publique ou aux règlemens de police, est déchu de son droit sans pouvoir prétendre d'indemnité, sauf au ministère public à prendre, suivant l'importance du cas, telles conclusions qu'il appartiendra.

10. Lorsque le propriétaire d'un brevet est troublé dans l'exercice de son droit privatif, il se pourvoit, dans les formes prescrites pour les autres procédures civiles, devant le juge de paix pour faire condamner le contrefacteur aux peines prononcées par la loi.

11. Le juge de paix entend les parties et leurs témoins, ordonne les vérifications qui peuvent être nécessaires, et le jugement qu'il prononce est exécuté provisoirement, nonobstant l'appel.

14. Le propriétaire d'un brevet peut contracter telle société qu'il lui plaît pour l'exercice de son droit en se conformant aux usages du commerce. (La suite de cet article interdisait la faculté d'établir l'entreprise par actions ; mais cette disposition a été rapportée par le décret du 25 novembre 1806 (B. 126).

15. Lorsque le propriétaire d'un brevet a cédé son droit en tout ou en partie (ce qu'il ne peut faire que par un acte notarié), les deux parties contractantes sont tenues, à peine de nullité, de faire enregistrer ce transport au secrétariat de leurs départemens respectifs, lesquels en informent aussitôt le directoire des brevets d'invention afin que celui-ci en instruise les autres départemens.

Des changemens ont été faits, par un arrêté du 5 vendémiaire an 9 (B. 46), au mode de délivrance des brevets d'invention.

Le certificat de demande d'un brevet d'invention est donné par le ministre de l'intérieur ; les brevets sont ensuite délivrés, tous les trois mois, par le gouvernement, et promulgués dans le bulletin des lois. Pour prévenir l'abus que les brevetés pourraient faire de leurs titres, on insère, par annotation au bas de chaque expédition, la déclaration suivante :

« Le gouvernement, en accordant un brevet d'invention sans examen préalable, n'entend garantir en aucune manière, ni la priorité, ni le mérite, ni le succès d'une invention. »

Les mémoires descriptifs et les dessins fournis par les brevetés en déchéance sont remis à l'administration du conservatoire des arts et métiers, pour être livrés au public par la voie de l'impression et de la gravure. (*Décret du 9 brumaire an* 13 (B. 20), art. 2.)

Aux termes du décret du 25 janvier 1807 (B. 436), les années de jouissance d'un brevet d'invention, de perfectionnement ou d'importation, commencent à courir de la date du certificat de demande délivré par le ministre de l'intérieur : ce certificat établit en faveur du demandeur une jouissance provisoire, laquelle devient définitive par l'expédition du décret qui doit suivre ce certificat.

La priorité d'invention, dans le cas de constestation entre deux brevetés pour le même objet, est acquise à celui qui le premier a fait au secrétariat de la préfecture du département de son domicile le dépôt de pièces exigé par l'art. 4 de la loi du 7 janvier 1791.

INVIOLABILITÉ DU DOMICILE. *Voyez* Visites domiciliaires.

IRRIGATION. *Voyez* Navigation, et sous le mot Délits les art. 4, 15 et 16 du titre 2 de la loi du 28 septembre-6 octobre 1791.

ISRAÉLITES. L'arrêté du 2 prairial an 10 (B. 191) défend aux rabbins de donner la bénédiction nuptiale à ceux qui n'auraient pas auparavant contracté mariage devant l'officier de l'état civil. *Voyez* aussi les art. 199 et 200 du Code pénal.

Le roi a rendu, le 29 juin 1819, une ordonnance concernant les Israélites par laquelle,

Vu les réclamations des synagogues consistoriales et les demandes du consistoire central, et considérant qu'il importe de régulariser la marche administrative de ces consistoires en donnant à quelques articles de leur règlement du 10 décembre 1806 une interprétation moins rigoureuse que ne le fait le décret d'exécution du 17 mars 1808 il a été statué ce qui suit :

Art. 1er. Conformément à l'article 6 du règlement des Israélites du 10 décembre 1806, les notables des circonscriptions consistoriales pourront être convoqués à l'effet d'élire un cinquième membre du consistoire. Ils désigneront pour cette place le second rabbin autant que faire se pourra; et à défaut ils y appelleront un membre laïque.

2. Les Israélites qui viendraient s'établir en France (*article* 11 *dudit règlement*) contribueront de droit, ainsi que les autres Israélites du royaume, aux charges de la circonscription consistoriale dont fait partie la commune de leur résidence.

3. Une fois par an, et à jour fixe, chaque consistoire invitera les notables de la circonscription à se réunir à lui pour assister à la formation du budget annuel des frais généraux de la circonscription, ainsi qu'à la confection du rôle de répartition y relatif. (*Art.* 12 *du règlement et* 7 *du décret d'exécution.*)

Les consistoires communiqueront en même temps aux notables le compte

rendu, par le trésorier, des recettes et dépenses relatives à l'exercice précédent. (*Art.* 25 *du règlement.*)

Les dépenses d'instruction religieuse et des écoles primaires qui, d'après l'avis du consistoire central, auront été approuvées par l'autorité compétente, seront comprises dans les frais du culte mentionnés à l'article 23 du règlement; ils feront, suivant la diverse destination des établissemens, partie soit des frais généraux du consistoire central, soit des frais généraux de la circonscription ou de ceux des communes respectives.

4. Le mode de perception actuellement en usage est maintenu. En conséquence les fonds continueront d'être recouvrés par les receveurs généraux, et le montant en sera versé dans la caisse du trésorier israélite. (*Art.* 25 *du règlement.*)

5. L'article 15 du règlement, concernant la sortie annuelle d'un membre du consistoire central, n'est applicable qu'aux membres laïques de ce consistoire.

6. Le décret du 17 mars 1808, qui prescrit des mesures pour l'exécution du règlement précité, continuera d'être exécuté dans toutes les dispositions qui ne sont pas spécialement modifiées par la présente ordonnance.

Ce règlement a été modifié par une ordonnance en vingt articles du 20 août 1823 (B. 625). *Voyez* Cultes.

IVROGNERIE. D'anciennes ordonnances ont prononcé des peines fort graves contre l'ivrognerie. Elles ne sont plus maintenant susceptibles d'exécution; mais l'attention des officiers de police à surveiller les cabarets peut beaucoup contribuer à prévenir les désordres qui naissent de l'excès du vin et des autres liqueurs.

JACHÈRES. *Voyez* Prairies artificielles.

JANTES DES ROUES. *Voyez* Voitures.

JAUGEAGE. *Voyez* Poids publics.

JEUX. Les jeux, considérés comme délassement, ne sont susceptibles d'une inspection de la part des officiers municipaux et des commissaires de police, qu'autant qu'il y surviendrait des rixes, et qu'il s'agirait de rétablir le bon ordre.

Cependant il est convenable au magistrat de faire en sorte de détourner ses concitoyens de certains divertissemens qui, quoique non prohibés, offrent un aspect cruel et nullement analogue au caractère général d'une nation dont les mœurs sont naturellement douces; tels sont ceux qui sont encore en usage dans certaines communes où les hommes exercent leur adresse sur des animaux suspendus vivans, et ces spectacles barbares d'animaux qu'on fait s'entr'égorger, comme si l'on pouvait trouver du plaisir à se repaître de leurs souffrances!

Les jeux publics autorisés et où l'on entre en payant sont placés sous la surveillance des maires, non-seulement pour ce qui regarde l'ordre et la police, mais encore sous le rapport de la perception de la portion de recette qui revient aux pauvres.

Quant aux *jeux de hasard*, et défendus sous des peines fort graves par l'art. 7 du titre 1er, et les art. 36 et 37 du titre 2 de la loi du 19-22 juillet 1791, l'art. 10 du tit. 1er de la même loi permet aux officiers de police de faire des visites dans les lieux qui leur auraient été dénoncés par deux citoyens, et ils y doivent dresser procès-verbal, avec confiscation des objets trouvés au jeu. L'art. 3 du titre 11 de la loi du 24 août 1790 plaçait aussi la surveillance des jeux au nombre des attributions des maires.

Une ordonnance du 8 février 1708 a fait défense aux marchands, colporteurs, artisans et autres, de quelque état qu'ils fussent, de donner à jouer dans les foires ou marchés, aux cartes, aux dés, à la blanque, au tourniquet, aux chevilles, ou à tirer dans un livre et à tous autres jeux de hasard généralement quelconques.

Un arrêt du 30 juin 1750 a défendu de tenir aucun jeu de hasard, même sous le nom de loterie, à peine de 100 fr. d'amende.

L'ordonnance de police du 26 juillet 1777 a défendu aux marchands de vins, cabaretiers, limonadiers, etc. de souffrir qu'on jouât chez eux à des jeux de hasard.

Enfin l'art. 16 d'une ordonnance du 28 janvier 1786 a fait défense de jouer dans les rues et places publiques, au volant, aux quilles ou au bâtonnet, à peine de 200 fr. d'amende.

Si les peines rigoureuses portées par ces règlemens ne sont plus applicables dans certaines circonstances, on n'est pas moins en droit de les invoquer pour l'exécution des mesures d'ordre public qu'elles prescrivent.

Un décret du 24 juin 1806 (B. 101) contient les dispositions suivantes sur les jeux de hasard :

Art. 1er. Les maisons de jeux de hasard sont prohibées en France.

Les préfets, maires et commissaires de police, sont chargés de veiller à l'exécution de la présente disposition.

2. Les procureurs généraux près les cours criminelles et leurs substituts poursuivront d'office les contrevenans qui seront punis des peines portées par la loi du 22 juillet 1791.

3. Tout fonctionnaire public, soit civil, soit militaire, qui autorisera une maison de jeu, qui s'intéressera dans ses produits, ou qui, pour la favoriser, recevra quelque somme d'argent ou autre présent de ceux qui la tiendront, sera poursuivi comme leur complice.

4. Le ministre de la police fera, pour les lieux où il existe des eaux minérales, pendant la saison des eaux seulement et pour la ville de Paris, des règlemens particuliers sur cette partie.

Aux termes de l'art. 410 du Code pénal de 1810, ceux qui auraient tenu une maison de *jeux de hasard*, et qui y auraient admis le public, sont punis d'un emprisonnement de deux mois au moins et de six mois au plus, et d'une amende de 100 fr. à 600 fr. Les fonds exposés au jeu, les meubles, instrumens et appareils destinés au service des jeux sont confisqués. *Voyez*, sous le mot Délits, les art. 475 et 477 du même Code.

Procès-verbal de saisie de jeu.

Le . . . . nous . . . . sur l'avis qui nous a été donné qu'il se tenait chez . . . . . des jeux prohibés auxquels le public était admis, nous sommes transporté dans cette maison, accompagné de . . . . . ; y ayant trouvé plusieurs personnes jouant . . . . nous nous sommes saisi de l'argent qui était sur la table et qui formait une somme de . . . . et nous avons déclaré à . . . . . procès-verbal de sa contravention aux règlemens de police.

Il en serait de même s'il s'agissait de jeux de hasard saisis sur la voie publique.

JOURNALIERS. La cour de cassation a décidé, par un arrêt du mois de juin 1807, que celui qui reçoit un conscrit comme journalier pour un certain temps, sans l'avoir présenté à l'administration municipale, ne peut pas s'excuser sur ce qu'il ignorait sa qualité de conscrit. *Voyez* OUVRIERS.

JOURNAUX. Les journaux doivent porter le nom de leur auteur, et le nom et la demeure de l'imprimeur. (*Loi du* 24 *germinal an* 4 (B. 40).

Ils ne peuvent être imprimés que sur papier timbré. (*Loi du* 9 *vendémiaire an* 6 (B. 148), art. 56.)

Il est défendu d'annoncer publiquement les journaux et les actes des autorités constituées autrement que par leur titre. (*Loi du* 5 *nivose an* 5.) (B. 98.)

Le préfet de police de Paris, informé que les colporteurs de journaux et autres feuilles contrevenaient journellement aux lois et aux règlemens de police qui les concernent, a rendu, le 4 pluviose an 9, une ordonnance dont voici l'extrait :

ART. 3. Nul individu ne peut être colporteur s'il ne sait lire. (*Règlement du* 26 *février* 1783, art. 69.)

4. Tout colporteur est tenu d'avoir sur son habit une plaque de cuivre sur laquelle sera gravé le mot *colporteur*, avec le numéro de sa permission. (*Règlement précité*, art. 74.)

5. Il est défendu aux colporteurs de céder et prêter leurs plaques ou permissions, sous quelque prétexte que ce soit. (*Ordonnance de police du* 16 *avril* 1740.)

6. Les colporteurs sont tenus de représenter leur permission chaque fois qu'ils en seront requis par les commissaires de police, officier de paix, préposés de la préfecture de police, etc.

7. Dans le cas de changement de demeure, les colporteurs doivent en faire la déclaration à la préfecture.

8. Les colporteurs ne pourront crier, vendre et débiter que les journaux et tous actes émanés des autorités constituées.

9. Il est défendu à tout individu d'annoncer dans les rues, carrefours et autres lieux publics, aucun journal autrement que par le titre général qui le distingue des autres journaux (*Loi du* 5 *nivose an* 5, art. 1er.)

10. Il est également défendu d'annoncer aucune loi, aucune jugement ou autres actes d'une autorité constituée, autrement que par le titre donné auxdits actes, soit par l'autorité de laquelle ils émanent, soit par celle qui a le droit de les publier. (*Loi précitée*, art. 2.)

11. Les colporteurs ne pourront s'arrêter sur la voie publique.

12. Dans tous les cas de contravention aux dispositions ci-dessus, les colporteurs seront amenés à la préfecture de police, et il sera pris envers les contrevenans telle mesure administrative qu'il appartiendra ; les plaques et permissions pourront même leur être retirées, sans préjudice des poursuites à

exercer pardevant les tribunaux, conformément aux lois et réglemens de police.

Il a été ordonné, par un décret du 3 août 1810 (B. 345), qu'il n'y aurait qu'un seul journal dans chacun des départemens autres que celui de la Seine, et que néanmoins les préfets pourraient autoriser provisoirement, dans les grandes villes, la publication de feuilles d'affiches ou d'annonces pour les mouvemens des marchandises, les ventes d'immeubles, et des journaux traitant exclusivement de littérature, sciences, arts et agriculture.

Un autre décret du 14 décembre suivant (même bulletin) a définitivement autorisé la publication d'une feuille d'annonces dans vingt-huit villes, et celle de journaux affectés aux sciences, à la littérature et aux arts dans vingt autres. L'art. 5 de ce décret porte que nulle commune ou corporation ne pourra, si ce n'est en vertu d'un décret, être tenue de payer aucune souscription à aucun journal, de quelque nature qu'il soit.

L'état des villes dans lesquelles la publication d'une feuille périodique a été définitivement autorisée est joint au décret du 26 septembre 1811. (B. 395.)

S. M. Charles X a rendu le 29 septembre 1824 (B. 1, série 8, n° 3) une ordonnance portant que celle du 15 août 1824, qui remettait en vigueur les lois des 31 mars 1820 et 26 juillet 1821, relatives aux journaux et écrits périodiques, cesserait d'avoir son effet.

Voyez Colporteurs, Presse, Timbre.

JOURNÉE DE TRAVAIL. Une loi du 29 mai 1791, portant convocation de la première législature, a ordonné, titre 2, article 2, que la valeur de la journée de travail serait déterminée par le directoire de département, et que tous les six ans le corps législatif en fixerait le *maximum* et le *minimum*.

Le ministre de l'intérieur avait réglé, par une circulaire du 30 nivose an 4, que les administrations centrales fixeraient tous les trois mois la valeur de la journée agricole, d'après laquelle devaient être perçues les amendes de simple police; mais le prix de ces journées étant devenu à peu près le même depuis l'extinction du papier-monnaie, une autre circulaire, du 14 messidor an 8, a invité les préfets à ne plus la fixer qu'une fois l'année, et dans le mois de fructidor.

Les conseils généraux de département avaient antérieurement, et par l'article 5 de la loi du 3 nivose an 7, été autorisés à déterminer, pour l'assiette de la contribution mobilière, le prix moyen de la journée de travail dans chaque commune, sans pouvoir fixer cette journée au-dessous de 50 centimes, ni au-dessus d'un fr. 50 centimes; mais l'art. 28 de la loi du 23 juillet 1820 (B. 385) a ordonné que cette valeur serait de nouveau réglée dans toutes les communes, à raison de leur importance et des avantages dont elles jouissent, par les conseils généraux de département, sur la proposition des préfets.

Aux termes de l'art 606 du Code des délits et des peines du 3 brumaire an 5 (B. 204), les tribunaux de police condamnaient, pour contravention, à une amende d'une, de deux ou de trois journées de travail; mais le Code pénal de 1810 a prononcé des peines particulières et graduées pour chaque nature de délits.

JOURS DE REPOS. Le repos des fonctionnaires publics a été fixé, par l'art. 57 de la loi du 18 germinal an 10 sur les cultes, au dimanche; mais cette disposition ne peut être rendue obligatoire, pour les autres citoyens, par les autorités locales.

Voyez Cultes.

D'après l'art. 63 du Code de procédure civile, il ne peut être donné, les jours de *fête légale*, aucun exploit d'ajournement, ni aux communes (en la personne de leur maire), ni à d'autres, à moins qu'il n'y ait eu une autorisation expresse. *Voyez* Travail.

JUGEMENS. On appelle jugemens *préparatoires* ceux qui ordonnent une visite ou autre préliminaire, et *définitifs* ceux qui, statuant sur le fond, acquittent ou condamnent le prévenu. On nomme jugemens *par défaut* ceux qui sont rendus en l'absence de l'une des parties, et *contradictoires* ceux qui sont prononcés toutes les parties présentes. Les jugemens en *premier ressort* sont ceux dont on peut interjeter appel; les jugemens en *dernier ressort* n'y sont point soumis.

La loi ne prescrivant aux maires aucune forme particulière pour la rédaction de leurs jugemens, il suffit qu'ils soient rendus par eux ou, en cas d'impossibilité, par leurs adjoints, sur les conclusions du ministère public; qu'ils énoncent les qualités des parties, le point de fait, les motifs, le dispositif; qu'ils soient prononcés en audience publique, datés et signés par le maire et le greffier.

Le maire, remplissant les fonctions de juré, doit, après les débats, prononcer selon sa conviction, et appliquer la peine portée par la loi pour la contravention.

Quand le jugement qui prononce une condamnation n'a pas été attaqué, ou l'a été sans effet, l'adjoint en poursuit l'*exécution* en ce qui concerne la peine et la confiscation des objets saisis. Le recouvrement de l'amende prononcée est du ressort de la régie de l'enregistrement, et les restitutions, ainsi que les dommages-intérêts et les dépens, concernent la partie réclamante. Les expéditions nécessaires à l'adjoint et à la régie peuvent être faites sur papier libre; mais il faut que l'expédition qu'on délivre à la partie civile soit sur papier au timbre d'un franc vingt-cinq centimes la feuille, et elle est d'ailleurs susceptible d'enregistrement.

Lorsque la peine d'emprisonnement a été prononcée, l'adjoint du maire fait conduire l'individu condamné dans une maison de police municipale. Quand il y a eu condamnation à l'amende, la régie de l'enregistrement décerne une contrainte susceptible d'exécution par corps ; mais la détention ne peut toutefois être de plus de quinze jours, dans le cas d'insolvabilité justifiée. Les restitutions, dommages-intérêts et frais sont poursuivis de la même manière par la partie civile, qui est payée de préférence à la régie ; les restitutions passent avant l'amende, et l'insolvabilité ne peut être, à cet égard, pour le condamné, un motif de demander son élargissement.

Quand le prévenu n'ayant pas comparu a été condamné par défaut, il peut, sur la signification du jugement à la requête de l'adjoint de maire, y former *opposition* et proposer ses moyens justificatifs à l'audience. L'opposition peut avoir lieu soit par déclaration faite à l'huissier porteur de la signification du jugement, soit par un acte notifié séparément à la partie civile ; mais l'opposition, étrangère à la chose jugée sous le rapport de la peine, ne peut avoir pour objet que les restitutions, les réparations et les dommages-intérêts. L'*opposition*, dont la formule se trouve au mot TRIBUNAUX DE POLICE, contient assignation à la partie qui a obtenu le jugement pour comparaître devant le tribunal, à la première audience, où la cause est de nouveau plaidée, et où l'adjoint donne ses conclusions comme il l'avait fait précédemment.

Quoique les jugemens des maires ne soient pas, en général, sujets à l'*appel*, ils le sont lorsqu'il y a eu condamnation à l'emprisonnement, ou que l'amende et les restitutions s'élèvent au-dessus de 15 fr.

L'adjoint peut interjeter appel lorsque le jugement a appliqué une peine trop légère, ou lui paraît avoir, sans fondement, acquitté le prévenu. Quand la peine paraît, au contraire, trop grave au prévenu, ou lorsqu'il prétend avoir été mal à propos condamné, il a également la faculté d'appeler ; et la partie civile en jouit à son tour quand elle croit n'avoir pas obtenu une réparation suffisante.

L'appel suspend l'exécution du jugement ; c'est au tribunal correctionnel qu'il doit être porté, et la notification doit en être faite dans le délai de dix jours de la signification du jugement; mais, comme par dérogation à la règle générale, la voie de l'appel n'est ouverte que d'après les termes du jugement de condamnation, et lorsque la sentence prononce un emprisonnement, ou plus de cinq francs d'amende, de restitutions ou autres réparations civiles, non compris les dépens, il n'y a point faculté d'appel quand le jugement absout le prévenu. La cour de cassation l'a ainsi jugé par arrêt du 10 avril 1812.

Les jugemens de police rendus en dernier ressort, et dans lesquels il y a eu violation ou fausse interprétation de la loi, sont attaquables par le *pourvoi en cassation*, et la déclaration de ce pourvoi doit être faite dans le délai de trois jours francs, c'est-à-dire sans y comprendre le jour du jugement, ni celui de l'échéance. Elle doit être signée par le réclamant et par le greffier, et inscrite sur le registre du tribunal de police.

Lorsque c'est la partie civile qui se pourvoit en cassation elle doit le déclarer au condamné, et joindre aux pièces une expédition du jugement. C'est l'adjoint du maire qui livre cette expédition quand le pourvoi a lieu de la part du condamné, et c'est toujours lui qui doit adresser les pièces au ministre de la justice, par lequel elles sont transmises au greffe de la cour de cassation.

Les condamnés pour contravention sont tenus de consigner l'amende ou de fournir un certificat d'indigence; et cette amende, qui est de cent cinquante francs pour un jugement contradictoire, et de soixante-quinze francs pour un jugement par défaut, est restituée au demandeur si le jugement est cassé. A l'égard de la requête contenant les moyens, il est prudent d'en confier la rédaction à un avocat au conseil d'état; mais, vu les frais que le pourvoi peut occasioner, on ne doit prendre ce parti que dans le cas où les moyens sont évidens, et tels sont ceux qui résultent de l'incompétence du maire, à raison de la matière, ou d'un excès dans ses pouvoirs, de la non publicité de l'audience, de la composition irrégulière du tribunal, du défaut de conclusions de l'adjoint ou d'assistance du greffier, de la substitution de la preuve testimoniale à un procès-verbal d'officiers chargés de la recherche des contraventions de police, de la non prestation de serment par les experts, de leur audition en l'absence de l'adjoint, de l'oubli fait par le maire de motiver son jugement, d'y citer les termes de la loi appliquée, ou d'en signer la minute, qui doit être également signée par le greffier.

Voyez TRIBUNAUX DE POLICE.

JUGES D'INSTRUCTION. Ce n'est pas à eux mais au procureur du roi que les officiers auxiliaires de police doivent transmettre les plaintes qui leur auraient été adressées. CODE D'INSTRUCTION CRIMINELLE, art. 64. *Voyez* aussi les art. 98, 105 et 109 du même Code.

JUIFS. Il leur est défendu, par un décret du 17 mars 1808 (B. 186), de se livrer à aucun commerce, négoce ou trafic, sans avoir reçu du préfet une patente, qui n'est donnée que sur un certificat du conseil municipal, constatant que l'individu ne s'est livré ni à l'usure ni à un trafic illicite. *Voyez* ISRAÉLITES, NOMS.

JURÉS. Suivant l'art. 389 du Code d'instruction criminelle, le préfet du département est tenu de notifier à chacun des citoyens inscrits sur la liste des *jurés* un extrait de cette liste, constatant que son nom y est porté; et, lorsque cette notification ne peut-être faite à la personne, on la fait à son domicile et à celui du maire, ou de l'adjoint, qui est tenu de lui en donner connaissance.

JURIDICTION DES MAIRES. Les dispositions du Code d'instruction criminelle, qui fixe la nature et l'étendue de la juridiction des maires, se trouvent sous le mot TRIBUNAUX DE POLICE; on se bornera ici à donner une idée sommaire de la manière de procéder devant eux.

Les affaires s'introduisent par le moyen d'un avertissement ou citation sans frais, lequel se donne à la requête de l'adjoint de maire qui requiert l'application de la peine, ou à celle du plaignant qui demande des dommages-intérêts. L'avertissement est donné à la partie poursuivie par le greffier ou par toute autre personne que le maire en aurait chargée ; le porteur le laisse au prévenu ou à la personne civilement responsable ; et, à moins que la chose ne soit urgente, le délai de l'audience doit être de vingt-quatre heures, c'est-à-dire qu'on assigne le premier pour comparaître le trois. Au jour indiqué, la personne citée comparaît ou se fait représenter par un fondé de pouvoir ; le père paraît pour ses enfans mineurs, le maître pour ses domestiques. La plainte se lit à l'audience, et, s'il n'a pas été dressé de procès-verbaux, on entend les témoins. Le prévenu peut faire aussi entendre des témoins de sa part, et donner ses défenses ; mais aucune enquête ne peut avoir lieu, si la contravention est constatée par l'adjoint de maire, pour objets relatifs à la police intérieure de la commune ; par un garde forestier, pour contravention dans les forêts ; par un garde champêtre, pour contravention dans les champs ; ou par un inspecteur des routes, pour contravention sur les voies publiques, leurs rapports étant crus jusqu'à inscription de faux. L'adjoint, après avoir résumé l'affaire, prend ses conclusions, qui tendent à l'application de la peine ou au renvoi du prévenu, quand la contravention n'est pas suffisamment constatée, ou même au renvoi devant le procureur du roi, dans le cas où la gravité de la contravention excèderait la compétence du maire.

Quoique le Code d'instruction criminelle n'ait pas de disposition sur l'intervention en matière de contraventions de police, elle paraît devoir, suivant les circonstances, être admissible, et pouvoir s'effectuer par de simples conclusions que l'intervenant remettrait au greffier, et sur lesquelles le tribunal statuerait par le même jugement.

Les maires peuvent ne tenir leurs audiences que quand les circonstances l'exigent ; mais cependant il est bon qu'ils indiquent en général des jours fixes pour que, dans le cas où les parties s'adresseraient directement à un huissier, celui-ci puisse faire la citation ; et ces jours peuvent être le dimanche, afin de ne pas déranger de leurs occupations, dans les circonstances ordinaires, l'adjoint et le greffier, qui ne reçoivent pas de salaires.

La maison commune est le lieu où les audiences se tiennent en public ; le maire en a la police, et, si on s'y permettait des insultes envers lui, il pourrait condamner les auteurs à une amende, et même à l'emprisonnement.

Quoique la compétence des maires soit réglée par les articles cités du Code d'instruction criminelle, il y a des points susceptibles d'éclaircissemens, ou sur lesquels il est bon de fixer leur attention.

Les juges de paix ayant, d'après l'article 139 du Code, l'attribution exclusive des contraventions commises dans les communes chefs-lieux de canton, où est fixée leur résidence, la connaissance des matières de police est étrangère aux *maires de ces chefs-lieux*.

Il suffit que les dommages-intérêts réclamés *s'élèvent à plus* de 15 *francs*, ou soient *indéterminés*, pour que l'affaire ne soit pas de la compétence des maires des autres communes ; cependant, si le plaignant restreignait à l'audience l'indemnité pour laquelle il aurait formé une demande indéterminée ou supérieure à 15 fr., le tribunal de la mairie serait compétent, et il le serait de même si le plaignant avait demandé pour indemnité, et sans rien déterminer en quotité, une *somme* qui n'excèderait point 15 francs. Au reste, la cour de cassation a jugé, par un arrêt du 5 janvier 1811, que c'était par la quotité des dommages-intérêts *adjugés*, et non par celle de la somme demandée, que l'on pourrait connaître si les jugemens du tribunal de police étaient sujets à l'appel.

D'un autre côté, il pourrait arriver que le défendeur ou intervenant conclût à des dommages-intérêts supérieurs à 15 francs, et il s'agirait alors de décider si l'affaire devrait être renvoyée par le maire au juge de paix ; mais, quoiqu'il ne soit pas naturel de limiter forcément les prétentions des parties intéressées, comme ce moyen, toujours ouvert pour éluder la compétence du maire, s'écarterait des vues du législateur, ce serait à la demande principale qu'il faudrait s'arrêter.

Dans les contestations dont la connaissance est attribuée aux maires concurremment avec les juges de paix, c'est-à-dire qui peuvent être portées devant l'un ou devant l'autre, aucun d'eux ne peut refuser de juger sans commettre un déni de justice : c'est le premier saisi de l'affaire qui devient juge ; mais, dans les contraventions de nature à n'être poursuivies que par le ministère public, l'adjoint de maire doit, dans les vues d'économie que le gouvernement a pour but, saisir de préférence le tribunal de la mairie.

Pour être justiciable du maire, il n'est pas nécessaire que le contrevenant soit domicilié, mais seulement résidant dans la commune, ou dans une ferme isolée dépendant du territoire ; et même, sans être résidant, il suffit qu'il ait été présent au moment où la contravention aura été commise, et qu'on l'ait trouvé en flagrant délit pour qu'il ne puisse décliner la juridiction du maire, si les témoins sont aussi résidans ou présens.

Voyez Délits, Greffiers, Intervention, Jugement, Maires, Ministère public, Opposition, Police judiciaire, Présomption, Peines, Règlemens de police, Témoins, Tribunaux de police.

JURY MÉDICAL. Cette institution a été créée par la loi du 19 ventose an XI (B. 256) pour la réception des officiers de santé, et des sages-femmes, et par celle du 21 germinal suivant (B. 270) pour la réception des pharmaciens et des herboristes. Les préfets informent les maires de l'époque de leur assemblée annuelle, et ceux-ci donnent de la publicité à l'avis pour que les aspirans se fassent inscrire aux préfectures et sous-préfectures.

JUSTICES DE PAIX. Les traitemens de ces justices sont une charge municipale, d'après l'art. 8 de la loi du 11 frimaire an 7 (B. 247).

KILARE. Mille *ares*. *Voyez* ce mot.

KILO. Ce terme signifie *mille*. Lorsqu'il précéde une mesure, il la rend mille fois plus forte. *Kilo-mètre* est la réunion de *mille mètres*; comme *kil-are* est celle de *mille ares*, *kilolitre* celle de *mille littres*, *kilo-gramme* celle de *mille grammes*, et *kilo-stère* celle de *mille stères*.

KILOGRAMME. Poids de mille grammes, égal à un peu plus de deux livres.

Le kilogramme est le poids de l'eau pure contenue dans un litre. C'est l'unité nouvelle qui remplace la livre.

KILOLITRE. Capacité de mille litres, égale au mètre cube; elle revient à environ 29 pieds cubes.

Le kilolitre est moins un instrument de mesure qu'une unité de compte pour les grands approvisionnemens; mais le demi-kilolitre, contenant 500 litres ou environ 537 pintes de Paris, est très-propre à remplacer les queues, pipes, hottes, et autres gros tonneaux destinés au commerce des eaux-de-vie, cidres, et autres liqueurs.

La forme des mesures de capacité pour les grains et autres matières sèches est réglée invariablement, de manière que le diamètre soit toujours égal à la hauteur.

Ces mesures sont le décilitre, le litre, le décalitre, l'hectolitre, leurs doubles et leur moitié : elles forment ainsi une série de douze mesures, ou seulement de dix, en excluant la plus petite et la plus grande qui ne peuvent guère être d'usage.

Les mesures de capacité pour les liquides ont la hauteur double du diamètre. Ces mesures, qui ne doivent être exécutées qu'en étain ou en fer-blanc, sont le demi-décilitre, le décilitre, le double décilitre, le demi-litre et le litre, auxquels on peut ajouter le double litre. Le décalitre, employé comme remplaçant le setier ou velte, n'a pas besoin d'être assujéti à une forme déterminée; c'est un vase quelconque de la contenance de dix litres.

KILOMETRE. Longueur de mille mètres (environ 513 toises).

Le kilomètre est propre à exprimer les petites distances itinéraires; il répond à un petit quart de lieue.

Dix kilomètres font un myriamètre.

Le kilomètre carré, qui est cent fois plus petit que le myriamètre carré, pourrait servir pour exprimer l'étendue du territoire d'un canton, celle d'un bois, etc. Il est compris dans la nomenclature méthodique sous le nom de myriare, et il est égal à cent hectares.

LABORATOIRE D'ANATOMIE *Voyez* DISSECTION, SALUBRITÉ.

LABOURAGE. *Voyez* AGRICULTURE, INSTRUMENS ARATOIRES.

LADRERIE. *Voyez* PORCS.

LAIS. *Voyez* MER.

LAIT. Le préfet de police de Paris a, par une ordonnance du 23 messidor an 8, prescrit les mesures suivantes :

Art. 1er. Il est défendu à toutes personnes vendant du lait d'en déposer, sous quelque prétexte que ce soit, dans des vaisseaux de cuivre, sous peine de confiscation et de trois cents francs d'amende. (*Déclaration du 13 juin 1777*, art. 1er.)

2. Il est pareillement défendu d'exposer en vente du lait aigre, écrêmé, mélangé avec de l'eau, de la farine, ou des jaunes d'œufs ou autres corps étrangers, à peine de deux cents francs d'amende pour chaque contravention. (*Ordonnance du* 20 *avril* 1742, art. 3.)

3. Les marchands de lait sont tenus de se servir des mesures nouvelles et légales, à peine d'être poursuivis conformément à la loi du 1er vendémiaire an 4.

4. Il sera fait l'inspection la plus exacte chez les nourrisseurs de vaches et tous autres faisant le commerce de lait.

Il sera fait de semblables visites au sujet des laitières qui vendent dans les places publiques et les rues.

5. Il sera pris envers les contrevenans aux dispositions ci-dessus telles mesures de police administrative qu'il appartiendra. Ils seront en outre poursuivis conformément à la déclaration du 13 juillet 1777, à l'ordonnance du 20 avril 1742, à la loi du 1er vendémiaire an 4, et autres qui leur seront applicables.

LANDES. *Voyez* DÉFRICHEMENS, et la fin du mot DÉPENSES ET RECETTES DES COMMUNES.

LAPINS. Le bureau central de Paris, informé que beaucoup d'habitans de cette ville élevaient, soit dans l'intérieur de leurs maisons, soit à la portée de leur domicile, des porcs et des lapins, ce qui était une contravention aux ordonnances de police non abrogées : considérant que les jeunes enfans étaient ainsi journellement exposés à la morsure des porcs ; que les lapins faisaient dans l'intérieur des maisons des dégradations qui portaient préjudice aux intérêts des propriétaires, et que l'existence habituelle de ces différens animaux répandait une odeur infecte qui pouvait occasioner des maladies contagieuses, a défendu, par un arrêté du 17 brumaire an 5, aux habitans de Paris d'élever, soit dans l'intérieur, soit à la portée de leurs maisons, des porcs ou lapins, en exceptant ceux qui exercent la profession de nourrisseurs de bestiaux, lesquels sont autorisés seulement à en établir des dépôts hors des anciennes barrières de la commune, après en avoir fait la déclaration au commissaire de police de leur domicile. Défenses ont aussi été faites de laisser vaguer aucun porc dans les rues et places publiques, sous les peines portées aux art. 606 et 607 du Code des délits.

L'art. 22 d'un arrêt de règlement du 30 avril 1663 avait déjà défendu pour les mêmes motifs, et sous peine de 30 fr. d'amende et de confiscation, d'élever dans l'intérieur des maisons des lapins, et même des pigeons.

LATRINES. *Voyez* FOSSES D'AISANCE, VIDANGES.

LÉGISLATION. L'art. 11 de la loi du 6-27 mars 1791 autorise

les maires à légaliser les actes des officiers publics domiciliés dans l'étendue de leur commune. Ils légalisent ainsi les signatures des commissaires de police, chirurgiens, concierges de prisons, etc. Cette légalisation se fait en ces termes :

Nous maire de la commune de arrondissement de département de certifions que la signature apposé au bas de l'acte ci-dessus est celle de et qu'il doit y être ajouté foi.
A ce

La signature du maire est certifiée véritable par le sous-préfet, et celle du sous-préfet par le préfet : le ministre de l'intérieur légalise les signatures des préfets ; et lorsque l'acte doit être envoyé dans les colonies ou à l'étranger, le ministre de la marine ou celui des affaires étrangères certifie la signature du ministre de l'intérieur.

Les extraits des registres de l'état civil délivrés par les maires sont légalisés par le président du tribunal de première instance.

Le ministre de l'intérieur a, par une circulaire dont le Constitutionnel du 14 novembre 1824 renferme l'analyse, recommandé aux maires appelés à légaliser une signature, d'exiger que le particulier l'appose en leur présence ou en celle de l'adjoint. Il est nécessaire aussi que ce particulier soit connu de lui, et que s'il ne le connaît pas, comme cela est possible dans les grandes villes, il se fasse attester, ou par le commissaire de police de son quartier dans les villes, ou par des gens dignes de foi et connus de lui, que celui qui se présente et qui signe est bien *tel* individu portant *tel* nom.

LÉGION D'HONNEUR. Cette légion a été créée par la loi du 29 floréal an 10 (B. 192).

Les détails de son organisation sont contenus dans une loi du 13 messidor suivant (B. 201), à la suite de laquelle se trouve le tableau des arrondissemens des seize cohortes.

Aux termes de l'art. 99 du sénatus-consulte organique du 28 floréal an 12 (B. 1, 4e série), les grands officiers, les commandans et les officiers de la légion d'honneur étaient membres du collége électoral du département dans lequel ils ont leur domicile, ou de l'un des départemens de la cohorte à laquelle ils appartenaient.

Les légionnaires étaient membres du collége électoral de leur arrondissement.

Les membres de la légion étaient admis au collége électoral dont ils devaient faire partie, sur la présentation d'un brevet qui leur était délivré à cet effet par le grand électeur.

La qualité de membre de cette légion se perd, et l'exercice des droits y attachés est suspendu par les mêmes causes qui font perdre la qualité ou suspendre les droits de citoyen français, et qui sont énoncées aux art. 4 et 5 de l'acte constitutionnel de l'an 8.

Les commandans, officiers et membres de la légion d'honneur

qui assistent aux cérémonies publiques, civiles ou religieuses, y doivent occuper un banc particulier, ou une place à eux assignée par les autorités constituées. (*Décret du* 11 *avril* 1809, B. 233.)

L'institution de la légion d'honneur a été maintenue par l'art. 72 de la charte.

Les maires doivent, aux termes de l'art. 12 du décret du 4 mai 1809 (B. 270), donner dans le mois, au procureur général du sceau des titres, connaissance du décès des membres de l'ordre royal de la légion d'honneur; et cette attention n'exige point d'embarras de leur part, puisque les officiers de l'état civil ne manquent jamais d'être instruits par les familles des qualités des personnes dont on leur annonce le décès. Le ministre de l'intérieur a écrit à cet égard, et sur la demande du chancelier de l'ordre, une circulaire en date du 22 janvier 1818. *Voyez* DÉCORATION.

LÉGITIMATION D'ENFANT. *Voyez*, au mot ETAT CIVIL, la forme à observer à cet effet dans l'acte de mariage.

LEGS. L'art. 910 du Code civil porte que les dispositions entre vifs ou par testament au profit des hospices, des pauvres, d'une commune ou d'établissemens d'utilité publique, n'auront leur effet qu'autant qu'elles seront autorisées par un arrêté du gouvernement.

Les legs faits aux pauvres sont acceptés par le bureau de bienfaisance de l'arrondissement dans lequel la commune est située. Ceux qu'on fait aux hospices sont acceptés par les commissions administratives.

Lorque l'acceptation d'un legs fait à un hospice a été légalement autorisée, et que les héritiers en contestent la délivrance, l'administration se fait autoriser à la poursuivre judiciairement suivant les formalités prescrites par l'arrêté du 7 messidor an 9, inséré sous le mot HOSPICES CIVILS.

Quand les legs consistent dans des droits à exercer, les receveurs des hospices ou bureaux de bienfaisance sont chargés de faire les poursuites et diligences requises pour le recouvrement des créances exigibles et actions quelconques faisant partie du legs, et à faire provisoirement tous les actes conservatoires nécessaires pour en assurer l'intégrité.

Lorsque les legs consistent en sommes d'argent, si le montant est suffisant pour l'acquisition de rentes sur l'état, cet emploi est ordonné, et il se fait à la diligence du directeur général de la caisse d'amortissement, pour en employer le produit conformément aux intentions des testateurs. En cas d'insuffisance, les fonds sont employés de la manière qui est déterminée par le préfet, sur les représentations à lui faites à cet égard.

Quand le montant d'un legs fait à un établissement de charité est suffisant pour l'acquisition d'une rente de 50 fr. sur l'état, le décret d'autorisation pour l'accepter ordonne cet emploi; dans le cas contraire il charge le préfet de le régler.

Dans le cas d'opposition de la part des héritiers du légataire, le bureau de bienfaisance se fait autoriser, en conformité de l'arrêté du 7 messidor an 9 (B. 86), à poursuivre judiciairement la délivrance du legs.

Le sieur Cajetan Pasquero, d'Asti (Tanaro), ayant, par un testament bien singulier que le notaire Bussoloni avait reçu le 18 nivose an 8, légué *à son âme, et, à son défaut*, à l'hôpital de la charité d'Asti, la totalité de ses biens, évalués 100,000 francs, le décret du 28 floréal an 13, qui a autorisé la commission administrative des hospices et secours de cette ville à accepter ce legs, ne l'a fait qu'à la charge de donner 15,000 fr. à la fille du testateur, sauf son recours, si elle le jugeait convenable, devant les tribunaux contre le testament.

Un arrêté du 10 ventose an 12 a autorisé la commission administrative des hospices de Narbonne à accepter un legs considérable fait à l'un de ces hospices, et, à défaut d'héritiers appelés à recueillir la portion d'hérédité réservée par la loi, à s'en faire envoyer en possession dans les formes prescrites par le Code civil. En cas de contestation, l'arrêté porte que la commission se fera autoriser à y défendre dans les formes déterminées par l'arrêté du 7 messidor an 9, et que les transactions qui seront dans le cas d'être consenties ne pourront l'être qu'en se conformant aux dispositions du même arrêté; que le testament sera, à la diligence du receveur des hospices, transcrit avec l'arrêté et l'acte d'acceptation aux bureaux des hypothèques dans l'arrondissement des lieux de la situation des immeubles, et qu'il ne sera payé pour cette transcription que le droit fixe d'un franc et les droits personnels du conservateur; que les immeubles seront réunis aux autres biens de l'hospice, pour être administrés de même; et que les fonds résultant de la vente des effets mobiliers et du recouvrement des obligations et créances exigibles, seront, après l'acquit des charges de la succession, employés en acquisition de rentes sur l'état, dont le produit sera affecté aux dépenses de l'hospice légataire.

Par un arrêté du 23 germinal an 12, contenant l'autorisation nécessaire pour l'acceptation d'un legs à titre universel fait au bureau de charité de Puy-Laurens, il a été ordonné,

1° Que l'acte de donation, en ce qui concernait les immeubles qui faisaient partie de cette succession, serait, à la diligence du receveur du bureau de charité, transcrit, avec l'arrêté, sur le registre du bureau des hypothèques dans l'arrondissement duquel ces immeubles étaient situés, et qu'il ne serait payé pour cette transcription que le droit personnel du conservateur;

2° Que le receveur ferait les poursuites requises pour le recouvrement du montant des obligations et créances de toute espèce qui appartenaient à la même succession, et qu'il ferait provisoirement tous les actes conservatoires aussi jugés nécessaires;

3° Que les meubles et effets mobiliers seraient vendus par adjudication publique, aux enchères, pour le produit être employé, avec celui des obligations et créances exigibles, en acquisition de rentes sur l'état, s'il suffisait pour acquérir 50 francs de rente, et, en cas d'insuffisance, être appliqué, sous la surveillance et d'après l'indication du préfet, de la manière la plus avantageuse pour l'établissement (*voir* le dernier alinéa du mot GRAND-LIVRE);

4° Que le bureau de charité remplirait les formalités prescrites pour se faire autoriser par une loi à aliéner ceux des immeubles dont la conservation pourrait être onéreuse.

D'autres décrets en date des 15 et 22 floréal, même année, donnent la faculté de placer les fonds légués sur les monts-de-piété réunis aux hospices.

Quand les legs ou donations comprennent des effets mobiliers, la vente en est ordonnée aux enchères, et le prix employé suivant le règlement du préfet. Telles sont les dispositions d'un arrêté du 25 thermidor an 10, qui a autorisé l'acceptation d'une donation faite à l'hospice civil de Bapaume.

Le conseil de préfecture du département du Gers avait autorisé, le 24 brumaire an 9, le maire de Montgardin à recevoir, au nom des habitans de cette commune, et à placer à leur profit sur des particuliers, le montant du legs. Cette décision a été annulée, pour cause d'incompétence, par un décret du 4 mai 1809 (B. 236), qui a ordonné que l'acceptation serait faite par le bureau de bienfaisance à la charge d'en employer les intérêts au paiement des impositions des habitans pauvres, sur le vu du rôle des contributions de la commune. Le même décret a enjoint au maire de rendre compte au préfet de la gestion de la somme léguée, et ordonné qu'à mesure de la rentrée des placemens sur des particuliers, le montant serait versé par le receveur du bureau de bienfaisance à la caisse d'amortissement, et employé par le directeur général de cette caisse en acquisition de rentes sur l'état, au profit exclusif des légataires.

Une ordonnance du roi du 10 juin 1814 (B. 20, série 5), sans rien innover relativement à l'autorisation par le gouvernement des fondations, dons et legs faits en biens immeubles aux églises, séminaires, fabriques, hospices, associations religieuses et autres établissemens publics autorisés et reconnus, et de ceux qui leur seront faits en argent s'ils excèdent la somme capitale de 1,000 fr., non plus qu'à celle attribuée aux préfets, de pareilles fondations, dons et legs faits à ces mêmes établissemens quand la valeur des sommes ou effets mobiliers donnés n'excédera pas 300 fr., porte 1° que ces autorisations d'accepter seront accordées sur l'autorisation provisoire des évêques diocésains quand il y aura charge de services religieux, et sur celui du ministre des cultes quand elle devront émaner du gouvernement; 2° que les dons et legs faits en argent et ceux qui le seront en effet mobiliers, à quelque somme que puisse s'en monter la valeur, seront soumis pour l'autorisation, sur l'avis des préfets, au ministre des cultes, qui pourra accorder ou refuser l'autorisation; 3° que les arrêts et arrêtés d'autorisation détermineront l'emploi des sommes ordonnées, ainsi que la conservation ou la vente des effets mobiliers, d'après ce qui sera jugé le plus convenable aux besoins et aux intérêts des églises ou autres établissemens publics légataires, sans qu'il y ait obligation de le faire en rentes sur l'état.

Madame Dedelay-d'Agier ayant légué en mourant tous ses biens aux hospices de Romans, une ordonnance du roi du 8 septembre 1819 a autorisé ces hospices à n'accepter que 30,000 fr. sur ce legs universel, par la raison qu'il est de l'intérêt de l'état que les familles conservent leur patrimoine, et que les hospices ne doivent point recevoir de dotation au-delà de leurs besoins.

Voyez Acceptation, Enregistrement, Etablissemens de charité, Etablissemens ecclésiastiques, Fondations, Hospices.

LÉGUMES. Les fruits et légumes gâtés et corrompus ne peuvent être exposés en vente, à peine d'amende et de confiscation. Il est défendu par les anciens règlemens de se servir du fumier de porc ou de vidanges de privés pour l'engrais des terres employées à leur culture.

Voyez Accaparement, Denrées.

LÉTHARGIE. *Voyez* Inhumation.

LETTRES. *Voyez* Correspondance.

LIBERTÉ. La liberté consiste à pouvoir faire ce qui ne nuit pas aux droits d'autrui.

Les art. 634 et suiv. du Code des délits et des peines, du 3 brumaire an 4 (B. 204), prononçaient des peines pour les attentats commis contre la liberté individuelle. L'art. 114 du nouveau Code pénal (B. 277 *bis*) a aussi des dispositions sur ces sortes de délits. Les maires peuvent protéger la liberté individuelle en s'opposant aux arrestations qui ne seraient pas faites en vertu d'une loi, ou sur l'ordre d'une autorité investie par la loi du droit de faire arrêter.

Pour la garantie de la liberté individuelle, voir l'art. 4 de la Charte sous ce mot, et la loi du 26 mars 1820 (B. 354); pour celle de la Presse, *voyez* ce mot, et l'art. 8 de la charte.

LIBERTINAGE. *Voyez* Débauche, Filles publiques, Moeurs.

LIBRAIRIE. Les maires et adjoints sont chargés de faire exécuter les lois de police sur l'imprimerie et la librairie en sont ce qui concerne les offenses faites aux mœurs et à l'honnêteté publique.

Voyez Contrefaçon, Imprimerie, Police, Presse.

LICENCE. *Voyez* Pêche.

LIEUE. *Voyez* Kilomètre.

LIEUX GLISSANS. Lorsqu'il survient du verglas, les personnes chargées de la police doivent, surtout dans les grandes villes, faire sabler les rues; et après un dégel elles doivent faire déblayer les ponts et les lieux glissans. (*Arrêté du* 5 *brumaire an* 9 (B. 50), art. 17.) *Voyez* Maires.

LIEUX PUBLICS. Les articles 9 et 10 du titre 1er de la loi du

19-22 juillet 1791 permettent aux officiers de police d'entrer en tout temps dans les lieux publics, où tout le monde est admis, et dans ceux qui sont notoirement livrés à la débauche.

Ils surveilleront aussi les encans, maisons de prêt, mont-de-piété, et les fripiers, brocanteurs, prêteurs sur gages. *Voyez* POLICE.

LIMITES. *Voyez* ARPENTAGE, BORNES, CADASTRE, TERRITOIRE.

LIMONADIERS. L'art. 14 d'une ordonnance de police du 8 novembre 1780 a défendu aux limonadiers, taverniers, de recevoir aucune personne chez eux et d'y donner à boire après dix heures du soir et avant cinq heures du matin, depuis le premier novembre jusqu'au premier mars; et depuis le premier mars jusqu'au premier novembre, après onze heures du soir et avant quatre heures du matin.

Voyez CAFÉS, JEUX.

LITRE. Sa capacité est égale à celle d'un vase de forme cubique qui aurait un décimètre en tous sens. Il est plus grand d'un treizième que la pinte de Paris, et plus grand d'un quart environ que le litron : il sert aux mêmes usages que l'une et l'autre de ces anciennes mesures; sa moitié et son double sont également des mesures usuelles.

LITS D'HOSPICES. Un arrêté du 28 fructidor an 10 (B. 215) a enjoint aux fondateurs de lits dans les hospices de Paris de justifier des titres de leurs fondations, et a ordonné la formation d'un état de ces lits.

Par un arrêté du 16 fructidor an 11 (B. 311), ces fondateurs ont été maintenus dans le droit de présenter les indigens pour occuper ces lits, en complétant les fonds nécessaires à leur entretien, qu'on a fixés à 500 francs de revenu net pour les malades, et à 400 francs pour les incurables.

Un arrêté du 4 messidor an 10 (B. 198) avait précédemment ordonné 1° qu'il serait établi, dans les hospices de Paris consacrés à la *vieillesse* et aux *infirmités incurables*, deux cents places qui resteraient exclusivement affectées à l'admission des hommes et des femmes dont les enfans servaient l'état ou étaient morts en le défendant;

2° Que les aspirans aux places devraient, pour leur admission, être inscrits au rôle des pauvres du lieu de leur domicile, et justifier qu'à raison de leur âge ou de leurs infirmités ils étaient hors d'état de pourvoir à leur existence; qu'ils devraient justifier en outre, par des certificats des ministres de la guerre ou de la marine, que leurs enfans servaient l'état ou étaient morts en le défendant;

3° Que les places seraient accordées par le ministre de l'intérieur au nom du gouvernement; et qu'il serait pourvu à leur entretien sur les ressources générales de ces établissemens. *Voyez* HOSPICES CIVILS.

LITS MILITAIRES. Il a été ordonné, par un décret du 7 août 1810, que les villes qui étaient propriétaires des lits militaires entretenus dans leur enceinte recevraient sur les fonds de l'administration de la guerre un loyer d'entretien, mais qu'à compter du 1er janvier 1811 la dépense d'occupation des lits militaires cesserait d'être à la charge de cette administration dans toutes les communes qui recevaient des droits d'octroi sur les objets de consommation des troupes qui occupaient ces lits; que cette dépense serait supportée par les communes au profit desquelles les droits d'octroi étaient perçus, et que si elles n'étaient pas propriétaires des lits, le décompte de la dépense serait établi et soldé par elles aux entrepreneurs des lits militaires, conformément aux dispositions des traités passés par le ministre-directeur de l'administration de la guerre avec les compagnies chargées de la fourniture et de l'entretien des lits militaires.

Ce décret a été interprété par un avis du conseil d'état du 26 mars 1811, approuvé le 29 du même mois (B. 360). Les motifs de cet avis étaient que le décret du 23 mai 1792 n'était relatif qu'aux lits fournis aux sous-officiers et soldats en garnison, et que dans les passages et les rassemblemens le logement des troupes était à la charge des habitans sans indemnité; que le plus souvent, et pour diverses causes, les paiemens ordonnés par ce décret ne s'effectuaient pas; que le décret du 7 août 1810 avait été rendu d'après la considération que les consommations de la troupe ajoutaient aux revenus de la commune et y favorisaient le commerce et l'industrie; que d'ailleurs diverses communes, pour n'avoir plus à payer de loyers d'occupation, avaient demandé à meubler les casernes à leurs frais. L'avis porte en conséquence que ce n'était pas le cas de présenter un décret particulier pour les loyers d'occupation des lits fournis par l'habitant; que s'il en était réclamé à l'avenir on en devrait renvoyer le paiement aux communes, et que les communes qui demandaient à meubler à leurs frais les casernes et pavillons devaient être autorisées à en proposer la dépense entière ou successive dans les budgets annuels.

Le ministre-directeur de l'administration de la guerre ayant donné le 30 avril 1811 une instruction sur le service des lits militaires, en ce qui concernait le loyer des lits à payer par les communes qui percevaient des droits d'octroi, conformément au décret du 7 août 1810, et un des paragraphes de cette instruction portant que les bordereaux en quantités et en sommes seraient remis aux préposés de l'entrepreneur, pour qu'on pût obtenir des maires le paiement du montant de ces bordereaux, le conseiller d'état directeur de la comptabilité des communes et des hospices a fait observer, par une circulaire du 15 août suivant, qu'il s'agissait, de la part des maires, de donner un mandat de paiement sur les receveurs municipaux, au profit de l'entrepreneur, après que ces maires se seraient assurés de l'exactitude des bordereaux tant en quantités qu'en sommes, et auraient ainsi contrôlé la dépense des lits, sans que ce contrôle pût s'étendre à l'entretien des lits restant intégralement au compte du département de la guerre.

Mais la loi sur les finances du 15 mai 1818 (B. 211) a, par l'art. 46, ordonné que dans aucun cas, et sous aucun prétexte, il ne serait fait au profit du trésor public de prélèvement sur les centimes ordinaires, extraordinaires ou facultatifs des communes, ni sur les autres revenus, à l'exception du produit des octrois et des dépenses du casernement et des lits militaires qui ne pourraient, dans aucun cas, s'élever par chaque année au-dessus de 7 francs par homme et de 3 francs par cheval pendant la durée de l'occupation, au moyen de quoi les réparations et les loyers des casernes et de tous autres bâtimens ou établissemens militaires, ainsi que l'entretien de la literie et de l'occupation des lits militaires seraient à la charge du gouvernement.

Les choses étaient en cet état lorsque le 5 août de la même année sa majesté, pour régler l'exécution de l'art. ci-dessus, a rendu une ordonnance (B. 230) par laquelle, considérant que cet article avait prescrit, relativement aux diverses dépenses de casernement dont les villes étaient chargées, de nouvelles dispositions qui réduisent leur cotisation pour cet objet de service à un simple prélèvement au profit du trésor, et reconnaissant que cette disposition légale avait révoqué ou modifié par le fait les lois et règlemens qui, depuis 1791, ont régi successivement l'administration des bâtimens et établissemens nécessaires au casernement et au service des troupes de garnison, sans anéantir toutefois l'effet que peuvent avoir produit les cessions qui en ont été faites aux villes à titre de propriété *absolue* ou *conditionnelle ;*

Que cet article de la loi du 15 mai avait en effet pour but non-seulement de rectifier et de simplifier le mode d'administration précédemment suivi, mais encore de régulariser, en les allégeant, les charges locales du casernement, par la conversion *en un seul abonnement* de toutes les prestations dont les villes étaient passibles tant pour *travaux de bâtimens et occupation de lits* que pour les *champs de manœuvres et le logement accidentel* de la troupe chez l'habitant, en exécution des décrets des 23 avril, 7 août et 15 octobre 1810, et par suite d'un avis du conseil d'état, approuvé le 29 mars 1811, contrairement à la loi du 23 mai 1792 ;

En voulant régler l'exécution de l'article 46 de la loi du 15 mai dernier selon les résultats ci-dessus énoncés, pour quoi il était indispensable, dans l'intérêt du trésor et du service du casernement,

1° D'effectuer au *maximum* légal de sa fixation le prélèvement à faire sur les revenus des villes, sous la réserve des dégrèvemens que nous pourrions accorder pour des causes d'exceptions déterminantes ;

2° De tenir compte aux villes, par voie d'imputation sur l'abonnement dont le produit a été calculé et porté aux recettes de l'état pour 1818 des dépenses de *casernement et d'occupation de lits* qu'elles ont pu faire suivant l'ancien mode, sur le présent exercice ;

A prescrit les mesures suivantes :

TITRE Ier. — *Fixation et perception de l'abonnement.*

ART. 1er. Dans les villes qui perçoivent des octrois, les fonds nécessaires au paiement de l'abonnement stipulé par l'article 46 de la loi du 15 mai dernier, pour le casernement et l'occupation des lits militaires, seront compris chaque année au budget des communes, sur le pied des fonds alloués pour cet objet dans le budget de l'exercice précédent. Si la dépense réelle de l'abonnement excédait la dépense allouée, il y serait pourvu par voie de rappel de cet excédant dans le budget de l'année suivante.

2. La régie des contributions indirectes est chargée d'opérer le prélèvement des fonds d'abonnement, d'après le mode suivi pour le prélèvement du dixième de l'octroi.

Le prélèvement ne se fera néanmoins qu'à raison d'un quinzième par mois de la somme allouée au budget pour l'abonnement annuel, sauf la restriction prévue par l'article 7 ci-après, et les moyens additionnels de recouvrement qu'il comporte.

3. Au commencement de chaque trimestre, l'intendant militaire fera dresser par le sous-intendant, pour chacune des villes soumises au prélèvement dans sa division, d'après les états de revue, le décompte du nombre effectif des journées d'occupation des hommes et des chevaux qui, pendant le trimestre précédent, auront été logés dans les bâtimens ou établissemens militaires.

Seront compris dans l'état de décompte, pour le nombre effectif de leurs journées d'occupation,

1° Tous les officiers et agens militaires de tout grade qui, en vertu des règlemens, ont droit au logement en nature, comme les officiers de garnison, soit qu'ils logent ou non dans les bâtimens militaires ;

2° Les chevaux des officiers des troupes de cavalerie, ainsi que ceux du train d'artillerie, du train du génie et des équipages, et autres ayant droit à la ration de fourrage en nature.

4. Les sous-intendans militaires adresseront à l'intendant de la division les revues qu'ils auront arrêtées pour constater le nombre des journées des hommes et des chevaux.

L'intendant dressera, à la suite du décompte des journées d'occupation, le décompte trimestriel de l'abonnement, à raison de sept francs pour trois cent soixante-cinq journées d'hommes, et de trois francs pour trois cent soixante-cinq journées de cheval. Il transmettra ces décomptes, arrêtés par lui, aux préfets des départemens de la division militaire, lesquels les communiqueront aux maires des communes débitrices pour être admis ou contestés. Dans le premier cas, la feuille de décompte, dûment visée par le préfet, sera remise par ses soins au directeur des contributions indirectes, pour servir aux mêmes fins qu'un rôle exécutoire.

5. Une autre expédition de la feuille des décomptes sera transmise par l'intendant militaire à notre ministre de la guerre, qui en fera l'envoi au directeur général des contributions indirectes, afin qu'il fasse poursuivre, au besoin, le recouvrement des sommes dues sur les décomptes admis.

6. Dans le cas prévu de contestation par le maire, celui-ci s'adressera au préfet du département, qui transmettra la réclamation à notre ministre de la guerre, pour être statué sur ladite réclamation, s'il s'agit du nombre des journées d'occupation.

Quand la contestation portera sur le paiement même des décomptes, il sera statué comme pour le dixième de l'octroi.

Le point de contestation une fois jugé par la décision ministérielle, le paiement des décomptes, si la ville est en débet, sera poursuivi par la régie, sauf le recours de droit à nous en notre conseil, selon les règlemens.

7. Si, par le résultat du décompte, le quinzième du fonds alloué par le budget, et prélevé, suivant l'article 2, par la régie, sur chaque mois du trimestre précédent auquel le décompte appartient, est inférieur à la dépense effective du même trimestre, la somme qui restera due sera prélevée par la régie, à raison d'un tiers, à la fin de chacun des mois du trimestre suivant.

Lorsque le montant total des décomptes des trois premiers trimestres démontrera l'insuffisance du fonds alloué pour l'abonnement, la somme qui restera disponible sur ce même fonds sera prélevée par tiers sur chaque mois du dernier trimestre de l'année.

8. Au moyen des dispositions qui précèdent, toutes les dépenses que l'abonnement représente, et qui sont relatives au service principal et accessoire du casernement, rentreront à la charge et sous l'administration exclusive du département de la guerre, à compter du présent exercice.

En conséquence, les villes demeurent libérées, moyennant le mode de remboursement qui sera prescrit ci-après, titre 3, de toutes les charges quelconques qu'elles avaient à supporter pour les diverses parties de cet objet de service, sans exception de celle relative aux champs de manœuvres et autres, en vertu des décrets, arrêtés et règlemens précités de 1810 et 1811, et des autres actes du gouvernement qui leur en ont fait l'application spéciale.

9. Le logement chez l'habitant des troupes autres que celles de passage n'étant qu'une prestation individuelle, et non une charge communale, notre ministre de la guerre fera pourvoir au paiement des indemnités fixées pour cette prestation par la loi du 23 mai 1792, si elles sont réclamées dans le délai de six mois, fixé pour la production des titres de créance par l'art. 3 du décret du 13 juin 1806, au nom des habitans, par le maire de la commune, qui devra joindre à l'appui de sa demande les certificats exigés par l'article 54 du règlement annexé à cette loi, ainsi qu'un état de répartition dûment émargé de la signature de chaque partie prenante.

10. Nous nous réservons de statuer, d'après le rapport de notre ministre de l'intérieur et les avis respectifs de nos ministres de la guerre et des finances, s'il y a lieu, sur les projets de lois ou d'ordonnances qui seront à proposer pour l'homologation des votes, ou pour l'admission des demandes des conseils municipaux, tendant

1° A convertir en abonnement fixe, et d'une fraction constante de l'octroi, le produit moyen de l'abonnement déterminé par le présent titre;

2° A obtenir des dégrèvemens fondés sur des exceptions qui résulteraient soit d'événemens de force majeure légalement constatés, soit de l'excédant du montant annuel des décomptes de l'abonnement sur les charges que les communes sont en état de supporter sans lésion, d'après leurs revenus ou leurs ressources.

11. Nous nous réservons aussi d'admettre, sur le rapport de notre ministre de la guerre et d'après les avis de nos ministres de l'intérieur et des finances, le vote des conseils municipaux qui aurait pour but de contribuer volontairement, et pour une somme déterminée, à la restauration ou à la construction d'un établissement militaire destiné à leur assurer une garnison habituelle dans l'assiette du casernement, soit que ces prestations volontaires se fassent sur leurs revenus ordinaires, ou sur des recettes extraordinaires dans le sens et suivant le mode des dispositions facultatives des articles 39, 40, 41, 42 et 43 de la loi du 15 mai dernier. *Voyez-les* sous le mot Dépenses communales.

Titre II. — *Régime et disposition des bâtimens.*

12. Les bâtimens, établissemens et terrains qui ont été cédés aux villes pour en jouir et disposer en toute propriété, et qui ont, en conséquence, été ou dû être rayés du tableau des établissemens et terrains militaires domaniaux, continueront de faire partie des propriétés des communes, qui pourront en faire tel usage qu'elles jugeront convenable.

Cependant les cessions absolues de bâtimens ou terrains qui faisaient l'objet d'un bénéfice et d'une charge déterminés, ne seront maintenues qu'autant que la condition prescrite se trouverait entièrement remplie. Dans le cas contraire, les villes seront tenues d'exécuter cette condition, ou de renoncer à la propriété de l'immeuble à elles cédé.

13. Les bâtimens, établissemens et terrains cédés aux villes, à charge de conserver leur destination pour le service de la guerre, en vertu du décret du 23 avril 1810, et qui sont restés jusqu'à ce jour affectés à ce service, rentreront pour leur conservation et police, comme pour leurs dépenses, sous l'administration directe et exclusive de notre ministre de la guerre; mais les communes en conserveront la nue propriété pour en être remises en possession et en avoir la libre jouissance, si, par suite de leur inutilité absolue pour le service militaire, ils étaient abandonnés par le département de la guerre.

Titre III. — *Dispositions transitoires.*

14. Les quittances des paiemens faits par les communes pour des dépenses relatives au service du casernement en 1818, soit qu'il s'agisse des travaux et loyers de bâtimens et des salaires de concierges, soit qu'elles aient pour objet le loyer d'occupation des lits militaires, seront visées et parafées, ainsi que les certificats des ouvrages faits, les baux des bâtimens et les décomptes d'occupation des lits, savoir :

1° Pour les bâtimens et frais de concierges, par le directeur des fortifications, ou par l'officier du génie chargé en chef du casernement;

2° Pour les lits militaires et loyers de bâtimens, par l'intendant militaire, ou par le sous-intendant chargé de ce service.

La portion de dépense dont il sera justifié par les quittances des concierges sera certifiée et attestée par le maire.

15. Les quittances et pièces à l'appui, ainsi visées et parafées, seront reçues pour comptant par la régie des contributions indirectes, en paiement des feuilles de décompte à percevoir en exécution des articles 4 et 6 ci-dessus.

16. Les quittances reçues pour comptant par la régie seront admises, pour leur montant, dans ses recettes effectives : mais dès l'instant qu'elles auront été portées sur ses livres, elles seront adressées au trésor pour y être inscrites comme valeur à recouvrer par voie d'imputation sur le crédit du ministère de la guerre en 1818.

17. Notre ministre des finances transmettra à notre ministre de la guerre un bordereau récapitulatif du montant des quittances, qui indiquera le nom et la qualité des signataires, ainsi que l'objet de service auquel ces quittances s'appliqueont, afin que les ordonnances d'imputation soient délivrées en conséquence.

18. En cas de contestation sur la validité des quittances, il y sera statué par notre ministre de la guerre, sauf le recours de droit dans la forme énoncée en l'article 6 ci-dessus.

Voyez Casernement, Logement de troupes.

LIVRE. *Voyez* Franc, Hectogramme, Kilogramme, Monnaies, Poids.

LIVRES. *Voyez* Auteurs, Contrefaçon, Récompenses nationales.

LIVRES AUXILIAIRES. *Voyez* Grand-livre.

LIVRES DE COMMERCE. *Voyez* Visa.

LIVRES D'EGLISE. Un décret du 7 germinal an 13 (B. 40)

porte 1° que les livres d'église, les heures et prières ne peuvent être imprimés ou réimprimés que d'après la permission donnée par les évêques diocésains, laquelle permission doit être textuellement rapportée et imprimée en tête de chaque exemplaire; 2° que les imprimeurs et libraires qui feraient imprimer ou réimprimer ces livres sans permission seront poursuivis conformément à la loi du 19 juillet 1793.

Voyez Contrefaçon.

LIVRET. *Voyez* Domestiques, Ouvriers.

LOCATIONS. Il importe aux communes de tirer parti de toutes les ressources, et lorsque l'on peut louer des places aux halles et sur les foires, marchés, chantiers, etc., le maire ne doit pas négliger de le proposer au conseil municipal, qui vote un projet de taxe à raison de la superficie du terrain que doit occuper la marchandise à mettre en étalage ou tout autre nature d'emploi. Ce projet est remis au sous-préfet, qui l'adresse au préfet avec son avis; et lorsque, transmis par ce dernier fonctionnaire au ministre de l'intérieur, il a reçu son approbation, on procède à la location, comme on le fait pour les autres revenus communaux.

Les délibérations relatives à la location des places dans les halles, marchés, ports, etc., se sont dans cette forme :

Le M. le maire ayant exposé que les places qui jusqu'à présent ont été gratuitement occupées (déclarer le lieu), procureraient un revenu assez considérable à la commune si elles étaient louées, le conseil municipal, après en avoir délibéré, a reconnu que ces places étaient en effet susceptibles de location (ou ne pouvaient être louées, attendu que)

Et les membres présens ont signé.

Le ministre de l'intérieur a, par une circulaire du 8 avril 1813, chargé les préfets de déclarer, par un arrêté spécial, que toute perception de droits dans les halles, places, marchés et champs de foire, au profit des particuliers propriétaires de ces immeubles, ou de leurs fermiers, cesserait à compter du jour de la publication de l'arrêté, et que cette perception serait continuée aux noms et profit des communes où ils sont situés, sauf à elles à tenir compte du prix de la location ou de la vente de ces immeubles, d'après l'estimation qui en serait faite contradictoirement, et sans préjudicier à la poursuite des instances qui seraient pendantes devant les tribunaux ou devant le conseil d'état, sur recours contre des arrêtés du conseil de préfecture, au sujet de la propriété des halles, places, marchés ou champs de foire.

Quelques préfets ayant cru que les arrêtés par eux pris sur les perceptions instituées par la loi du 11 frimaire an 7 n'avaient pas besoin d'être soumis à l'examen de l'autorité supérieure, le ministre a observé, par une circulaire du 17 décembre 1807, que, chargé par le gouvernement de surveiller l'administration des communes, il devait être à portée d'apprécier, 1° si elles avaient besoin d'augmenter leurs revenus ; 2° si les droits à percevoir n'étaient pas trop considérables; 3° si leur établissement ne nuisait pas à la circulation et au commerce des denrées, ainsi qu'à l'approvisionnement des communes. *Voyez* HALLES.

LOGEMENT DES CURÉS, DESSERVANS ET GARDES CHAMPÊTRES. M. de la Pasture, député, ayant demandé le 22 juillet 1824 que les communes pussent voter les dépenses relatives au logement des curés, desservans et gardes champêtres, le ministre des finances a promis pour la session suivante une loi sur ce sujet. *Voyez* CULTES.

LOGEMENT DES INSTITUTEURS. *Voyez* INSTRUCTION PUBLIQUE.

LOGEMENT DES TROUPES. La loi du 33 janvier — 7 avril 1791 assujettit tous les citoyens, sans exception, au logement des gens de guerre.

Celle du 23 mai—6 juin 1792, qui est toujours en vigueur, renferme des dispositions que les maires ont intérêt de connaître sur le logement des troupes dans les maisons particulières; en voici l'extrait :

ART. 3. A défaut, et en cas d'insuffisance des bâtimens militaires ou des maisons qui y suppléeront, les sous-officiers, soldats et autres, seront logés chez l'habitant.

Leur logement sera également établi chez l'habitant lorsqu'ils seront en détachement ou cantonnement dans les villes, bourgs ou villages; mais, dans tous les cas, l'habitant recevra une indemnité pour chacun des sous-officiers, soldats et autres qu'il aura logés.

4. Lorsqu'il ne se trouvera pas dans les villes de garnison une suffisante quantité de lits pour le casernement des sous-officiers et soldats, dans les bâtimens militaires ou maisons vides qui seront louées pour y suppléer, les lits qui y deviendront nécessaires seront fournis par les habitans, à qui il sera payé une indemnité pour chaque lit et l'ustensile qui en dépend.

5. Lorsqu'il aura été nécessaire de faire fournir par les habitans des écuries pour les chevaux des officiers et de la troupe, les habitans en seront indemnisés par le département de la guerre, en ce qui concernera les chevaux des officiers et des soldats des régimens et ceux des équipages.

Quant aux chevaux des autres officiers et des fonctionnaires militaires, l'indemnité sera payée directement par ces officiers et fonctionnaires, au moyen du logement qu'ils recevront en argent.

6. Les magasins dont les troupes détachées et cantonnées pourront avoir besoin seront fournis par les habitans, à qui le loyer en sera payé pour le temps qu'ils auront été occupés.

7. Les dispositions ci-dessus ne concernent point les officiers et soldats des troupes de passage, non plus que les charretiers des équipages et autres employés qui marcheront sur les revues des routes; en conséquence les habitans continueront à leur fournir, sans indemnité, le logement et les écuries dont ils auront besoin.

8. Pour mettre les municipalités à portée de toujours connaître si les logemens, magasins, lits et ustensiles qui pourront leur être demandés dans les villes de garnison, sont proportionnés aux besoins réels du service, il sera remis, par les commissaires des guerres, aux officiers municipaux, un état détaillé des logemens et magasins que les bâtimens renferment, et des lits qui y seront destinés.

9. Aucune personne ne pourra jouir d'un logement quelconque que pendant le temps de sa présence dans le lieu destiné à l'exercice de ses fonctions, et personne ne pourra en avoir plusieurs à la fois. Cependant les officiers en résidence dans les places, et les fonctionnaires militaires conserveront, lorsqu'ils marcheront momentanément avec les troupes, ou qu'ils seront employés pour des cantonnemens de rassemblement et reconnaissance, le logement dont ils jouissent dans les bâtimens militaires.

10. Dans tous les cas où les troupes devront être logées chez l'habitant, les commissaires des guerres donneront avis aux municipalités du jour de leur séjour, lorsqu'il sera fixé. Le commandant de la troupe préviendra d'ailleurs les commissaires des guerres, et informera les officiers municipaux du moment de leur arrivée, ainsi que de celui de leur départ.

Ces officiers municipaux délivreront ensuite, sur la représentation de la revue de route, les billets de logement, en observant de réunir, autant qu'il sera possible, dans le même quartier, tous les hommes d'une même compagnie, afin d'en faciliter le rassemblement.

Les chevaux des troupes à cheval devront être également établis, autant que faire se pourra, dans des écuries à portée du logement de chaque compagnie.

Les officiers municipaux donneront connaissance au commandant de la place et au commissaire des guerres de l'assiette du logement.

11. Dans l'établissement du logement chez l'habitant, les officiers municipaux ne feront pas distinction des personnes, quelles que soient leurs fonctions et leurs qualités, à l'exception des dépositaires des caisses pour le service public, lesquels ne seront point obligés de fournir des logemens dans les maisons qui renferment lesdites caisses, mais seront tenus d'y suppléer, en fournissant des logemens en nature chez d'autres habitans, avec lesquels ils s'arrangeront pour cet effet. La même exception aura lieu, avec pareille condition, en faveur des veuves et des filles; et les municipalités veilleront à ce que la charge du logement ne tombe pas toujours sur les mêmes individus, et que chacun y soit soumis à son tour.

12. Les officiers et autres fonctionnaires militaires, dans leur garnison ou résidence, ne logeront point les gens de guerre dans le logement militaire qui leur sera fourni en nature; et lorsqu'ils recevront leurs logemens en argent, ils ne seront tenus de fournir le logement aux troupes qu'autant que celui qu'ils occuperont excédera la proportion affectée à leur grade et à leur emploi.

Quant aux officiers en garnison dans le lieu de leur habitation ordinaire, ils seront tenus de fournir le logement dans leur domicile propre, comme tous les autres habitans.

13. Le logement des troupes ne pourra être établi qu'à raison de l'effectif présent.

Les logemens qui seront fournis par les habitans seront composés à raison des différens grades, ainsi qu'il suit :

1° Le logement d'un général d'armée sera du nombre de chambres garnies dont il aura besoin, tant pour lui et ses secrétaires que pour ses domestiques, d'une cuisine et des écuries nécessaires à ses chevaux;

2° Celui d'un lieutenant-général sera de quatre chambres et un cabinet garnis, tant pour lui que pour ses secrétaires, d'une cuisine, de chambres et lits suffisans pour coucher de deux en deux six domestiques;

3° Celui d'un maréchal-de-camp, de trois chambres et un cabinet garnis, tant pour lui que pour ses secrétaires, d'une cuisine, de chambres et lits suffisans pour coucher de deux en deux quatre domestiques;

4° Celui d'un colonel, de trois chambres garnies, d'une cuisine, de chambres et lits suffisans pour coucher trois domestiques;

5° Celui d'un lieutenant-colonel, de deux chambres garnies, d'une cuisine, d'une chambre garnie d'un lit pour deux domestiques;

6° Celui d'un quartier-maître-trésorier sera de deux chambres garnies, dont une sans lit, et d'une autre chambre avec un lit pour son domestique;

7° Celui d'un capitaine adjoint-major, chirurgien-major et aumônier, sera d'une chambre avec un lit, et d'une autre chambre avec un lit pour son domestique;

8° Les lieutenans et sous-lieutenans seront logés deux à deux dans des chambres à deux lits, en leur donnant une chambre avec un lit pour leurs domestiques;

9° Les adjudans-généraux et leurs aides-de-camp seront logés suivant leurs grades;

10° Les lieutenans-colonels et capitaines du corps du génie, et les officiers de l'artillerie non attachés au régiment, auront, en sus du logement affecté à leur grade, une chambre claire et garnie, sans lit; quant aux lieutenans du corps du génie, ils auront le logement de capitaine;

11° Le logement de commissaire-ordonnateur employé en chef sera composé du nombre de chambres garnies dont il aura besoin, tant pour lui et ses secrétaires que pour ses domestiques et sa cuisine;

Celui de chaque commissaire-ordonnateur sera de trois chambres et un cabinet garnis, tant pour lui que pour son secrétaire, d'une cuisine, de chambres et lits suffisans pour coucher de deux en deux quatre domestiques;

Celui de chaque commissaire-auditeur sera de trois chambres garnies, d'une cuisine, de chambres et lits suffisans pour trois domestiques;

Celui de chaque commissaire des guerres sera de deux chambres garnies, d'une cuisine et d'une chambre à un lit pour ses domestiques;

Celui de chaque aide-commissaire sera d'une chambre garnie, et d'une autre chambre avec un lit de domestique;

12. Les habitans fourniront aux sous-officiers et soldats un lit pour deux hommes effectifs, excepté les adjudans, tambours et trompettes-majors, les sergens-majors et les maréchaux-de-logis en chef, qui seront couchés seuls ainsi que les conducteurs principaux des charrois; quant aux ouvriers et charretiers des équipages et autres employés, ils coucheront deux à deux.

13. Les écuries seront fournies à raison de trois pieds et demi par cheval effectif; le nombre des chevaux n'excédera pas celui qui sera prescrit par les règlemens.

15. En cas de guerre ou de rassemblement, il sera fourni aux officiers de tous grades et de toutes armes les logemens nécessaires pour le nombre de domestiques et de chevaux qui leur sera particulièrement attribué par le règlement du service de campagne.

16. Les personnes employées aux différens services des troupes, qui, en cas de guerre, de rassemblement ou de marche, devront avoir un logement différent de celui des sous-officiers et soldats, seront fournies du nombre de chambres, de cuisines et écuries dont elles pourront avoir respectivement besoin, selon leurs fonctions, ainsi qu'il sera réglé par les commissaires-ordonnateurs.

17. Les lits qui seront fournis par les habitans, dans les logemens des officiers, seront garnis d'une housse, d'une paillasse, de deux couvertures, d'une paire de draps changés tous les quinze jours pendant l'été, et de trois semaines en trois semaines pendant l'hiver.

Chaque chambre à lit sera meublée d'une table, de chaises, d'une armoire ou commode fermant à clef, d'un porte-manteau, d'un pot-à-l'eau avec sa cuvette, et de deux serviettes par semaine.

Quant aux autres chambres qui sont accordées aux officiers et qui ne doivent point être garnies de lits, elles seront meublées de tables, de chaises, chandeliers et autres ustensiles nécessaires. Chaque lit de domestique sera composé comme celui du soldat.

18. Les lits qui seront fournis par les habitans aux sous-officiers, soldats et autres, seront garnis d'une paillasse, d'un matelas, ou bien d'un lit de plume, suivant les facultés; d'une couverture de laine, d'un traversin,

d'une paire de draps changés tous les mois pendant l'hiver, et de trois semaines pendant l'été; il y aura dans la chambre deux chaises ou un banc.

19. Les ustensiles de cuisine ne seront fournis par l'habitant aux officiers généraux, à ceux de l'état-major et aux commissaires des guerres, que lorsqu'ils seront en marche avec les troupes : ils s'en pourvoiront à leurs dépens dans les lieux de cantonnement et de rassemblement : dans aucun cas les hôtes ne seront tenus de leur fournir le bois et le linge de table.

A l'égard des officiers, sous-officiers et soldats des régimens qui ne feront que passer, leurs hôtes leur donneront, indépendamment des autres ustensiles dont il auraient besoin pour leur cuisine, place au feu et à la lumière. Les troupes en cantonnement, détachement ou garnison, ne pourront prétendre de place au feu et à la chandelle, attendu qu'elles recevront dans ce cas, du département de la guerre, le chauffage en nature ou en argent.

20. Les hôtes ne seront jamais délogés de la chambre ou du lit où ils auront coutume de coucher; ils ne pourront néanmoins, sous ce prétexte, se soustraire à la charge du logement selon leurs facultés.

21. Les officiers municipaux ne pourront, dans tous les cas où les habitans doivent loger les troupes et les employés à leurs différens services, refuser d'établir leurs logemens ainsi qu'il est prescrit, et de faire fournir dans les casernes les lits qui y seraient nécessaires, en cas d'insuffisance de ceux à la disposition du département de la guerre.

22. Les troupes sont responsables des dégâts et dommages qu'elles auraient faits dans leurs logemens: en conséquence lors de leur départ elles seront tenues de faire réparer à leurs dépens ou de payer les dégradations faites à leurs logemens et aux fournitures.

23. Les habitans qui auront à se plaindre de quelques dommages ou dégâts occasionés par les troupes devront faire leur réclamation avant leur départ, soit au commandant du régiment ou des détachemens, soit aux commissaires des guerres ou officiers municipaux, afin qu'il y soit fait droit; et à défaut de se présenter avant le départ de la troupe, ou une heure au plus tard après, ils ne seront plus reçus dans leurs demandes : en conséquence le commandant du corps chargera un officier de rester après le départ du régiment pour recevoir les plaintes s'il y en a, et y faire droit si elles sont fondées.

24. Les officiers municipaux donneront aux régimens ou détachemens qui auront logé chez l'habitant un certificat qui constatera qu'il n'est venu aucune plainte de la part des personnes qui auront fourni le logement, ou bien que le corps a satisfait aux réclamations qui ont été faites. La municipalité ne pourra refuser ce certificat de bien vivre, si une heure après le départ il n'est parvenu aucune plainte de la part des habitans.

25. Dans les places de guerre, postes militaires, villes de garnison habituelle et dans tous les lieux où passent les troupes, il sera fait par les officiers municipaux un recensement de tous les logemens et établissemens qu'ils peuvent fournir sans fouler les habitans, à l'effet d'y avoir recours au besoin et momentanément, soit dans les cas de passage de troupes et de mouvemens imprévus, soit dans les circonstances extraordinaires, lorsque les établissemens militaires ne suffiront pas ou qu'il sera nécessaire d'y faire établir des lits.

26. Lorsqu'il y aura nécessité, dans les villes de garnison ordinaire, de loger les troupes chez les habitans, si leur séjour doit s'étendre à la durée d'un mois, les officiers ne pourront prétendre à des billets de logement pour plus de trois nuits; ce terme expiré, ils se logeront de gré à gré, mais indemniseront leur hôte pour le temps qu'il les aura logés, nul officier ne devant être logé sans donner d'indemnité que lorsqu'il marchera avec les troupes.

Les municipalités veilleront à ce que les habitans n'abusent point, dans le prix des loyers, du besoin de logement où se trouveront les officiers.

Lorsqu'il survient des difficultés relatives à l'assiette du logement des troupes ou des employés militaires, le maire doit s'adresser, d'après l'article 16 du décret du 16 septembre 1811 (B. 389), au commandant d'armes, au commandant du génie ou aux commissaires des guerres.

Dans un ordre du jour publié à Paris au mois de mars 1815, on a cité, pour les logemens militaires, le titre 25 d'une ordonnance de 1768.

Voyez CASERNEMENT, CONVOIS MILITAIRES, LITS MILITAIRES, TRAVAUX MILITAIRES.

LOGEURS. L'article 3 d'une ordonnance de police du 8 novembre 1780 a enjoint à tous ceux qui donneraient à loger en maison et chambre garnies, d'avoir deux registres, sur chacun desquels ils inscriraient, jour par jour, les noms, pays, qualité et profession de ceux qu'ils recevraient dans leurs maisons, ou qu'ils prendraient en pension, pour en remettre un tous les mois entre les mains du commissaire distribué dans leur quartier, à l'effet d'y être par lui visé et signé, et garder l'autre.

Voyez AUBERGISTES, HÔTELLERIE; et sous le mot PASSE-PORTS, l'art. 3 de la loi du 17 ventose an 4. *Voyez* aussi, au mot POLICE MUNICIPALE, l'art. 5 du titre 1er de la loi du 19-22 juillet 1791.

LOI. Ce qui n'est pas défendu par la loi ne peut être empêché.

Nul ne peut être contraint à faire ce qu'elle n'ordonne pas.

Nul ne peut être appelé en justice, accusé, arrêté ni détenu que dans les cas déterminés par la loi, et selon les formes qu'elle a prescrites.

Aucune loi, ni criminelle ni civile, ne peut avoir d'effet rétroactif.

Pour le mode de formation de la loi, *voyez* les art. 16 et suivans de la charte.

Afin de dissiper les doutes qui se sont élevés sur la promulgation des lois et des ordonnances, le roi a décidé, par une ordonnance du 27 novembre 1816 (B. 124), 1° qu'à l'avenir la promulgation des lois résulterait de leur insertion au bulletin officiel; 2° qu'elle serait réputée connue, conformément à l'art. 1er du Code civil, un jour après que le bulletin des lois aurait été reçu de l'imprimerie royale par le ministre de la justice, lequel constaterait sur un registre l'époque de la réception; 3° que les lois et ordonnances seraient exécutoires dans chacun des autres départemens du royaume après l'expiration du même délai, augmenté d'autant de jours qu'il y aurait de fois dix myriamètres (environ 20 lieues anciennes) entre la ville où la promulgation auroit été faite et le chef-lieu de chaque département, suivant le tableau annexé à l'arrêté du 25 thermidor an 11 (13 juillet 1803); que néanmoins dans les cas et les lieux où S. M. jugerait convenable de hâter l'exécution, les lois et ordonnances seraient sensées publiées, et seraient exécutoires du jour qu'elles seraient parvenues au préfet, qui en constaterait la réception sur un registre.

La collection authentique des lois et autres envois forme un dépôt qui ne peut, sous aucun prétexte, être tiré des secrétariats des autorités constituées ni des greffes des tribunaux ; et lorsqu'un fonctionnaire public auquel ils ont été adressés est remplacé, il est tenu d'en transmettre la collection à son successeur. (*Loi du 7 pluviose an* 3 (B. 117), art. 14.)

La loi du 12 vendémiaire an 4 (B. 192) a ainsi réglé le mode d'impression, d'envoi et de publication des lois :

Art. 1er. Aussitôt qu'une loi ou un acte du corps législatif sera revêtu des formes de publication prescrites par la constitution, le ministre de la justice, par ordre du directoire exécutif, le fera imprimer et publier sans retard dans un bulletin officiel, à moins que l'envoi manuscrit n'en soit ordonné par le corps législatif; et dans ce dernier cas, le bulletin contiendra l'intitulé de la loi.

Ce bulletin sera intitulé *Bulletin des lois*, et contiendra les lois et les actes du corps législatif, ainsi que les proclamations et les arrêtés du directoire exécutif (1), pour assurer l'exécution des lois : aucun autre écrit n'y sera inséré.

8. Tout citoyen auquel le Bulletin ne devra pas être envoyé gratuitement pourra s'en procurer des exemplaires par voie d'abonnement et de souscription.

10. Dans le principal bureau de la poste aux lettres de chaque commune de cinq mille habitans et au-dessus, un des commis sera chargé de recevoir les abonnemens.

11. Il ne sera plus fait de publication des lois par lecture publique, par réimpression ni affiche, ni à son de trompe ou de tambour, en aucun département, aux frais de l'état, si ce n'est lorsque ces formalités seront expressément ordonnées par un article de la loi.

Pourront néanmoins le directoire exécutif et chaque administration départementale ou municipale, ou de bureau central dans les municipalités au-dessus de cent mille habitans, par délibération spéciale, ordonner, soit pour des lois anciennes ou récentes, soit même pour des règlemens, telles de ces formalités particulières qu'ils jugeront convenables.

L'art. 12 de la même loi portait que les lois et actes du corps législatif obligeraient, dans l'étendue de chaque département, du jour auquel le Bulletin officiel qui les contiendrait serait distribué au chef-lieu, et que ce jour serait constaté par un registre où les administrateurs de chaque département certifieraient l'arrivée de chaque numéro ; mais le titre préliminaire du Code civil renferme d'autres dispositions sur cet objet.

Art. 1er. Les lois sont exécutoires dans tout le territoire français en vertu de la promulgation qui en est faite par le roi.

Elle seront exécutées dans chaque partie du royaume du moment où la promulgation en pourra être connue.

La promulgation faite par le roi sera réputée connue dans le département de la résidence royale un jour après celui de la promulgation ; et dans chacun des autres départemens, après l'expiration du même délai, augmenté d'autant de jours qu'il y aura de fois dix myriamètres (environ vingt lieues an-

(1) Actuellement les ordonnances du roi.

ciennes) entre la ville où la promulgation en aura été faite et le chef-lieu de chaque département.

2. La loi ne dispose que pour l'avenir; elle n'a point d'effet rétroactif.

3. Les lois de police et de sûreté obligent tous ceux qui habitent le territoire.

Les immeubles, même ceux possédés par des étrangers, sont régis par la loi française.

Les lois concernant l'état et la capacité des personnes régissent les Français, même résidant en pays étrangers.

4. Le juge qui refusera de juger, sous prétexte du silence, de l'obscurité ou de l'insuffisance de la loi, pourra être poursuivi comme coupable de déni de justice.

Il est défendu aux juges de prononcer par voie de disposition générale et réglementaire sur les causes qui leur seront soumises.

6. On ne peut déroger, par des conventions particulières, aux lois qui intéressent l'ordre public et les bonnes mœurs.

Le tableau des distances dressé en exécution de l'art. 1er du Code civil se trouve au Bulletin 312, série 3e, à la suite du décret du 23 thermidor an 11. *Voyez* BULLETIN DES LOIS, PROMULGATION.

Il a été défendu à toutes personnes, par un décret du 6 juillet 1810 (B. 301), d'imprimer et débiter les Codes, lois et règlemens d'administration publique, avant leur publication par la voie du bulletin au chef-lieu de département, sous peine de saisie et confiscation des éditions.

Un avis donné par le conseil d'état réuni le 17 décembre 1723 en assemblée générale, et insérée au Bulletin 644, porte que la loi du 16 septembre 1807 relative à l'interprétation des lois, est compatible avec le régime constitutionnel établi par la charte, et que le roi peut et doit, dans les cas prévus et dans les formes déterminées, exécuter les dispositions de cette loi.

Les expressions de *force à la loi*, *obéissance à la loi*, ont été consacrées par plusieurs lois comme une formule destinée à être prononcée dans les circonstances où il s'agit de dissiper des attroupemens, de percevoir une contribution légalement établie, de mettre à exécution un jugement, un mandat, une ordonnance de justice ou de police, etc.

Voyez, sous le mot ATTROUPEMENT, l'extrait de la loi du 3 août 1791.

LOMBARDS. *Voyez* MONTS-DE-PIÉTÉ.

LOTERIES. Le rétablissement de la loterie royale de France a été ordonné par l'art. 90 de la loi du 9 vendémiaire an 6 (B. 148).

La même loi a prohibé tout établissement de loterie particulière ou étrangère, avec amende de 3,000 francs contre les individus qui se permettraient de recevoir pour les loteries étrangères, et de six mois de détention, outre l'amende, en cas de récidive. (Art. 91 et 92.)

D'après les dispositions d'une seconde loi du 9 germinal même année (B. 194), les maires et adjoints doivent veiller à ce que cette

prohibition ne soit pas enfreinte, et à ce qu'il ne circule aucun billet de loterie étrangère.

Quant aux receveurs de la loterie royale qui seraient convaincus d'avoir recu pour les loteries étrangères, et d'avoir joué pour leur propre compte ou pour celui des particuliers, l'amende a été portée par l'art. 93 à 6,000 francs, avec destitution.

L'organisation de la loterie royale a été faite par un arrêté du 17 du même mois de vendémiaire (B. 150); mais les dispositions de cet arrêté sont étrangères aux maires. Il n'en est pas de même de celui du 5 fructidor an 6 (B. 219), qui chargeait les commissaires du gouvernement près les administrations municipales où il existait ou pourrait exister des bureaux de loterie royale, de surveiller les opérations de la clôture des registres à la fin de chaque quinzaine, dans les communes qui ne sont pas chefs-lieux d'arrondissement d'inspection de cet établissement : ils étaient tenus 1° de se rendre aux bureaux soit de la postes aux lettres, soit des diligences, à l'effet d'y dresser, en quadruple minute, un procès-verbal, dans des cadres imprimés, de la remise actuelle et de l'envoi des feuilles de souche que chaque receveur fait à son inspecteur, lequel doit transmettre ces feuilles à l'administration de la loterie; 2° de dresser, aussi en quadruple minute, un procès-verbal de toutes les feuilles de copie-matrice, et de l'envoyer à l'inspecteur pour être déposé, scellé, la veille de chaque tirage, dans une caisse à trois clefs; 3° enfin de viser après chaque clôture les bordereaux de retrait des billets faits d'un franc vingt centimes, non vendus, que les receveurs font passer aux administrateurs de la loterie.

Dans les communes où la résidence d'un inspecteur est fixée, les attributions des municipalités pour cet objet étaient différentes; elles ne devaient point, suivant les dispositions de l'arrêté du 7 ventose an 7 (B. 261), dresser pour chaque receveur un procès-verbal quadruple de la confection du paquet des feuilles de copie-matrice de la quinzaine, mais assister au dépôt de toutes ces feuilles par les receveurs de l'arrondissement dans la caisse à trois clefs, et rédiger en quadruple minute le procès-verbal de ce dépôt général, qui doit se faire la veille de chaque tirage, de concert avec l'inspecteur et le commissaire près le tribunal du lieu.

Les changemens opérées dans l'organisation de l'administration civile exigeant d'établir de nouveaux surveillans, le gouvernement a décidé que l'exécution des arrêtés des 5 fructidor an 6 et 7 ventose an 7, en ce qui concernait les attributions de ces commissaires supprimés, serait confiée désormais aux maires, ou, à leur défaut, à l'un de leurs adjoints. Le ministre de l'intérieur a écrit à cet égard aux préfets, le 4 germinal an 8, une circulaire par laquelle il leur recommandait de prévenir de cette mesure les maires des communes dans lesquelles des receveurs étaient établis, et qui étaient chefs-lieux d'arrondissement d'inspection, afin que ces maires surveillassent d'après le mode ci-dessus indiqué la clôture et l'envoi des feuilles de souche, et aux inspecteurs, pour qu'ils coopérassent avec zèle et exactitude au dépôt des feuilles de copie-matrice dans la caisse à trois clefs. *Voyez* JEU, MAISONS DE JEU.

LOUPS. Une loi du 11 ventose an 3 (B. 128) accordait une prime de 300 francs à tout citoyen qui tuerait une louve pleine, de 150 francs pour une louve non pleine, de 200 francs pour un loup, et de 100 francs pour un louveteau au-dessus de la taille d'un renard; mais cette loi a été abrogée par celle du 10 messidor an 5 (B. 130), ainsi conçue :

ART. 2. A l'avenir, par forme d'indemnité et d'encouragement, il sera accordé à tout citoyen une prime de cinquante livres par chaque tête de louve pleine, quarante livres par chaque tête de loup, et vingt livres par chaque tête de louveteau.

3. Lorsqu'il sera constaté qu'un loup, enragé ou non, s'est jeté sur des hommes ou enfans, celui qui le tuera aura une prime de cent cinquante livres.

4. Celui qui aura tué un de ces animaux et voudra toucher l'une des primes énoncées dans les deux articles précédens, sera tenu de se présenter au maire de la commune la plus voisine de son domicile et d'y faire constater la mort de l'animal, son âge et son sexe : si c'est une louve, il sera dit si elle est pleine ou non.

5. La tête de l'animal et le procès-verbal dressé par le maire seront envoyés au préfet, qui délivrera un mandat sur le receveur général du département, sur les fonds qui seront à cet effet mis entre ses mains par ordre du ministre de l'intérieur.

6. Le directoire exécutif est autorisé à laisser subsister et même à former, s'il y a lieu, des établissemens pour la destruction des loups.

Voyez CHASSE.

Les primes actuellement accordées par le gouvernement pour encourager la destruction des loups sont de 18 francs par louve pleine, de 15 francs par louve non pleine, de 12 francs par loup, et de 6 fr. par louveteau, quoique la décision du 25 septembre 1807 ne portât cette dernière prime qu'à 3 francs. Ces primes sont payables dans la huitaine de la déclaration faite et prouvée de la destruction de l'animal. La présentation du loup détruit devrait être faite au maire de la commune, qui en dresserait un procès-verbal contenant le nom du destructeur, l'âge et le sexe de l'animal tué, et la quotité de la prime méritée. Le maire joindrait au contrôle de l'animal détruit, c'est-à-dire à la partie droite antérieure et aux deux oreilles, une quittance de la partie prenante pour le montant de la prime; et sur cet envoi par le maire au chef d'administration de l'arrondissement, celui-ci délivrerait un mandat appuyé de la partie prenante, payable à vue sur le fonds des dépenses imprévues.

Le ministre de l'intérieur, qui indique ces mesures par sa circulaire du 9 juillet 1818, conseille aussi des battues générales dans le mois de mars, avant que la terre soit couverte, et vers le mois de décembre aux premières neiges. On peut continuer de se servir des pièges et des trappes; mais, pour prévenir les accidens, on doit, avant de les placer, obtenir la permission du maire, qui ferait l'annonce publique du lieu choisi, lequel ne doit jamais être un chemin ou sentier pratiqué. Un piége sans inconvéniens, et que le ministre conseille d'employer de préférence surtout aux batteries, consisterait à former avec des pieux de 5 ou 6 pieds de long, solidement plantés en terre à la distance d'un demi-pied l'un de l'autre, une enceinte circulaire d'environ une toise de diamètre, et au milieu de laquelle on attacherait une brebis vivante. D'autres pieux, espacés également de 6 pouces entre eux, seraient ensuite plantés pour former extérieurement une seconde enceinte, éloignée de la première d'environ deux pieds. On laisse à cette enceinte une seconde ouverture, avec une porte ouverte du côté gauche, qui permette au loup d'entrer seulement à droite; une fois que l'animal est entré entre les deux enceintes, il va toujours en avant, comptant pouvoir saisir sa proie; et quand il est parvenu à l'endroit par lequel il était entré, ne pouvant se retourner, les mouvemens qu'il fait pour aller en avant font fermer la porte.

Mais l'empoisonnement est un moyen préférable, parce qu'on peut s'en servir dans toutes les saisons de l'année; parce qu'il n'occasione aucun déplacement de personnes, et ne dérange en rien les travaux de la campagne; parce qu'il est peu dispendieux; enfin parce qu'il peut être employé simultanément dans tout le royaume, et être continué pendant le temps nécessaire, sans causer d'embarras. Mais tous les poisons ne sont pas également dangereux pour les loups; l'émétique et l'arsenic n'occasionent chez eux qu'un vomissement, le verre pilé n'est pas d'un effet certain, et la noix vomique est la substance qui opère le plus sûrement la destruction de ces animaux.

On fait étrangler une vieille brebis, et l'on introduit de la noix vomique râpée fraîchement dans 15 ou 20 trous que l'on pratique dans la chair avec un couteau, et dont on bouche l'ouverture avec de la graisse, ou dont on rapproche les deux bords par une couture; on lie ensuite cet animal par les quatre pates avec de l'osier, et non avec des cordes qui conservent trop long-temps l'odeur de l'homme. On enterre l'animal ainsi préparé dans un fumier qui travaille, et on l'y laisse pendant vingt-quatre heures en été, et en hiver pendant trois jours et trois nuits suivant le degré de chaleur du fumier. L'animal est ensuite traîné par de longs circuits jusqu'à l'endroit le plus fréquenté par les loups, et il est alors suspendu à une branche d'arbre assez haut pour que le loup soit obligé d'attaquer par les reins. Cet animal vorace mâche peu le morceau qu'il arrache, il avale de suite, et le poison ne tardant pas à faire son effet, il n'a pas le temps de gagner son repaire, et on le trouve mort le lendemain. Comme le chien ne mange pas la chair de son semblable si l'on s'en servait au lieu de brebis on n'aurait pas à craindre que les chiens du voisinage vinssent dévorer l'appât. L'argent que le gouvernement accorde pour chaque tête de loup pourrait être employé à l'achat de la noix vomique, et chaque commune serait tenue de fournir les chiens, brebis ou chèvres. Si l'on répétait dans tout le royaume cette opération, pour laquelle l'hiver est la saison la plus convenable, il est probable qu'en peu d'années l'on viendrait à bout d'anéantir tous les loups.

LOYER. C'est le loyer des maisons qui sert de base à la contribution mobilière. *Voyez* CONTRIBUTIONS DIRECTES.

LUXE. Plusieurs lois somptuaires ont été inutilement rendues en différens temps et chez les différens peuples pour réprimer les abus d'un luxe excessif, qui insulte à la misère publique. Cet objet ne pourrait concerner la police qu'autant que, par de trop grands écarts, les arts et le luxe attenteraient directement aux bonnes mœurs : sous tout autre rapport, c'est au gouvernement seul qu'il appartiendrait de prendre des mesures générales dont l'exécution serait confiée aux autorités administratives.

LYCÉES. *Voyez* INSTRUCTION PUBLIQUE.

MACHINES. Un arrêté du 3 germinal an 9 (B. 77) a ordonné 1° que les dispositions des lettres-patentes du 28 juillet 1783, qui obligent les entrepreneurs de manufactures, orfèvres, horlogers, graveurs, fourbisseurs et autres artistes et ouvriers faisant usage de presses, moutons, laminoirs, balanciers et coupoirs, à en obtenir la permission, seraient exécutées selon leur forme et teneur;

2° Que cette permission serait délivrée, savoir : dans la ville de Paris, par le préfet de police; et dans les autres villes et communes du royaume, par les maires de l'arrondissement;

3° Que ceux qui voudraient obtenir ces permissions seraient tenus de faire élection de domicile, de joindre à leur demande les plans figurés et l'état des dimensions de chacune des machines dont ils se proposeraient de faire usage, avec des certificats des officiers municipaux des lieux dans lesquels étaient situés leurs ateliers ou manufactures, lesquels certificats attesteraient l'existence de leurs établissemens, et le besoin qu'ils pourraient avoir de faire usage de ces machines;

4° Qu'aucuns graveurs, serruriers, forgerons, fondeurs et autres ouvriers, ne pourraient fabriquer de ces machines pour tout individu qui ne justifierait pas de la permission, et qu'ils exigeraient qu'elle leur fût laissée jusqu'au moment où ils livreraient les machines, afin d'être en état de la représenter lorsqu'ils en seraient requis par l'autorité publique.

MAÇONS. Quand ces ouvriers travaillent sur la voie publique, ils sont soumis à l'inspection de la police municipale.

MAGIE. Dans tous les lieux où l'instruction publique a fait quelques progrès, on ne croit plus à l'existence des magiciens et des sorciers; mais il existe encore, surtout dans les campagnes, des êtres faibles qui conservent à cet égard des erreurs dangereuses, dont ils ne sont désabusés qu'après en avoir été dupes. Les maires et les officiers de police doivent contribuer à éclairer leurs concitoyens sur ces superstitions absurdes, et ne point permettre à d'impudens saltimbanques de s'annoncer, à l'aide de vains sortiléges, comme possesseurs d'une science surnaturelle et idéale.

MAGISTRATS DE SURETÉ. Ces magistrats, que la loi du 7 pluviose an 9 (B. 66) avait créés comme substituts du procureur-général près des cours de justice criminelle, ont été supprimés en même temps que ces cours, par l'établissement des cours royales. C'est maintenant avec les procureurs du roi près des tribunaux de première instance que les officiciers de police judiciaire correspondent.

MAIN-FORTE. L'assistance prêtée pour l'exécution d'ordres légaux émanés des autorités constituées se désigne sous le nom de main-forte. Les maires ont droit de requérir main-forte pour l'exercice de leurs fonctions : c'est ordinairement la force armée qui donne cette assistance.

L'art. 230 de la loi du 28 germinal an 6 permet aux membres de la gendarmerie de prononcer à haute voix *force à la loi*, lorsqu'ils sont menacés ou attaqués : et à l'instant où ce cri est entendu, tous les citoyens sont tenus de leur prêter main-forte, tant pour repousser les attaques que pour assurer l'exécution des ordres légaux dont la gendarmerie est chargée. *Voyez* Attroupement.

MAIN-LEVÉE D'OPPOSITION. *Voyez* Opposition.

MAIRES. Il y a un maire dans toutes les villes, bourgs et autres lieux où il y avait un agent municipal. (*Loi du* 28 *pluviose an* 8 (B. 17), art. 12.)

Le nombre des adjoints varie suivant la population. *Voyez* Adjoints.

Le roi nomme les maires et adjoints des villes de plus de cinq mille habitans; ceux des villes d'une moindre population sont nommés par les préfets. (*Loi du* 28 *pluviose an* 8, art. 18 et 20.) *Voyez* Nominations.

L'art. 13 du sénatus-consulte du 16 thermidor an 10 (B. 206) ordonnait que les maires seraient choisis parmi les membres des conseils municipaux.

Les maires et adjoints remplissent les fonctions administratives qu'exerçaient l'agent municipal et l'adjoint : relativement à la police et à l'état civil, ils remplissent les fonctions exercées ci-devant par les administrations municipales de canton, les agens municipaux et leurs adjoints. (*Loi du* 28 *pluviose an* 8, art. 13.)

Le ministre de l'intérieur, instruit que dans beaucoup de villes un adjoint de maire était chargé de l'état civil et faisait les actes en son nom, quoique le maire fût présent, a, par une circulaire du 30 juillet 1807, fait observer aux préfets que l'adjoint ne pouvait remplir cette fonction qu'en vertu d'une délégation spéciale du maire, ce dernier étant seul administrateur et officier de l'état civil chargé du dépôt des registres.

La loi ne donne aux maires, en matière d'administration, que des fonctions locales, et qui, par leur nature, exigent la présence permanente d'un fonctionnaire public dans chaque commune.

On trouvera sous le mot COMPÉTENCE MUNICIPALE le détail des fonctions propres au pouvoir municipal, sous la surveillance et l'inspection des préfets et sous-préfets, et de celles que ces administrateurs peuvent déléguer au pouvoir municipal pour être exercées sous leur autorité.

Plusieurs maires ayant fait, au nom des communes, des acquisitions d'immeubles sans y avoir été autorisés, le ministre de l'intérieur a, par une circulaire du 18 juin 1806, mandé aux préfets que leur autorisation même n'aurait pas suffi pour de semblables acquisitions, et leur a recommandé de lui adresser toutes les demandes qui auraient un pareil objet, après en avoir préalablement reconnu la régularité, afin qu'il pût soumettre, s'il y avait lieu, les propositions à sa majesté. *Voyez* PRESBYTÈRE.

Les adjoints remplissent les fonctions du ministère public près le tribunal de police municipale.

Voyez MINISTÈRE PUBLIC.

Aux termes de l'art. 5 d'un décret du 4 juin 1806, inséré sous le mot CONSEIL MUNICIPAL, le maire est chargé seul de l'administration, quoiqu'il puisse consulter l'adjoint lorsqu'il le juge à propos, lui déléguer même une partie de ses fonctions, et que dans le cas de maladie, d'absence ou de tout autre empêchement, il soit légitimement remplacé par l'adjoint.

L'administration municipale est individuelle : elle est tout entière dans les mains du maire ; tous les actes qui en résultent sont faits par le maire seul ou en son nom. Ils portent pour titre : *Le maire de la commune de.....*

L'autorité municipale peut prendre des arrrêtés sur tout ce qui intéresse la sûreté et la commodité du passage dans les rues, places et voies publiques, et lorsqu'il s'agit d'ordonner des dispositions locales faisant partie de la police rurale et municipale, ou de rappeler les citoyens à l'observation des lois et règlemens. Tous ces arrêtés ou règlemens doivent être adressés au sous-préfet, qui donne son avis, et être ensuite approuvés par le préfet.

Le maire exerce aussi les fonctions d'officier de police. Il surveille et dirige le garde champêtre, reçoit les rapports, dénonciations et plaintes qui lui sont faites, recueille les indices et les preuves qui existent sur les prévenus; dénonce et fait saisir les individus pris en flagrant délit ou poursuivis par la clameur publique ; il les fait conduire devant le procureur du roi près le tribunal de l'arrondissement. Enfin il peut, concurremment avec les

gardes forestiers et champêtres, rechercher, constater tous les délits de police rurale et municipale.

Aux termes d'un arrêté du 16 pluviose an 5 (B. 105), les percepteurs, administrateurs des hospices civils, instituteurs, gardes champêtres ou forestiers, et les autres agens ou employés placés sous la surveillance des maires, doivent leur adresser toutes les demandes d'instructions et de renseignemens dont ils ont besoin, leur soumettre toutes les questions et toutes les difficultés qui les arrêtent dans leurs opérations respectives, et leur communiquer tous les comptes et résultats partiels, dont ceux-ci doivent composer les résultats généraux.

Les maires et adjoints ne peuvent également correspondre qu'avec le sous-préfet, sous la surveillance duquel ils sont spécialement placés; ils doivent donc lui soumettre tous leurs doutes et difficultés administratives, pour les éclaircir ou les lever par une décision, ou provoquer celle du préfet.

Si un maire croit que la décision du sous-préfet renferme des erreurs de droit ou de principe, il peut alors la soumettre directement à l'examen du préfet. Si c'est une décision du préfet qu'il reconnaît être contraire aux lois et aux principes, il doit en référer directement au ministre compétent, mais en le prévenant qu'il s'est d'abord adressé au préfet, et en lui donnant connaissance de la réponse qu'il en a reçue, ou du défaut de réponse après un délai suffisant.

Aux termes d'un arrêté du 7 thermidor an 9 (B. 92), les maires ne peuvent, à raison des actes qu'ils ont signés comme administrateurs, être traduits hors de leur arrondissement, soit pour reconnaître leur signature ou servir de témoins. Lorsque leur reconnaissance ou leur déposition est jugée nécessaire à raison de ces actes, ils font leur déclaration devant le directeur du jury de leur arrondissement, en matière criminelle, et devant un juge commis à cet effet par le tribunal de l'arrondissement, en matière civile: procès-verbal de ces déclarations est dressé pour être envoyé à qui de droit; néanmoins, dans les contestations où leur présence serait regardée comme indispensable, le juge pourrait s'adresser au ministre de la justice qui, d'après l'examen de l'affaire, autoriserait leur déplacement s'il y avait lieu.

Une grande partie des fonctions attribuées aux commissaires généraux de police par l'arrêté du 5 brumaire an 9 (B. 50) a été rendue aux maires par l'art. 2 d'un décret du 23 fructidor an 13 (B. 65).

Il a été ordonné, par un arrêté du 14 nivose an 11 (B. 236) que les maires et adjoints des villes au-dessus de 5,000 âmes, alors en fonctions, cesseraient de les exercer en l'an 15, et que ceux qui seraient nommés à cette époque resteraient en place jusqu'en l'an 20, et seraient renouvelés de cinq en cinq ans, aux termes de l'art. 13 du sénatus-consulte du 26 thermidor an 10.

A l'égard des maires des communes au-dessous de 5,000 habitans, un arrêté du 3 germinal suivant (B. 264) a ordonné que ceux qui étaient alors en fonctions cesseraient, de droit, de les exercer en l'an 15, et seraient rééligibles; que ceux qui seraient nommés ou maintenus à cette époque resteraient en place jusqu'en l'an 20, et seraient renouvelés aussi de cinq en cinq ans, avec faculté de réélection, et que leur nomination continuerait d'être faite par les préfets, conformément à l'art. 20 de la loi du 28 pluviose an 8.

Les maires et adjoints de la ville de Paris doivent, aux termes d'un arrêté du 2 frimaire an 12 (B. 328), être choisis par le roi parmi les citoyens inscrits sur la liste des six cents plus imposés du département de la Seine, et domiciliés à Paris.

Aux termes de l'art. 52 du sénatus-consulte organique du 28 floréal an 12 (B. 1), les maires des bonnes villes doivent être présens au serment du roi, lors de son avénement. *Voyez* VILLES.

L'art. 8 d'un décret du 1er mars 1808 (B. 186) portait que les maires de ces villes pourraient, après dix ans d'exercice de leurs fonctions remplies à la satisfaction du gouvernement, porter pendant leur vie le titre de *baron*.

Le conseil d'état, considérant que ce n'est que dans les villes au-dessous de 100,000 âmes que, suivant l'arrêté du 9 messidor an 8, les maires et adjoints comptent dans le nombre des membres du conseil municipal fixé par l'art. 15 de la loi du 28 pluviose an 8;

Que dans les autres communes le maire, suivant l'arrêté du 2 pluviose an 9, art. 1 et 2, est membre et président du conseil municipal, mais qu'il n'est pas dit qu'il compte pour compléter le nombre fixé;

Que l'art. 3 dit précisément que les adjoints n'ont entrée au conseil municipal qu'en l'absence du maire;

Que conséquemment on ne peut les comprendre parmi les membres de ce conseil;

Que les quinze membres restans dans chaque conseil municipal des villes au-dessus de 5,000 âmes peuvent n'être pas sur la liste des cent plus imposés du canton:

Que cependant, tant qu'ils seront membres des conseils municipaux, on peut prendre le maire et les adjoints parmi les quinze nouveaux membres, puisque le sénatus-consulte du 16 thermidor, art. 13, dit seulement que les maires et adjoints seront pris dans ces conseils, et qu'il ne peut y avoir de distinction entre les premiers et les derniers nommés;

A donné, le 9 nivose an 11, un avis qui a été approuvé le 14, et dont le ministre de l'intérieur a recommandé l'exécution par une circulaire du 27 du même mois de nivose. Cet avis porte:

1° Que les maires et adjoints doivent siéger, les derniers à défaut du premier, aux conseils municipaux des villes au-dessus de cinq mille âmes jusqu'à cent mille inclusivement, dans les cas et de la manière réglée par l'arrêté du 2 pluviose an 9, et continuer d'être comptés en dehors du nombre de trente auquel ces conseils sont fixés ;

2°. Que les maires et adjoints doivent être pris indistinctement en cas de vacance parmi les membres des conseils municipaux, anciens et nouveaux ;

3° Qu'au bout de cinq ans, et quand les maires sortiront de place, le gouvernement pourra nommer de même parmi tous les membres des conseils municipaux indistinctement.

Aux termes d'un décret du 15 avril 1806 (B. 87) et d'une ordonnance du roi du 13 janvier 1816 (B. 63), le premier renouvellement quinquennal des présidens de canton, des maires et adjoints de toutes les communes du royaume, a dû s'effectuer le 1er janvier 1808, pour continuer d'avoir lieu de cinq en cinq ans, à la même époque, en s'étendant à toutes les personnes qui auraient été nommées, dans l'intervalle d'un renouvellement à l'autre, aux fonctions dont il s'agit.

Le tribunal de Verdun, jugeant correctionnellement, a condamné, au mois de décembre 1807, un particulier de son ressort, à la prison, à l'amende et aux frais, pour avoir injurié le maire de sa commune. Le respect dû aux magistrats a fait penser que la publicité de ce jugement serait une utile leçon.

Il a été rendu le 22 juillet 1808, par la cour de cassatiou, section civile, une décision portant que les maires chargés de maintenir et assurer l'exécution des lois, et devant être ainsi considérés comme agens du gouvernement, ne pouvaient, sans autorisation préalable, être poursuivis pour raison de délits en matière de conscription.

Suivant uue autre décision de la même section, en date du 13 novembre 1809, qui a généralisé la première, un maire ne peut, sans l'autorisation du gouvernement, être civilement poursuivi pour un fait relatif à ses fonctions, ni être condamné à un réparation civile, lorsqu'il s'est lui-même rendu intervenant, et a pris le fait et cause de la partie poursuivie.

D'après une décision rendue par la section criminelle de la même cour, le 3 septembre 1807, il n'en serait pas de même des adjoints de maire; cependant pour leurs anciennes fonctions comme pour celles qui leur sont attribuées par les lois postérieures, ils sont en plusieurs circonstances des agens immédiats du gouvernement, qui paraissent susceptibles d'être considérés sous les mêmes rapports.

Le Code d'instruction criminelle a donné aux maires une juridiction en matière de police. Il ne leur a pas rendu la juridiction absolue que leur avait accordée la loi du 22 juillet 1791, et qui leur avait été enlevée en totalité par celle du 3 brumaire an 4; il les a rendus juges des contraventions commises dans l'étendue de leur territoire, lorsque ces contraventions ne présentent qu'un léger caractère de gravité, et ne donnent lieu qu'à infliger des peines peu sévères, en attribuant les autres aux juges de paix.

Voyez à ce sujet, sous le mot TRIBUNAUX DE POLICE, les art. 166 et suivans de ce code.

Les fonctions spéciales des maires relativement aux tribunaux de police sont d'appeler, par un simple avertissement, les parties et les témoins devant le tribunal, de maintenir la police de l'audience; de prononcer leur jugement après avoir entendu les parties et les témoins, ou par défaut contre la partie qui ne comparait pas; de remettre, dans le commencement de chaque trimestre, au procureur du roi de l'arrondissement, l'extrait de tous les jugemens qui ont condamné à un emprisonnement.

Comme officiers de police judiciaire, et à ce titre auxiliaires du procureur du roi, les maires sont soumis à la surveillance du procureur général, qui les avertit, en cas de négligence, les dénonce à la cour d'assises en cas de récidive, et avec l'autorisation de la cour, les fait citer à la chambre du conseil : il est enjoint aux maires d'être plus exacts à l'avenir, et ils sont de plus condamnés aux frais de la citation, de l'expédition et de la signification de l'arrêt. (*Code d'instruction criminelle* (B. 214 *bis*), art. 279 à 281; et *Loi sur l'organisation judiciaire* du 20 avril 1810 (B. 282), art. 45.) D'après les art. 289 et 565 du Code d'instruction criminelle, ils sont aussi sous la surveillance du procureur général près la cour d'assises.

Le maire qui sort de fonctions, pour quelque cause que ce soit, doit rendre ses comptes à son successeur, et l'on dresse en cette circonstance un procès-verbal dans cette forme :

Le . . . . . devant nous . . . . . nommé par . . . . maire de . . . . s'est présenté . . . . . auquel nous succédons dans les fonctions de maire de cette commune . . . . . et après nous avoir exposé l'état de l'administration et de la caisse, nous a fait la remise des registres, papiers, etc., et des effets mobiliers à lui confiés (*on détaille ces objets*) de laquelle remise il nous a demandé acte, que nous lui avons octroyé; et nous avons rédigé le présent procès-verbal, qu'il a signé avec nous, et dont nous lui avons délivré une expédition.

Voyez Acceptation, Acquisition, Administration municipale, Aliénation, Amende, Attributions, Chevaux, Compétence, Conseils municipaux, Contraventions, Correspondance, Costumes, Dommages-intérêts, Emprisonnement, Epizootie, Etat civil, Mandats, Officiers de police judiciaire, Règlemens, Répertoire, Serment, Tribunaux de police, Visa.

La maison de toute personne habitant le territoire français étant un asile inviolable, nul n'a le droit d'y entrer pendant la nuit, hors les cas d'incendie, d'inondation ou de réclamation faite de l'intérieur de la maison; pendant le jour, on peut y entrer pour un objet spécial, déterminé par la loi, ou par un ordre émané d'une autorité publique. (*Acte constitutionnel de l'an* 8, art. 76.)

Voyez Alignemens, Batimens, Constructions.

MAISONS COMMUNES. Les communes ont, par une loi du 16-23 octobre 1790, été maintenues dans la propriété des maisons communes.

Les publications de mariage se font devant la porte de ces maisons. (*Code civil*, art. 62.)

MAISONS D'ARRÊT. On appelle ainsi celles qui sont établies près des tribunaux de première instance, pour y retenir les personnes envoyées par un mandat d'officier de police.

Voyez PRISONS.

MAISONS DE CHARITÉ. *Voyez* HOSPICES CIVILS.

MAISONS DE CORRECTION. Ces maisons sont destinées 1° aux jeunes gens qui sont renfermés, en conformité des art. 376 et suivans du Code civil ; 2° aux individus condamnés par voie de police correctionnelle ; mais aux termes de l'art. 3 du titre 2 de la loi du 22 juin 1791, sur la police municipale et correctionnelle, les premiers doivent être séparés des autres. On y établit des travaux comme dans les maisons de détention. *Voyez* PRISONS.

Les individus contre lesquels est décerné un mandat de dépôt sont déposés dans la maison d'arrêt pour y être provisoirement retenus par les gardiens. Pour les *dépôts de mendicité*, voyez ce mot.

MAISONS DE DÉTENTION. On a donné sous le mot DÉTENTION l'extrait des dispositions du Code pénal du 6 octobre 1791 relativement à l'organisation de ces maisons.

Le ministre de l'intérieur a, par un arrêté du 8 pluviose an 9, prescrit sur le même objet les mesures suivantes :

ART. 1er. Les préfets sont chargés d'établir des ateliers de travail dans toutes les maisons de détention qui en seront susceptibles.

2. Le genre de travail sera déterminé d'après la nature et les dispositions de la maison. On donnera la préférence à celui qui exige le moins de soins et qui aura pour objet une matière grossière et de peu de valeur.

3. Les préfets prendront des mesures pour faciliter aux détenus l'exercice de leurs professions et métiers autant que cette facilité pourra se concilier avec les intérêts de l'administration et la sûreté de l'établissement.

4. L'administration ne fera travailler pour son compte qu'autant qu'il lui sera possible de traiter avec des fabricans ou des compagnies qui se chargent de fournir du travail aux détenus.

Les traités qui seront passés entre l'administration et le fabricant énonceront :

1° Le nombre des détenus qu'on s'engage à faire travailler ;
2° La nature, le prix et les heures du travail ;
3° La discipline que pourront exercer les fabricans sur les détenus ;
4° Le genre de nourriture qui sera accordé ;
5° Les distinctions qui seront faites par rapport à l'âge et aux infirmités.

Ces traités seront soumis à l'approbation du ministre de l'intérieur.

5. Les seuls détenus capables de travail et qui s'y refuseraient recevront le pain et l'eau ; le sort des individus travaillant sera amélioré proportionnellement à leur zèle et à leur conduite, etc. Les malades, les infirmes, les vieillards jugés incapables de travail par l'administration, jouiront de toutes les douceurs qui seront accordées aux meilleurs travailleurs.

Lart. 17 du décret du 11 juin 1810 (B. 294) ordonne qu'il sera pourvu aux dépenses des maisons de détention et de mendicité, par des fonds pris sur ceux qui resteront disponibles sur les centimes variables, et par une contribution imposée sur chaque ville selon ses ressources disponibles.

Il a été établi par divers décrets des *maisons centrales* de détention pour la réunion des condamnés de plusieurs départemens.

Voyez PRISONS.

MAISON D'ÉDUCATION. *Voyez* INSTRUCTION PUBLIQUE.

MAISONS DE JEU. L'art. 410 du Code pénal prononce la peine d'un emprisonnement de deux mois au moins, de six mois au plus et d'une amende de 100 fr. à 6000 fr., contre ceux qui auraient établi des maisons de jeux de hasard, ou des loteries non autorisées par les lois, avec confiscation des instrumens et ustensiles.

Voyez JEU.

MAISONS DE JUSTICE. La maison où l'on détient les individus contre lesquels il a été rendu une ordonnance de prise de corps se nomme *maison de justice ;* il doit en exister une près de chaque cour d'assises. (*Code d'instruction criminelle*, art. 603.) Ce sont les préfets qui ont la surveillance et nomment les gardiens de ces maisons, distinctes des prisons. (*Ibid.*, art. 605 et 606.)

Voyez PRISONS.

MAISONS DE POLICE MUNICIPALE. Le ministre de l'intérieur observe, dans une circulaire du 20 octobre 1810, qu'il faut pour la police municipale une prison dans chaque municipalité, ou du moins dans chaque arrondissement de justice de paix; qu'il y en avait autrefois pour toutes les justices seigneuriales; que néanmoins dans les lieux où il y a des maisons d'arrêt, ces maisons peuvent servir à la fois de prison municipale, en ayant soin de placer les condamnés par voie de police municipale dans un corps de bâtiment distinct et séparé.

Voyez PRISONS.

MAISONS DE PRÊT. L'établissement de ces maisons ne peut, aux termes de l'art. 411 du Code pénal, avoir lieu sans une autorisation légale, sous peine d'emprisonnement et d'amende.

Voyez MONTS-DE-PIÉTÉ.

MAISONS DE RÉCLUSION. *Voyez* RÉCLUSION, et l'art. 18 de la loi du 24 vendémiaire an 2, au mot MAISONS DE RÉPRESSION.

MAISONS DE REFUGE. Ces maisons ont été établies par un décret du 10 décembre 1810 (B. 351), pour ramener aux bonnes mœurs les filles qui se sont mal conduites. L'art. 10 les assujétit à la police des maires, des préfets et des officiers de justice, et l'art. 13 est ainsi conçu :

Le sous-préfet, ou à son défaut le maire d'une part, et notre procureur royal près le tribunal civil ou son substitut de l'autre, seront tenus de faire chacun, tous les trois mois, une visite dans les maisons des dames du refuge, de ce faire représenter les registres, d'entendre même en particulier, si elles le demandent, toutes les personnes qui y sont, de recevoir les réclamations, et de veiller à ce qu'il y soit fait droit, conformément aux lois, sans préjudice des visites que pourront faire tous nos procureurs-généraux, toutes les fois qu'ils le jugeront convenable.

Les procès-verbaux de ces visites seront envoyés, par ceux qui les auront faites, au ministre de la justice.

MAISONS DE RÉPRESSION. La loi du 24 vendémiaire an 2, sur l'extinction de la mendicité, a ordonné l'établissement de maisons de répression. Voici l'extrait du titre 3 de cette loi :

Art. 1er. Les maisons de répression seront placées, autant qu'il sera possible, dans le chef-lieu du département et hors l'enceinte de la ville; on choisira de préférence l'emplacement qui réunira plus de facilité pour y établir des travaux.

3. Tout citoyen qui consignera entre les mains du receveur du district une somme de cent livres, pour répondre de la conduite ultérieure d'un mendiant détenu sans causes aggravantes en s'adressant au tribunal compétent, sur le rapport favorable des administrateurs de la maison de répression, cette somme sera versée dans la caisse de l'administration, sur la preuve que l'homme cautionné est arrêté pour récidive.

Les mendians qui ne pourront justifier d'aucun domicile, ceux qui seront en troupes porteurs d'armes offensives, munis de faux certificats ou de faux congés à l'aide desquels ils déguiseront leurs noms, le lieu de leur naissance ou domicile, qui contreferont des infirmités, qui seront flétris, qui demanderont avec menace ou insolence, seront arrêtés et condamnés à une détention d'un an : la peine sera double en cas de récidive.

5. Au moyen des établissemens une fois formés des maisons de répression, les dépôts de mendicité demeurent supprimés.

9. Les administrateurs de département auront la surveillance générale des maisons de répression; ils feront connaître au conseil exécutif les nouveaux emplacemens qu'ils croiront les plus propres et les plus économiques pour les différentes espèces de travaux que les localités permettront d'établir pour employer utilement au dedans et au dehors les bras des mendians détenus.

10. Les directoires de département nommeront un directeur responsable tenu de résider dans la maison de répression. Il lui sera payé pour salaire et nourriture un traitement dont le *maximum* ne pourra excéder 2,400 fr. Il demeurera chargé de la conduite de la maison, de l'exécution du règlement, et rendra compte de ses opérations au comité qui sera établi à cet effet.

11. Il sera formé auprès de chaque maison de répression un comité de surveillance composé de trois membres dont un sera pris dans l'administration supérieure du lieu de l'établissement, le second dans la municipalité, et le troisième dans l'agence de secours du canton.

12. Ce comité déterminera le nombre des employés libres pour le service de la maison, fixera le prix de leur salaire et nourriture, règlera le régime intérieur pour la nourriture et l'entretien des détenus, leur discipline et leurs travaux; il s'assurera tous les jours de l'exécution du règlement.

13. Chaque détenu sera obligé au travail qui lui sera indiqué et qui devra être relatif à ses forces, à son âge et à son sexe. Le directeur évitera tous les moyens de rigueur pour l'y contraindre, hors le cas de rébellion. Il rendra compte dans les vingt-quatre heures, au comité de surveillance, de la peine infligée. Celui-ci pourra l'adoucir ou en ordonner de plus graves suivant la nature du délit, en ordonnant de se conformer

aux lois portées par la police correctionnelle, et d'en instruire le directoire du département.

14. Les détenus pourront adresser leurs réclamations au directoire du département, qui se fera rendre compte dans les vingt-quatre heures par le comité de surveillance, ou enverra un commissaire sur les lieux pour y faire droit.

15. Les deux tiers du prix de la journée de travail du détenu serviront pour payer à la maison une portion de la nourriture et entretien qu'il lui coûte. Il lui en sera fait compte tous les dix jours de la moitié de son tiers, et le restant lui sera remis au moment de sa liberté : en cas de mort il rentrera dans la caisse de l'administration.

16. Les malades seront tenus dans des salles particulières, et soignés par l'officier de santé salarié pour secourir les indigens du canton.

17. Les employés libres pour le service de la maison en formeront la garde ; ils seront armés d'un fusil et d'un sabre. Il y aura jour et nuit une sentinelle à la porte d'entrée de la maison ; et lorsque les détenus se rendront à des travaux externes, les employés chargés de les surveiller seront armés.

18. Les maisons de répression pourront servir aux tribunaux de police correctionnelle pour y placer les condamnés à la réclusion, qui seront soumis pendant leur détention au même règlement que les mendians.

Voyez Dépôts de mendicité.

MAISONS D'HOSPITALIÈRES. *Voyez* Hospitalières.

MAISONS DE SANTÉ. *Voyez* Salubrité.

MAISONS ÉPISCOPALES. *Voyez* Fabriques d'églises.

MAISONS GARNIES. Les maires et adjoints ou les commissaires de police dans les lieux où il en existe, doivent visiter les auberges, maisons garnies et autres du même genre ; inspecter les registres exigés par la loi de ceux qui ont de pareils établissemens, surveiller et visiter les maisons de jeu, les maisons de débauche et, ceux qui y résident ou s'y trouvent.

Voyez Hôtelleries, Passe-ports ; et, sous le mot Délits : l'art. 475 du Code pénal.

Lorsqu'une femme accouche ou qu'un individu meurt dans une maison publique, la personne qui commande dans cette maison est tenue de faire les déclarations de naissance et de décès. (*Lois du 20 septembre* 1790, titre 5, art. 5, et *du* 17 *décembre suivant*. art. 1 et 2.)

Voyez aussi, sous le mot Etat civil, les art. 56, 80 et suivans du Code civil.

MAITRES D'ÉCOLE. *Voyez* Secrétaires de mairie.

MAJORATS. Les maires sont chargés par l'art. 12 du décret du 4 mai 1809 (B. 270), concernant les biens affectés à la dotation des majorats, de notifier dans le mois, à la commission du sceau, le décès des Français revêtus de l'un des titres établis par le statut du 1er mars 1808 :

L'art. 4 du décret du 3 janvier 1812 exige la production d'un certificat de vie délivré par le maire de la commune et visé pour paiement du revenu de *dotations* transmises à la fille d'un donataire, à défaut d'enfant mâle.

MAJORITÉ. Les hommes et les femmes sont majeurs à 21 ans, et ils ont alors la libre disposition de leur personne et de leurs biens, sauf pour le mariage. (*Code civil*, art. 488.)

MALADES. (*Voyez* SECOURS.)

MALADIES ÉPIDÉMIQUES. Ces maladies sont celles dans lesquelles les malades transpirent de manière à corrompre l'air qui les environne, et à infecter tout ce qu'ils touchent et tout ce qu'ils approchent. Il convient de parfumer les habits, les meubles et les maisons de ceux qui en ont été attaqués, afin de neutraliser les miasmes putrides; et c'est un soin paternel que les maires doivent recommander dans leurs communes.

Voyez SANTÉ.

MANDATS. Les mandats d'amener, de comparution, de dépôt et d'arrêt, que le juge d'instruction décerne en conformité des art. 91 à 97 du Code d'instruction criminelle, sont exécutoires dans tout le territoire du royaume. Quand le prévenu est trouvé hors de l'arrondissement de l'officier qui a délivré le mandat, on le conduit devant le juge de paix, son suppléant, ou en leur absence, devant le maire ou l'adjoint, qui vise le mandat sans pouvoir en empêcher l'exécution. (*Code d'instruction criminelle*, art. 98.)

Lorsqu'on ne peut trouver le prévenu, on représente le mandat au maire, à son adjoint ou au commissaire de police qui met son visa sur l'original de l'acte de notification. Le même visa est apposé sur le procès-verbal de perquisition qu'on dresse lorsque l'individu contre lequel avait été décerné un mandat d'arrêt ne peut être saisi. (*Ibid.*, art. 105 et 109.)

Le mandat d'amener n'autorise pas à renfermer le prévenu dans une maison de gêne, de force ou de détention. On le laisse à la garde des agens de la force publique; mais on ne doit pas tarder à le faire conduire devant le procureur du roi, et ensuite devant le juge d'instruction, qui peut, sur la réquisition du premier, décerner un mandat de dépôt ou ordonner ce que de droit.

Voici, pour les cas de flagrant délit où les maires seraient autorisés à décerner eux-mêmes des mandats d'amener, de comparution ou de dépôt, des formules destinées à leur faciliter la rédaction de ces actes.

Mandat d'amener.

Nous maire (ou adjoint du maire, ou commissaire de police) de la commune de arrondissement de département de mandons et ordonnons à tous huissier et agens de la force publique, d'amener devant nous, en se conformant à la loi, B (son nom, sa profession et sa demeure, ou, si on ne les connait point, la désignation la plus claire qu'il sera possible aux termes de l'art. 95 du Code d'instruction criminelle), pour être entendu sur les inculpations dont il est prévenu. Nous requérons tous dépositaires de la force publique de prêter main-forte, en cas de nécessité, pour l'exécution du présent mandat.

Donné à le

On appose le sceau de la mairie, et le maire signe.

Le porteur du mandat dresse un procès-verbal ainsi conçu :

L'an le je huissier (ou gendarme à la résidence de) soussigné, me suis transporté en vertu du mandat d'amener délivré le par signé et scellé, au domicile de B demeurant à et parlant à sa personne je lui ai représenté l'original de ce mandat, en le requérant de me dire s'il était dans l'intention de se rendre devant pour y être entendu; sur sa réponse affirmative, je l'y ai conduit et j'ai dressé le présent procès-verbal dont je lui ai laissé copie ainsi que du mandat d'amener.

Dans le cas de refus, le procès-verbal se continue ainsi :

B ayant refusé de me suivre, je lui ai représenté qu'il ne pouvait se dispenser d'obéir, qu'il m'obligerait à user des moyens de force pour l'y contraindre, et de fait je l'ai saisi et appréhendé au corps, à l'aide de et de gendarmes du département, desquels jai requis l'assistance pour que force demeurât à justice, et de suite j'ai conduit B. devant

De ce que dessus j'ai dressé le présent procès-verbal pour servir et valoir ce que de raison.

Lorsqu'on ne trouve pas le prévenu, on termine le procès-verbal de cette manière :

N'ayant pas trouvé B je me suis transporté chez le maire de la commune et je lui ai présenté le mandat d'amener ainsi que mon procès-verbal, sur l'original duquel il a apposé son visa, et je lui ai laissé copie du mandat et du présent.

Mandat de comparution.

Nous maire de la commune d (ou juge de paix du canton d) département d mandons et ordonnons au sieur L demeurant à de comparaître le devant nous, en notre demeure, pour être entendu sur les inculpations dont il est prévenu. Mandons à tous huissiers et agens de la force publique de lui notifier le présent mandat.

Fait à le

Ce mandat se notifie par un acte ainsi conçu :

L'an le je (noms, prénoms, immatricule de l'huissier ou du gendarme) demeurant à soussigné, déclare avoir notifié à N en son domicile, en parlant à le mandat de comparution délivré par le dont je lui ai exhibé l'original, dûment signé et scellé, à ce que de son contenu il n'ignore et ait à y satisfaire, faute de quoi, et d'après les dispositions de l'art. 91 du Code d'instruction criminelle, le mandat de comparution sera converti en mandat d'arrêt.

Mandat de Dépôt.

Nous maire (ou adjoint) de la commune de arrondissement d département d mandons et ordonnons à tous huissiers et agens de la force publique de conduire en la maison d'arrêt de en se conformant à la loi, le sieur N (On a soin de mettre le nom, les prénoms, la profession, la demeure et le signalement.) Mandons et ordonnons au gardien de la maison d'arrêt de le recevoir et tenir en dépôt jusqu'à nouvel ordre; requérant tous dépositaires de la force publique de prêter main-forte en cas de nécessité pour l'exécution du présent mandat.

Fait à le

Le porteur du mandat dresse un procès-verbal ainsi conçu :

L'an le j'ai etc., soussigné, remis au sieur N en son domicile, en parlant à copie du mandat de dépôt délivré par de lui signé et muni de son sceau; et en vertu de ce mandat j'ai conduit N à la maison d'arrêt située et l'ai confié à la garde du concierge de cette maison, dont j'ai requis un certificat attestant la remise de la personne de N. Le gardien m'a délivré ce certificat et j'ai dressé de ce que dessus le présent procès-verbal, dont j'ai laissé copie tant au sieur N qu'au gardien.

Voyez PLAINTE.

MANDEMENT. L'acte par lequel est fixée la quote-part de chaque commune dans la contribution mobilière s'appelle *Mandement*.

Voyez, sous le mot CONTRIBUTIONS DIRECTES, la loi du 3 nivose an 7. *Voyez* aussi PROMULGATION.

MANDEMENS DES ÉVÊQUES. D'après l'ordonnance du roi du 6 août 1817 (B. 167), ils doivent parvenir en franchise, sous bandes, aux maires et autres fonctionnaires civils et ecclésiastiques de leur diocèse.

MANOEUVRES MILITAIRES. *Voyez* GARNISON.

MANUFACTURES. L'établissement des manufactures étant le meilleur moyen d'exciter l'industrie nationale, les autorités administratives doivent contribuer autant qu'il est en elles à les encourager, en faisant parvenir au gouvernement les instructions dont il a besoin pour leur accorder une protection plus immédiate, et en secondant les mesures locales qui seraient propres à en augmenter la prospérité.

La loi du 3 nivose an 2, concernant les ouvriers des manufactures de papiers, renferme les dispositions suivantes :

ART. 5. Les coalitions entre ouvriers des différentes manufactures pour provoquer la cessation du travail seront regardées comme des atteintes portées à la tranquillité qui doit régner dans les ateliers : chaque ouvrier pourra individuellement dresser ses plaintes et former ses demandes, mais il ne pourra en aucun cas cesser le travail, sinon pour cause de maladies ou infirmités dûment constatées.

6. Les amendes entre ouvriers, celles mises par eux sur les entrepreneurs, seront considérées et punies comme simples vols. Les proscriptions, défenses et interdictions connues sous le nom de *damnations* seront regardées comme des atteintes portées à la propriété des entrepreneurs. Ceux-ci seront tenus de dénoncer à l'agent national de l'administration du district les auteurs ou instigateurs de ces délits, qui seront mis sur-le-champ en état d'arrestation.

La loi du 22 germinal an 11 (B. 270) contient des dispositions importantes sur les manufactures, fabriques et ateliers. En voici l'extrait :

Art. 1er. Il pourra être établi dans les lieux où le gouvernement le jugera convenable des chambres consultatives des manufactures, fabriques, arts et métiers.

6. Toute coalition contre ceux qui font travailler des ouvriers, tendant à forcer injustement et abusivement l'abaissement des salaires, et suivie d'une tentative ou d'un commencement d'exécution, sera punie d'une amende de cent francs au moins, de trois mille frans au plus : et, s'il y a lieu, d'un emprisonnement qui ne pourra excéder un mois.

7. Toute coalition de la part des ouvriers pour cesser en même temps de travailler, interdire le travail dans certains ateliers, empêcher de s'y rendre et d'y rester avant ou après de certaines heures, et en général pour suspendre, empêcher, enchérir les travaux, sera punie, s'il y a eu tentative ou commencement d'exécution, d'un emprisonnement qui ne pourra excéder trois mois.

8. Si les actes prévus dans l'article précédent ont été accompagnés de violence, voies de fait, attroupement, les auteurs et complices seront punis des peines portées au Code de police correctionnelle ou au Code pénal, suivant la nature des délits.

10. Le maître ne pourra, sous peine de dommages et intérêts, retenir l'apprenti au-delà de son temps, ni lui refuser un congé d'acquit quand il aura rempli ses engagemens.

Les dommages-intérêts seront au moins du triple des journées depuis la fin de l'apprentissage.

11. Nul individu employant des ouvriers ne pourra recevoir un apprenti sans congé d'acquit, sous peine de dommages-intérêts envers son maître.

Nul ne pourra, sous les mêmes peines, recevoir un ouvrier s'il n'est porteur d'un livret portant le certificat d'acquit de ses engagemens, délivré par celui de chez qui il sort.

19. Toutes les affaires de simple police entre les ouvriers et apprentis, les manufacturiers, fabricans et artisans, seront portées à Paris devant le préfet de police, et dans les autres lieux devant le maire ou un des adjoints.

Ils prononceront sans appel les peines applicables aux divers cas, selon le Code de police municipale.

Si l'affaire est du ressort des tribunaux de police correctionnelle ou criminelle, ils pourront ordonner l'arrestation provisoire des prévenus et les faire traduire devant le magistrat de sûreté (le procureur royal). *Voyez* Prud'hommes.

20. Les autres contestations seront portées devant les tribunaux auxquels la connaissance en est attribuée par les lois.

21. En quelque lieu que réside l'ouvrier, la juridiction sera déterminée par le lieu de la situation des manufactures ou ateliers dans lesquels l'ouvrier aura pris du travail.

L'arrêté du 10 thermidor an 11 (B. 300), qui a organisé les chambres consultatives de manufactures, renferme les dispositions suivantes :

Art. 1er. Les chambres consultatives de manufactures, fabriques, arts et métiers qui seront établies dans les communes désignées par le gouvernement conformément à l'article 1er de la loi du 22 germinal an 11, seront composées chacune de six membres et présidées par les maires des lieux où elles seront placées : dans les communes où il se trouve plusieurs maires, le préfet présidera la chambre ou désignera celui qui devra le remplacer.

2. Nul ne pourra être reçu membre d'une chambre consultative, s'il n'est manufacturier, fabricant, directeur de fabrique, ou s'il n'a exercé une de ces professions pendant cinq ans au moins.

3. Les fonctions desdites chambres seront uniquement de faire connaître, conformément aux dispositions de l'art. 3 de la loi du 22 germinal, les besoins et les moyens d'amélioration des manufactures, fabriques, arts et métiers.

8. Les maires des lieux où il sera établi des chambres consultatives de manufactures fourniront un local convenable pour la tenue de leurs séances.

9. Les menus frais de bureaux auxquels cette tenue donnera lieu feront partie des dépenses des communes, seront portés dans leurs budgets et acquittés sur leurs revenus.

Voyez Machines, Ouvriers, Prud'hommes, Salubrité.

MARAIS. *Voyez* Desséchement.

MARAUDAGE. *Voyez*, sous le mot Délits, les art. 34 et 36 du titre 2 de la loi du 28 septembre-6 octobre 1791.

MARCHANDISES. La loi du 19 thermidor an 4 (B. 66) renferme le tableau des marchandises dont la sortie n'est permise qu'en payant des droits, et de celles dont la sortie est prohibée.

La loi du 9 floréal an 7 (B. 273), relative au tarif des douanes, contient aussi des dispositions sur les importations et exportations. *Voyez* Indemnité, Prud'hommes.

MARCHANDISES PROHIBÉES. Le détail de ces marchandises se trouve dans la loi du 10 brumaire an 5 (B. 86) qui a depuis éprouvé des modifications. D'après les dispositions de cette loi, de l'arrêté du 9 ventose an 6 (B. 189), et de la loi sur les finances du 28 avril 1816 (B. 81), dont les articles 60 à 62 se trouvent sous le mot Douanes, les maires ou commissaires de police sont tenus d'assister, dans la recherche et la saisie des marchandises prohibées, les préposés des douanes qui les en requièrent.

L'art. 3 de l'ordonnance du 8 mai 1816, relative à l'exécution du tit. 6 de la loi du 28 avril précédent, porte, au sujet de la déclaration des marchandises de fabrique étrangère voulue par l'art. 59 de ce titre, que dans les trois jours qui la suivront, le maire ou un officier municipal délégué par lui et, dans les villes où il y a un bureau, un agent des douanes, se transportera au domicile du déclarant et vérifiera les objets déclarés, qui seront mis ensuite par les propriétaires ou dépositaires en caisses ou ballots, lesquels après avoir été ficelés et scellés du sceau de la mairie ou des douanes et de celui des propriétaires ou dépositaires, seront immédiatement transportés ou au chef-lieu de la municipalité, ou au bureau des douanes, pour être, à la diligence des propriétaires ou dépositaires retirés des lieux de dépôt et renvoyés à l'étranger. *Voyez* DOUANES.

MARCHANDS DE VINS. Les ordonnances du 8 novembre 1780 et du 21 mai 1784 ont fixé des heures pour l'ouverture et la fermeture de leurs boutiques.

Voyez LIMONADIERS, SALUBRITÉ.

MARCHANDS FORAINS. Une ordonnance de police du 22 septembre 1600 défend aux artisans et marchands ambulans ou revendeurs de placer ni poser leurs établis au-devant des maisons particulières sans le consentement des propriétaires ou locataires, et sans qu'au préalable le lieu n'ait été visité par le voyer, relativement à la commodité ou incommodité publique, et qu'ils n'aient reçu de lui la permission de s'y placer, à peine de confiscation des étaux, marchandises et denrées. Ils sont d'ailleurs soumis à la surveillance de la police pour leurs patentes, les poids et mesures, et le titre des matières d'or et d'argent.

MARCHÉS. L'enceinte des marchés, et halles et ports, doit être désignée d'une manière apparente par l'autorité municipale, avec l'approbation du sous-préfet. (*Arrêté du 7 brumaire an 9* (B. 50), art. 15.)

Les maires et adjoints doivent faire inspecter les foires, marchés, ports et lieux d'arrivage des comestibles, bestiaux, boissons et denrées, dans l'étendue de leur commune.

Si les approvisionnemens de leur commune ne leur semblent pas assurés en denrées de première nécessité, s'ils en craignent la disette ou un renchérissement excessif, ils doivent rendre compte de leurs observations au sous-préfet, et lui proposer les mesures qu'ils croiront convenables, pour qu'il les soumette à l'approbation du préfet. Si les mesures sont approuvées par le préfet, elles sont transmises par le sous-préfet aux maires et adjoints, qui sont chargés de leur exécution.

Aux termes de l'art. 146 de la loi du 28 germinal an 6 (B. 197), les sous-préfets ou les maires peuvent inviter la gendarmerie à se porter aux foires, marchés, fêtes et cérémonies publiques où il doit y avoir un grand concours de monde. Ils peuvent aussi la requérir d'y rester plus long-temps que la journée dans laquelle le rassemblement doit avoir lieu.

Voyez FOIRES, GRAINS, HALLES, LOCATIONS, PLACES PUBLIQUES, SALUBRITÉ, TAXES.

MARES. On appelle ainsi des amas d'eaux pluviales et stagnantes destinés à abreuver les bestiaux. Lorsque la sécheresse fait diminuer et corrompre l'eau des mares, il peut en résulter des épidémies et des épizooties. Les citernes leur sont préférables, et à leur défaut les puits. Mais si le désir mal entendu de s'épargner de la peine fait persister à conserver les mares, on devrait au moins les paver, les rendre plus profondes, afin de retarder la putréfaction qui commence toujours par les bords ; les entourer de murs, n'y pas laisser croître d'herbes, détruire les crapauds et les grenouilles dont le frai se répand en gelée sur la superficie, et occasione les odeurs marécageuses qu'exhalent les eaux verdâtres infectées par ces animaux ; il faut aussi avoir soin, avant l'entrée de l'hiver, de mettre les mares à sec et d'enlever la boue et les sédimens qui en tapissent le fond.

MARÉE. Le préfet de police de Paris a rendu, le 9 fructidor an 10, sur le commerce de la marée, une ordonnance portant entre autres dispositions,

1° Que la marée sera visitée par le commissaire des halles et marchés avant qu'elle soit mise en vente; et que si elle est gâtée ou corrompue, il en sera dressé procès-verbal par le commissaire de police, qui en ordonnera la saisie ;

2° Que la marée continuera d'être vendue au plus offrant et dernier enchérisseur ;

3° Que les détailleuses et autres ne pourront se coaliser pour retarder la vente de la marée, en affaiblir le prix, ou empêcher qu'elle ne soit portée à sa juste valeur;

4° Que le regrat de la marée est prohibé, et qu'en conséquence aucun article vendu en gros ne pourra être vendu qu'au détail, et sur les carreaux affectés au détail ;

5° Qu'il est défendu de vendre de la marée dans les rues, à des places fixes.

MARGUILLIERS. L'article 79 de la loi du 18 germinal an 10 (B. 172) a ordonné le rétablissement des fabriques pour veiller à l'entretien et à la conservation des temples, et à l'administration des aumônes.

D'après une décision du ministre de l'intérieur, les biens des fabriques devant, aux termes de l'arrêté du 7 thermidor an 11, inséré sous le mot FABRIQUES D'ÉGLISES, être administrés dans la forme particulière aux biens communaux, lorsque les marguilliers d'une paroisse croient qu'il y a lieu de poursuivre les détenteurs de ces biens, le conseil municipal de la commune doit être convoqué pour délibérer sur la demande ; et sa délibération, sur laquelle le sous-préfet exprime son avis, doit être soumise au conseil de préfecture, qui donne ou refuse aux marguilliers l'autorisation de poursuivre.

Ce sont les marguilliers qui reçoivent les dons faits aux fabriques.

MARIAGE. Les hommes ne peuvent contracter mariage avant dix-huit ans révolus, et les femmes avant quinze, à moins que, pour des motifs graves, le gouvernement n'ait accordé des dispenses d'âge. (*Code civil*, art. 144 et 145.)

Le consentement des père et mère est nécessaire pour le fils jusqu'à l'âge de 25 ans accomplis, et pour la fille jusqu'à 21 ans. En cas de dissentiment, le consentement du père suffit. (Art. 148.)

Après avoir atteint cette majorité, les enfans de famille sont encore tenus, avant de contracter mariage, de demander, par un acte respectueux et formel, le conseil de leur père et de leur mère, ou, en cas de décès, de leurs aïeuls et aïeules. (Art. 151.)

Il se fait deux publications de mariage à huit jours d'intervalle, un jour de dimanche, devant la porte de la maison commune. Le mariage ne peut être célébré avant le troisième jour, depuis et non compris celui de la seconde publication. (Art. 63 et 64.)

La femme ne peut contracter un second mariage que 10 mois après la dissolution du premier. (Art. 228.)

Un arrêté du 10 prairial an 11 (B. 285) porte, relativement aux dispenses d'âge, 1° qu'elles seront délivrées par le gouvernement, sur le rapport du ministre de la justice;

2° Que le procureur du roi près le tribunal de première instance de l'arrondissement dans lequel les impétrans se proposent de célébrer le mariage, lorsqu'il s'agira de dispenses dans les degrés prohibés, ou de l'arrondissement dans lequel l'impétrant a son domicile lorsqu'il s'agira de dispenses d'âge, mettra son avis au pied de la pétition tendant à obtenir ces dispenses, et qu'elle sera ensuite adressée au ministre de la justice;

3° Que les dispenses de la seconde publication de bans seront accordées, s'il y a lieu, au nom du gouvernement, par le procureur du roi près le tribunal de première instance dans l'arrondissement duquel les impétrans se proposent de célébrer leur mariage;

4° Que la dispense d'une seconde publication de bans sera déposée au secrétariat de la commune où le mariage sera célébré: que le secrétaire en délivrera une expédition dans laquelle il sera fait mention du dépôt, et qui demeurera annexée à l'acte de célébration de mariage;

5° Que l'arrêté portant la dispense d'âge ou celle relative aux degrés prohibés, sera, à la diligence du procureur du roi, en vertu d'ordonnance du président, enregistré au greffe du tribunal civil de l'arrondissement dans lequel le mariage sera célébré; et qu'une expédition de cet arrêté, dans laquelle il sera fait mention de l'enregistrement, demeurera annexée à l'acte de célébration de mariage.

Des ordonnances royales remplacent maintenant ces arrêtés.

Les préfets ont été invités par une circulaire du ministre de la justice, en date du 18 nivose an 11, à faire connaître aux maires et adjoints remplissant les fonctions d'officiers de l'état civil, que l'intention du gouvernement était qu'il ne fût reçu aucun acte de mariage entre des blancs et des négresses ni entre des nègres et des blanches; mais cette défense a depuis été révoquée comme contraire à plusieurs lois, et particulièrement aux dispositions du Code civil. (*Courrier* du 6 juillet 1820.)

Le ministre de la justice a écrit, au mois de nivose an 13, une circulaire par laquelle, après avoir rappelé les dispositions pénales du Code civil (art. 50, 53, 193), relativement aux contraventions commises par les officiers de l'état civil, il fait observer que la question ayant été élevée de savoir si les poursuites ordonnées par le code contre les maires exerçant les fonctions d'officiers de l'état civil, devaient être préalablement autorisées par un arrêté du gouvernement, conformément à l'art. 75 de l'acte constitutionnel de l'an 8, le conseil d'état a donné le 4 pluviose an 12 un avis ainsi conçu :

« Les officiers de l'état civil ne peuvent être considérés comme agens du » gouvernement, et dès lors ils ne peuvent réclamer le bénéfice de l'article » 75 de la Constitution ; la marche à suivre dans les poursuites à exercer » contre eux est tracée dans les motifs du titre II du Code civil, développés » au corps législatif. Le commissaire, y est-il dit, dresse le procès-verbal » sommaire ; il dénonce les délits, et requiert la condamnation aux amendes. » Ainsi l'autorisation de l'autorité supérieure n'est point exigée ; et ce prin- » cipe est d'autant plus nécessaire à maintenir, que c'est accroître le droit » de surveillance que les commissaires du gouvernement ont sur la conduite » des officiers de l'état civil. Ceux-ci doivent par conséquent, en cas de con- » travention, être traduits devant les tribunaux, et sur la simple réquisition » du commissaire.

» La connaissance des contraventions commises par les officiers de l'état » civil, dans la tenue des registres, ayant été attribuée, par l'article 50 du » Code civil, aux tribunaux de première instance, on ne peut la porter aux » tribunaux de police correctionnelle, sans changer le texte de la loi et en » accroître la sévérité. »

Il suit donc de là, continue le ministre de la justice, que les maires, en tant qu'ils remplissent les fonctions de l'état civil, ne sont point considérés comme agens du gouvernement, et que pour exercer contre eux les poursuites ordonnées par les articles 50 et 53 du Code civil, on n'est point obligé de rapporter préalablement l'autorisation prescrite par l'article 75 de l'acte constitutionnel. Ces poursuites doivent se faire à la réquisition du procureur du roi, qui, après avoir cité les officiers de l'état civil devant le tribunal, requiert contre eux civilement l'application des peines prononcées par la loi.

Ces dispositions ne concernent que les simples contraventions dérivant de la négligence seule des officiers de l'état civil, et des irrégularités auxquelles elle aurait donné lieu dans la rédaction des actes ; car, s'il s'agissait d'un délit proprement dit, d'une altération ou d'un faux commis dans ces actes, le procureur du roi, qui doit être attentif à la poursuite des contraventions comme des délits, devrait alors dénoncer ces derniers aux magistrats à qui la loi confie spécialement le droit de les réprimer.

Il est d'autant plus essentiel de bien saisir cette distinction, que les articles 156 et 157 du Code établissent de nouvelles peines contre les officiers de l'état civil qui auraient procédé à la célébration des mariages contractés, soit par des fils âgés de moins de vingt-cinq ans, ou par des filles âgées de moins de vingt et un ans accomplis, sans qu'ils aient le consentement des ascendans ou de la famille, soit par des enfans de famille, qui, après cet âge, auraient manqué aux actes respectueux auxquels ils sont obligés.

La peine, dans le premier cas est, outre l'amende, d'un emprisonnement qui ne peut être moindre de six mois ; et dans le second, l'emprisonnement ne pourra être moindre d'un mois.

La peine change ici de nature, parce que la faute n'est plus la même que dans les cas précédens. Ce sont des enfans qui veulent se soustraire à la soumission et à la déférence que la loi civile, d'accord en cela avec la loi naturelle, leur commande envers ceux de qui ils ont reçu le jour : l'officier public qui se rend complice de leur désobéissance, en la favorisant, ne peut plus être regardé comme atteint d'une simple contravention, d'une irrégularité qu'on puisse attribuer à la négligence ou à l'irréflexion ; c'est la violation d'une loi sacrée, conservatrice des droits des familles; le Code la punit non-seulement d'une amende, mais encore d'un emprisonnement qui peut être, suivant les circonstances, d'une longue durée.

Si cette disposition avait existé à l'époque de l'avis du conseil d'état du 4 pluviose an 12, il n'est pas douteux qu'il n'eût fait pour ce cas une exception à la règle qu'il pose, et suivant laquelle les officiers de l'état civil ne peuvent être poursuivis, pour les irrégularités qu'ils commettent, que devant les tribunaux civils.

La peine d'emprisonnement ne saurait être prononcée que par les tribunaux de police correctionnelle, conformément au Code des délits et des peines; et c'est aussi devant ces tribunaux que doivent être traduits les officiers de l'état civil qui n'ont pas craint de favoriser l'inconduite des enfans rebelles à l'autorité paternelle.

Quoiqu'il ne soit fait mention dans l'avis du conseil d'état que des poursuites à faire par les procureurs du roi contre les officiers de l'état civil, il n'en est pas moins vrai que les poursuites peuvent être dirigées contre eux, sans autorisation préalable, par les parties intéressées, devant les tribunaux correctionnels, suivant les circonstances : la loi les y admet, et c'est un droit dont on ne saurait les priver.

D'autres difficultés ayant eu lieu dans beaucoup de mariages pour l'application de divers articles du Code civil, le conseil d'état a donné à ce sujet, le 27 messidor an 13 (B. 51), un avis qui a été approuvé le 4 thermidor suivant et dont voici le texte :

Le conseil d'état, considérant que les difficultés naissent de ce que les officiers de l'état civil ne discernent pas assez soigneusement les divers cas que la loi a voulu régler, de ceux qu'elle a laissés à la disposition des principes généraux et du droit commun ;

Que, quoique l'acte de naissance des futurs mariés soit nécessaire, il est pourtant permis de le remplacer par les formalités mentionnées dans l'article 71 ; mais que ces formalités, prescrites lorsqu'il s'agit de suppléer au titre constitutif de l'état des personnes, ne peuvent être exigées en remplacement d'actes moins essentiels; qu'il ne faut donc pas, pour remplacer l'acte de décès des pères et mères ou ascendans, un acte de notoriété contenant la déclaration de sept témoins et homologué par le tribunal ;

Que le supplément naturel de l'acte de décès des pères et mères est dans la présence des aïeuls et aïeules, et dans l'attestation qu'on peut leur demander de ce décès ;

Que si, par l'ignorance du lieu où sont décédés les pères et mères ou ascendans, on ne peut produire leur acte de décès ; que si, comme cela arrive souvent dans les classes pauvres, par l'ignorance du dernier domicile, on ne peut recourir à l'acte de notoriété prescrit par l'article 155 et destiné à constater l'absence d'un domicile connu; dans ce cas la raison suggère de se contenter de la déclaration des témoins ; que déjà, dans beaucoup d'occasions semblables, les officiers de l'état civil de Paris ont procédé aux mariages sur des actes de notoriété passés ou devant notaire ou devant des juges de paix, par des témoins que les tiers ont produits ;

Qu'il n'en est résulté aucun inconvénient ni plainte ; qu'il en est au contraire résulté beaucoup lorsque, dans des cas pareils, on a voulu être plus rigoureux et exiger davantage ;

Que même plusieurs fois on a suivi une voie plus simple et encore moins coûteuse que celle des actes de notoriété, et qui mérite d'être préférée et de devenir générale : on s'est contenté de la déclaration des quatre témoins nécessaires à l'acte de mariage, faite à l'officier public et mentionné dans cet acte;

Que cette déclaration, aussi solennelle qu'un acte de notoriété est, sans danger relativement au mariage des majeurs, pour lequel le consentement ou le conseil des ascendans n'est pas d'une nécessité absolue et dirimante;

Que rien n'est à craindre relativement au mariage des mineurs, puisqu'en force de l'article 160 du Code civil, toutes les fois qu'il n'y a ni pères ni mères, ni aïeuls ou aïeules, ou qu'ils se trouvent dans l'impossibilité de manifester leur volonté, les fils ou filles mineurs de vingt et un ans ne peuvent contracter mariage sans le consentement du conseil de famille;

Est d'avis, 1° qu'il n'est pas nécessaire de produire les actes de décès des pères et mères des futurs mariés, lorsque les aïeuls ou aïeules attestent ce décès; et, dans ce cas, il doit être fait mention de leur attestation dans l'acte de mariage;

2° Que si les pères, mères, aïeuls ou aïeules, dont le consentement ou conseil est requis, sont décédés, et si l'on est dans l'impossibilité de produire l'acte de leur décès ou la preuve de leur absence, faute de connaître leur dernier domicile, il peut être procédé à la célébration du mariage des majeurs, sur leur déclaration à serment que le lieu du décès et celui du dernier domicile de leurs ascendans leur sont inconnus. Cette déclaration doit être certifiée aussi par serment des quatre témoins de l'acte de mariage, lesquels affirment que, quoiqu'ils connaissent les futurs époux, ils ignorent le lieu du décès de leurs ascendans et leur dernier domicile. Les officiers de l'état civil doivent faire mention, dans l'acte de mariage, desdites déclarations.

Sur une délibération prise le 23 avril 1808, par le conseil d'état, il a été rendu le 7 mai suivant (B. 191) une décision portant que le mariage entre un grand-oncle et sa petite-nièce ne peut avoir lieu qu'en conséquence de dispenses accordées conformément à ce qui est prescrit par l'art. 164 du Code civil.

Le décret du 16 juin 1803, sur le mariage des militaires en activité de service (B. 195) défend aux officiers de se marier sans en avoir obtenu la permission par écrit du ministre de la guerre, et aux sous-officiers et soldats sans la permission du conseil d'administration de leur corps. Il prononce la peine de destitution contre tout officier de l'état civil qui aurait sciemment célébré un de ces mariages sans s'être fait remettre les permissions ci-dessus relatées, ou qui aurait négligé de les joindre à l'acte de célébration.

Les dispositions de ce décret ont, par un autre décret du 3 août suivant (B. 199), été appliquées aux officiers et aspirans de la marine royale, aux officiers des troupes d'artillerie de la marine, aux officiers du génie maritime, et enfin à tout officier militaire et civil du département de la marine nommé par le chef du gouvernement. Aucun de ces officiers ne peut en conséquence se marier sans en avoir obtenu la permission par écrit du ministre de la marine.

L'application des mêmes dispositions a encore été faite, par un décret du 28 août 1808 (B. 201), 1° aux commissaires ordonnateurs et ordinaires des guerres, à leurs adjoints, aux officiers de santé militaires, de toutes classes et de tous grades, et aux officiers des bataillons des équipages qui ont besoin de la permission du ministre directeur de l'administration de la guerre; 2° aux sous-officiers et soldats en activité de service dans les bataillons des équipages, à qui il faut la permission du conseil d'administration de leur bataillon.

Enfin, le conseil d'état considérant que le motif du décret du 16 juin 1808 avait été d'empêcher que les officiers contractassent des mariages inconvenans, susceptibles d'altérer la considération due à leur caractère, et que les *officiers réformés*, pouvant être remis en activité d'un moment à l'autre, et jouissant du droit de porter l'uniforme, les mariages inconvenans qu'ils contracteraient auraient la même influence, a donné, le 22 novembre 1808, un avis approuvé le 21 décembre suivant (B. 220), et d'après lequel le décret du 16 juin 1808 est applicable à ces officiers.

Il y a eu, le 25 septembre 1814, une décision du ministre de la guerre qui a renouvelé les mêmes injonctions tant pour les officiers à demi-solde que pour les sous-officiers et soldats.

D'après une circulaire ministérielle du 29 mai 1816, les officiers qui ne sont plus dans le cas d'être rappelés au service, et n'ont pas besoin de permission pour se marier, doivent rapporter à l'officier de l'état civil un certificat du commandant de la division militaire, constatant ou qu'ils ont donné leur démission, ou qu'ils sont proposés pour la retraite, ou qu'ils sont admis au traitement de réforme.

Dans les circonstances solennelles où le gouvernement autorise la célébration de mariage aux frais de l'état ou des communes, ces mariages doivent être précédés d'une délibération du conseil municipal, approuvée par le préfet ou le sous-préfet. Des commissions composées de deux maires et de deux curés, pour les justices de paix, sont désignées par le juge de paix et le sous-préfet. *Décret du 25 mars 1810*, (B. 277) (art. 6 et 7.

Voyez BÉNÉDICTION NUPTIALE, ECCLÉSIASTIQUES, ETAT CIVIL. *Voyez* aussi, sous le mot EXTRAITS, un décret du 12 juillet 1807 (B. 152), concernant les droits à percevoir pour les expéditions et extraits d'actes de mariage, etc.

MARINE. Par l'art. 10 d'un arrêté du 24 fructidor an 4 (B. 76), il a été enjoint aux corps administratifs, municipaux et autres autorités constituées, de se renfermer strictement dans les bornes de leurs fonctions, et il leur a en conséquence été expressément défendu de s'immiscer directement ni indirectement dans ce qui était relatif aux opérations maritimes, aux expéditions navales et aux dispositions des officiers civils et militaires de la marine, officiers d'administration préposés dans les quartiers, sous les peines portées par les lois et arrêtés des 26 janvier, 20 juillet 1793, 25 brumaire an 2 et 3 floréal an 3.

Les officiers et sous-officiers chargés du recrutement pour la marine doivent, en arrivant dans les villes, se présenter au commandant de la place, et, à défaut, chez les maires, pour y donner connaissance de leurs pouvoirs et demander la permission de battre la caisse ou de faire une affiche. (*Arrêté du* 1er *ventose an* 6, (B. 184) art. 25.)

Ils doivent, dans les 24 heures présenter les enrôlés au maire qui vise leur enrôlement et en tient registre. (*Ibid.*) art. 31.

L'ordonnance du 21 février 1816 (B. 77), qui crée un corps royal d'artillerie de la marine, porte, art. 18, que les officiers et sous-officiers détachés en recrues seront tenus, en arrivant dans les villes, de se présenter au commandant de la place et au maire, de leur donner connaissance des pouvoirs dont ils seront porteurs, et de leur demander l'autorisation de faire battre la caisse ou d'afficher tel avis dont la publication sera nécessaire. Aux termes de l'art. 21 tout enrôlement doit être, à peine de nullité, reçu par les maires, qui font à cet effet tenir un registre sur lequel les enrôlemens sont inscrits, et les officiers ou sous-officiers leur présentent les hommes qui ont demandé à s'enrôler. Avant de recevoir un enrôlement, le maire s'assure que l'on a fait procéder par un médecin ou chirurgien à la visite du sujet qui s'est présenté, afin de constater qu'il n'est atteint d'aucune infirmité qui l'empêche de servir. (Art. 22.)

Les actes d'enrôlement sont libellés ainsi qu'il suit :

DÉPARTEMENT

d

ARRONDISSEMENT

d

COMMUNE

d

Enrôlement volontaire.

L'an le s'est présenté devant nous, maire (*ou* adjoint) de la ville d (*ou* de la commune d), le sieur fils de et de domicilié à canton d département d né le à canton de département d taille de cheveux sourcils yeux front nez bouche menton visage teint (indiquer en outre tout signe particulier).

Lequel a déclaré s'enrôler volontairement pour servir dans le (désigner le corps).

Nous, maire, après nous être assuré que le susnommé a été visité par un officier de santé, pour constater qu'il est propre au service militaire; après nous être fait représenter ses certificats de bonne vie et mœurs; après, enfin, avoir reconnu qu'il a les qualités requises pour servir dans le corps ci-dessus désigné, et qu'il n'appartient ni aux troupes de terre, ni aux classes, nous avons reçu son engagement en présence du sieur (officier *ou* sous-officier) du corps royal d'artillerie de la marine, et avons délivré au sieur (rappeler ici le nom de l'enrôlé) l'ordre de se rendre auprès du commissaire des guerres (désigner la résidence du commissaire des guerres le plus voisin), à l'effet de recevoir une feuille de route pour rejoindre le port de (indiquer le port où le corps est en garnison); et le sieur a signé avec nous.

L'enrôlement est signé par l'officier ou sous-officier détaché en recrue et par l'enrôlé ; et à défaut par celui-ci de savoir signer, il fait sa marque en présence de deux témoins qui signent au registre. L'individu âgé de moins de dix-huit ans doit produire le consentement par écrit de son père ou de son tuteur, si l'un d'eux n'est présent pour signer son engagement. (Art. 26.)

Le maire remet à l'enrôlé une expédition de l'enrôlement qu'il a reçu, et lui expédie en même temps un ordre de route sur lequel il est fait mention de la somme qui lui a été remise au moment de la souscription de l'engagement. (Art. 27.)

Si un enrôlé meurt en route, la feuille de route et un acte de décès sont envoyés par le maire du lieu où il est mort à celui de la commune d'où il est parti, et le premier donne en même temps connaissance du décès au commandant du bataillon sur lequel l'enrôlé avait été dirigé. (Art. 33.)

Dans les communes où il ne se trouverait pas d'officiers ou de sous-officiers détachés en recrue, les maires sont autorisés à recevoir des enrôlemens volontaires pour l'artillerie de la marine ; mais ils doivent préalablement s'assurer que les sujets qui se présentent réunissent les qualités et conditions prescrites pour être admis dans cette arme. Tout homme ainsi enrôlé est expédié pour le corps par les soins des maires et des commissaires des guerres ou administrateurs de la marine, et il lui est tenu compte de la totalité du prix de son engagement aussitôt après son incorporation. (Art. 41.)

Voyez INSCRIPTION MARITIME, MATELOTS.

MARINIERS. Aux termes de l'art. 47 de la loi du 6 frimaire an 7 (B. 246), les mariniers non pourvus de certificats de capacité délivrés par les commissaires civils de la marine pour la conduite des bateaux sur les fleuves et rivières, il peut y être suppléé par une attestation de quatre anciens mariniers conducteurs donnée devant le maire de leur résidence.

Voyez BAC, BATELIERS.

MARNIÈRES. *Voyez*, sous le mot PUITS, une instruction sur les moyens de prévenir le danger de méphitisme des marnières, fosses, etc.

MARQUES COMMERCIALES. Un décret du 5 septembre 1810 (B. 312) contient des dispositions tendant à prévenir ou à réprimer la contrefaçon des marques apposées sur les ouvrages de quincaillerie et de coutellerie. En voici l'extrait :

ART. 1er. Il est défendu de contrefaire les marques que, par un arrêté du 23 nivose de l'an 9, les fabricans de quincaillerie sont autorisés à mettre sur leurs ouvrages. Tout contrevenant à cette disposition sera puni, pour la première fois, d'une amende de trois cents fr., dont le montant sera versé dans la caisse des hospices de la commune : en cas de récidive, cette amende sera double, et il sera condamné à un emprisonnement de six mois.

2. Les objets contrefaits seront saisis et confisqués au profit du propriétaire de la marque ; le tout sans préjudice des dommages-intérêts qu'il y aura lieu de lui adjuger.

3. Nul ne sera admis à intenter action en contrefaçon de sa marque s'il n'a fait empreindre cette marque sur les tables communes établies à cet effet et déposées au tribunal de commerce, selon l'article 18 de la loi du 18 germinal an 9.

6. Tout particulier qui voudra s'assurer la propriété de sa marque est tenu, conformément à l'article 9, section 1re du titre 2 de notre décret du 11 juin 1809, de verser une somme de six francs entre les mains du receveur de la commune; cette somme, ainsi que toutes les autres qui seraient comptées pour le même objet, seront mises à la disposition des prud'hommes ou du maire, et destinées à faire l'acquisition des tables et à les entretenir. Le préfet en surveillera la comptabilité.

8. La saisie des ouvrages dont la marque aurait été contrefaite aura lieu sur la simple réquisition du propriétaire de cette marque : les officiers de police sont tenus de l'effectuer sur la présentation du procès-verbal de dépôt; ils renverront ensuite les parties devant le conseil de prud'hommes, s'il y en a un dans la commune; s'il n'y en a point, le juge de paix du canton prendra connaissance de l'affaire.

9. Le conseil de prud'hommes (ou le juge de paix) entendra d'abord les parties et leurs témoins; il prononcera ensuite son jugement, qui sera mis à exécution sans appel ou à la charge de l'appel, avec ou sans caution, conformément aux dispositions du décret du 3 août présent mois.

Voyez GARANTIE DES MATIÈRES D'OR ET D'ARGENT, POINÇONS, PRUD'HOMMES.

MARTELAGE. Le décret du 15 avril 1811 (B. 364), relatif au martelage des arbres futaies appartenans à des particuliers, porte, article 8, que les propriétaires feront constater l'époque de l'abatage de ces arbres, par un certificat du contre-maître de la marine, ou des agens forestiers, ou du maire de la commune de la situation des bois. L'ordonnance du roi du 28 août 1816 (B. 115) assujétit au martelage les bois des communes et des établissemens publics, et l'art 9 du règlement du même jour ordonne qu'il sera délivré une expédition du procès-verbal de martelage aux maires pour les bois des communes, et à chacun des directeurs des établissemens qui en possèdent. *Voyez* ARBRES, FORÊTS.

MASQUES. Les déguisemens étant propres à faciliter les moyens de commettre plus impunément des délits, on a, pendant plusieurs années, interdit en France l'usage des masques dans les bals et autres amusemens d'hiver. Quoique le retour du calme, après les orages de la révolution, ait déterminé à tolérer ces travestissemens, ils n'en exigent pas moins un surcroît d'activité de la part des officiers de police, et des mesures de surveillance capables de prévenir des désordres.

Il est défendu aux personnes masquées de porter des épées, des bâtons ni d'autres armes; de s'introduire par violence dans les boutiques et les maisons; d'insulter qui que ce soit dans les rues; et il leur est enjoint de se rendre, sur l'invitation des officiers de police, chez le magistrat qui pourrait avoir des explications à leur demander.

MATELOTS. Les maires et adjoints doivent seconder les syndics des classes dans la levée des matelots et ouvriers nécessaires pour le service des vaisseaux, ports et arsenaux. *Voyez* INSCRIPTION MARITIME, MARINE.

MATÉRIAUX. Une ordonnance de police du 22 mars 1720 a défendu aux propriétaires, entrepreneurs, ou conducteurs de bâtimens, de faire décharger des matériaux de construction, et d'exposer des décombres dans les endroits où la voie publique pourrait en être gênée.

Aux termes de l'art. 471, n° 4, du Code pénal (B. 277 *bis*), il est prononcé une amende d'un franc à 5 francs contre ceux qui, en contravention aux lois et règlemens, auraient embarrassé la voie publique ou négligé d'éclairer les matériaux par eux entreposés, ou les excavations par eux faites dans les rues et places. *Voyez* ÉCLAIRAGE.

MATIÈRES D'OR ET D'ARGENT. *Voyez* GARANTIE DES MATIÈRES D'OR ET D'ARGENT, POINÇONS.

MATRICE DE ROLE. On appelle ainsi le cahier sur lequel sont relatées, dans chaque commune, les propriétés d'après lesquelles on détermine le montant des cotes respectives des habitans. C'est cette matrice qui sert de base aux répartitions annuelles ; on y fait les changemens successifs qu'exigent les mutations. *Voyez*, sous le mot CONTRIBUTIONS DIRECTES, les titres 4 et 5 de la loi du 3 frimaire an 7.

MÉDAILLES. Il a été décidé par la commission d'instruction publique que des médailles seraient décernées aux instituteurs primaires qui se seraient distingués par la tenue de leurs écoles, les progrès des élèves et la supériorité des méthodes d'enseignement.

L'attestation des maires est d'un grand poids dans ces circonstances.

MÉDECINE. La loi relative à l'exercice de la médecine, en date du 19 ventose an 11 (B. 256), a ordonné qu'à compter du 1er vendémiaire an 12, nul ne pourrait embrasser la profession de médecin, de chirurgien ou d'officier de santé, sans être examiné et reçu dans les formes qu'elle prescrit.

L'art. 23 de cette loi portait que les médecins ou chirurgiens établis depuis la suppression des universités, facultés, colléges et communautés, sans avoir pu se faire recevoir, et qui exerçaient depuis trois ans, se muniraient d'un certificat délivré par les sous-préfets de leurs arrondissemens, sur l'attestation du maire et de deux notables des communes où ils résidaient, au choix des sous-préfets ; que ce certificat, constatant qu'ils pratiquaient leur art depuis l'époque indiquée, leur tiendrait lieu de diplôme d'officier de santé, et qu'ils le présenteraient dans le délai prescrit par l'article précédent au tribunal de leur arrondissement et au bureau de leur sous-préfecture.

Cet article ayant donné lieu à bien des interprétations différentes, et excité beaucoup de réclamations, le ministre de l'intérieur a fait observer par une circulaire du 13 fructidor an 11, qu'il était convenable d'exiger de ceux qui en réclamaient l'exécution la preuve qu'ils avaient étudié l'art qu'ils pratiquaient, la loi n'ayant pas entendu favoriser des hommes qui n'auraient acquis aucune instruction ; d'après quoi, pour autoriser l'exécution de l'art. 32, on pouvait prescrire aux individus de se mettre sous la surveillance d'un homme de l'art reconnu, ou du moins de se faire avouer par lui, sans les obliger d'obtenir cette espèce de garantie dans l'enceinte même de la commune ou de l'arrondissement, mais parmi les gens de l'art du département, ou de la part des hommes tenant en médecine à des établissemens de service général, comme les professeurs des grandes écoles ou des médecins et chirurgiens des grands hôpitaux. Le ministre a ajouté que la loi n'ayant eu pour objet que de conserver ce qui avait été jugé bon dans l'ancien état de choses en médecine, ou de l'améliorer elle ne pouvait être appliquée pour autoriser des dispositions dont on avait reconnu dans tous les temps les inconvéniens ou les abus, et qu'ainsi l'exercice de l'art par des femmes, par des empiriques, par des gens exerçant un autre état, ou à spectacles publics, par des hommes déhonorés ou poursuivis dans l'opinion publique, ne pouvait être en aucune manière autorisé par l'art. dont il est question. *Voyez* aussi l'art. 27 de la loi du 19 ventose; les art. 2 et 24 d'un décret du 20 prairial an 11, et les mots ACCOUCHEMENT, EMPIRISME, JURY MÉDICAL.

MÉDICAMENS Les maires sont autorisés, d'après les articles 9 et 29 du titre 1er de la loi du 22 juillet 1791, à faire chez les pharmaciens et autres personnes qui vendent des médicamens des visites pour s'assurer de leur salubrité. Lorsqu'ils les trouvent gâtés, ils doivent faire dénoncer le délinquant au tribunal de police, pour le faire condamner à une amende.

Chaque année le ministre de l'intérieur envoie aux préfets des caisses de médicamens, désignées sous le nom de *nécessaires de pharmacie*, et destinées à être distribuées dans les divers arrondissemens pour le service des épidémies. Ce ministre a, par une circulaire du 12 novembre 1811, recommandé aux préfets de faire remettre les remèdes, restés disponibles à la fin d'un exercice et à l'époque du renouvellement des caisses, à la disposition des bureaux de bienfaisance des campagnes de l'arrondissement auquel appartient chaque boîte, quand il y a des sœurs de charité attachées à ces bureaux ; et, dans le cas contraire, au bureau de bienfaisance du chef-lieu de ce même arrondissement, s'il est desservi par des sœurs de charité, ou aux hospices.

Voyez PHARMACIE, REMÈDES SECRETS.

MÉGISSERIE. *Voyez* SALUBRITÉ, TANNERIE.

MEMBRES DES COMMISSIONS. *Voyez* pour leur nomination le mot ADMINISTRATIONS CHARITABLES.

MÉMOIRES. Les mémoires, même en forme de lettres, présentés aux maires, sont assujétis au droit de timbre établi en raison de la dimension. (*Loi du 13 brumaire an 7*, tit., 2 art. 12.) *Voyez* CORRESPONDANCE.

MENACES. Les art. 23, 24 et 27 du titre 2 de la loi du 19-22 juillet 1791, et 279 du Code pénal de 1810, portent des peines contre les mendians avec menaces et violences, les ouvriers qui se permettent des menaces dans les ateliers publics ou de charité, et ceux qui troubleraient par des menaces la liberté des enchères.

Voyez DÉLITS, OUTRAGES.

MENDICITÉ. Si le malheur et l'indigence ont des droits à l'humanité des personnes bienfaisantes, la sûreté publique réclame aussi des mesures sages pour conserver aux infortunés les secours dont ils ont besoin, en écartant les individus malintentionnés, qui, sous l'apparence de la misère, enlèvent la portion du pauvre.

Les moyens de parvenir à l'extinction de la mendicité, en conciliant les égards dus à ceux qui n'ont point de ressources pour exister avec la sévérité que méritent tant de gens suspects et sans aveu, ont été pendant long-temps l'objet des méditations du gouvernement. La loi du 13 juin 1790 a ordonné que tous les pauvres valides, trouvés mendiant, seraient renvoyés dans leurs départemens respectifs avec des passe-ports qui contiendraient leur signalement, et qu'il serait accordé 3 sous par lieue aux individus porteurs de ces passe-ports, au bas desquels les officiers municipaux, en les visant, relateraient la somme délivrée. Celle du 24 vendémiaire an 2 a ordonné l'établissement de travaux de secours destinés aux indigens valides, l'arrestation de ceux qui seraient ensuite convaincus d'avoir demandé de l'argent ou du pain dans les rues ou voies publiques, l'établissement dans chaque département de maisons de répression, où les détenus seraient obligés au travail, et la transportation des mendians domiciliés et repris en troisième récidive.

Le conseil d'état, consulté sur la question de savoir par quel département du ministère, et sur quels fonds devaient être payés les frais de translation et séjour des mendians et des vagabonds, a donné, le 1er décembre 1807, un avis approuvé le 11 janvier 1808 (B. 174), duquel il résulte,

1° Que lorsque les mendians et vagabonds sont reconduits, par ordre de la police municipale, dans le lieu de leur naissance ou domicile, ou dans des maisons de détention, les frais de voyage, nourriture, conduite et séjour, doivent être acquittés par le ministre de l'intérieur, sur des fonds généraux alloués à cet effet;

2° Que quand les individus sont reconduits sur la frontière, expulsés ou déportés hors du territoire du royaume, ou transférés d'un lieu à un autre par mesure de haute police, les frais de voyage, nourriture, conduite et séjour, doivent être acquittés par le ministre de la police générale, et sur les fonds généraux alloués à cet effet.

L'établissement de dépôts de mendicité ayant été jugé le plus propre à en accélérer l'extirpation, un décret du 5 juillet 1808 (B. 211) a ordonné ce qui suit:

ART. 1er. La mendicité sera défendue dans tout le territoire français.

2. Les mendians de chaque département seront arrêtés et traduits dans le dépôt de mendicité dudit département, aussitôt que ledit dépôt sera établi, et que les formalités ci-après auront été remplies.

3. Dans les quinze jours qui suivront l'établissement et l'organisation de chaque dépôt de mendicité, le préfet du département fera connaître par un avis que ledit dépôt étant établi et organisé, tous les individus mendians et n'ayant aucun moyen de subsistance sont tenus de s'y rendre.

Cet avis sera publié et répété dans toutes les communes du département pendant trois dimanches consécutifs.

4. A dater de la troisième publication, tout individu qui sera trouvé mendiant dans ledit département, sera arrêté d'après les ordres de l'autorité locale, et par les soins de la gendarmerie ou de toute autre force armée.

Il sera aussitôt traduit au dépôt de mendicité.

5. Les mendians vagabonds seront arrêtés et traduits dans les maisons de détention.

6. Chaque dépôt de mendicité sera créé et organisé par un décret particulier.

Les sexes et les âges y seront placés d'une manière distincte.

7. Les dépenses de l'établissement des dépôts de mendicité seront faites concurremment par le trésor public, les départemens et les villes.

8. Dans le mois de la publication du présent décret, les préfets adresseront à notre ministre de l'intérieur un rapport sur l'établissement de la maison du dépôt de mendicité de leur département.

Ce rapport fera connaître le nom de la maison proposée, le montant et le devis des dépenses à faire pour la rendre propre à sa destination ; le montant des fonds qui pourront être fournis à cet effet par le département et par les communes du département, et celui des fonds à faire par le trésor public; le nombre présumé des mendians du département; celui des individus que la maison pourra recevoir ; la force armée à établir pour sa garde ; les employés qui composeront son administration ; les ateliers et travaux qui pourront être établis pour occuper les détenus ; le règlement d'administration tant pour la discipline et la nourriture que pour toutes les autres parties du régime intérieur de la maison ; enfin les dépenses d'entretien annuel de la maison, et les moyens d'y pourvoir aux frais du département et des communes.

Le ministre de l'intérieur, en demandant aux préfets, par une circulaire du 19 décembre de la même année, les éclaircissemens nécessaires pour l'exécution de l'art. 8 de ce décret, leur a fait observer qu'il importait de ne pas confondre le mendiant ordinaire avec le mendiant vagabond ; que les maisons départementales devaient être exclusivement réservées pour les premiers ; que les autres, par cela même qu'ils étaient *vagabonds*, devaient être conduits dans des maisons de détention, et qu'on devait considérer comme tels,

1° Tous les mendians valides étrangers à l'arrondissement de sous-préfecture dans lequel ils seraient arrêtés ou qui seraient sans domicile ;

2° Tous les mendians valides qui seraient arrêtés demandant l'aumône avec insolence, ou qui seraient flétris ;

3° Ceux qui se diraient faussement soldats ou qui seraient porteurs de faux congés ;

4° Ceux qui seraient arrêtés contrefaisant les estropiés, ou qui feindraient des maladies qu'ils n'auraient pas.

5° Ceux qui seraient attroupés au-dessus du nombre de quatre, non compris les enfans ou dessous de seize ans, soit dans les villes, soit dans les campagnes, ou qui seraient arrêtés armés de pistolets, épées, bâtons ferrés ou autres armes; et généralement tous mendians et quêteurs munis de fausses permissions et de faux certificats, ou qui seraient travestis;

6° Les mendians valides qui seraient repris en récidive dans l'arrondissement dans lequel ils avaient leur domicile, ou dans tout autre arrondissement, ou qui se trouveraient dans l'une des circonstances aggravantes ci-dessus déterminées;

7° Les mendians valides étrangers à la France, lesquels seraient conduits dans les maisons de détention jusqu'à ce qu'on eût pris des mesures pour les transporter au-delà des frontières.

Le ministre a, par la même circulaire, fait observer aux préfets qu'en plusieurs lieux les propriétaires et les fermiers avaient témoigné l'intention de se réunir et de se cotiser pour fournir aux besoins des pauvres de leurs communes, lorsqu'ils auraient l'espoir d'être débarrassés des mendians étrangers qui les assiégeaient; ils les a invités à faire en sorte de généraliser ce système, sans négliger les *ateliers libres de charité*, qu'il convenait de former pour les indigens valides dans les arrondissemens où il n'existait ni fabriques ni manufactures, et pour les époques où les travaux des campagnes étaient interrompus.

Par une autre circulaire du 31 octobre 1809 le même ministre a fait sentir que ces ateliers libres n'étaient destinés qu'aux pauvres en état de travailler, qui, manquant d'ouvrage, se présentaient pour en obtenir ou pour y travailler à la tâche ou à la journée et retournaient ensuite à leur domicile; et que les dépôts de mendicité étaient, au contraire, établis pour la réclusion des individus valides ou invalides qu'on arrêtait pour cause de mendicité, sans y admettre les pauvres entretenus par des secours à domicile ou dans l'intérieur des hôpitaux.

La dépense des trois sous par lieue que la loi du 13 juin 1790 a accordés aux mendians munis de passe-ports pour retourner dans leur domicile, doit, aux termes d'un décret du 28 février 1810, être acquittée sur les dépenses imprévues des départemens; mais des abus s'étant introduits dans la distribution de ces secours, le ministre de l'intérieur a, par une circulaire du 23 mars suivant, prévenu que tout passe-port n'indiquant pas la route à suivre par le porteur était défectueux, et que les autorités municipales seraient responsables des secours remis à des individus trouvés ailleurs que sur les routes désignées par leurs passe-ports.

Par une circulaire du 6 février 1816, le ministre de l'intérieur a mandé aux préfets qu'il n'était pas nécessaire de recourir à son autorisation pour les remboursemens à faire aux communes des sommes par elles avancées en paiement des secours de 3 sous par lieue accordés aux voyageurs indigens, porteurs de passe-ports, ainsi que des sommes dues pour frais de translation des mendians et vagabonds, les préfets pouvant faire acquitter ces dépenses sur les fonds des dépenses imprévues en en mettant les états sous les yeux du conseil général du département.

Le même ministre a écrit à ce sujet, au mois de juin 1819, une nouvelle circulaire, dans l'intention d'obvier aux abus qui peuvent être la suite d'une délivrance indiscrète de passe-ports pour cause d'indigence. Ces passe-ports ne diffèrent point, sous le rapport de la garantie, des passe-ports ordinaires; mais, comme ils sont délivrés gratuitement, ils constituent une faveur du trésor public, et si les certificats des maires, sur la présentation desquels les receveurs d'enregistrement sont autorisés à remettre des formules aux indigens, peuvent donner lieu à des abus de la part de quelques autres de ces fonctionnaires qui regarderaient cette délivrance comme un moyen de débarrasser leur commune de malheureux à sa charge, ou d'individus turbulens, et de la part des indigens entre les mains de qui les passe-ports avec indemnité de 3 sous par lieue seraient susceptibles de devenir des brevets de mendicité ou de vagabondage à l'aide desquels ils parcourraient la France dans tous les sens, les fonctionnaires qui délivrent la pièce ont le droit de s'assurer si des affaires d'intérêt appellent l'individu au lieu où il demande à se rendre; si son déplacement est nécessaire et présente au moins la perspective probable d'une amélioration dans son sort : on peut aussi exiger l'itinéraire à suivre par l'indigent pour arriver à sa destination, et si quelque circonstance imprévue paraît exiger un changement de direction, le fonctionnaire qui l'autorise peut faire connaître dans son *visa* les causes qui ont déterminé ce changement. L'indigent trouvé hors de la direction tracée dans son passe-port reçoit ainsi, par un *visa spécial*, l'ordre de rétrograder; s'il s'en écarte une seconde fois, on peut le dénoncer aux tribunaux comme vagabond.

S. Exc. charge toutefois les préfets de recommander aux maires d'employer ces mesures avec sagesse et modération, par exemple de ne citer dans l'itinéraire que les principales villes sur la route, sans fixer le temps ni les stations; et pour le renvoi devant les tribunaux, de ne le provoquer qu'à l'égard des indigens qui, en s'écartant sensiblement de la route, ne pourraient justifier le détour par aucun motif plausible, et paraîtraient n'avoir eu d'autre objet que de mendier et vivre dans la fainéantise au moyen des 3 sous par lieue.

Voyez, pour les délits relatifs à la mendicité, les art. 274 et suiv. du Code pénal de 1810 (B. 277 *bis*).

Voyez aussi Administrations charitables, Bureaux de bienfaisance, Certificats, Délits, Hospices, Passe-ports, Secours, Vagabondage.

MÉPHITISME. *Voyez* Asphixie, Désinfection de l'air, Puits, Vin.

MER. *Voyez* PORTS DE MER, et, sous le mot REMPARTS, l'art. 5 de la loi du 18 juin 1793.

MERCURIALES. Les municipalités sont chargées de faire constater, à chaque foire ou marché qui se tient dans leur commune, le prix courant des denrées de première nécessité, et de l'inscrire, date par date, sur un registre destiné spécialement à cet usage.

Les maires doivent, conformément à ce qui est prescrit par une circulaire du ministre de l'intérieur en date du 1er floréal an 8, envoyer tous les lundis de chaque semaine, à leurs sous-préfets respectifs, les mercuriales originales des marchés de grains, tels que froment, seigle, orge, avoine, méteil, maïs, millet, qui ont eu lieu pendant le cours de la semaine précédente. La négligence de beaucoup de maires à cet égard a déterminé le ministre à écrire, le 7 vendémiaire an 10, une nouvelle circulaire par laquelle il s'en est plaint; et, avant de prendre contre eux une mesure de sévérité, il a chargé les préfets de leur prescrire, de la manière la plus précise et la plus impérative, l'envoi hebdomaire des mercuriales de leurs marchés respectifs, que ces préfets lui adresseraient eux-mêmes à mesure qu'ils les recevraient.

Le même ministre ayant remarqué que souvent il existait dans les mercuriales des grains des erreurs plus ou moins graves qu'il attribuait plutôt à l'inexpérience des personnes chargées de les rédiger qu'à leur négligence, a, par une autre circulaire du 20 thermidor suivant, simplifié ce travail de manière à le mettre à la portée des personnes les moins instruites. L'uniformité des mesures nouvelles, leur établissement sur tous les points de la France, lui offraient pour cela un moyen qui était impraticable avant l'institution du système métrique.

L'hectolitre avec ses fractions étant la mesure usuelle de capacité qui devait servir pour la vente des grains sur tous les marchés, et devenir la base des stipulations de cette espèce de commerce, il pouvait donc aussi être adopté comme unité fondamentale pour la rédaction des mercuriales; et le ministre a décidé qu'à partir du 1er vendémiaire an 11 les mercuriales seraient calculées d'après le prix de l'hectolitre. Ces mercuriales, ajoute-t-il, continueront d'être arrêtées et transcrites sur les registres de la municipalité, tous les jours de marché, et immédiatement après la clôture des ventes; mais les résultats ne seront plus arrêtés que le 15 et le 30 de chaque mois, et adressés par les maires aux sous-préfets de leurs arrondissemens respectifs, chargés de les faire passer sans délai, avec leur *visa*, aux préfets. A la circulaire était joint le modèle qui suit :

DÉPARTEMENT
d

ARRONDISSEMENT
communal d

COMMUNE
d

MARCHÉ d

Etat des grains et légumes vendus sur le marché de cette commune pendant la quinzaine du mois de an

NATURE DES GRAINS et légumes.	QUANTITÉS d'hectolitres vendus.	PRIX MOYEN de l'hectolitre.	OBSERVATIONS.
Froment............			
Méteil			
Seigle...............			
Orge................			
Blé noir ou sarrasin			
Baillarge............			
Maïs			
Pommes de terre...			
Châtaignes..........			
Légumes secs.......			
Avoine...............			

Certifié par moi, maire de la commune d le du mois de an

Vu par moi, sous-préfet d
le an

Vu par moi, préfet du département,
le an

Une circulaire du 1er avril 1817 fait sentir la nécessité de fixer le prix des subsistances d'après des règles qui, à l'avantage de la justice, joignent ceux de la permanence et de l'uniformité. 1° Le ministre recommande aux préfets d'éclairer les maires sur la manière dont ils doivent opérer pour convertir en hectolitres les mesures usitées pour la vente des grains dans leur pays ; 2° il appelle l'attention sur les inconvéniens qui résulteraient d'une fixation du prix moyen d'après les seules qualités supérieures ou des qualités trop inférieures de farines ; et, comme un marché pourrait n'être fourni tantôt que de l'une et tantôt que de l'autre de ces qualités, il trouve convenable d'en faire la remarque sur la mercuriale même ; 3° à l'égard des différentes manières d'opérer pour la déduction du prix moyen, la méthode la plus régulière lui paraît consister à multiplier chaque qualité vendue par son prix, et à diviser la somme des produits par la totalité des ventes, au lieu de se borner à diviser, comme on le fait souvent, la somme des prix par le nombre d'articles vendus.

Le ministre ajoute que les maires ne doivent jamais comprendre dans leurs mercuriales les prix du cours de commerce, parce que le plus souvent les grains vendus ainsi et hors des marchés le sont sur l'échantillon, et que les prix convenus ne peuvent donner qu'un taux fictif.

MESSAGERIES. *Voyez* Poste aux lettres.

MESURAGE. *Voyez* Poids publics.

MESURES. Une loi du 18 germinal an 3 (B. 135) a ordonné que des mesures uniformes seraient substituées aux mesures variées et incohérentes établies dans les divers départemens.

TABLEAU DES NOUVELLES MESURES

Contenant le système méthodique de leur nomenclature, et leurs rapports avec les mesures anciennes.

RAPPORT DES MESURES de chaque espèce A LEUR MESURE PRINCIPALE.		PREMIÈRE PARTIE du nom qui indique le rapport à la mesure principale.	MESURES PRINCIPALES				
EN LETTRES.	EN CHIFFRES.		de longueur.	de capacité.	de poids.	agraires.	pour le bois de chauffage.
Dix mille......... Mille............... Cent............... Dix.................. Un.................. Un dixième....... Un centième...... Un millième......	10000 1000 100 10 1 0.1 0.01 0,001	Myria .... Kilo. .... Hecto..................... Déca....................... .... Déci .... Centi .... Milli.........................	Mètre.	Litre.	Gramme.	Are.	Stère.
RAPPORTS des mesures principales entre elles avec la grandeur du méridien.			Dix millionième partie de la distance du pôle à l'équateur.	Un décimètre cube.	Poids d'un centimètre cube d'eau distillée.	Cent mètres carrés.	Un mètre cube.
VALEURS des mesures principales en mesures anciennes.			Trois pieds onze lignes et demie environ.	Une pinte un quinzième, ou un litron et un quart à peu près.	18 grains et 84 millièmes.	Deux perches carrées, mesure des eaux et forêts.	Une demi-voie environ, ou quart de corde, mesure des eaux et forêts.

Plusieurs obstacles s'étaient opposés à la mise à exécution du système décimal des poids et mesures. Pour les faire cesser, le gouvernement, par un arrêté du 13 brumaire an 9 (B. 52), a autorisé à traduire dans les actes publics, comme dans les usages habituels, les dénominations données aux mesures et aux poids par les noms français qui suivent :

NOMS SYSTÉMATIQUES.	TRADUCTION.	VALEUR.
MESURES ITINÉRAIRES.		
Myriamètre... { pourra être traduit par le mot }	Lieue...............	10000 mètres.
Kilomètre................	Mille......................	1000 mètres.
MESURES DE LONGUEUR.		
Décamètre......	Perche	10 mètres.
Mètre..		*Unité fondamentale des poids et mesures*; dix millionième partie du quart du méridien terrestre.
Décimètre	Palme (le)...............	10e de mètre.
Centimètre	Doigt......................	100e de mètre.
Millimètre	Trait	1000e de mètre.
MESURES AGRAIRES.		
Hectare....................	Arpent.....................	10000 mètres carrés.
Are..........................	Perche carrée...........	100 mètres carrés.
Centiare..................	Mètre carré.............	
MESURES DE CAPACITÉ.		
pour les liquides.		
Décalitre	Velte......................	10 décimètres cubes.
Litre	Pinte......................	Décimètre cube.
Décilitre	Verre	10e de décimètre.

NOMS SYSTÉMATIQUES.	TRADUCTION.	VALEUR.
MESURES DE CAPACITÉ.		
pour les matières sèches.		
Kilolitre...............	Muid.....................	1 mètre cube, ou 1000 décimètres cubes.
Hectolitre...............	Setier.....................	100 décimètres cubes.
Décalitre...............	Boisseau.....................	10 décimètres cubes.
Litre...............	Pinte.....................	Décimètre cube.
MESURES DE SOLIDITÉ.		
Stère...............	....	Mètre cube.
Décistère...............	Solive.....................	10e de mètre cube.
POIDS.		
....	Millier.....................	1000 livres (poids du tonneau de mer.)
....	Quintal.....................	100 livres.
Kilogramme...............	Livre.....................	Poids de l'eau sous le volume du décimètre cube, contient 10 onces.
Hectogramme...............	Once.....................	10e de la livre, contient 10 gros.
Décagramme...............	Gros.....................	10e de l'once, contient 10 deniers.
Gramme...............	Denier.....................	10e de gros, contient 10 grains.
Décigramme...............	Grain.....................	10e du denier.

Le même arrêté porte en outre 1° que la dénomination *mètre* n'aura point de synonyme dans la désignation de l'unité fondamentale des poids et mesures; qu'aucune mesure ne pourra recevoir de dénomination publique, qu'elle ne soit un multiple ou diviseur décimal de cette unité;

2° Que le mesurage des étoffes sera fait par mètre, dixième et centième de mètre;

3° Que la dénomination *stère* continuera d'être employée dans le mesurage du bois de chauffage, et dans la désignation des mesures de solidité; que dans les mesures des bois de charpente, on pourra diviser le stère en dix parties qui seront nommées *solives ;*

4° Que les dénominations énoncées dans le tableau pourront être inscrites à côté des noms systématiques, sur les mesures et les poids déjà fabriqués, et être inscrites ou seules ou à côté des premiers noms, sur les poids et mesures qui seront fabriqués par la suite ;

5° Que dans tout acte public d'achat ou de vente, de pesage ou de mesurage, on pourra, suivant les dispositions précédentes, se servir de l'une ou de l'autre nomenclature.

Ceux qui font usage de mesures pour les grains et autres matières sèches sont tenus de les rapporter chaque année au bureau de vérification, pendant le premier trimestre, après avoir eu soin de faire rajuster les mesures défectueuses. On ne peut plus se servir des mesures qui n'auraient pas été poinçonnées ni marquées à la lettre de l'année.

Le préfet de police de Paris a rendu à cet égard, le 26 frimaire an 10, une ordonnance portant 1° qu'à compter de l'an 11 il serait procédé, chaque année, dans les mois de vendémiaire, brumaire et frimaire, à la vérification des mesures pour le bois de chauffage, les grains et autres matières sèches ;

2° Qu'après que les mesures auraient été vérifiées et reconnues justes, elles seraient empreintes du poinçon national, et d'une lettre de l'alphabet, la lettre A devant servir pour l'an 11, et successivement les autres lettres pour les années suivantes ;

3° Que toutes les personnes se servant de mesures pour les grains et autres matières sèches seraient tenues de les rapporter dans le délai prescrit par l'article premier au bureau de vérification, pour être ces mesures vérifiées, poinçonnées et marquées à la lettre de l'année; et que les propriétaires de ces mesures seraient tenus, avant de les présenter à la vérification, de faire ajuster celles qui pourraient en avoir besoin ;

4° Que les mesures pour le bois de chauffage seraient vérifiées, poinçonnées et marquées sur les lieux dans le délai fixé, et aux époques qui seraient indiquées, les marchands de bois devant préalablement faire rajuster les mesures qui en auraient besoin ;

5° Qu'il était défendu de se servir de mesures qui n'auraient point été poinçonnées et marquées à la lettre de l'année, sous les peines portées par les lois et règlemens.

L'art. 9 du titre 1er de la loi du 22 juillet 1791 oblige les maires à faire plusieurs fois l'année des visites dans les boutiques, foires et marchés, pour y vérifier les poids et mesures; ils peuvent, pour ces sortes d'opérations, se faire accompagner d'agens de la police et d'un gendarme, ou du garde champêtre dans les communes rurales.

Aux termes de l'art. 22 de la même loi, de l'art. 11 de la loi du 1er vendémiaire an 4 (B. 183), des art. 423 et 481 du Code pénal, les faux poids et les fausses mesures doivent être confisqués et brisés; mais, comme il y a aussi une amende à prononcer par le tribunal de police, les maires doivent se borner à dresser procès-verbal et à confisquer les fausses mesures. Ce procès-verbal peut être ainsi conçu :

Le nous soussigné, maire de la commune d accompagné de garde-champêtre (ou agent de police), nous sommes transportés chez B à l'effet de procéder à la vérification de ses poids et mesures; et ayant reconnu que n'étaient point conformes aux mesures matrices, nous les avons confisqués en vertu de la loi du 22 juillet 1791, et nous avons rédigé, en la présence de B notre procès-verbal, pour servir et valoir ce que de raison.

On met sur les mesures et poids confisqués une bande de papier avec le cachet de la mairie, laquelle bande contient mention de la confiscation; et quand le procès-verbal, signé du maire ou de l'adjoint et de son assistant, a été enregistré et visé en débet, il est déposé au greffe du tribunal de police.

Quoiqu'en décidant le 4 juillet 1814 que l'établissement du système métrique serait continué sur le plan suivi jusqu'alors, l'intention de S. M. fut qu'on n'y fît pas de changement avant qu'une plus longue expérience n'en eût fait reconnaître la nécessité, des plaintes s'étant élevées sur la faculté laissée aux marchands de conserver les fractions décimales des mesures et des poids concurremment avec les mesures et poids actuels, laquelle faculté donnait lieu à beaucoup de fraudes dans la vente en détail, le ministre, d'après les ordres du roi, a pris, le 21 janvier 1816, un arrêté portant 1° que les marchandises et denrées, de quelque nature et qualité qu'elles fussent, qui se vendent à la mesure et au poids, ne pourraient être vendues, en détail, qu'aux mesures et aux poids actuels; 2° qu'en conséquence il était expressément défendu aux marchands en détail, quel que fût le genre de leur commerce ou profession, de conserver en évidence, dans leur boutique, sur leurs comptoirs et étaux, les fractions décimales des mesures et des poids, et de s'en servir pour peser les marchandises ou denrées qu'ils débiteraient; 3° que les marchands, fabricans, commissionnaires et autres qui faisaient le commerce en gros, mais qui exerçaient en même temps le commerce de détail, étaient assujétis aux dispositions des articles précédens en ce qui concernait ce dernier genre de commerce; 4° que les contraventions à ces dispositions seraient punies des peines portées par l'art. 479 du Code pénal; 5° que l'arrêté du 28 mars 1812, ainsi que les autres réglemens concernant l'uniformité des mesures, continueraient d'être exécutés en tout ce qui n'était pas contraire aux dispositions des articles précédens.

Voyez POIDS PUBLICS.

MESURES SANITAIRES. *Voyez* AIR, EPIDÉMIE, SANTÉ.

MÈTRE. Unité principale des mesures en France.

Le mètre est la dix-millionième partie de l'arc du méridien

compris entre le pôle et l'équateur. Sa longueur répond à 3 pieds 11 lignes et une fraction.

Il sert pour le mesurage des étoffes et pour tous les usages où l'on employait le pied et la toise. Le demi-mètre brisé est une mesure de poche très-commode pour les ouvriers. Le double mètre ne surpasse la toise que d'environ deux pouces.

Le mètre *carré* équivaut à peu près à un quart de toise carrée.

Le mètre carré remplace la toise carrée dans tous ses usages pour l'évaluation de la superficie des ouvrages ; il remplace également le pied carré dans toutes les quantités un peu considérables : il équivaut à dix pieds carrés et demi à peu près.

Les unités pour la mesure des terrains font suite avec les unités pour la mesure des surfaces ; de sorte que le plus grand terme de celle-ci, savoir le mètre carré, est la plus petite des mesures agraires.

Le mètre cube est une unité principale des mesures de solidité.

Le mètre cube remplace dans ses différens usages la toise cube, dont il est la septième partie environ.

MEULES DE GRAINS. L'art. 10 du titre 2 de la loi du 28 septembre—6 octobre 1791 prononce une peine de douze journées de travail, outre le dommage, et même la détention de police municipale, suivant les circonstances, contre ceux qui auraient allumé du feu dans les champs plus près de cinquante toises des meules de grains. *Voyez* DÉLITS.

MEUNIERS. Les maires surveillent les meuniers, dont les mesures pour prendre mouture demandent des vérification fréquentes. Il est utile d'observer que l'usage a réglé jusqu'à ce jour les droits de mouture. Suivant l'ordonnance du 17 septembre 1749, les meuniers sont obligés d'avoir dans leurs moulins des poids et des balances pour comparer les quantités reçues avec celles qui ont été rendues.

Dans la plupart des communes, les meuniers perçoivent en nature le droit de mouture. D'après plusieurs coutumes, ils étaient tenus de rendre un boisseau comble de farine pour un boisseau raz de blé nettoyé ; le surplus demeurait pour leur salaire. Dans les endroits où l'on payait en argent, les coutumes obligeaient aussi les meuniers à rendre le même poids de farine que celui qu'ils avaient reçu en grain, et on leur tenait compte du déchet, évalué à deux livres par setier pesant deux cent quarante livres.

Les maires, dans les vérifications qu'ils font chez les meuniers, constatent si ceux-ci sont munis de poids et de balances ; et dans le cas où il n'en existerait pas, ils doivent les sommer d'en faire l'acquisition.

Procès-verbal qui se rédige en cas de flagrant délit.

Le , nous soussigné, maire de (ou adjoint du maire de la commune de) accompagné de (désigner les noms et prénoms de l'agent de police ou du garde-champêtre) nous sommes transportés chez où étant, nous avons procédé à la vérification de ses poids et mesures, d'où il est résulté que (désigner le poids ou la mesure trouvée fausse) a été reconnu par nous ne pas être conforme aux mesures-matrices, et que vend à faux poids ou mesures fausses.

C'est pourquoi nous avons confisqué lesdits poids ou mesures, et rédigé et signé, en sa présence, le présent procès-verbal, pour valoir et servir ce que de raison.

Fait à (Le maire et l'agent de police présens signent, et l'on fait mention de ceux qui ne savent pas signer.)

Ces procès-verbaux doivent être rédigés sur papier non timbré, enregistrés et visés en débet, et adressés dans les trois jours au procureur du roi près le tribunal de première instance : il en est de même des procès-verbaux qui sont rédigés en d'autres circonstances, à l'exception de ceux qui concernent des individus trouvés dans les auberges sans passe-port, lesquels ne sont sujets pour le moment ni au timbre ni au droit d'enregistrement.

Quant à la confiscation des poids et mesures, les maires sont obligés de joindre au procès-verbal qu'ils adressent au procureur du roi les poids ou mesures confisqués, sur lesquels ils ont eu soin de faire apposer par le moyen d'une bande de papier le cachet de la mairie, en écrivant sur la bande ces mots : « Confisqué en exé- » cution de la loi du 22 juillet 1791, le.... par nous maire ou adjoint » de...... etc. »

MILITAIRES. Quand un militaire est condamné par un conseil de guerre à une peine afflictive ou infamante, le maire ou les adjoints reçoivent copie du jugement, et doivent le notifier à la famille du condamné.

C'est aussi aux maires que s'adressent les brevets de pension ou solde de retraite des militaires ou marins invalides, pour les leur remettre. Les maires doivent, par la même raison, donner avis aux sous-préfets du décès des invalides, pour que les noms en soient adressés au ministre par le préfet, et rayés des états de pension ou solde de retraite.

L'art. 7 de l'arrêté du 27 vendémiaire an 10 (B. 116), enjoint aussi aux maires d'informer sur-le-champ le commissaire des guerres de l'arrondissement du jour de la mort des individus jouissant d'un traitement de réforme.

Si un commissaire des guerres ou un autre officier vient à mourir, les maires ou adjoints assistent à l'apposition des scellés qui est faite à son domicile.

Les maires ne pouvaient délivrer que sur l'attestation de deux témoins les certificats de vie nécessaires aux militaires jouissant d'une solde de retraite ; mais, attendu

1° Que ces militaires pouvaient aisément être connus des maires des communes de leur résidence respective, et que c'était pour eux une obligation gênante de présenter deux témoins pour obtenir à chaque trimestre un certificat de vie ;

2° Que l'intervention de deux témoins, souvent inconnus au certificateur, et auxquels le certifié peut être aussi lui-même inconnu, n'offrait aucune garantie réelle, il a été rendu, le 19 mars 1808 (B. 188), un décret portant que les certificats de vie exigés des militaires pour le paiement de leur solde de retraite, seraient délivrés par les maires de leurs communes respectives sans l'intervention de deux témoins, sauf à eux à prendre les mesures nécessaires pour s'assurer de l'identité des individus dont ils certifieraient l'existence.

Dans les lieux où il n'existe ni troupes de ligne, ni vétérans en activité, ni compagnie de réserve départementale, la personne qui a été chargé de la translation dans un hôpital d'un *militaire détenu*, doit, avant de l'y déposer, requérir le procureur du roi, et à son défaut le maire du lieu, de lui en donner un récépissé et de prendre les mesures nécessaires pour prévenir l'évasion du détenu. (*Décret du* 8 *janvier* 1810 (B. 259), art. 3 et 4.)

Après ces formalités, le maire devient responsable de l'évasion. (Art. 11.)

Voyez Armée, Certificats de vie, Défenseurs de la patrie, Feuilles de route, Mariage, Pensions, Récompenses nationales.

MILLI. Ce prénom désigne une unité mille fois plus petite que l'unité génératrice.

MILLIGRAMME. Millième partie du gramme, qui équivaut à un cinquante-troisième du grain environ. Cette petite division n'est employée que dans les essais d'or et d'argent ou dans des pesées très-délicates.

MILLIMÈTRE. Millième partie du mètre. C'est la plus petite division marquée sur les mesures de poche. Le millimètre remplace la ligne, dont il est à peu près la moitié.

MINE.—MINOT. *Voyez* Hectolitre, Mesures.

MINES. La loi du 28 juillet 1791 contient les principes relatifs aux concessions des mines, lesquels sont exposés avec plus de développemens dans une instruction du ministre de l'intérieur, concernant les mines, usines et salines, en date du 13 messidor an 9.

Les mines et minières, tant métalliques que non métalliques, ainsi que les bitumes, charbons de terre ou de pierre, ne peuvent être exploités que du consentement du gouvernement et sous sa surveillance.

Il y a des règles particulières pour les mines de fer, à raison de leur plus grande importance.

Le droit d'en exploiter est accordé par le gouvernement sous le titre de *concession* ou de *permission*.

Une loi du 13 pluviose an 9 (B. 67) a prescrit les formalités à remplir à cet égard. Elle porte 1° que lorsqu'une demande en concession des mines est présentée au préfet du département, il peut l'accorder deux mois après la réquisition faite, à sa diligence, au propriétaire de la surface, de s'expliquer s'il entend ou non procéder à l'exploitation, aux clauses et conditions imposées aux concessionnaires ;

2° Qu'à cet effet, toutes demandes en concession seront publiées et affichées dans le chef-lieu du département, dans celui de l'arrondissement, dans le lieu du domicile du demandeur, et dans toutes les communes que la demande pourrait intéresser ;

3° Que les publications ont lieu devant la porte de la maison commune un jour de dimanche, et sont, ainsi que l'affiche, répétées trois fois aux lieux indiqués de semaine en semaine, dans le cours du mois qui suit immédiatement la demande ;

4° Que le préfet ne prononce sur la demande en concession qu'un mois après les dernières affiches et publications.

La pétition, l'arrêté du préfet, les avis de l'ingénieur des mines, de celui des ponts et chaussées, stationnaires dans le département, du conservateur forestier et du conseil des mines, sont adressés au ministre de l'intérieur, et par lui présentés au conseil d'état, d'après l'examen duquel une ordonnance royale approuve, s'il y a lieu, la concession du droit d'exploiter la mine. La durée de ce droit est en général de cinquante années, et les concessionnaires sont tenus, outre la redevance au profit du trésor public, d'ensemencer tous les ans en temps convenable une portion de terrain désignée par le conservateur des forêts dans le voisinage de leur établissement.

Les sables, les craies, argiles, marnes, pierres à chaux et à plâtre, pierres à bâtir, marbres, ardoises, peuvent être exploités par les propriétaires des terrains sans autorisation spéciale du gouvernement, en se soumettant aux lois et règlemens relatifs aux carrières.

La loi du 21 avril 1810 (B. 285), qui a établi un nouveau mode d'administration des mines, minières et carrières, porte que les contraventions des propriétaires des mines, exploitans non encore concessionnaires, ou d'autres personnes, aux lois et règlemens, seront dénoncées et constatées comme les contraventions en matière de voirie et de police ; et que les procès-verbaux, affirmés dans les formes et délais prescrits par les lois, seront adressés en originaux aux procureurs royaux, tenus de poursuivre d'office les contrevenans. (Art. 93 à 95.)

L'art. 90 du décret organique du corps des ingénieurs des mines, en date du 18 novembre de la même année (B. 340), porte qu'en cas de décès d'un ingénieur de tout grade en activité de service, les sous-préfets et les maires feront former des oppositions aux scellés, s'il en est apposé, et que s'il n'en a pas été apposé, ils feront sans délai procéder au récolement de l'inventaire des bureaux, à l'enlèvement des objets y énoncés, et au séquestre de tous les plans, mémoires et cartes relatifs au service des mines.

Le décret du 6 mai 1811 (B. 369), relatif au mode d'assiette des redevances fixes et proportionnelles sur les mines, porte, art. 18, que la partie descriptive des états d'exploitation sera faite par l'ingénieur des mines du département, après avoir appelé et entendu les concessionnaires, conjointement avec les maires et adjoints des communes sur lesquelles s'étendent les concessions, et les deux répartiteurs communaux les plus imposés; art. 20, que les maires, adjoints et répartiteurs, doivent, chaque année et à une époque déterminée par le préfet, se réunir aux ingénieurs des mines, pour arrêter avant le 15 mai les changemens à faire à la matrice des rôles; et art. 22, que les états d'exploitation seront certifiés et signés par les maires, adjoints et répartiteurs. Suivant l'art. 40, le recouvrement des redevances fixes et proportionnelles doit être effectué par le percepteur des contributions de la commune où est située la mine; et lorsque le terrain concédé ou provisoirement assigné, et attribué aux exploitans non concessionnaires, embrasse plusieurs communes, le percepteur de la commune où sont situés les bâtimens, usines et maisons de direction, est seul chargé du recouvrement qui se poursuit sur des rôles délivrés par le directeur des contributions, vérifiés et certifiés par le préfet. Aux termes de l'art. 48, les réclamations des concessionnaires qui se croiraient trop imposés doivent être envoyées par le préfet au maire de la commune, pour avoir l'avis des répartiteurs; et, d'après l'art. 54, les pertes éprouvées par les concessionnaires sont vérifiées sur les lieux par les ingénieurs, en présence du maire.

Le décret du 3 janvier 1813 (B. 467), sur les règles de police à observer relativement à l'exploitation des mines, contient des dispositions à l'exécution desquelles les maires doivent concourir.

Lorsque la sûreté des exploitations et celle des ouvriers peuvent être exposées par quelque cause que ce soit, les propriétaires doivent en avertir l'autorité locale. (Art. 3.)

Quand un ingénieur, en visitant une exploitation, reconnaît une cause de danger imminent, il doit, sous sa responsabilité, faire les réquisitions nécessaires aux autorités locales, afin qu'il y soit pourvu sur-le-champ d'après les dispositions qu'il juge convenables, ainsi qu'il est pratiqué en matière de voirie l'orsqu'on a à craindre la chute d'un édifice. (Art. 5.)

Ces actes administratifs doivent être notifiés aux exploitans; et s'ils ne s'y conforment pas dans les délais prescrits, les contraventions sont constatées par procès-verbaux des ingénieurs des mines, conducteurs, maires et autres officiers de police, en se conformant aux articles 93 et suivans de la loi du 21 avril 1810. (Art. 10.)

Les exploitans et préposés doivent avertir le maire de la commune et autres officiers de police des accidens survenus dans une mine; et ceux-ci, avertis de cette manière ou par la voix publique, en préviennent les autorités supérieures, et prennent, conjointement avec l'ingénieur des mines, toutes les mesures convenables pour faire cesser le danger; ils peuvent même, dans le cas de péril imminent, faire des réquisitions d'outils, chevaux, hommes, et donner les ordres nécessaires ; et l'exécution des travaux a lieu sous la direction de l'ingénieur, ou, en cas d'absence, sous la direction des experts délégués par l'autorité locale. (Art. 11 et 14.)

Il est expressément prescrit aux maires et autres officiers de police de se faire représenter les corps des ouvriers qui auraient péri par accident dans une exploitation, et de ne permettre leur inhumation qu'après avoir dressé un procès-verbal de l'accident, en conformité de l'art. 81 du Code civil, et sous les peines portées dans les art. 358 et 359 du Code pénal. (Art. 18.)

Lorsqu'il y a impossibilité de parvenir jusqu'au lieu où se trouvent les corps des ouvriers qui ont péri dans les travaux, les exploitans, etc. sont tenus de faire constater cette circonstance par le maire ou autre officier public qui en dresse procès-verbal, et le transmet au procureur du roi, à la diligence duquel, et sur l'autorisation du tribunal, cet acte est annexé au registre de l'état civil. (Art. 19.)

De quelque manière que l'accident soit arrivé, les ingénieurs des mines, les maires et autres officiers de police, transmettent immédiatement leurs procès-verbaux signés aux préfets et aux procureurs du roi. (Art. 21.)

Indépendamment des brevets et registres d'inscription à la mairie, il doit être tenu un contrôle journalier des ouvriers travaillant à l'intérieur ou à l'extérieur des mines, sur un registre qui est coté et parafé tous les mois par le maire, autorisé à vérifier ces contrôles quand il le juge convenable. (Art. 27 et 28.)

Voyez PARTAGE DES BIENS COMMUNAUX.

MINISTÈRE PUBLIC. Ce sont les commissaires de police qui remplissent les fonctions du ministère public devant le tribunal de police tenu par le juge de paix dans le lieu où siége ce tribunal; mais lorsqu'il n'y en a point, elles sont remplies par le maire, qui peut se faire remplacer par son adjoint. (*Code d'instruction criminelle, art.* 144.) *Voyez*, sous le mot TRIBUNAUX DE POLICE, les art. 145, 148, 153, 157, 158 et 163 du même Code.

Le commissaire de police est étranger au tribunal tenu par le maire, où les mêmes fonctions sont remplies par l'adjoint, excepté dans les cas où l'adjoint tient l'audience à la place du maire, cas dans lequel le ministère public est exercé par un membre du conseil municipal que le procureur du roi près le tribunal de première instance désigne à cette effet pour une année. *Voyez*, sous le mot déjà cité, les articles 166 et suivans du Code d'instruction criminelle.

Si la personne citée ne comparaît pas aux jour et heure indiqués par la citation, l'adjoint doit requérir un jugement par défaut. Dans le cas où les personnes lésées par le délit auraient fait citer elles-mêmes le délinquant, et dans celui où elles interviendraient comme partie civile sur la citation donnée à la requête de l'adjoint, ce dernier doit requérir qu'il soit prononcé par un seul jugement sur la peine infligée par la loi, et sur les dommages et intérêts réclamés par les parties civiles.

Les fonctions spéciales des adjoints de maire relativement aux tribunaux de police des communes rurales sont de veiller à l'exécution des lois et règlemens de police; de poursuivre les contrevenans devant le maire, à l'effet de quoi il leur fait donner un avertissement ou une citation sans frais; de requérir, lorsque la contravention a les caractères de délit ou de crime, que l'affaire soit renvoyée devant le tribunal correctionnel ou le juge d'instruction; de résumer à l'audience la défense des parties; de requérir l'application de la peine en cas de culpabilité; de faire exécuter le jugement ou d'en interjeter appel, s'il y a lieu, quand le jugement est en premier ressort; et de se pourvoir en cassation, lorsque l'affaire a été jugée en dernier ressort.

Conclusions du ministère public.

Attendu qu'il résulte de l'enquête et des débats que etc.
Vu l'article du Code pénal,
nous requérons que soit condamné à une amende de à et aux frais de la procédure.

Les tribunaux de police ne peuvent, sous peine de nullité, prononcer dans une affaire sans avoir entendu le ministère public. (*Arrêt de la cour de cassation* du 7 décembre 1810.)

Voyez DÉLITS, JURIDICTION DES MAIRES, TRIBUNAUX DE POLICE.

MINISTÈRES. L'organisation des ministères a été décrétée par une loi du 10 vendémiaire an 4 (B. 192). Les six ministres dont les fonctions sont spécifiées par cette loi ont été établis pour l'administration de la justice, de l'intérieur, des finances, de la guerre, de la marine, des relations extérieures.

L'impression et l'envoi des lois et actes du gouvernement font partie des attributions du ministre de la justice. (Art. 3.)

Celles du ministre de l'intérieur comprennent la correspondance avec les autorités administratives;

Les hôpitaux civils, les établissemens et ateliers de charité (objets dont un conseiller d'état est spécialement chargé), les secours civils, les établissemens destinés aux sourds-muets et aux aveugles;

La confection et l'entretien des routes, ponts, canaux et autres travaux publics;

Les mines, minières et carrières;

La navigation intérieure, le flottage, le halage;

L'agriculture, les desséchemens et défrichemens;

Le commerce;

L'industrie, les arts et inventions, les fabriques, les manufactures, les aciéries;

Les primes et encouragemens sur ces divers objets;

La surveillance, la conservation et la distribution du produit des contributions en nature;

Les musées et autres collections nationales, les fêtes nationales;

Les poids et mesures;

La formation des tableaux de population et d'économie politique, des produits territoriaux, des produits de pêche sur les côtes, des grandes pêches maritimes et de la balance du commerce.

Par une ordonnance du 26 août 1824 (B. 694), il a été créé un ministère pour les affaires ecclésiastiques et *l'instruction publique*. *Voyez* ce dernier mot.

Les ministres procurent l'exécution des lois et des règlemens d'administration publique. Aucun acte du gouvernement ne peut avoir d'effet s'il n'est signé par l'un d'eux. (*Acte constitutionnel de l'an* 8, art. 54 et 55.)

Voyez, aux art. 54 à 56 de la charte, les dispositions constitutionnelles relatives aux ministres.

MINISTRES DES CULTES. *Voyez* CULTES, ECCLÉSIASTIQUES, PRÊTRES; et pour les écrits répréhensibles publiés par des ministres de cultes, les art. 204, 205, 206 du Code pénal.

MINORITÉ. Elle cesse à 21 ans accomplis.

Voyez ABSENCE, ETAT CIVIL, MAJORITÉ, MARIAGE.

MISE EN JUGEMENT. *Voyez* ADJOINTS DE MAIRE.

MODÉRATION DE CONTRIBUTIONS. *Voyez* sous le mot CONTRIBUTIONS DIRECTES, la loi du 24 floréal an 8.

MOEURS. Les art. 287 et 288 du code pénal de 1810 (B. 277 *bis*) prononcent des peines pour l'exposition ou la distribution de chansons, pamphlets, figures ou images contraires aux bonnes mœurs.

Voyez aussi l'art. 477 du même code, sous le mot DÉLITS.

MOISSON. *Voyez* GLANAGE, POLICE RURALE, RÉCOLTES.

MONNAIES. Le gouvernement surveille la fabrication des monnaies, dont la loi seule ordonne l'émission, fixe le titre, le poids et le type. (*Acte constitutionnel de l'an* 8, art. 45.)

Les monnaies font partie du système général des poids et mesures; elles ont par conséquent une base prise dans la nature, et invariable comme elle.

Dans l'évaluation des métaux, soit qu'ils soient monnayés, ou qu'ils soient simplement en nature de barres ou lingots, il y a deux objets principaux à considérer : le poids et le titre. Les lois nouvelles ont fixé invariablement le poids des monnaies; elles en ont déterminé le titre d'une manière plus simple et plus commode qu'on ne l'avait fait jusqu'à présent.

Titre des monnaies.

Le titre des matières d'or et d'argent s'exprime par les dixièmes, centièmes ou millièmes de fin qu'elles contiennent : ainsi, lorsqu'un lingot est composé de neuf parties d'or pur et d'une partie d'alliage, on dit qu'il est au titre de neuf dixièmes, ou de quatre-vingt-dix centièmes, ou de neuf cents millièmes, expressions parfaitement synonymes.

En estimant le titre des métaux précieux jusqu'à la précision d'un millième, on a tout le degré d'exactitude que peuvent fournir les opérations des essayeurs ; et cette exactitude est supérieure, même pour l'or, à celle des anciennes expressions, puisque les 24 karats, chacun de 32 parties, ne font que 798 de ces mêmes parties, tandis que le nouveau système divise chaque masse en 1000 parties.

En vertu des mêmes lois, le titre des monnaies françaises est invariablement fixé à neuf dixièmes, tant pour l'or que pour l'argent : d'où il suit qu'une quantité quelconque de monnaie d'argent contiendra toujours les neuf dixièmes de son poids en argent pur ou en fin, et l'autre dixième en alliage.

De l'unité monétaire.

L'unité monétaire est prise dans l'argent : c'est le franc, dont le poids a été fixé à 5 grammes. On voit en circulation des pièces de cinq francs qui pèsent 25 grammes, des francs, des doubles francs et des pièces d'un demi-franc, dont le poids est, à proportion, de deux grammes et demi, ou de vingt-cinq décigrammes.

Division du franc.

La livre se divisait autrefois en 20 sous, et le sous en 4 liards ou 12 deniers. Pour se conformer au calcul décimal, les nouvelles lois ont décidé que le franc se diviserait en dix parties, appelées *décimes*, et chaque décime en dix parties, appelées *centimes*. On a en outre fabriqué, pour la plus grande commodité des transactions journalières, des pièces d'un demi-décime ou de *cinq centimes*, qui sont la vingtième partie du franc.

La pièce d'un centime pèse 2 grammes ; celle de cinq centimes pèse 10 grammes ou un décagramme ; celle d'un décime pèse 2 décagrammes.

Pièces de cinq francs.

Quelques personnes appellent la pièce de cinq francs un *centime ;* c'est une erreur de dénomination qu'il est utile de relever : elle doit son origine à ce qu'on a considéré la pièce de cinq francs comme représentant cent sous. Le centime, qui est notre plus petite monnaie de cuivre, ne vaut que la centième partie du franc ; la pièce de cinq francs, qu'on pourrait appeler quintuple, est donc bien différente du centime, puisqu'elle en vaut cinq cents.

Comparaison du franc et de la livre.

Il était naturel de chercher à comparer les nouvelles pièces aux anciennes ; mais cette comparaison a donné lieu à une difficulté. L'emploi qu'on faisait autrefois indistinctement des mots *franc* et *livre*, parce qu'ils avaient la même signification, a fait croire que dans le nouveau système il devait en être de même, et qu'une pièce de cinq francs représentait cinq livres ou les cinq sixièmes d'un écu de 6 livres. Cette opinion est une erreur manifeste : le franc est une nouvelle unité différente de la livre. On avait trouvé le moyen d'altérer sans cesse le poids de la livre ; celui du franc est invariablement cinq *grammes*. C'est par l'effet d'un hasard heureux que les cinq grammes se sont trouvés très-rapprochés du poids de la pièce d'argent qui aurait représenté notre ancienne livre. Il y a cependant une différence d'un quatre-vingtième ou d'un et un quart pour cent en faveur du nouveau franc ; c'est-à-dire que quatre-vingts francs valent quatre-vingt et une livre tournois, et que cent francs valent cent et une livres et un quart : cette différence a été légalement constatée ; elle est d'ailleurs facile à vérifier.

Utilité du nouveau système monétaire.

Ce système est destiné, par sa simplicité, à devenir le système monétaire de tous les peuples de l'Europe, ou au moins à leur servir d'échelle commune de comparaison. Indépendamment de l'avantage qu'ont les monnaies de faciliter et d'abréger considérablement tous les calculs, elles ont de plus celui de pouvoir servir de poids dans une infinité de circonstances. En effet, de ce que la pièce d'un franc pèse cinq grammes justes, on peut tirer les combinaisons suivantes :

La pièce d'un franc pèse cinq grammes.

La pièce de deux francs pèse dix grammes, ou un décagramme.

La pièce de cinq francs pèse vingt-cinq grammes.

Quatre pièces de cinq francs pèsent cent grammes ou un hectogramme.

Quarante pièces de cinq francs, faisant une somme de deux cents francs, pèsent dix hectogrammes ou un kilogramme.

Quatre cents pièces de cinq francs, ou une somme de deux mille francs, pèsent un myriagramme.

Les monnaies de cuivre fournissent aussi des poids qui, quoique moins exacts, peuvent néanmoins être utiles dans la pratique. Ainsi non-seulement il sera bien facile de vérifier par les nouveaux poids les sacs de monnaie nouvelle, comme cela se faisait autrefois pour les monnaies d'argent, mais les monnaies elles-mêmes pourront servir, dans nombre d'occasions, pour vendre, acheter ou vérifier les poids des marchands.

Du type des monnaies.

Ce serait ici le lieu de donner la description et l'explication du type des monnaies, mais cet objet parle suffisamment aux yeux.

En réduisant les observations ci-dessus aux énonciations les plus simples, on reconnaît comme base du système monétaire actuel le *franc*, qui vaut vingt sous trois deniers; le *décime* ou dixième partie d'un franc, qui vaut environ deux sous, et le *centime* qui est la centième partie d'un franc, ou la dixième partie d'un décime; de sorte que dix centimes valent un décime, dix décimes un franc, et une pièce de cinq francs, cinq livres un sou trois deniers.

La loi sur les finances du 5 ventose an 12 (B. 345) porte, art. 113, que les anciennes pièces dites de *deux sous* continueront d'avoir cours pour six liards seulement (ou 7 centimes et demi), soit qu'elles aient ou non conservé leur empreinte.

Par un décret du 25 thermidor suivant, il a été ordonné que les pièces d'argent qui circulaient pour trois livres, vingt-quatre sous, douze sous et six sous, ne seraient admises dans les paiemens qu'autant qu'elles auraient conservé une empreinte suffisante pour que l'on pût reconnaître qu'elles étaient de fabrication française, et de 1726 et années postérieures;

Que celles de ces pièces qui ne réuniraient pas ces conditions seraient reçues au change d'après leur poids, conformément à l'arrêté du gouvernement du 6 fructidor an 11.

La loi du 15 septembre 1807 (B. 161) a ordonné la fabrication de pièces de 10 centimes, en billon, au titre de deux cent millièmes de fin et du poids de deux grammes.

Aux termes d'un décret du 21 février 1808 (B. 181), les pièces de dix centimes, fabriquées en exécution de cette loi, ne doivent être données et reçues qu'à découvert, et seulement pour les appoints d'un franc et au-dessous.

Un décret du 18 août 1810 (B. 308) a ordonné 1° que la monnaie de cuivre et de billon de fabrication française ne pourrait être employée dans les paiemens, si ce n'est de gré à gré, que pour l'appoint de la pièce de cinq francs;

2° Que les pièces de six, douze et vingt-quatre sous, qui auraient conservé quelque trace de leur empreinte, seraient admises en paiement pour vingt-cinq centimes, cinquante centimes et un franc, si mieux n'aimaient les porteurs les livrer au poids, au change des monnaies, où ils en recevraient la valeur, savoir;

Les pièces de six sous, à raison de cent quatre-vingt dix francs vingt centimes le kilogramme;

Les pièces de douze sous, à raison de cent quatre-vingt-dix-sept francs vingt-deux centimes le kilogramme;

Et celles de vingt-quatre sous, à raison de cent quatre-vingt-quinze francs le kilogramme.

Un autre décret du 12 septembre 1810 (B. 312) a réduit la valeur de la pièce de 48 livres tournois à 47 francs 20 centimes; de celle de 24 livres à 23 francs 55 centimes; de la pièce de 6 livres à 5 francs 80 centimes; et de celle de trois livres à 2 francs 75 centimes. Le même décret porte que les pièces de 30 et de 15 sous circuleront pour la valeur d'un franc cinquante centimes et de 75 centimes, mais qu'elles ne pourront entrer dans les paiemens que pour les appoints au-dessous de 5 francs.

D'après les dispositions des lois des 17 frimaire an 2 et 1er vendémiaire an 4 (B. 183), les maires ne doivent exprimer dans leurs actes les quantités monétaires que sous les nouvelles dénominations de *francs* et de *centimes*.

Les maires peuvent, comme juges de police, et d'après les dispositions de l'art. 475 du Code pénal, traduire à leur tribunal les personnes qui refuseraient les monnaies nationales non altérées, pour la valeur de leur cours, et appliquer aux refusans une amende de 6 fr. à 10 fr; et comme officiers de police auxiliaires, les art. 49 et 50 du Code d'instruction criminelle les autorisent à visiter les lieux dénoncés pour fabrication de fausse monnaie, et à constater les découvertes qu'ils auraient faites par un procès-verbal qu'ils adresseraient au procureur du roi près le tribunal de l'arrondissement.

MONTS-DE-PIÉTÉ. On donne ce nom à des établissemens placés sous la protection et la surveillance du gouvernement, où l'on prête de l'argent au public, en exigeant un gage, et moyennant un intérêt fixé par un acte législatif ou administratif.

Les monts-de-piété sont destinés à faire cesser l'usure des prêteurs sur gages, et les dangers des maisons de prêt connues sous le nom de Lombards, où souvent les effets déposés n'étaient pas en sûreté.

Il y a, pour le service intermédiaire des monts-de-piété, des commissionnaires qui se chargent des démarches que les propriétaires d'effets ne veulent pas faire eux-mêmes.

Si après un délai déterminé les objets mis en dépôt ne sont pas retirés, on procède à leur vente publique, et le produit, avances et frais prélevés, est remis au propriétaire.

Il a été ordonné par une loi du 16 pluviose an 12 (B. 340) qu'aucune maison de prêt sur nantissement ne pourrait être établie qu'au profit des pauvres et avec l'autorisation du gouvernement; que tous les établissemens de ce genre alors existans qui, dans le délai de six mois, n'auraient pas été autorisés, seraient tenus de cesser de faire des prêts sur nantissement, et d'opérer leur liquidation dans l'année qui suivrait; et que les contrevenans seraient poursuivis devant les tribunaux de police correctionnelle, et condamnés, au profit des pauvres, à une amende payable par corps, qui ne pourrait être au-dessous de cinq cents francs, ni au-dessus de trois mille francs, et serait double en cas de récidive, le tribunal devant prononcer en outre, dans tous les cas, la confiscation des effets donnés en nantissement.

Ces maisons ont ensuite été supprimées à Paris par un décret du 8 thermidor an 13 (B. 50).

Un autre décret du 24 messidor an 12 (B. 8) a ordonné 1° que le mont-de-piété de Paris serait régi à l'avenir au profit des pauvres;

2° Que le conseil d'administration du mont-de-piété continuerait d'être composé du préfet du département, du préfet de police, des membres du conseil général des hospices de Paris, et de représentans des actionnaires;

3° Que le taux de l'intérêt à exiger des emprunteurs et à accorder aux prêteurs serait fixé par le conseil d'administration, qui proposerait, avant tout autre projet de règlement, la fixation et l'organisation du nombre de succursales nécessaires pour le service de la ville de Paris, ainsi que le mode et l'époque de la clôture des maisons de prêt existant en cette ville, à l'effet de quoi le délai fixé par la loi du 16 pluviose a été prorogé;

4° Que les préfets de département adresseraient le plus tôt possible au ministre de l'intérieur les projets pour l'établissement et l'organisation, au profit des pauvres, de monts-de-piété dans les lieux où il serait utile d'en former, et qu'après l'établissement de ces maisons, leur administration présenterait des projets pour fixer le mode et l'époque de la clôture des maisons existantes dans les mêmes lieux.

Un décret du 8 thermidor an 13 (B. 50) a ensuite ordonné le remboursement des actions du mont-de-piété, et approuvé un règlement pour l'organisation et les opérations de cet établissement.

De pareils règlemens ont été approuvés pour les monts-de-piété de Bordeaux et de Marseille, les 3 juin 1806 et 10 mars 1807 (B. 106 et 143).

La ville de Caen ayant aussi demandé l'établissement d'un mont-de-piété, dont le capital serait en partie composé d'actions aliénées à des particuliers, le conseil d'état a pris dans sa séance du 6 juin 1807 un avis qui a été approuvé le 21 juillet suivant (B. 152), et dont voici le texte :

On doit essentiellement se proposer, par l'établissement des monts-de-piété et par leur direction, de venir au secours de la classe la plus pauvre de la société, de faire cesser l'intérêt du prêt sur gage, et à la charge de faire tourner exclusivement au profit des hospices l'espèce de bénéfice qui en résulte.

Il ne peut, par conséquent, être accordé des monts-de-piété qu'aux villes où la caisse municipale et celle des hospices, ou l'une des deux, fournissent un capital suffisant à la mise en action de l'établissement, sans qu'on puisse, en aucun cas, recourir à la voie des actions qui appelleraient des étrangers au partage des bénéfices, et feraient ainsi tourner en spéculations privées des établissemens qui ne doivent se proposer que la bienfaisance publique.

Et attendu que le projet présenté par le ministre de l'intérieur, pour l'établissement d'un mont-de-piété dans la ville de Caen, fait concourir la voie des actions avec les capitaux qui seront fournis par la caisse municipale et par celle des hospices, le conseil d'état déclare qu'il n'y a pas lieu à délibérer.

L'ordonnance du roi du 18 juin 1823 (B. 613) porte, art. 1er, qu'à dater de cette année les budgets et les comptes des monts-de-piété seront réglés comme ceux des hospices, les conseils de charité préalablement entendus, et les conseils municipaux à défaut des conseils de charité, ou en concurrence avec eux dans les communes qui auront fait des fonds pour ces établissemens ; art. 2, que les formes déterminées à l'égard des hospices en ce qui concerne les constructions, reconstructions, acquisitions, ventes et échanges, ainsi que les prêts et emprunts autres que les opérations ordonnées de cette nature autorisées par les règlemens, seront également applicables aux monts-de-piété.

MONUMENS. La police municipale doit veiller à ce que personne ne dégrade ou n'altère les monumens et édifices publics appartenant à la nation ou à la cité.

Le Code pénal de 1810 prononce, art. 257, la peine d'un emprisonnement d'un mois à deux ans, et d'une amende de 100 fr. à 500 fr., pour dégradation de monumens.

Voyez ARTS, DÉGRADATIONS.

MORT. *Voyez* DÉCÈS.

MORT APPARENTE. Les trop nombreux exemples d'inhumations précipitées doivent déterminer à bien s'assurer de la réalité du décès avant de permettre un enterrement. *Voyez* INHUMATION.

MORT VIOLENTE. *Voyez*, sous le mot ÉTAT CIVIL, les art. 81, 82 et 85 du Code civil.

MORVE. Les causes les plus ordinaires de cette maladie des chevaux sont l'altération des fourrages, l'exposition subite à l'air froid après une forte course, un travail long ou violent, la gourme mal jetée, des maladies de peau répercutées. Il faut séparer des autres les chevaux qui en sont atteints, leur passer un séton au bas du poitrail, leur faire des fumigations de mauve bouillie, en leur mettant la tête dans un sac, les tenir au régime à l'eau blanche, leur donner des alimens de bonne qualité, les promener doucement, les étriller et bouchonner plusieurs fois par jour.

Voyez ÉPIZOOTIE.

MOULINS. Les propriétaires ou fermiers de moulins sont garans des dommages que les eaux peuvent causer aux chemins ou aux propriétés voisines.

Les maires doivent, d'après les dispositions de l'art. 16 du titre 11 de la loi du 26 décembre — 6 octobre 1791 et de l'art. 456 du Code pénal, veiller à ce qu'il ne soit établi aucun moulin sur une rivière sans autorisation, et à ce que ceux qui y sont établis ne nuisent pas à la navigation et au cours de l'eau.

Voyez, sous le mot DÉLITS, l'art. 16 du titre 2 de la loi du 28 septembre — 6 octobre 1791. *Voyez* aussi NAVIGATION INTÉRIEURE.

MOUTONS. Le titre 1er de la loi du 28 septembre — 6 octobre 1791 renferme sur le pâturage des règles que l'on trouvera sous le mot POLICE RURALE.

La maladie du *claveau*, à laquelle les moutons sont sujets, a donné lieu au préfet de police de Paris de rendre le 16 vendémiaire an 10 une ordonnance par laquelle il est enjoint aux propriétaires ou dépositaires de moutons atteints du claveau, d'en faire sur-le-champ la déclaration aux maires de leurs communes respectives, et d'en indiquer exactement le nombre, à peine de cent fr. d'amende; et il leur est défendu de se servir de bergeries et autres lieux dans lesquels auraient séjourné des troupeaux de moutons atteints de cette maladie, avant qu'ils n'aient été désinfectés sous la surveillance des maires. La même ordonnance enjoint d'enfouir dans le jour, avec leurs peau et laine, les moutons morts, à un mètre trente-quatre centimètres de profondeur (quatre pieds), hors de l'enceinte des communes, et déclare qu'il sera pris envers les contrevenans aux dispositions telles mesures administratives qu'il appartiendra, sans préjudice des poursuites à exercer contre eux devant les tribunaux, conformément à la loi du 6 octobre 1791, et aux arrêtés des 19 juillet 1646, 23 décembre 1778 et 16 juillet 1784. Pour la désinfection des bergeries, *voyez* le mot ÉPIZOOTIE.

MUID. *Voyez* HECTOLITRE, MESURES.

MUNICIPALITÉS. D'après les dispositions de la loi du 28 pluviose an 8 (B. 17), il doit y avoir dans les villes, bourgs et autres communes dont la population n'excède pas 2,500 habitans, un maire et un adjoint; dans les villes ou bourgs de 2,500 à 5,000 habitans, un maire et deux adjoints; dans les villes de 5,000 à 10,000 habitans, un maire et deux adjoints et un commissaire de police; dans les villes dont la population excède 10,000 habitans, outre le maire, deux adjoints et un commissaire de police, il y a un adjoint par 20,000 habitans d'excédant et un commissaire par 10,000 d'excédant. (Art. 12.)

Dans les villes de 100,000 habitans et au-dessus, il y a un maire et un adjoint à la place de chaque administration municipale. (Art. 14.)

Il y a un conseil municipal dans chaque ville, bourg ou autre lieu pour lequel il existait un agent municipal et un adjoint. (Art. 15.)

Voyez, pour la composition de ces conseils et leurs attributions, le mot CONSEILS MUNICIPAUX. *Voyez* aussi les mots ATTRIBUTIONS, COMPÉTENCE, MAIRES, POLICE, SECRÉTAIRES DE MAIRIES.

MURS. L'art. 5 de la loi du 22 novembre — 1er décembre 1790 porte que les murs et les fortifications des villes entretenus par l'état et utiles à sa défense font partie des domaines nationaux; qu'il en est de même des anciens murs, fossés et remparts de celles qui ne sont point places fortes; mais que les villes et communes qui en ont la jouissance y seront maintenues si elles sont fondées en titres, ou si leur possession remonte à plus de dix ans; et qu'à l'égard de celles dont la possession aurait été troublée ou interrompue depuis quarante ans, elles y seront rétablies. Les particuliers sont également maintenus dans la propriété et jouissance après quarante ans de possession paisible et publique.

MUSIQUE. *Voyez* AUTEURS, CONTREFAÇONS.

MUTATIONS. L'état ou relevé annuel des mutations qu'éprouvent les matrices des rôles de contributions se porte sur un registre particulier, qui est nommé *livre de mutations*.

Voyez au mot CONTRIBUTIONS DIRECTES le titre 4 de la loi du 3 frimaire an 7.

MUTILATION. *Voyez* SERVICE MILITAIRE.

MYRIAGRAMME. Poids de dix mille grammes, égal à 20 livres et demie environ. Cinq myriagrammes équivalent à 102 livres, et diffèrent peu du quintal.

Le myriagramme et son double sont les poids en usage pour les grosses pesées.

Rapports approchés.

5 myriagrammes	*répondent*	à 1 quintal.
1 kilogramme	. . . .	à 2 livres.
3 décagrammes	. . . .	à 1 once.
4 grammes	. . . .	à 1 gros.
1 décigramme	. . . .	à 2 grains.

Avec ces seuls rapports, on est en état de faire sur-le-champ et d'une manière suffisamment approchée la plupart des conversions de poids qui peuvent se rencontrer dans l'usage ordinaire.

Exemple.

2 grains d'émétique . . . . 1 décigramme d'émétique.

2 onces de manne, ...	6 décagrammes de manne.
2 gros de sel.	8 grammes de sel.
6 livres de pain, de viande, etc.	3 kilogram. de pain, de viande, etc.
Un sac de 325 livres.	Un sac de 16 myriagrammes.
Une charge de 6 milliers, etc. . .	Une charge de 300 myriagram., etc.

MYRIAMÈTRE. Longueur de dix mille mètres, environ 5132 toises.

Le myriamètre remplace la lieue, dont il est à peu près le double. Cette mesure itinéraire répond assez bien à la distance appelée *poste*.

Le myriamètre carré est une unité consacrée pour remplacer la lieue carrée dans l'évaluation des territoires d'une grande étendue, tels que ceux d'un ou de plusieurs départemens.

Le myriamètre carré vaut à très-peu près cinq lieues carrées (la lieue étant de 25 au degré, comme on le suppose ordinairement dans les cartes géographiques) : le rapport exact est de 81 à 16.

NAISSANCES. *Voyez* ÉTAT CIVIL.

NATATION. Les écoles de natation sont des établissemens très-utiles, mais dans lesquels l'ordre et la décence doivent être sévèrement maintenus. Il est convenable que les commissaires de police ne négligent pas d'y faire des visites.

Voyez PORTS.

NATURALISATION. Il a été ordonné par un décret du 17 mars 1809 (B. 229) que lorsqu'un étranger, en se conformant à la loi du 22 frimaire an 8, aurait rempli les conditions exigées pour devenir citoyen français, sa naturalisation serait prononcée, et que pour cet effet la demande et les pièces à l'appui seraient transmises par le maire du domicile du pétionnaire au préfet, qui les adresserait avec son avis au ministre de la justice.

Le sénatus-consulte du 19 février 1808 (B. 181) a réduit à un an pour les étrangers qui auraient rendu de grands services à l'état, ou formé de grands établissemens en France, la résidence exigée par l'acte constitutionnel de l'an 8. Les droits de citoyen devaient alors être conférés par un décret dont l'étranger remettait une expédition au maire de la commune de son domicile; le procès-verbal de sa prestation de serment entre les mains de ce fonctionnaire reste déposé aux archives de la mairie, mais le maire en informe le préfet.

Il a été statué par une ordonnance du roi en date du 4 juin 1814 (B. 17) qu'aucun étranger ne pourrait siéger dans les assemblées législatives, à moins que, par d'importans services, il n'ait obtenu des lettres de naturalisation vérifiées par ces chambres, le tout sans préjudice aux dispositions des art. 9 et suivans du Code civil; mais il a été déclaré par une loi du 14 octobre 1814 (B. 45) que les habitans des départemens réunis au territoire de la France depuis 1791, et qui, en vertu de cette réunion, s'étaient établis sur l'ancien territoire, et y avaient résidé sans interruption depuis 10 années et depuis l'âge de 21 ans, étaient censés avoir fait la déclaration exigée par l'art. 3 de la loi du 22 frimaire an 8, à la charge seulement par eux de faire connaître leur intention sous trois mois et d'obtenir des lettres de déclaration de *naturalité*, lesquelles s'accordent par des ordonnances du roi.

NAUFRAGES. L'art. 4 du titre premier de la loi du 9-13 août 1791, sur la police de navigation autorise les officiers municipaux, à défaut de juge de paix, à donner les ordres nécessaires pour procurer du secours aux naufragés.

Le gouvernement a prescrit, par un arrêté du 27 thermidor an 7 (B. 301), les mesures suivantes pour le sauvetage des bâtimens naufragés :

Art. 1er. Tout individu qui sera témoin du naufrage ou de l'échouement d'un bâtiment sur les côtes en informera sur-le-champ le commissaire du directoire ou l'agent municipal le plus voisin des lieux; et celui qui, par zèle, en cas d'éloignement, en portera la première nouvelle, sera inscrit honorablement sur les registres de l'administration municipale, et son nom sera proclamé dans la première fête publique du canton. Ceux qui auront négligé ou refusé de remplir ce devoir seront, en cas de pillage des objets naufragés, examinés par l'officier de police judiciaire compétent, afin de s'assurer s'ils ne sont pas complices du délit, suivant l'art. 56 du Code des délits et des peines.

2. Les fonctionnaires publics, avertis de l'événement par cette voie ou par toute autre, en donneront sur-le-champ connaissance au juge de paix, à l'administration municipale, à l'agent maritime et autres autorités civiles et militaires.

3. Le juge de paix, l'officier municipal, le syndic des gens de mer, ainsi que l'administration de la marine, étant rendus sur les lieux, celui d'entre eux qui est chargé par l'article 4 de la loi du 13 août 1791, de donner les ordres, formera, s'il le juge nécessaire, une garde composée de citoyens présens; et en cas d'insuffisance ou de désobéissance, il sera appelé une force publique des environs. Devront alors les commandans militaires déférer à toute réquisition à cet égard, sous leur responsabilité.

4. Il sera enjoint par les autorités constituées à tout individu de se retirer du lieu de l'échouement, et de ne s'immiscer en aucune manière dans les opérations du sauvetage, à moins qu'il n'y soit expressément autorisé.

5. Conformément aux dispositions du titre 5 du livre premier du Code des délits et des peines, le juge de paix dressera des procès-verbaux de tous les délits qui se commettraient. Les coupables seront arrêtés sur-le-champ, et livrés ensuite aux tribunaux pour y être jugés suivant la rigueur des lois.

6. Dans le cas d'enlèvement furtif des objets naufragés, le juge de paix du lieu du délit, ou le fonctionnaire public qui le suppléera en cas d'absence, prendra sur-le-champ les renseignemens nécessaires, entendra les témoins qui lui seront indiqués, et fera des visites domiciliaires chez les personnes prévenues d'avoir soustrait ou recélé ces objets, en conformité de l'article 108 du Code des délits et des peines.

7. Si le pillage des effets naufragés se fait à force ouverte par attroupement, la commune du lieu du délit en sera civilement responsable, aux termes de la loi du 10 vendémiaire de l'an 4 sur la police intérieure des communes. En conséquence, les procès-verbaux dressés par les agens municipaux (les maires), et tous les autres renseignemens recueillis, seront transmis au commissaire du pouvoir exécutif près le tribunal civil du dépar-

tement, qui provoquera l'application des condamnations prononcées par cette loi, indépendamment des poursuites criminelles ordinaires, suivant l'article 39 de la seconde section du titre 2 de la seconde partie du Code pénal de 1791.

Voyez SECOURS.

NAVIGATION INTÉRIEURE. Le gouvernement, voulant assurer le libre cours des rivières et canaux navigables et flottables, a pris, le 19 ventose an 6 (B. 190), un arrêté portant défense d'établir aucun pont, aucune chaussée permanente ou mobile, aucune écluse ou usine, aucun batardeau, moulin, digue ou autre obstacle quelconque au libre cours des eaux dans les rivières navigables ou flottables, dans les canaux d'irrigation ou de dessèchemens généraux, sans en avoir préalablement obtenu la permission de l'administration centrale, qui ne pouvait l'accorder que de l'autorisation expresse du gouvernement.

Le ministre de l'intérieur a publié, le 19 thermidor suivant, une instruction sur les formalités à remplir à cet effet. En voici l'extrait :

Toute personne qui désirera établir un pont, une chaussée permanente ou mobile, une écluse ou usine, un batardeau, moulin, digue ou autre obstacle quelconque au libre cours des eaux, dans les rivières navigables et flottables, dans les canaux d'irrigation ou de dessèchemens généraux, devra donner sa demande motivée et circonstanciée au préfet du département du lieu de l'établissement projeté. Le préfet, après avoir examiné la pétition, en ordonnera le renvoi au maire de la commune, à l'ingénieur ordinaire de l'arrondissement, et à l'inspecteur de la navigation, partout où il y en aura d'établi. Le maire aura à examiner les convenances locales et l'intérêt des propriétaires riverains ; et, afin d'obtenir à cet égard tous les renseignemens, et de mettre les intéressés à portée de former leurs réclamations, il ordonnera l'affiche de la pétition à la porte principale de la maison commune; cette affiche devra demeurer posée pendant l'espace de vingt jours, avec invitation aux personnes qui auraient des observations à proposer de les faire parvenir à la mairie dans lesdits vingt jours, ou au plus tard dans les trois jours qui suivront l'expiration du délai de l'affiche.

Le maire y ajoutera ensuite ses observations ; et, indépendamment de la précaution ci-dessus indiquée, il ne négligera aucune des connaissances qu'il pourra acquérir par lui-même, soit par transport sur les lieux, soit par la réunion des propriétaires d'héritages riverains et de ceux des usines inférieures et supérieures, soit enfin par le concours des ingénieurs et inspecteurs, s'ils peuvent être réunis au maire par le sous-préfet.

Voyez, au surplus les titres 7 et suivans de la loi du 16 septembre 1807 (B. 162).

Un décret du 22 janvier 1808 (B. 176) a aussi ordonné que les dispositions de l'art. 7 du titre 28 de l'ordonnance de 1669 seraient applicables à toutes les rivières navigables de France, soit que la navigation y fût établie à cette époque, soit que le gouvernement se fût déterminé depuis, ou se déterminât à l'avenir à les rendre navigables ; en conséquence de quoi les propriétaires riverains, en quelque temps que la navigation ait été établie, seraient tenus de laisser le passage pour le chemin de halage.

Le gouvernement a aussi ordonné, par une loi du 30 floréal an 10 (B. 191), l'établissement d'un droit de navigation intérieure. L'art. 4 de cette loi porte que les contestations qui pourront s'élever sur la perception des droits de navigation seront décidées administrativement par les conseils de préfecture.

Un décret du 28 janvier 1811 (B. 349) contient règlement sur le service de la navigation sous les ponts de Paris, et une ordonnance du roi du 2 avril 1823 (B. 601) contient aussi règlement sur les Bateaux a vapeur. *Voyez* Bacs, Halage, Passage d'eau.

NÉGLIGENCE. *Voyez*, pour les négligences commises par les fonctionnaires publics, les art. 23, 283, 284 et 285 de la loi du 3 brumaire an 4 (B. 204).

Voyez aussi Fonctionnaires publics.

NEIGE. *Voyez* Glace, Voirie.

NETTOIEMENT. Le nettoiement des rues et places publiques dans les villes est un des principaux objets de surveillance confiés aux officiers de police. Des ordonnances des 30 avril 1663, 2 décembre 1775 et 8 novembre 1780, ont prononcé, pour la négligence des habitans, des peines que l'art. 605 du Code des délits a réduites à celles de simple police.

Voyez, sous le mot Délits, les art. 458 et 471 du Code pénal de 1810.

C'est aux maires qu'il appartient de prescrire, pour le nettoiement, des mesures d'ordre convenables aux localités. *Voyez* Balayage, Cheminée, Voirie.

NOIRS. D'après une circulaire du ministre de la justice en date du 8 janvier 1803 le mariage est prohibé en France entre les blancs et les noirs.

NOM. La loi du 11 germinal an 11 (267) offre le dernier état de la législation sur les changemens de noms.

Titre Ier. — *Des prénoms.*

Art. 1er. A compter de la publication de la présente loi, les prénoms en usage dans les différens calendriers, et ceux des personnages connus de l'histoire ancienne, pourront seuls être reçus comme prénoms sur les registres de l'état civil destinés à constater la naissance des enfans; et il est interdit aux officiers publics d'en admettre aucun autre dans leurs actes.

2. Toute personne qui porte actuellement comme prénom soit le nom d'une famille existante, soit un nom quelconque qui ne se trouve pas compris dans la désignation de l'article précédent, pourra en demander le changement, en se conformant aux dispositions de ce même article.

3. Le changement aura lieu d'après un jugement du tribunal d'arrondissement, qui prescrira la rectification de l'acte de l'état civil.

Ce jugement sera rendu, le commissaire du gouvernement entendu, sur simple requête présentée par celui qui demandera le changement, s'il est majeur ou émancipé, et par ses père et mère ou tuteur, s'il est mineur.

TITRE II. — *Des changemens de noms.*

4. Toute personne qui aura quelque raison de changer de nom en adressera la demande motivée au gouvernement.

5. Le gouvernement prononcera dans la forme prescrite pour les règlemens d'administration publique.

6. S'il admet la demande, il autorisera le changement de nom pris par un arrêté rendu dans la même forme, mais qui n'aura son exécution qu'après la révolution d'une année, à compter du jour de son insertion au Bulletin des lois.

7. Pendant le cours de cette année, toute personne y ayant droit sera admise à présenter sa requête au gouvernement pour obtenir la révocation de l'arrêté autorisant le changement de nom ; et cette révocation sera prononcée par le gouvernement, s'il juge l'opposition fondée.

8. S'il n'y a pas eu d'oppositions, ou si celles qui ont été faites n'ont point été admises, l'arrêté autorisant le changement de nom aura son plein et entier effet à l'expiration de l'année.

9. Il n'est rien innové, par la présente loi, aux dispositions des lois existantes relatives aux questions d'état entraînant changement de nom, qui continueront à se poursuivre devant les tribunaux dans les formes ordinaires.

Par un décret du 20 juillet 1808 (B. 198), il a été ordonné que les Israélites qui n'avaient pas de noms de famille et de prénoms fixes seraient tenus d'en adopter ; et, par une ciculaire aux préfets en date du 8 septembre de la même année, le ministre de l'intérieur a donné le modèle suivant de la déclaration à faire en conséquence par les majeurs, par les pères et mères pour leurs enfans mineurs, par les tuteurs pour leurs pupilles, en annonçant de plus que le fils majeur serait tenu de prendre le nom de famille de son père existant, et les frères et sœurs majeurs n'ayant plus ni pères ni mères le même nom de famille.

Pardevant nous, maire de la commune d canton d arrondissement d département d s'est présenté A , qui a déclaré prendre le nom de pour nom de famille, celui de pour prénom, et a signé avec nous, le

Cette déclaration, à laquelle sont également assujétis les Juifs étrangers qui viendraient s'établir en France, s'inscrit sur un registre double parafé par le président du tribunal de première instance.

Les communes ont été autorisées, par une ordonnance du roi du 8 juillet 1814 (B. 27), à reprendre les anciens noms qu'elles portaient avant 1790.

C'est par des ordonnances que les changemens ou additions de noms sont actuellement autorisés, à la charge par l'impétrant, à l'expiration du délai fixé par les art. 6 et 8 de la loi ci-dessus, de se pourvoir, s'il y a lieu, devant le tribunal de 1re instance compétent, pour faire faire les changemens convenables sur les registres de l'état civil du lieu de sa naissance.

NOMINATIONS. Le roi nomme les préfets, les conseillers de

préfecture, les membres des conseils généraux de département, le secrétaire général de préfecture, les sous-préfets, les membres des conseils d'arrondissement et des conseils municipaux, les maires et adjoints des villes de plus de cinq mille habitans, les commissaires de police et les officiers de paix. *Voyez*, sous le mot MAIRES, l'art. 20 de la loi du 28 pluviose an 8.

D'après l'art. 12 du sénatus-consulte du 16 thermidor an 10 (B. 206), et l'ordonnance du roi du 13 janvier 1816 (B. 65), les membres des conseils municipaux sont nommés pour 10 ans, et le premier renouvellement aura lieu en 1821.

NOTAIRES. Ils doivent, aux termes des art. 47, 49 et 65 de la loi du 29 ventose an 11 (B. 258), faire enregistrer leur acte de prestation de serment au secrétariat de leur municipalité, et déposer leur signature et leur parafe.

NOURRICES. Le gouvernement a ordonné, par un arrêté du 25 floréal an 8 (B. 25), 1° que les portions d'amendes et de confiscations attribuées par les lois rendues jusqu'à ce jour aux hôpitaux, aux maisons de secours et aux pauvres, seraient versées dans la caisse du receveur des hospices du chef-lieu du département;

2° Que les fonds provenant de ces versemens seraient exclusivement employés au paiement des mois de nourrice des enfans abandonnés, sur la répartition que le préfet serait tenu d'en faire, d'après le bordereau de ces sommes que lui adresserait le receveur, et d'après les états des enfans qui lui seraient remis par les commissions administratives des hospices des départemens;

3° Que tous les ans les préfets rendraient compte au ministre de l'intérieur du montant et de l'emploi des sommes dont il est parlé dans les articles ci-dessus.

Voyez AMENDES, ENFANS ABANDONNÉS.

NOURRITURE DES DÉTENUS. *Voyez* DÉTENUS.

NOYÉS. Il est prouvé, selon le témoignage motivé de l'école de santé, que les noyés ont rarement de l'eau dans l'estomac, et que s'il en existe elle ne peut seule causer la mort.

C'est le défaut de respiration, une petite quantité d'eau introduite dans les poumons, et le sang retenu à la tête, qui les font périr suffoqués et dans un état d'apoplexie. Rien n'est donc plus contraire à la raison que de leur mettre les pieds en haut et la tête en bas. Ce moyen ne serait propre qu'à causer la suffocation et l'apoplexie, et il suffirait seul pour faire périr un homme en santé. Les premiers secours qu'il faut administrer aux noyés, en attendant ceux de la médecine, c'est, après les avoir entièrement retirés de l'eau, de les porter doucement dans un endroit sec et chaud, de les dépouiller de leurs vêtemens, s'ils sont habillés, de les tenir sur un des côtés, la tête élevée, de leur frotter le corps avec des étoffes chaudes, principalement de laine, et de les envelopper de ces mêmes étoffes; de leur placer sous le nez des liqueurs ou des sels d'une odeur forte et pénétrante, s'il s'en trouve à leur portée, de leur en introduire dans les narines, ou au moins de les irriter, ainsi que la gorge, avec une barbe de plume, ou tout autre corps qui puisse produire le même effet, dans l'intention de de procurer une secousse favorable par l'éternuement ou le vomissement; de leur inspirer de l'air par la bouche, en leur tenant les narines serrées; enfin, aussitôt que le malade pourra avaler, de lui faire prendre quelques cuillerées de liqueurs spiritueuses, comme eau-de-vie, eau de mélisse, ou telle autre qu'on pourra se procurer.

Ces secours provisoires doivent être administrés sans attendre que les officiers de police aient dressé leur procès-verbal, et sans s'embarrasser des formalités qui doivent céder devant la nécessité impérieuse d'employer promptement les moyens de rappeler à la vie qu'un plus long retard rendrait inutiles.

Lorsqu'on est près d'un corps-de-garde où il y a une boîte fumigatoire, on y transporte le noyé. Cette boîte doit contenir les objets suivans : deux frottoirs de flanelle, un bonnet de laine, une couverture de laine, deux bouteilles d'eau-de-vie camphrée, animée avec de l'alcali fluor ou esprit volatil de sel ammoniac; un gobelet d'étain, une canule à bouche avec son tuyau de peau; une cuiller de fer étamée, un flacon d'alcali fluor; une petite boîte contenant plusieurs paquets d'émétique de trois grains chacun; le corps de la machine fumigatoire; un soufflet à une âme, pour être adapté à la machine; quatre rouleaux de tabac à fumer, de 15 décigrammes (demi-once) chacun; de l'amadou; un briquet et une boîte d'allumettes, des plumes pour chatouiller le dedans du nez et de la gorge; deux bandes à saigner. Voici la manière d'employer les objets contenus dans cette boîte.

1° Déshabiller le noyé, le bien essuyer avec un des frottoirs de laine, lui couvrir la tête avec le bonnet de laine et l'envelopper avec la couverture de laine;

2° Le coucher sur un matelas, la tête plus élevée que le corps, ne pas le laisser long-temps sur le dos, mais le tenir plutôt sur l'un et sur l'autre côté, l'agiter doucement, le frotter dans tous les sens avec l'autre frottoir qu'on imbibera d'eau-de-vie camphrée, animée avec l'esprit volatil de l'ammoniac, incliner de temps en temps sa tête pour faciliter le rejet de l'eau : les frictions sur le ventre et la poitrine doivent être faites de bas en haut; les autres peuvent l'être en tout sens;

3° Pendant les frictions, introduire de l'air chaud par la bouche; on se sert pour cela de la canule à bouche, avec la précaution, lorsqu'on reprend haleine, de serrer avec les doigts le tuyau de peau de la canule, afin de ne point aspirer les exhalaisons qui pourraient sortir de l'estomac du noyé.

Pendant cette opération, on pince les narines du noyé, pour éviter que l'air chaud qu'on introduit ne se perde en entier par le nez; mais il faut aussi lâcher de temps en temps les doigts pour laisser échapper l'air par intervalle; si les dents du noyé sont tellement serrées qu'on ne puisse y introduire la canule, on se sert, pour les desserrer, du manche de la cuiller de fer étamée : il faut employer ce moyen avec la plus grande prudence, pour éviter de disloquer la mâchoire. On doit aussi conserver l'écartement des dents avec un petit morceau de bois de l'épaisseur de la tige de la canule, afin d'en faciliter l'introduction ;

4° Pendant les frictions et l'insufflation ci-dessus détaillées, faire respirer au noyé de l'alcali fluor ou esprit volatil de sel ammoniac; on se sert pour cela de rouleaux de papier tortillés en forme de mèche qu'on trempe dans l'alcali fluor : on les présente sous le nez du noyé, on les lui introduit même dans les narines : on réitère plusieurs fois cette opération, à laquelle le noyé est plus ou moins sensible, relativement à son existence quelconque ;

5° Faire avaler en même temps, s'il est possible, une cuillerée à café de l'eau-de-vie camphrée animée qui se trouve dans la boîte : on se sert pour cela de la cuiller de fer étamée : si le noyé avale, on lui en complète une cuillerée entière ; s'il en résulte des soulèvemens d'estomac sans vomissement réel, ce qui fatiguerait inutilement le noyé, on lui fait avaler successivement trois grains d'émétique dissous dans trois ou quatre cuillerées ; s'il vomit par ce moyen, il faut aider par de l'eau tiède. Si le remède opère par les selles, il faut, pour diminuer le vomissement et fortifier le noyé, lui faire avaler encore de l'eau-de-vie camphrée ; elle décompose alors l'émétique, le rend sans effet, et équivaut à un cordial agissant par les humeurs et les urines ;

6° En cas d'insuffisance des secours ci-dessus détaillés, il faut faire usage de la machine fumigatoire, de la manière ci-après : humecter du tabac, comme si on voulait le fumer, en charger le corps de la machine, l'allumer avec un morceau d'amadou ou un charbon, adapter le soufflet à la machine ; quand on voit que la fumée sort abondamment par la cheminée ou par le bec du chapiteau, y adapter le tuyau fumigatoire, au bout duquel on ajoute la canule, qu'on porte dans le fondement du noyé ; en faisant mouvoir le soufflet, on introduit de la fumée de tabac dans les intestins du noyé. Si la canule se bouche, en rencontrant des matières dans les gros intestins, ce qu'on reconnaîtra par la filtration de la fumée au travers des jointures de la machine, et par la résistance du soufflet, alors on donne la canule à nettoyer, et on substitue de suite celle de supplément. Après un quart d'heure de fumigation, on détache le tuyau de fumigation du bec de la machine, on présente ce bec au nez et à la bouche du noyé, et avec quelques coups de soufflet, on lui introduit de la fumée de tabac dans les narines et dans la gorge, afin d'irriter ces parties. On reprend ensuite la fumigation par le fondement, ainsi que l'introduction dans le nez de mèches de papier imbibées d'alcali fluor. On se sert aussi de plumes pour chatouiller le dedans du nez et de la gorge ;

7° Indépendamment de tous ces secours, la saignée est quelquefois très-nécessaire, ce qui rend indispensable l'appel d'un officier de santé ; mais la saignée ne peut être jugée telle que dans le cas où les vaisseaux du noyé sont gonflés, qu'il a le visage pourpre ou violet, et qu'il a les yeux étincelans ; alors la saignée à la jugulaire est plus convenable que toute autre ; et elle ne doit pas être trop copieuse d'abord, sauf à y revenir ensuite, après avoir simplement désempli les vaisseaux ;

8· Tous ces secours doivent, autant que possible, être continués long-temps ensemble, et de manière que l'un ne préjudicie pas à l'autre. Il est très-essentiel que ceux qui administrent connaissent parfaitement la marche à suivre, ce qui rend encore nécessaire la présence d'un officier de santé. *Voyez* ASPHYXIE.

NUIT. *Voyez*, sous le mot GENDARMERIE, l'art. 184 de l'ordonnance du roi du 29 novembve 1820.

NUMÉROTAGE. D'après les dispositions d'un décret du 15 pluviose an 13 (4 janvier 1805), toutes les maisons de la ville de Paris ont été numérotées dans un ordre suivant lequel un côté de chaque rue porte les numéros pairs, tandis que sur l'autre se trouvent les numéros impairs. L'ordonnance du roi du 23 avril 1823 (B. 609) a déclaré les art. 9 et 11 de ce décret applicables à toutes les villes et communes du royaume où la même opération serait jugée nécessaire.

Ces articles sont ainsi conçus :

ART. 9. Le numérotage sera exécuté à l'huile, et, pour la première fois, à la charge de la commune de Paris.

11. L'entretien du numérotage est à la charge des propriétaires ; ils pourront en conséquence le faire exécuter à leurs frais d'une manière plus durable, soit en tôle vernissée, soit en faïence ou terre à poële émaillée, en se conformant aux autres dispositions du présent décret sur la couleur des numéros et la hauteur à laquelle ils devront être placés.

Par une ordonnance du 23 avril 1823 les dispositions des articles 9 et 11 du décret du 4 janvier 1805, pour le numérotage des maisons de la ville de Paris, sont déclarées applicables à toutes les villes et communes du royaume où la même opération sera jugée nécessaire comme étant à la fois un moyen d'ordre et de police, et un avantage personnel pour tous les habitans. Le 1er établissement des numéros sera payé sur les fonds communaux, ainsi que leur renouvellement, lorsqu'il y aura lieu d'en changer la série ; mais l'entretien et la restauration des numéros demeureront à la charge des propriétaires.

OBÉISSANCE A LA LOI. Le maire doit, aux termes de l'art. 304 de l'ordonnance royale du 29 novembre 1820 (B. 419), faire entendre ce cri à haute voix, dans le cas d'attroupemens séditieux, et le réitérer trois fois avant de faire employer la force des armes. *Voyez* cet article sous le mot GENDARMERIE.

OBLATIONS. Aux termes de l'art. 69 de la loi du 18 germinal an 10 (B. 172), les projets de règlemens rédigés par les évêques pour les oblations ou offrandes ne peuvent être publiés ni mis à exécution qu'après avoir été approuvés par le roi.

Voyez CULTES.

OBSCÉNITÉS. *Voyez* MOEURS.

OCTROIS MUNICIPAUX. L'art. 51, tit. 5, de la loi du 11 frimaire an 7 (B. 257), porte que dans le cas où les recettes ordinaires seraient insuffisantes pour fournir en entier aux dépenses communales, il y sera pourvu par l'établissement de taxes directes et locales, qui ne pourront avoir lieu qu'après l'autorisation expresse et spéciale du corps législatif.

La loi du 27 frimaire an 8 (B. 338) a en conséquence établi des octrois dans plusieurs villes, et celle du 5 ventose suivant (B. 10) a autorisé les villes dont les hospices civils n'avaient pas de revenus suffisans pour leurs besoins à présenter les projets de tarifs et de règlemens convenables aux localités, lesquels seraient soumis à l'approbation du gouvernement, et par lui, s'il y avait lieu, définitivement arrêtés. Les projets de tarifs ne devaient pas comprendre des objets que la loi du 11 frimaire an 7 défend de taxer, tels que les grains et farines, les fruits, le beurre, le lait, les fromages, les légumes et autres denrées qui servent habituellement à la nourriture des hommes; et ils ne devaient embrasser que des choses destinées à la consommation intérieure de la commune.

Le décret du 17 mai 1809 (B. 239), portant règlement sur les octrois, contient, entre autres dispositions, celles qui suivent:

ART. 1er. Les octrois sont établis pour subvenir aux dépenses qui sont à la charge des communes.

2. Ils continueront d'être délibérés par les conseils municipaux.

3. La surveillance immédiate de la perception des octrois appartient aux maires, sous l'autorité de l'administration supérieure.

4. Les préfets qui, à l'examen du budget d'une commune, reconnaîtront l'insuffisance de ses revenus ordinaires, pourront provoquer le conseil municipal à délibérer l'établissement d'un octroi, après avoir reçu l'autorisation du ministre de l'intérieur pour les communes dont les revenus sont au-dessus de vingt mille francs.

Aux termes de l'art. 16 du même décret, aucun tarif ne peut porter que sur les boissons et les liquides, les comestibles, les combustibles, les fourrages, et sur les matériaux.

L'administration des droits réunis avait, par un décret du 8 février 1812 (B. 420), été chargée de la perception des octrois, mais il a été ordonné, par le titre 8 de la loi du 8 décembre 1814 sur les boissons (B. 60), qu'à compter du 1er janvier 1815 l'administration directe et la perception des octrois rentreraient dans les attributions des maires, sous la surveillance immédiate des sous-préfets et sous l'autorité du gouvernement, et que, dans aucun cas et jusqu'à ce qu'il ait été statué par une loi sur le mode d'administration des revenus des communes, les octrois ne seraient affermés ni confiés à des régies intéressées (art. 121); que les maires pourraient, sans l'autorisation du ministre des finances, traiter de gré à gré avec la régie des impositions indirectes, pour qu'elle se chargeât de la perception de leurs octrois (art. 122); que les communes qui voudraient les supprimer en feraient la demande, par l'intermédiaire des sous-préfets et des préfets, au ministre de l'intérieur, qui autoriserait la suppression, s'il y avait lieu (art. 123); que les moyens proposés par les communes en remplacement ne pourraient être admis qu'en vertu d'une autorisation formelle et nécessaire du ministre des finances (art. 124); que les règlemens d'octrois ne devraient contenir aucune disposition contraire à celles relatives à la perception des droits d'entrée, que les préposés des octrois sont tenus de faire pour le compte du trésor public (art. 125); que le prélèvement de 10 pour cent, autorisé par l'art. 75 de la loi du 24 avril 1800 sur le produit net des octrois, continuerait d'avoir lieu (art. 126); qu'enfin les lois, décrets et règlemens généraux concernant les octrois, continueraient à être exécutés en ce qui n'était pas contraire aux dispositions ci-dessus. (Art. 127.)

Par suite de cet ordre de choses, le roi a rendu, le 9 décembre 1814, une ordonnance portant règlement sur les octrois (B. 66); dont voici le texte :

Titre Ier. — *Dispositions transitoires.*

Art. 1er. En exécution de l'art. 121 de la loi du 8 décembre 1814, le service des octrois sera remis aux maires le 1er janvier 1815, par la régie des impositions indirectes. Cette remise et celle des maisons, ustensiles, effets de bureau et autres servant à la perception des octrois, seront constatées par un procès-verbal rédigé en quadruple expédition, lequel sera signé par le maire et le préposé en chef de la régie dans chaque résidence ou par des commissaires délégués à cet effet, de part et d'autre, dans les villes où cela sera jugé nécessaire. Un des procès-verbaux sera déposé à la mairie; un autre sera remis au directeur des impositions indirectes dans le département, le troisième sera adressé au préfet, et le quatrième à la régie des impositions indirectes.

2. Dans les communes où le maire voudra traiter de gré à gré avec cette régie pour la perception de l'octroi, conformément à l'article 122 de la loi précitée, la remise du service n'aura pas lieu moyennant que le maire souscrive une déclaration formelle de cette intention, et que dans le mois de janvier, pour tout délai, il adresse sa demande au préfet, ainsi qu'il sera statué par l'article 94, jusqu'à ce que ce traité ait été conclu les frais d'administration et de perception seront payés à la régie au prorata de ce qu'ils auront été en 1814.

3. La régie des impositions indirectes fera rendre aux communes par ses receveurs dans le premier trimestre de 1815 le compte des perceptions de 1814, et verser immédiatement les sommes dont ils seront reliquataires. En cas d'avance de la part de la régie ou de ses préposés, pour quelque cause que ce soit, elle exercera son recours contre le receveur de la commune par toutes les voies de droit, même par forme de contrainte.

4. Les registres, bordereaux et autres pièces relatives à l'administration ou à la perception des octrois, resteront déposés chez les contrôleurs principaux des impositions indirectes. Les maires ou leurs délégués pourront en prendre communication, toutes les fois qu'ils le jugeront convenable, mais sans déplacement.

De l'établissement des octrois.

5. Les octrois sont établis pour subvenir aux dépenses qui sont à la charge des communes : ils doivent être délibérés d'office par les conseils municipaux. Cette délibération peut aussi être provoquée par le préfet lorsqu'à l'examen du budget d'une commune il reconnaît l'insuffisance de ses revenus ordinaires, soit pour couvrir les dépenses annuelles, soit pour acquitter les dettes arriérées, ou pourvoir aux besoins extraordinaires de la commune.

6. Les délibérations portant établissement d'un octroi sont adressées par le maire au sous-préfet et renvoyées par celui-ci avec ses observations au préfet, qui les transmet également, avec son avis, à notre ministre de l'intérieur, lequel permet, s'il y a lieu, l'établissement de l'octroi demandé, et autorise le conseil municipal à délibérer les tarifs et règlemens.

7. Les projets de règlement et de tarif délibérés par les conseils municipaux en vertu de l'autorisation de notre ministre de l'intérieur parviennent de même aux préfets avec l'avis des maires et des sous-préfets. Les préfets les transmettent à notre directeur général des impositions indirectes pour être soumis à notre ministre des finances, sur le rapport duquel nous accordons notre approbation s'il y a lieu.

8. Les changemens proposés par les maires ou les conseils municipaux aux tarifs ou règlemens en vigueur, et ceux jugés nécessaires par l'autorité supérieure, ne peuvent être exécutés qu'ils n'aient été délibérés et approuvés de la manière prescrite par les articles précédens.

9. Si les conseils municipaux refusent ou négligent de délibérer sur l'établissement d'un octroi reconnu nécessaire ou sur les changemens à apporter aux tarifs et règlemens, il nous en sera rendu compte dans le premier cas par notre ministre de l'intérieur, et dans le deuxième par notre ministre des finances, sur les rapports desquels nous statuerons ce qu'il appartiendra.

10. Les frais de premier établissement de régie et de perception des octrois des villes sujettes au droit d'entrée seront proposés par le conseil municipal et soumis par la régie des impositions indirectes à l'approbation de notre ministre des finances : dans les autres communes ces frais seront réglés par les préfets. Dans aucun cas et sous aucun prétexte les maires ne pourront excéder les frais alloués, sous peine d'en répondre personnellement.

TITRE III. — *Des matières qui peuvent être soumises au droit d'octroi.*

11. Aucun tarif d'octroi ne pourra porter que sur des objets destinés à la consommation des habitans du lieu sujet. Ces objets seront toujours compris dans les cinq divisions suivantes :

SAVOIR :

1° Boissons et liquides ;
2° Comestibles ;
3° Combustibles ;
4° Fourrages ;
5° Matériaux.

12. Sont compris dans la première division les vins, vinaigres, cidres, poirés, bières, hydromels, eaux-de-vie, esprits, liqueurs et eaux spiritueuses.

Les droits d'octroi sur les vins, cidres, poirés, eaux-de-vie et liqueurs, ne pourront excéder ceux perçus aux entrées des villes sur les mêmes boissons pour le compte du trésor public (Paris excepté).

Les vendanges ou fruits à cidre ou à poiré seront assujétis aux droits à raison de trois hectolitres de vendange pour deux hectolitres de vin, et de cinq hectolitres de pommes ou de poires pour deux hectolitres de cidre ou de poiré.

13. Les eaux-de-vie et esprits doivent être divisés pour la perception d'après les degrés, conformément au tarif des droits d'entrée.

Les eaux dites de Cologne, de la reine d'Hongrie, de mélisse et autres dont la base est l'alcool, doivent être tarifées comme les liqueurs.

14. Dans le pays où la bière est la boisson habituelle et générale, celle importée, quelle que soit sa qualité, ne pourra être au plus taxée qu'au quart en sus du droit sur la bière fabriquée dans l'intérieur.

15. Les huiles peuvent aussi, suivant les localités, être imposées : la taxe en est déterminée suivant leur qualité ou leur emploi.

16. Sont compris dans la deuxième division les objets servant habituellement à la nourriture des hommes, à l'exception toutefois des grains et farines, fruits, beurre, lait, légumes et autres menues denrées.

17. Ne sont point compris dans ces exceptions les fruits secs et confits, les pâtes, les oranges, les limons et citrons, lorsque ces objets sont introduits dans les villes en caisses, tonneaux, barils, paniers ou sacs, ni le beurre et les fromages venant de l'étranger.

18. Les bêtes vivantes doivent être taxées par tête. Les bestiaux abattus au dehors et introduits par quartier paieront au prorata de la taxe par tête. A l'égard des viandes dépecées, fraîches ou salées, elles sont imposées au poids.

19. Les coquillages, le poisson de mer frais, sec ou salé de toute espèce, et celui d'eau douce peuvent, être assujétis aux droits d'octroi, suivant les usages locaux, soit à raison de leur valeur vénale, soit à raison du nombre ou du poids, soit par paniers, barils ou tonneaux.

20. Sont compris dans la troisième division, 1° toute espèce de bois à brûler, les charbons de bois et de terre, la houille, la tourbe, et généralement toutes les matières propres au chauffage; 2° les suifs, cires et huiles à brûler.

21. La quatrième division comprend les pailles, foins, et tous les fourrages verts ou secs, de quelque nature, espèce ou qualité qu'ils soient. Le droit doit être réglé par botte ou au poids.

22. Sont compris dans la cinquième division les bois soit en grume, soit équarris, façonnés ou non, propres aux charpentes, constructions, menuiserie, ébénisterie, tour, tonnellerie, vannerie et charronage.

Y sont également compris les pierres de taille, moellons, pavés, ardoises, tuiles de toute espèce, briques, craies et plâtre.

23. Pour toutes les matières désignées au présent titre les droits doivent être imposés par hectolitre, kilogramme, mètre cube ou carré, ou stère, ou par fractions de ces mesures. Cependant, lorsque les localités ou la nature des objets l'exigent, le droit peut être fixé au cent ou au millier, ou par voiture, charge ou bateau.

24. Les objets récoltés, préparés ou fabriqués dans l'intérieur d'un lieu soumis à l'octroi, ainsi que les bestiaux qui y sont abattus, seront toujours assujétis par le tarif au même droit que ceux introduits de l'extérieur.

Titre IV. — *De la perception.*

25. Les règlemens d'octroi doivent déterminer les limites de la perception, les bureaux où elle doit être opérée, et les obligations et formalités particulières à remplir par les redevables ou les employés en raison des localités, sans toutefois que ces règles particulières puissent déroger aux dispositions de la présente ordonnance.

26. Les droits d'octroi seront toujours perçus dans les faubourgs des lieux sujets; mais les dépendances rurales entièrement détachées du lieu principal en seront affranchies. Les limites du territoire auquel la perception s'étendra seront indiquées par des poteaux sur lesquels seront inscrits ces mots, *Octroi de...*

27. Il ne pourra être introduit d'objets assujétis à l'octroi que par les barrières ou bureaux désignés à cet effet. Les tarifs et règlemens seront affichés dans l'intérieur et à l'extérieur de chaque bureau, lequel sera indiqué par un tableau portant ces mots, *Bureau de l'octroi*.

28. Tout porteur ou conducteur d'objets assujétis à l'octroi sera tenu, avant de les introduire, d'en faire la déclaration au bureau, d'exhiber aux préposés de l'octroi des lettres de voiture, connaissemens, chartes-parties, acquits-à-caution, congés, passavans, et toutes autres expéditions délivrées par la régie des impositions indirectes, et d'acquitter les droits sous peine d'une amende égale à la valeur de l'objet soumis au droit. A cet effet les préposés pourront, après interpellation, faire sur les bateaux, voitures et autres moyens de transport, toutes les visites, recherches et perquisitions nécessaires, soit pour s'assurer qu'il n'y existe rien qui soit sujet aux droits, soit pour reconnaître l'exactitude des déclarations.

Les conducteurs seront tenus de faciliter toutes les opérations nécessaires auxdites vérifications.

La déclaration relative aux objets arrivant par eau contiendra la désignation du lieu de déchargement, lequel ne pourra s'effectuer que les droits n'aient été acquittés ou au moins valablement soumissionnés.

29. Tout objet sujet à l'octroi qui, nonobstant l'interpellation faite par les préposés, serait introduit sans avoir été déclaré ou sur une déclaration fausse ou inexacte, sera saisi.

30. Les personnes voyageant à pied, à cheval ou en voiture particulière suspendue, ne pourront être arrêtées, questionnées ou visitées sur leurs personnes ou en raison de leurs malles ou effets. Tout acte contraire à la présente disposition sera réputé acte de violence, et les préposés qui s'en rendront coupables seront poursuivis correctionnellement et punis des peines prononcées par les lois.

31. Tout individu soupçonné de faire la fraude à la faveur de l'exception ordonnée par l'article précédent pourra être conduit devant un officier de police ou devant le maire pour y être interrogé, et la visite de ses effets autorisée s'il y a lieu.

32. Les diligences, fourgons, fiacres, cabriolets et autres voitures de louage, sont soumis aux visites des préposés de l'octroi.

33. Les courriers ne pourront être arrêtés à leur passage, sous prétexte de la perception ; mais ils seront obligés d'acquitter les droits sur les objets soumis à l'octroi qu'ils introduiront dans un lieu sujet. A cet effet, des préposés de l'octroi seront autorisés à assister au déchargement des malles.

Tout courrier, tout employé des postes ou de toute autre administration publique, qui serait convaincu d'avoir fait ou favorisé la fraude, outre les peines résultant de la contravention, sera destitué par l'autorité compétente.

34. Dans les communes où la perception ne pourra être opérée à l'entrée, il sera établi au centre, suivant les localités, un ou plusieurs bureaux. Dans ce cas les conducteurs ne pourront décharger les voitures ni introduire au domicile des destinataires les objets soumis à l'octroi avant d'avoir acquitté les droits auxdits bureaux.

35. Il est défendu aux employés, sous peine de destitution et de tous dommages et intérêts, de faire usage de la sonde dans la visite des caisses, malles et ballots annoncés contenir des effets susceptibles d'être endommagés : dans ce cas, comme dans tous ceux où le contenu des caisses ou ballots sera inconnu ou ne pourrait être vérifié immédiatement, la vérification en sera faite, soit à domicile, soit dans les emplacemens à ce destinés.

36. Toute personne qui récolte, prépare ou fabrique dans l'intérieur d'un lieu sujet des objets compris au tarif, est tenue, sous peine de l'amende prononcée par l'art. 28, d'en faire la déclaration et d'acquitter immédiatement le droit si elle ne réclame la faculté de l'entrepôt.

Les préposés de l'octroi peuvent reconnaître à domicile les quantités récoltées, préparées ou fabriquées, et faire toutes les vérifications nécessaires pour prévenir la fraude. A défaut de paiement du droit, il est décerné contre les redevables des contraintes qui sont exécutoires nonobstant opposition et sans y préjudicier.

TITRE V. — *Du passe-debout et du transit.*

37. Le conducteur d'objets soumis à l'octroi qui voudra traverser seulement un lieu sujet, ou y séjourner moins de vingt-quatre heures, sera tenu d'en faire la déclaration au bureau d'entrée, conformément à ce qui est prescrit par l'article 28, et de se munir d'un permis de passe-debout qui sera délivré sur le cautionnement ou la consignation des droits. La restitution des sommes consignées ainsi que la libération de la caution s'opéreront au bureau de la sortie.

Lorsqu'il sera possible de faire escorter les chargemens, le conducteur sera dispensé de consigner ou de faire cautionner les droits.

38. En cas de séjour au-delà de vingt-quatre heures dans un lieu sujet à l'octroi d'objets introduits sur une déclaration de passe-debout, le conducteur sera tenu de faire, dans ce délai et avant le déchargement, une déclaration de transit, avec indication du lieu où lesdits objets seront déposés, lesquels devront être représentés aux employés à toute réquisition. La consignation ou le cautionnement du droit subsisteront pendant toute la durée du séjour.

39. Les réglemens locaux d'octroi pourront désigner des lieux où les conducteurs d'objets en passe-debout ou en transit seront tenus de les déposer pendant la durée du séjour, ainsi que des ports ou quais où les navires, bateaux, coches, barques et diligences devront stationner.

40. Les voitures et transports militaires chargés d'objets assujétis aux droits sont soumis aux règles prescrites par les articles précédens, relativement au transit et au passe-debout.

TITRE VI. — *De l'entrepôt.*

41. L'entrepôt est la faculté donnée à un propriétaire ou à un commerçant de recevoir et d'emmagasiner dans un lieu sujet à l'octroi, sans acquittement du droit, des marchandises qui y sont assujéties et auxquelles il réserve une destination extérieure.

L'entrepôt peut être réel ou fictif, c'est-à-dire à domicile : il est toujours illimité. Les règlemens locaux doivent déterminer les objets pour lesquels l'entrepôt est accordé, ainsi que les quantités au-dessous desquelles on ne peut l'obtenir.

42. Toute personne qui fait conduire dans un lieu sujet à l'octroi des marchandises comprises au tarif pour y être entreposées, soit réellement, soit fictivement, est tenue, sous peine de l'amende prononcée par l'art. 28, d'en faire la déclaration préalable au bureau de l'octroi, de s'engager à acquitter le droit sur les quantités qu'elle ne justifierait pas avoir fait sortir de la commune, de se munir d'un bulletin d'entrepôt, et en outre, si l'entrepôt est fictif, de désigner les magasins, chantiers, caves, celliers ou autres emplacemens où elle veut déposer lesdites marchandises.

43. L'entrepositaire est tenu de faire une déclaration au bureau de l'octroi des objets entreposés qu'il veut expédier au dehors, et de les représenter aux préposés des portes ou barrières, lesquels, après vérification des quantités et espèces, délivrent un certificat de sortie.

44. Les préposés de l'octroi tiennent un compte d'entrée et de sortie des marchandises entreposées : à cet effet ils peuvent faire à domicile, dans les magasins, chantiers, caves, celliers des entrepositaires, toutes les vérifications nécessaires pour reconnaître les objets entreposés, constater

les quantités restantes, et établir le décompte des droits dus sur celles pour lesquelles il n'est pas représenté de certificats de sortie. Ces droits doivent être acquittés immédiatement par les entrepositaires ; et à défaut, il est décerné contre eux des contraintes qui sont exécutoires nonobstant opposition et sans y préjudicier.

45. Lors du règlement de compte des entrepositaires, il leur est accordé une déduction sur les marchandises entreposées dont le poids ou la quantité est susceptible de diminuer. Cette déduction pour les boissons est la même que celle fixée par l'art. 38 de la loi du 8 décembre 1814, relativement aux droits d'entrée. (*Quatre pour cent par an sur les eaux-de-vie au-dessous de vingt-huit degrés, cinq pour cent sur les eaux-de-vie rectifiées et esprits de vingt-huit degrés et au-dessus ; quatre pour cent sur les vins, cidres et poirés.*) La quotité doit en être déterminée pour les autres objets par les règlemens locaux.

46. Dans les communes où la perception des droits sur les vendanges, pommes ou poires, ne peut être opérée au moment de l'introduction, l'administration de l'octroi accordera l'entrepôt à tous les récoltans et sera autorisée à faire faire un recensement général pour constater les quantités de vin, de cidre ou de poiré fabriquées. Les préposés de l'octroi se borneront, dans ce cas, à faire chaque année deux vérifications à domicile chez les propriétaires qui n'entreposent que les seuls produits de leur crû, l'une avant, l'autre après la récolte.

47. Dans le cas d'entrepôt réel, les marchandises pour lesquelles il est réclamé sont placées dans un magasin public sous la garde d'un conservateur ou sous la garantie de l'administration de l'octroi, laquelle est responsable des altérations ou avaries qui proviennent du fait de ses préposés.

48. Les objets reçus dans un entrepôt réel sont, après vérification, marqués ou rouannés, et inscrits par le conservateur sur un registre à souche, et avec indication de l'espèce, la qualité et la quantité de l'objet entreposé, des marques et numéros des futailles ou colis, et des nom et demeure du propriétaire ; un récépissé détaché de la souche contenant les mêmes indications, et signé par le conservateur, est remis à l'entrepositaire.

49. Pour retirer de l'entrepôt les marchandises qui y ont été admises, l'entrepositaire est tenu de représenter le récépissé d'admission, de déclarer les objets qu'il veut enlever, et de signer sa déclaration pour opérer la décharge du conservateur : il est tenu, en outre, d'acquitter les droits pour les objets qu'il fait entrer dans la consommation de la commune, de se munir d'une expédition pour ceux destinés à l'extérieur et de rapporter au dos un certificat de sortie, délivré par les préposés aux portes.

50. Les cessions de marchandises pourront avoir lieu dans l'entrepôt moyennant une déclaration de la part du vendeur et la remise du récépissé d'admission : il en sera délivré un autre à l'acheteur, dans la forme prescrite par l'art. 48.

51. L'entrepôt réel sera ouvert en tout temps aux entrepositaires, tant pour y soigner leurs marchandises que pour y conduire les acheteurs.

52. Les rouliers ou conducteurs qui déposeront à l'entrepôt réel des marchandises refusées par les destinataires pourront obtenir de l'administration de l'octroi le paiement des frais de transport et des déboursés dûment justifiés.

53. A défaut par le propriétaire d'objets entreposés de veiller à leur conservation, le conservateur se fera autoriser par le maire à y pourvoir. Les frais d'entretien et de conservation seront remboursés à l'administration de l'octroi sur les mémoires et états réglés par le maire.

54. Les propriétaires d'objets entreposés sont tenus d'acquitter tous les mois les frais de magasinage, lesquels doivent être déterminés par le règlement général de l'octroi ou par un règlement particulier approuvé de notre ministre des finances.

55. Si, par suite de dépérissement d'objets entreposés ou par toute autre cause, leur valeur, au dire d'experts appelés d'office par l'administration de l'octroi, n'excède pas moitié en sus des sommes qui peuvent être dues pour frais d'entretien, frais de transport ou magasinage, il sera fait sommation au propriétaire ou à son représentant de retirer lesdits objets, et à défaut, ils seront vendus publiquement par ministère d'huissier. Le produit net de la vente, déduction des sommes dues avec intérêt à raison de cinq pour cent par an, sera déposé dans la caisse municipale, et tenu à la disposition du propriétaire.

TITRE VII. — *Du personnel.*

56. Conformément à l'art. 4 de la loi du 27 frimaire an 8, la nomination des préposés d'octroi sera faite de la manière suivante :

Notre directeur général des impositions indirectes est autorisé à établir et à commissionner, lorsqu'il le jugera nécessaire, un préposé en chef auprès de chaque octroi.

Notre ministre des finances est également autorisé à nommer et commissionner, sur la proposition du directeur général des impositions indirectes, un directeur et deux régisseurs pour l'octroi et l'entrepôt de Paris.

Les autres préposés d'octroi sont nommés par les préfets sur une liste triple présentée par le maire.

57. Les préfets sont tenus de révoquer immédiatement, sur la demande de notre directeur général des impositions indirectes, tout préposé d'octroi signalé comme prévaricateur dans l'exercice de ses fonctions, ou comme ne les remplissant pas convenablement.

58. Les préposés de l'octroi doivent être âgés au moins de vingt et un ans accomplis. Ils sont tenus de prêter serment devant le tribunal civil de la ville dans laquelle ils exerceront, et, dans les lieux où il n'y a pas de tribunal, devant le juge de paix. Ce serment est enregistré au greffe, sans qu'il soit nécessaire d'employer le ministère d'avoué.

Il est dû seulement un droit fixe d'enregistrement de trois fr.

59. Le cas de changement de résidence d'un préposé arrivant, il n'y a pas lieu à une nouvelle prestation de serment : il lui suffit de faire viser sa commission, sans frais, par le juge de paix ou le président du tribunal civil du lieu où il doit exercer.

60. Les préposés d'octroi doivent toujours être porteurs de leur commission, et sont tenus de la représenter lorsqu'ils en seront requis.

Le port d'armes est accordé aux préposés d'octroi dans l'exercice de leurs fonctions, comme aux employés des impositions indirectes.

61. Les créanciers des préposés d'octroi ne pourront saisir sur les appointemens et remises de ces derniers que les sommes fixes déterminées par la loi du 21 ventose an 9.

62. Tous les préposés comptables des octrois sont tenus de fournir un cautionnement en numéraire ou en cinq pour cent consolidés, dont la quotité est déterminée par le règlement, et qui ne peut être au-dessous de mille francs. Lorsque ces préposés font en même temps des perceptions pour le compte du trésor public, leur cautionnement est fixé par notre ministre des finances. Ces cautionnemens sont versés à la caisse d'amortissement, qui en paie l'intérêt au taux fixé pour les employés des impositions indirectes.

63. Il est défendu à tous les préposés d'octroi indistinctement de faire le commerce des objets compris au tarif.

Tout préposé qui favorisera la fraude, soit en recevant des présens, soit de toute autre manière, sera mis en jugement et condamnés aux peines portées par le Code pénal contre les fonctionnaires publics prévaricateurs.

64. Tout préposé destitué ou démissionnaire sera tenu, sous peine d'y être contraint par corps, de remettre immédiatement sa commission ainsi que les

registres et autres effets dont il aura été chargé, et, s'il est receveur, de rendre ses comptes.

65. Les préposés de l'octroi sont placés sous la protection de l'autorité publique. Il est défendu de les injurier, maltraiter et même de les troubler dans l'exercice de leurs fonctions sous les peines de droit. La force armée est tenue de leur prêter secours et assistance toutes les fois qu'elle en est requise.

TITRE VIII. — *Des écritures et de la comptabilité des octrois.*

66. Tous les registres employés à la perception ou au service de l'octroi seront à souche. Les perceptions ou déclarations y seront inscrites sans interruption ni lacune. Les quittances ou expéditions qui en seront détachées continueront à n'être marquées que du timbre de la régie des impositions indirectes, dont le prix, fixé par la loi à cinq centimes, sera acquitté par les redevables, et son produit versé dans les caisses de la régie.

67. Les recettes de l'octroi seront versées à la caisse municipale tous les cinq jours au moins, et plus souvent même dans les villes où les perceptions seront importantes.

68. La régie des impositions indirectes déterminera le mode de comptabilité des octrois, ainsi que la forme et le modèle des registres, expéditions, bordereaux, comptes et autres écritures relatives au service des octrois : elle fera faire la fourniture de toutes les impressions nécessaires, sur la demande des maires.

69. Tous les registres servant à la perception des droits d'entrée sur les vins, cidres, poirés, esprits et liqueurs, aux déclarations de passe-debout, de transit, d'entrepôt et de sortie pour les mêmes boissons; ceux employés pour recevoir les déclarations de mise de feu de la part des brasseurs et distillateurs; enfin les registres portatifs tenus pour l'exercice des redevables soumis en même temps aux droits d'octroi et à ceux dus au trésor seront communs aux deux services. La moitié des dépenses relatives à ces registres sera supportée par l'octroi et payée sur les mémoires dressés par la régie des impositions indirectes, approuvés par notre ministre des finances.

70. Les registres, autres que ceux dont l'usage est commun aux octrois et aux droits d'entrée, seront cotés et parafés par le maire; ils seront arrêtés par lui le dernier jour de chaque année, déposés à l'administration municipale, et renouvelés tous les ans. A l'égard des autres registres, les maires pourront en prendre communication sans déplacement, et en faire faire des extraits pour ce qui concerne les recettes des octrois.

71. Les états et bordereaux de recettes et de dépenses des octrois seront dressés aux époques qui auront été déterminées par la régie des impositions indirectes. Un double de ces états et bordereaux, signé du maire, sera adressé au préposé supérieur de cette régie pour être transmis au directeur du département, et, par celui-ci, à son administration.

72. Les comptes des octrois seront rendus par les receveurs aux maires, et arrêtés par ces derniers dans les trois mois qui suivront l'expiration de chaque année.

73. Le montant des dix pour cent du produit net des octrois revenant au trésor royal, conformément à l'article 126 de la loi du 8 décembre 1814, sera établi sur les recettes brutes de toute nature, déduction faite des frais de perception et autres prélèvemens autorisés. Les dix pour cent ne seront pas prélevés sur la partie des produits de l'octroi à verser au trésor, en remplacement de la contribution mobilière.

74. Le recouvrement des dix pour cent se poursuivra par la saisie des deniers de l'octroi, et même par voie de contrainte à l'égard du receveur municipal.

TITRE IX. — *Du contentieux.*

75. Toutes contraventions aux droits d'octroi seront constatées par des procès-verbaux, lesquels pourront être rédigés par un seul préposé, et auront foi en justice. Ils énonceront la date du jour où ils sont rédigés, la nature de la contravention, et, en cas de saisie, la déclaration qui en aura été faite au prévenu; les noms, qualités et résidence de l'employé verbalisant et de la personne chargée des poursuites; l'espèce, poids ou mesure des objets saisis, leur évaluation approximative; la présence de la partie à la description, ou la sommation qui lui aura été faite d'y assister; le nom, la qualité et l'acceptation du gardien; le lieu de la rédaction du procès-verbal et l'heure de la clôture.

76. Dans le cas où le motif de la saisie portera sur le faux ou l'altération des expéditions, le procès-verbal énoncera le genre de faux, les altérations ou surcharges: lesdites expéditions, signées et parafées du saisissant, *ne varietur*, seront annexées au procès-verbal qui contiendra la sommation faite à la partie de les parafer et sa réponse.

77. Si le prévenu est présent à la rédaction du procès-verbal, cet acte énoncera qu'il lui en a été donné lecture et copie: en cas d'absence du prévenu, si celui-ci a domicile ou résidence connue dans le lieu de la saisie, le procès-verbal lui sera signifié dans les vingt-quatre heures de la clôture. Dans le cas contraire le procès-verbal sera affiché dans le même délai à la porte de la maison commune.

Ces procès-verbaux, significations et affiches pourront être faits tous les jours indistinctement.

78. L'action résultant des procès-verbaux en matière d'octroi, et les questions qui pourront naître de la défense du prévenu, seront de la compétence exclusive, soit du tribunal de simple police, soit du tribunal correctionnel du lieu de la rédaction du procès-verbal, suivant la quotité de l'amende encourue.

79. Les objets saisis par suite des contraventions aux règlemens d'octroi seront déposés au bureau le plus voisin; et si la partie saisie ne s'est pas présentée dans les dix jours, à l'effet de payer la quotité de l'amende par elle encourue, ou si elle n'a pas formé, dans le même délai, opposition à la vente, la vente desdits objets sera faite par le receveur cinq jours après l'apposition à la porte de la maison commune et autres lieux accoutumés, d'une affiche signée de lui et sans aucune autre formalité.

80. Néanmoins si la vente des objets saisis est retardée, l'opposition pourra être formée jusqu'au jour indiqué pour ladite vente. L'opposition sera motivée et contiendra assignation à jour fixe devant le tribunal désigné en l'article 78, suivant la quotité de l'amende encourue, avec élection de domicile dans le lieu où siége le tribunal. Le délai de l'échéance de l'assignation ne pourra excéder trois jours.

81. S'il s'élève une contestation sur l'application du tarif ou sur la quotité du droit réclamé, le porteur ou conducteur sera tenu de consigner, avant tout, le droit exigé entre les mains du receveur; faute de quoi il ne pourra passer outre ni introduire dans le lieu sujet l'objet qui aura donné lieu à la contestation, sauf à lui à se pourvoir devant le juge de paix du canton. Il ne pourra être entendu qu'en représentant la quittance de ladite consignation au juge de paix, lequel prononcera sommairement et sans frais, soit en dernier ressort, soit à la charge d'appel, suivant la quotité du droit réclamé.

82. Dans le cas où les objets saisis seraient sujets à dépérissement, la vente pourra en être autorisée avant l'échéance des délais ci-dessus fixés, par une simple ordonnance du juge de paix sur requête.

83. Les maires seront autorisés, sauf l'approbation des préfets, à faire remise par voie de transaction de la totalité ou de partie des condamnations

encourues, même après le jugement rendu. Ce droit appartient exclusivement à la régie des impositions indirectes, et d'après les règles qui lui sont propres, toutes les fois que la saisie a été opérée dans l'intérêt commun des droits d'octroi et des droits imposés au profit du trésor.

84. Le produit des amendes et confiscations pour contravention aux règlemens de l'octroi, déduction faite des frais et prélèvemens autorisés, sera attribué, moitié aux employés de l'octroi pour être répartie d'après le mode qui sera arrêté, et moitié à la commune.

Titre X. — *Des demandes en suppression ou en remplacement d'octroi.*

85. Les communes qui voudront supprimer leur octroi ou le remplacer par une autre perception en feront parvenir la demande par le maire au préfet, qui, après en avoir reçu l'autorisation de notre ministre de l'intérieur, autorisera, s'il y a lieu, le conseil municipal à délibérer sur cette demande.

86. La délibération du conseil municipal, accompagnée de l'avis du sous-préfet et du maire, sera adressée par le préfet avec ses observations et l'état des recettes et des besoins des communes à notre ministre de l'intérieur, qui statuera provisoirement sur lesdites propositions. Il fera connaître immédiatement sa décision à notre ministre des finances, pour que celui-ci, après avoir soumis le tout à notre approbation, prescrive, tant dans l'intérêt des communes que dans celui du trésor, les mesures convenables d'exécution.

87. Les droits d'octroi continueront à être perçus jusqu'à ce que la suppression de l'octroi ait été autorisée, ou jusqu'à la mise à exécution du mode de remplacement.

Titre XI. — *De la surveillance attribuée à la régie des impositions indirectes, et des obligations des employés de l'octroi relativement aux droits du trésor.*

88. La surveillance générale de la perception et de l'administration de tous les octrois du royaume est formellement attribuée à la régie des impositions indirectes : elle l'exercera sous l'autorité du ministre des finances, qui donnera les instructions nécessaires pour assurer l'uniformité et la régularité du service, et régler l'ordre de la comptabilité particulière à ces établissemens.

89. Les traitemens et les frais de bureau des préposés en chef nommés par le directeur général des impositions indirectes seront à la charge des communes : ils seront proposés par les conseils municipaux et approuvés par notre ministre des finances, qui pourra les réduire ou les augmenter, s'il y a lieu.

90. Les receveurs d'octroi dans les communes sujettes au droit d'entrée seront tenus de faire en même temps la recette de ce droit. Le produit des remises qui seront accordées par la régie des impositions indirectes, pour cette perception, sera réparti entre tous les préposés d'octroi d'une même commune dans la proportion qui sera déterminée par le maire.

91. Les employés des impositions indirectes suivront, dans l'intérêt des communes, comme dans celui du trésor, les exercices, dans l'intérieur du lieu sujet, chez les entrepositaires de boissons et chez les brasseurs et distillateurs. Il sera tenu compte par l'octroi, à la régie des impositions indirectes, de partie de dépenses occasionées pour ces exercices.

92. Les préposés des octrois sont tenus, sous peine de destitution, d'exiger de tout conducteur d'objets soumis aux impôts indirects, comme boissons, tabacs, sels et cartes, la représentation des congés, passavans, acquits-à-caution, lettres de voiture et autres expéditions, de vérifier les chargemens, de rapporter procès-verbal des fraudes ou contraventions qu'ils découvriront; de concourir au service des impositions indirectes, toutes les fois qu'ils en seront requis, sans toutefois pouvoir être déplacés de leur poste

ordinaire ; enfin de remettre chaque jour à l'employé en chef des impositions indirectes un relevé des objets frappés du droit au profit du trésor, qui auront été introduits.

Les employés des impositions indirectes concourront également au service des octrois, et rapporteront procès-verbal pour les fraudes et contraventions relatives aux droits d'octroi qu'ils découvriront.

93. Les préposés des octrois se serviront, pour l'exercice de leurs fonctions, des jauges, sondes, rouannes et autres ustensiles dont les employés des impositions indirectes font usage.

La régie leur fera fournir ces ustensiles, dont le prix sera payé par les communes.

TITRE XII. — *De la perception des octrois pour lesquels les communes auront à traiter avec la régie des impositions indirectes.*

94. Les maires qui jugeront de l'intérêt de leur commune de traiter avec la régie des impositions indirectes, pour la perception et la surveillance particulière de leur octroi, adresseront, par l'intermédiaire du sous-préfet, leurs propositions au préfet : celui-ci les communiquera au directeur des impositions indirectes pour donner ses observations, et les soumettra ensuite, avec son avis, à notre directeur-général des impositions indirectes, qui proposera, s'il y a lieu, à notre ministre des finances, d'y donner son approbation.

95. Les conventions à faire entre la régie et les communes ne porteront que sur les traitemens fixes ou éventuels des préposés : tous les autres frais généralement quelconques seront intégralement acquittés par les communes sur les produits bruts des octrois.

La conséquence de ces conventions sera de remettre la perception et le service de l'octroi entre les mains des employés ordinaires des impositions indirectes. Cependant, dans les villes où il sera nécessaire de conserver des préposés affectés spécialement au service de l'octroi, ces préposés continueront à être nommés par les préfets sur la proposition des maires, et après avoir pris l'avis des directeurs des impositions indirectes. Leur nombre et leur traitement seront fixés par cette régie : ils seront révocables, soit sur la demande du maire, soit sur celle du directeur. Lorsque le préfet ne jugera pas convenable de déférer à la demande de ce dernier, il fera connaître ses motifs à notre directeur général desdites impositions, qui prononcera définitivement.

Les maires conserveront le droit de surveillance sur les préposés, et celui de transiger sur les contraventions, dans les cas déterminés par la présente ordonnance.

96. Les traités conclus avec les communes subsisteront de plein droit jusqu'à ce que la commune ou la régie en ait notifié la cessation : cette notification aura toujours lieu, de part ou d'autre, six mois au moins à l'avance.

97. Les receveurs verseront le montant de leurs recettes, pour le compte de l'octroi, dans la caisse municipale, aux époques déterminées par l'art. 67, sous la déduction des frais de perception convenus par le traité, et dont ils compteront comme de leurs autres recettes pour le trésor.

98. La remise du service des octrois pour la perception desquels il aura été conclu un traité avec la régie des impositions indirectes lui sera faite de la manière prescrite par l'article 1er.

TITRE XIII. — *Dispositions générales.*

99. Les règlemens et tarifs d'octroi, en ce qui concerne les boissons, ne pourront contenir aucune disposition contraire à celles prescrites par les lois et ordonnances pour la perception des impositions indirectes.

100. Les préfets veilleront à ce que les objets portés aux tarifs des octrois

de leur département soient, autant que possible, taxés au même droit dans les communes d'une même population.

101. Tous les tarifs et règlemens d'octroi seront successivement revisés et régularisés conformément aux dispositions de la présente ordonnance, et soumis à notre approbation par notre ministre des finances.

102. Il sera présenté à notre approbation par notre ministre des finances, avant le 1er janvier prochain, un règlement particulier d'organisation pour l'octroi et l'entrepôt de Paris.

103. Les approvisionnemens en vivres destinés pour le service de la marine ne seront soumis dans les ports à aucun droit d'octroi. Ces approvisionnemens seront introduits dans les magasins de la marine de la manière prescrite pour les objets admis en entrepôt : le compte en sera suivi par les employés d'octroi, et les droits exigés sur les quantités qui seraient enlevées pour l'intérieur du lieu sujet et à toute autre destination que les bâtimens de l'état.

104. Les matières servant à la confection des poudres ne seront également frappées d'aucun droit d'octroi.

105. Nulle personne, quels que soient ses fonctions, ses dignités ou son emploi, ne pourra prétendre, sous aucun prétexte, à la franchise des droits d'octroi.

Une ordonnance du 23 du même mois de décembre a établi un régime particulier pour l'octroi de Paris; elle se trouve sous le n° 561, dans le 66e bulletin des lois, 5e série. Le tarif des droits à percevoir au profit de cette ville, à compter du 1er janvier 1819, est annexé à une autre ordonnance du 23 décembre 1818 (B. 251).

Le titre second de la deuxième partie de la loi sur les finances, du 28 avril 1816 (B. 81), renferme encore sur les octrois les dispositions suivantes :

Art. 147. Lorsque les revenus d'une commune seront insuffisans pour ses dépenses, il pourra y être établi, sur la demande du conseil municipal, un droit d'octroi sur les consommations. La désignation des objets imposés, le tarif, le mode et les limites de la perception seront délibérés par le conseil municipal et réglés de la même manière que les dépenses et les revenus communaux. Le conseil municipal décidera si le mode de perception sera la régie simple, la régie intéressée, le bail à ferme ou l'abonnement avec la régie des contributions indirectes; dans tous les cas, la perception du droit se fera sous la surveillance du maire, du sous-préfet et du préfet.

148. Les droits d'octroi continueront à n'être imposés que sur les objets destinés à la consommation locale. Il ne pourra être fait d'exception à cette règle que dans les cas extraordinaires et en vertu d'une loi spéciale.

149. Les droits d'octroi qui seront établis à l'avenir sur les boissons ne pourront excéder ceux qui seront perçus aux entrées des villes au profit du trésor. Si une exception à cette règle devenait nécessaire elle ne pourrait avoir lieu qu'en vertu d'une ordonnance spéciale du roi.

150. Les règlemens d'octroi ne pourront contenir aucune disposition contraire à celles des lois et règlemens relatifs aux différens droits imposés au profit du trésor.

151. En cas de quelque infraction de la part des conseils municipaux aux règles posées par les articles précédens, le ministre des finances, sur le rapport du directeur général des contributions indirectes, en référera au conseil du roi, lequel statuera ce qu'il appartiendra.

152. Des perceptions pourront être établies dans les banlieues autour des grandes villes afin de restreindre la fraude; mais les recettes faites dans ces banlieues appartiendront toujours aux communes dont elles seront composées. (L'art. 3 de la loi du 23 janvier 1820 (B. 385) porte que, dans les com-

munes qui en vertu de cet article ont été ou seront soumises à un octroi de banlieue, les boissons seront admises en entrepôt aux mêmes conditions que dans l'intérieur de la ville.)

153. Le produit net des octrois, dans toutes les communes où il est perçu, sera soumis, au profit du trésor, à un prélèvement de dix pour cent à titre de subvention pendant la durée de la présente loi.

Il sera fait déduction sur les produits passibles de cette retenue du montant de la contribution mobilière, dans les villes où elle est remplacée par une addition à l'octroi.

Il en sera de même du montant de l'abonnement que la régie pourrait consentir avec les villes, en remplacement du droit de détail, en exécution de l'article 73 de la présente loi.

A compter du 1er juillet 1816, il ne pourra être fait aucun autre prélèvement, soit sur le produit net des octrois, soit sur les autres revenus des communes, sous quelque prétexte que ce soit, et en vertu de quelques lois et ordonnances que ce puisse être. Elles sont expressément rapportées en ce qu'elles pourraient avoir de contraire à la présente loi.

154. Les préposés des octrois seront tenus, sous peine de destitution, d'opérer la perception des droits établis aux entrées des villes, au profit du trésor, lorsque la régie le jugera convenable; elle fera exercer, relativement à ces personnes, tel genre de contrôle ou de surveillance qu'elle croira nécessaire d'établir.

Lorsque la régie chargera de la perception des droits d'entrée des préposés commissionnés par elle, les communes seront tenues de les placer avec leurs propres receveurs dans les bureaux établis aux portes de la ville.

155. Dans toutes les communes où les produits annuels du droit d'octroi s'élèveront à vingt mille francs et au-dessus, il pourra être établi un préposé en chef de l'octroi. Le préposé sera nommé par le ministre des finances, sur la présentation du maire, approuvée par le préfet, et sur le rapport du directeur général des contributions indirectes.

Le traitement du préposé surveillant sera fixé par le ministre des finances, sur la proposition du conseil municipal, et fera partie des frais de la perception de l'octroi.

Les dispositions de cet article ne sont point applicables à l'octroi de Paris, dont l'administration reste soumise à des règlemens particuliers.

156. Les préposés de tout grade des octrois seront nommés par les préfets, sur la proposition des maires. Le directeur général des contributions indirectes pourra, dans l'intérêt du trésor, faire révoquer ceux de ces préposés qui ne rempliraient pas convenablement leurs fonctions.

157. Les dix pour cent du produit net des octrois seront versés dans les caisses de la régie, aux époques qu'elle aura déterminées. Le montant de ce prélèvement sera arrêté tous les mois par des bordereaux de recette et de dépense, visés et vérifiés par le préposé surveillant de l'octroi; le recouvrement s'en poursuivra par la saisie des deniers de l'octroi, et même par voie de contrainte, à l'égard du receveur municipal.

158. La régie des contributions indirectes sera autorisée à traiter de gré à gré avec les communes pour la perception de leurs octrois; les traités ne seront définitifs qu'après avoir été approuvés par le ministre des finances.

159. Tous les préposés comptables des octrois sont tenus de fournir un cautionnement en numéraire qui sera fixé par le ministre secrétaire d'état des finances, à raison du vingt-cinquième brut de la recette présumée.

Le *minimum* ne pourra être au-dessous de deux cents francs.

Pour les octrois des grandes villes, il sera présenté des fixations particulières.

Ces cautionnemens seront portés au trésor, qui en paiera l'intérêt au taux fixé pour ceux des employés des contributions indirectes.

Enfin le roi, voulant ramener la perception des octrois aux seuls modes que les art. ci-dessus de la loi du 28 avril 1816 avaient textuellement consacrés, a, par une ordonnance du 3 juin 1818 (B. 220), décidé que les octrois par abonnement, établis en vertu de l'arrêté du 4 thermidor an 10 et des autorisations qui avaient été postérieurement accordées, cesseraient définitivement à dater du 1er janvier 1819.

Une ordonnance du roi du 15 juillet 1824 (B. 681) renferme sur les comptes des receveurs des octrois les dispositions suivantes:

Art. 1er. A l'avenir les comptes des receveurs des octrois, après avoir été examinés et discutés par les conseils municipaux, seront arrêtés par les conseils de préfecture, sauf recours, en cas de contestation, devant notre cour des comptes, qui statuera en dernier ressort.

2. Les recours réservés par l'article précédent ne resteront ouverts que pendant trois mois, à compter de la notification aux parties intéressées des décisions qui en seront l'objet, lesquelles devront être notifiées un mois au plus tard après qu'elles auront été rendues.

3. Seront également renvoyées devant notre cour des comptes les réclamations qui seraient encore pendantes devant notre ministre secrétaire d'état de l'intérieur ou devant notre conseil d'état, et qui concerneraient des comptes des mêmes receveurs, réglés dans les formes précédemment en vigueur.

ODEURS INSALUBRES. La police doit veiller à ce que des exhalaisons pernicieuses ne nuisent pas à la santé des citoyens. On trouvera, sous les mots Air, Egout, Immondices, Lapins, Latrines, Salubrité, et sous plusieurs autres, l'indication des mesures à prendre pour conserver la salubrité de l'air, etc.

OFFICIERS DE GENDARMERIE. Ils exercent la police judiciaire et sont considérés comme auxiliaires du procureur du roi.

Voyez les art. 9, 48 et suiv. du Code d'instruction criminelle (B. 214 *bis*), sous le mot Police judiciaire.

Voyez aussi Gendarmerie.

OFFICIERS DE L'ETAT CIVIL. L'art. 15 de la loi du 28 pluviose an 8 (B. 17) attribue aux maires et adjoints les fonctions d'officiers de l'état civil.

Les règles auxquelles ces officiers doivent se conformer pour la rédaction des actes de l'état civil sont consignées dans les art. 35 à 98 du Code civil.

Les art. 156 et 157 déterminent les peines encourues par ceux qui auraient procédé à la célébration d'un mariage sans énoncer dans l'acte les consentemens ou actes respectueux que la loi exige.

L'article 192 prononce une amende contre eux, pour défaut d'observation des formalités relatives aux publications, aux dispenses, etc.

Aux termes de l'article 200, l'action civile en cas de fraude dans les actes peut être dirigée même contre leurs héritiers.

Voyez Etat civil, Extraits; et sous le mot Armée, l'instruction du 20 mai 1818 sur les engagemens volontaires.

OFFICIERS DE PAIX. Une loi du 21-29 septembte 1791 a ordonné l'établissement à Paris de vingt-quatre officiers de police sous le nom d'officiers de paix.

Ces officiers sont chargés de veiller à la tranquillité publique, de se porter dans les endroits où elle est troublée, d'arrêter les délinquans et de les conduire devant le juge de paix.

Ils portent à la main pour marque distinctive un bâton blanc sur lequel sont gravés ces mots : *Force à la loi*; et disent à ceux qu'ils arrêtent : *Je vous ordonne, au nom de la loi, de me suivre devant le juge de paix.*

Les citoyens sont tenus de leur prêter assistance sur leur réquisition; et ceux qui refuseraient d'y obéir seraient condamnés, pour cela seulement, à trois mois de détention.

Les officiers de paix, pendant la nuit, peuvent retenir les personnes arrêtées, lesquelles sont conduites au jour devant les commissaires de police, s'il s'agit d'objets relatifs à la police municipale, et devant les juges de paix, s'il s'agit d'objets du ressort de la police correctionnelle ou de la police de sûreté.

Le traitement annuel de ces officiers est de 3,000 fr. aux frais de la commune.

Leur costume a été réglé par un arrêté du 19 nivose an 10 (B. 151).

Habit bleu, collet et parement écarlate, gilet, culotte ou pantalon rouges;

Un galon d'argent au collet et au parement seulement, de la largeur de deux centimètres;

Chapeau uni à la française avec ganse d'argent pareille au galon du collet et du parement sans autre ornement; bouton blanc uni portant ces mots : *La paix*; un sabre suspendu en bandoulière de peau blanche.

OFFICIERS DE POLICE JUDICIAIRE. Les fonctions que les commissaires de police et les maires et adjoints ont à exercer en cette qualité, sont développées sous les mots CONTRAVENTIONS, POLICE JUDICIAIRE, TRIBUNAUX DE POLICE.

Le Code d'instruction criminelle contient sur ces fonctionnaires les dispositions suivantes :

ART. 279. Tous les officiers de police judiciaire sont soumis à la surveillance du procureur-général.

Tous ceux qui, d'après l'art. 9 (*voyez-le sous le mot* POLICE JUDICIAIRE), sont, à raison des fonctions, même administratives, appelés par la loi à faire quelques actes de la police judiciaire, sont sous ce rapport seulement soumis à la même surveillance.

280. En cas de négligence des officiers de police judiciaire et des juges d'instruction, le procureur-général les avertira.

281. En cas de récidive il les dénoncera à la cour.

Sur l'autorisation de la cour il les fera dénoncer à la chambre du conseil.

La cour leur enjoindra d'être plus exacts à l'avenir, et les condamnera aux frais tant de la citation que de l'expédition et de la signification de l'arrêt.

282. Il y aura récidive lorsque le fonctionnaire sera repris, pour quelque affaire que ce soit, avant l'expiration d'une année à compter du jour de l'avertissement.

Lorsqu'un officier de police judiciaire est prévenu d'avoir commis, dans l'exercice de ses fonctions, un délit emportant une peine correctionnelle, le procureur-général près la cour royale le fait citer devant cette cour qui prononce sans qu'il puisse y avoir appel. (*Code d'instruction criminelle, art.* 479 et 483.)

Quand les maires, leurs adjoints et les officiers de police administrative ou judiciaire, remplissant publiquement quelques actes de leur ministère, sont troublés par les assistans, ils peuvent faire saisir les perturbateurs et dresser un procès-verbal du délit, qu'ils envoient ainsi que les prévenus, s'il y a lieu, devant les juges compétens. (*Ibid.*, art. 504 et 509.) *Voyez* aussi les art. 120 à 122, et l'art. 184 du même code.).

Les fonctions des officiers de police judiciaire sont incompatibles avec celles du juré. (*Arrêt de la cour de cassation du* 21 *juin* 1810.)

Aucune loi ne défend de les entendre, soit pour qu'ils expliquent ce qui est porté aux procès-verbaux par eux dressés, soit pour qu'ils déposent sur des faits non énoncés dans ces procès-verbaux. (*Arrêt du* 12 *juillet* 1810.)

OFFICIERS DE SANTÉ. D'après les dispositions de l'art. 12 de l'ordonnance de police du 8 novembre 1780, concernant la sûreté publique, les officiers de santé sont tenus d'écrire les noms des personnes blessées qui leur sont amenées pour être pansées ou qu'ils auraient pansées ailleurs que chez eux, et d'en prévenir l'officier de police.

L'art. 3 du tit. 3 de la loi du 20 septembre 1792, l'art. 1er de celle du 19 décembre suivant, et l'art. 56 du Code civil, prescrivent aux officiers de santé des déclarations relatives aux naissances et décès.

Voyez ETAT CIVIL, MÉDECINE, et, sous le mot POLICE JUDICIAIRE, les art 43 et 44 du Code d'instruction criminelle.

OFFICIERS DE TERRE ET DE MER. *Voyez* MARIAGE.

OFFICIERS MINISTÉRIELS. *Voyez* HUISSIERS, OUTRAGES.

OFFICIERS MUNICIPAUX. *Voyez* MAIRES, MUNICIPALITÉ, TESTAMENT.

OFFICIERS PUBLICS. *Voyez* FONCTIONNAIRES PUBLICS.

OFFRANDES. *Voyez* OBLATIONS.

OIES. Ces oiseaux, très-multipliés dans certaines communes, y forment des espèces de troupeaux qu'on envoie sur les terres sujettes à la vaine pâture; mais on s'est aperçu que leur fiente brûle les tiges des herbes dont les oies arrachent jusqu'aux racines, et que les vaches et les moutons n'y trouvent plus en quantité suffisante un aliment qui même semble leur répugner. Il serait donc convenable d'assigner des cantonnemens particuliers aux oies dans les lieux où elles sont nombreuses.

OISEAUX. Le préfet du Haut-Rhin, considérant que, sous prétexte de chercher des nids d'oiseaux, des individus se permettaient de pénétrer dans les forêts nationales et particulières, et d'y faire beaucoup de dégâts; considérant encore que les oiseaux en général détruisent les chenilles et autres insectes, et que sous ce rapport ils rendent un service essentiel aux campagnes, a pris au mois de germinal an 12 un arrêté par lequel il a défendu de chercher et d'enlever les nids d'oiseaux, soit dans les forêts nationales, soit dans les propriétés particulières.

ONCE. *Voyez* DÉCAGRAMME.

OPINIONS. L'art. 11 de la Charte constitutionnelle interdit toutes recherches d'opinions et votes émis avant la restauration.

OPPOSITION. Le décret du 11 thermidor an 12 (B. 11) défend aux receveurs des établissemens de charité de donner, sans qu'elle ait été ordonnée par les tribunaux, main-levée des oppositions formées pour la conservation des droits des pauvres et des hospices, ni de consentir à aucune radiation, changement ou limitation d'inscriptions hypothécaires, qu'en vertu d'une décision spéciale du conseil de préfecture, prise sur une proposition formelle de l'administration et de l'avis du comité consultatif.

Le conseil d'état, auquel avait été soumis un rapport du ministre des finances sur la question de savoir si la caisse d'amortissement devait admettre des oppositions de la part des particuliers sur les fonds des communes dont elle est dépositaire, a donné, le 18 juillet 1807, un avis qui a été approuvé le 12 août suivant (B. 155), et dont voici les motifs et les dispositions :

Considérant que dans l'exercice des droits des créanciers des communes il faut distinguer la faculté qu'ils ont d'obtenir contre elles une condamnation en justice, et les actes qui ont pour but de mettre leur titre à exécution;

Que pour l'obtention du titre, il est hors de doute que tout créancier d'une commune peut s'adresser aux tribunaux dans tous les cas qui ne sont pas spécialement attribués à l'administration; mais que pour obtenir un paiement forcé le créancier d'une commune ne peut jamais s'adresser qu'à l'administration; que cette distinction, constamment suivie par le conseil d'état, est fondée sur ce que, d'une part, les communes ne peuvent faire aucune dépense sans y être autorisées par l'administration, et que de l'autre les communes n'ont que la disposition des fonds qui leur sont attribués par leur budget, et qui tous ont une destination dont l'ordre ne peut être interverti;

Considérant en outre que d'après l'arrêté du gouvernement du 19 ventose an 10, qui a constitué la caisse d'amortissement dépositaire des fonds appartenant aux communes, elle ne peut les mettre à leur disposition sans une décision du ministre de l'intérieur ;

Que cette précaution a pour but de prévenir tout abus dans l'emploi des fonds et d'en régler la disposition de la manière la plus avantageuse aux communes ;

Considérant enfin que la caisse d'amortissement doit être regardée non comme débitrice des communes, mais seulement comme dépositaire de leurs fonds, et comme leur caisse particulière destinée à conserver une partie désignée de leur actif ;

Est d'avis que la caisse d'amortissement ne doit point recevoir des oppositions de la part des particuliers sur les fonds appartenant aux communes, sauf aux créanciers à se pourvoir auprès de l'administration pour obtenir, s'il y a lieu, la décision exigée par l'arrêté du 19 ventose an 10. (B. 170.)

Un décret du 18 du même mois d'août (B. 155) prescrit, pour les saisies-arrêts ou oppositions entre les mains des receveurs ou administrateurs de caisses ou deniers publics, les formalités suivantes :

Art. 1er. Indépendamment des formalités communes à tous les exploits, tout exploit de saisie-arrêt ou opposition entre les mains des receveurs, dépositaires ou administrateurs de caisses ou de deniers publics, en cette qualité, expliquera clairement les noms et qualités de la partie saisie ; il contiendra en outre la désignation de l'objet saisi.

2. L'exploit énoncera pareillement la somme pour laquelle la saisie-arrêt ou opposition est faite ; et il sera fourni, avec copie de l'exploit, auxdits receveurs, caissiers ou administrateurs, copie ou extrait en forme du titre du saisissant.

3. A défaut par le saisissant de remplir les formalités prescrites par les articles 1 et 2 ci-dessus, la saisie-arrêt ou opposition sera regardée comme non-avenue.

4. La saisie-arrêt ou opposition n'aura d'effet que jusqu'à concurrence de la somme portée en l'exploit.

5. La saisie-arrêt ou opposition formée entre les mains des receveurs, dépositaires ou administrateurs de caisses ou de deniers publics, en cette qualité, ne sera point valable si l'exploit n'est fait à la personne préposée pour la recevoir, et s'il n'est visé par elle sur l'original, ou, en cas de refus, par le procureur du roi près le tribunal de première instance de leur résidence, lequel en donnera de suite avis aux chefs des administrations respectives.

6. Les receveurs, dépositaires ou administrateurs, seront tenus de délivrer, sur la demande du saisissant, un certificat qui tiendra lieu en ce qui les concerne de tous autres actes et formalités prescrites, à l'égard des tiers saisis, par le titre 7 du livre 5 du Code de procédure civile.

S'il n'est rien dû au saisi, le certificat l'énoncera.

Si la somme due au saisi est liquide, le certificat en déclarera le montant.

Si elle n'est pas liquide, le certificat l'exprimera.

7. Dans le cas où il serait survenu des saisies-arrêts ou oppositions sur la même partie et pour le même objet, les receveurs, dépositaires ou administrateurs seront tenus, dans les certificats qui leur seront demandés, de

faire mention desdites saisies-arrêts ou oppositions, et de désigner les noms et élections de domicile des saisissans, et les causes desdites saisies-arrêts ou oppositions.

8. S'il survient de nouvelles saisies-arrêts ou oppositions depuis la délivrance d'un certificat, les receveurs, dépositaires ou administrateurs seront tenus, sur la demande qui leur en sera faite, d'en fournir un extrait contenant pareillement les noms et élections de domicile des saisissans, les causes desdites saisies-arrêts ou oppositions.

9. Tout receveur, dépositaire ou administrateur de caisses ou de deniers publics entre les mains duquel il existera une saisie-arrêt ou opposition sur une partie prenante, ne pourra vider ses mains sans le consentement des parties intéressées, ou sans y être autorisé par justice.

Voyez, pour les oppositions au mariage, les art. 66 et suivans du Code civil sous le mot ETAT CIVIL; et pour les oppositions aux jugemens par défaut, le mot TRIBUNAUX DE POLICE.

Voyez aussi JUGEMENS, SAISIE-ARRÊT.

OR. *Voyez* GARANTIE, MONNAIES.

ORATOIRES. *Voyez* CHAPELLES, HOSPICES CIVILS.

ORDONNANCE. *Voyez* PROMULGATION.

ORDRE JUDICIAIRE. *Voyez*, pour les principes qui lui sont applicables, les art. 57 à 68 de la Charte.

ORDRE PUBLIC. *Voyez* CORRESPONDANCE, DÉLITS, LOI.

ORDRES MILITAIRES. *Voyez* DÉCORATION.

ORDRES MONASTIQUES. Les ordres monastiques et les congrégations régulières dans lesquelles les personnes de l'un et de l'autre sexe faisaient des vœux solennels, ont été supprimés en France par une loi du 13-19 février 1790, avec défense d'en établir de semblables à l'avenir.

ORDURES. Une ordonnance de police du 8 novembre 1780 a fait défenses de jeter dans les rues, par les fenêtres, tant de nuit que de jour, des eaux, de l'urine, des matières fécales et autres ordures, de quelque nature qu'elles puissent être, à peine de trente francs d'amende, dont les maîtres sont responsables pour leurs domestiques, et les marchands et artisans pour les apprentis et compagnons.

Des défenses de la même nature avaient aussi été faites par un édit du mois de décembre 1707.

Voyez BALAYAGE.

ORFÈVRES. *Voyez* GARANTIE DES MATIÈRES D'OR ET D'ARGENT.

OS. Le sous-secrétaire d'état au département de l'intérieur a, le 4 mai 1818, écrit aux préfets une circulaire pour leur faire connaître les heureux succès de l'emploi de la gélatine des os et de son bouillon, et l'économie que sa confection présente sur les autres alimens ordinairement consacrés au soulagement de la classe indigente, et leur faire observer les avantages qui résulteraient de l'usage de ces bouillons dans les établissemens publics et dans les lieux où le pain et la viande sont à un prix élevé.

OUTRAGES. Lorsqu'un ou plusieurs magistrats de l'ordre administratif ou judiciaire ont reçu dans l'exercice de leurs fonctions, ou à l'occasion de cet exercice, quelque outrage par paroles tendant à inculper leur honneur ou leur délicatesse, celui qui les a ainsi outragés est puni d'un emprisonnement d'un mois à deux ans. (*Code pénal*, art. 222.)

Le même outrage par gestes ou menaces fait encourir la peine d'un mois à six mois d'emprisonnement. (Art. 223.)

L'outrage par paroles, gestes ou menaces, à tout officier ministériel ou agent dépositaire de la force publique, dans l'exercice ou à l'occasion de ses fonctions, est puni d'une amende de 16 à 200 fr. (Art. 224.)

Tout individu qui, même sans armes et sans qu'il en soit résulté de blessures, aurait frappé un magistrat dans l'exercice de ses fonctions, ou à l'occasion de cet exercice, est puni d'un emprisonnement de deux à cinq ans. (Art. 228.)

Lorsque ces violences sont dirigées contre un officier ministériel, un agent de la force publique, ou un citoyen chargé d'un ministère de service public, elles sont punies d'un emprisonnement d'un mois à six mois. (Art. 230.)

Pour les outrages commis par la voie de la presse envers tout agent de l'autorité publique, *voyez* les lois des 17 et 26 mai 1819 (B. 270 et 280).

OUVRAGES. *Voyez* AUTEURS, CONTREFAÇON, GARANTIE DES MATIÈRES D'OR ET D'ARGENT, RÉCOMPENSES NATIONALES.

OUVRIERS. L'art. 19 du titre 2 de la loi du 28 septembre-6 octobre 1791 défend aux propriétaires ou fermiers d'un canton de se coaliser pour faire baisser ou fixer à vil prix la journée des ouvriers ou les gages des domestiques. *Voyez* à ce sujet les art. 414 et suiv. du Code pénal.

D'après les dispositions de l'art. 19 de la loi du 22 germinal an 11, les maires peuvent connaître des affaires de simple police entre les ouvriers et apprentis et les manufacturiers ou fabricans; mais *voyez* PRUD'HOMMES.

Le gouvernement a, par un arrêté du 9 frimaire an 12 (B. 328), prescrit, relativement aux ouvriers, les mesures de police qui suivent :

TITRE 1er. *Dispositions générales.*

ART. 1er. A compter de la publication du présent arrêté, tout ouvrier travaillant en qualité de compagnon ou garçon devra se pourvoir d'un livret.

2. Ce livret sera en papier libre, coté et parafé sans frais, savoir, à Paris, Lyon et Marseille, par un commissaire de police, et dans les autres villes, par le maire ou l'un de ses adjoints. Le premier feuillet portera le sceau de la municipalité, et contiendra le nom et le prénom de

l'ouvrier, son âge, le lieu de sa naissance, son signalement, la désignation de sa profession, et le nom du maître chez lequel il travaille.

3. Indépendamment de l'exécution de la loi sur les passe-ports, l'ouvrier sera tenu de faire viser son dernier congé par le maire ou son adjoint, et de faire indiquer le lieu où il se propose de se rendre.

Tout ouvrier qui voyagerait sans être muni d'un livret ainsi visé sera réputé vagabond et pourra être arrêté et puni comme tel.

TITRE II. *De l'inscription des congés sur le livret, et des obligations imposées à cet égard aux ouvriers et à ceux qui les emploient.*

4. Tout manufacturier, entrepreneur et généralement toute personne employant des ouvriers seront tenus, quand ces ouvriers sortiront de chez eux, d'inscrire sur leurs livrets un congé portant acquit de leurs engagemens s'ils les ont remplis.

Les congés seront inscrits sans lacune, à la suite les uns des autres; ils énonceront le jour de la sortie de l'ouvrier.

5. L'ouvrier sera tenu de faire inscrire le jour de son entrée sur son livret par le maître chez lequel il se propose de travailler, ou à son défaut par les fonctionnaires publics désignés en l'art. 2, et sans frais, et de déposer le livret entre les mains de son maître s'il l'exige.

6. Si la personne qui a occupé l'ouvrier refuse, sans motifs légitimes, de remettre le livret ou de délivrer congé, il sera procédé contre elle de la manière et suivant le mode établis par le titre 5 de la loi du 22 germinal. En cas de condamnation, les dommages-intérêts adjugés à l'ouvrier seront payés sur-le-champ.

7. L'ouvrier qui aura reçu des avances sur son salaire, ou contracté l'engagement de travailler un certain temps, ne pourra exiger la remise de son livret et la délivrance de son congé qu'après avoir acquitté sa dette par son travail et rempli ses engagemens si son maître l'exige.

8. S'il arrive que l'ouvrier soit obligé de se retirer parce qu'on lui refuse du travail ou son salaire, son livret et son congé lui seront remis, encore qu'il n'ait pas remboursé les avances qui lui ont été faites; seulement le créancier aura le droit de mentionner la dette sur son livret.

9. Dans le cas de l'article précédent, ceux qui emploiront ultérieurement l'ouvrier feront, jusqu'à entière libération, sur le produit de son travail, une retenue au profit du créancier.

Cette retenue ne pourra en aucun cas excéder les deux dixièmes du salaire journalier de l'ouvrier : lorsque la dette sera acquittée il en sera fait mention sur le livret.

Celui qui aura exercé la retenue sera tenu d'en prévenir le maître au profit duquel elle aura été faite, et d'en tenir le montant à sa disposition.

10. Lorsque celui pour lequel l'ouvrier a travaillé ne saura ou ne pourra écrire, ou lorsqu'il sera décédé, le congé sera délivré après vérification par le commissaire de police, le maire du lieu ou un de ses adjoints, et sans frais.

TITRE III. *Des formalités à remplir pour se procurer le livret.*

11. Le premier livret d'un ouvrier lui sera expédié 1° sur la présentation de son acquit d'apprentissage; 2° ou sur la demande de la personne chez laquelle il aura travaillé; 3° ou enfin sur l'affirmation de deux citoyens patentés de sa profession et domiciliés, portant que le pétitionnaire est libre de tout engagement, soit pour raison d'apprentissage, soit pour raison d'obligation de travailler comme ouvrier.

12. Lorsqu'un ouvrier voudra faire coter et parafer un nouveau livret, il représentera l'ancien. Le nouveau livret ne sera délivré qu'après qu'il aura

été vérifié que l'ancien est rempli ou hors d'état de servir. Les mentions des dettes seront transportées de l'ancien livret sur le nouveau.

13. Si le livret de l'ouvrier était perdu, il pourra, sur la représentation de son passe-port en règle, obtenir la permission provisoire de travailler, mais sans pouvoir être autorisé à aller dans un autre lieu, et à la charge de donner à l'officier de police du lieu la preuve qu'il est libre de tout engagement, et tous les renseignemens nécessaires pour autoriser la délivrance d'un nouveau livret sans lequel il ne pourra partir.

Le ministre de l'intérieur a, par une circulaire du 4 nivose suivant, observé qu'en rendant le livret obligatoire le gouvernement n'avait pas seulement voulu fournir à l'ouvrier les moyens de justifier de sa conduite et de son honnêteté, mais qu'il s'était encore proposé de donner à ceux qui l'employaient une sorte de garantie de sa fidélité. Il faut que les conventions qui ont pour objet de fixer son salaire et de régler ses obligations soient strictement exécutées. Il arrive souvent qu'il lui est fait des avances sur la promesse qu'il a donnée de travailler pendant un temps déterminé. S'il quitte son atelier avant d'avoir rempli ses engagémens, outre la perte qu'il fait éprouver à l'entrepreneur en ne le remboursant pas de la somme qu'il a reçue, celui-ci peut se trouver dans l'impossibilité de satisfaire à des commandes considérables. Il comptait sur un travail de quelque durée, et il en est privé au moment où il en a le plus besoin. Il n'y a aucune spéculation de négoce qui ne devînt le principe de la ruine de son auteur, si l'on pouvait changer arbitrairement les élémens sur lesquels elle est fondée. Cette considération et le désir d'empêcher l'embauchage des ouvriers ont fait insérer dans l'arrêté la disposition qui permet à l'entrepreneur d'exiger la remise du livret. Il n'est que trop commun de voir les hommes qui sont en concurrence dans les diverses professions user de toutes sortes d'artifices pour déranger les opérations de leurs rivaux et s'en attirer les profits; ils y réussissent souvent, en débauchant les ouvriers les plus utiles. Des manœuvres si répréhensibles, et qui ont excité des plaintes multipliées, doivent être réprimées. Les entrepreneurs ont maintenant les moyens de déjouer celles qu'on pourrait employer pour désorganiser leurs ateliers.

S'il a été juste d'assurer leurs droits, il ne l'a pas été moins de veiller aux intérêts des ouvriers. Il ne saurait entrer dans les vues du gouvernement de favoriser une classe au détriment de l'autre; et tout ouvrier à qui l'on aura promis de l'ouvrage pendant un temps déterminé devra être occupé pendant ce temps, ou recevoir une indemnité. Il ne faut pas non plus qu'on puisse, sans motif légitime, refuser de lui rendre son livret, ou de lui délivrer son congé. La loi doit être égale pour tous; et il serait odieux qu'on tirât parti de son état de dépendance pour exercer à son égard des actes que réprouverait la justice.

Voyez Coalition, Dommages, Gages, Manufactures, Papeterie, Police rurale, Responsabilité, Taxe.

PACAGE. *Voyez*, pour le pacage dans les forêts nationales, les mots FAINE et USAGE.

PAILLE. *Voyez* FEU, FOIN, INCENDIE.

PAIN. L'art. 30 du titre 1er de la loi du 19-22 juillet 1791 donne aux officiers municipaux la faculté de taxer le pain et la viande de boucherie.

Aux termes de l'art. 605 du Code des délits, ceux qui vendent le pain au-dessus de la taxe légalement faite et publiée sont punissables des peines de simple police.

La profession de boulanger étant exercée à Paris par des individus non patentés, et qui n'offraient pas les garanties convenables, une ordonnance royale du 14 février 1815 (B. 82) a statué ce qui suit :

ART. 1er. Les boulangers munis de permission ont seuls le droit de vendre du pain dans la ville de Paris et sa banlieue.

2. La vente du pain ne peut avoir lieu qu'en boutique et sur les marchés affectés à cette destination.

3. Les marchés continueront à être approvisionnés comme par le passé, conformément aux règlemens et ordonnances de police.

4. Il est défendu, sous peine de confiscation, de vendre du pain au regrat, en quelque lieu que ce soit, et d'en former des dépôts.

En conséquence, les traiteurs, aubergistes, cabaretiers et tous autres qui font métier de donner à manger, ne peuvent tenir chez eux d'autre pain que celui nécessaire à leur propre consommation et à celle de leurs hôtes.

5. En cas de contravention aux articles précédens, le pain sera saisi et vendu : le prix provenant de la vente du pain saisi sera déposé, sous la réserve des droits de qui il appartiendra.

6. Les contraventions à notre présente ordonnance seront poursuivies et réprimées par le tribunal de police municipale, qui pourra prononcer l'impression et l'affiche du jugement aux frais des contrevenans.

La taxe du prix du pain, que l'art. 30 de la loi du 22 juillet 1791 autorise les maires à faire dans toutes les communes du royaume, sans leur rien enjoindre à cet égard, consiste à déterminer le plus haut prix auquel les boulangers ont la faculté de vendre chaque espèce de pain sans commettre une contravention, qui serait punissable en vertu d'un jugement du tribunal de police municipale. Cette fixation, qui a lieu d'après le prix du blé, constaté par les mercuriales des marchés sur lesquels les boulangers se munissent habituellement des grains nécessaires à leurs approvisionnemens, doit suivre les variations du prix de la denrée. Les maires qui usent de cette faculté prennent pour base de leurs calculs le prix des blés employés ordinairement pour la boulangerie, et les frais de fabrication calculés selon les localités ; quelques-uns y font entrer en outre le poids d'un hectolitre de blé, mais évalué approximativement d'après une année moyenne, et dont le terme devient ainsi invariable. Il en est encore qui déterminent annuellement, par des expériences rigoureusement faites, le poids du blé de la dernière récolte, et le prennent encore pour élément de leurs calculs; et cette dernière opération est d'autant plus essentielle que le poids du froment, par exemple, est sujet à de grandes variations selon les circonstances atmosphériques qui ont précédé et accompagné la moisson, et peut offrir d'une année à l'autre une différence de 10 ou 12 kilogrammes au moins par hectolitre; et, comme le nombre des années où le poids reste au-dessous du terme moyen n'est pas identique avec le nombre de celles où il s'élève au-dessus, il s'ensuit qu'un terme moyen constant pour toutes les années pourrait être une source de lésion préjudiciable, la plupart du temps, aux consommateurs, et quelquefois aux boulangers. Le ministre de l'intérieur a en conséquence décidé que, dans toutes les villes et communes où l'autorité municipale est dans l'habitude de taxer le prix du pain, le maire ferait procéder tous les ans, au mois de septembre ou d'octobre, en présence des syndics et adjoints de la boulangerie, si elle est constituée en syndicat, par un règlement spécial de l'autorité supérieure, ou seulement en présence de trois des principaux boulangers désignés par le maire, au pesage du blé froment de la récolte de l'année, pour en constater le poids d'une manière légale. Le ministre a, par une circulaire du 16 septembre 1819, recommandé à cet effet de réunir trois hectolitres de froment de première qualité pris au marché chez trois vendeurs différens, de les peser ensemble et de constater leur poids par un procès-verbal signé de toutes les personnes appelées à l'expérience. La même épreuve ayant été faite à trois marchés consécutifs, et de manière qu'il y ait au moins 7 à 8 jours entre chaque épreuve, on ajoute au dernier pesage le résultat des deux précédens, et le tout, divisé par neuf, forme le poids d'un hectolitre de froment de l'année, légalement constaté pour servir d'élément à la taxe du pain jusqu'à pareille époque de l'année suivante.

Voyez Boulangerie, Grains, Taxe.

PAIN BÉNIT. Une décision du ministre des cultes portait qu'on ne pouvait obliger qui que ce fût à livrer le pain qui se bénit et se distribue dans les églises, et que nul ne pouvait être contraint à tapisser le devant de sa maison dans les solennités où cet usage était établi : mais il s'est élevé, dans quelques paroisses, des discussions sur ces deux points à l'égard du pain bénit. Des marguilliers ayant prétendu qu'on devait d'abord le leur présenter, malgré le décret sur les préséances, du 24 messidor an 12, sous le prétexte que la distribution du pain bénit n'était point une cérémonie publique, mais un simple usage qui s'observait entre les assistans; une décision du gouvernement, intervenue sur le rapport du ministre des cultes, porte que les marguilliers sont d'autant moins fondés à réclamer cet honneur que, selon l'esprit de tous les règlemens qui ont été publiés sur cette matière, ils sont censés offrir eux-mêmes le pain bénit, les bedeaux ne le distribuant qu'en leur nom; et qu'ils doivent, en conséquence, le présenter d'abord au clergé, continuer par les personnes élevées en dignité, et le porter ensuite aux autres fidèles. Au sujet des TENTURES, voyez ce mot.

PANCARTE. *Voyez* ROUTES.

PAPETERIE. Une loi du 25 nivose an 2, en mettant les ouvriers papetiers en réquisition, a prescrit des mesures sévères pour le rétablissement de l'ordre dans les manufactures; mais ils n'en ont pas moins continué d'observer entre eux des usages contraires à l'ordre public, de chômer des fêtes de coteries ou de confréries, de s'imposer mutuellement des amendes, de provoquer la cessation absolue des travaux des ateliers, d'en interdire l'entrée à plusieurs d'entre eux, d'exiger des sommes exorbitantes des propriétaires, entrepreneurs ou chefs de manufactures de papiers, pour se relever des proscriptions ou interdictions de leurs ateliers, connues sous le nom de *damnations*, et le gouvernement a pris, le 16 fructidor an 4 (B. 73), un arrêté dont l'objet était de réprimer ces désordres.

Voyez MANUFACTURES, OUVRIERS.

PAPIER-MUSIQUE. *Voyez* TIMBRE.

PAPIER TIMBRÉ. Les maires se procurent chez le receveur de l'enregistrement le papier timbré nécessaire pour les registres de l'état civil; et, comme une somme leur est, chaque année, allouée dans le budget pour en acquitter le prix, ils peuvent délivrer un mandat sur le percepteur, qui en avance le montant.

Voyez, pour les actes qui ne peuvent être délivrés que sur papier timbré, le mot TIMBRE.

PAPIERS DE LA MAIRIE. Les maires n'étant que simples dépositaires, pour la durée de leur exercice, des papiers de toute nature qui concernent leur administration, ils doivent les classer avec soin pour être en état de les remettre à leurs successeurs, sous un inventaire, qui seul peut mettre à couvert leur responsabilité.

PARAFE. *Voyez* VISA.

PARCOURS. Il y a deux espèces de parcours : 1° celui qui a lieu de commune à commune; 2° celui qui s'exerce sur les propriétés d'un même territoire.

C'est l'enclave des territoires qui a nécessité la première sorte de parcours, et celle des propriétés particulières des habitans d'une même commune qui a donné lieu à la seconde.

La première servitude, celle en vertu de laquelle les troupeaux d'une commune peuvent être envoyés à la vaine pâture sur le territoire d'une autre, exige un titre ou une possession autorisée par les lois et les coutumes. Chaque commune peut s'affranchir de cette servitude en renonçant à l'exercer elle-même.

Voyez POLICE RURALE, VAINE PATURE.

Le droit de parcours ou pâturage sur les prés, avant la fauchaison de la première herbe, a été aboli par décret du 19 avril 1790.

Les bouchers de Paris ayant demandé que l'exercice du droit de parcours sur les terres en jachère de la ci-devant banlieue de Paris leur fût rendu, le conseil d'état, considérant que, d'après les dispositions de l'art. 2, sect. 4 du titre 1er de la loi du 28 septembre—6 octobre 1791, l'exercice du droit de parcours de la part d'une commune suppose nécessairement la réciprocité en faveur de la commune sur le territoire de laquelle il avait lieu, et que la ville de Paris n'offrant pas cette juste réciprocité, le parcours ne serait, pour les communes environnantes, qu'une servitude gratuite, une atteinte réelle au droit de propriété, dont les bouchers retireraient seuls tout l'avantage, au détriment des cultivateurs de la banlieue, qui avaient besoin de toute l'étendue de leurs communes respectives pour le pâturage des troupeaux nombreux qu'ils élevaient, et qui étaient exclusivement destinés à l'approvisionnement de Paris, a donné, le 28 frimaire an 12, un avis négatif qui a été approuvé le 30 du même mois (B. 332).

Voyez PATURAGE.

PAROISSE. Il doit, aux termes de l'art. 60 de la loi du 18 germinal an 10, y avoir au moins une paroisse dans chaque justice de paix; mais il peut y être établi un plus grand nombre de succursales.

Voyez CULTES, EGLISES, FABRIQUES D'ÉGLISES.

PARTAGE DES BIENS COMMUNAUX. Le partage de tous les terrains et usages communaux autres que les bois a été décrété en principe par une loi du 14 août 1792, et le mode d'exécution de ce partage a été réglé par une seconde loi du 10 juin 1793.

Comme cette loi avait donné lieu à de nombreuses difficultés, il a été sursis, le 21 prairial an 4 (B. 52), à toutes actions et poursuites résultant de son exécution, en maintenant provisoirement les possesseurs actuels des terrains dans leur jouissance.

Cependant plusieurs partages de biens communaux ayant été effectués en vertu de la loi du 10 juin 1793, une loi du 9 ventose an 12 (B. 348) a ordonné, art. 1er, l'exécution de ceux dont il avait été dressé acte. Cette loi est ainsi conçue :

ART. 2. Les co-partageans ou leurs ayans-cause sont définitivement maintenus dans la propriété et jouissance de la portion des biens qui leur est échue, et pourront la vendre, aliéner, et en disposer comme ils le jugeront convenable.

3. Dans les communes où des partages ont eu lieu sans qu'il en ait été dressé acte, les détenteurs de biens communaux qui ne pourront justifier d'aucun titre écrit, mais qui auront défriché ou planté le terrain dont ils ont joui, ou qui l'auront clos de murs, fossés ou haies vives, ou enfin qui y auront fait quelques constructions, sont maintenus en possession provisoire, et peuvent devenir propriétaires incommutables, à la charge par eux de remplir, dans les trois mois de la publication de la présente loi, les conditions suivantes :

1° De faire, devant le sous-préfet de l'arrondissement, la déclaration du terrain qu'ils occupent, de l'état dans lequel ils l'ont trouvé, et de celui dans lequel ils l'ont mis;

2° De se soumettre à payer à la commune une redevance annuelle, rachetable en tout temps pour vingt fois la rente, et qui sera fixée d'après estimation, à la moitié du produit annuel du bien ou du revenu dont il aurait été susceptible au moment de l'occupation.

Cette estimation sera faite par experts, en la forme légale, dans le cours de l'an 12; et le paiement de la redevance courra à compter du 1er vendémiaire an 13. Un des experts sera choisi par le détenteur du bien communal; le second, au nom de la commune, par le sous-préfet de l'arrondissement; et le troisième, par le préfet du département.

4. L'aliénation définitive de ces terrains sera faite comme toutes les autres aliénations de biens communaux, en vertu d'une loi qui sera rendue d'après l'exécution des dispositions prescrites par les articles précédens, et qui autorisera les maires des communes à passer le contrat de concession aux frais des concessionnaires. Néanmoins ces concessionnaires resteront en possession provisoire, jusqu'à l'époque où la loi aura été rendue, à la charge par eux de payer la redevance annuelle ainsi qu'il est dit ci-dessus.

5. Tous les biens communaux possédés à l'époque de la publication de la présente loi sans acte de partage, et qui ne seront pas dans le cas précisé par l'article 3, ou pour lesquels les déclarations ou soumissions de redevance n'auront pas été faites dans le délai et suivant les formes prescrites par le même article, rentreront entre les mains des communautés d'habitans.

En conséquence, les maires et adjoints, les conseils municipaux, les sous-préfets et préfets, feront et ordonneront toutes les diligences nécessaires pour faire rentrer les communes en possession.

6. Toutes les contestations relatives à l'occupation desdits biens, qui pourront s'élever entre les co-partageans, détenteurs ou occupans depuis la loi du 10 juin 1793, et les communes, soit sur les actes et les preuves de partage de biens communaux, soit sur l'exécution des conditions prescrites par l'article 3 de la présente loi, seront jugées par le conseil de préfecture.

7. Quant aux actions que des tiers pourraient avoir à intenter sur ces mêmes biens, le sursis prononcé par la loi du 21 prairial an 4, à toutes poursuites et actions résultantes de l'exécution de la loi du 10 juin 1793, est levé.

En conséquence, toutes personnes prétendant des droits de propriété sur les biens communaux partagés ou occupés par des particuliers comme biens communaux, pourront se pourvoir par-devant les tribunaux ordinaires pour raison de ces droits, à la charge cependant de justifier qu'elles, ou ceux aux droits de qui elles se trouvent, étaient en possession des biens dont elles répètent la propriété, avant le 4 août 1789, ou qu'à cette époque il y avait instance devant les tribunaux pour la réintégration.

La prescription, la péremption d'instance, le délai du pourvoi en cassation, lorsqu'il n'aura pas été échu avant le 21 prairial an 4, ne courront contre elles qu'à dater du jour de la publication de la présente loi.

Il ne sera prononcé de restitution de fruits ou jouissance, ni par les tribunaux en faveur des tiers, dans le cas des répétitions prévues par l'article précédent, ni par les conseils de préfecture en faveur des communes, dans celui mentionné en l'article 5, qu'à compter du jour de la demande pour les particuliers, et à compter du 1er vendémiaire an 13 pour les communes.

10. Ne pourront également les détenteurs actuels ou occupans, même en

vertu d'un partage dont l'acte aurait été dressé, qui se trouveront évincés par suite des actions intentées dans l'un ou l'autre cas, répéter, soit à l'égard des communes, soit à l'égard des co-partageans, aucune indemnité pour raison de l'éviction qu'ils auront soufferte, à moins qu'ils n'aient fait des plantations et des constructions; auquel cas ils seront indemnisés par la partie, conformément à la dernière disposition de l'article 555 du Code civil.

Un décret du 9 brumaire an 13 (B. 20) contient sur le même objet les dispositions suivantes :

Art. 1er. Les communautés d'habitans qui, n'ayant pas profité de la loi du 10 juin 1793, relative aux partages des biens communaux, ont conservé, après la publication de cette loi, le mode de jouissance de leurs biens communaux, continueront de jouir de la même manière desdits biens.

2. Ce mode ne pourra être changé que par un décret rendu sur la demande des conseils municipaux, après que le sous-préfet de l'arrondissement et le préfet auront donné leur avis.

3. Si la loi du 16 juin 1793 a été exécutée dans ces communes, et qu'en vertu de l'article 12, section 3 de cette loi, il ait été établi un nouveau mode de jouissance, ce mode sera exécuté provisoirement.

4. Toutefois les communautés d'habitans pourront délibérer, par l'organe des conseils municipaux, un nouveau mode de jouissance.

5. La délibération du conseil sera, avec l'avis du sous-préfet, transmise au préfet, qui l'approuvera, rejettera ou modifiera, en conseil de préfecture, sauf, de la part du conseil municipal, et même d'un ou plusieurs habitans ou ayant droit à la jouissance, le recours au conseil d'état.

Des difficultés s'étant élevées sur l'exécution de ce décret, le ministre de l'intérieur a fait un rapport sur les formalités à observer pour les demandes d'un nouveau mode de jouissance de ces biens; et le conseil d'état considérant,

1° Que l'existence d'un acte relatif au changement intervenu dans le mode de jouissance des biens communaux, si cet acte a été suivi d'une exécution paisible et de bonne foi, doit suffire pour établir le changement du mode de jouissance de ces biens, puisque l'existence d'un acte de partage, quoique irrégulier dans sa forme, suffit pour faire valider le partage;

2° Que dans ce cas on a toujours procédé en exécution de la loi du 10 juin 1793, soit qu'on l'ait plus ou moins régulièrement exécutée;

A donné le 7 mai 1808 un avis, approuvé le 29 du même mois (B. 194), qui porte que, lorsqu'en vertu de la loi du 10 juin 1793 il s'est opéré un changement dans le mode de jouissance des biens communaux d'une commune, et que ce changement a été exécuté, les demandes d'un nouveau mode de jouissance doivent être présentées au conseil de préfecture et soumises de droit, comme les affaires des biens communaux, au conseil d'état.

Un décret du quatrième jour complémentaire an 13 (B. 58) a ordonné 1° que les dispositions de la loi du 9 ventose an 12 s'appliqueraient à tous partages de biens communaux effectués avant la loi du 10 juin 1793, en vertu d'arrêts du conseil, d'ordonnance des états, et autres émanés des autorités compétentes, conformément aux usages établis;

2° Que toutes les fois que les conseils de préfecture, par suite de l'attribution qui leur est faite dans l'art. 6 de la loi du 9 ventose an 12, connaîtraient de contestations en matière de partage de biens communaux, soit antérieurs, soit postérieurs à la date de cette loi, et auraient à prononcer sur le maintien ou l'annulation desdits partages, les jugemens rendus par eux ne pourraient être mis à exécution qu'après avoir été soumis au conseil d'état, pour être confirmés, s'il y avait lieu, par un décret rendu sur le rapport du ministre de l'intérieur.

Le préfet du département du Nord ayant annulé les partages de biens communaux faits dans les arrondissemens de Lille, Douai et Cambrai, en vertu de la loi du 10 juin 1793, attendu que ces biens renfermaient tous une quantité plus ou moins considérable de tourbe, et que c'était le cas d'appliquer, conformément à la circulaire écrite le 25 germinal an 9 par le ministre de l'intérieur, l'art. 9, sect. 1re de la loi du 10 juin 1793, un décret rendu, d'après l'avis du conseil des mines, le 22 frimaire an 14 (B. 24), a approuvé les dispositions de cet arrêté relatives aux tourbières.

Le conseil d'état, consulté sur la question de savoir d'après quelle base deux communes, propriétaires par indivis d'un bien communal et qui voulaient faire cesser cette indivision, devaient le partager entre elles, a donné le 3 juillet 1807 un avis qui a été approuvé le 20 du même mois (B. 154), lequel porte que ce partage doit être fait en raison du nombre de feux par chaque commune, et sans avoir égard à l'étendue du territoire de chacune d'elles.

Le conseil d'état a donné le 28 juin 1808 un avis, approuvé le 17 juillet suivant (B. 198), et portant que l'art. 9 de la loi du 9 ventose an 12 était applicable aux biens communaux non partagés, ainsi qu'aux biens partagés ou occupés par des particuliers comme biens communaux.

Une autre question relative à la loi du 10 juin 1793, sur la même matière, a été résolue dans la même séance par un second avis du conseil d'état, approuvé aussi le même jour (B. *id.*). Il s'agissait d'une transaction passée entre la commune d'Ouville, à laquelle le ci-devant seigneur d'Annoville proposait de céder ses prétendus droits de propriété et d'usage sur les trois quarts des landes et terrains vagues d'Ouville, en se réservant le quart restant, franc et exempt de toutes servitudes, usage, parcours, etc.

Le conseil d'état, considérant,

1° Que, d'après l'art. 8, sect. 5, de la loi du 10 juin 1793, la possession paisible et quadragénaire ne suffisait pas pour constater les droits de propriété en faveur des ci-devant seigneurs;

2° Que le seigneur d'Annoville ne justifiait d'aucun titre primordial et légitime qui constatât son droit de propriété des landes et terrains vagues d'Ouville;

3° Que par conséquent la commune en devait être regardée, aux termes de la loi, comme seule et légitime propriétaire;

4° Enfin que, quand le droit d'une commune n'était pas douteux, il n'y avait pas lieu à transiger, a été d'avis que la transaction passée devait être regardée comme non avenue, et que la commune d'Ouville devait continuer de posséder les landes et terrains existant dans son enceinte, ou en prendre possession si elle ne l'avait pas.

D'après un avis du conseil d'état, en date du 3 juin 1809, approuvé le 18 du même mois (B. 249), toutes les usurpations de biens communaux, depuis la loi du 10 juin 1793 jusqu'à celle du 9 ventose an 12, soit qu'il y ait ou qu'il n'y ait pas eu de partage exécuté, doivent être jugées par les conseils de préfecture, lorsqu'il s'agit de l'intérêt de la commune contre les entrepreneurs. A l'égard des usurpations d'un co-partageant vis-à-vis d'un autre, elles sont du ressort des tribunaux.

Voyez BIENS COMMUNAUX, et, pour le partage des *bois communaux*, voyez ce mot.

PASSAGE SUR LA VOIE PUBLIQUE. Aux termes de l'art. 3, n°. 1, tit. 11 de la loi du 16-24 août 1790, ce qui intéresse la sûreté et la commodité du passage dans les rues, quais, places et voies publiques, est un des objets de police confiés à la vigilance et à l'autorité des maires.

Pour les peines encourues par ceux qui auraient passé sur le terrain d'autrui, *voyez*, sous le mot DÉLITS, le nomb. 13, art. 471 du Code pénal de 1810.

PASSAGE DE TROUPES. Les maires doivent, lors du passage des troupes, soit en corps, soit par détachemens, leur distribuer des billets de logement, de manière à les loger commodément, et en causant le moins de gêne qu'il est possible aux habitans; leur fournir les vivres-pain dans les cas déterminés par une instruction du ministre de la guerre en date du 22 pluviose an 11; leur faciliter l'achat des fourrages aux termes d'un décret du 26 janvier 1806, et apposer leur visa sur les marchés des fournisseurs; procurer eux-mêmes ces objets par voie de réquisition, si les militaires n'en peuvent avoir de gré à gré; fournir, de la même manière, des voitures pour le transport des malades et des prisonniers.

Voyez ETAPES, LOGEMENT DES TROUPES.

PASSAGE D'EAU. La loi du 14 floréal an 10 (B. 187) porte, titre 4, art. 9 et 10, que le gouvernement déterminera pendant dix ans, pour chaque département, le nombre et la situation des bateaux de passage établis ou à établir sur les fleuves, rivières ou canaux, et que le tarif de chaque bac sera par lui fixé dans la forme arrêtée par les règlemens d'administration publique.

Aux termes de l'art. 31 d'une loi du 6 fructidor an 7 (B. 246), les opérations relatives à l'administration, à la police et à la perception des droits de passage sur les fleuves, rivières et canaux navigables et flottables, appartiennent aux préfets, sans préjudice de la surveillance des municipalités.

Le préfet de police de Paris a rendu le 18 prairial an 11 une ordonnance sur les passages d'eau, dont les dispositions relatives à la sûreté publique pourraient être d'une application générale.

PASSAVANS. Les art. 4 et 5 de la loi du 26 nivose an 4 (B. 113) portent que ceux qui se donnent pour transport de grains et farines, et qui indiquent la quantité, le lieu de l'enlèvement, la destination, l'heure du départ et la route à tenir, sont délivrés par les préposés au bureau des douanes le plus voisin, ou par le maire du domicile du propriétaire, cas auquel c'est le sous-préfet qui le signe.

D'après les termes de l'art. 15 de la loi du 7 juin 1820 (B. 375), on peut conduire ceux qui sont prévenus de simulation, pour obtenir des passavans de circulation, devant le maire, qui a le droit de décerner un mandat de dépôt contre eux.

PASSE-PORTS. Les passes-ports se délivrent à des Français pour voyager dans l'intérieur, ou à des Français pour voyager hors du territoire du royaume, ou à des étrangers pour voyager en France.

Un passe-port est un acte de reconnaissance qui, en attestant la qualité du porteur, certifie implicitement qu'au moment où il a quitté sa résidence habituelle, il n'était prévenu d'aucun crime, délit ou contravention dénoncés à l'autorité. La faculté de voyager étant de droit commun, il en résulte que les passes-ports ne peuvent être refusés à ceux qui ne sont point l'objet de poursuites judiciaires.

Les maires expédient les passes-ports à l'intérieur et les passe-ports pour cause d'indigence aux habitans de la commune dont l'administration leur est confiée. Les passeports à l'étranger sont délivrés par les préfets, sur l'autorisation du ministre ou directeur chargé de la police générale.

Lorsqu'un voyageur français ou étranger est dépourvu de passe-port ou d'une pièce authentique qui en tienne lieu, il doit être conduit devant l'autorité municipale la plus prochaine, qui l'interroge et prend à son égard les mesures que les lois prescrivent.

Les maires ne doivent, aux termes des lois des 10 vendémiaire an 4 (B. 188), et 17 ventose suivant (B. 30), donner des passe-ports qu'aux citoyens qu'ils connaissent personnellement; ils peuvent néanmoins en donner sur l'attestation de deux citoyens connus, et dans ce cas ils désignent leurs noms dans le passeport, et les font signer avec le requérant; ils tiennent à cet effet un registre sur lequel ils inscrivent, avant la délivrance du passeport, le signalement de l'individu et le numéro de son inscription au tableau de la commune; le demandeur signe sur ce registre, ou mention est faite qu'il ne sait ou ne peut signer; le passe-port est ensuite expédié conformément au registre, et on le fait de même signer: il doit être renouvelé au moins une fois par an.

La contravention aux dispositions ci-dessus emporte, suivant l'art. 2 de la loi du 17 ventose an 4, la peine de destitution contre les fonctionnaires, qui seraient d'ailleurs condamnés par voie de police correctionnelle à un emprisonnement au moins de trois mois et au plus d'une année. Les témoins qui attesteraient un nom supposé dans un passe-port, les logeurs, aubergistes, ou maîtres de maisons garnies qui inscriraient sur leurs registres des noms qu'ils sauraient n'être pas ceux des individus logés chez eux, et les personnes qui certifieraient ces déclarations devant les autorités constituées, seraient, aux termes de l'art. 3, punies des mêmes peines.

D'après les dispositions de la loi du 28 vendémiaire an 6 (B. 154), les passe-ports sont soumis au *visa* du sous-préfet de l'arrondissement; les maires ont soin de désigner les lieux où les voyageurs déclarent vouloir se rendre, et d'employer les mesures nouvelles pour désigner leur taille. Ceux qui veulent changer leur route doivent se faire délivrer un passe-port par l'autorité municipale sur le territoire de laquelle ils se trouvent : copie en est envoyée à celle du domicile de ces voyageurs.

Aucun passe-port ne peut être délivré par les maires aux conscrits mis par les lois en activité de service; il peut en être accordé à ceux qui, non en activité de service, sont portés sur les tableaux, mais les maires doivent avoir soin d'indiquer, dans les passe-ports, le numéro de leur inscription.

Les maires ne sont pas compétens pour délivrer des passe-ports à ceux qui sont dans l'intention de sortir du royaume. Ceux qui sollicitent des passeports de cette espèce doivent, dans une pétition au préfet, annoncer le nécessité de sortir du territoire français pour leurs intérêts ou pour leurs affaires ; ils y joignent l'avis motivé du maire et du sous-préfet. Le maire doit avoir l'attention d'insérer dans son avis le numéro sous lequel le pétitionnaire est inscrit au tableau de la commune.

La police sur les passe-ports est plus ou moins rigoureuse, suivant les circonstances; c'est aux maires à les distinguer et à être attentifs à ces variations; ils sont tenus de faire arrêter sur-le-champ tout individu voyageant sans passe-port, jusqu'à ce qu'il ait justifié être inscrit sur le tableau de la commune de son domicile; et s'il ne fait pas cette justification dans le délai de vingt jours, il est, aux termes de l'art. 7 du titre 3 de la loi du 10 vendémiaire an 4, réputé vagabond, et traduit devant les tribunaux compétens.

L'art. 1er de la loi du 4 frimaire an 4 (B. 6) a confié l'examen des passe-ports des militaires ou employés aux armées, à la gendarmerie nationale et aux commissaires près les administrations centrales et municipales (aux préfets et sous-préfets).

Un arrêté du 25 thermidor an 8 (B. 37) a ordonné que les passe-ports ou sauf-conduits accordés par les agens diplomatiques des puissances alliées ou neutres, soit à des individus qui ne seraient pas de leur nation, soit à des Français naturalisés chez ces puissances depuis le 14 juillet 1789, ne seraient pas admis en France, et que l'entrée du territoire français serait interdite à ces personnes, sous peine d'être traitées comme gens sans aveu.

Le ministre de la police a écrit, au mois de prairial an 9, aux préfets de département, une circulaire par laquelle il leur a réitéré l'ordre de signifier aux sous-préfets et aux maires qu'ils devaient regarder comme nuls tous les *passe-ports* délivrés par les autorités étrangères qui n'auraient pas été soumis au *visa* des ministres, résidens ou chargés d'affaires de France, et à celui des départemens où les individus qui se présentent en France commencent à toucher le territoire français, et que dans aucun cas, et quels que fussent leurs passe-ports, on ne devait pas permettre l'entrée du territoire français aux émigrés qui avaient porté les armes, et qui étaient munis de certificats de service dans l'armée de Condé.

Les voyageurs nés ou domiciliés en pays étrangers, lorsqu'ils se rendent à Paris, sont tenus de se présenter dans les vingt-quatre heures de leur arrivée à la préfecture de police, et d'y faire viser leurs passe-potrs, soit pour partir, soit pour séjourner. Dans ce dernier cas les étrangers doivent se pourvoir d'un certificat de leur ambassadeur, envoyé ou agent, pour obtenir permission de séjour. Les personnes tenant chambres et maisons garnies, et les logeurs chez lesquels ils demeurent, sont obligés de les avertir de cette formalité.

D'autres dispositions sur les passe-ports sont contenues dans une loi du 14 ventose an 4 (B. 29), et dans les arrêtés des 27 du même mois (B. 33), 6 vendémiaire an 5 (B. 79), 3 frimaire suivant (B. 93), 12 germinal même année (B. 116); mais plusieurs des mesures prescrites étaient transitoires. Le décret du 18 septembre 1807 (B. 163) offre à cet égard les dispositions suivantes :

Art. 1er. Les passe-ports accordés pour voyager dans l'intérieur du royaume, ou pour en sortir, tant aux Français qu'aux étrangers, ne pourront être délivrés que sur un papier fabriqué spécialement à cet effet et sur un modèle uniforme.

2. La feuille disposée pour les passe-ports se composera de deux parties :

La première, qui se détachera de la seconde par une coupure ondulée, sera remise au porteur, et constituera le passe-port;

La seconde partie, par forme de *souche* ou *talon*, sera la minute du passe-port délivré, contiendra les mêmes désignations que le passe-port, et restera entre les mains de l'autorité qui aura délivré le passe-port.

3. Le ministre de la police générale du royaume est spécialement chargé de faire fabriquer et imprimer les exemplaires desdits passeports, et les distribuera à toutes les autorités compétentes, qui s'en chargeront sur récépissés.

4. Il ne pourra être payé pour chaque passe-port, pour tous frais, y compris ceux de fabrication et de timbre, que la somme de deux francs.

5. Les *visa* ordonnés par les lois et règlemens sur les passe-ports accordés seront donnés gratuitement, soit aux frontières, soit dans l'intérieur.

6. Au 31 décembre, tous ceux qui, étant en France, seront porteurs de passe-ports délivrés sous une formule autre que celle adoptée par le pré-

sent, seront tenus de se pourvoir de passe-ports délivrés dans la nouvelle forme.

7. Les contrevenans à ces dispositions seront soumis aux peines prononcées, contre les individus qui voyagent sans passe-port, par les lois des 28 mars 1792 et 10 vendémiaire an 4.

Modèle de passe-port.

	REGISTRE N°
MAIRIE d ——— ARRONDISSEMENT d ——— DÉPARTEMENT d	Nous invitons les autorités civiles et militaires à laisser passer et circuler librement le sieur *B* (*nom, prénoms et profession*), inscrit sur le tableau des habitans de la commune d sous le N° âgé de taille d'un mètre millimètres, cheveux et sourcils yeux nez bouche menton front visage , lequel nous a déclaré vouloir se rendre de à , département d et à lui donner aide et assistance en cas de besoin. Le sieur *B* a signé tant sur le registre que sur le présent passe-port, délivré en la maison commune d le

Les individus qui sont trouvés voyageant sans passe-ports, ou avec des passe-ports qui ne sont pas en règle, sont dans le cas d'être arrêtés; mais les officiers de police doivent user de ce droit de manière à garantir la tranquillité générale, sans faire essuyer aux individus des rigueurs inutiles. Ils doivent considérer les cas particuliers, et laisser passer les citoyens qui, n'étant coupables que d'erreur ou de négligence, présenteraient des personnes connues pour répondre d'eux.

Il est des coupables contumax ou des prévenus dont on envoie le signalement à toutes les autorités chargées de la police pour l'enregistrer; la délivrance et le *visa* des passe-ports servent à faciliter leur recherche; et ceux qui accordent ou visent les passe-ports y doivent veiller scrupuleusement. Chaque commune doit avoir un registre pour inscrire les passe-ports délivrés et visés, ainsi que les signalemens qui lui sont adressés.

Les municipalités des côtes maritimes doivent visiter tous les navires qui entrent dans leurs ports; faire amener devant elles les individus étrangers à l'équipage, dont elles doivent inspecter le rôle; examiner les passe-ports, et, s'ils ne sont pas en règle, en référer à l'autorité supérieure, en les retenant en surveillance.

Le ministre de la marine avait été chargé, par un arrêté du 19 vendémiaire an 8 (B. 316), de viser les passe-ports des individus partant pour les colonies; mais le gouvernement a décidé, au mois de prairial an 10, que ce *visa* serait donné désormais par les commissaires de marine des ports d'embarquement, pour les personnes non déportées et non suspectes, et qu'on renverrait seulement au ministre les passe-ports des individus de ces deux dernières classes.

Les principales dispositions de ce décret ont été renouvelées par celui du 11 juillet 1810 (B. 381), qui porte que les passe-ports et permis de port d'armes de chasse seront désormais uniformes et timbrés à Paris pour tout le royaume; que les passe-ports et les permis de port d'armes ne doivent valoir que pour un an à dater du jour de leur délivrance. Les premiers coûtent, papier, timbre et frais d'expédition compris, 2 fr., lorsqu'ils ne sont délivrés que pour l'intérieur, et 10 fr. lorsqu'ils le sont pour l'étranger.

Les dispositions de la loi du 13 juin 1790, qui prescrivent d'accorder un secours de trois sous par lieue à tout indigent muni d'un passe-port, n'étaient originairement applicables qu'aux mendians qui, expulsés ou arrêtés par la police, ou conduits dans les maisons de répression et de mendicité, voulaient retourner dans leurs communes; c'est par une fausse extension qu'on les a appliquées à tout individu qui, sur le motif ou le prétexte d'une affaire, a demandé une feuille de route pour se rendre d'un lieu à un autre. Une lettre ministérielle du 22 mai 1816 fait observer que si des personnes indigentes autres que celles ci-dessus désignées n'ont pas les moyens d'entreprendre un voyage nécessaire, elles doivent solliciter les secours des administrations de bienfaisance de leurs communes. La faveur de la feuille de route avec un secours de trois sous par lieue peut seulement être étendue aux individus qui se trouvent sans ressource dans une commune à eux étrangère, et demandent de retourner dans la leur, en donnant des preuves de leur indigence et de leur domicile ordinaire; et ces passe-ports ou feuilles de route ne doivent même être valables qu'après avoir été visés par les sous-préfets des arrondissemens où ils ont été obtenus: les sous-préfets ne doivent y apposer leur *visa* qu'après s'être assurés de l'état et des motifs du voyage de ceux qui les ont sollicités.

Les passe-ports doivent d'ailleurs préciser la durée et le terme du voyage, et indiquer l'itinéraire que suivra celui qui en est porteur. Ils doivent être individuels et contenir un signalement très-exact de celui qui l'a obtenu; et s'ils sont collectifs, ils ne peuvent être tout au plus délivrés qu'à une famille peu nombreuse, composée du mari, de sa femme et d'enfans en bas âge, de chacun desquels l'âge et le signalement seront portés.

On ajoute, dans cette circulaire, que tout membre d'une autorité municipale qui fait payer le secours à un mendiant suivant une route non indiquée par le passe-port, ou dont le passe-port ne sera pas visé par le sous-préfet de l'arrondissement où il aura été délivré, n'en obtiendra pas le remboursement; et afin d'assurer l'exécution de cette disposition, le remboursement des sommes payées aux mendians voyageurs par les communes n'aura lieu qu'autant que les états des paiemens indiqueront, pour le paiement fait à chaque individu, la date du passe-port de cet individu, le lieu de son départ, le lieu de sa destination, et les principales villes de l'itinéraire qui lui a été prescrit.

Dans une circulaire écrite au mois de mai 1824 par le préfet de la Côte-d'Or relativement aux formalités à suivre pour la délivrance des passe-ports des commis voyageurs, ce magistrat a recommandé aux maires d'exiger de celui qui en fait la demande la représentation des pouvoirs de la maison de commerce patentée par laquelle il est employé, et d'énoncer dans le passe-port le nom de cette maison. On observe de plus que toute demande de visa pour changement de destination peut être considérée comme une demande de passe-port dont les maires doivent préalablement connaître et apprécier les motifs.

Voyez Mendicité, Port d'armes.

PASTEURS DES ÉGLISES PROTESTANTES. *Voyez* Cultes.

PATENTES. Les patentes ont été substituées aux jurandes et maîtrises. Les dispositions des lois des 6 fructidor an 4, 9 frimaire, 9 pluviose an 5 et 7 brumaire an 6 sur les patentes, ont été remplacées par celle du 1er brumaire an 7 (B. 234). L'art. 1er de cette dernière loi oblige ceux qui veulent exercer un métier ou une profession à se munir d'une patente, et à payer les droits fixés pour la classe du tarif à laquelle ils appartiennent, suivant la population de leur commune; ou, sans égard à la population, pour le commerce, l'industrie, les métiers ou professions mis hors classe dans la tarif.

Suivant l'art. 3, les patentes doivent être prises dans les trois premiers mois de l'année pour l'année entière, sans qu'elles puissent être bornées à une partie de l'année. Ceux qui entreprennent, dans le courant de l'année, un commerce, une profession, une industrie, sujets à patente, ne doivent le droit qu'au *prorata* de l'année, calculée par trimestre, et sans qu'un trimestre puisse être divisé: ils sont tenus de payer le *prorata* dans le premier mois de leur établissement.

Les maires délivrent un certificat aux personnes qui commencent une profession ou commerce, après le premier trimestre, pour qu'elles soient admises à ne payer qu'au *prorata*.

Ils veillent à ce que les habitans de leur commune assujétis à la patente en soient munis; ils en exigent en conséquence la représentation, et constatent les contraventions.

A l'égard de ceux qui sont dans l'impossibilité d'acquitter le droit de patente auquel on les a taxés, les maires délivrent des certificats d'insolvabilité ou d'indigence, lesquels ils font passer aux sous-préfets.

L'art. 41 de la loi du 1er brumaire porte qu'il sera prélevé, pour contribuer aux dépenses locales de chaque commune, un dixième du produit net des droits de patente qui auront été payés par les domiciliés de leurs arrondissemens respectifs.

Aux termes d'un arrêté du 15 fructidor an 8 (B. 41), les tableaux des citoyens qui dans chaque commune sont assujétis à la patente et sur lesquels se portent la nature de commerce ou d'industrie imposable, la valeur locative des maisons d'habitation, usines, ateliers, magasins et boutiques, doivent être arrêtés par les maires, qui peuvent y joindre leurs observations, et qui en conservent un double, dont les citoyens peuvent aussi prendre communication. (Art. 1.)

Le receveur de l'enregistrement délivre aux parties intéressées quittance du droit de patente; il leur remet en même temps la formule de patente, après l'avoir rédigée au nom du maire du domicile du requérant patente : cette formule de patente est signée par le maire, sur la remise de la quittance, et revêtue du sceau de la commune. La quittance reste déposée au secrétariat de la mairie, et il est aussi tenu un registre sur lequel les patentes sont inscrites par ordre de numéros, en conformité de l'art. 22 de la loi du premier brumaire an 7. (Art. 5.)

Il est statué sur les réclamations formées, par les citoyens compris aux rôles des patentes, contre leur taxe, de la manière prescrite par l'arrêté du 24 floréal an 8, concernant les décharges et réductions en matière de contributions directes. (Art. 6.)

D'après l'art. 7 de cet arrêté, les communes jouissaient de huit décimes pour franc dans le dixième du produit net des patentes; mais cette taxe a changé d'après les dispositions de l'art. 40 de la loi du 2 ventose an 13 (B. 34). Des 15 centimes qui se prélèvent sur le montant des rôles de patentes de tout le département, deux centimes sont affectés aux frais de confection des rôles; on prélève sur les 13 centimes restant le montant des décharges et réductions qui sont ordonnées, et l'excédant se répartit entre les communes au centime le franc du montant de leur rôle particulier; mais il faut attendre pour cela que les ordonnances de dégrèvement et de non-valeur soient rentrées dans les caisses des receveurs d'arrondissement, et le délai fixé pour cette rentrée n'expire qu'au 8 janvier de la seconde année qui suit l'exercice pour lequel on a formé le rôle des patentes.

Les rôles des patentes sont confiés aux percepteurs des contributions foncière et personnelle pour en suivre le recouvrement. Il leur est accordé pour cet objet une remise égale à celle qu'on leur alloue pour les autres contributions. Les patentes sont payables par douzième de mois en mois, et soumissionnées par le receveur général et les receveurs particuliers pour la portion revenant au trésor public. (*Arrêté du 26 brumaire an* 10.) (B. 13.)

La loi sur les finances du 15 mai 1818 (B. 211) porte, entre autres dispositions sur les patentes, que les fabricans qui occupent ou entretiennent plus de 5 métiers seront tenus de faire, devant le maire de la commune de leur domicile, la déclaration du nombre de métiers qu'ils occupent ou entretiennent habituellement, soit chez eux, soit hors de leur domicile, et qu'une semblable déclaration doit être faite par les filateurs de coton relativement au nombre de broches par eux entretenues habituellement.

L'art. 65 de la même loi astreint les marchands vendant en ambulance, et étalant dans les places publiques des marchandises autres que des comestibles, à acquitter au moment de leur délivrance le montant total de leur patente, et à exhiber cette patente à toute réquisition des officiers de police.

Voyez CENTIMES ADDITIONNELS, CERTIFICATS, CONTRIBUTIONS DIRECTES; et pour plus amples renseignemens sur les patentes, le *Code des contributions directes*, publié par l'auteur de ce Manuel. Cet ouvrage, en 2 vol. in-8°, se trouve chez le même libraire.

PATERNITÉ. *Voyez* DÉCLARATIONS.

PATRE. *Voyez* BERGERS, PATURAGE.

PATURAGE. Les maires annoncent, par une affiche et aux époques convenables, qu'il est défendu de mener paître les bestiaux dans les prés naturels, prairies artificielles, etc., ainsi que d'entrer dans les seigles, blés, orges, avoines, vesces d'été, vesces d'hiver, etc., soit pour y faire de l'herbe, soit pour tout autre objet interdit par les lois.

Un décret du 17 nivose an 13 (B. 25) a annulé l'art. 2 d'un arrêté du conseil de préfecture du département de la Vienne, du 13 floréal précédent, en ce qu'il avait une disposition contraire à celle de l'art. 13 du titre 19 de l'ordonnance de 1669, d'après lequel il n'est permis aux communes et aux particuliers jouissant du droit de pâturage ou parcours en vertu de titres, statuts ou usages locaux, d'exercer ce droit dans les bois et forêts appartenant à l'état, aux établissemens publics, ou aux particuliers, ailleurs que dans les parties déclarées défensables, conformément aux articles 1 et 3 du même titre.

Plusieurs questions relatives au droit de pâturage et de parcours dans les bois et forêts ayant été présentées par le ministre de la justice, le conseil d'état a donné le 18 brumaire an 14 un avis, approuvé le 16 frimaire suivant (B. 67), et qui est conçu en ces termes :

1re Question. *Quelle peine encourt l'usager qui introduit des bestiaux dans les bois non déclarés défensables?*

R. Les bestiaux dont il s'agit ne peuvent point être les chèvres, brebis et moutons, dont l'introduction est défendue en tout temps dans les bois et forêts de la couronne et de l'état, par l'article 13, titre 19 de l'ordonnance de 1669.

Quant à l'introduction des autres bestiaux dans les bois avant qu'ils soient déclarés défensables, l'article 10, titre 32 de la même ordonnance y a pourvu : il prononce la confiscation des bestiaux trouvés en délit, et, dans le cas où ils ne pourraient être saisis, des amendes, qui ont été modérées par des règlemens particuliers auxquels on doit se conformer dans chaque localité.

Le délit résulte de la seule introduction dans les bois avant qu'ils soient défensables, et la peine est indépendante de la réparation des dommages causés.

2me Question. *Deux propriétaires qui ont un droit réciproque de parcours sur leurs bois peuvent-ils y introduire des bestiaux avant que les bois où ils exercent le parcours aient été déclarés défensables?*

R. Cette introduction blesserait directement les intérêts du propriétaire, qui a soumis ses bois au parcours quand ils ne peuvent en être dégradés, et non pas avant qu'ils soient en état de le souffrir; cette introduction est donc interdite, et elle est susceptible des peines portées par l'article 38 du titre 2 de la loi du 6 octobre 1791, sur la police rurale.

Mais la répression de cette contravention n'appartient point par action principale à l'administration des forêts.

3me Question. *Un particulier peut-il être empêché d'introduire ses bestiaux dans ses propres bois avant qu'ils soient défensables?*

R. Sans doute on doit empêcher qu'un usager n'exerce son droit en un temps où son usage détruirait la propriété; c'est le motif de la réponse à la question précédente. Mais le propriétaire qui introduit des bestiaux dans ses propres bois n'exerce ni un usage ni une servitude.; il use de sa chose. La propriété consiste dans le droit d'user et d'abuser, sauf les intérêts des tiers: ce droit doit être respecté, à moins qu'il n'en résulte de graves abus

Quel que soit l'intérêt de l'état à la conservation des bois, on peut s'en remettre à celui des particuliers de ne pas dégrader les bois qui leur appartiennent.

4me Question. *A qui appartient-il de déclarer le temps où les bois sont défensables?*

R. L'article 1er du titre 9 de l'ordonnance de 1669 attribue ce droit aux grands-maîtres, sur l'avis des officiers des maîtrises: les administrateurs généraux des forêts tenant la place des grands-maîtres, il leur appartient de déterminer, dans chaque localité, d'après l'avis des conservateurs, le temps et l'âge où les bois seront défensables.

Voyez, sous le mot POLICE RURALE, le tit. 1er de la loi du 28 septembre—6 octobre 1791, et sous le mot DÉLITS le tit. 2 de la même loi. *Voyez* aussi la fin de l'art. DÉPENSES ET REVENUS COMMUNAUX, et les mots PARCOURS, PROCÈS-VERBAUX ET USAGE.

PAVÉ. Le conseil d'état, auquel avait été soumise la question de savoir « si dans toutes les communes le pavé des rues *non grandes* » *routes* doit être mis à la charge des propriétaires des maisons » qui les bordent, lorsque l'usage l'a ainsi établi, et si l'article 4 de » loi du 11 frimaire an 7 n'y apporte pas d'obstacle, » a donné le 3 mars 1807 un avis qui a été approuvé le 25 du même mois (B. 140), et qui porte que la loi du 11 frimaire an 7, en distinguant la partie du pavé des villes à la charge de l'état de celle qui est à la charge des villes, n'a point entendu régler de quelle manière cette dépense serait acquittée dans chaque ville, et qu'on doit continuer de suivre à ce sujet l'usage établi pour chaque localité, jusqu'à ce qu'il ait été statué par un règlement général sur cette partie de la police publique;

Qu'en conséquence, dans les villes où les revenus ordinaires ne suffisent pas à l'établissement, restauration ou entretien du pavé, les préfets peuvent en autoriser la dépense à la charge des propriétaires, ainsi qu'il s'est pratiqué avant la loi du 11 frimaire an 7. Par un décret du 7 août 1811 (B. 307), le conseil municipal de la ville de Mézières a été chargé d'examiner si, comme dans la plupart des départemens et suivant l'ancien usage, les propriétaires de maisons ne pouvaient pas être tenus des dépenses du pavé dans les rues qui n'étaient pas traversées de grande route. *Voyez* RÉPARATIONS, VENTE.

PAUVRES. Quand les donations sont faites aux pauvres d'une commune, c'est le bureau de bienfaisance du canton qui est autorisé par le gouvernement à les accepter. Lorsque ces donations sont faites aux pauvres d'un arrondissement entier, l'autorisation pour accepter est donnée au sous-préfet : elle le serait au préfet s'il s'agissait des pauvres d'un département.

Voyez, sous le mot ETABLISSEMENS ECCLÉSIASTIQUES, les dispositions du 9ᵉ § de l'art. 3 de l'ordonnance du 2 avril 1817. *Voyez* aussi ADMINISTRATIONS CHARITABLES, BUREAUX DE BIENFAISANCE, MENDICITÉ, RECEVEURS DES ÉTABLISSEMENS DE CHARITÉ, SECOURS.

PÉAGES. L'art. 31 de la loi du 6 frimaire an 7 (B. 246) met la police des péages et la perception des droits sous la surveillance des maires.

Les contestations qui peuvent s'élever sur le paiement des taxes sont jugées comme celles relatives à la perception des octrois municipaux. (*Voir l'art.* 6 *d'une ordonnance du* 5 *février* 1823.) (B. 590.)

Quand des réparations ou reconstructions de ponts sont un objet trop coûteux pour qu'une commune puisse les entreprendre, le conseil municipal peut examiner si ce ne serait pas le cas d'adjuger ces travaux à des capitalistes moyennant un droit de péage pour un temps déterminé; et la délibération légalement transmise avec un projet de tarif au sous-préfet, et par ce dernier au préfet, peut devenir l'objet d'un arrêté par lequel le ministre de l'intérieur accorderait l'autorisation nécessaire.

PÊCHE. Les dispositions du titre 31 de l'ordonnance de 1669, relatives à la pêche, sont restées en vigueur. Les articles 12 et 14 du titre 5 de la loi du 14 floréal an 10 sur les contributions directes (B. 187) défendent à ceux qui ne seraient point fermiers de la pêche, ni pourvus de licence, de pêcher dans les rivières flottables et navigables autrement qu'à la ligne flottante et à la main. L'art. 17 de la même loi a confié la surveillance et la conservation de la pêche aux agens et préposés de l'administration forestière.

La commune de Condé-sur-Iton, département de l'Eure, ayant demandé l'approbation d'un échange destiné à l'acquisition d'un presbytère, et consistant, entre autres choses, dans la cession d'un droit de pêche sur la rivière d'Iton le long d'un terrain communal; le conseil d'état, considérant que ce droit résultait pour la commune de la propriété des terrains communaux, qu'il en était une dépendance indivisible, et qu'on ne pouvait aliéner à perpétuité le droit exclusif de pêche, en conservant la propriété du terrain d'où ce droit découlait, a donné, le 11 octobre 1811, un avis qui a été approuvé le 19 du même mois (B. 404), et qui portait qu'il n'y avait pas lieu à approuver l'échange.

PEINES. Les maires peuvent prononcer, comme juges en matière de *police simple*, les peines portées par le Code pénal et par les anciens règlemens qui doivent encore être suivis lorsqu'ils n'ont pas été abrogés par un règlement postérieur.

Quand la contravention a blessé l'ordre public sans léser l'intérêt des particuliers, il n'y a lieu à prononcer que des peines pécuniaires ou corporelles; mais lorsque le citoyen qui a souffert s'est rendu partie civile, et a demandé des restitutions, le maire peut lui adjuger des indemnités ou dommages-intérêts pour l'appréciation desquels le demandeur présente un état de ses pertes. Le prévenu a la faculté de contester cet état, et alors le maire évalue d'office les dommages-intérêts; on nomme des gens de l'art pour en faire l'estimation avant de prononcer le jugement.

Les dépens sont mis à la charge de celui qui les a occasionés.

La peine de *l'emprisonnement*, qui ne peut être de moins de vingt-quatre heures, ne saurait, dans les plus fortes contraventions, excéder cinq jours; et le maire doit avoir soin de la graduer suivant les cas spécifiés par la loi.

Les *amendes* peuvent varier d'un franc à quinze francs, suivant les circonstances, et il faut que le maire se conforme également aux distinctions que la loi a établies pour leur graduation, et se renferme dans les dispositions énoncées en l'article 466 du Code pénal.

La *confiscation* des choses saisies en contravention ou produites par elle, et des matières ou instrumens qui ont servi à la commettre, ne peut être prononcée que lorsqu'elle est autorisée expressément par la loi, aux termes de l'art. 470 du Code pénal. Les objets saisis sont ordinairement brisés et anéantis. *Voyez* PRESCRIPTION.

Pour les peines que les maires encourent par des contraventions ou négligences dans l'exercice de leurs fonctions *voyez* les mots AMENDES, DESTITUTION, DOMMAGES-INTÉRÊTS, EMPRISONNEMENT, ÉTAT CIVIL, SUSPENSION.

PEINTRES. *Voyez* AUTEURS, CONTREFAÇON.

PENSIONNATS. Cette dénomination est spécialement affectée aux maisons d'éducation ouvertes par des particuliers.

Voyez INSTRUCTION PUBLIQUE.

PENSIONS. Il en est accordé à tous les militaires blessés à la défense de la patrie, ainsi qu'aux veuves et enfans des militaires morts sur le champ de bataille ou des suites de leurs blessures. (*Acte constitutionnel de l'an* 8, *art.* 86.)

Il a été ordonné par un arrêté du 5 frimaire an 10 (B. 131) que les arrérages des pensions des veuves de militaires seraient acquittés à l'avenir dans les mois de vendémiaire, nivose, germinal et messidor, pour les trimestres précédens, et qu'il serait fait à l'avance, chaque trimestre, des fonds particuliers pour le paiement de ces arrérages.

Quoique l'art. 2 de l'arrêté du 7 thermidor an 10 (B. 204) ait défendu de recevoir à l'avenir au trésor public aucune signification de transport, cession ou délégation de pensions, il résulte des dispositions d'un avis du conseil d'état du 22 décembre 1807, approuvé le 11 janvier 1808 (B. 174), qu'en dérogeant à cet article le ministre de la guerre peut ordonner une retenue, du tiers au plus, sur la pension ou solde de retraite de tout militaire qui ne remplirait pas, à l'égard de sa femme ou de ses enfans, les obligations que lui imposent les chap. 5 et 6 du titre 5 du livre premier du Code civil, sauf le recours du mari au conseil d'état, commission du contentieux, dans le cas où il se croirait lésé par la décision du ministre.

D'après un autre avis du conseil d'état du 23 janvier 1808, approuvé le 2 février suivant (B. 182), et par lequel il n'a pas été dérogé à celui du 22 décembre, les soldes de retraite, les traitemens de réforme et les pensions militaires et de la légion d'honneur, sont inaliénables.

Aux termes d'un décret du 21 août 1806 (B. 113), ce sont les notaires, désignés à cet effet, qui sont chargés de la délivrance des *certificats de vie* nécessaires pour le paiement des pensions sur l'état. *Voyez* Rentes.

Un décret du 4 juin 1809 (B. 238) porte qu'aucune pension ne peut être ordonnancée par les maires, payée par les receveurs municipaux, ni allouée par la cour des comptes, ou par les préfets dans les comptes des communes, si la pension n'a été accordée par un décret rendu en conseil d'état, sur l'avis du conseil municipal, la proposition du préfet et le rapport du ministre de l'intérieur, et s'il n'en est justifié par les parties prenantes lors du paiement, et par le receveur lors de la reddition du compte. *Voyez* Hospices civils.

A l'égard des militaires jouissant d'une solde de retraite, *voyez* Militaires.

PÉPINIÈRES. La nécessité de repeupler le sol de la France d'arbres destinés à remplacer ceux qu'on a indiscrètement abattus doit porter à encourager les établissemens de pépinières, qui seraient le meilleur moyen de réparer des pertes dont les suites peuvent, sous le rapport du chauffage et de la qualité du sol, devenir très-funestes.

Le préfet du Haut-Rhin a pris en l'an 12 deux arrêtés précieux à l'agriculture : par le premier il a ordonné l'établissement de pépinières préfecturales et communales, et par le second il a mis sous la surveillance immédiate des gardes champêtres tous les arbres plantés sur les grandes routes et sur les chemins vicinaux.

Voyez Forêts.

PERCEPTEURS DES COMMUNES. *Voyez* Militaires, Receveurs des communes.

PERCEPTEURS DES CONTRIBUTIONS DIRECTES. Avant l'an 12, on procédait dans chaque commune à l'adjudication de la perception ou à la nomination d'un percepteur des contributions foncière, personnelle, mobilière et somptuaire, de la manière détaillée dans le titre 8 de la loi du 3 frimaire an 7 ; mais la loi sur les finances, du 5 ventose de la même année (B. 345), porte, art. 10 et suivans, 1° qu'il y aura, autant que possible, un percepteur par chaque ville, bourg ou village ; 2° que les préfets pourront néanmoins proposer un seul percepteur pour plusieurs communes, lorsque les localités l'exigeront, pourvu que le montant des rôles des communes réunies n'excède pas vingt mille francs ; 3° que ces percepteurs seront tenus de fournir un cautionnement en numéraire du douzième du principal des rôles des quatre contributions directes réunies dont la perception leur sera confiée ; 4° que le cautionnement des percepteurs nommés en vertu de l'arrêté du 4 pluviose an 11, dans les bourgs, villes et villages ayant quinze mille francs en contribution et au-dessus, sera porté à la même proportion ; 5° que le traitement des nouveaux percepteurs sera fixé par le gouvernement, et ne pourra être au-dessus de cinq centimes par fr. du montant des contributions qu'ils seront chargés de percevoir ; 6° que tous les percepteurs des contributions directes sont à la nomination du gouvernement.

Un décret du 30 frimaire an 13 (B. 25) a ordonné que les percepteurs des contributions directes feraient la recette particulière de toutes les communes de leur arrondissement ayant moins de 20,000 francs de revenus, et qu'ils jouiraient sur cette recette, le produit de l'octroi compris et déduction faite toutefois du montant des centimes municipaux additionnels et du dixième des patentes, d'une remise qui, sur la proposition du conseil municipal et l'avis du sous-préfet de l'arrondissement, serait définitivement réglée par le préfet du département. Les articles 3 et 4 du même décret portent que ces receveurs fourniront sous trois mois, et indépendamment du cautionnement qui leur a été prescrit par la loi du budget de l'an 12, un cautionnement également en numéraire du douzième des revenus communaux dont ils font la recette.

Aux termes des art. 7 et 8, les receveurs particuliers des communes ayant plus de 20,000 francs de revenu doivent également jouir sur la totalité de leurs recettes d'une remise à régler par le budget annuel sur la proposition nécessaire du conseil municipal, et l'avis du sous-préfet et du préfet. Leur cautionnement est aussi du douzième de la recette en numéraire ; mais, d'après un décret du 28 messidor an 13, il n'est pas exigé de cautionnement à raison des revenus des communes, de la part des percepteurs des contributions directes chargés de les recevoir, dans les cas où les revenus réunis des communes formant un arrondissement de perception présentent une recette annuelle de moins de 300 fr.

Une ordonnance du roi du 10 décembre 1823 (B. 644) porte que les percepteurs des villes qui, à raison de leur étendue, de leur population et de la quotité de leurs contributions, ont été ou seraient divisées en plusieurs arrondissemens de perception, sont assimilés aux receveurs particuliers des finances; et elle rapporte les décrets, arrêtés et autres actes du gouvernement qui auraient assimilé aux receveurs particuliers les percepteurs des villes qui ne forment aujourd'hui qu'un seul arrondissement de perception.

Un des principaux devoirs des maires est de surveiller les percepteurs, d'examiner leurs rôles, pour vérifier, en cas de retard dans le recouvrement, quelles en sont les causes, si les sommes recouvrées sont émargées sur les rôles, si les versemens se font exactement, etc. Ils doivent s'opposer, de tous leurs moyens, à l'agiotage qui ruine l'état, le crédit public et les particuliers, aux exactions multipliées des porteurs de contraintes, des garnisaires, etc.

Les maires et adjoints doivent aussi, d'après l'arrêté du 6 messidor an 10 (B. 199), constater, par des procès-verbaux de perquisition ou de carence dressés par des huissiers, l'insolvabilité ou l'absence des redevables du trésor public domicilié dans leur commune. Quand, au lieu de procès-verbaux, ils se contentent de délivrer des certificats sous leur responsabilité, ces certificats sont visés par le sous-préfet de l'arrondissement.

Les préfets ont, par un arrêté du 10 floréal an 10 (B. 188), été autorisés, après avoir pris l'avis des sous-préfets, à traduire devant les tribunaux, sans recourir à la décision du conseil d'état, les percepteurs des contributions pour faits relatifs à leurs fonctions.

Voyez Opposition, Recettes des contributions.

PERCHES. Une ordonnance du 22 septembre 1600 a défendu aux teinturiers, foulons, tondeurs, fripiers, etc., de mettre sécher sur des perches, aux fenêtres de leurs greniers ou autres, donnant sur rue, des draps, des toiles ou d'autres choses qui pussent incommoder ou suffoquer la vue, à peine d'amende.

Les mêmes défenses ont été renouvelées par un édit du mois de décembre 1607; et en effet, de toutes les saillies il n'y en a pas de plus désagréables et même de plus contraires à la salubrité et à la décoration d'une grande commune; il serait d'ailleurs possible que par la vétusté ou un excès de charge, ces perches occasionassent des accidens.

Voyez, pour le mot *perche*, considéré comme mesure de terrains, les mots Décamètre et Mesures.

PÉRILS. Les officiers de police doivent, soit par leurs propres tournées, soit par celles de leurs agens, examiner si des bâtimens ou autres objets concernant la voirie ne seraient pas dans le cas de donner des inquiétudes pour la sûreté publique; et, dans le cas où les observations par eux faites aux propriétaires de maisons, etc. ne seraient pas accueillies, ils doivent dresser des procès-verbaux et les soumettre à l'autorité administrative supérieure, qui peut faire procéder à une visite légale. *Voyez* Démolition.

PERMIS DE PORT D'ARMES. *Voyez* Port d'armes de chasse.

PERQUISITIONS. La maison de tout habitant du territoire français étant un asile inviolable où l'on ne peut, aux termes de l'art. 76 de l'acte constitutionnel de l'an 8, entrer de nuit que dans le cas d'incendie, d'inondation ou de réclamation faite de l'intérieur de la maison ; et l'art. 184 du Code pénal de 1810 prononçant, pour le cas d'infraction, une amende de 16 à 200 francs, les maires peuvent prendre, lorsqu'il y a nécessité, le parti indiqué par une circulaire du ministre de la justice en date du 23 germinal an 4, de faire entourer la maison, durant la nuit, par une force armée, et de n'y pénétrer qu'au point du jour.

Voyez Bois, Plaintes, Visites domiciliaires.

PERTES. Plusieurs lois ont accordé des secours et des indemnités aux citoyens et aux communes pour raison de pertes causées par l'intempérie des saisons, par des incendies et autres accidens imprévus. Elles ont en même temps prescrit les formalités à remplir pour obtenir ces secours. Telles sont les lois des 20 et 27 février 1793, 14 août suivant, 1er brumaire, 6 frimaire, 11 pluviose, 26 floréal, 16 messidor, 8 thermidor, 29 fructidor an 2, 27 vendémiaire an 4, 10 prairial an 5; mais la plupart des dispositions de ces lois ont été abrogées par celles du 19 vendémiaire an 6 (B. 152), dont voici les dispositions générales :

Art. 1er. Il ne sera accordé de secours qu'aux citoyens dont la perte sera l'effet ou de l'intempérie des saisons, ou de la force des élémens, ou d'épizooties contagieuses, ou d'incendies qui ne proviendraient pas de leur négligence.

14. Il n'y aura lieu à accorder des secours aux perdans qui auront des garans solvables de leurs pertes.

15. Les citoyens qui seront notoirement reconnus, par les administrations de canton et par les administrations centrales, pour jouir d'une aisance telle qu'ils puissent se passer des secours publics pour réparer leurs pertes, seront rejetés, s'ils se présentaient pour obtenir les secours qui ne sont destinés qu'aux personnes réduites à la détresse par la gravité des pertes qu'elles ont faites comparativement à leur fortune.

16. Il ne sera accordé d'indemnité pour les pertes des récoltes dans les champs, que lorsque la perte excédera la moitié de la récolte du champ ou des champs qui devraient la produire ; dans ce cas, l'indemnité sera égale à la contribution que paient le champ ou les champs ravagés.

17. Si la perte est de la totalité de la récolte, l'indemnité sera, 1° de la valeur de la contribution ; 2° des frais d'une année de culture, ensemencement et engrais. Le *maximum* d'indemnité se réduira à ce secours.

18. Si la perte de la récolte a lieu par l'incendie des bâtimens où elle aurait été serrée, les dispositions de l'article précédent s'y appliqueront.

19. L'indemnité pour pertes de bestiaux n'aura lieu que dans le cas, 1° où elles seraient l'effet de maladies contagieuses ou d'incendies et autres cas majeurs ; 2° où elles seraient jugées par les administrations être assez graves pour mériter des secours.

Dans ce cas, il y aura lieu à indemnité de la valeur des bestiaux de labour destinés à la charrue, et de la vache servant à l'entretien du ménage du perdant.

20. En cas d'incendie, l'indemnité qui sera donnée pour les bâtimens d'exploitation rurale sera du quart de la valeur qu'avaient les gros murs et la toiture avant l'incendie.

21. En cas d'incendie de maison de demeure à la campagne, ou de maison de ville, l'indemnité sera du huitième de la valeur qu'avaient les gros murs et la toiture.

Les formalités prescrites par cette loi pour la justification des pertes arrivées pendant l'an 5, pouvant être applicables en général, à l'exception des différences nécessitées par la nouvelle organisation judiciaire, voici en quoi elles consistent :

Dans les dix jours, au plus tard, de la présentation des pétitions en indemnité pour pertes, les administrations inférieures nomment des commissaires pour vérifier les pertes des plaignans.

Les commissaires sont pris parmi des citoyens non intéressés à la perte.

Ces commissaires se transportent de suite sur les lieux ; ils constatent, sans désemparer, l'état, la quotité et l'évaluation des pertes de chacun des perdans, et donnent, à l'article de chacun, la note de ce qu'ils estiment devoir lui être accordé d'indemnité.

Ils joignent à leur rapport les renseignemens que les administrations leur ont prescrit de recueillir, selon les cas et les localités, et suivant les instructions que le ministre a pu leur adresser.

Les commissaires remettent leur travail à l'autorité qui les a commis, laquelle arbitre, s'il y a lieu, leur salaire en raison du travail, sans avoir égard au nombre de journées employées.

Les administrations inférieures donnent de suite leur avis sur le travail des commissaires ; les administrations supérieures arrêtent définitivement, sur le tout, le tableau de la somme des secours à accorder ; sur le vu du tableau et des pièces, le ministre ouvre aux administrations supérieures tel crédit qu'il juge convenable.

Le ministre peut prescrire aux administrations supérieures le mode d'emploi, d'application et de distribution des secours, dans les cas où les ravages et fléaux se seraient étendus sur une ou plusieurs communes. (Art. 25 et 30.)

PERTURBATEURS. Lorsque les maires et autres officiers de police administrative ou judiciaire, remplissant publiquement quelques actes de leur ministère, sont troublés par des signes d'approbation ou d'improbation de la part des assistans, ils peuvent faire saisir les perturbateurs, et après avoir dressé procès-verbal, les envoyer avec les prévenus devant le procureur du roi. (*Code d'instruction criminelle*, art. 504 et 509.)

PESAGE. *Voyez* Poids publics, Voiture.

PESTE. *Voyez* Épidémie, Santé, Sépulture.

PÉTARDS. Une ordonnance de police du 15 novembre 1791 a fait défense de tirer des pétards, fusées, boîtes, pistolets ou autres armes à feu, dans les rues, dans les cours ou jardins, et par les fenêtres des maisons, pour quelque cause ou occasion que ce fût, et notamment les jours de fêtes et réjouissances publiques, à peine de 400 francs, dont les pères et mères seraient civilement responsables pour leurs enfans, et les maîtres et chefs de maisons pour leurs apprentis, compagnons, serviteurs et domestiques. Cette ordonnance porte en outre que les contrevenans pourront être emprisonnés sur-le-champ.

Voyez à ce sujet, sous le mot Délits, les art. 471, nombre 2, et 473 du Code pénal de 1810.

PÉTITIONS. Toute personne a le droit d'adresser des pétitions individuelles à toute autorité constituée. (*Acte constitutionnel de l'an* 8, art. 3.)

Une pétition, quoique faite par plusieurs personnes, est *individuelle* lorsqu'elle est signée de tous les pétitionnaires : elle n'est *collective* que lorsqu'une ou plusieurs personnes, sans pouvoir d'autres, parlent et signent en leur nom.

Les pétitions adressées aux autorités constituées doivent être sur papier timbré et datées. (*Loi du* 13 *brumaire an* 7 (B. 237), tit. 2 art. 12.)

Le 15 fructidor an 8, le gouvernement en a rejeté une pour défaut de timbre (B. 21.)

Voyez l'art. 53 de la charte sous le mot Charte constitutionnelle. *Voyez* aussi Correspondance.

PHARES. *Voyez* Balises.

PHARMACIE. Une loi du 21 germinal an 11 (B. 270) a ordonné 1° qu'il serait établi une école de pharmacie à Paris, à Montpellier, à Strasbourg, et dans les villes où seraient placées les trois autres écoles de médecine, suivant l'art. 25 de la loi du 11 floréal an 10, et que les écoles de pharmacie auraient le droit d'examiner et de recevoir, pour toute la France, les élèves qui se destineraient à la pratique de cet art (art. 1 et 2);

2° Que les pharmaciens, reçus dans une des six écoles de pharmacie, pourraient s'établir et exercer leur profession dans toutes les parties du territoire de la France (art. 23);

3° Que les officiers de santé établis dans les bourgs, villages ou communes, où il n'y aurait point de pharmaciens ayant officine ouverte, pourraient fournir des médicamens simples ou composés aux personnes près desquelles ils seraient appelés, mais sans avoir le droit de tenir une officine ouverte (art. 27);

4° Qu'à Paris et dans les villes où seraient placées les nouvelles écoles de pharmacie, deux docteurs et professeurs des écoles de médecine, accompagnés des membres des écoles de pharmacie, et assistés d'un commissaire de police, visiteraient, au moins une fois l'an, les officines et magasins de pharmaciens et droguistes pour vérifier la bonne qualité des drogues et médicamens simples et composés; que les pharmaciens et droguistes seraient tenus de représenter les drogues et compositions qu'ils auraient dans leurs magasins, officines et laboratoires ; que les drogues mal préparées ou détériorées seraient saisies à l'instant par le commissaire de police, et qu'il serait procédé ensuite conformément aux lois et règlemens actuellement existans (art. 29);

5° Que les mêmes professeurs en médecine et membres des écoles de pharmacie pourraient, avec l'autorisation des préfets, sous-préfets ou maires, et assistés d'un commissaire de police, visiter et inspecter les magasins de drogues, laboratoires et officines des villes placées dans le rayon de dix lieues de celles où seraient établies les écoles, et se transporter dans tous les lieux où l'on fabriquerait et débiterait, sans autorisation légale, des préparations ou compositions médicinales; et que les maires et adjoints, ou, à leur défaut, les commissaires de police, dresseraient procès-verbal de ces visites, pour, en cas de contravention, être procédé contre les délinquans, conformément aux lois antérieures (art. 30);

6° Que dans les autres villages et communes, les visites indiquées ci-dessus seraient faites par les membres des jurys de médecine, réunis à quatre pharmaciens (art. 31);

7° Que les épiciers et droguistes ne pourraient vendre aucune composition ou préparation pharmaceutique, sous peine de 500 francs d'amende; mais qu'ils pourraient continuer de faire le commerce en gros des drogues simples, sans pouvoir néanmoins en débiter aucune au poids médicinal (art. 33);

8° Que les substances vénéneuses, et notamment l'arsenic, le réalgar, le sublimé corrosif, seraient tenues, dans les officines des pharmaciens et les boutiques des épiciers, dans des lieux sûrs et séparés, dont les pharmaciens et épiciers seuls auraient la clef, sans qu'aucun autre individu qu'eux pût en disposer, et que ces substances ne pourraient être vendues qu'à des personnes connues et domiciliées qui pourraient en avoir besoin pour leur profession ou pour cause connue, sous peine de 3,000 francs d'amende de la part des vendeurs contrevenans (art. 34);

9° Que les pharmaciens et épiciers tiendraient un registre coté et parafé par le maire ou le commissaire de police, sur lequel registre ceux qui seraient dans le cas d'acheter des substances vénéneuses inscriraient de suite, et sans aucun blanc, leurs noms, qualités et demeures, la nature et la quantité des drogues qui leur avaient été livrées, l'emploi qu'ils se proposaient d'en faire, et la date exacte du jour de leur achat; le tout à peine de 3,000 francs d'amende contre les contrevenans; que les pharmaciens et les épiciers seraient tenus de faire eux-mêmes l'inscription, lorsqu'ils vendraient les substances à des individus qui ne sauraient point écrire et qu'ils connaîtraient ayant besoin de ces mêmes substances (art. 35);

10° Que tout débit au poids médicinal, toute distribution de drogues et préparations médicamenteuses sur des théâtres ou étalages dans les places publiques, foires et marchés, toutes annonce et affiches imprimées qui indiqueraient des remèdes secrets, sous quelque dénomination qu'ils fussent présentés, étaient sévèrement prohibés, et que les individus qui se rendraient coupables de ce délit seraient poursuivis par mesure de police correctionnelle, et punis d'*une amende de 25 à 600 fr., et en outre, en cas de récidive, d'une détention de trois jours au moins, et de dix au plus* (art. 36) (La partie de cet article qui est soulignée est conforme à la loi interprétative du 29 pluviose an 13) (B. 33);

11° Que nul ne pourrait vendre à l'avenir des plantes ou des parties de plantes médicinales indigènes, fraîches ou sèches, ni exercer la profession d'herboriste, sans avoir subi auparavant, dans une des écoles de pharmacie, ou par-devant un jury de médecine, un examen qui prouverait une connaissance exacte des plantes médicinales, et sans avoir payé une rétribution qui ne pourrait excéder 50 francs à Paris, et 30 francs dans les autres départemens, pour les frais de cet examen; qu'il serait délivré aux herboristes un certificat d'examen par l'école ou le jury par lesquels ils seraient examinés, et que ce certificat devrait être enregistré à la municipalité du lieu où ils s'établiraient. (Art. 37.)

Les écoles de pharmacie ont été organisées par un règlement du 25 thermidor an 11 (B. 306). Cet arrêté porte, entre autres dispositions, 1° qu'aucun élève ne pourra quitter un pharmacien, sans l'avoir averti huit jours d'avance; qu'il lui demandera un acte constatant que l'avertissement a été donné, et qu'en cas de refus du pharmacien l'élève fera sa déclaration au directeur de l'école et au commissaire de police, ou au maire qui l'aura inscrit (art. 38);

12° Que l'élève qui sortira de chez un pharmacien ne pourra entrer dans une autre pharmacie qu'en faisant sa déclaration à l'école de pharmacie et au commissaire de police, ou au maire qui l'aura inscrit(art. 39);

13° Qu'au décès d'un pharmacien, la veuve pourra continuer de tenir son officine ouverte pendant un an, aux conditions de présenter un élève âgé au moins de vingt-deux ans à l'école, dans les villes où il en sera établi; au jury de son département, s'il est rassemblé; ou aux quatre pharmaciens agrégés au jury par le préfet, si c'est dans l'intervalle des sessions de ce jury (art. 41);

14° Qu'il sera fait au moins une fois par an, par des examinateurs et conformément à la loi, des visites chez les pharmaciens, les droguistes, les épiciers et les herboristes.

L'art. 17 de la loi du 23 juillet 1820 (B. 385) porte que les droits établis par l'art. 16 des lettres-patentes du 10 février 1780 et par l'art. 42 de l'arrêté du gouvernement du 25 thermidor an 11, pour les frais de visite chez les pharmaciens, droguistes et épiciers, continueront d'être perçus; mais que les épiciers non droguistes chez lesquels il ne serait pas trouvé de drogues appartenant à l'art de la pharmacie ne seraient pas soumis au paiement de ce droit.

Les substances considérées comme *drogues* et pour raison desquelles les épiciers sont assujétis au paiement du droit de visite sont énoncées dans un état annexé à l'ordonnance du 20 septembre 1820 qui se trouve au 402e Bulletin des lois.

Voyez Empirisme, Hospitalières, Médecine, Médicamens, Remèdes secrets.

PIÈCES. *Voyez* Actes, Extraits.

PIÈCES DE MONNAIE. *Voyez* Monnaies.

PIED. *Voyez* Décimètre.

PIEDS CORNIERS. *Voyez*, pour la peine qu'entraîne leur déplacement, l'art. 32 du tit. 2 de la loi du 28 septembre—6 octobre 1791, sous le mots DÉLITS.

PIERRE DE TAILLE. L'art. 4 d'une ordonnauce de poliee du 28 janvier 1786 a défendu aux tailleurs de pierre d'en déposer dans les rues et places publiques une quantité supérieure à celle qu'ils pourraient employer pendant huit jours; et l'art. 7 leur a enjoint de ranger les pierres qu'ils travaillaient de manière que les éclats et recoupes ne pussent causer aucune malpropreté dans les rues, ni blesser les passans.

PIGEONS. Le droit exclusif des fuies et colombiers a été aboli par l'art. 2 de la loi du 11 août—3 novembre 1789. Les pigeons doivent rester enfermés à certaines époques de l'année, et ils ne doivent pas être soufferts dans l'enceinte des villes.

Les maires doivent, dans la séance annuelle des conseils municipaux, avertir les membres de ces conseils qu'ils ont à fixer, par une délibération particulière, les époques où les pigeons devront être enfermés, lesquelles époques sont celles des semences et des récoltes. Cette délibération est soumise à l'approbation du préfet; les maires ensuite font toutes les défenses convenables, et les contraventions sont constatées comme les autres délits par des procès-verbaux.

Lorsque les pigeons des communes limitrophes jouissent d'une liberté nuisible à la sienne, le maire doit provoquer du sous-préfet de l'arrondissement un arrêté pour faire cesser cet abus.

PILLAGE. *Voyez*, sous le mot COMMUNES, la loi du 10 vendémiaire an 4. *Voyez* aussi ATTROUPEMENS, GENDARMERIE, MAIN-FORTE.

PINTE. *Voyez* DÉCIMÈTRE, LITRE, MESURE.

PISTOLETS. *Voyez* ARMES.

PLACARDS. *Voyez* AFFICHES.

PLACEMENT. *Voyez* RENTES.

PLACES DANS LES LIEUX PUBLICS. *Voyez* HALLES, LOCATIONS.

PLACES DE GUERRE. La loi du 8-10 juillet 1791 sur la conservation et le classement des places de guerre règle les attributions et droits des municipalités dans la plupart de leurs rapports avec le département de la guerre; en voici l'extrait :

TITRE 1er, article 5. Les places de guerre et postes militaires seront considérés sous trois rapports; savoir : dans l'état de paix, dans l'état de guerre, et dans l'état de siége.

6. Dans les places de guerre et postes militaires, lorsque ces places et postes seront en état de paix, la police intérieure et tous autres actes du pouvoir civil n'émaneront que des magistrats et autres officiers civils préposés par la constitution pour veiller au maintien des lois, l'autorité des

agens militaires ne pouvant s'étendre que sur les troupes et sur les autres objets dépendant de leur service, qui seront désignés dans la suite du présent décret.

7. Dans les places de guerre et postes militaires, lorsque ces places et postes seront en état de guerre, les officiers civils ne cesseront pas d'être chargés de l'ordre et de la police intérieure; mais ils pourront être requis par le commandant militaire de se prêter aux mesures d'ordre et de police qui intéresseront la sûreté de la place; en conséquence, pour assurer la responsabilité respective des officiers civils et des agens militaires, les délibérations du conseil de guerre, en vertu desquelles les réquisitions du commandant militaire auront été faites, seront remises et resteront à la municipalité.

10. Dans les places de guerre et postes militaires, lorsque ces places et postes seront en état de siége, toute l'autorité dont les officiers civils sont revêtus par la constitution, pour le maintien de l'ordre et de la police intérieurs, passera au commandant militaire, qui l'exercera exclusivement sous sa responsabilité personnelle.

11. Les places de guerre et postes militaires seront en état de siége, non-seulement dès l'instant que les attaques seront commencées, mais même aussitôt que, par l'effet de leur investissement par des troupes ennemies, les communications du dehors au dedans et du dedans au dehors seront interceptées à la distance de dix-huit cents toises des crêtes des chemins couverts.

12. L'état de siége ne cessera que lorsque l'investissement sera rompu, et, dans le cas où les attaques auraient été commencées, qu'après que les travaux des assiégeans auront été détruits, et que les brèches auront été réparées ou mises en état de défense.

13. Tous terrains de fortifications des places de guerre ou postes militaires, tels que remparts, parapets, fossés, chemins couverts, esplanades, glacis, ouvrages avancés, terrains vides, canaux, flaques ou étangs, dépendant des fortifications, et tous autres objets faisant partie des moyens défensifs des frontières, tels que lignes, redoutes, batteries, retranchemens, digues, écluses, canaux et les francs-bords, lorsqu'ils accompagnent les lignes défensives ou qu'ils en tiennent lieu, quelque part qu'ils soient situés, soit sur les frontières de terre, soit sur les côtes et dans les îles qui les avoisinent, sont déclarés propriétés nationales; en cette qualité leur conversation est attribuée au ministre de la guerre, et, dans aucun cas, les corps administratifs ne pourront en disposer, ni s'immiscer dans leur manutention d'une autre manière que celle qui sera prescrite par la suite du présent décret, sans la participation dudit ministre, lequel, ainsi que ses agens, demeureront responsables, en tout ce qui les concerne, de la conservation desdites propriétés nationales, de même que de l'exécution des lois renfermées au présent décret.

Titre 3, article 9. Dans chaque arrondissement, l'officier général commandant, chargé de tenir la main à l'exécution des règlemens militaires, sera de plus obligé de se concerter avec toutes les autorités civiles, à l'effet de procurer l'exécution de toutes les mesures ou précautions qu'elles auront pu prendre pour le maintien de la tranquillité publique, ou pour l'observation des lois; ainsi que d'obtempérer à leurs réquisitions, toutes les fois qu'elles seront dans les cas prévus par les lois.

10. Nul officier ne pourra prendre ou quitter le commandement des troupes dans une place, qu'après l'avoir notifié au corps municipal.

11. Seront tenus à la même formalité les officiers en résidence dans les places, et y faisant fonctions de chefs dans leurs parties respectives, tels qu'officiers du génie, de l'artillerie, et les commissaires des guerres. La même notification sera faite par eux aux autres corps administratifs, s'il existe entre ces corps et ces officiers quelque relation pour le service public.

14. Dans tous les objets qui ne concerneront que le service purement militaire, tels que la défense de la place, la garde et la conservation de tous les établissemens et effets militaires, comme hôpitaux, arsenaux, casernes, magasins, prisons, vivres, effets d'artillerie ou de fortifications et autres bâtimens, effets ou fournitures à l'usage des troupes, la police des quartiers, la tenue, la discipline et l'instruction des troupes, l'autorité militaire sera absolument indépendante du pouvoir civil.

16. Dans toutes les circonstances qui intéresseront la police, l'ordre, la tranquillité intérieure des places, et où la participation des troupes serait jugée nécessaire, le commandant militaire n'agira que d'après la réquisition par écrit des officiers civils, et, autant que faire se pourra, qu'après s'être concerté avec eux.

17. En conséquence, lorsqu'il s'agira soit de dispositions passagères, soit de mesures de précaution permanentes, telles que patrouilles régulières, détachemens pour le maintien de l'ordre ou l'exécution des lois, la police des foires, marchés ou autres lieux publics, etc., les officiers civils remettront au commandant militaire une réquisition signée d'eux, dont les divers objets seront clairement expliqués et détaillés, et dans laquelle ils désigneront l'étendue de surveillance qu'ils croiront nécessaire, après quoi l'exécution de ces dispositions, et toutes mesures capables de la procurer, telles que consignes, placemens des sentinelles, des bivouacs, conduite et direction des patrouilles, emplacement des gardes et des détachemens, choix des troupes et des armes, et tous autres modes d'exécution, seront laissés à la discrétion du commandant militaire, qui en sera responsable jusqu'à ce qu'il lui ait été notifié, par les officiers civils, que ces soins ne sont plus nécessaires, ou qu'ils doivent prendre une autre direction.

20. Nulles dispositions de police ne seront obligatoires pour les citoyens et pour les troupes qu'autant qu'elles auront été préalablement publiées; elles seront même affichées, si leur importance ou leur durée l'exige. Les publications et affiches seront faites par les municipalités, et les frais en seront supportés par elles.

30. Lorsqu'une troupe arrivera dans une place, elle ne pourra prendre possession des logemens qui lui seront destinés qu'après que le commissaire des guerres aura fait publier les bans à ladite troupe, en sa présence, par le secrétaire-écrivain.

31. Ces bans rappelleront non-seulement les lois générales de police et de discipline, mais encore celles particulières à la place.

32. Les officiers municipaux seront tenus de donner connaissance de ces bans aux habitans de la place.

35. Dans tous les cas où les gardes nationales serviront avec les troupes de ligne, les gardes nationales prendront le rang sur toutes les troupes de ligne.

36. Lorsque les gardes nationales serviront avec les troupes de ligne, l'honneur du rang qui est réservé aux premières n'empêchera pas que le commandement général ne soit toujours déféré à l'officier le plus ancien dans le grade le plus élevé desdites troupes de ligne.

37. Toutes les fois que les gardes nationales seront mises en activité, elles ne pourront être rassemblées qu'au préalable les officiers civils n'en aient averti le commandant militaire.

41. Les honneurs qui se rendront aux corps et aux individus agens du pouvoir civil seront, savoir : pour les corps administratifs, judiciaires et municipaux, les mêmes qui seront affectés aux maréchaux-de-camp employés; et pour les officiers municipaux individuellement pris, les mêmes que pour les capitaines.

42. Les fonctions de la gendarmerie nationale étant essentiellement distinctes du service purement militaire des troupes en garnison, la gendarmerie nationale ne sera jamais regardée comme portion de la garnison des places dans lesquelles elle sera répartie.

43. En conséquence de la disposition précédente, les officiers de la gendarmerie nationale ne concourront point au commandement militaire dans les places.

Titre 5, article 2. Dans aucune place de guerre, poste militaire ou ville de l'intérieur, les municipalités ne pourront être tenues de fournir ni logement, ni emplacement, ni magasins pour l'usage des troupes, qu'autant que ceux actuellement existans ne seraient pas suffisans.

3. Il sera remis aux municipalités de tous les lieux où se trouveront des bâtimens militaires conservés un état détaillé des logemens que ces bâtimens renferment, afin que lesdites municipalités puissent toujours connaître si les logemens qui leur seront demandés sont proportionnés aux besoins réels du service.

4. Dans les places de guerre, postes militaires et villes de garnison habituelle de l'intérieur, il sera fait par les officiers municipaux un recensement de tous les logemens et établissemens qu'ils peuvent fournir sans fouler les habitans, à l'effet d'y avoir recours au besoin, et momentanément, soit dans le cas de passage de troupes, soit dans les circonstances extraordinaires, lorsque les établissemens militaires ne suffiront pas.

5. Lorsqu'il y aura nécessité de loger chez les habitans des troupes qui devront tenir garnison, si leur séjour doit s'étendre à la durée d'un mois, les seuls logemens des sous-officiers et soldats, et les écuries pour les chevaux, seront fournis en nature ; à l'égard des officiers, ils ne pourront prétendre à des billets de logement pour plus de trois nuits, et ce terme expiré, ils se logeront de gré à gré chez les habitans au moyen de la somme qui leur sera payée suivant leur grade, ainsi qu'il sera décrété par l'assemblée nationale.

6. Les municipalités veilleront à ce que les habitans n'abusent point, dans le prix des loyers, du besoin de logement où se trouveront les officiers.

7. Toutes les fois qu'il sera pourvu à l'établissement du logement d'une troupe, excepté le cas de passage, le logement des sous-officiers et soldats, et les fournitures d'écuries pour les chevaux, seront faits au complet et non à l'effectif.

8. Faute de bâtimens affectés au logement des troupes destinées à tenir garnison dans un lieu quelconque, il y sera pourvu, autant que faire se pourra, en établissant lesdites troupes dans des maisons vides et convenables, et il sera, en outre, fourni aux troupes à cheval des écuries suffisantes pour leurs chevaux. Ces maisons et écuries seront choisies et louées par les commissaires des guerres, qui seront autorisés à requérir les soins et l'intervention des municipalités, pour leur faciliter l'établissement des logemens dont ils seront chargés ; de plus, les agens militaires désignés à cet effet par les règlemens feront, en présence d'un ou de plusieurs officiers municipaux, la reconnaissance des maisons et écuries qui seront louées, afin de constater l'état dans lequel elles se trouveront, et afin de pouvoir, au départ des troupes, estimer, s'il y a lieu, les indemnités dues aux propriétaires pour les dégradations qu'auraient éprouvées lesdites maisons et écuries.

9. Dans le cas de marche ordinaire, de mouvemens imprévus, et dans tous ceux où il ne pourra être fourni aux troupes des logemens isolés, tels qu'ils ont été indiqués dans l'article 8 précédent, les troupes seront logées chez les habitans, sans distinction des personnes, quelles que soient leurs fonctions et leurs qualités, à l'exception des dépositaires de caisses pour le service public, lesquels ne seront point obligés de fournir de logement dans les maisons qui renferment lesdites caisses, mais seront tenus d'y suppléer, soit en fournissant des logemens en nature chez d'autres habitans avec lesquels ils s'arrangeront à cet effet, soit par une contribution proportionnée à leurs facultés, et agréée par les municipalités ; la même exception aura lieu, et à la même condition, en faveur des veuves et des filles, et les

municipalités veilleront à ce que la charge du logement ne tombe pas toujours sur le même individu, et que chacun y soit soumis à son tour.

10. Les troupes seront responsables des bâtimens qu'elles occuperont, ainsi que des écuries qui leur seront fournies pour leurs chevaux.

Un décret du 9 décembre 1811 (B. 408) a déterminé les limites dans lesquelles il ne pouvait être élevé aucune construction autour des places de guerre et postes militaires. L'art. 5 de ce décret charge les préfets; les sous-préfets, les maires, les commissaires de police, les officiers et sous-officiers de gendarmerie, et tous autres officiers ou agens de la police civile et judiciaire, de remplir, tant pour l'exécution de ses dispositions, que pour la conservation des fortifications, bâtimens et terrains militaires, toutes les fonctions que les lois leur attribuent, à l'effet de réprimer, constater et poursuivre les délits contre la conservation des monumens publics et autres dépendances du domaine de l'état, soit qu'ils aient lieu d'agir à la réquisition d'autorités militaires, ou d'office, en se concertant avec elles, conformément à la loi du 10 juillet 1791, au règlement du 22 germinal an 4, aux décrets des 10 fructidor an 13, 20 février et 20 juin 1810, 4 août 1811, et aux anciennes ordonnances sur le service et la police des places de guerre, lesquelles seraient exécutées en tout ce qui n'était pas prévu par les lois, règlemens et décrets précités.

Lorsqu'un gouverneur a été nommé dans une des principales places de guerre ou villes, le ministre de la guerre doit, aux termes de l'art. 12 du décret du 24 décembre 1811 (B. 411), en donner avis au préfet du département, qui transmet au sous-préfet et au maire les ordres nécessaires pour la préparation d'un logement.

Les art. 13, 14 et 15 du même décret contiennent des dispositions relatives aux logemens des commandans d'armes, secrétaires-archivistes, etc.

L'art. 65 trace la marche à suivre par les maires lorsqu'ils sont chargés de prononcer sur les dégradations des ouvrages et bâtimens, et sur les autres délits, contre la police et discipline de la garnison; et l'art. 66 porte que, dans le cas de départ de la garnison en vertu d'un ordre subit, les maires et les sous-préfets sont tenus de déférer provisoirement aux réquisitions des commandans d'armes.

La loi du 17 juillet 1819 (B. 296), relative aux servitudes imposées à la propriété pour la défense de l'état, contient à cet égard les dispositions suivantes :

Art. 1er. Lorsque le roi aura ordonné soit des constructions nouvelles de places de guerre ou postes militaires, soit la suppression ou démolition de ceux actuellement existant, soit des changemens dans le classement ou dans l'étendue desdites places ou postes, les effets qui résulteraient de ces mesures, dans l'application des servitudes imposées à la propriété en faveur de la défense par la loi du 10 juillet 1791, ne pourront avoir lieu qu'en vertu d'une ordonnance du roi, publiée dans les communes intéressées, et d'après les formes prescrites par la loi du 8 mars 1810.

2. Le terrain militaire appartenant à l'état, tel qu'il a été défini par la loi du 10 juillet 1791, sera limité par des bornes plantées contradictoirement avec les propriétaires des terrains limitrophes. Ces bornes seront rattachées à des points fixes, et rapportées sur un plan spécial de circonscription, dont une expédition sera déposée à la sous-préfecture, afin que chacun puisse en prendre connaissance.

L'opération de ce bornage sera exécutée aux frais du gouvernement.

3. La tolérance spécifiée par l'article 30 du titre 1er de la loi du 10 juillet 1791, en faveur des moulins et usines, pourra, lorsqu'il n'en résultera aucun inconvénient pour la défense, s'étendre à toute espèce de bâtimens ou clôtures situées hors des places ou postes, ou sur l'esplanade des citadelles; le tout sous les conditions qui seront déterminées par le roi, relativement à la nature des matériaux ou à la dimension des constructions.

Les terrains auxquels la présente exception pourra être appliquée seront limités par des bornes et rapportés sur le plan spécial de circonscription mentionné à l'article 2 et homologué par une ordonnance du roi. Il ne sera accordé aucune permission quelconque ni avant la confection du plan, ni hors ses limites quand il aura été dressé.

4. La distance fixée à cent toises par les articles 31 et 32 du titre 1er de la loi du 10 juillet 1791 sera portée à deux cent cinquante mètres, sans néanmoins que la prohibition qui en résulte puisse s'étendre aux constructions existantes, lesquelles pourront être entretenues dans leur état actuel. Pourront aussi, entre ladite limite et celle du terrain militaire, être établies librement des clôtures en haies sèches ou en planches à claire-voie, sans pans de bois ni maçonnerie.

Les ouvrages détachés auront sur leur pourtour, suivant leur degré d'importance et les localités, des rayons égaux soit aux rayons de l'enceinte des places et des ouvrages qui en dépendent immédiatement, soit à ceux des simples postes militaires.

Seront considérés comme ouvrages détachés les ouvrages de fortification qui se trouveraient à plus de deux cent cinquante mètres des chemins couverts de la place à laquelle ils appartiennent.

6. Les distances fixées par la loi du 10 juillet 1791 et par la présente loi, pour l'exercice des servitudes imposées à la propriété en faveur de la défense, seront mesurées à partir des lignes déterminées par lesdites lois, sur les capitales de l'enceinte et de dehors. Leurs points extrêmes seront marqués par des bornes qui, réunies de proche en proche par des lignes droites, serviront de limites extérieures aux terrains soumis auxdites servitudes.

Les procès-verbaux de bornage seront dressés par les ingénieurs civils et militaires, en présence des maires ou adjoints des communes intéressées, et ces fonctionnaires pourront y faire inscrire leurs avis ou observations.

7. Autour des places et postes qui n'ont ni chemins couverts ni murs de clôture, les distances susdites seront mesurées à partir de la crête intérieure de leur parapet.

8. Les bornes plantées en exécution des articles précédens seront, comme celles du terrain militaire appartenant à l'état, rattachées à des point fixes, et rapportées sur les plans de circonscription mentionnés en l'article 2.

Les bâtimens, clôtures et autres constructions existant en dedans des limites déterminées ci-dessus, ainsi que toutes les bâtisses et constructions qui seront faites en vertu des exceptions ci-dessus déterminées, seront aussi rapportés avec un numéro d'ordre sur ledit plan de circonscription.

Ce plan sera accompagné d'un état descriptif des dimensions et de la nature desdites constructions, d'après la vérification qui en sera faite en présence des propriétaires et du maire de la commune, dûment requis à cet effet.

9. Les distances et dimensions fixées par le plan et par l'état descriptif ci-dessus mentionnés, seront notifiées à chaque partie intéressée par l'intermédiaire de gardes des fortifications dûment assermentés.

Si dans les trois mois de ladite notification les propriétaires intéressés réclament contre l'application des limites légales, il sera statué à cet égard, sauf tous recours de droit, comme en matière de grande voirie, d'après une vérification faite sur les lieux par les ingénieurs civils et militaires.

Les propriétaires intéressés y seront présens ou dûment appelés, et pourront s'y faire assister par un arpenteur. Leurs avis et observations devront être consignés au procès-verbal.

10. Les travaux ou constructions qui pourront devenir, en vertu de la présente loi ou de celle du 10 juillet 1791, l'objet d'une tolérance spéciale, ne seront entrepris qu'après que les particuliers ou les communes auront pris l'engagement de remplir les conditions qui leur seront prescrites.

Cette soumission ne sera assujétie qu'au droit fixe d'un franc, et son effet subsistera indéfiniment sans qu'il soit besoin de la renouveler.

Les contraventions à la présente loi seront constatées par les procès-verbaux des gardes des fortifications, et réprimées conformément à la loi du 29 floréal an 10, relative aux contraventions en matière de grande voirie.

12. Dans le cas où, nonobstant la notification faite par les gardes des fortifications des procès-verbaux de contravention, les contrevenans ne rétabliraient pas l'ancien état des lieux dans le délai qui leur sera fixé, l'autorité militaire transférera lesdits procès-verbaux au préfet du département; elle y joindra, avec un fragment du plan dont il est fait mention dans l'article 2 de la présente loi, un extrait de l'état descriptif et un mémoire sommaire de discussion pour être sur le tout statué en conseil de préfecture, sauf les vérifications qui pourraient être jugées nécessaires.

Toutefois, si après la notification faite en vertu du présent article les contrevenans poursuivaient leur infraction, le conseil de préfecture ordonnerait sur-le-champ la suspension des travaux.

13. Outre la démolition de l'œuvre nouvelle aux frais des contrevenans, ils encourront, selon les cas, les peines applicables aux contraventions analogues en matière de grande voirie.

14. Tout jugement de condamnation rendu en exécution des deux articles précédens fixera le délai dans lequel le contrevenant sera tenu de démolir, enlever les décombres, et rétablir à ses frais l'ancien état des lieux.

Il sera notifié à la partie intéressée par les gardes des fortifications, avec sommation d'exécuter; faute de quoi il y sera procédé d'office.

A défaut d'exécution, après l'expiration des délais, la démolition aura lieu à la diligence de l'autorité militaire, en présence du maire ou de son adjoint, requis à cet effet.

Les démolitions, déblais et remblais, seront effectués, et la dépense constatée dans les formes établies pour les travaux de fortifications. Le compte de ces dépenses sera transmis par le directeur des fortifications au préfet du département, qui en fera poursuivre le recouvrement, conformément à la loi du 29 floréal an 10.

15. Les indemnités prévues par les articles 18, 19, 20, 24, 33 et 38 de la loi du 10 juillet 1791, seront fixées dans les formes prescrites par la loi du 8 mars 1810, et préalablement acquittées, conformément à l'article 10 de la charte constitutionnelle.

16. Les dispositions des lois existantes auxquelles il n'est pas formellement dérogé par la présente loi continueront d'avoir leur plein et entier effet.

Le mode d'exécution de cette loi a été fixé par une ordonnance du roi du 1er août 1821 (B. 475).

Voyez Casernement, Lits militaires, Logement des troupes, Travaux militaires.

PLACES ET EMPLOIS. *Voyez* Militaires.

PLACES PUBLIQUES. Les municipalités surveillent spécialement les foires, marchés, halles, places publiques, et les marchands forains, colporteurs, revendeurs, porte-faix, commissionnaires; les places où se tiennent les voitures et charrettes publiques pour la ville et la campagne, et leurs propriétaires ou conducteurs.

PLAINTES. Dans le cas de flagrant délit et de réquisition d'un chef de maison, les maires et adjoints peuvent recevoir les plaintes qui leur sont portées, et qui, comme les dénonciations, sont rédigées par eux ou par les plaignans ou leurs fondés de pouvoir, et elles doivent, comme les dénonciations, être signées à chaque feuillet; après quoi on les envoie au procureur du roi, qui les transmet avec son réquisitoire au juge d'instruction. (*Code d'instruction criminelle.* (B. 314 *bis*), art. 31, 50, 63, 64, 65 etc.)

Plainte pour voie de fait, rédigée par le plaignant.

L'an...., le...., je (prénoms) R...., demeurant à...., déclare que, m'étant transporté hier à...... j'y ai été attaqué par P..... et T...., demeurant à.... lesquels (détailler ici les faits); desquelles voies de fait et violences je rends plainte, en déclarant me rendre partie civile, et conclure contre eux à ce qu'ils soient solidairement condamnés à me payer..... d'indemnité pour réparations civiles, et aux dépens.

Dénonciation et plainte d'un vol.

Le.... par-devant nous, maire de la commune de.... canton de.... département de... ou commissaire de police résidant à... s'est présenté C... demeurant à... lequel nous a déclaré que... ou nous a remis une dénonciation par lui écrite et portant que..... (on détaille les circonstances du vol, et l'on désigne les individus qui ont été vus sortant de la maison): le sieur C...... nous a requis de faire les recherches et perquisitions nécessaires pour recouvrer..... et il a signé la présente plainte dont il a demandé acte que nous lui avons accordé.

Le dénonciateur et le maire signent.

Vu laquelle plainte, et attendu que le délit est flagrant, nous disons que nous nous transporterons chez...., à l'effet de faire toutes les perquisitions nécessaires; et nous avons signé.

Procès-verbal de transport et de perquisition en exécution des articles 32 et suivans du Code d'instruction criminelle.

Et le même jour....., heure de....., après avoir donné avis de notre transport à M. le procureur du roi près le tribunal de l'arrondissement.....; et en conséquence de notre ordonnance de ce jour, nous nous sommes rendu à.... (désigner la maison), accompagné de...., afin que force pût demeurer à justice, et de....., serrurier. Nous étant fait ouvrir la porte de la maison, et ayant placé des gardes pour empêcher que personne n'en sortît, nous avons fait perquisition dans...... (désigner les pièces et ce qu'on y a trouvé), nous avons entendu...., qui nous ont déclaré..... Nos opérations étant terminées, nous avons clos le présent procès-verbal, que.... ont signé avec nous à chaque feuillet.

Si des preuves se manifestant contre quelqu'un il y avait lieu de le faire arrêter, on en ferait mention, et l'on remettrait l'individu à la garde de la force armée, qui le conduirait, avec les pièces, au procureur du roi.

Les formes seraient les mêmes, et il y aurait seulement des énonciations différentes, si le procès-verbal avait été dressé sur une plainte relative à un assassinat, à une détention illégale, à un incendie. Dans le premier de ces cas, le maire se serait fait accompagner d'officiers de santé, dont les observations l'auraient mis à portée d'exposer l'état du cadavre ; et s'il se trouvait des personnes qui eussent une connaissance particulière de faits relatifs au crime ou délit, le procès-verbal se serait ainsi continué :

Nous avons ensuite procédé à l'audition des témoins :
Le sieur.... (nom, prénoms, âge, profession et demeure), nous a déclaré que....
Le sieur.., etc.

Si le prévenu a été arrêté, on l'interroge, et l'on fait mention de ses réponses à chaque question. Si en le fouillant on trouve sur lui des armes, elles sont saisies, et l'on continue ainsi le procès-verbal :

Vu que........, est prévenu de l'assassinat (ou autre délit), commis cejourd'hui sur la personne de....., nous disons qu'il sera sur-le-champ conduit avec les armes saisies, les pièces et ce procès-verbal, par...., que nous rendons responsables de sa personne, auprès de M. le procureur du roi de l'arrondissement, pour être par lui requis ce qu'il appartiendra.

Le prévenu, le plaignant, les témoins, les officiers de santé, etc., signent le procès-verbal.

PLANTATIONS. La loi du 9 ventose an 13, insérée sous le mot ARBRES, porte que les grandes routes non plantées d'arbres le seront par les propriétaires riverains, qui auront la propriété de ces arbres ; mais elle ne s'est pas expliquée sur la propriété des anciens arbres existant sur les routes. Le ministre de l'intérieur a, par une circulaire du 23 juillet 1807, mandé à cet égard aux préfets que jusqu'à ce qu'il eût été statué sur ce point, rien n'empêchait qu'ils fissent procéder à l'adjudication de ceux qui étaient abattus ou le seraient par la suite vu leur dépérissement, en faisant verser provisoirement le produit des adjudications dans la caisse d'amortissement.

Voyez ARBRES, FORÊTS, PÉPINIÈRES; et, sous le mot DÉLITS, l'article 29 du titre 2 de la loi du 28 septembre—6 octobre 1791.

D'après l'art. 87 du décret du 16 décembre 1811 (B. 418), tous les arbres plantés avant la publication de ce décret le long des grandes routes, et sur le terrain des propriétés communales ou particulières, appartiennent aux communes ou aux particuliers propriétaires du terrain ; et suivant les art. 88, 89 et 90, toutes les grandes routes non plantées doivent, à moins qu'il n'y ait des inconvéniens, l'être par les particuliers ou communes propriétaires riverains de ces routes, dans la traversée de leurs propriétés respectives, lesquels demeureront propriétaires de ces arbres, qu'on ne peut planter à une distance moindre d'un mètre du bord extérieur des fossés. Les maires sont chargés par l'art. 94 de surveiller les plantations effectuées au compte et par les soins des communes propriétaires; lesquelles plantations doivent être faites par voie d'adjudication publique, au rabais. Les art. 100, 103 et 104, portent que le prix de la vente des arbres appartenant aux communes doit être versé dans leurs caisses ; que les travaux d'élagage, des arbres appartenant aux communes doivent également être exécutés au rabais, et que les branches doivent être vendues par adjudication publique pour en verser le prix dans les mêmes caisses.

Les travaux d'entretien, de curement et de réparation des fossés des grandes routes doivent, aux termes de l'article 9, être exécutés par les propriétaires riverains, sur les indications et alignemens des agens des ponts et chaussées.

Enfin, d'après les art. 112 et 113, les préposés à la surveillance de la police des routes peuvent affirmer leurs procès-verbaux de contraventions et de délits devant le maire ou l'adjoint du lieu, qui les adresse au sous-préfet.

Aux termes de l'art. 99, les arbres plantés sur le terrain de la route appartenant à l'état, et les arbres plantés sur les terres riveraines, soit par les communes, soit par les particuliers, ne pouvaient être coupés et arrachés qu'avec l'autorisation du directeur général des ponts et chaussées, accordée sur la demande du préfet, laquelle serait formée seulement lorsque le dépérissement des arbres aurait été constaté par les ingénieurs, à la charge du remplacement immédiat ; mais, d'après l'art. 4 d'une ordonnance du 8 août 1821 (B. 471), cet abatage peut, dans les cas prévus, être effectué sur la seule autorisation des préfets.

PLAQUES. L'art. 9 de la loi du 3 nivose an 6 (B. 171) enjoint aux propriétaires des voitures de roulage de faire clouer en avant de la roue et au côté gauche de la voiture une plaque de métal contenant, en caractères apparens, leur nom et leur domicile. Le ministre de l'intérieur, consulté sur la question de savoir si cette disposition n'était pas applicable à toute voiture non suspendue, a décidé, chapitre 7 d'une instruction du 7 germinal an 8, que les voitures du roulage proprement dit étaient seules sujettes à cette formalité.

L'art. 7 d'une ordonnance de police du 21 décembre 1807, concernant les charretiers et conducteurs de chevaux dans Paris, enjoint, sous peine de confiscation, aux plâtriers, brasseurs, bouchers, et à tous ceux qui se servent de charrettes, baquets ou tombereaux, d'y faire apposer des plaques de fer, peintes en blanc, portant un numéro avec le nom du propriétaire.

POIDS. Il y a dans le royaume uniformité de poids et de mesures. Les nouveaux poids se nomment *milligramme*, *centigramme*, *décigramme*, *gramme*, *décagramme*, *hectogramme*, *kilogramme*, *myriagramme*. *Voyez* le mot MESURES, et la définition de chacun de ces poids dans l'ordre alphabétique.

POIDS PUBLICS. L'art. 28 de la loi du 23 mars 1790, portant

suppression des droits féodaux, avait ordonné qu'il serait pourvu au service des places et marchés par les municipalités, et qu'on accorderait une rétribution à des personnes employées au pesage et mesurage publics.

L'établissement des bureaux de poids publics a en conséquence été autorisé par un arrêté du gouvernement du 27 brumaire an 7 (B. 240).

Un arrêté du 7 floréal an 8 (B. 44), sur la forme des poids, est conçu en ces termes :

Il est permis aux balanciers de donner aux poids telle forme que ceux qui en font usage voudront adopter : en conséquence, le bureau de vérification des poids et mesures sera tenu de les faire poinçonner aussitôt qu'ils lui auront été présentés, pourvu que ces poids soient exacts, que les subdivisions de l'unité principale soient multiples du gramme ou de ses subdivisions décimales, et que chaque subdivision porte la valeur de son poids.

Le gouvernement a ordonné, par un troisième arrêté du 7 brumaire an 9 (B. 50), 1° que dans toutes les villes où les besoins du commerce l'exigeraient il serait établi par le préfet, sur la demande des maires et adjoints, approuvée par le sous-préfet, des bureaux de pesage, mesurage publics, où tous les citoyens pourraient faire peser, mesurer et jauger les marchandises, moyennant une rétribution juste et modérée qui, en exécution de l'art. 21 de la loi du 28 mars 1790, serait proposée par les conseils municipaux, et fixée au conseil d'état, sur l'avis des sous-préfets et préfets ;

2° Que nul ne pourrait exercer les fonctions de peseur, mesureur et jaugeur, sans prêter le serment de bien et fidèlement remplir ses devoirs; lequel serment serait reçu par le président du tribunal de commerce, ou devant le juge de paix ;

3° Que dans les lieux où il ne serait pas nécessaire d'établir des bureaux publics, les fonctions de peseur, mesureur et jaugeur, seraient confiées, par le préfet, à des citoyens d'une probité et d'une capacité reconnues, lesquels prêteraient serment ;

4° Qu'aucune autre personne que ces employés ou préposés ne pourrait exercer, dans l'enceinte des marchés, halles et ports, la profession de peseur, mesureur et jaugeur, à peine de confiscation des instrumens destinés au mesurage ;

5° Que l'enceinte des marchés, halles et ports, serait déterminée et désignée d'une manière apparente par le maire, sous l'approbation du sous-préfet ;

6° Que les citoyens à qui les bureaux ou les fonctions de peseurs ou mesureurs publics seraient confiés seraient obligés de tenir les marchés, halles et ports, garnis d'instrumens nécessaires à l'exercice de leur état, et d'employés en nombre suffisant, faute de quoi il y serait pourvu à leurs frais par la police, et qu'ils ne pourraient employer que des poids et mesures dûment étalonnés, certifiés, et portant l'inscription de leur valeur ;

7° Qu'il serait délivré aux personnes qui le demanderaient, par les peseurs et mesureurs publics, un bulletin qui constaterait le résultat de leur opération ;

6° Que l'infidélité dans les poids employés au pesage public serait punie, par voie de police correctionnelle, des peines prononcées par les lois contre les marchands qui vendent à faux poids ou fausse mesure.

La loi rendue sur le même objet le 29 floréal an 10 (B. 192) est conçue en ces termes :

Art. 1er. Il sera établi, dans les communes qui en seront jugées susceptibles par le gouvernement, des bureaux de pesage, mesurage et jaugeage publics. Nul ne sera contraint à s'en servir, si ce n'est dans les cas de contestation.

2. Les tarifs des droits à percevoir dans ces bureaux, et les règlemens y relatifs, seront proposés par les conseils des communes, adressés aux sous-préfets et aux préfets, qui donneront leur avis, et soumis au gouvernement, qui les approuvera, s'il y a lieu, en la forme usitée pour les règlemens d'administration publique.

3. Un dixième des produits nets de ces droits servira à complèter l'acquittement des frais de vérification des poids et mesures, et le traitement des agens préposés à cette vérification.

4. Le surplus des produits sera employé aux dépenses des communes et des hospices exclusivement, et ce, suivant les règles prescrites pour les octrois de bienfaisance.

Le ministre de l'intérieur a, par une circulaire du mois de septembre 1809, mandé aux préfets que le dixième dont le prélèvement est ordonné par l'art. 3 de la loi ci-dessus ne devait être versé ni dans leurs mains ni dans celles des sous-préfets, mais qu'il devait être compté immédiatement par le receveur municipal aux parties prenantes, ou versé par ce dernier, soit dans la caisse du receveur d'arrondissement, soit dans celle du receveur général du département, pour être réparti à qui de droit sur les mandats des ordonnateurs.

Le conseiller d'état ayant le département des recettes et dépenses des communes a, par une circulaire du 30 prairial an 10, observé que les autorités judiciaires ne pouvant connaître des contestations nées à l'occasion du pesage public, qu'autant que les parties auraient à représenter le certificat ou bulletin du préposé des poids et mesures, et tout jugement qui ne ferait pas mention de ce titre étant sujet à être réformé, il était nécessaire, pour que le bulletin du préposé eût foi en justice jusqu'à l'inscription de faux, que les préposés prêtassent serment devant le président du tribunal de commerce, le juge de paix ou le maire, suivant les lieux, et que leur commission fît mention de ce serment, sans lequel le titre délivré par l'officier public n'avait, ni pour les parties ni pour les tribunaux, rien de plus authentique que les certificats de peseurs non avoués par l'administration.

L'arrêté du 6 prairial an 11 (B. 281), qui, en vertu de la loi du 29 floréal, ordonne l'établissement de bureaux publics de pesage, mesurage et jaugeage à Paris, porte qu'aux termes de cette loi nul ne sera contraint d'employer le ministère des préposés, sinon de gré à gré ou en cas de contestation; mais que néanmoins tout acheteur ou vendeur qui, achetant ou vendant dans l'une des halles, dans l'un des marchés ou sur l'un des ports, voudrait, selon la nature de l'objet d'achat ou vente, se soumettre au pesage, mesurage ou jaugage, serait tenu d'employer, pour cette opération, le ministère du préposé public du bureau établi dans ces marchés ou halles ou sur les ports; et qu'en conséquence il était défendu à tout individu d'établir des bureaux ou maisons de pesage, ou d'exercer les fonctions de jaugeur ou mesureur dans l'étendue de la ville, et à tous acheteurs ou vendeurs de les employer, à peine de poursuites par voie correctionnelle, conformément à l'arrêté du 7 brumaire an 9.

L'article 7 fixe les droits à percevoir pour les opérations de pesage, mesurage et jaugeage, et les art. 8, 9 et 10 portent 1° que, relativement aux opérations de mesurage et jaugeage, le droit sera perçu sur la fraction de mètre, de stère, de boisseau, de voie et de velte, comme pour l'entier; 2° que quant au pesage, dont le droit est fixé par cent kilogrammes pour unité, la fraction de 1 à 25 sera considérée comme 25, de 25 à 50 comme 50, de 50 à 75 comme 75, et de 75 à 100 comme unité ou entier; 3° que les droits ci-dessus seront payés moitié par le vendeur, moitié par l'acheteur, à moins qu'il n'y ait convention contraire; le tout sans rien innover à ce qui se pratique relativement à la perception de l'octroi, pour laquelle le jaugeage, mesurage et pesage, continueront d'être faits par les peseurs de la régie, sauf le cas de contestation.

Des difficultés s'étant élevées dans plusieurs marchés sur l'exécution de l'arrêté ci-dessus, le ministre de l'intérieur a pris, au mois de thermidor an 12, sur le rapport du préfet de police de Paris, une décision conçue en ces termes :

« Nul n'est forcé de faire mesurer sa marchandise. Nul n'est empêché de *la mesurer lui-même*. La régie ne peut percevoir le prix d'un mesurage, s'il n'est pas effectué par ses agens; mais aussi il est défendu à tous individus, autres que les préposés de la régie, de faire les fonctions de peseur, mesureur ou jaugeur publics, soit à domicile, soit dans les halles, marchés, places et ports, soit gratuitement, soit moyennant salaire, sous les peines portées par les règlemens. »

Le gouvernement, pour faciliter l'exécution de l'art. 1er de la loi du 29 floréal an 10, a, par un arrêté du 2 nivose an 12 (B. 335), ordonné 1° que le ministre de l'intérieur ferait exécuter les tarifs et les règlemens présentés par les conseils des communes, avec les modifications qu'il jugerait convenables, conformément aux principes déterminés par la loi et les règlemens intervenus sur la matière; 2° que l'autorisation du ministre, tant pour les bureaux établis que pour ceux à établir, serait considérée comme décision provisoire du gouvernement.

Le ministre de l'intérieur a, par une circulaire du mois d'octobre 1806, recommandé de faire entièrement cesser, dans tous les départemens, l'usage des anciens poids et mesures dans le commerce.

Il a été ordonné, par un décret du 3 août 1810 (B. 307), qu'à compter du 1er janvier 1811 le traitement des inspecteurs des poids et mesures ne pourrait être acquitté que sur le dixième des droits de pesage et mesurage formant un fonds commun, qui serait versé à la caisse d'amortissement, et qu'en cas d'excédant le surplus serait réparti proportionnellement entre les départemens qui y auraient contribué et dans lesquels les produits de la vérification des poids et mesures auraient été insuffisans.

Le décret du 26 septembre 1811 (B. 394) porte que les dispositions de celui du 15 novembre 1810, d'après lequel le recouvrement des recettes des droits d'octroi doit être poursuivi par voie de contrainte, seront applicables aux fermiers du droit de pesage et mesurage.

Un décret du 12 février 1812 (B. 421) a ordonné qu'il ne serait fait aucun changement aux unités des poids et mesures du royaume telles qu'elles avaient été fixées par la loi du 19 frimaire an 8; qu'il serait néanmoins confectionné, pour l'usage du commerce, des instrumens de pesage et mesurage présentant soit les fractions, soit les multiples de ces unités; que ces instrumens porteraient sur leurs diverses faces la comparaison des divisions et des dénominations établies par les lois, avec celles dont on se servait anciennement; mais qu'en attendant pendant dix années le résultat de l'expérience sur les perfections dont le système légal des poids et mesures serait susceptible, il continuerait à être seul enseigné dans toutes les écoles du royaume, y compris les écoles primaires, et à être seul employé dans toutes les administrations publiques, dans les marchés, dans les halles et dans toutes les transactions commerciales et autres.

Le ministre de l'intérieur a pris, le 28 mars 1812, pour l'exécution de ce décret, un arrêté ainsi conçu :

Art. 1er. Il est permis d'employer pour les usages du commerce,

1° Une mesure de longueur égale à deux mètres, qui prendra le nom de *toise*, et se divisera en 6 pieds;

2° Une mesure égale au tiers du mètre ou 6me de la toise, qui aura le nom de pied, se divisera en 12 pouces, et le pouce en 12 lignes. Chacune de ces mesures portera sur l'une de ses faces les divisions correspondances du mètre, savoir : la toise, 2 mètres divisés en décimètres, et le premier décimètre en millimètres, et le pied 3 décimètres 1/3, divisés en centimètres et millimètres, en tout, *millimètres* 333 1/3.

2. Le mesurage des toiles et étoffes pourra se faire avec une mesure égale à 12 décimètres, qui prendra le nom d'*aune*. Cette mesure se divisera en demies, quarts, huitièmes et seizièmes, ainsi qu'en tiers, sixièmes et douzièmes; elle portera sur l'une de ses faces les divisions correspondances du mètre en centimètres seulement, savoir : 120 centimètres numérotés de 10 en 10.

3. Les mesures dont il est question dans les articles précédens pourront être construites d'une seule pièce, ou brisées à charnières, ou de

toute autre manière qu'il conviendra, pourvu que les fractions soient des parties aliquotes desdites mesures, et ne puissent, par aucune autre combinaison, reproduire les anciennes mesures locales qu'elles doivent remplacer.

4. Les grains et autres matières sèches pourront être mesurés dans la vente et au détail avec une mesure égale au 8me de l'hectolitre, laquelle prendra le nom de *boisseau*, et aura son double, son demi et son quart.

Chacune de ces mesures portera son nom, et, en outre, l'indication de son rapport avec l'hectolitre;

SAVOIR:

Le double boisseau	1/4 d'hectolitre.
Le boisseau.	1/8 *id.*
Le demi-boisseau.	1/16 *id.*
Le quart de boisseau.	1/32 *id.*

5. Pour la vente en détail des grains, grenailles, farines, légumes secs ou verts, le litre pourra se diviser en demis, quarts et huitièmes, et chacune de ces mesures portera son nom indicatif de son rapport avec le litre.

6. Les mesures dont l'usage est permis par les articles 4 et 5 seront construites en bois, dans la forme cylindrique, et auront le diamètre égal à la hauteur.

7. Pour la vente en détail du vin, de l'eau-de-vie et autres boissons ou liqueurs, on pourra employer des mesures d'un quart, d'un huitième et d'un seizième de litre.

Ces trois dernières mesures seront construites, comme les autres mesures de liquides en étain, au titre fixé; leur forme sera cylindrique et elles auront la hauteur double du diamètre.

Pour la vente du lait, elles seront en fer-blanc et dans la forme propre à ces sortes de mesures.

Chacune desdites mesures portera son nom indicatif de son rapport avec le litre.

8. Pour la vente en détail de toutes les substances dont le prix et la quantité se règlent au poids, les marchands pourront employer les poids usuels suivans, savoir: la *livre* égale au demi-kilogramme, ou 500 grammes, laquelle se divisera en 16 onces; l'*once*, 16me de la livre, qui se divisera en huit gros.

Le gros, 8me de l'once, qui se divisera en 72 grains.

Chacun de ces poids se divisera, en outre, en demies, quarts et huitièmes.

Ils porteront, avec le nom qui leur sera propre, l'indication de leur valeur en grammes.

SAVOIR:

La livre	grammes 500
La demi-livre	250
Le quart de livre, ou quarteron.	125
Le huitième, ou demi-quart.	62 5
L'once.	31 3
La demi-once	15 6
Le quart d'once, ou deux gros.	7 8
Le gros.	3 9

Ces poids ne pourront être construits qu'en fer ou en cuivre; l'usage des poids en plomb ou de toute autre matière est interdit.

9. Les mesures et les poids mentionnés aux articles précédens ne pourront être mis dans le commerce qu'après avoir été vérifiés dans les bureaux établis à cet effet, et marqués du poinçon aux armes du royaume. Pour cette vérification il sera payé le droit fixé par le tarif annexé à l'arrêté du

29 prairial an 9 (18 juin 1801), pour les mesures et les poids les plus analogues.

10. Afin de faciliter et régulariser la fabrication des mesures et des poids dont l'usage est permis par le présent arrêté, il en sera adressé des modèles à MM. les préfets des départemens, qui les feront déposer dans les bureaux de vérification, pour être communiqués aux fabricans qui voudront en prendre connaissance, et servir ensuite, comme étalons, à la vérification des mesures et des poids qui seront mis dans le commerce.

Les frais de la fabrication et de l'envoi de ces modèles seront acquittés comme dépenses départementales.

11. Chacun de MM. les préfets fixera l'époque à laquelle le décret du 12 février dernier et les dispositions ordonnées par le présent arrêté devront être exécutées dans son département, de manière que le terme le plus éloigné ne passe pas le 1er août prochain; et à cette époque tous les marchands devront être pourvus des poids et mesures sus-mentionnés, chacun en ce qui concerne son commerce.

12. A compter de la même époque, toute demande de marchandises qui sera faite en mesures ou en poids anciennement en usage, sous quelque dénomination que ce soit, sera censée faite en poids ou en mesures analogues dont l'usage est permis par le présent arrêté, et en conséquence tout marchand qui, sous le prétexte de satisfaire au désir de l'acheteur, emploîrait des combinaisons de mesures ou de poids décimaux ou autres pour former le poids ou la mesure ancienne dont l'emploi est prohibé, sera poursuivi conformément aux articles 424, 479, 480 et 481 du Code pénal, comme ayant fait usage de poids et mesures autres que ceux voulus par la loi.

13. Les dispositions du décret du 12 février 1812 et du présent arrêté n'étant relatives qu'à l'emploi des mesures et des poids dans le commerce de détail et dans les usages journaliers, les mesures légales continueront à être seules employées exclusivement dans tous les travaux publics, dans le commerce en gros et dans toutes les transactions commerciales et autres.

En conséquence les plans, devis, mémoires d'ouvrages d'art, les descriptions de lieux ou de choses dans les procès-verbaux ou autres écrits, les marchés, factures, annonces de prix courans, états de situation d'approvisionnemens, inventaires de magasins, les mercuriales, les lettres de voiture et chargement, les livres de commerce, les annonces des journaux, et généralement toutes les écritures, soit publiques, soit privées, contiendront l'énonciation des quantités en mesures légales et non en mesures simplement tolérées.

Le système légal sera aussi seul enseigné dans toute son intégrité dans les écoles publiques, y compris les écoles primaires.

Le présent arrêté sera inséré dans les journaux, et adressé à MM. les préfets des départemens qui le feront publier et ordonneront en conséquence les dispositions nécessaires pour en préparer et assurer l'exécution. *Voyez* Mesures.

POIGNARDS. *Voyez* Armes.

POINÇONS. Un arrêté du gouvernement, du 21 brumaire an 5 (B. 90), sur les poinçons pour la marque des ouvrages d'or et d'argent, est conçu en ces termes :

Art. 1er. Tous citoyens qui voudront faire l'emploi des matières d'or et d'argent seront tenus d'avoir des poinçons pour marquer leurs ouvrages.

2. Ces poinçons seront délivrés provisoirement par l'administration des monnaies, sur le vu 1° de leurs patentes; 2° des attestations de bonne conduite et de capacité souscrites par les citoyens exerçant le même état

chez lesquels ils auront travaillé; 3° des certificats de moralité délivrés par leurs municipalités.

3. Ces poinçons seront insculpés, en présence de l'un des administrateurs, sur une table de cuivre qui sera déposée dans les bureaux de l'administration, de laquelle insculpation il sera dressé procès-verbal.

Les règlemens intervenus sur le commerce et l'emploi des matières d'or et d'argent continueront d'être exécutés jusqu'à ce que par le corps législatif il en ait été autrement ordonné.

L'administration des monnaies a décidé, le 17 nivose an 6, que les poinçons des fabricans d'ouvrages d'or et d'argent seraient tous en losange, et que ceux des fabricans de doublé et de plaqué formeraient un carré parfait.

Les art. 140 et 141 du Code pénal (B. 277 *bis*) prononcent des peines pour contrefaçon et falsification des poinçons.

Voyez GARANTIE DES MATIÈRES D'OR ET D'ARGENT.

POISON. Les substances reconnues comme poison ne peuvent être vendues qu'aux personnes qui, par leur profession, se trouvent dans le cas de les employer, lesquelles même sont tenues d'apporter des attestations qui en garantissent l'usage, et de signer sur un registre à ce destiné.

Voyez APOTHICAIRE, PHARMACIE.

POISSONS. Les marchands de poissons en détail ne peuvent en acheter qu'au marché. Il leur est défendu de le falsifier avec la chaux, et de le vendre corrompu.

Le roi a, par une ordonnance du 29 février 1820 (B. 350), homologué, sauf quelques modifications, un arrêté pris le 30 novembre 1819 par le maire de Boulogne, département du Pas-de-Calais, et ayant pour objet de garantir la loyauté des ventes de poissons et la bonté des salaisons qui se font dans ce port. Les mesures que prescrit cet arrêté, qui est imprimé à la suite de l'ordonnance, peuvent servir de direction pour d'autres.

POLDERS. On appelle ainsi les digues et travaux pratiqués pour prévenir les accidens que causerait l'invasion de la mer et des fleuves sur les terrains qui les bordent. Un décret du 11 janvier 1811 (B. 344) contient un règlement sur l'administration et l'entretien des polders, et celui du 16 décembre suivant (B. 410), qui a été rendu pour des départemens alors réunis à la France, renferme, surtout aux articles 13 et 19, des dispositions d'après lesquelles les maires étaient chargés de fonctions relatives à leur conservation.

POLICE. La police est instituée pour maintenir l'ordre public, la liberté, la propriété, la sûreté individuelle : elle se divise en police administrative et judiciaire.

La police administrative a pour objet de prévenir les délits, de maintenir la paix entre les citoyens, l'ordre dans chaque lieu et dans chaque partie de l'administration générale.

La police judiciaire s'occupe des délits que la police administrative n'a pu prévenir, en réunit les preuves, en recherche les auteurs et les traduit devant les tribunaux chargés de les punir.

Les lois de sûreté et de police obligent tous ceux qui habitent le territoire. (*Code civil*, art. 3.)

Les maires et adjoints doivent se considérer comme les chefs d'une grande famille, sur laquelle ils exercent une autorité protectrice, bienfaisante, honorable. Leurs fonctions ont pour objet, sous ce rapport, ou l'intérêt général de l'arrondissement, du département, du royaume entier, ou l'intérêt particulier de la cité, de la communauté.

La police administrative se divise en police générale, police municipale, et police rurale.

§ Ier — *Police générale.*

Le décret du 25 mars 1811 (B. 388) contient règlement sur l'organisation de la police.

Les fonctions des *maires*, relativement à la *police générale*, consistent dans la tenue du registre civique, la formation des tableaux de population, la délivrance des passe-ports, la surveillance des prisons, des maisons d'arrêt, de justice, de force ou de correction et des maisons publiques, la dispersion des attroupemens, la police des spectacles, des fêtes, des cultes, l'inspection des poids et mesures, et de ce qui intéresse la sûreté du commerce, l'exécution des lois sur la libre circulation des subsistances, sur les poudres et salpêtres, les patentes, le port d'armes, etc., etc.

La loi du 10 vendémiaire an 4 (B. 181) a donné des règles sur la *police générale et intérieure des communes.*

Voyez COMMUNES.

Ce qui est relatif à la police des cultes se trouve sous le mot CULTES.

§ II. — *Police municipale.*

Les fonctions des maires, relativement à la police municipale, embrassent les objets qui ont rapport à la voirie, à la salubrité de la commune, aux accidens, à la surveillance des places et lieux publics, des foires, marchés, approvisionnemens, de la bourse, du change, des taxes autorisées par la loi, à la tenue des mercuriales, à la protection et préservation des monumens et édifices publics.

Le titre premier de la loi du 19-22 juillet 1791 renferme les mesures d'ordre public dont la surveillance est confiée aux maires et aux commissaires de police, quoique plusieurs de ces dispositions aient été modifiées : comme c'est une loi fondamentale, on croit en devoir donner ici le texte, en invitant toutefois à recourir, pour les cas particuliers, aux divers mots sous lesquels ils sont traités.

ART. 1er. Dans les villes et dans les campagnes, les corps municipaux feront constater l'état des habitans, soit par des officiers municipaux, soit par des commissaires de police, s'il y en a, soit par des citoyens commis à cet effet. Chaque année, dans le courant des mois de novembre et de décembre, cet état sera vérifié de nouveau et on y fera les changemens nécessaires; l'état des habitans des campagnes sera recensé au chef-lieu de canton par des commissaires que nommeront les officiers municipaux de chaque communauté particulière.

2. Le registre contiendra mention des déclarations que chacun aura faites de ses nom, âge, lieu de naissance, dernier domicile, profession, métier et autres moyens de subsistance. Le déclarant qui n'aurait à indiqner aucun moyen de subsistance désignera les citoyens domiciliés dans la municipalité dont il sera connu et qui pourront rendre bon témoignage de sa conduite.

3. Ceux qui étant en état de travailler n'auront ni moyens de subsistanee, ni métier, ni répondans, seront inscrits avec la note de *gens sans aveu*.

Ceux qui refuseront toute déclaration seront inscrits sous leur signalement et demeure, avec la note de *gens suspects*.

Ceux qui seront convaincus d'avoir fait de fausses déclarations seront inscrits avec la note de *gens mal intentionnés*.

Il sera donné commnnication de ces registres aux officiers et sous-officiers de la gendarmerie nationale, dans le cours de leurs tournées.

4. Ceux des trois classes qui viennent d'être énoncées, s'ils prennent part à une rixe, à un attroupement séditieux, à un acte de voie de fait ou de violence, seront soumis dès la première fois aux peines de la police correctionnelle, comme il sera dit ci-après.

5. Dans les villes et campagnes, les aubergistes, maîtres d'hôtels garnis et logeurs, seront tenus d'inscrire de suite et sans aucun blanc, sur un registre en papier timbré, et parafé par un officier municipal ou un commissaire de police, les noms, qualités, domicile habituel, date d'entrée et de sortie de tous ceux qui coucheront chez eux, même une seule nuit; de présenter ce registre tous les quinze jours, et en outre toutes les fois qu'ils en seront requis, soit aux officiers municipaux, soit aux officiers de police ou aux citoyens commis par la municipalité.

6. Faute de se conformer aux dispositions du précédent article, ils seront condamnés à une amende du quart de leur droit de patente, sans que cette amende puisse être au-dessous de 3 fr., et ils demeureront civilement responsables des désordres et des délits commis par ceux qui logeront dans leurs maisons.

7. Les jeux de hasard où l'on admet soit le public, soit des affiliés, sont défendus sous les peines qui seront désignées ci-après.

Les propriétaires ou principaux locataires des maisons et appartemens où le public sera admis à jouer des jeux de hasard seront, s'ils demeurent dans ces maisons, et s'ils n'ont pas averti la police, condamnés pour la première fois à 300 fr., et pour la seconde à 1000 fr. d'amende, solidairement avec ceux qui occuperont les appartemens employés à cet usage.

8. Nul officier municipal, commissaire ou officier de police municipale, ne pourra entrer dans les maisons des citoyens, si ce n'est pour la confection des états ordonnés par les articles 1, 2 et 3, et la vérification des registres des logeurs, pour l'exécution des lois sur les contributions directes, ou en vertu des ordonnances, contraintes et jugemens dont il sera porteur, ou enfin sur le cri des citoyens, invoquant de l'intérieur d'une maison le secours de la force publique.

9. A l'égard des lieux où tout le monde est admis indistinctement, tels que cafés, cabarets, boutiques et autres, les officiers de police pourront toujours y entrer, soit pour prendre connaissance des désordres ou contraventions aux règlemens, soit pour vérifier les poids et mesures, le titre des matières d'or et d'argent, la salubrité des comestibles et médicamens.

Ils pourront aussi entrer en tout temps dans les maisons où l'on donne habituellement à jouer des jeux de hasard, mais seulement sur la désignation qui leur en aurait été donnée par deux citoyens domiciliés.

Ils pourront également entrer en tout temps dans les lieux livrés notoirement à la débauche.

11. Hors les cas mentionnés aux articles 8, 9, et 10, les officiers de police qui, sans autorisation spéciale de la justice ou de la police de sûreté, feront des visites ou recherches dans les maisons des citoyens, seront condamnés par le tribunal de police, et, en cas d'appel, par celui de district (d'arrondissement), à des dommages et intérêts qui ne pourront être au-dessous de 100 fr., sans préjudice des peines prononcées par la loi, dans le cas de voies de fait, de violence et autres délits.

29. Les règlemens actuellement existans sur le titre des matières d'or et d'argent, sur la vérification de la qualité des pierres fines ou fausses, sur la salubrité des comestibles et des médicamens, sur les objets de serrurerie, continueront d'être exécutés jusqu'à ce qu'il en ait été autrement ordonné. Il en sera de même de ceux qui établissent des dispositions de sûreté, tant pour l'achat et la vente des matières d'or et d'argent, les drogues, médicamens et poisons, que pour la présentation, les dépôts et adjudications des effets précieux dans les monts-de-piété, lombards ou autres maisons de ce genre.

Sont également confirmés provisoirement les règlemens qui subsistent touchant la voirie, ainsi que ceux actuellement existans à l'égard de la construction des bâtimens et relatifs à leur salubrité et sûreté, sans que de la présente disposition il puisse résulter la conservation des attributions ci-devant données sur cet objet à des tribunaux particuliers.

30. La taxe des subsistances ne pourra provisoirement avoir lieu dans aucune ville ou commune que sur le pain et la viande de boucherie, sans qu'il soit permis, en aucun cas, de l'étendre sur le vin, sur le blé, les autres grains, ni autre espèce de denrées; et ce, sous peine de destitution des officiers municipaux.

31. Les réclamations élevées par les marchands, relativement aux taxes, ne seront en aucun cas du ressort des tribunaux de district; elles seront portées devant le directoire de département (le préfet), qui prononcera sans appel. Les réclamations des particuliers contre les marchands qui vendraient au-dessus de la taxe seront portées et jugées au tribunal de police, sauf l'appel au tribunal de district.

Le ministre de l'intérieur a adressé, le 22 octobre 1812, aux préfets, une circulaire relative à la *police administrative municipale*, où se trouvent les observations suivantes :

Les parties dont la police municipale se compose sont 1° tout ce qui intéresse la sûreté et la commodité du passage sur la voie publique ; 2° le soin de prévenir et réprimer les délits contre la tranquillité publique, les rixes et disputes dans les rues, le tumulte excité dans les lieux où le public est rassemblé, les attroupemens nocturnes ; 3° le maintien du bon ordre dans les endroits où il se fait de grands rassemblemens ; 4° l'inspection sur la fidélité dans le débit des denrées et sur la salubrité des comestibles et boissons exposés en vente ; 5° les précautions à prendre pour faire cesser, par la distribution de secours nécessaires, les accidens et fléaux calamiteux ; 6° le soin d'obvier ou de remédier aux événemens fâcheux qui pourraient être causés par des insensés laissés en liberté, et par la divagation d'animaux malfaisans.

Plusieurs maires pensaient qu'ils étaient indépendans dans l'exercice de leurs fonctions relatives à ces objets, et qu'ils tenaient de leur pouvoir le droit de rendre telles ordonnances qu'ils jugeaient à propos, sans même en donner connaissance à l'autorité supérieure. Le ministre fait remarquer, à cet égard, que les fonctions des maires sont de deux espèces : les unes propres à l'administration générale de l'état, les autres propres au pouvoir municipal.

Les municipalités n'exercent les premières que comme préposés et agens de l'administration générale ; elles ne peuvent exécuter que les mesures y relatives qui ont été arrêtées par les préfets, et que l'autorité supérieure a préalablement ordonnées ou approuvées.

Les maires ont le droit propre et personnel d'agir en tout ce qui concerne les secondes, parce qu'elles intéressent directement et particulièrement chaque commune.

On ne doit pas tirer de ces règles, établies dans la loi du mois de décembre 1789, l'induction que les maires peuvent se dispenser de soumettre à l'autorité préfecturale les actes qui tiennent à leur pouvoir particulier, et même de lui en rendre compte ; ceux de ces actes qui exigent l'intervention préalable des conseils municipaux ne peuvent être mis à exécution qu'après qu'ils ont été soumis au préfet, et que ce magistrat les a approuvés ; les autres, et notamment les mesures de police locale, dans les cas qui viennent d'être cités, ne sont pas susceptibles de la même formalité ; cependant ils ne sont pas moins soumis à l'autorité du préfet, qui n'a pas, il est vrai, à les approuver pour les rendre exécutoires, mais qui a le droit de les réformer, s'il y a lieu.

Voyez Règlemens de police, Surveillance de la haute police.

Il en est de même de la *police administrative rurale*, en ce qui concerne les arrêtés à prendre pour prévenir les contraventions et délits déterminés dans la loi du 6 octobre 1791.

§ III. — *Police rurale.*

La loi du 26 septembre—6 octobre 1791 renferme, sur les biens et les usages ruraux, des dispositions dont il importe aux maires d'être instruits, puisqu'ils sont chargés de veiller à leur exécution. Voici l'extrait du premier livre :

Section 1re. — *Des principes généraux sur la propriété territoriale.*

Art. 1er. Le territoire de la France, dans toute son étendue, est libre comme les personnes qui l'habitent : ainsi toute propriété territoriale ne peut être sujette envers les particuliers qu'aux redevances et aux charges dont la convention n'est pas défendue par la loi ; et envers la nation, qu'aux contributions publiques établies par le corps législatif et aux sacrifices que peut exiger le bien général, sous la condition d'une juste et préalable indemnité.

2. Les propriétaires sont libres de varier à leur gré la culture et l'exploitation de leurs terres, de conserver à leur gré leurs récoltes, et de disposer de toutes les productions de leur propriété dans l'intérieur de la France et au-dehors, sans préjudicier aux droits d'autrui et en se conformant aux lois.

3. Tout propriétaire peut obliger son voisin au bornage de leurs propriétés contiguës, à moitié frais.

4. Nul ne peut se prétendre propriétaire exclusif des eaux d'un fleuve ou d'une rivière navigable ou flottable : en conséquence tout propriétaire riverain peut, en vertu du droit commun, y faire des prises d'eau, sans néanmoins en détourner ni embarrasser le cours d'une manière nuisible au bien général et à la navigation établie.

SECTION III. — *Des diverses propriétés rurales.*

ART. 1er. Nul agent de l'agriculture, employé avec des bestiaux au labourage ou à quelque travail que ce soit, ou occupé à la garde des troupeaux, ne pourra être arrêté, sinon pour crime, avant qu'il n'ait été pourvu à la sûreté desdits animaux; et en cas de poursuite criminelle, il y sera également pourvu immédiatement après l'arrestation et sous la responsabilité de ceux qui l'auront exercée.

2. Aucun engrais ni ustensile, ni autre meuble utile à l'exploitation des terres, et aucuns bestiaux servant au labourage, ne pourront être saisis ni vendus par contributions publiques, et ils ne pourront l'être pour aucune cause de dettes, si ce n'est au profit de la personne qui aura fourni lesdits effets ou bestiaux, ou pour l'acquittement de la créance du propriétaire envers son fermier; et ce seront toujours les derniers objets saisis, en cas d'insuffisance d'autres objets mobiliers.

3. La même règle aura lieu pour les ruches; et pour aucune raison il ne sera permis de troubler les abeilles dans leurs courses et leurs travaux; en conséquence, même en cas de saisie légitime, une ruche ne pourra être déplacée que dans les mois de décembre, janvier et février.

4. Les vers à soie sont de même insaisissables pendant leur travail, ainsi que la feuille de mûrier qui leur est nécessaire pendant leur éducation.

6. Le propriétaire d'un essaim a le droit de le réclamer et de s'en ressaisir tant qu'il n'a pas cessé de le suivre; autrement l'essaim appartient au propriétaire du terrain sur lequel il s'est fixé.

SECTION IV. *Des troupeaux, des clôtures, du parcours, et de la vaine pâture.*

ART. 1er. Tout propriétaire est libre d'avoir chez lui telle quantité, telle espèce de troupeaux qu'il croit utiles à la culture et à l'exploitation de ses terres, et de les y faire pâturer exclusivement, sauf ce qui sera réglé ci-après relativement au parcours et à la vaine pâture.

2. La servitude réciproque de commune à commune, connue sous le nom de parcours, et qui entraîne avec elle le droit de vaine pâture, continuera provisoirement d'avoir lieu avec les restrictions déterminées en la présente section lorsque cette servitude sera fondée sur un titre ou sur une possession autorisée par les lois et coutumes. A tous les autres égards, elle est abolie.

3. Le droit de vaine pâture dans une commune, accompagné ou non de la servitude du parcours, ne pourra exister que dans les lieux où il est fondé sur un titre particulier, ou autorisé par la loi ou par un usage local immémorial, et à la charge que la vaine pâture n'y sera exercée que conformément aux règles et usages locaux qui ne contrarieront point les réserves portées dans les articles suivans de la présente section.

4. Le droit de clore et de déclore ses héritages résulte essentiellement de celui de propriété, et ne peut être contesté à aucun propriétaire. L'assemblée nationale abroge toutes lois et coutumes qui peuvent contrarier ce droit.

5. Le droit de parcours et le droit simple de vaine pâture ne pourront, en aucun cas, empêcher les propriétaires de clore leurs héritages; et tout le temps qu'un héritage sera clos de la manière qui sera déterminée par l'article suivant, il ne pourra être assujéti ni à l'un ni à l'autre droit ci-après.

6. L'héritage sera réputé clos lorsqu'il sera entouré d'un mur de quatre

pieds de hauteur avec barrière ou porte, ou lorsqu'il sera exactement fermé ou entouré de palissades ou de treillages, ou d'une haie vive, ou d'une haie sèche faite avec des pieux ou cordelée avec des branches ou de toute autre manière de faire les haies en usage dans chaque localité; et enfin d'un fossé de quatre pieds de large au moins à l'ouverture, et de deux pieds de profondeur.

7. La clôture affranchira de même du droit de vaine pâture réciproque ou non réciproque entre particuliers, si ce droit n'est pas fondé sur un titre. Toutes lois et tous usages contraires sont abolis.

9. Dans aucun cas et dans aucun temps le droit de parcours ni celui de vaine pâture ne pourront s'exercer sur les prairies artificielles, et ne pourront avoir lieu sur aucune terre ensemencée ou couverte de quelques productions que ce soit qu'après la récolte.

10. Partout où les prairies naturelles sont sujettes au parcours ou à la vaine pâture, ils n'auront lieu provisoirement que dans le temps autorisé par les lois et coutumes; et jamais tant que la première herbe ne sera pas récoltée.

13. La quantité de bétail, proportionnellement à l'étendue du terrain, sera fixée dans chaque commune à tant de bêtes par arpent, d'après les règlemens et usages locaux, et à défaut de documens positifs à cet égard, il y sera pourvu par le conseil général de la commune.

19. Aussitôt qu'un propriétaire aura un troupeau malade, il sera tenu d'en faire la déclaration à la municipalité; elle assignera sur le terrain du parcours ou de la vaine pâture, si l'un ou l'autre existe dans la commune, un espace où le troupeau malade pourra pâturer exclusivement, et le chemin qu'il devra suivre pour se rendre au pâturage. Si ce n'est point un pays de parcours ou de vaine pâture, le propriétaire sera tenu de ne point faire sortir de ses héritages son troupeau malade.

20. Les corps administratifs emploîront constamment les moyens de protection et d'encouragement qui sont en leur pouvoir pour la multiplication des chevaux, des troupeaux et de tous bestiaux de race étrangère qui seront utiles à l'amélioration de nos espèces, et pour le soutien de tous les établissemens de ce genre.

Ils encourageront les habitans des campagnes par des récompenses, et suivant les localités, à la destruction des animaux malfaisans qui peuvent ravager les troupeaux, ainsi qu'à la destruction des animaux et des insectes qui peuvent nuire aux récoltes.

Ils emploîront particulièrement tous les moyens de prévenir et d'arrêter les épizooties et la contagion de la morve des chevaux.

Section V. — *Des récoltes.*

Art. 1er. La municipalité pourvoira à faire serrer la récolte d'un cultivateur absent, infirme, ou accidentellement hors d'état de la faire lui-même, et qui réclamera ce secours; elle aura soin que cet acte de fraternité et de protection de la loi soit exécuté aux moindres frais. Les ouvriers seront payés sur la récolte de ce cultivateur.

2. Chaque propriétaire sera libre de faire sa récolte, de quelque nature qu'elle soit, avec tout instrument et au moment qu'il lui conviendra, pourvu qu'il ne cause aucun dommage aux propriétaires voisins.

Cependant dans le pays où le ban de vendange est en usage, il pourra être fait à cet égard un règlement chaque année par le conseil général de la commune, mais seulement pour les vignes non closes; les réclamations qui pourraient être faites contre le règlement seront portées au directoire du département, qui y statuera sur l'avis du directoire de district.

3. Nulle autorité ne pourra suspendre ou intervertir les travaux de campagne dans les opérations de la semence et des récoltes.

SECTION VI. — *Des chemins.*

ART. 1er. Les agens de l'administration ne pourront fouiller dans un champ pour y chercher des pierres, de la terre ou du sable, nécessaires à l'entretien des grandes routes ou autres ouvrages publics, qu'au préalable ils n'aient averti le propriétaire, et qu'il ne soit justement indemnisé à l'amiable ou à dire d'experts, conformément à l'article 1er du présent décret.

2. Les chemins reconnus par le directoire de district pour être nécessaires à la communication seront rendus praticables, et entretenus aux dépens des communautés sur le territoire desquelles ils sont établis; il pourra y avoir à cet effet une imposition au marc la livre de la contribution foncière.

3. Sur la réclamation d'une des communautés, ou sur celle des particuliers, le directoire du département, après avoir pris l'avis de celui du district, ordonnera l'amélioration d'un mauvais chemin afin que la communication ne soit interrompue dans aucune saison, et il en déterminera la largeur.

Voyez, sous le mot DÉLITS, le titre 2 de cette loi, qui contient la partie judiciaire de la police rurale.

POLICE JUDICIAIRE. Le Code d'instruction criminelle (B. 214 *bis*) contient, sur la police judiciaire, etc., les dispositions suivantes, dont il importe aux maires, à leurs adjoints, aux commissaires de police, aux gardes champêtres et forestiers, etc., d'avoir connaissance.

ART. 8. La police judiciaire recherche les crimes, les délits et les contraventions, en rassemble les preuves et en livre les auteurs aux tribunaux chargés de les punir.

9. La police judiciaire sera exercée sous l'autorité des cours royales et suivant les distinctions qui vont être établies :

Par les gardes champêtres et les gardes forestiers,
Par les commissaires de police,
Par les maires et les adjoints de maire,
Par les procureurs royaux et leurs substituts,
Par les juges de paix,
Par les officiers de gendarmerie,
Et par les juges d'instruction.

10. Les préfets des départemens et le préfet de police à Paris pourront faire personnellement, ou requérir les officiers de police judiciaire, chacun en ce qui le concerne, de faire tous actes nécessaires à l'effet de constater les crimes, délits et contraventions, et d'en livrer les auteurs aux tribunaux chargés de les punir conformément à l'article 8 ci-dessus.

Des maires, des adjoints de maire et des commissaires de police.

11. Les commissaires de police, et dans les communes où il n'y en a point les maires, au défaut de ceux-ci les adjoints de maire, rechercheront les contraventions de police, même celles qui sont sous la surveillance spéciale des gardes forestiers et champêtres, à l'égard desquels ils auront concurrence et même prévention.

Ils recevront les rapports, dénonciations et plaintes qui seront relatifs aux contraventions de police.

Ils consigneront dans les procès-verbaux qu'ils rédigeront à cet effet la nature et les circonstances des contraventions, le temps et le lieu où elles auront été commises, les preuves ou indices à la charge de ceux qui en seront présumés coupables.

12. Dans les communes divisées en plusieurs arrondissemens, les commissaires de police exerceront ces fonctions dans toute l'étendue de la commune où ils sont établis, sans pouvoir alléguer que les contraventions ont été commises hors de l'arrondissement particulier auquel ils sont préposés.

Ces arrondissemens ne limitent ni ne circonscrivent leurs pouvoirs respectifs, mais indiquent seulement les termes dans lesquels chacun d'eux est plus spécialement astreint à un exercice constant et régulier de ses fonctions.

13. Lorsque l'un des commissaires de police d'une même commune se trouvera légitimement empêché, celui de l'arrondissement voisin est tenu de le suppléer sans qu'il puisse retarder le service pour lequel il sera requis, sous prétexte qu'il n'est pas le plus voisin du commissaire empêché, ou que l'empêchement n'est pas légitime ou n'est pas prouvé.

14. Dans les communes où il n'y a qu'un commissaire de police, s'il se trouve légitimement empêché, le maire, ou, au défaut de celui-ci, l'adjoint de maire, le remplacera tant que durera l'empêchement.

15. Les maires ou adjoints de maire remettront à l'officier par qui sera rempli le ministère public près le tribunal de police toutes les pièces et renseignemens dans les trois jours au plus tard, y compris celui où ils ont reconnu le fait sur lequel ils ont procédé.

Des gardes champêtres et forestiers.

16. Les gardes champêtres et les gardes forestiers, considérés comme officiers de police judiciaire, sont chargés de rechercher, chacun dans le territoire pour lequel ils auront été assermentés, les délits et les contraventions de police qui auront porté atteinte aux propriétés rurales et forestières.

Ils dresseront des procès-verbaux à l'effet de constater la nature, les circonstances, le temps, le lieu des délits et des contraventions, ainsi que les preuves et les indices qu'ils auront pu en recueillir.

Ils suivront les choses enlevées dans les lieux où elles auront été transportées et les mettront en séquestre : ils ne pourront néanmoins s'introduire dans les maisons, ateliers, bâtimens, cours adjacentes et enclos, si ce n'est en présence soit du juge de paix, soit de son suppléant, soit du commissaire de police, soit du maire du lieu, soit de son adjoint; et le procès-verbal qui devra en être dressé sera signé par celui en présence duquel il aura été fait.

Ils arrêteront et conduiront devant le juge de paix ou devant le maire tout individu qu'ils auront surpris en flagrant délit ou qui sera dénoncé par la clameur publique, lorsque ce délit emportera la peine d'emprisonnement ou une peine plus grave.

Ils se feront donner pour cet effet main-forte par le maire ou par l'adjoint du maire du lieu, qui ne pourra s'y refuser.

17. Les gardes champêtres et forestiers sont, comme officiers de police judiciaire, sous la surveillance du procureur du roi, sans préjudice de leur subordination à l'égard de leurs supérieurs dans l'administration.

18. Les gardes forestiers de l'administration, des communes et des établissemens publics, remettront leurs procès-verbaux au conservateur, inspecteur ou sous-inspecteur forestier dans le délai fixé par l'article 15.

L'officier qui aura reçu l'affirmation sera tenu, dans la huitaine, d'en donner avis au procureur du roi.

19. Le conservateur, inspecteur ou sous-inspecteur fera citer les prévenus ou les personnes civilement responsables devant le tribunal correctionnel.

20. Les procès-verbaux des gardes champêtres des communes et ceux des gardes champêtres et forestiers des particuliers seront, lorsqu'il s'agira de simples contraventions, remis par eux dans le délai fixé par l'art. 15, au com-

missaire de police de la commune chef-lieu de la justice de paix, ou au maire dans les communes où il n'y a point de commissaire de police; et lorsqu'il s'agira d'un délit de nature à mériter une peine correctionnelle, la remise sera faite au procureur du roi.

21. Si le procès-verbal a pour objet une contravention de police, il sera procédé par le commissaire de police de la commune chef-lieu de la justice de paix, par le maire, ou, à son défaut, par l'adjoint de maire dans les communes où il n'y a point de commissaire de police, ainsi qu'il sera réglé au chapitre 1er, titre 1er du livre II du présent Code. (Art. 137 et suiv.)

Voy. Tribunaux de police.

Mode de procéder des procureurs du roi dans l'exercice de leurs fonctions (1).

32. Dans tous les cas de *flagrant délit*, lorsque le fait sera de nature à entraîner une peine afflictive ou infamante, le procureur du roi se transportera sur le lieu sans aucun retard pour y dresser les procès-verbaux nécessaires à l'effet de constater le corps du délit, son état, l'état des lieux, et pour recevoir les déclarations des personnes qui anraient été présentes, ou qui auraient des renseignemens à donner.

Le procureur du roi donnera avis de son transport au juge d'instruction, sans être toutefois tenu de l'attendre pour procéder, ainsi qu'il est dit au présent chapitre.

33. Le procureur du roi pourra aussi, dans le cas de l'article précédent, appeler à son procès-verbal les parens, voisins ou domestiques présumés en état de donner des éclaircissemens sur le fait; il recevra leurs déclarations qu'ils signeront : les déclarations reçues en conséquence du présent article et de l'article précédent seront signées par les parties, ou, en cas de refus, il en sera fait mention.

34. Il pourra défendre que qui que ce soit sorte de la maison ou s'éloigne du lieu jusqu'après la clôture de son procès-verbal.

Tout contrevenant à cette défense sera, s'il peut être saisi, déposé dans la maison d'arrêt : la peine encourue pour la contravention sera prononcée par le juge d'instruction, sur les conclusions du procureur du roi, après que le contrevenant aura été cité et entendu, ou par défaut s'il ne comparaît pas, sans autre formalité ni délai, et sans opposition ni appel.

La peine ne pourra excéder dix jours d'emprisonnement et cent francs d'amende.

35. Le procureur du roi se saisira des armes et de tout ce qui paraîtra avoir servi ou avoir été destiné à commettre le crime ou le délit, ainsi que de tout ce qui paraîtra en avoir été le produit, enfin de tout ce qui pourra servir à la manifestation de la vérité; il interpellera le prévenu de s'expliquer sur les choses saisies qui lui seront présentées; il dressera du tout procès-verbal, qui sera signé par le prévenu, ou mention sera faite de son refus.

36. Si la nature du crime ou délit est telle que la preuve puisse vraisemblablement être acquise par les papiers ou autres pièces et effets en la possession du prévenu, le procureur du roi se transportera de suite dans le domicile du prévenu, pour y faire la perquisition des objets qu'il jugera utiles à la manifestation de la vérité.

37. S'il existe dans le domicile du prévenu des papiers ou effets qui puissent servir à conviction ou à décharge, le procureur du roi en dressera procès-verbal, et se saisira desdits effets ou papiers.

38. Les objets saisis seront clos et cachetés, si faire se peut; ou, s'ils ne sont pas susceptibles de recevoir des caractères d'écriture, ils seront mis dans un vase ou dans un sac sur lequel le procureur du roi attachera une bande de papier qu'il scellera de son sceau.

(1) Voyez plus loin l'art. 49.

39. Les opérations prescrites par les articles précédens seront faites en présence du prévenu, s'il a été arrêté; et, s'il ne veut ou ne peut y assister, en présence d'un fondé de pouvoir qu'il pourra nommer. Les objets lui seront présentés à l'effet de les reconnaître et de les parafer s'il y a lieu; et, au cas de refus, il en sera fait mention au procès-verbal.

40. Le procureur du roi, audit cas de flagrant délit, et lorsque le fait sera de nature à entraîner peine afflictive ou infamante, fera saisir les prévenus présens contre lesquels il existerait des indices graves.

Si le prévenu n'est pas présent, le procureur du roi rendra une ordonnance à l'effet de le faire comparaître : cette ordonnance s'appelle *mandat d'amener*.

La dénonciation seule ne constitue pas une présomption suffisante pour décerner cette ordonnance contre un individu ayant domicile.

Le procureur du roi interrogera sur-le-champ le prévenu amené devant lui.

41. Le délit qui se commet actuellement, ou qui vient de se commettre, est un flagrant délit.

Sera aussi réputé flagrant délit, le cas où le prévenu est poursuivi par la clameur publique, et celui où le prévenu est trouvé saisi d'effets, armes, instrumens ou papiers faisant présumer qu'il est auteur ou complice, pourvu que ce soit dans un temps voisin du délit.

42. Les procès-verbaux du procureur du roi, en exécution des articles précédens, seront faits et rédigés en la présence et revêtus de la signature du commissaire de police de la commune où le crime ou le délit aura été commis, ou du maire, ou de l'adjoint du maire, ou de deux citoyens domiciliés dans la même commune.

Pourra néanmoins le procureur du roi dresser les procès-verbaux sans assistance de témoins, lorsqu'il n'y aura pas possibilité de s'en procurer tout de suite.

Chaque feuillet du procès-verbal sera signé par le procureur du roi et par les personnes qui y auront assisté; en cas de refus ou d'impossibilité de signer de la part de celle-ci, il en sera fait mention.

43. Le procureur du roi se fera accompagner au besoin d'une ou de deux personnes présumées, par leur art ou profession, capables d'apprécier la nature et les circonstances du crime ou délit.

44. S'il s'agit d'une mort violente ou d'une mort dont la cause soit inconnue et suspecte, le procureur du roi se fera assister d'un ou de deux officiers de santé qui feront leur rapport sur les causes de la mort et sur l'état du cadavre.

Les personnes appelées dans le cas du présent article et de l'article précédent prêteront devant le procureur du roi le serment de faire leur rapport et de donner leur avis en leur honneur et conscience.

45. Le procureur du roi transmettra sans délai au juge d'instruction les procès-verbaux, actes, pièces et instrumens dressés ou saisis en conséquence des articles précédens, pour être procédé ainsi qu'il sera dit au chapitre *des juges d'instruction;* et cependant le prévenu restera sous la main de la justice *en état de mandat d'amener*.

46. Les attributions faites ci-dessus au procureur du roi pour les cas de flagrant délit auront lieu aussi toutes les fois que, s'agissant d'un crime ou délit, même non flagrant, commis dans l'intérieur d'une maison, le chef de cette maison requerra le procureur du roi de le constater.

Des officiers de police auxiliaire du procureur du roi.

48. Les juges de paix, les officiers de gendarmerie, les commissaires généraux de police, recevront les dénonciations de crimes ou délits commis dans les lieux où ils exercent leurs fonctions habituelles.

49. Dans les cas de flagrant délit ou dans les cas de réquisition de la part d'un chef de maison, ils dresseront les procès-verbaux, recevront les décla-

rations des témoins, feront les visites et les autres actes qui sont auxdits cas de la compétence des procureurs royaux, le tout dans les formes et suivant les règles établies au chapitre *des procureurs royaux*. (Art. 32 et suiv.)

50. Les maires, adjoints de maire et les commissaires de police recevront également les dénonciations et feront les actes énoncés en l'article précédent, en se conformant aux mêmes règles.

51. Dans les cas de concurrence entre les procureurs du roi et les officiers de police énoncés aux articles précédens, le procureur du roi fera les actes attribués à la police judiciaire; s'il a été prévenu, il pourra continuer la procédure ou autoriser l'officier qui l'aura commencée à la suivre.

52. Le procureur du roi, exerçant son ministère dans les cas des articles 32 et 46, pourra, s'il le juge utile et nécessaire, charger un officier de police auxiliaire de partie des actes de sa compétence.

53. Les officiers de police auxiliaire renverront sans délai les dénonciations, procès-verbaux et autres actes par eux faits dans les cas de leur compétence, au procureur du roi, qui sera tenu d'examiner sans retard les procédures, et de les transmettre, avec les réquisitions qu'il jugera convenables, au juge d'instruction.

54. Dans les cas de dénonciation de crimes ou délits autres que ceux qu'ils sont directement chargés de constater, les officiers de police judiciaire transmettront aussi sans délai au procureur du roi les dénonciations qui leur auront été faites; et le procureur du roi les remettra au juge d'instruction avec son réquisitoire.

Voyez DÉLITS, FRAIS, MANDATS, PLAINTES, RÈGLEMENS DE POLICE, SURVEILLANCE DE LA HAUTE POLICE, TRIBUNAUX DE POLICE.

POLICE SANITAIRE. Des mesures sanitaires ont été prescrites dans plusieurs départemens à l'occasion de la fièvre jaune qui s'était manifestée dans la Catalogne et dans d'autres provinces de l'Espagne. L'ordonnance du roi rendue à ce sujet le 27 septembre 1821 (B. 478) portait, art. 15, qu'afin d'assurer l'exécution de ces mesures il serait formé des commissions composées de 3 ou 5 membres et présidées par le maire de la commune où elles siégeraient. Les ordonnances, règlemens et déclarations des 25 août 1683, 26 novembre 1729, 28 janvier 1748 et 27 août 1786 ont été imprimés dans le même bulletin, pour mettre les tribunaux à portée d'en faire l'application; et une loi du 3 mars 1822 (B. 508), qui a établi des règles générales de police sanitaire sur le même objet, et prononcé des peines pour les délits et contraventions, a fixé les attributions des autorités sanitaires en matière de police, judiciaire et de l'état civil. L'art. 19, qui les charge d'exercer les fonctions d'officiers de l'état civil, ordonne l'envoi dans les vingt-quatre heures d'une expédition des actes de naissances et de décès à l'officier ordinaire de l'état civil de la commune où est situé l'établissement, lequel est tenu d'en faire la transcription.

Les mesures à observer pour l'exécution de cette loi ont été déterminées par l'ordonnance du 7 août 1822 (B. 548).

POMMES DE TERRE. MM. Challan, de Lasteyrie, Sageret, Sylvestre et Vilmorin, ont, sur la demande du ministre de l'intérieur, rédigé en 1817 une instruction sur la manière de conserver ces précieux tubercules qui résistent à l'intempérie des saisons, et fournissent dans tous les temps aux hommes et aux animaux domestiques une nourriture économique et saine. Cette instruction est divisée en deux parties, dont la première est relative à la conservation des pommes de terre dans leur état de fraîcheur, et dont la seconde indique les moyens de les conserver par la dessiccation.

Les pratiques indiquées dans la dernière partie sont précédées d'un avis sur les précautions à prendre lors de la récolte.

PREMIÈRE PARTIE.

Les espèces hâtives doivent être arrachées au fur et à mesure qu'elles mûrissent, afin de prévenir la repousse, qui est d'autant plus à craindre que la saison est plus humide. On ne doit arracher les espèces tardives que quand le froid a arrêté la végétation.

Il faut choisir un beau temps pour faire la récolte. Lorsqu'on tire de terre les tubercules, on sépare ceux qui sont gâtés de ceux qu'on destine à une longue conservation. Il en est de même des tubercules endommagés par les insectes, de ceux dont la germination commence à se développer et qui sont seulement tachés. On les laisse se ressuyer à l'air et au soleil, sur le champ même dont ils proviennent, ou on les laisse exposés à un courant d'air sous un hangar ou sur l'aire d'une grange, et on les remue sans les meurtrir.

Quelque part qu'on les dépose il faut les garantir de la gelée, de la chaleur, de l'humidité et de la lumière, et il est bon d'avoir en réserve de la paille, des feuilles, même du fumier pour renforcer les abris; la paille longue, la fougère, les feuilles bien sèches, peuvent servir aussi à couvrir les pommes de terre elles-mêmes lorsqu'on le juge nécessaire.

Première pratique.

Les caves, les celliers sont les lieux qui se présentent le plus naturellement pour des provisions d'une certaine étendue; à l'égard des petites provisions, des caisses, des tonneaux, des paniers qu'on peut transporter, sont très-convenables.

Si dans le courant de l'hiver on s'aperçoit que les pommes de terre germent ou s'échauffent, soit par l'effet d'une température douce et humide, soit par la pourriture de quelques-unes d'entre elles, on doit les remuer, les étaler, les changer de place, et casser les germes de celles qui ne sont pas destinées à la plantation.

A la fin de l'hiver, lorsqu'il n'y a plus de gelée à craindre, on transporte les pommes de terre dans des lieux secs et aérés, dans un grenier, par exemple, mais toujours à l'abri de la lumière, attendu qu'elle les ferait verdir et devenir âcres. A cette époque les tubercules doivent être répandus par couches minces, et remués de temps en temps, en continuant de casser les germes à mesure qu'ils se développent.

Deuxième pratique.

Pour les cultures en grand on peut pratiquer sous un hangar, dans une grange dont la toiture préserve déjà de la pluie, des cloisons avec des claies d'osier, avec celles qui servent au parc des moutons, avec des planches, des fagots, des bottes de paille, et y préparer des espaces plus ou moins grands selon l'étendue de sa récolte.

Troisième pratique.

On creuse dans un terrain sec, près de la maison ou dans le champ sur lequel les pommes de terre ont été récoltées, s'il a les qualités convenables, une ou plusieurs fosses d'une grandeur proportionnée à la quantité qu'on veut conserver, et dont la profondeur soit telle qu'il y ait, sur les tubercules, une épaisseur suffisante pour que la gelée ne puisse les atteindre. Les fosses se recouvrent avec tout ou partie de la terre tirée du trou, en donnant à ce recouvrement une forme pyramidale. On établit autour de la fosse, à une certaine distance, une rigole destinée à l'écoulement des eaux, et peut-être dans notre climat pluvieux serait-il convenable d'établir sur les fosses une couverture en chaume ou en paille, comme on le fait sur les gerbiers.

Quatrième pratique.

Au lieu de déposer les pommes de terre dans des fosses, on pourrait, dans les pays dont le sol est humide, les amonceler en forme de pain d'environ 4 à 5 pieds de hauteur, sur un terrain élevé et sec; on les couvrirait ensuite d'environ 3 à 4 pouces de paille, et pour fixer cette paille, on jetterait dessus six pouces de terre qu'on se procurerait en faisant autour de chaque tas un petit fossé pour l'écoulement des eaux. Il faut encore avoir soin de battre, avec le dos de la bèche ou de la pelle, la terre placée sur la paille, afin qu'elle ait de la consistance et que l'eau glisse plus facilement dessus.

Lorsque les grands froids surviennent on couvre ces tas avec du grand fumier ou de la litière, et à leur défaut, avec de la terre, pour empêcher la gelée d'y pénétrer.

Au lieu de donner à ces tas la forme d'un pain de sucre, on peut leur donner celle d'un carré long, en ayant soin que la terre qui les recouvre soit en pente sur toutes les faces; on les adosse, si l'on veut, à une maison, à une muraille, pourvu que l'égoût ne donne pas dessus. Lorsque l'on voudra consommer, il faudra transporter à la maison un tas entier, ou l'ouvrir avec précaution du côté du midi, et le bien refermer avec de la paille et de la terre, après avoir pris ce dont on a besoin.

Cinquième pratique.

On renferme les pommes de terre dans des tonneaux défoncés, que l'on referme aussi exactement que s'ils devaient contenir les liquides, et l'on prétend que les tubercules, ainsi privés d'air, perdent leur faculté germinative et acquièrent une saveur sucrée.

SECONDE PARTIE. — *Dessiccation.*

Première pratique.

Après avoir lavé les pommes de terre, on les coupe par morceaux de la grosseur du doigt et on les expose au soleil sur des toiles, en ayant soin de les rentrer avant son coucher. On les y expose de nouveau le lendemain, si cela est nécessaire, et jusqu'à ce que la surface se durcisse. On met ensuite les fragmens en tas, et après quelques heures, lorsqu'un premier degré de fermentation est établi, on les étend sur le plancher, on les laisse raffermir, puis on les met encore en tas pour fermenter de nouveau; on les étend de rechef pour qu'elles puissent se ressuyer, et l'on répète ces opérations jusqu'à ce que la masse n'exhale plus aucune odeur et que chaque morceau soit parfaitement sec.

Les pommes de terre ainsi préparées peuvent se garder dans des sacs et se moudre comme le blé. Elles fournissent une farine passable, propre à être mêlée avec celle des céréales. Les produits sont d'une qualité inférieure, mais la classe peu aisée a recours à ce procédé, surtout dans les pays méridionaux.

Deuxième pratique.

On opère de préférence sur les pommes de terre jaunes. Après les avoir lavées, on les coupe par tranches, on les jette à mesure dans des vases contenant assez d'eau pour que le pommes de terre qui doivent occuper les deux tiers de leur capacité en soient recouvertes. Le premier jour il faut changer l'eau deux fois, et de temps en temps aussi dans le cours de l'opération lorsqu'on s'aperçoit que l'odeur aigre se fait trop vivement sentir.

Quand la fermentation est établie, et après que les pommes de terre sont devenues molles sous les doigts dans toutes leurs parties, on les retire ; mais il faut encore les laver deux fois, et même plus jusqu'à ce que l'odeur soit entièrement dissipée. On les met ensuite dans des sacs de toile claire, et on les presse pour en faire sortir l'eau ; après quoi on les étend sur des toiles ou sur des claies couvertes de papier gris, pour sécher à l'air, au soleil ou dans une étuve. Lorsque ce produit est tout-à-fait sec on le met au moulin ; la farine qui en provient est d'excellente qualité. Les pommes de terres gelées ou germées peuvent être rendues utiles par ce procédé.

Troisième pratique.

Les pommes de terre se râpent et se réduisent en bouillie; on se sert, pour accélérer cette opération, d'une râpe cylindrique de tôle, ou d'un cylindre de bois armé de lames métalliques, taillées en dents de scie; le cylindre est mu par des manivelles qu'un ou deux hommes font agir; il est surmonté d'une trémie en bois, et placé sur une pièce défoncée, qui reçoit la bouillie à mesure qu'elle tombe du cylindre; l'eau qui est dans le tonneau le lave continuellement, et empêche qu'il ne s'engorge. On fait ensuite subir à cette bouillie deux lavages et même plus s'il est besoin, pour enlever toute l'âcreté, puis on la reçoit sur des toiles, et on extrait l'eau sous une presse. Enfin on fait sécher le résidu au soleil, au four, dans une étuve ou dans des bassines exposées à la chaleur du feu.

Lorsqu'on se sert de bassines il faut avoir soin de remuer pendant la dessiccation, et ensuite de laisser dans la bassine une partie de la matière desséchée. A mesure que l'on met de la farine humide, l'ancienne absorbe l'eau et hâte la dessiccation de la portion ajoutée. Quand la râpe a bien divisé toutes les parties la mouture n'est pas indispensable; seulement, si l'on y a recours, la farine a une apparence plus fine, et son mélange avec les céréales est plus facile.

Les procédés pour extraire la fécule ne sont que la suite de la pratique qu'on vient d'indiquer. On multiplie les lavages pour rendre la fécule plus belle et on passe au tamis pour retenir le parenchyme que l'on perdait autrefois quoiqu'il soit très-nutritif. Au reste, les farines dont on vient de parler, ainsi que la fécule, sont incorruptibles.

QUATRIÈME PRATIQUE. — *Conservation des pommes de terre en forme de pâtes.*

Après les avoir fait cuire dans l'eau ou à la vapeur, on les pèle, on les broie ou on les pétrit pour en faire une pâte douce; puis on coupe cette pâte par petits pains très-aplatis, que l'on fait sécher : lorsque l'on veut en faire usage, il suffit de les faire cuire dans du bouillon, du lait, ou de toute autre manière, pour avoir une bonne purée. Cette même pâte peut se convertir en vermicelle, si, pendant qu'elle est molle, on la presse dans un cylindre ou tuyau de fer-blanc, percé par les côtés de petits trous proportionnés à la grosseur du vermicelle que l'on veut avoir. Cette pression s'opère avec un piston de bois, qui remplit l'intérieur du cylindre, et qui est surmonté d'un manche en forme de T; la pâte, ainsi pressée, sort à travers les trous par filets que l'on reçoit sur du papier gris; on les éparpille et l'on fait sécher sur un poêle, dans une étuve ou sur un four.

POMPES FUNÈBRES. *Voyez* SÉPULTURES.

POMPIERS. Par une circulaire aux préfets en date du 6 février 1815, le ministre de l'intérieur a demandé des renseignemens sur l'organisation à donner aux compagnies de pompiers, dont il a posé les bases d'après lesquelles les maires avaient à rédiger les projets de règlement constitutif des compagnies; la désignation des individus propres à remplir les fonctions des pompiers leur était aussi réservée. On faisait en même temps observer que l'obligation à laquelle se soumettaient les pompiers les dispensait du service de la garde nationale; ils n'avaient droit qu'à des indemnités et des gratifications lorsqu'ils étaient blessés en remplissant leur office. *Voyez* INCENDIE.

PONTS. D'après l'art. 4 de la loi du 11 frimaire an 7 (B. 247), les dépenses relatives aux réparations des ponts qui ne servent qu'à l'utilité particulière d'une commune font partie des dépenses communales.

L'art. 11 de la loi du 14 floréal an 10 (B. 187) porte que le gouvernement autorisera pendant dix années l'établissement des ponts dont la construction sera entreprise par des particuliers; qu'il déterminera la durée de leur jouissance, à l'expiration de laquelle ces ponts seront réunis au domaine public, lorsqu'ils ne seront pas une propriété communale, et qu'il fixera le tarif de la taxe à percevoir sur ces ponts.

Quand des ponts ont besoin de réparation, les communes sur le territoire desquelles ils sont situés peuvent demander, par une délibération du corps municipal, l'autorisation du gouvernement pour la perception d'une taxe dont le produit sera destiné à payer les dépenses, si elles n'ont pas d'autres moyens d'y pourvoir.

C'est ainsi que, par un arrêté du 3 brumaire an 11 (B 228), rendu sur les avis du sous-prefet, de l'ingénieur en chef du département et du préfet, la commune d'Eclaron a été autorisée à percevoir pendant six ans, sur le passage du grand pont, une taxe applicable aux réparations d'autres ponts situés sur son territoire.

Le préfet de l'Aube ayant ordonné, par un arrêté du 15 avril 1806, que les réparations à faire au pont de la Pielle, formant la communication de la ville de Troyes avec des hameaux dépendant de cette commune, seraient supportés, un tiers par la ville, un tiers par les acquéreurs des biens du chapitre Saint-Pierre, et un tiers par les propriétaires habitant les hameaux, le gouvernement, considérant que dans le cas ci-dessus le préfet n'avait pas le droit de faire un rôle d'imposition ou de répartition sur les habitans, a, par un décret du 7 octobre 1807 (B. 167), cassé son arrêté pour excès de pouvoir.

Voyez NAVIGATION INTÉRIEURE, PÉAGE.

PONTS A BASCULE, *Voyez* VOITURES.

PONTS ET CHAUSSÉES. *Voyez* CENTIMES ADDITIONNELS, DIGUES, POLDERS, PONTS.

POPULATION. Aux termes des articles 1 et 2 de la première partie de la loi du 19—22 juillet 1791, et du titre 2 de la loi du 10 vendémiaire an 4 (B. 188), les maires et adjoints doivent former, pour chaque commune, des tableaux contenant les noms de tous les habitans domiciliés. Ces tableaux doivent être envoyés au commencement de chaque année au sous-préfet.

C'est sur le tableau général de la population que les maires et adjoints peuvent faire le relevé des citoyens de leurs communes indigens ou mendians, dont ils doivent aussi, aux termes de l'article 1er de la loi du 24 vendémiaire an 2, dresser et envoyer au sous-préfet l'état nominatif.

L'ordonnance du roi du 16 janvier 1822 (B. 501), où se trouve un tableau de la population du royaume montant à 30,465,291 habitans, déclare que ce recensement sera seul considéré comme authentique pendant 5 ans, et devra servir de base aux opérations administratives qui se règlent sur la population.

Voyez Mendicité, Police municipale, Tableaux de Population.

PORCS. Ces animaux sont sujets à une lèpre qui exige la surveillance des officiers de santé. La langue doit en être visitée lorsqu'ils sont vivans, pour voir s'il n'y paraît pas de pustules, et la même visite doit être faite sur les parties intérieures, quand l'animal est tué.

La loi du 12 fructidor an 2 défend d'introduire les porcs dans les forêts nationales où cet usage est reçu, avant le 10 brumaire.

D'après les expériences qui ont été faites il paraît que la viande du porc ladre, sans être absolument malsaine, a tous les caractères d'un aliment plus ou moins détérioré ou avarié, et qu'il peut devenir dangereux d'en faire un usage habituel; ainsi l'administration doit faire tous ses efforts pour parvenir à prévenir cette maladie, car il paraît certain qu'elle est incurable, au moins chez les vieux animaux; mais en attendant qu'on y réussisse, le ministre de l'intérieur a, par une circulaire du 16 septembre 1819, témoigné aux préfets le désir que si l'on ne peut généraliser la mesure prise à Paris, où la viande du porc ladre est interdite, l'autorité administrative fasse au moins, dans l'intérêt public, visiter par des vétérinaires les porcs amenés sur les marchés, et ne permette la vente de ceux qui seraient affectés de ladrerie que dans un lieu désigné à cet effet, de manière que les acheteurs et les consommateurs ne soient pas exposés à être trompés.

Les autorités de la ville de Dijon ont défendu de tuer les porcs dans les rues. Le *Courrier* du 17 novembre 1810, qui rapporte ce fait, forme, d'après un autre journal, le vœu de voir adopter la même mesure ailleurs, afin de soustraire à la vue des citoyens ce dégoûtant spectacle, résultat d'anciennes habitudes.

Un jeune enfant ayant été imprudemment abandonné le 18 novembre 1820 dans la commune de Garn, département du Gard, par une mère, à la garde d'un aîné de cinq à six ans, et celui-ci s'étant écarté du berceau, la mère en entrant a eu l'horrible spectacle de ne retrouver que les membres du premier qu'un porc avait à moitié dévorés. Ce triste évènement doit suffire pour démontrer combien il importe que les maires veillent soigneusement à l'exécution des règlemens de police qui défendent de laisser vaguer les porcs dans les rues et autres lieux publics des communes rurales.

Voyez FAINE, GLANDÉE, LAPINS, VIANDE.

PORT D'ARMES. Les infractions sur le port d'armes sont poursuivies devant les tribunaux correctionnels.

Le ministre de la police ayant présenté un rapport tendant à établir qu'il était nécessaire de se pourvoir de permis pour exercer la faculté de porter en voyage des armes destinées à la défense personnelle, le conseil d'état a donné un avis, approuvé le 17 mai 1811 (B. 370), et portant qu'il n'y avait lieu de statuer sur la proposition du ministre de la police; que les gens non domiciliés, vagabonds et sans aveu devaient seuls être examinés et poursuivis par la gendarmerie et tous officiers de police, lorsqu'ils étaient porteurs d'armes, à l'effet d'être désarmés, et même traduits devant les tribunaux, pour être condamnés, suivant les cas, aux peines portées par les lois et règlemens. *Voyez* ARMES.

PORT D'ARMES DE CHASSE. La réception des déclarations et la délivrance des permissions pour port d'armes de chasse, etc., sont du ressort des préfets de département qui les délivrent sur la déclaration donnée par les commissaires de police ou les maires, et visée par le sous-préfet, qu'il ne peut en résulter d'inconvéniens attendu la probité reconnue du pétitionnaire.

Le préfet du ci-devant département de Sambre-et-Meuse avait pris sur cet objet, le 24 novembre 1806, un arrêté qui avait pour base les règlemens antérieurs. On croit devoir, ainsi qu'on l'a fait dans les éditions précédentes, insérer ici en entier les motifs et le texte de cet arrêté; il servira au moins d'instruction dans les points où il ne serait pas considéré comme strictement exécutoire.

Vu les décisions et instructions du ministre de la police générale, en date des 9 vendémiaire an 13, 22 avril, 3 et 6 mai, 3 et 19 juin, 30 août, 3 et 13 septembre derniers, relatives au port d'armes et à la chasse;

Vu ses arrêtés des 1er nivose an 13 et 6 mai 1806, sur cet objet, ainsi que ceux des 24 prairial an 9 et 10 mars dernier, concernant l'exécution de la loi du 30 avril 1790, sur l'exercice du droit de chasse;

Considérant que le droit de se défendre, quoique inhérent à la personne, et celui de chasser, quoique inhérent à la propriété, ne donnent pas celui de porter des armes;

Que le port d'armes étant un des attributs de la haute police, l'autorité à qui elle est déléguée a seule le droit de l'accorder ou de le refuser;

Que de ces principes il résulte que toute permission de port d'armes doit émaner du préfet, à qui, par ses attributions, appartient la police générale dans son département;

Qu'il convient de tracer les règles d'après lesquelles cette permission peut être accordée;

Arrête ce qui suit :

SECTION 1re. — *Conditions requises pour obtenir un permis de port d'armes.*

ART. 1er. Les personnes auxquelles il peut être accordé des permis de port d'armes sont divisées en deux classes :

La première est composée des propriétaires ou fermiers qui ont le droit de chasse par la nature de leurs propriétés ou de leur exploitation;

La seconde comprend les propriétaires sans propriétés rurales, et les individus vivant de leur industrie.

2. Ceux compris dans la première classe, qui désireront obtenir une permission de port d'armes, en feront la demande au préfet sur papier timbré. Cette demande relatera leurs nom, prénoms, âge, état ou profession, demeure et signalement, la nature de leurs propriétés, ainsi que la consistance en nouvelles mesures.

Ils joindront à cette demande,

1° Un extrait du rôle des contributions, dans lequel ils seront cotisés, délivré par le percepteur, et visé par le maire;

2° Une attestation de moralité délivrée par le maire du lieu de leur résidence, et visée par le sous-préfet.

3. Sont néanmoins dispensés, pour le premier renouvellement, de fournir de nouveau ces pièces, les individus qui auront obtenu un permis de port d'armes postérieurement au 6 mai 1806, et qui feront le dépôt dudit permis au secrétariat de la préfecture.

4. Les juges et les autres fonctionnaires qui demanderont le port d'armes de chasse ne seront tenus qu'à justifier de leur qualité et à payer la rétribution ci-après déterminée.

Cette disposition s'applique aux militaires retirés comme à ceux en activité.

5. Les propriétaires ou possesseurs qui voudront obtenir, soit pour leurs enfans, agens d'affaires ou pour leurs domestiques, un permis de port d'armes de première classe, en formeront directement la demande au préfet, dans la forme prescrite par l'article 2 du présent; ils y insèreront l'obligation de répondre civilement de l'usage que fera, de ces armes, la personne en faveur de laquelle ils solliciteront le permis; et ils acquitteront pour elle la rétribution fixée par l'article suivant.

6. Toute personne qui obtiendra un permis de port d'armes versera préalablement la somme de dix francs dans la caisse de la préfecture, indépendamment du prix du papier et du timbre fixé à 95 centimes.

7. En sont exempts les membres de la légion d'honneur; ils ne seront tenus qu'au remboursement des frais de timbre et de papier.

8. Un permis de port d'armes de chasse n'ayant de force que dans l'étendue du département où il a été accordé, celui qui en sera muni ne pourra s'en servir dans un autre département qu'après y avoir été autorisé par le préfet de ce département, et avoir satisfait à la rétribution au secrétariat général de cette préfecture.

9. Le permis de port d'armes à feu sera néanmoins accordé à ceux qui se livrent particulièrement à la destruction des animaux malfaisans, lorsqu'ils en justifieront par certificat du maire, visé par le sous-préfet, ou par une attestation de l'inspecteur forestier de leur arrondissement, sous la condition cependant de payer la rétribution susdite, et de se conformer aux règlemens concernant ce genre de chasse.

10. Les habitans des lieux écartés, exerçant une industrie quelconque et re-

connus incapables d'abuser de leurs armes, sont autorisés à avoir un fusil chez eux, pour leur défense personnelle ; mais s'ils s'en servent *hors de leur habitation*, ils seront réputés en état de braconnage et poursuivis en conséquence.

11. Il ne sera point accordé de port d'armes aux jeunes gens qui n'auront point satisfait aux lois sur la formation de l'armée.

12. Tout individu placé sous la surveillance de l'autorité publique, en vertu des ordres du ministre de la police générale, les étrangers suspects, les condamnés à peine afflictive qui ont satisfait à leur jugement, et les hommes signalés comme dangereux pour la société générale et particulière, ne pourront, dans aucun cas, être autorisés à porter des armes que par une décision expresse de son excellence le ministre de la police générale.

Section II. — *De l'armement des gardes champêtres et forestiers.*

13. Les gardes forestiers et ceux des bois communaux ne pourront dorénavant être armés que de fusils simples.

14. Les gardes champêtres porteront pour leur défense personnelle, pendant leur service ordinaire, une lance de la longueur de deux mètres, sans pouvoir être armés de fusils de chasse sous aucun prétexte.

Ces gardes, ainsi que les gardes forestiers et des bois communaux, ne doivent point la rétribution fixée par l'article 6.

15. Tout individu commis par un particulier à la garde de ses propriétés, sous quelque nom et pour quelque cause que ce soit, quand même il serait agréé par le conservateur général, ne sera autorisé à porter des armes qu'autant que son commettant se sera conformé aux articles 2 et 5, et que la rétribution réglée par l'article 6 aura été versée au secrétariat de la préfecture.

16. Défense est faite aux gardes champêtres et forestiers de conduire avec eux, en faisant leur tournée, aucun chien de chasse.

Section III. — *Des permis de porter des pistolets et armes blanches.*

17. Tout individu qui, pour sa défense personnelle, désirera obtenir la permission de porter des pistolets ou armes blanches, sera tenu de produire devant le sous-préfet de son arrondissement un certificat de moralité et de domicile, et d'acquitter le droit exigé par l'article 6, dans les mains du sous-préfet, qui accordera le permis, s'il y a lieu.

18. Le sous-préfet de chaque arrondissement constatera la recette et la dépense sur un registre à ce destiné, et le premier de chaque mois, il adressera au préfet l'état nominatif des individus auxquels il aura accordé des permis pendant le mois précédent. Cet état comprendra le numéro du registre, l'âge, la profession et le domicile des personnes.

19. Aucun permis de cette classe ne donnera la faculté de faire usage du fusil qu'autant que cette autorisation y sera formellement spécifiée et consentie par le préfet ; mais le permis de port d'armes du fusil donnera en même temps le droit de porter des pistolets et armes blanches.

20. Ne seront point assujétis au paiement de la rétribution pour l'usage de cette espèce d'armes et autres propres à leurs fonctions, les percepteurs, les employés des droits réunis, ceux des octrois de bienfaisance et autres de même genre ; mais tous y demeurent assujétis pour l'usage du fusil de chasse.

SECTION IV. — *De la forme et de la durée du permis de port d'armes.*

21. Le permis de port d'armes sera ainsi conçu :

N° DU REGISTRE.	DÉPARTEMENT D
SIGNALEMENT.	Le préfet;
Agé de ans, taille d'un mètre millimètres, cheveux sourcils yeux nez bouche menton visage	Vu la demande présentée par le sieur demeurant à tendant à obtenir la permission de porter Considérant que le pétitionnaire réunit les qualités requises. Arrête que le permis de port d'armes qu'il sollicite lui est accordé. Délivré à le Signature du préfet.
Signature de l'impétrant.	

22. L'époque du renouvellement du permis de port d'armes est fixée au 1er janvier de chaque année. Ceux qui n'ont pas été renouvelés seront considérés comme non avenus.

23. A mesure qu'il sera délivré des permis, il en sera donné avis au capitaine de la gendarmerie, qui est requis d'envoyer les noms de ceux qui les auront obtenus aux brigadiers de l'arrondissement de leur domicile.

SECTION V. — *De l'exhibition des permis, des peines et amendes.*

24. Les braconniers pourront être désarmés à domicile par la gendarmerie, lorsqu'elle en sera requise ou qu'elle y sera autorisée par le préfet; mais aucun désarmement ne s'effectuera sans l'assistance du maire du lieu ou de son adjoint, ou du commissaire de police.

25. Toute personne qui usera de la permission de porter des armes sera tenue de la représenter à la première réquisition des maires, des adjoints, des commissaires et agens de police, des gendarmes et des gardes champêtres, sous peine d'être traduite devant le tribunal correctionnel.

26. Tout individu trouvé armé sans autorisation sera puni d'une amende de trois journées de travail ou de trois jours d'emprisonnement, ainsi que de la confiscation des armes saisies, ou même d'une peine plus grave, s'il y a lieu, suivant la rigueur des ordonnances. (*Déclaration du* 7 *mars* 1733. — *Loi du* 23 *thermidor an* 4.)

27. L'amende sera double en cas de récidive dans l'espace d'une année, ou si le délit a été commis avant le lever ou après le coucher du soleil.

Elle sera triple quand les deux circonstances précédentes se trouveront réunies. (*Loi du* 6 *octobre* 1791, *relative à la police rurale.*)

28. Celui qui aura obtenu un permis de port d'armes ne pourra, sous quelque prétexte que ce soit, le prêter à ceux qui n'ont ni le droit ni la permission d'en porter, à peine de trente francs d'amende (*Déclaration du* 7 *mars* 1733), de la confiscation desdites armes, ainsi que de la privation du permis accordé.

SECTION VI. — *Des armes offensives, dangereuses, cachées et secrètes, dont l'usage et le port sont interdits.*

29. Toute personne qui sera trouvée portant un fusil ou des pistolets à vent, sera, aux termes du décret du 2 nivose an 14, poursuivie et traduite devant le tribunal de police correctionnelle, pour y être jugée et condamnée conformément à la loi du 23 mai 1728.

30. Défense est faite à tous particuliers, sans exception, de porter des poignards, couteaux en forme de poignards, soit de poche, soit de fusils, pistolets de poche, épées en bâtons, bâtons à ferrement, autres que ceux qui sont ferrés par le bout, et autres armes offensives, cachées et secrètes, à peine de cent francs d'amende. (*Déclaration des* 23 *et* 27 *mars* 1728 *et* 1733.)

Il existe d'autres règlemens destinés à prévenir les dangers d'une faculté illimitée de port d'armes. La déclaration du roi, concernant le port d'armes, donnée à Versailles le 23 mars 1728, enregistrée en parlement, le 20 avril suivant, ordonne l'exécution de celle du 18 décembre 1660, et les dispositions de celle-ci ont été réimprimées dans le bulletin des lois à la suite d'un décret du 12 mars 1806 (n° 79).

Un autre décret du 4 mai 1812 (B. 434) a ordonné 1° que ceux qui seraient trouvés chassant sans un permis de port d'armes de chasse seraient traduits devant le tribunal de police correctionnelle et punis d'une amende de 30 à 60 fr., laquelle, en cas de récidive, serait portée de 61 à 200 fr., sans préjudice d'un emprisonnement de six jours à un mois que le tribunal pourrait ordonner; 2° que dans tous les cas il y aurait lieu à la confiscation des armes, le délinquant serait tenu de les apporter au greffe, si elles n'avaient pas été saisies, ou dont il serait obligé de payer la valeur, sans que la fixation puisse être au-dessous de 50 francs.

Le prix des permissions, valables pour une année seulement, et qui était fixé à 30 fr., a été réduit à 15 fr. par l'art. 77, du tit. 7 de la loi sur les finances du 28 avril 1816 (B. 81), et l'art. 1er de l'ordonnance du roi du 17 juillet suivant (B. 101) a généralisé, sans distinction, l'obligation de payer ce droit. L'art. 2 a porté à 5 fr. la gratification de 3 f. précédemment accordée à tout gendarme, garde champêtre ou forestier qui constaterait des contraventions aux lois et règlemens sur la chasse.

D'un autre côté, le ministre de l'intérieur a par une circulaire du mois de juin 1819, informé les préfets que, sur ses observations, le ministre des finances avait autorisé les receveurs d'arrondissemens à faire la perception de la taxe de 15 f. pour port d'armes, et il a fait remarquer que cette mesure ôtait tout prétexte de frauder les droits, puisque, sans exiger des voyages dispendieux ou incommodes, le permis pouvait être délivré sur la présentation du récépissé.

PORTES. L'art 15 d'une ordonnance de police du 8 novembre 1780 a enjoint aux habitans de Paris de tenir leurs portes fermées pendant la nuit. La même injonction a été renouvelée par l'art. 8 d'une autre ordonnance de police du 8 mai 1784. En effet, si l'on ne fermait pas soigneusement les portes des allées, des cours, des maisons, des jardins, pendant la nuit, les brigands, les voleurs pourraient s'y introduire, s'y cacher et échapper ainsi aux poursuites.

Les officiers de police doivent en outre veiller à ce que les caves donnant sur la rue soient exactement fermées, et prendre les précautions nécessaires pour empêcher les accidens qui pourraient arriver si on laissait les trappes ouvertes.

Quant aux contributions sur les portes et fenêtres, *voyez*, sous le mot CONTRIBUTIONS DIRECTES, les lois des 4 frimaire et 18 ventose an 7.

PORTE-FAIX. *Voyez* PLACES PUBLIQUES.

PORTEURS D'EAU. Le bureau central du canton de Paris a pris, le 6 vendémiaire an 4, un arrêté qui contient de sages mesures de police relativement aux porteurs d'eau, auxquels il a été notamment défendu de puiser de l'eau dans les endroits de la rivière où elle serait insalubre, et de s'arroger la faculté d'aller en puiser aux fontaines publiques exclusivement aux autres citoyens, qui devraient, au contraire, y être admis de préférence. En leur rappelant la nécessité de porter des secours dans les cas d'incendie, le même arrêté accorde une prime, en récompense de leur zèle, aux deux qui arriveront les premiers.

PORTEURS DE CONTRAINTES. *Voyez*, sous le mot CONTRIBUTIONS DIRECTES, l'arrêté du 16 thermidor an 8.

PORTIERS-CONCIERGES DES BATIMENS MILITAIRES. D'après le décret du 16 septembre 1811 (B. 389), les maires doivent choisir ces portiers parmi les militaires en retraite, sachant lire et écrire, conformément au décret du 8 mars précédent : les nominations sont soumises à l'approbation des préfets. Ces portiers sont chargés de dresser procès-verbal des vols, dégradations et autres délits, et ils en remettent copie au maire, chargé d'en faire poursuivre les auteurs; ils portent sur la poitrine un médaillon en cuivre, sur lequel sont figurées une clef et une épée en sautoir. Leurs commissions sont enregistrées, comme celles des gardes du génie, aux greffes de la mairie et du tribunal de première instance, et foi est ajoutée, jusqu'à inscription de faux, à leurs rapports dûment affirmés dans les vingt-quatre heures devant le juge de paix du canton, ou, en cas d'absence, devant le maire ou son adjoint.

Voyez CONSERVATEURS DES BATIMENS MILITAIRES.

PORTS DE MER. Les maires doivent surveiller les ports de mer ou de rivière, les quais, berges, gares, estacades, les navires, bateaux, coches, galiotes, les établissemens faits sur les rivières, les chantiers, les chemins de halage, les passages d'eau avec bacs ou batelets, les bains publics, les écoles de natation, et les matelots, mariniers, ouvriers, arrimeurs, chargeurs, déchargeurs, tireurs de bois, pêcheurs, blanchisseurs.

Il a été ordonné, par un décret du 22 nivose an 13 (B. 25), que pendant la durée de la guerre, lorsqu'un navire de commerce français ou étranger arriverait dans un port de France, aucune personne de l'état-major et de l'équipage, ni aucun passager, ne pourrait débarquer sans une permission du sous-préfet ou du maire, qui seraient avertis de l'arrivée des bâtimens par l'officier du port, et qui, accompagnés d'un préposé des douanes et d'un interprète, en cas de besoin, procéderaient et feraient procéder à la visite des personnes, des papiers et de la cargaison. Le même décret enjoint à ces fonctionnaires d'informer le ministre de la police de l'arrivée de ces bâtimens ou du résultat de la visite, en lui transmettant en original les papiers qui pourraient intéresser la sûreté intérieure du royaume. *Voyez* LOCATION, REMPARTS.

POSTE AUX CHEVAUX. Les maîtres de poste sont tenus de faire enregistrer à leurs municipalités respectives les commissions que leur délivre l'administration des postes.

L'art. 24 de la loi du 19 frimaire an 7 (B. 249) leur enjoint de tenir un registre coté et parafé par le maire, où les voyageurs ont la faculté de consigner leurs plaintes, notamment sur l'inexécution de l'art. 23, qui défend à tous postillons d'exiger aucune somme au-delà des guides fixés par la loi, et d'insulter ceux qu'ils conduisent.

Les postillons doivent se faire enregistrer chez le sous-préfet de leur arrondissement, ainsi que l'art. 13 de l'arrêté du 1er prairial an 7 (B. 283) les obligeait de le faire au greffe de l'administration municipale. Le droit à la pension ne court pour eux que du jour de cette inscription.

POSTE AUX LETTRES. D'après les dispositions des arrêtés des 2 nivose et 7 fructidor an 6 (B. 170 et 220), les maires sont chargés de concourir à l'exécution des mesures prises pour prévenir des contraventions au service exclusif de la poste aux lettres.

Les 3 premiers articles de l'arrêté du 7 fructidor an 6 (B. 220) sont ainsi conçus :

ART. 1er. Il est expressément défendu à tous les entrepreneurs de voitures libres, et à toute autre personne étrangère au service des postes, de s'immiscer dans le transport de lettres, paquets et papiers du poids d'un kilogramme ou de deux livres et au-dessous, journaux, feuilles à la main et ouvrages périodiques, dont le port est exclusivement confié à l'administration des postes aux lettres.

2. Les sacs de procédures, les papiers uniquement relatifs au service personnel des entrepreneurs des voitures et les paquets au-dessus du poids d'un kilogramme, sont seuls exceptés de la prohibition prononcée par l'article précédent.

3. Pour l'exécution du présent arrêté, les directeurs, contrôleurs et inspecteurs des postes, les employés des douanes aux frontières, et la gendarmerie nationale, sont autorisés à faire ou faire faire toutes perquisitions et saisies sur les messagers, piétons, voituriers, même sur les ordonnances portant régulièrement la correspondance relative au service militaire, et partout où besoin sera, afin de constater les contraventions; à l'effet de quoi ils pourront, s'ils le jugent nécessaire, se faire assister de la force armée.

POSTES MILITAIRES. *Voyez* PLACES DE GUERRE.

POUCE. *Voyez* CENTIMÈTRE.

POUDRES ET SALPÊTRES. Les maires et adjoints doivent surveiller l'exécution de la loi du 13 fructidor an 5 (B. 141), relative à la fabrication et à la vente des poudres; mais cette surveillance ne paraît plus devoir les regarder.

En effet il a été statué par une ordonnance du roi du 25 mars 1818 (B. 203), qu'à dater du 1er juin suivant la vente des poudres de chasse, de mine et de commerce, serait exclusivement exploitée par la direction générale des contributions indirectes, et qu'il en serait de même de la vente des poudres de guerre destinées aux armemens du commerce maritime et à la consommation des artificiers patentés; que les entreposeurs, préposés et gardes magasins feraient en conséquence le 31 mai la remise des matières dont ils étaient comptables, et qu'il serait dressé pour chaque entrepôt ou magasin un procès-vesbal de cette opération, à la quelle devrait concourir le maire de la commune.

Le ministre de la guerre a, par une circulaire du 20 juin de la même année, prescrit des mesures à l'exécution desquelles les maires sont appelés à concourir pour l'exécution de cette ordonnance.

Une ordonnance du roi du 25 juin 1823 (B. 616) contient des mesures d'ordre pour prévenir les dangers qui peuvent résulter de la fabrication et du débit des différentes sortes de poudres et matières détonnantes et fulminantes, telles que les amorces pour les armes à feu à piston, les allumettes, étoupilles, etc., etc.

POURSUITES JUDICIAIRES. On a vu sous le mot ACTIONS que les créanciers des communes devaient obtenir l'autorisation du conseil de préfecture pour les poursuivre. Ce conseil doit examiner si l'arrêté de compte d'où résulte la créance a été approuvé par le préfet; et, qu'il l'ait été ou non, il doit proposer au préfet d'entendre le conseil municipal sur les moyens de la commune et sur les arrangemens qu'elle peut prendre. Si l'arrêté de compte n'a pas été approuvé par le préfet, le conseil de préfecture doit en outre donner son avis sur la légitimité de la créance. *Voyez* REDDITION DE COMPTE.

POUVOIR JUDICIAIRE. Tout exercice du pouvoir judiciaire pour la punition des délits de police municipale et rurale avait été interdit aux municipalités par l'art. 596 de la loi du 3 brumaire an 4 (B. 204); mais voyez POLICE JUDICIAIRE, TRIBUNAUX DE POLICE.

PRAIRIES ARTIFICIELLES. On appelle prairies artificielles les terrains où l'on sème de la luzerne, du trèfle, du sainfoin, des raves, des raiforts, des turneps, des carottes, des betteraves, des pois, des fèves, etc.; mais cette dénomination ne signifie, dans un sens plus restreint, qu'une nature de fruits qui se récoltent alternativement avec le blé ou autres grains.

La plupart des auteurs modernes qui traitent de l'agriculture soutiennent que l'usage des prairies artificielles est bien préférable à celui des jachères, et qu'en préparant convenablement la terre et variant ses productions, l'on n'est pas plus obligé de laisser reposer les champs que les jardins, et de perdre dans ceux-là une année de récolte sur trois, lorsque le sol des jardins n'est pas détérioré par des récoltes sans interruption. La routine ne pouvant conduire à aucune amélioration, il serait intéressant que les riches propriétaires fissent des essais en grand, et détruisissent, par l'heureux résultat de leurs expériences, les préjugés de l'habitude, qui exercent un si grand empire sur les habitans des campagnes.

PRÉFETS. Il y a dans chaque département un préfet qui est nommé par le roi, et qui, conjointement avec un conseil de préfecture et un conseil général de département, remplit les fonctions qu'exerçaient les administrations et commissaires de département. (*Loi du* 28 *pluviose an* 8 (B. 17), art. 1.)

Il y a en outre à Paris un préfet de police dont la loi du 12 messidor an 8 (B. 33) a déterminé les fonctions.

PRÉNOMS. *Voyez* Noms.

PRÉPOSÉS AUX RECETTES MUNICIPALES. *Voyez* Receveurs des communes.

PRÉROGATIVES HONORIFIQUES. Outre le costume qui a été accordé aux maires et adjoints comme une marque de distinction (*voyez* Costume), ils ont une place particulière dans les cérémonies publiques et dans l'église de leur paroisse, s'ils sont catholiques.

PRESBYTÈRES. Par l'art. 72 de la loi du 18 germinal an 10, les presbytères et les jardins y attenant, non aliénés, ont été rendus aux curés et aux desservans des succursales. A défaut de ces presbytères, les conseils généraux des communes ont été autorisés à leur procurer un logement et un jardin.

Le conseil d'état a donné, d'après cette disposition, un avis que le gouvernement a approuvé le 6 nivose an 13, et duquel il résulte que les églises et presbytères doivent être considérés comme des propriétés communales.

Le ministre de l'intérieur a fait observer aux préfets, par une circulaire du 14 frimaire an 12, que les acquisitions d'églises et de presbytères n'avaient pas besoin, d'après la loi du 18 germinal an 10, de l'intervention du corps législatif, lorsque les communes qui voulaient acquérir avaient des fonds suffisans pour cette dépense, et que l'autorisation du gouvernement suffisait, mais que les demandes devaient toujours lui être adressées.

Le ministre de la justice, informé que plusieurs maires dont les communes avaient besoin de maisons pour loger leurs curés ou desservans, ou pour établir des écoles, en avaient acheté sans autorisation préalable, les uns par actes devant notaires, d'autres aux enchères publiques, et que ces acquisitions, postérieurement approuvées par les préfets, avaient été déclarées nulles par le conseil d'état, ce qui avait compromis à la fois l'intérêt des communes et celui des vendeurs, a, par une circulaire du 22 mai 1806, chargé les procureurs du roi de prévenir les notaires de leur arrondissement qu'ils ne devaient jamais faire de pareils actes pour les maires, sans l'autorisation préalable du gouvernement. *Voyez* CULTES.

PRESCRIPTION. Les délits relatifs à la chasse se prescrivent par le laps d'un mois. (*Loi du* 30 *avril* 1791, art. 12.) *Voyez* CHASSE.

Il en est de même des délits ruraux. (*Loi du* 28 *septembre*—6 *octobre* 1791, tit. 1, sect. 7, art. 8.)

Les établissemens publics et les communes sont soumis aux mêmes prescriptions que les particuliers, et peuvent également les opposer. (*Code civil*, art. 2227.)

Les arrérages de rentes perpétuelles et viagères, les loyers des maisons, le prix de ferme des biens ruraux, les intérêts des sommes prêtées, et généralement tout ce qui est payable par année, ou à des termes périodiques plus courts, se prescrivent par cinq ans. (*Ibid.*, art. 2277.)

Les peines portées par les jugemens rendus pour contravention de police sont prescrites après deux années révolues; savoir, pour les peines portées par arrêt ou jugement en dernier ressort, à compter du jour de l'arrêt; et à l'égard des peines prononcées par les tribunaux de première instance, à compter du jour où ils ne peuvent plus être attaqués par la voie de l'appel. (*Code d'instruction criminelle*, art. 639.)

L'action publique et l'action civile, pour une contravention de police, sont prescrites après une année révolue, à compter du jour où elle a été commise, même lorsqu'il y a eu procès-verbal, saisie, instruction ou poursuite, si dans cet intervalle il n'est point intervenu de condamnation. Lorsqu'il y a eu jugement définitif de première instance, de nature à être attaqué par la voie de l'appel, l'action publique et l'action civile se prescrivent après une année révolue, à compter de la notification de l'appel qui en a été interjeté. (*Ibid.*, art. 640.)

L'art. 643 du même Code contient une exception à cette règle, en ce qu'il porte que les dispositions ci-dessus ne dérogent point aux lois particulières relatives à la prescription des actions résultant de certains délits ou de certaines contraventions; or cette exception se rapporte aux *délits de chasse*, qui, d'après l'art. 12 de la loi du 22 avril 1790, se prescrivent par le délai d'un mois à compter du jour où ils ont été commis; aux *délits forestiers*, qui, suivant l'art. 8, titre 9 de la loi du 15 septembre 1791 sur l'administration forestière, se prescrivent par trois mois, lorsque les contrevenans sont connus, et par un an lorsqu'ils sont inconnus; aux *délits de pêche*, qui, d'après l'art. 15 du titre 5 de la loi du 14 floréal an 10, sur les contributions indirectes, sont poursuivis et punis de la même manière que les délits forestiers; et aux *délits ruraux*, qui, suivant l'art. 8 de la 7e section du titre 1er de la loi du 26 septembre—6 octobre 1791, et les arrêts de la cour de cassation des 16 floréal an 11 et 2 messidor an 13, se prescrivent par le délai d'un mois.

D'après l'art. 2227 du Code civil, les communes et établissemens public sont soumis, comme les particuliers, à la prescription que l'art. 2219 du même Code définit un moyen d'acquérir ou de se libérer par un certain laps de temps et sous les conditions déterminées par la loi.

Cet effet a lieu pour les délits commis en matière civile, et l'on peut consulter sur ce point les art. 639 à 642 du Code d'instruction criminelle, et l'art. 643 de ce Code, portant qu'il n'est pas dérogé aux lois particulières sur la prescription des actions résultant de diverses contraventions. *Voyez* PRESSE.

PRÉSÉANCE. *Voyez* CÉRÉMONIES PUBLIQUES, FÊTES PUBLIQUES, HONNEURS PUBLICS, PRÉROGATIVES HONORIFIQUES.

PRESSE. L'art. 8 de la Charte porte que les Français ont le droit de publier et de faire imprimer leurs opinions en se conformant aux lois qui doivent réprimer les abus de cette liberté.

C'est dans la loi du 21 octobre 1814 (B. 47) que sont développés les principes généraux sur cette matière. L'art 1er dispense de toute censure préalable les écrits de plus de vingt feuilles d'impression, lesquels peuvent être publiés librement. L'art. 2 range dans la même classe les mémoires des sociétés littéraires et savantes reconnues par le roi, etc.

Suivant l'art. 9, les journaux et écrits périodiques ne peuvent paraître qu'avec l'autorisation du roi. Les art. 11 et suivans contiennent des dispositions sur la police de la presse; ils déterminent les cas où il y a lieu à la saisie et au séquestre d'un ouvrage, et chargent les inspecteurs de la librairie et les commissaires de police de constater les contraventions, qui sont poursuivies d'office par le ministère public devant les tribunaux de police correctionnelle, sur la dénonciation du directeur général de la librairie, et la remise d'une copie des procès-verbaux.

Une ordonnance du roi du 24 du même mois (B. 48) contient règlement pour l'exécution de cette loi, et les dernières qui ont été rendues sur la même matière sont celles des 17 et 26 mai 1819 (B. 278 et 280). Les art. de ces lois que les maires ont le plus d'intérêt de connaître sont, pour la première, les 16e et 19e, desquels il résulte que la diffamation envers tout dépositaire ou agent de l'autorité publique, pour des faits relatifs à ses fonctions, est punissable de 8 jours à 18 mois et d'une amende de 50 fr. à 3000 fr., et que l'injure contre les mêmes fonctionnaires fait encourir la peine d'un emprisonnement de 5 jours à un an, et d'une amende de 25 fr. à 2000 fr., ou de l'une de ces peines seulement, selon les circonstances; et pour la seconde loi, les articles 5 et 6, qui portent que la poursuite pour diffamation n'aura lieu que sur la plainte de la partie lésée, laquelle doit articuler et qualifier les provocations, attaques, offenses, outrages, faits diffamatoires ou injures.

Aux termes de l'art. 29 de la seconde de ces lois, l'action publique contre ces crimes ou délits se prescrit par six mois révolus à compter du fait de la publication qui donne lieu à la poursuite.

La loi du 25 mars 1822 (B. 514) contient des dispositions additionnelles sur la répression et la poursuite des délits commis par la voie de la presse, de la gravure ou par tout autre moyen de publication.

D'autres dispositions se trouvent encore dans une ordonnance du 1er mai suivant. (B. 526.) *Voyez* Journaux.

PRÊT. *Voyez* Argent.

PRÊTEURS SUR GAGES. *Voyez* Lieux publics, Mont-de-piété.

PRÊTRES. Les maires doivent procurer au prêtre, porteur d'une institution canonique, les moyens de prendre possession.

L'art. 72 de la loi du 18 germinal an 10 a ordonné qu'après l'acte de prise de possession, le curé ou le desservant serait rétabli dans le presbytère et les jardins attenans, s'ils n'avaient pas été aliénés; et qu'à l'égard des communes où cette aliénation avait eu lieu, les maires ou adjoints s'adresseraient aux conseils municipaux, lors de leur réunion, pour qu'ils délibérassent sur le moyen de procurer aux curés et aux desservans un logement décent et commode.

Le préfet du département de la Seine-Inférieure, qui, par une circulaire du mois de thermidor an 10, a rappelé ces principes aux maires, a ajouté que les curés qui n'avaient pas été conservés ne pouvaient rien emporter de ce qui avait servi au culte, sans avoir appelé le maire ou l'adjoint, soit que ces effets leur eussent été donnés, soit qu'ils eussent été donnés à l'église.

Les ecclésiastiques engagés dans les ordres ont, par un décret du 7 mars 1806, été exemptés de l'appel aux armées et du service de la garde nationale.

Voyez Armée, Cultes, Ecclésiastiques.

PRÉVARICATION. Les officiers municipaux peuvent être suspendus en cas de prévarication dans leurs fonctions. L'art. 8 de la loi du 15-27 mars 1791 met au nombre de ces cas celui de la résistance à l'exécution des arrêtés ou ordres émanés des autorités supérieures.

PRÉVENUS. *Voyez*, pour ce qui concerne leur transport, le mot Convois militaires.

PRIMES D'ENCOURAGEMENT. D'après l'art. 3 de l'ordonnance du 11 août 1819 (B. 301), relative aux douanes, c'est sur le vu de certificats d'origine de la république française, confirmés par les autorités locales, que les négocians et fabricans reçoivent les primes accordées par le gouvernement pour encourager l'exportation. *Voyez* aussi Haras, Loups.

Voyez Responsabilité.

PRISONNIERS. *Voyez* Évasion.

PRISONNIERS DE GUERRE. *Voyez* Déserteurs, Routes des militaires.

PRISONS. Le Code d'instruction criminelle (B. 214 *bis*) renferme sur les maisons d'arrêt et de justice les dispositions suivantes :

Art. 603. Indépendamment des prisons établies pour peines, il y aura dans chaque arrondissement du tribunal de première instance une maison d'arrêt pour y retenir les prévenus ; et près de chaque cour d'assises une maison de justice pour y retenir ceux contre lesquels il aura été rendu une ordonnance de prise de corps.

604. Les maisons d'arrêt et de justice seront entièrement distinctes des prisons établies pour peines.

605. Les préfets veilleront à ce que ces différentes maisons soient non-seulement sûres, mais propres, et telles que la santé des prisonniers ne puisse être aucunement altérée.

606. Les gardiens de ces maisons seront nommés par les préfets.

607. Les gardiens des maisons d'arrêt, de justice et des prisons, seront tenus d'avoir un registre.

Ce registre sera signé et parafé à toutes les pages par le juge d'instruction, pour les maisons d'arrêt ; par le président de la cour d'assises, ou en son absence par le président du tribunal de première instance pour les maisons de justice, et par le préfet pour les prisons pour peines.

608. Tout exécuteur de mandat d'arrêt, d'ordonnance de prise de corps, d'arrêt ou de jugement de condamnation, est tenu, avant de remettre au gardien la personne qu'il conduira, de faire inscrire sur le registre l'acte dont il sera porteur ; l'acte de remise sera écrit devant lui.

Le tout sera signé tant par lui que par le gardien.

Le gardien lui en remettra une copie signée de lui pour sa décharge.

609. Nul gardien ne pourra, à peine d'être poursuivi et puni comme coupable de détention arbitraire, recevoir ni retenir aucune personne qu'en vertu soit d'un mandat de dépôt, soit d'un mandat d'arrêt décerné selon les formes prescrites par la loi, soit d'un arrêt de renvoi devant une cour d'assises ou une cour spéciale, d'un décret d'accusation ou d'un arrêt ou jugement de condamnation à peine afflictive ou à un emprisonnement, et sans que la transcription en ait été faite sur son registre.

610. Le registre ci-dessus mentionné contiendra également, en marge de l'acte de remise, la date de la sortie du prisonnier ainsi que l'ordonnance, l'arrêt ou le jugement en vertu duquel elle aura lieu.

611. Le préfet est tenu de visiter au moins une fois par an toutes les maisons de justice et prisons et tous les prisonniers du département.

612. Le maire de chaque commune où il y aura soit une maison d'arrêt, soit une maison de justice, soit une prison, et, dans les communes où il y aura plusieurs maires, le préfet de police ou le commissaire général de police est tenu de faire, au moins une fois par mois, la visite de ces maisons.

613. Le maire ou le préfet de police veillera à ce que la nourriture des prisonniers soit suffisante et saine : la police de ces maisons lui appartiendra.

Le ministre de l'intérieur, dans la vue de réduire les dépenses des prisons, et de faire cesser les abus tolérés jusqu'alors, a écrit, dans le mois de vendémiaire an 9, aux préfets une circulaire par laquelle il leur a fait observer qu'il n'existait dans les prisons que trois sortes d'individus dont la dépense était à la charge du trésor public, savoir : 1° les prévenus de délits, envoyés en maison d'arrêt par mandat de juge de paix ; 2° les accusés ; 3° les condamnés par les tribunaux criminels et de première instance ; que cependant on continuait à distribuer indistinctement à tous les prisonniers la même nourriture, tandis que dans la classe nombreuse des prévenus et des accusés, ceux-là seuls devaient la recevoir qui étaient dans une indigence absolue, et que dans la classe des condamnés on ne la devait qu'à ceux qui l'étaient à la peine des fers et de la réclusion, les autres ne devant recevoir de nourriture au-delà du pain et de l'eau que sur le tiers du produit de leur travail

Le même ministre a, par une circulaire du 28 ventose an 9, fixé à 24 onces la ration de pain à fournir à tous les détenus, avec une soupe aux légumes, apprêtée dans les marmites économiques, en observant qu'il fallait éviter de suppléer à ces rations en nature par de l'argent, dont les détenus pourraient faire un mauvais emploi; que dans les communes où l'on y serait obligé, la valeur du pain en argent devait être réglée d'après le cours du marché, et que celle de la soupe ne pouvait excéder la moitié, ou tout au plus les trois cinquièmes de la valeur de la ration de pain.

Au mois de mars 1809 le ministre de l'intérieur a envoyé aux préfets un modèle de diverses pièces justificatives destinées à être jointes aux comptes des dépenses qu'occasionent les prisons. Ces différentes pièces sont visées et certifiées par les maires, qui les transmettent aux sous-préfets.

Un arrêté du même ministre, en date du 20 octobre 1810, contient, relativement aux prisons, les dispositions suivantes :

Art. 2. Les prisons seront divisées en cinq espèces, et désormais connues sous les dénominations de *maisons de police municipale*, *maisons d'arrêt*, *maisons de justice*, *maisons de correction*, et *maisons de détention*.

3. Les maisons de justice seront distinctes des maisons d'arrêt : les condamnés par voie de police correctionnelle ou par les cours d'assises ne pourront être renfermés dans l'une ou l'autre de ces maisons, sauf les exceptions que les localités permettraient d'autoriser.

4. Les maisons de police municipale seront établies par chaque arrondissement de justice de paix. Dans les villes où il y aura maison d'arrêt, la maison de police municipale pourra être placée dans un quartier distinct et séparé.

5. Il y aura pour chaque arrondissement communal une maison d'arrêt, et pour chaque département une maison de justice. Les maisons de justice et les maisons d'arrêt ne pourront être réunies dans la même enceinte qu'autant que l'édifice présenterait par son étendue les moyens d'affecter à chacune de ces maisons un corps de bâtiment séparé.

6. Les maisons de correction seront établies à raison d'une par département, sauf à statuer ultérieurement sur les départemens où il serait nécessaire de les établir en plus grand nombre.

7. Les maisons de détention continueront d'être organisées ainsi qu'il est prescrit par le décret du 16 juin 1808.

8. Les maisons de police municipale seront destinées à la réclusion des condamnés par voie de police municipale. Elles serviront aussi de dépôts de sûreté pour les prévenus, les accusés et les condamnés que l'on transfère d'une prison dans une autre ou qui ne sont pas encore frappés d'un mandat d'arrêt.

9. Les prévenus de délits de la compétence des tribunaux de police correctionnelle seront traduits dans les maisons d'arrêt; les prévenus et les ac-

cusés de crimes et délits de la compétence des cours d'assises y seront également tenus dans des quartiers séparés jusqu'à ce que, placés sous les liens d'une ordonnance de prise de corps, il y ait lieu de les transférer dans les maisons de justice.

10. Les maisons de justice seront exclusivement réservées à la réclusion des accusés frappés d'une ordonnance de prise de corps.

11. Les condamnés par voie de police correctionnelle seront transférés des maisons d'arrêt dans les maisons de correction : pourront en outre être reçus dans ces maisons les prisonniers pour dettes, les individus à séquestrer par voie de police administrative, et les enfans à renfermer sur la demande de leurs familles : pourra pareillement la police administrative y faire traduire les filles publiques, pour y être traitées, dans des quartiers distincts et séparés, des maladies dont elles seraient atteintes.

12. Les maisons de détention, telles que l'organisation en est prescrite par le décret du 16 juin 1808, seront spécialement destinées à la réclusion des condamnés par les cours d'assises, et des condamnés par voie de police correctionnelle à plus d'un an de détention.

13. Il sera fait dans ces diverses maisons toutes les dispositions nécessaires, tant pour les mettre en état de sûreté et de salubrité, que pour la classification des malades et la séparation des âges, des sexes et des différens genres de délits.

14. Il sera de plus établi dans celles où le séjour des détenus doit être de quelque durée, des ateliers de travail dont le produit puisse compenser en partie les dépenses des détenus.

15. L'administration, le régime et la police intérieure de ces maisons, sont placés sous l'autorité des préfets et la surveillance des sous-préfets; elles seront de plus soumises à l'inspection journalière d'un conseil gratuit et charitable de cinq membres, dont le maire du lieu sera chef et président. Les procureurs royaux seront en outre membres nés du conseil et pourront en conséquence assister aux séances et prendre part aux délibérations. Les cinq membres du conseil seront nommés par nous sur la proposition des préfets dans les formes prescrites pour les établissemens de charité.

PRIX. *Voyez* Récompenses nationales.

PROCÉDURE. *Voyez*, sous le mot Tribunaux de police, la manière d'y procéder.

PROCÈS. On a vu, sous le mot Actions judiciaires, quelles formalités sont à observer pour intenter ou soutenir un procès au nom d'une commune. Il faut que le maire obtienne, avec les mêmes formalités, une nouvelle autorisation pour interjeter appel d'un jugement de première instance, ou pour se pourvoir en cassation contre un arrêt de la cour royale ; mais, quand la partie adverse a succombé, et interjeté appel ou intenté pourvoi en cassation, la commune n'a pas besoin d'autorisation pour défendre, ainsi qu'il résulte d'arrêts rendus par la cour de cassation les 1er floréal an 9 et 4 fructidor an 11.

Quoiqu'aux termes de l'arrêté du gouvernement du 17 vendémiaire an 10 (B. 110), les créanciers des communes ne puissent intenter d'action contre elles sans en avoir obtenu l'autorisation du conseil de préfecture, un avis du conseil d'état, approuvé le 12 juillet 1806, dispense de cette formalité ceux qui ont des restitutions ou des droits de propriété à réclamer d'une commune, et qui veulent à cet effet exercer une action au pétitoire ou au possessoire.

On ne peut traduire les administrations charitables devant les tribunaux pour le paiement des dettes de ces établissemens; toute contestation de la part des créanciers se termine par voie administrative. Les mêmes administrations ont, de leur côté, besoin de l'autorisation du conseil de préfecture pour intenter ou soutenir des procès devant les tribunaux; et cette autorisation est également nécessaire aux fabriques.

Les habitans de la commune de Poury-Saint-Remi ayant intenté et suivi contre ceux de la commune de Francheval un procès devant des arbitres sans une délibération du conseil général de la commune, revêtue de l'approbation de l'administration du département, le tribunal de cassation a, par un jugement du 14 brumaire an 6, annulé le jugement arbitral rendu le 13 octobre 1793 au profit de la première de ces communes.

Les commissions administratives des hospices ne peuvent intenter d'actions juridiques sans l'avis du *comité consultatif*, établi par l'art. 11 de la loi du 7 messidor an 9, inséré sous le mot Hospices, et l'autorisation du conseil de préfecture du département.

Le maire et l'adjoint de la commune de Saint-Didier-sur-Arroux, département de Saône-et-Loire, n'ayant pris aucune mesure pour qu'une contestation du ressort de l'autorité administrative ne fût pas portée devant les tribunaux, et n'ayant ni obtenu ni sollicité l'autorisation voulue par les lois pour plaider au nom de la commune, ont, d'après un décret du 17 mars 1811 (B. 360), été tenus de payer les frais du procès.

Divers habitans d'une commune ayant demandé, en leur nom personnel, à être maintenus dans la jouissance de biens communaux, le conseil du roi, considérant que, lorsqu'un bien est reconnu communal et qu'il ne s'élève aucune contestation sur la propriété commune, chaque habitant a un droit personnel à la jouissance de ce bien, et peut, par conséquent, ainsi que l'a décidé un décret du 9 brumaire an 13, intenter en son nom privé les actions relatives à l'examen de ce droit; mais qu'il en est autrement pour les actions qui concernent la propriété de biens communaux, cette propriété appartenant, non à chaque habitant en particulier, mais à la commune en corps, à l'être moral connu sous cette dénomination, d'où il suit 1° que les actions qui tendent à la revendication d'un bien communal sont du nombre de celles qui, aux termes de la loi du 29 vendémiaire an 5, intéressent uniquement les communes; et 2° que, d'après la même loi, ces actions ne peuvent être intentées que par les administrateurs chargés de veiller aux intérêts des communes, a décidé, par arrêt du 27 novembre 1814 (B. 57), que la réclamation ayant pour objet, dans l'espèce, la propriété d'un bien prétendu communal, les habitans qui avaient agi en leur nom personnel étaient non recevables à intenter cette action.

D'après un arrêt de la cour de cassation du 24 brumaire an 4, les communes peuvent faire des actes conservatoires sans attendre l'autorisation prescrite dans d'autres cas, afin d'éviter l'expiration du délai accordé par la loi.

Suivant un arrêt de la même cour en date du 2 mai 1808, on peut se pourvoir en cassation contre les jugemens ou les arrêts rendus au profit d'une commune qui les aurait obtenus sans être autorisée à plaider ; et il résulte d'un autre arrêt du 21 août 1809 que l'autorisation donnée par le conseil de préfecture doit être spéciale.

Aux termes de l'art. 49 du Code de procédure civile, les demandes qui intéressent les communes et établissemens publics sont dispensées du préliminaire de la conciliation.

Le ministre de l'intérieur ayant, par une décision du 22 octobre 1815, déclaré le sieur Lefèvre Desmaisons passible d'une imposition locale dont le montant était destiné à couvrir les frais d'un procès que cet habitant avait gagné contre la commune de Mesnil-Glaise, le roi a rendu le 1er septembre 1809 une ordonnance (B. 308) qui a annulé cette décision. Cette ordonnance, où sont relatés les décrets des 22 et 31 mai 1813, et qui porte que les particuliers contre lesquels les communes ont plaidé ne peuvent pas être compris dans la répartition de l'imposition locale ayant pour objet de couvrir les frais et dépens des procès par elle perdus, est motivée sur ce qu'il ne s'agit pas dans l'espèce d'un prélèvement à faire sur les revenus ordinaires de la commune, mais d'une imposition à répartir proportionnellement au rôle des contributions directes ; et sur ce que des intérêts ne peuvent pas être communs lorsqu'ils sont opposés, et que, quand une commune plaide avec un de ses habitans, ils deviennent étrangers l'un à l'autre pour tout ce qui fait la matière du procès.

Il a été statué par une ordonnance du 10 août 1820 (B. 396) qu'il serait pourvu, à la diligence du maire de la commune d'Orgeville, et du préfet du département de l'Eure, au paiement d'une somme due par cette commune pour les frais d'un procès dans lequel elle avait succombé, par la voie d'une imposition extrordinaire dont la répartition serait faite en plusieurs années par addition au principal de la contribution foncière, personnelle et mobilière de la commune, laquelle imposition serait portée au rôle par le directeur des contributions et perçue par le percepteur de la commune.

Voyez ACTIONS JUDICIAIRES, AUTORISATIONS, CONTESTATIONS, TRANSACTIONS.

PROCÈS-VERBAUX. On trouvera sous le mot DÉLITS l'énumération des différentes contraventions pour lesquelles les officiers de police judiciaire sont dans le cas de rédiger des procès-verbaux.

Lorsque c'est le garde-champêtre ou forestier qui dresse lui-même un procès-verbal, voici la forme dans laquelle cet acte doit être rédigé.

L'an , le je, garde champêtre de la commune de assermenté devant le faisant ma tournée accoutumée dans certifie avoir vu : lui ayant fait observer qu'il était en contravention, je lui ai enjoint de se retirer, et j'ai de ce que dessus dressé le présent procès-verbal pour servir et valoir ce que de raison.

Quand le garde ne rédige pas lui-même son rapport, mais se transporte au greffe de la municipalité, le maire ou l'adjoint dresse un acte en ces termes :

Le heure de (ne pas oublier de faire mention de l'heure, à cause du délai pour l'affirmation) par-devant nous, maire de (ou adjoint, pour l'absence du maire de) est comparu L garde champêtre, légalement commissionné et assermenté, lequel a déclaré qu'aujourd'hui, heure de faisant sa tournée ordinaire, revêtu du costume voulu par la loi, il a (désigner la nature du délit, les prénoms, noms, professions et domiciles connus des prévenus, et les diverses circonstances du délit); qu'aussitôt il a déclaré son procès-verbal, en sommant de le suivre pour être présens à sa redaction, laquelle a eu lieu comme ci-dessus, après quoi il a été signé par le garde et par nous.

Les procès-verbaux doivent être rédigés et affirmés dans les vingt-quatre heures. Cette affirmation se fait devant les juges de paix, dans les chefs-lieux de canton, et ailleurs ou dans l'absence de ces juges, devant les maires ou les adjoints. *Voyez* AFFIRMATION.

Le ministre de l'intérieur a, par une circulaire du 26 août 1806, fait observer que l'affirmation n'était pas facultative et que les maires ou leurs adjoints ne pouvaient se dispenser de la constater, même ceux des communes de la résidence du juge de paix du canton et de ses suppléans en l'absence de ces magistrats.

Elle est ainsi conçue :

Le heure du L a affirmé sincère et véritable le présent procès-verbal, après lecture, et il a signé avec nous.

Ces procès-verbaux, écrits sur papier timbré et enregistrés en débet, sont remis, dans les trois jours, à l'adjoint de maire, qui poursuit lui-même la condamnation du délinquant auprès du tribunal de police ; on adresse ce procès-verbal au procureur du roi près le tribunal de première instance si la contravention est hors de sa compétence.

Lorsqu'il s'agit de délits majeurs, tels qu'assassinats, vols dans les maisons avec effraction ou sur les grandes routes, attaques de voyageurs, de voitures, etc., les maires ou adjoints doivent les constater par des procès-verbaux, les dénoncer dans les vingt-quatre heures au procureur du roi, et faire saisir et conduire devant lui les prévenus trouvés en flagrant délit ou poursuivis par la clameur publique. Ils lui transmettent en même temps la minute de leur procès-verbal avec les objets volés ou les pièces de conviction, après en avoir pris une note sommaire sur un registre coté et parafé à cet effet par le maire.

Procès-verbal pour constater un assassinat.

Le nous, maire de la commune de arrondissement de remplissant les fonctions d'officier de police auxiliaire en l'absence de M. le procureur du roi de l'arrondissement, informé qu'une personne venait d'être assassinée chez je m'y suis transporté et j'ai en effet trouvé gisant par terre (décrire l'état dans lequel était l'individu); après avoir fait défenses de laisser sortir personne, j'ai demandé quel était l'auteur de l'homicide, et l'on m'a répondu qu'il se nommait N et était présent. J'ai aussitôt fait venir l'officier de gendarmerie auquel j'ai donné ordre de conduire N dans la prison de , chef-lieu de l'arrondissement.

J'ai ensuite requis C chirurgien demeurant à de se transporter sur les lieux, où étant arrivé il a procédé à l'examen du cadavre.

Les personnes présentes ayant été par moi interrogées, j'ai reçu leurs déclarations.

G demeurant à a dit F etc.

Après quoi j'ai fait former un paquet de (désigner l'arme qui a servi) et des habits, effets et papiers de N ; j'ai appliqué le sceau de la mairie sur ce paquet, et l'ai adressé à M. le procureur du roi de l'arrondissement avec le présent procès-verbal.

A l'égard des procès-verbaux pour délits forestiers, lorsqu'un délinquant a été pris sur le fait, coupant du bois, on doit désigner la qualité du bois, et si l'instrument du délit est une hache, une serpe, etc. Si le délinquant a une voiture, il faut énoncer de combien de chevaux elle est attelée, si elle est chargée de bois, etc. Il faut aussi sommer le délinquant de déclarer par quel ordre il abat le bois dont il s'agit, et faire mention de sa réponse.

Si le délinquant a une voiture et des chevaux, et s'il n'a pas pris la fuite, il doit être sommé de conduire sa voiture jusqu'à l'endroit qu'on lui désigne, pour la remettre entre les mains d'un gardien. Quand le délinquant obéit, on doit lui donner sur-le-champ copie du procès-verbal, ainsi qu'au gardien. S'il s'est enfui, on en fait mention dans le procès-verbal, ainsi que de la route qu'il a prise.

Lorsque le délinquant se met en défense, on doit pareillement en faire mention dans le procès-verbal, et spécifier l'espèce d'arme dont il a menacé.

Lorsqu'il s'agit de délits commis dans les lieux où réside le juge de paix ou son suppléant, il faut constater leur absence pour s'adresser au maire de la commune. Un procès-verbal n'est pas nul en cas de parenté du garde avec le fonctionnaire qui a reçu l'affirmation; les gardes doivent seulement s'adresser de préférence au fonctionnaire non parent, quand leur surveillance n'est pas interrompue par ce choix. (*Loi du 28 floréal an 10, concernant les justices de paix*, art, 11; *et décision du ministre de la justice relatée dans une circulaire de l'administration forestière, en date du 27 floréal an* 11.)

Les maires et adjoints et les commissaires de police doivent dresser eux-mêmes des procès-verbaux en diverses circonstances. Il y a lieu à la rédaction de ces sortes d'actes pour les visites des fours et cheminées, chez les aubergistes, logeurs, marchands, meuniers, etc.; pour un alignement, une dégradation, une entreprise; pour tous événemens et objets imprévus, pour un enfant exposé, pour des cadavres trouvés ou découverts, des animaux morts; pour les affiches et publications qui ne sont point conformes aux lois et règlemens; pour les comestibles insalubres; pour les cas d'incendie et d'inondation; pour les divers délits de police, etc. Voici une formule pour ces sortes de procès-verbaux :

L'an le nous, maire de la commune d canton de département de faisant notre tournée accoutumée (accompagné de et de s'il s'agit d'objets pour lesquels ces assistans soient nécessaires, comme lorsqu'il est question de visiter les fours et cheminées, les bâtimens menaçant ruine, etc., ou seul, quand la visite se fait dans les champs où les arbres n'ont pas été échenillés, où l'on aurait pu abandonner des coutres de charrue; dans les boutiques dont on veut vérifier les poids et mesures, etc.), nous avons remarqué que (on expose les faits et l'on cite l'article du Code pénal qui constate la contravention; on fait la saisie s'il y a lieu, etc.) De tout ce que dessus nous avons rédigé le présent procès-verbal pour servir et valoir ce que de raison, et l'avons signé.

La cour de cassation a décidé, le 1er septembre 1809, que les adjoints de maire n'ont pas besoin de faire mention dans leurs procès-verbaux qu'ils agissent en l'absence ou pour l'empêchement du maire, vu que l'emploi de cette formule n'est ordonné par aucune loi.

Les actes et procès-verbaux des gardes et de tous les employés ou agens ayant droit de verbaliser, sont, ainsi que les copies qu'on en délivre, assujétis au timbre en raison de la dimension. (*Loi du* 13 *brumaire an* 7 (B. 287), art. 12.)

Les procès-verbaux des officiers de gendarmerie et gendarmes, et ceux des maires et adjoints, sont enregistrés en débet. (*Loi du* 22 *frimaire an* 7 (B. 248), art. 70, § 2.)

Les actes et procès-verbaux des juges de paix pour faits de police, ceux des commissaires de police, ceux des gardes établis par l'autorité publique pour délits ruraux et forestiers, sont enregistrés en débet. (*Ibid.*, § 1.)

Il en est de même des actes et jugemens qui interviennent sur ces actes et procès-verbaux. (*Ibid.*)

On suit la rentrée des droits d'enregistrement de ces actes, procès-verbaux et jugemens contre les parties condamnées, d'après les extraits des jugemens qui sont fournis aux préposés de la régie par les greffiers. (*Ibid.*)

Les procès-verbaux des opérations de la *gendarmerie royale* se font sur papier libre. (*Ordonnance royale du* 29 *octobre* 1820 (B. 419), art. 308.)

Les faits énoncés dans un procès-verbal dressé par le maire en matière de police ne peuvent être modifiés que par une preuve contraire, faite contradictoirement; jusque là ils doivent passer pour constans, sans pouvoir être détruits par une simple dénégation. (*Arrêt de la cour royale du* 11 *mai* 1810.)

Les procès-verbaux d'officiers de police qui tendent uniquement à constater des délits de nature à être portés devant les tribunaux de simple police ne sont point assujétis, pour l'enregistrement, aux mêmes délais que ceux qui font foi en justice jusqu'à inscription de faux. (*Arrêt du* 10 *mai* 1810.)

Ceux qui ont été rédigés par deux agens forestiers, et contre lesquels il n'y a pas eu inscription en faux, font preuve suffisante quand l'indemnité et l'amende devraient excéder la somme de 100 fr. (*Arrêt du* 14 *décembre* 1810.)

Aux termes de l'art. 154 du Code d'instruction criminelle, la preuve par témoins n'est pas admissible, jusqu'à inscription de faux, contre les procès-verbaux dressés pour délits ou contraventions par des officiers de police judiciaire. On peut, au contraire, débattre par des preuves écrites ou testimoniales, si le tribunal juge à propos de les admettre, les procès-verbaux et rapports faits par des agens, préposés ou officiers (tels que les gardes champêtres) auxquels la loi n'a pas accordé le droit d'en être crus jusqu'à cette inscription.

Au reste, le seul cas où, d'après un arrêt de la cour de cassation en date du 29 mars 1809, l'inscription de faux puisse être admise et faire suspendre le cours des poursuites, est celui où la preuve des faits servant de base à cette inscription pourrait détruire l'existence de la contravention ou du délit.

Il a été décidé, par un autre arrêt de la même cour, du 10 mars 1815, que l'absence du costume ou de marques distinctives de la qualité au moment de la rédaction des procès-verbaux, n'est pas un motif pour empêcher qu'on ne doive ajouter foi à leur contenu, vu qu'aucune loi n'a exigé qu'ils en fussent alors revêtus.

L'art. 676 du Code de procédure civile exige qu'avant de faire enregistrer les procès-verbaux de *saisie immobilière*, l'huissier en laisse une copie entière aux greffiers des juges de paix et aux maires ou adjoints des communes de la situation de l'immeuble saisi, si c'est une maison; si ce sont des biens ruraux, à ceux de la situation des bâtimens, s'il y en a; et s'il n'y en a pas, à ceux de la situation de la partie des biens à laquelle la matrice du rôle de la contribution foncière attribue le plus de revenus. Les maires ou adjoints et greffiers visent l'original du procès-verbal, lequel fait mention des copies à eux laissées. (*Code de procédure civile*, art. 676.)

Voyez Délits, Octrois, Police judiciaire.

PROCESSIONS. Aux termes de l'art. 45 de la loi du 18 germinal an 10, aucune cérémonie religieuse ne devait avoir lieu hors des édifices consacrés au culte catholique, dans les villes où il y a des temples destinés à différens cultes ; mais cette disposition n'est plus en vigueur à Paris.

Nul ne peut être contraint à tapisser le devant de sa maison dans les solennités où ces usages étaient autrefois établis.

Voyez TENTURES.

PROCUREURS DU ROI. Les maires doivent, après l'art. 29 du Code d'instruction criminelle, informer ces magistrats des crimes et des délits dont ils ont connaissance ; et, suivant l'art. 42 du même Code, c'est en la présence du maire, de l'adjoint ou du commissaire de police du lieu, que le procureur du roi doit, dans le cas de flagrant délit, rédiger le procès-verbal, qu'il leur fait signer.

PROMENADES. Les promenades sont utiles à la santé ; elles sont même nécessaires dans les grandes communes. La police est chargée d'y maintenir le bon ordre. Le bureau central de Paris a pris le 1er thermidor an 4, sur les promenades publiques de cette ville, un arrêté dont les dispositions peuvent être applicables à d'autres. *Voyez* LOCATION.

PROMESSES DE MARIAGE. Leur publication se fait le dimanche. *Voyez* les mots ETAT CIVIL et MARIAGE.

PROMULGATION. Celle des lois se fait par le mandement qui les rend exécutoires. Les lois intervenues depuis 1789 jusqu'au mois d'août 1792 sont relatées dans ce manuel sous la double date de l'émission des décrets par le corps législatif et de leur sanction par le roi. Après cette époque jusqu'à l'établissement du Bulletin des lois, elles n'ont plus d'autre date que celle de l'émission, le mandement n'étant plus devenu qu'une simple formule exécutive. Ensuite la promulgation a été le résultat de l'insertion au Bulletin et de la publication par l'envoi de ce recueil officiel.

Aux termes d'un arrêté du 28 nivose an 8 (B. 1), dix jours après l'émission de la loi, le secrétaire d'état appliquait le sceau sur cette loi, dont une expédition officielle, signée, contresignée et scellée, était par lui transmise au ministre de la justice qui la faisait imprimer dans le Bulletin, d'après l'art. 1 du Code civil ; c'était le mandement du chef du gouvernement qui les rendait exécutoires ; et maintenant, aux termes des articles 16 et suivant de la Charte, c'est le roi qui propose la loi aux chambres, la sanctionne et la promulgue.

On a analysé, sous le mot LOI, l'ordonnance du roi du 27 novembre 1816 (B. 114), qui contient de nouvelles dispositions sur le mode de promulgation des lois. Cette ordonnance a elle-même été interprétée par celle du 18 janvier 1817 (B. 134), laquelle est ainsi conçue.

ART. 1er Dans les cas prévus par l'art. 4 de notre ordonnance du 27 novembre 1816, où nous jugerons convenable de hâter l'exécution des lois et ordonnances en les faisant parvenir extraordinairement sur les lieux, les préfets prendront incontinent un arrêté par lequel ils ordonneront que lesdites lois et ordonnances seront imprimées et affichées partout où besoin sera ;

2. Lesdites lois et ordonnances seront exécutées à compter du jour de la publication faite dans la forme prescrite par l'art. ci-dessus.

PROPRETÉ. Considéré dans son rapport avec la voirie et la salubrité des communes, la propreté est un des objets les plus importans de la police administrative. C'est le nettoiement exact des rues qui prévient les maladies auxquelles une population nombreuse serait bien plus exposée, si la propreté n'y était soigneusement maintenue.

PROPRIÉTAIRES FORAINS. Aux termes de l'arrêté du 25 vendémiaire an 9 (B. 148), les propriétaires forains peuvent exercer les fonctions de membres des conseils municipaux des communes.

Voyez CONSEIL MUNICIPAL.

PROPRIÉTÉ. La propriété est le droit de jouir et de disposer de ses biens, de ses revenus, du fruit de son travail et de son industrie.

C'est sur le maintien des propriétés que reposent la culture des terres, toutes les productions, tout moyen de travail et tout l'ordre social.

Nul ne peut être privé de sa propriété, si ce n'est lorsque la nécessité publique, légalement constatée, l'exige évidemment, et sous la condition d'une juste et préalable indemnité. (*Loi du* 3—14 *septembre* 1791, *et Charte*, art. 9 et 10.)

Les propriétaires de terrains sur lesquels il a été commis des dégâts ont droit à des indemnités. *Voyez*, sous le mot POLICE RURALE, la loi du 28 septembre—6 octobre 1791.

Ils sont tenus de faire écheniller les arbres sur leurs héritages. *Voyez* CHENILLES.

Les propriétaires des maisons doivent en tenir les puits en bon état. *Voyez* ce mot.

Ils ne peuvent faire de *démolitions* sans en prévenir la municipalité. *Voyez* SALPÊTRE.

Ils sont tenus de demander un *alignement* lors des constructions sur rue. *Voyez* ce mot.

Les propriétaires des maisons formant encoignure de rues doivent, lors des constructions ou reconstructions, y faire placer une pierre indicative du nom des rues. (*Ordonnance de police du* 1er *septembre* 1779, art. 3.)

PROPRIÉTÉS LITTÉRAIRES. *Voyez* AUTEURS, CONTREFAÇONS.

PROPRIÉTÉS PUBLIQUES. L'art. 4 de la loi du 23—26 février 1790 autorise les maires à employer tous les moyens que la loi met à leur disposition pour protéger les propriétés publiques ainsi que les propriétés particulières.

C'est au conseil municipal qu'il appartient de régler la répartition, d'après l'art. 15 de la loi du 28 pluviose an 8, des travaux nécessaires à l'entretien et aux réparations des propriétés qui sont à la charge des habitans.

PROSTITUTION. *Voyez* DÉBAUCHE, MOEURS.

PROTESTANS. *Voyez* CULTES.

PRUD'HOMMES. Aux termes de l'art. 34 d'une loi du 18 mars 1806 (B. 83), il peut être établi par un règlement d'administration publique, délibéré en conseil d'état, un conseil de prud'hommes dans les villes de fabriques où le gouvernement le juge convenable.

Voici l'extrait de cette loi :

ART. 6. Le conseil de prud'hommes est institué pour terminer, par la voie de conciliation, les petits différends qui s'élèvent journellement soit entre des fabricans et des ouvriers, soit entre des chefs d'ateliers et des compagnons ou apprentis.

Il est également autorisé à juger jusqu'à la somme de soixante francs, sans forme ni frais de procédure, et sans appel, les différends à l'égard desquels la voie de conciliation aura été sans effet.

7. A cet effet il sera tenu chaque jour, depuis onze heures du matin jusqu'à une heure, un bureau de conciliation, composé d'un prud'homme fabricant et d'un prud'homme chef d'atelier, devant lesquels se présenteront en personne les parties en contestation.

8. Il se tiendra une fois par semaine, au moins, un bureau général ou conseil de prud'hommes, lequel pourra prononcer, au nombre de cinq membres au moins, ainsi qu'il est dit dans l'article précédent, sur tous les différends qui lui auront été renvoyés par le bureau de conciliation.

9. Tout différend portant une somme supérieure à celle de soixante francs, qui n'aura pu être terminé par la voie de conciliation, sera porté devant le tribunal de commerce ou devant les tribunaux compétens.

10. Le conseil de prud'hommes sera spécialement chargé de constater, d'après les plaintes qui pourraient lui être adressées, les contraventions aux lois et règlemens nouveaux ou remis en vigueur.

11. Les procès-verbaux dressés par les prud'hommes, pour constater ces contraventions, seront envoyés aux tribunaux compétens ainsi que les objets saisis.

Le règlement du 11 juin 1809, inséré au Bulletin 272, renferme, section 4, les dispositions suivantes :

Le procès-verbal d'élection des membres doit être déposé à la mairie. (Art. 19.)

Lorsque pour effectuer leur inspection les prud'hommes ont besoin du concours de la police municipale, cette police est tenue de leur fournir tous les renseignemens et toutes les facilités qui sont en son pouvoir. (Art. 66.)

Les conseils de prud'hommes ne peuvent s'immiscer dans la délivrance des livrets dont les ouvriers doivent être pourvus, aux termes de la loi du 22 germinal an 11. Cette attribution est exclusivement réservée aux maires et à leurs adjoints. (Art. 67.)

Le local nécessaire aux conseils de prud'hommes pour la tenue de leurs séances est fourni par les villes où ils sont établis. (Art. 68.)

Les dépenses de premier établissement sont pareillement acquittées par ces villes; il en est de même des dépenses ayant pour objet le chauffage, l'éclairage et les autres menus frais. (Art. 69.)

Le président du conseil des prud'hommes présente chaque année au maire l'état de ces dépenses. Celui-ci les comprend dans son budget, et lorsqu'elles ont été approuvées, il en ordonne le paiement, d'après les demandes particulières qui lui sont faites. (Art. 70.)

La juridiction des conseils de prud'hommes a été fixée par un troisième décret en date du 3 août 1810 (B. 307), dont voici le texte :

TITRE Ier. — *De la juridiction des prud'hommes pour les intérêts civils.*

ART. 1er. Les conseils de prud'hommes sont autorisés à juger toutes les contestations qui naîtront entre les marchands, fabricans, chefs d'ateliers, contre-maîtres, ouvriers, compagnons et apprentis, quelle que soit la quotité de la somme dont elles seraient l'objet, aux termes de l'article 23 de notre décret du 11 juin 1809.

2. Leurs jugemens seront définitifs et sans appel, si la condamnation n'excède pas cent francs en capital et accessoires.

Au-dessus de cent francs, ils seront sujets à l'appel devant le tribunal de commerce de l'arrondissement, et, à défaut de tribunal de commerce, devant le tribunal civil de première instance.

3. Les jugemens des conseils de prud'hommes, jusqu'à concurrence de trois cents francs, seront exécutoires par provision, nonobstant appel, aux termes de l'article 39 du décret du 11 juin 1809, et sans qu'il soit besoin, pour la partie qui aura obtenu gain de cause, de fournir caution.

Au-dessus de trois cents francs, ils seront exécutoires, par provision, en fournissant caution.

TITRE II. — *Attributions des prud'hommes en matière de police.*

4. Tout délit tendant à troubler l'ordre et la discipline de l'atelier, tout manquement grave des apprentis envers leurs maîtres, pourront être punis, par les prud'hommes, d'un emprisonnement qui n'excédera pas trois jours, sans préjudice de l'exécution de l'article 19, titre 5 de la loi du 22 germinal an 9 (Bulletin 270), et de la concurrence des officiers de police et des tribunaux.

L'expédition du prononcé des prud'hommes, certifiée par leur secrétaire, sera mise à exécution par le premier agent de police, ou de la force publique, sur ce requis.

L'art. 3 de l'ordonnance du roi du 8 août 1816 (B. 106), concernant les fabriques d'étoffes, porte que les prud'hommes, et, à leur défaut, les maires, assistés de fabricans notables, vérifieront la nature de chaque marque et le procédé d'application : si ce dernier est défectueux, et si la marque est susceptible d'être confondue avec des signes déjà employés par d'autres manufacturiers, ils exigeront un procédé plus solide. En cas de contestation à ce sujet, il en sera référé au préfet, qui décidera après avoir pris l'avis de la chambre consultative des manufactures, ou de la chambre de commerce qui en fait les fonctions.

PUBLICATION. Aucune publication ne doit se faire dans une commune sans l'autorisation du maire.

D'après une décision du gouvernement, le ministre de l'intérieur a, par une circulaire du 12 novembre 1807, chargé les préfets de réitérer aux sous-préfets et aux maires les défenses de rien imprimer ni publier dans les affaires contentieuses de l'administration.

Les prêtres ne peuvent faire au prône aucune publication étrangère à l'exercice du culte, si ce n'est celles qui seraient ordonnées par le gouvernement. (*Loi du* 18 *germinal an* 10.) (B. 53.)

Voyez Affiches, Bans, Loi, Promulgation; et, pour les *publications de mariage*, les art. 63 et suiv., 94, 166 et suivans du Code civil, avec des formules, sous le mot Etat civil.

PUDEUR. L'art. 8 du titre 2 de la loi du 19-22 juillet 1791 prononce des peines contre ceux qui auraient attenté publiquement aux mœurs par outrage à la pudeur des femmes. *Voyez* Police.

PUITS. L'art. 27 d'une ordonnance de police du 15 novembre 1781, concernant les incendies, a enjoint à tous propriétaires de maisons où il y avait des puits de les maintenir en bon état, en sorte qu'il y eût au moins vingt-deux pouces d'eau; de les faire nettoyer, curer, et même creuser, et de les entretenir de bonnes cordes et poulies.

Les puits publics fournissent, dans un grand nombre de communes, la seule boisson des habitans. Les maires, outre la surveillance quant à leur propreté et à leur curement, doivent avoir soin qu'on entretienne en bon état les défenses ou mardelles destinées à prévenir les accidens.

Voyez Mares.

Le gouvernement a fait publier l'instruction suivante sur le danger du méphitisme des marnières, des fosses, mines, puits, celliers, etc.

Causes du méphitisme des puits et des cavités profondes.

1er. C'est à l'acide carbonique qu'il faut attribuer principalement le méphitisme des puits et des cavités profondes. Ce gaz, comme on sait, est impropre à la combustion et à la respiration : il existe tout formé dans la nature; il s'y développe sans cesse par la décomposition des matières végétales et animales, et probablement aussi par l'effet de beaucoup d'autres causes qui nous sont inconnues.

Ce gaz ayant une pesanteur spécifique, qui est près du double de celle de l'air atmosphérique, doit nécessairement se rassembler dans les lieux bas, et y séjourner, toutes les fois qu'une cause extraordinaire n'est pas venue l'en expulser : aussi le trouve-t-on dans presque toutes les mines, dans beaucoup de cavités souterraines, et dans la plupart des excavations que l'on ouvre à une certaine profondeur.

Quelquefois ce gaz, qui ne s'était pas d'abord rencontré dans un puits nouvellement creusé, s'y manifeste subitement. Plus souvent encore, quand les puits ont été abondonnés pendant quelque temps, et qu'on y a laissé des substances susceptibles de putréfaction, les trouve-t-on remplis de ce gaz méphitique, lorsqu'on veut y entrer.

Enfin, le séjour des hommes qui travaillent dans ces puits, les lumières qu'ils sont obligés d'y entretenir contribuent encore à vicier l'air, qui ne peut se renouveler naturellement. On sent donc combien il est imprudent de creuser ces puits, d'y descendre et d'y séjourner sans précaution.

Des moyens de reconnaître la présence de l'acide carbonique dans les puits.

2. Il est facile de reconnaître la présence de l'acide carbonique dans les puits. La grande pesanteur spécifique de ce gaz permet de l'y puiser à la manière de l'eau avec un seau vide que l'on remonte au bout de quelques instans, en l'agitant le moins possible. On y verse de l'eau qui a séjourné sur de la chaux vive, et qui a repris sa limpidité, ou l'on y plonge une lumière : si la première se trouble, si la seconde s'éteint, c'est une preuve que l'on a rapporté de l'acide carbonique au lieu d'air pur.

On peut aussi descendre au fond des puits un animal vivant, tel qu'un chien, un chat, et des corps combustibles allumés. Si les uns ne sont asphyxiés, si les autres continuent à brûler, on peut alors entrer dans les puits sans danger. Dans le cas contraire, on s'expose à une mort certaine.

Si, malgré les précautions dont nous venons de parler, la respiration est encore fatiguée, et si, pendant les excavations, on observe qu'elle devient difficile, il faut à l'instant remonter au jour et ne plus redescendre dans les puits sans avoir renouvelé l'air, comme s'il était complétement vicié.

Des moyens de purifier et de renouveler l'air dans les puits et dans les cavités profondes.

3. Il faut bien se garder, lorsque l'on veut purifier l'air d'un puits, de suivre la pratique vulgaire, d'y jeter des matières combustibles enflammées, parce que la combustion, au lieu de le purifier, achève de le détériorer.

Si la combustion a de bons résultats dans quelques circonstances, c'est en établissant des courans qui déplacent l'air vicié et lui substituent de l'air sain. Le feu ou la flamme agit donc dans ces cas comme moyen mécanique, mais non comme absorbant ou neutralisant.

Deux moyens se présentent pour arriver efficacement au but qu'on se propose. Le premier consiste à jeter dans les puits de la chaux vive délayée dans une grande quantité d'eau, pour absorber l'acide carbonique, qui se combine avec la chaux dans une proportion presque égale en poids.

On peut substituer à la chaux vive, avec beaucoup d'avantage, les alcalis caustiques, tels que l'ammoniac, la dissolution de potasse, de soude caustique (lessive des savonniers); on asperge avec ces liqueurs le lieu méphitisé, et lorsque les lumières cessent de s'y éteindre, on peut y descendre sans crainte de danger.

Le second a pour objet d'établir, dans l'intérieur des puits, des courans d'air à l'aide du feu ou d'un ventilateur. A cet effet, on descend dans les puits un tuyau de bois, de cuir ou de métal, et même de toile mouillée que l'on fait aboutir en dehors au cendrier du fourneau ou à la caisse du ventilateur.

Le vide formé dans le tuyau par le feu ou le ventilateur produit l'ascension des substances gazeuses dont le puits était rempli, et l'acide carbonique ne tarde pas en être entièrement expulsé. On continue le feu ou l'action du ventilateur aussi long-temps qu'on le juge nécessaire; il ne faudrait même jamais l'interrompre, s'il se formait une nouvelle quantité d'acide carbonique, à mesure qu'on l'attirerait au dehors. On peut aussi, lorsque les circonstances l'exigent, faire usage des mêmes moyens pendant toute la durée des excavations, en prolongeant successivement le tuyau d'airage, de manière à faire descendre sur les travailleurs une colonne d'air pur.

Lorsque ces précautions ont été négligées, et que quelqu'un a été atteint d'asphyxie dans l'intérieur d'un puits, on peut lui fournir rapidement l'air pur qui lui manque à l'air d'un fort soufflet de forge que l'on adapte au premier tuyau qui se trouve sous la main. Par-là on préviendra également l'asphyxie de ceux qui descendraient dans le puits pour l'en retirer et le rapporter au jour.

Moyens curatifs de l'asphyxie.

4. Quant aux moyens curatifs à employer pour remédier à l'asphyxie, il faut d'abord transporter l'individu que l'on veut rappeler à la vie dans un lieu où il puisse respirer un air parfaitement pur; ensuite on le dépouille de ses vêtemens, on l'étend sur des corps chauds; on lui frotte rudement les parties les plus sensibles du corps, telles que la plante des pieds, l'intérieur de la main, etc.; on lui fait respirer des gaz irritans, tels que le gaz ammoniac (alcali volatil), le gaz acide sulfureux (huile de vitriol), le gaz acide muriatique, et surtout le gaz acide muriatique oxigéné, que des expériences récentes paraissent indiquer comme l'agent le plus efficace dont on puisse se servir en pareil cas.

PUPILLES. *Voyez* ABSENS.

QUAIS. La police des quais est dans les attributions des municipalités. (*Loi du* 16-24 *août* 1790, *titre* 2, *art.* 3.)

Voyez PORT.

QUALIFICATION. Le décret du 1er mars 1808 (B. 186), qui a créé les titres de prince, duc, comte, baron et chevalier, défend à tout individu de s'arroger des titres et qualifications qui ne leur auraient pas été conférés, et aux officiers de l'état civil, etc., de les leur donner; renouvelant, autant que besoin serait, contre les contrevenans, les lois actuellement en vigueur. (B. 15.)

QUARTS DE RÉSERVE DES BOIS DES COMMUNES. *Voyez* BOIS DES COMMUNES.

QUÊTES. Le ministre de l'intérieur a pris le 5 prairial an 11 un arrêté ainsi conçu, relativement aux quêtes à faire dans les temples.

ART. 1er. Les administrateurs des hospices et des bureaux de bienfaisance organisés dans chaque arrondissement sont autorisés à faire quêter dans tous les temples consacrés à l'exercice des cérémonies religieuses, et à confier la quête soit aux filles de charité vouées au service des pauvres et des malades, soit à telles autres dames charitables qu'ils jugeront convenable.

2. Ils sont pareillement autorisés à faire placer dans tous les temples, ainsi que dans les édifices affectés à la tenue des séances des corps civils, militaires et judiciaires, dans tous les établissemens d'humanité, auprès des caisses publiques et dans tous les autres lieux où l'on peut être excité à faire la charité, des *troncs* destinés à recevoir les aumônes et les dons que la bienfaisance individuelle voudrait y déposer.

3. Tous les trois mois les bureaux de charité feront aussi procéder, dans leurs arrondissemens respectifs, à des collectes.

4. Le produit des quêtes, des troncs et des collectes, sera réuni dans la caisse de ces institutions, et employé à leurs besoins, conformément aux

lois. Les préfets en transmettront l'état, tous les trois mois, au ministre de l'intérieur.

QUINCAILLERIE ET COUTELLERIE. L'art. 6 du décret du 5 septembre 1810 (B. 312) oblige les fabricans qui veulent s'assurer la propriété des marques par eux apposées sur leurs ouvrages, à verser une somme de 6 francs entre les mains du maire de la commune. Cette somme, ainsi que toutes les autres qui seraient comptées pour le même objet, doivent être mises à la disposition des prud'hommes ou du maire, et destinées à faire l'acquisition de tables communes établies pour recevoir l'empreinte des marques, et à les entretenir: le préfet en surveille la comptabilité.

D'après les dispositions des articles 8 et 9 du même décret, les maires doivent, sur la réquisition du propriétaire de la marque et la présentation d'un procès-verbal de dépôt, saisir les ouvrages de quincaillerie et de coutellerie qui auraient été contrefaits, et renvoyer ensuite les parties devant le conseil de prud'hommes établi dans la commune, ou, s'il n'y en a pas, devant le juge de paix du canton.

QUINTAL. *Voyez* MYRIAGRAMME.

QUITTANCES. Les quittances que les percepteurs des contributions délivrent aux contribuables sont sur papier non timbré. Les paiemens doivent en outre être émargés sur les rôles à peine d'amende.

Voyez, sous le mot CONTRIBUTIONS DIRECTES, les art. 140, 141 et 142 de la loi du 3 frimaire an 7.

RABINS. *Voyez* BÉNÉDICTION NUPTIALE.

RACHAT. *Voyez* RENTES.

RADIATION. *Voyez* EMIGRÉS.

RAGE. Les moyens de garantir des morsures des chiens enragés sont du ressort de la police. Aux époques où des signes de rage se manifestent, elle doit prendre toutes les mesures de prudence que les circonstances exigent, et défendre strictement la sortie des chiens. Voici le modèle de l'ordonnance qui est publiée et affichée en pareil cas:

L'an le , nous soussigné, maire de la commune d , sur l'avis à nous donné qu'il paraissait depuis peu dans la commune nombre de chiens vagans et sans maîtres, dont le maintien et toute l'habitude du corps donnaient lieu de craindre qu'ils ne fussent attaqués de la rage, ordonnons et enjoignons à tous possesseurs de chiens de les tenir enfermés et à l'attache jusqu'à ce qu'il en soit autrement ordonné, les prévenant qu'en cas de contravention à la présente, ces chiens seront tués par , que nous commettons à cet effet, et les contrevenans dénoncés aux tribunaux compétens, pour être condamnés aux amendes prononcées par les lois des 24 août 1790, titre 2, article 3, et 22 juillet 1791, titre 1er, article 15.

De savans médecins ont observé, relativement aux individus qui avaient éprouvé quelque morsure, que leur danger avait pour principale cause les terreurs qu'on leur inspirait, au lieu d'écarter soigneusement toute idée propre à frapper ou exalter leur imagination. Avec la précaution de distraire et de rassurer les personnes mordues, il paraît que le venin a rarement des suites fâcheuses, et qu'on est même en général dispensé de traitement. Quoi qu'il en soit, le gouvernement a fait publier, à différentes époques, des instructions sur le traitement à employer contre la morsure des animaux enragés, et l'hydrophobie qui en est la suite. En voici une dont la publication a été ordonnée en l'an 2, par le comité d'instruction publique de la convention nationale.

1° Le signe caractéristique de la rage est l'horreur de l'eau, ce qui lui a mérité le nom d'hydrophobie;

2° L'animal qui en est atteint est plus ou moins baveux et écumant;

3° Cette bave, produit de la salive, est virulente, et en s'introduisant dans le corps par la morsure elle occasione la maladie.

On commence le traitement par bien laver les environs des plaies avec de l'eau tiède, pour emporter la bave qui pourrait s'y être attachée.

On emporte ensuite sur-le-champ les chairs mordues avec un instrument tranchant, ou on les cautérise avec un fer ardent, ou avec de l'esprit de nitre ou de vitriol, vulgairement connu sous le nom d'eau forte et d'huile de vitriol.

Une fausse pitié ne doit ni intimider ni arrêter l'opérateur : il s'agit de soustraire le sujet à une maladie affreuse, à une mort certaine.

On hâte la suppuration; on épargne des douleurs au malade, en couvrant et en remplissant les plaies d'un cataplasme de mie de pain avec le lait, appliqué tiède, et renouvelé toutes les quatre heures.

On frictionne ensuite les environs des plaies avec l'onguent mercuriel fait au tiers ou à moitié.

Ces frictions se multiplient, se rapprochent, et la dose de l'onguent est proportionnée aux forces et au danger.

Si le péril est imminent, si les morsures ont été nombreuses, si le malade a été sans secours, il faut agir de manière à exciter promptement la salivation; on peut employer une demi-once, une once et même plus de cet onguent, surtout s'il ne contient qu'un tiers de mercure. L'on a vu cette méthode vigoureuse réchapper des individus chez lesquels la maladie était déjà déclarée. Il n'est pas moins urgent, dans cette extrémité, d'emporter, de brûler ou de cautériser les chairs qui ont été mordues, quand même la cicatrice serait parfaite. Il est constant que toutes les plaies se rouvrent lorsque l'hydrophobie se manifeste.

Des craintes, ayant été conçues au mois de mai 1813 à l'occasion de chiens soupçonnés enragés, le préfet de police de Paris a recommandé aux personnes qui seraient mordues de recourir dans les 24 heures à un médecin ou à un chirurgien, pour faire cautériser leurs blessures avec un fer chauffé à blanc, l'efficacité de ce moyen de prévenir la rage ayant été reconnue par une expérience non démentie, tandis qu'on ne devait compter sur aucun autre secours, quelque confiance que l'intérêt particulier ou la crédulité lui ait acquise.

RAMONAGE. La police doit veiller à ce que le ramonage des cheminées s'effectue régulièrement, surtout chez les manufacturiers, dans les maisons publiques, les hôpitaux, afin de prévenir les incendies qui pourraient résulter de la négligence. Quant aux maisons de particuliers, les visites des cheminées peuvent mettre à portée de prescrire cette mesure. *Voyez* CHEMINÉES.

RAPPORTS. Les rapports des gardes champêtres font foi en justice pour les délits ruraux, sauf la preuve contraire. (*Loi du 28 septembre—6 octobre* 1791.)

Voyez CHASSE, GARDES CHAMPÊTRES, POLICE RURALE, PROCÈS-VERBAUX.

RASSEMBLEMENS. *Voyez* ATTROUPEMENS, RÉVOLTES; et, sous le mot COMMUNES, la loi du 10 vendémiaire an 4.

RATELAGE. *Voyez* GLANAGE.

RATURES. *Voyez*, sous le mot ÉTAT CIVIL, l'art. 42 du Code civil.

RECENSEMENT. *Voyez* POPULATION; et sous le mot POLICE MUNICIPALE, les art. 1 et 2 du titre 1er de la loi du 19-22 juillet 1791.

Voyez aussi CONSCRIPTION.

RECETTES COMMUNALES. *Voyez* DÉPENSES ET RECETTES DES COMMUNES.

RECETTES DES COMMUNES. Les contributions directes sont payées à raison d'un douzième par mois. (*Arrêté du* 16 *thermidor an* 8 (B. 38).

La perception de la contribution foncière et celle de la contribution personnelle, mobilière et somptuaire, sont faites dans chaque commune par le même percepteur. (*Loi du* 3 *frimaire an* 7 (B. 243), art. 124.)

Les places de préposés aux recettes, créées par la loi du 22 brumaire an 5, ont été supprimées par l'art. 1er de celle du 27 ventose an 8 (B. 15), à compter du 1er floréal suivant; et l'art. 2 de la même loi a ordonné qu'il serait établi dans tous les arrondissemens de sous-préfecture, autres que ceux du chef-lieu de département, un receveur particulier des contributions.

Un arrêté du 4 pluviose an 11 (B. 243) a autorisé l'établissement des receveurs particuliers dans les villes et communes dont les rôles s'élèvent au-dessus de 15,000 francs.

Il y a en outre dans chaque département un receveur général, qui réside au chef-lieu.

Tous les percepteurs des contributions directes sont à la nomination du roi. Leur traitement ne peut être au-dessus de cinq centimes par franc. (*Loi du* 5 *vendémiaire an* 12 (B. 345), art. 9 et 15) *Voyez* PERCEPTEURS DES CONTRIBUTIONS DIRECTES.

RECEVEURS DES COMMUNES. L'arrêté du 4 thermidor an 10 (B. 303) a réglé la manière dont ils doivent rendre compte de leur gestion au corps municipal.

Une dépense faite sur une simple autorisation du maire et même du préfet ne peut être acquittée par le receveur. S'il la paie, il en devient responsable, sauf son recours contre le maire ordonnateur. Cette dépense, aux yeux de l'administration, est donc comme non avenue. Ce principe ne souffre d'exception que pour les dépenses imprévues proprement dites, pour lesquelles il est mis par le budget un fonds spécial à la disposition du préfet ou du maire. La destination de ce fonds étant ainsi déterminée, on ne doit pas l'en détourner; et ce serait s'en écarter que de l'appliquer soit à payer des dépenses rejetées par le budget, soit à augmenter celles qui ont été fixées.

Le conseiller d'état ayant le département des recettes et des dépenses des communes a fait observer aux préfets, par une circulaire du mois de messidor an 11, qu'il avait été accordé à des receveurs de communes ayant plus de 20,000 fr. de revenus des remises sur les octrois en sus de leur traitement, et que cette allocation était abusive, parce que la proposition du conseil municipal devait comprendre tout ce qui composait le traitement, et que les revenus provenant des octrois, ainsi que toute autre perception ou taxe indirecte, ne devaient, sous aucun prétexte, être distingués des autres revenus provenans du fermage, ni fournir des émolumens particuliers au receveur. Le conseiller d'état a ajouté que cet abus paraissait avoir eu son principe dans une fausse application de la loi du 27 frimaire an 8 sur l'octroi, qui allouait au percepteur de la commune un cinquième de centime par franc; mais que cette disposition ne concernait que les percepteurs des contributions publiques, chargés par la même loi de faire aussi la recette et la dépense des revenus des petites communes, et auxquels cette indemnité était accordée pour raison du surcroît de travail et de responsabilité que le titre de leur premier office ne leur imposait pas.

L'arrêté du 19 vendémiaire an 12 (B. 321) porte 1° que les receveurs des communes et les receveurs des revenus des hôpitaux, bureaux de charité, maisons de secours, et autres établissemens de bienfaisance, sous quelque dénomination qu'ils soient connus, sont tenus de faire, sous leur responsabilité respective, toutes les diligences nécessaires pour la recette et la perception de ces revenus et pour le recouvrement des legs, donations et autres ressources affectées au service de ces établissemens, et à la requête de l'administration à laquelle ils sont attachés, les exploits, significations, poursuites et commandemens nécessaires; d'avertir les administrateurs de l'échéance des baux; d'empêcher les prescriptions; de veiller à la conservation des domaines, droits, priviléges et hypothèques; de requérir à cet effet l'inscription au bureau des hypothèques de tous les titres qui en sont susceptibles, et de tenir registre de ces inscriptions et autres poursuites et diligences;

2° Que, pour faciliter l'exécution des obligations qui leur sont imposées, les receveurs peuvent se faire délivrer par l'administration dont ils dépendent une expédition en forme de tous les contrats, titres-nouvels, déclarations, baux, jugemens et autres actes concernant les domaines dont la perception leur est confiée, ou se faire remettre par tous dépositaires lesdits titres et actes, sous leur récépissé;

3° Que chaque mois les administrateurs doivent s'assurer des diligences des receveurs par la vérification de leurs registres;

4° Que ces receveurs sont soumis aux dispositions des lois relatives aux comptables des deniers publics et à leur responsabilité.

D'après l'art. 4 du décret du 6 frimaire an 13 (B. 22), lorsque, par la vérification de la caisse des receveurs de communes, il est prouvé qu'ils ont donné des à-comptes ou avances sur les traitemens et autres dépenses municipales, on en doit faire état pour les rejeter des comptes de l'année.

Aux termes d'un décret du 30 du même mois (B. 25), les recettes communales sont faites par les *percepteurs des contributions* pour toutes les communes de leur arrondissement qui ont moins de 20,000 francs de revenu.

La loi du 13 brumaire an 7 (B. 237) porte, titre 2, art. 12, que tous actes, écritures, extraits, copies et expéditions, soit publics, soit privés, devant ou pouvant faire titre, ou être produits pour obligation, décharge, justification, demande ou défense, sont assujettis au droit de timbre. Le ministre de l'intérieur a, par une circulaire aux préfets en date du 15 septembre 1808, observé qu'il résultait des expressions *décharge*, *justification*, que les pièces à produire par les receveurs des communes à l'appui de leurs comptes, telles que mandats des maires, mémoires, quittances des fournisseurs, et généralement toutes pièces établissant décharge ou libération, devaient être timbrées.

Afin de prévenir les abus qui régnaient dans le paiement des dépenses communales et de rétablir dans la comptabilité des receveurs l'ordre qu'exige le maniement des deniers publics, il a été rendu le 27 février 1811 un décret (B. 354) dont voici le texte:

Art. 1er. Dans toutes les communes qui ont des receveurs de deniers municipaux autres que les percepteurs de contributions directes, ces receveurs seront tenus, dans les trois mois de la publication du présent, de se faire connaître à notre ministre du trésor, et de lui justifier qu'ils ont rempli leur cautionnement, pour être par lui confirmés, s'il y a lieu, dans l'exercice de leurs fonctions, ou être pourvu à leur remplacement.

2. Dans tous les cas de vacance, le conseil municipal présentera trois candidats.

La liste, avec l'avis du sous-préfet et du préfet, sera adressée à notre ministre du trésor, qui présentera à notre nomination le sujet qu'il croira mériter le mieux notre confiance.

3. Notre ministre du trésor prescrira aux receveurs l'ordre de comptabilité qu'ils auront à suivre et en exigera tous les mois un état de situation.

4. Il fera verser pour le compte de la caisse de service, chez les receveurs généraux et particuliers, les sommes qu'il jugera excéder les besoins du service, et les fera rétablir successivement aux époques où les besoins du service l'exigeront.

La caisse de service tiendra compte à chaque commune de l'intérêt des fonds qui lui seront versés, de la même manière qu'elle en tient compte aux particuliers.

5. Notre ministre du trésor fera vérifier par les inspecteurs-généraux et sous-inspecteurs du trésor public, les receveurs des communes dont les budgets sont soumis à notre approbation, et même, au besoin, ceux des autres communes. A cet effet, le nombre des inspecteurs pourra être augmenté d'un tiers, si le besoin du service l'exige.

Les procès-verbaux de vérification seront dressés en quadruple expédition : une sera déposée à la préfecture; la seconde sera envoyée à notre ministre du trésor public; la troisième devra être remise au comptable vérifié, et la quatrième restera dans les mains de l'inspecteur.

6. Dans le cas de déficit, l'inspecteur du trésor prendra de suite les mesures nécessaires pour la sûreté des deniers de la commune : si le déficit excède le montant du cautionnement, l'inspecteur décernera contrainte contre le receveur, et elle sera exécutoire sur le *visa* du juge de paix, sans autre formalité.

7. Notre ministre du trésor, examen fait du procès-verbal de vérification, et sur le rapport qui lui sera adressé par l'inspecteur, pourra ordonner son remplacement provisoire, ou nous proposer son remplacement définitif, et prescrire les poursuites à diriger contre lui, suivant l'exigence des cas.

Il nous rendra compte, tous les trois mois, des résultats des vérifications qu'il aura fait faire.

8. Notre ministre de l'intérieur pourra provoquer, auprès de notre ministre du trésor public, des vérifications extraordinaires par les agens du trésor, lorsqu'il aura quelques motifs de soupçonner la gestion d'un receveur.

9. Les paiemens faits par des receveurs de communes sans autorisation légale, et hors les termes des budgets, seront considérés comme déficit, et emporteront leur destitution.

Il y aura lieu à exception dans le cas seulement où le budget de l'année courante n'aurait pas été arrêté et remis au receveur, pourvu que les paiemens n'excèdent pas les sommes allouées au chapitre des dépenses ordinaires du budget de l'année précédente.

10. Il ne pourra être accordé par la cour des comptes aucun délai aux receveurs des communes pour faire régulariser les paiemens irréguliers rejetés de leur comptabilité, ni pour justifier des non-valeurs qui ne leur ont point été allouées : en conséquence, les receveurs qui n'auront pas obtenu la régularisation de ces paiemens ou non-valeurs dans le terme prescrit pour la reddition de leurs comptes, seront tenus d'en réintégrer le montant dans leurs caisses; et à défaut, ils y seront contraints.

11. La vérification ordonnée par l'article 5 ne dispense point les maires, les sous-préfets et les préfets, de faire faire dans les formes ordinaires, et suivant l'exigence des cas, toutes les vérifications que prescrit une exacte surveillance.

Le ministre du trésor a donné à cet égard des instructions aux maires et aux receveurs des municipaux, et le conseiller d'état directeur général de la comptabilité des communes et des hospices a adressé le 7 mai de la même année, aux préfets, une circulaire par laquelle il a appelé leur attention sur les petites communes dont les receveurs n'avaient pas été astreints à un cautionnement, et qui, ayant eu, à raison de tourbages, etc., de fortes recettes extraordinaires, pouvaient craindre quelques abus de confiance.

Enfin il a été ordonné, par un décret du 24 août 1812 (B. 447), 1° que les traitemens des receveurs municipaux des communes qui ont 10,000 fr. ou plus de revenus ne pourraient, à compter de 1813, excéder les proportions suivantes, savoir :

A raison de 4 pour cent sur les premiers 2,000 fr. de recettes ordinaires dans les communes où les recettes sont confiées au percepteur des contributions;

A raison de 5 pour cent sur les premiers 20,000 fr. de recettes ordinaires dans les communes où les recettes sont confiées à des receveurs spéciaux;

Et dans toutes les communes à raison d'un pour cent sur les sommes excédant 2,000 fr. jusqu'à un million; et demi pour cent sur toutes celles qui s'élèvent au-delà d'un million;

2° Que les tarifs n'étant qu'énonciatifs du *maximum* des traitemens, ces traitemens seraient définitivement réglés dans le budget de chaque ville, sur la proposition nécessaire du conseil municipal et l'avis du sous-préfet, conformément à l'art. 7 du décret du 30 frimaire an 13;

3° Que les recettes municipales dans les villes dont les revenus ne s'élevaient pas à 20,000 fr. continueraient d'être réunies à la perception des contributions, et que les percepteurs pourraient aussi, sur la proposition des conseils municipaux, être chargés de la recette des deniers communaux dans les villes dont les revenus s'élevaient au-dessus de 20,000 fr.

Le ministre de l'intérieur ayant exposé au conseil d'état, en présentant le budget de la ville d'Enghien, que le ministre des finances avait prescrit de faire acquitter par les communes des frais de poursuites exercées contre elles pour le paiement des registres civils fournis de l'an 5 à l'an 10, et présenté la question de savoir si la régie de l'enregistrement et des domaines pouvait poursuivre, pour obtenir un paiement, une commune qui ne peut payer que par son receveur, lequel receveur ne peut lui-même rien acquitter qu'en vertu d'allocation à son budget, le conseil d'état a donné le 11 mai 1813 un avis qui a été approuvé le 26 du même mois (B. 504), et duquel il résulte que, les communes ne pouvant rien payer sans y avoir été autorisées par leur budget annuel, tout paiement fait sans cette autorisation est laissé au compte du receveur, d'après les dispositions précises de plusieurs décrets; qu'en conséquence, lorsqu'une commune est débitrice, il n'y a lieu ni à délivrance de contrainte contre le receveur, ni à citation devant les tribunaux, ni à saisie-arrêt entre les mains du receveur de la commune ou des débiteurs de la commune, puisque le receveur ne peut rien payer qu'en vertu d'autorisation au budget annuel; mais que le directeur de la régie doit se pourvoir par-devant le préfet pour qu'il porte au budget, s'il y a lieu, la somme réclamée contre la commune, afin que le paiement par le receveur soit autorisé.

Le cautionnement des receveurs des communes, fixé au dixième de toutes les recettes par l'art. 83 de la loi sur les finances du 28 avril 1816 (B. 81), a été soumis par l'art. 2 de l'ordonnance du roi du 1er mai suivant (B. 83) à un supplément ayant pour base les recettes de 1815,

Ces receveurs ont été chargés par l'art. 34 de l'ordonnance du 17 juillet 1816 (B. 101) de la perception des indemnités relatives aux dispenses du service personnel dans la garde nationale.

Enfin le ministre des finances a pris le 7 novembre 1821 une décision ainsi conçue :

1° A dater du 1er janvier 1822, il sera ouvert par les receveurs municipaux des communes rurales de chaque arrondissement de perception, un livre à souche des recettes faites par ces comptables sur tous les revenus communaux autres que ceux résultant des taxes ou impositions locales perçues, en vertu de rôles quelconques, et qui, aux termes de l'instruction du 8 avril 1820, sont enregistrées au journal à souche des recettes sur contributions directes. Ce registre n'étant qu'un livre d'ordre, et ne dispensant pas les receveurs de la tenue des livres de caisse, ou des comptes-journaux prescrits par les instructions précédentes, n'est pas passible du droit de timbre.

2° Les receveurs sont tenus, sous leur responsabilité personnelle, de délivrer sans frais, pour chaque somme versée à leur caisse, un bulletin de paiement détaché du livre de souche.

Lorsque la somme reçue excédera 10 francs, la quittance à délivrer sur papier timbré sera fournie au débiteur à ses frais, s'il y a lieu, et sauf convention contraire. Cette dernière quittance devra toujours rappeler le numéro du bulletin à talon séparé de la souche du registre.

3° Ces dispositions ne seront point applicables aux receveurs municipaux des communes qui n'ont pas d'autres revenus que les centimes additionnels, leurs octrois ou des rentes sur l'état.

4° Elles pourront être étendues par les préfets aux receveurs de tous les établissemens publics.

Voyez CAUTIONNEMENT, CONSEIL MUNICIPAL, DÉPENSES ET RECETTES DES COMMUNES, TIMBRE.

RECEVEURS DES ÉTABLISSEMENS DE CHARITÉ. Il a été ordonné par la loi du 16 vendémiaire an 5 (B. 81), art. 3, que les commissions administratives des hospices nommeraient hors de leur sein un *receveur* qui leur rendrait, tous les trois mois, un compte qu'elles remettraient à l'administration municipale (au sous-préfet), lequel l'adresserait, dans les dix jours, avec son avis, à l'administration centrale (au préfet), pour être approuvé s'il y avait lieu. Cet ordre de choses a été confirmé par l'art. 9 d'une loi du 16 messidor an 7 (B. 193).

Le directoire exécutif a ordonné, par un arrêté du 23 brumaire an 5 (B. 90), que les *revenus* des hôpitaux situés dans une même commune, ou qui lui étaient particulièrement affectés, seraient, conformément à la loi du 16 vendémiaire, perçus par un seul et même receveur, et indistinctement employés à la dépense de ces établissemens, de laquelle il serait néanmoins tenu des états distincts et séparés.

Par un arrêté du 16 germinal an 12 (B. 359), les receveurs des hôpitaux et autres établissemens de charité qui ont des appointemens ou taxations ont été assujettis à un *cautionnement*.

Art. 1er. Ils fourniront, sur la fixation qui en sera arrêtée par les préfets, un cautionnement en numéraire qui ne pourra excéder le douzième des diverses parties des recettes qui leur sont confiées, et ne pourra être au-dessous de cinq cents francs.

Ces cautionnemens seront versés dans les caisses du mont-de-piété de la ville où est l'hospice; et, s'il n'y a pas de mont-de-piété dans la ville, dans celle d'un des monts-de-piété du département indiquée par le préfet; ou, s'il n'y a pas de mont-de-piété dans le département, dans la caisse du mont-de-piété des hôpitaux de Paris.

Les monts-de-piété dans la caisse desquels les fonds seront versés, en paieront chaque année l'intérêt au taux moyen des emprunts faits dans l'année par chaque établissement.

2. Chaque administration de mont-de-piété transmettra au ministre de l'intérieur l'état des cautionnemens versés dans sa caisse en vertu de l'article précédent, et elle ne pourra en rembourser le montant qu'en vertu d'une décision spéciale du ministre, si ce n'est en cas de mort ou démission du receveur, et après reddition et approbation de ses comptes devant et par qui de droit.

3. S'il s'établit un mont-de-piété dans une ville ou dans un département dont les receveurs des hospices auraient versé les fonds à un autre mont-de-piété, les administrateurs de ce dernier en feront faire le versement au nouvel établissement dans lequel ils devront être déposés aux termes de l'art. 1er.

4. Les cautionnemens ne pourront être versés en aucun cas dans les caisses des maisons de prêt tenues par des particuliers, quand elles seraient établies sous le titre de mont-de-piété; mais seulement dans les caisses des établissemens confiés à l'administration publique.

D'après un arrêté du 11 thermidor an 12 (B. 11), ces receveurs ne peuvent, dans le cas où elle ne serait point ordonnée par les tribunaux, donner main-levée des oppositions formées pour la conservation des droits des pauvres et des hospices, ni consentir à aucune radiation, changement ou limitation d'inscriptions hypothécaires, qu'en vertu d'une décision spéciale du conseil de préfecture, prise sur une proposition formelle de l'administration, et d'après l'avis du comité consultatif établi près de chaque arrondissement communal, en exécution de l'art. 11 de l'arrêté du 7 messidor an 9.

Le mode de *comptabilité* des receveurs des hospices a été réglé par un décret du 7 floréal an 13 (B. 43), dont voici le texte :

Art. 1er. Les receveurs des hôpitaux et des établissemens de charité des diverses parties du royaume seront tenus de rendre compte, dans le cours du premier trimestre de chaque année, de l'état de leur gestion, tant en recette que dépense et reprises, jusques et compris le dernier jour complémentaire de l'année précédente.

2. Ces comptes seront entendus par les administrations gratuites et charitables des établissemens dont les recettes et perceptions leur seront con-

fiées, et transmis ensuite aux sous-préfets de leurs arrondissemens respectifs par les maires, chefs et présidens-nés de ces administrations.

3. Les comptes ainsi transmis aux sous-préfets seront arrêtés par eux sur le rapport et l'avis d'une commission spéciale de trois membres nommés par les préfets dans chaque arrondissement communal pour la révision des comptes des établissemens d'humanité, et choisis par eux, l'un dans le sein du conseil municipal de la ville où les établissemens sont situés, un autre dans le sein du conseil d'arrondissement, et le troisième dans le sein du conseil général du département. Néanmoins les arrêtés approbatifs desdits comptes n'auront leur exécution définitive qu'après avoir été confirmés par le ministre sur une proposition spéciale du préfet, à l'effet de quoi lesdits comptes et arrêtés y relatifs leur seront respectivement transmis.

4. Les comptes seront précédés de l'état des diverses parties de recettes confiées aux receveurs, et divisés ensuite, quant à la recette et à la dépense, en deux chapitres principaux, et chaque chapitre en autant de titres qu'il y aura de natures de recette et de dépense.

5. Le reliquat du compte de l'année précédente et les recouvremens faits depuis sur la même année et autres antérieures formeront un titre distinct et séparé de recettes opérées sur les revenus de l'exercice pour lequel le compte sera rendu; la même marche sera suivie pour les dépenses.

6. Pour les établissemens dont la quotité des revenus l'exigera, les recettes et paiemens seront contrôlés par un préposé spécial qui tiendra registre de tous les fonds qui rentreront et qui sortiront de la caisse : ce registre servira à la commission de révision de point de comparaison avec les comptes présentés par les receveurs.

7. Un des membres de l'administration, sous le titre d'ordonnateur général, sera spécialement chargé de la signature de tous les mandats : seront en conséquence rejetés des comptes tous paiemens non appuyés du mandat de l'ordonnateur et des pièces justificatives de la dépense acquittée.

8. Les pièces justificatives à fournir à l'appui des mandats seront, en ce qui concerne les fournitures et les réparations ordinaires et de simple entretien,

1° La délibération de l'administration qui a autorisé la dépense;

2° Le procès-verbal d'adjudication approuvé dans les formes voulues par la loi, ou la soumission légalement acceptée pour les cas où cette voie peut être admise;

3° Le mémoire détaillé des objets fournis;

4° Un procès-verbal de livraison ou de réception, certifié par l'un des membres de l'administration;

5° Les quittances des parties prenantes, dûment visées par les contrôleurs des recettes mentionnés en l'article 6;

6° Et enfin, en ce qui concerne les constructions et autres dépenses extraordinaires non prévues par les budgets approuvés, les décisions ministérielles ou les décrets qui les ont autorisées.

9. Indépendamment des comptes annuels dont est question aux articles qui précèdent, les receveurs continueront d'adresser tous les trimestres aux sous-préfets, pour être envoyé aux préfets, l'état du mouvement de la caisse qui leur est confiée, visé par le contrôleur et certifié véritable par l'administration. Un double en sera transmis au ministre par les préfets, avec l'état du mouvement de chaque hospice, sous le rapport de sa population en malades civils et militaires, ainsi qu'en vieillards, enfans et employés.

10. Un compte moral, explicatif et justificatif des opérations administratives sera pareillement rendu dans le cours du premier trimestre de chaque année par les administrations gratuites et charitables de ces maisons, tant sous le rapport de la régie des biens que sous le rapport du régime sanitaire, économique et alimentaire.

A l'appui de ces comptes seront joints, 1° l'état des mercuriales de chaque mois des principaux objets de consommation; 2° le précis des maladies graves traitées dans chaque établissement; 3° l'état de mouvement constatant les entrées, les sorties, les naissances, les décès, le nombre et le prix des journées; 4° l'état général de tous les mandats expédiés sur la caisse, celui de toutes les dépenses à solder, et enfin celui de tous les principaux approvisionnemens restant disponibles à la fin de l'exercice.

11. Le compte dont est question en l'article précédent sera examiné et définitivement arrêté dans la forme prescrite par les articles 2 et 3 du présent.

12. Toutes les dispositions contraires à celles portées aux articles qui précèdent sont formellement abrogées.

L'art. 1er de l'ordonnance du 21 mars 1816 (B. 76) a autorisé les préfets à apurer et arrêter en conseil de préfecture les comptes des receveurs des hôpitaux et autres établissemens de charité; et par une ordonnance du 21 mai 1817 il a été statué qu'en cas de contestation sur ces arrêtés, les comptabilités sur lesquelles ils seront intervenus seront renvoyées par-devant la cour des comptes, qui les règlera et les révisera définitivement, sauf décision préalable du ministre de l'intérieur sur les objets de sa compétence.

Il a été ordonné, par un arrêté du 19 vendémiaire an 12 (B. 321), 1° que les *receveurs* des communes et les receveurs des revenus des hôpitaux, bureaux de charité, maisons de secours et autres établissemens de bienfaisance, sous quelque dénomination qu'ils fussent connus, seraient tenus de faire, sous leur responsabilité respective, toutes les diligences nécessaires pour la recette et la perception de ces revenus, et pour le recouvrement des legs, donations et autres ressources affectées au service de ces établissemens; de faire faire contre tous les débiteurs en retard de payer, et à la requête de l'administration à laquelle ils sont attachés, les exploits, significations, poursuites et commandemens nécessaires; d'avertir les administrateurs de l'échéance des baux; d'empêcher les prescriptions; de veiller à la conservation des domaines, droits, priviléges et hypothèques; de requérir à cet effet l'inscription au bureau des hypothèques de tous les titres qui en sont susceptibles, et de tenir registre desdites inscriptions et autres poursuites et diligences;

2° Que les receveurs, pour faciliter l'exécution des obligations à eux imposées par l'article précédent, pourraient se faire délivrer, par l'administration dont ils dépendaient, une expédition en forme de tous les contrats, titres-nouvels, déclarations, baux, jugemens et autres actes concernant les domaines dont la perception leur était confiée, ou se faire remettre par tous dépositaires lesdits titres et actes, sous leur récépissé;

3° Qu'on fixerait, dans le délai de trois mois et dans les formes établies, la somme qui devait être allouée à chaque comptable pour son travail et sa responsabilité;

4° Que chaque mois les administrateurs s'assureraient des diligences des receveurs par la vérification de leurs registres;

5° Qu'au surplus les receveurs seraient soumis aux dispositions des lois relatives aux comptables des deniers publics et à leur responsabilité.

Le ministre de l'intérieur a adressé, le 3 brumaire an 12, aux préfets, une circulaire par laquelle il leur a représenté qu'aux termes de la loi du 16 vendémiaire an 5 il devait être nommé, hors du sein des commissions administratives, un *receveur* qui demeurerait exclusivement chargé de la recette et de la perception des revenus : et que, suivant un autre arrêté du 23 brumaire de la même année, les revenus des hôpitaux situés dans une même commune devaient être perçus par un seul et même receveur; que de semblables dispositions avaient été prises pour l'administration des établissemens de secours à domicile, et pour la recette et perception des revenus qui leur appartenaient, mais que ces dispositions n'avaient pas été exécutées, et qu'en général on n'avait point donné à l'institution de ces agens toute l'étendue qu'elle devait avoir. Dans quelques lieux, ajoutait-il, on les a rendus étrangers aux poursuites à faire pour activer les recouvremens, et aux mesures à prendre pour assurer la conservation des créances, droits et priviléges de ces établissemens; ailleurs on les a circonscrits dans des limites telles qu'ils ne sont pas ce que les lois ont voulu qu'ils fussent, et qu'ils se trouvent réduits aux fonctions de simples chefs de caisse où, par d'autres agens intermédiaires et désignés sous diverses dénominations, les commissions font arriver le produit des loyers, des fermages et de toutes les autres parties des revenus de ces maisons.

Indépendamment de ce que cette marche était absolument contraire au vœu des lois précitées, elle avait de plus l'inconvénient de disséminer la comptabilité des perceptions, de rendre plus difficiles les moyens de connaître les rentrées et d'apprécier les ressources, et de multiplier des agens qui, sans offrir aucune hypothèque réelle, pouvaient subordonner à leur plus ou moins de fidélité ou d'intelligence avec les débiteurs la poursuite des recouvremens, l'activité des rentrées, la sûreté des deniers, et par suite celle des services auxquels ils sont affectés. Il en devait en outre résulter plus d'entraves pour la reddition des comptes, leur audition, leur vérification et leur apurement; les moyens d'exercer une responsabilité n'étaient presque nulle part assurés; des débiteurs non poursuivis à temps étaient devenus insolvables; et, dans d'autres circonstances, on a vu divers établissemens perdre leur privilége et leur antériorité d'hypothèque, par le défaut d'inscription à temps de leurs titres de créance. Ces inconvéniens n'eussent point existé si partout les autorités chargées de l'inspection et de la surveillance de ces établissemens avaient réfléchi que les administrations collectives et charitables n'offrent le plus souvent qu'une responsabilité morale, qui ne peut jamais suffisamment garantir la conservation des domaines et la solvabilité des débiteurs des effets de la négligence.

L'intérêt bien entendu des pauvres commandait donc d'appeler à la conservation de leurs droits des comptables dont la responsabilité réelle et pécuniaire pût être atteinte en tous les temps au moyen des cautionnemens, but que le gouvernement avait atteint par son arrêté du 19 vendémiaire an 12, qui, sans déroger à l'hypothèque tacite et légale des pauvres et des hôpitaux sur les biens de leurs administrateurs, fait reposer sur la responsabilité particulière des receveurs le soin de poursuivre les débiteurs jusques et compris la saisie-exécution de leurs meubles ; d'avertir les administrateurs de l'échéance des baux; d'empêcher les prescriptions; de veiller à la conservation des domaines, droits et priviléges; de requérir l'inscription au bureau des hypothèques de tous les titres qui en sont susceptibles, et d'en tenir registre.

Le ministre a, par la même circulaire, chargé les préfets de rappeler à l'attention des commissions administratives et des receveurs que les acquisitions, les échanges, et généralement tous les actes portant mutation de propriété, doivent être transcrits aux bureaux des hypothèques dans l'arrondissement desquels les biens sont situés, et que cette obligation, imposée par les lois, est aussi prescrite pour les donations des biens susceptibles d'hypothèques.

Les dispositions de l'arrêté du 19 vendémiaire s'appliquent aussi à la recette et perception des revenus des biens des communes, dont les receveurs furent dans tous les temps et assez généralement investis de semblables attributions.

Une ordonnance du 21 mars 1816 (B. 76) porte que les comptes des receveurs des hôpitaux et établissemens de charité seraient apurés et arrêtés définitivement en conseil de préfecture par les préfets, auxquels ils seraient transmis avec leur avis par les sous-préfets, lorsque les administrateurs des établissemens respectifs les auraient préalablement entendus, et qu'aussitôt après l'apurement de chaque compte un relevé sommaire en serait adressé au ministre de l'intérieur.

Par une ordonnance du 21 mai 1817 (B. 156), laquelle relate celle du 28 janvier 1815 sur la comptabilité des communes, il a été statué 1° qu'en cas de contestation sur les arrêtés pris par les préfets en conseil de préfecture, pour le règlement des comptes des receveurs des hospices et autres établissemens de charité, en exécution de l'ordonnance du 21 mars 1816, les comptabilités sur lesquelles seront intervenus ces arrêtés seront renvoyées devant la cour des comptes, qui les règlera et les révisera définitivement, sauf décision préalable du ministre de l'intérieur sur les questions qui seraient de sa compétence; 2° que sur la décision d'une commission administrative, ou d'un receveur, le préfet sera en conséquence tenu d'adresser au procureur-général de la cour des comptes toute comptabilité dont le règlement aura été contesté, ainsi que les pièces à l'appui.

Le ministre de l'intérieur, en transmettant le 2 avril 1816 aux préfets l'ordonnance du 21 mars précédent sur les comptes à rendre par les receveurs des hôpitaux et autres établissemens de charité, les a autorisés à ne plus leur faire que chaque année l'envoi de l'état du mouvement de la population des hospices et celui de la situation de leur caisse ; le terme que le ministre a fixé pour cet envoi est le cours du 1er trimestre de l'année suivante.

Le 28 juin de la même année le sous-secrétaire d'état au ministère de l'intérieur a fait remarquer aux préfets que l'ordonnance du 21 mars leur fournissait un moyen facile de tenir à jour la comptabilité des hôpitaux, puisque l'art. 1er de cette ordonnance les autorisait à apurer et arrêter définitivement ces comptes en conseil de préfecture. A l'égard des formes à observer pour la reddition de ces comptes, on conseille, par la même circulaire, de suivre celles qui ont été prescrites par le décret du 7 floréal an 13 et par les instructions ministérielles du 25 fructidor suivant. On rappelle en même temps les obligations imposées aux receveurs des établissemens de charité, et ci-devant détaillées, soit pour assurer la perception des revenus, soit pour empêcher les prescriptions, etc.

Des circulaires ministérielles aux préfets, en date des 30 mai 1816, 16 septembre suivant et 12 juin 1818, ont eu pour principal objet de faire sentir combien il serait avantageux de soumettre la comptabilité des hospices à la révision des inspecteurs généraux du trésor public, qui prêteraient l'appui de leur expérience pour approfondir la situation des receveurs ; et cette vérification a en effet été prescrite par une des dispositions de l'ordonnance du roi du 31 octobre 1821 (B. 488), insérée à la fin du mot HOSPICES.

RECEVEURS INSOLVABLES. D'après un arrêté du 6 messidor an 10 (B. 199), l'insolvabilité ou l'absence des redevables du trésor public doit être constatée par des procès-verbaux de perquisition ou de carence, dressés par des huissiers, ou par des certificats délivrés sous leur responsabilité par les maires et adjoints des communes de leur résidence ou de leur dernier domicile, lesquels certificats doivent être visés par les sous-préfets.

RÉCIDIVE. *Voyez*, pour les peines encourues à raison de contravention de police commise par récidive, les art. 471, 474 et suivans du Code pénal, sous le mot DÉLITS ; et pour le cas où il y a récidive de la part des *officiers de police judiciaire*, l'art. 282 du Code d'instruction criminelle, sous ce mot.

Aux termes de l'art. 483 du Code pénal, il n'y a récidive de droit que lorsqu'il a été rendu contre les contrevenans, et dans les douze mois précédens, un premier jugement pour contravention de police commise dans le ressort du même tribunal, c'est-à-dire, quant à la juridiction des maires, dans la même commune.

RÉCLAMATIONS. *Voyez* sous, le mot CONTRIBUTIONS DIRECTES, la loi du 24 floréal an 8. *Voyez* aussi RÉDUCTION.

RÉCLUSION. Tout individu condamné à la peine de la réclusion est renfermé dans une maison de force, et employé à des travaux dont le produit peut être en partie appliqué à son profit. (*Code pénal* de 1810, art. 21.)

Voyez Maisons de répression.

RÉCOLTES. La conservation des récoltes a été mise, par l'art. 11 d'une loi du 20 messidor an 3 (B. 161), sous la surveillance et la garde de tous les bons citoyens. L'art. 14 de cette loi porte que les juges de paix, les municipalités, etc., sont responsables de son exécution.

Voyez Absens, Agriculture; et, sous le mot Délits, les art. 26 et suivans du tit. 2 de la loi du 28 septembre—6 octobre 1791, et l'art. 444 du Code pénal de 1810.

RÉCOMPENSES NATIONALES. Il avait été ordonné, par l'art. 87 de l'acte constitutionnel de l'an 8, qu'il serait décerné des récompenses nationales aux guerriers qui auraient rendu des services éclatans en combattant pour la patrie.

Une loi du 11 vendémiaire an 8 (B. 314) portait aussi 1° qu'il y aurait des récompenses nationales pour les armées;

2° Que les noms des armées victorieuses seraient proclamés solennellement dans les fêtes publiques;

3° Que le soldat ou l'officier qui monterait le premier à l'assaut, entrerait dans une redoute, prendrait un drapeau à l'ennemi, ou se signalerait par une action héroïque, aurait une récompense nationale, qui serait également décernée au marin qui sauterait le premier à l'abordage, et pour le bâtiment de guerre qui prendrait un vaisseau ennemi d'égale force, ou de force supérieure à la sienne;

4° Qu'il serait formé un livre national, appelé *les Fastes militaires*, où les noms, le département, la commune, la famille de ceux qui auraient fait quelque action d'éclat, ou qui seraient morts pour leur pays, seraient honorablement inscrits;

5° Que la mémoire des généraux morts sur le champ de bataille serait célébrée par des honneurs particuliers;

6° Que les citoyens blessés dans les combats auraient toujours une place distinguée dans les cérémonies publiques.

Un décret du 24 fructidor an 12 (B. 16) avait aussi institué des prix décennaux pour les ouvrages de sciences, de littérature, d'arts, etc.

L'ordonnance du roi du 10 juillet 1816 (B. 100) porte qu'il ne peut être accordé de récompenses nationales sans l'autorisation de sa majesté.

RECONNAISSANCE D'ENFANT. Les actes de reconnaissance d'enfant s'inscrivent sur les registres, à leur date; et, s'il existe un acte de naissance, on en fait mention en marge. (*Code civil*, art. 62.)

Cette reconnaissance ne peut avoir lieu au profit des enfans nés d'un commerce incestueux ou adultérin. (Art. 335.)

Voici des modèles d'actes à rédiger dans cette circonstance.

Reconnaissance d'enfant, faite par le père ou la mère après l'inscription de l'enfant sur les registres de l'état civil.

L'an le du mois de à heure du par-devant nous (énoncé ici la qualité du fonctionnaire public, s'il est maire ou adjoint de maire, ou s'il les remplace), officier de l'état civil de la commune d canton d département d est comparu (nom, prénoms, âge, profession, domicile), lequel (ou laquelle) nous a déclaré qu'il (ou qu'elle) se reconnaît père (ou mère) d'un enfant du sexe , qui nous a été présenté le et que nous avons inscrit sur les registres de l'état civil, sous le nom de qu'il (ou qu'elle) a eu avec (nom, prénoms, âge, profession, demeure. (Le déclarant est libre de ne pas désigner la personne avec laquelle il a eu l'enfant.) Cette déclaration a été faite en présence de (prénoms, nom, âge, profession, domicile du premier témoin) et de (même formalité pour le second témoin) et le déclarant a signé avec nous et les témoins le présent acte, après lecture. (Si un des comparans ne sait ou ne peut signer, il en est fait mention.)

Reconnaissance d'enfant, faite par le père et la mère conjointement.

L'an le du mois de à heure du par-devant nous officier de l'état civil de la commune d canton d département d sont comparus (prénoms, noms, etc.), lesquels ont déclaré qu'ils se reconnaissent père et mère d'un enfant du sexe qui nous a été présenté le et que nous avons inscrit sur les registres de l'état civil, sous les noms de lequel enfant est né d'eux le du mois de l'an : cette déclaration a été faite en présence de (prénoms, nom, âge, etc. du premier témoin) et de (même formalité pour le second); et les père, mère et témoins ont signé avec nous le présent acte, après qu'il leur en a été fait lecture. (Si un des comparans ne sait ou ne peut signer, on en fait mention.)

Voyez État civil.

RECONNAISSANCE D'ÉCRITURE. *Voyez* sous le mot Maires un extrait de l'arrêté du 7 thermidor an 9.

RECONSTRUCTIONS DE BATIMENS. Il a été prescrit par le décret du 10 brumaire an 14 (B. 63) des formalités relatives aux constructions, reconstructions et réparations de bâtimens appartenant aux établissemens de charité. *Voyez*-le sous le mot Batimens.

Par un autre décret du 17 juillet 1808, celui du 10 brumaire an 14 a été déclaré applicable aux villes, bourgs et villages, et il a été ordonné que le conseil municipal délibérerait sur tous les travaux à exécuter, sans déroger aux règlemens sur les budgets, qui devaient être arrêtés en conseil d'état.

Voyez Constructions, Réparations de batimens.

RECOUVREMENS DES CONTRIBUTIONS. *Voyez* Recettes des contributions.

RECRUTEMENT. *Voyez* ARMÉE, SERVICE MILITAIRE.

RECTIFICATIONS. On ne peut faire rectifier un acte de l'état civil qu'en vertu d'un jugement obtenu sur les conclusions du ministère public. Aucun changement n'est même fait sur l'acte ; mais le jugement de rectification est inscrit sur le registre par l'officier de l'état civil, aussitôt qu'il lui a été remis. Il en est fait mention en marge de l'acte réformé ; et l'acte n'est plus délivré qu'avec les rectifications ordonnées, à peine de dommages-intérêts contre l'officier qui l'aurait délivré. (*Code de procédure*, art. 856 et 857.)

Les formalités à observer pour la rectification des actes de l'état civil sont détaillées dans les art. 99 et suivans du Code civil. *Voyez*-les sous le mot ETAT CIVIL.

REDDITION DE COMPTE. *Voyez* COMPTABILITÉ MUNICIPALE, CONSEILS MUNICIPAUX.

RÉDUCTION. Toute réduction de contribution foncière en principal emporte réduction proportionnelle des centimes additionnels. (*Loi du 2 messidor an 7.*) (B. 292.)

Aux termes de l'art. 58 de la loi du 3 nivose an 7 (B. 250), aucune demande en réduction ou décharge de cote de contribution personnelle ou mobilière n'est admise trois mois après la publication du rôle.

Voyez, pour les conformités à remplir quand on demande une réduction de contributions, la loi du 24 floréal an 8, sous le mot CONTRIBUTIONS DIRECTES.

RÉGIE DES DROITS-RÉUNIS. Les officiers de police sont tenus, sous peine de destitution et de dommages-intérêts, de déférer aux réquisitions par écrit que les employés de cette régie leur font de les assister dans leurs visites en cas de suspicion de fraude. (*Loi du 5 ventose an 12* (B. 345), art. 83.)

RÉGIME HYPOTHÉCAIRE. *Voyez* HYPOTHÈQUE.

REGIME SANITAIRE. *Voyez* POLICE SANITAIRE.

REGISTRES CIVIQUES. Ils sont destinés à contenir les noms, prénoms, âges, demeures et professions des habitans majeurs des communes. Un décret du 17 janvier 1806 (B. 72) a réglé le mode de leur tenue dans les municipalités.

L'inscription sur ces registres est une des conditions requises par l'acte constitutionnel de l'an 8, art. 2, pour l'exercice des droits de cité.

Le ministre de l'intérieur ayant reconnu qu'on négligeait d'insérer sur le registre civique les citoyens à mesure qu'ils en avaient acquis le droit, a, par une circulaire du mois de janvier 1811, rappelé aux préfets que ces inscriptions devaient être faites d'office, aussitôt que le droit en était acquis ; que si même avant l'ouverture d'une assemblée cantonale quelqu'un réclamait avec fondement contre sa non inscription, cette omission devait être immédiatement réparée, et le réclamant devait être compris parmi les votans de sa section sur une liste supplémentaire.

Voyez DROITS POLITIQUES.

REGISTRES DE L'ÉTAT CIVIL. *Voyez* ETAT CIVIL, RECEVEURS DES COMMUNES.

REGISTRES DES MUNICIPALITÉS. Les procès-verbaux que dressent les maires, les avis qu'ils donnent, les déclarations qu'ils reçoivent, les notes intéressantes qui peuvent parvenir à leur connaissance, en un mot tous les actes de leur compétence doivent être consignés sur un registre : c'est le seul moyen de se rendre compte à eux-mêmes de leurs opérations, de mettre de l'ordre dans leur correspondance, et de donner une garantie certaine à leur responsabilité. Soit qu'ils délivrent un passe-port, un certificat, soit qu'ils reçoivent des lois, des arrêtés dont la publication et l'affiche sont recommandées, ils ne peuvent se dispenser de tenir des notes sur tous ces détails : ce registre, qu'on peut appeler le registre de la mairie, leur en donne toutes les facilités ; il leur est indispensable : chaque feuille doit en être numérotée et parafée par les maires. *Voyez* RÉPERTOIRE.

On trouvera sous le mot ETAT CIVIL tout ce qui concerne la tenue des registres de naissance, mariages et décès ; sous les mots AUBERGISTES, LOGEURS et PASSE-PORTS, ce qui est relatif aux registres qu'ils sont obligés de tenir en exécution de l'art. 5 de la loi du 19-22 juillet 1791, et l'art. 3 de celle du 17 ventose an 4.

Voyez aussi les art. 73 et 475 du Code pénal de 1810 (B. 277 *bis*), et les mots REVENDEURS, TIMBRE.

Le décret du 4 messidor an 13 (B. 49), qui autorise les préposés de l'enregistrement à prendre la communication des registres des communes et des établissemens publics, porte ce qui suit :

3. Les établissemens publics pourront tenir, pour les actes relatifs à leur administration, deux registres, l'un pour les actes de police intérieure, et sans aucun rapport avec des personnes étrangères à l'établissement, et l'autre pour les actes d'administration temporelle et extérieure. Le premier registre sera exempt de timbre ; aucun acte sujet à l'enregistrement ne pourra être inscrit sur ce registre.

4. Si sur le registre destiné aux actes d'administration temporelle et extérieure il était porté des actes reçus par un secrétaire ou autre officier de l'établissement, et qui constateraient qu'on s'est présenté devant lui pour rédiger les conventions y portées, lesdits actes seraient alors sujets à l'enregistrement dans les vingt jours, comme ceux des secrétaires des administrations centrales ou municipales.

5. Tous les autres actes qui seraient consignés sur le registre en papier timbré, en forme de délibération des membres de l'établissement, même avec le concours des particuliers, ne seront considérés que comme actes sous seing-privé, qu'il suffira de faire enregistrer lorsqu'on voudra en faire un usage public, excepté ceux qui renfermeraient des dispositions translatives de propriété, d'usufruit ou de jouissance de biens immeubles, lesquels doivent être enregistrés dans les trois mois de leur date.

Une ordonnance concernant la sûreté publique, du 8 novembre

1780, renferme des dispositions qu'il sera bon de consulter sur la tenue des registres de la part d'un très-grand nombre de personnes attachées à différentes sortes de commerce. *Voyez* VISA.

RÈGLEMENS DE JUGES. L'art. 540 du Code d'instruction criminelle porte que, quand deux tribunaux de police seront saisis de la connaissance de la même contravention ou de contraventions connexes, les parties seront réglées de juges par le tribunal auquel ils ressortissent l'un et l'autre; et s'ils ressortissent à différens tribunaux, elles seront réglées par la cour royale, sauf le recours, s'il y a lieu, à la cour de cassation.

RÈGLEMENS DE POLICE. Les anciens règlemens sur la police ont été provisoirement confirmés par l'art. 29 du titre 1er de la loi du 22 juillet 1791, et, à l'exception des cas sur lesquels le Code pénal de 1810 a des dispositions textuelles, ils peuvent toujours être invoqués. Les tribunaux ne peuvent ni les modifier ni les restreindre, ainsi qu'il a été jugé par arrêts de la cour de cassation des 17 mars et 11 mai 1810.

Il n'est pas besoin d'un règlement de police particulier à une commune pour appliquer à un délit de simple police qui s'y commet, et qui est prévu par des lois générales, les peines que ces lois prononcent. (*Arrêt du* 18 *mai* 1810.)

Les autorités judiciaires n'ont pas le droit de censurer les règlemens faits par les corps municipaux sur des objets confiés à leur surveillance. (*Arrêt du* 8 *juin* 1810.)

Elles ne peuvent cependant prononcer des peines pour infraction à ces règlemens, qu'autant qu'ils se rattachent à l'exécution d'une loi existante, et portant une peine contre les contrevenans. (*Arrêt du* 3 *août* 1810.)

Le ministre de l'intérieur a fait observer, par une circulaire du 3 juillet 1818, que si les maires, chargés de la police par l'art. 13 de la loi du 28 pluviose an 8, ont pu rendre des ordonnances au sujet de certaines classes d'ouvriers, ils ont quelquefois excédé les attributions et les droits qui résultaient des dispositions des lois des 24 août 1790 et 22 juillet 1791. En effet, la 1re de ces lois leur a directement attribué l'autorité sur ce qui intéresse la sûreté, la commodité des rues et des places, le maintien du bon ordre dans les foires, marchés, lieux publics, et partout où il se fait des rassemblemens d'hommes, ainsi que l'inspection sur la fidélité dans le débit des denrées et sur la salubrité des comestibles exposés en vente; l'art. 29 du titre 1er de la loi du 22 juillet 1791 déclare maintenus, malgré la suppression des corporations et inspections, les règlemens de sûreté publique applicables à l'exercice de certaines industries, et l'art. 46 reconnaît dans l'autorité municipale le droit soit de publier de nouveau les lois et règlemens de police existans, et de rappeler les citoyens à leur observation, soit d'ordonner les précautions locales sur les objets confiés à sa vigilance.

Plusieurs maires, en étendant cette faculté au-delà de ses bornes légales, ont voulu rétablir, en quelque sorte, des corporations abolies par la législation de 1791 ; ils ont rendu difficile l'admission des travailleurs, ou établi des conditions arbitraires. En publiant de nouveau les anciens règlemens, on n'a pas toujours distingué ceux qui sont ou directement abrogés par quelque loi survenue depuis, ou évidemment en contradiction avec la législation moderne. Souvent on a renouvelé des clauses pénales qui ne s'accordent pas avec le Code actuel, ou l'on en a prononcé de nouvelles, ce qu'aucune autorité locale n'est en droit de faire.

Ces erreurs auraient pu être réparées à mesure, si ces sortes de règlemens avaient été mis sous les yeux de l'autorité supérieure ; mais plusieurs préfets ont supposé que des dispositions de simple police ne sortaient pas du cercle de la compétence municipale, et ils les ont approuvées ou tolérées sans consulter et sans rendre compte. Il en est résulté une confusion qui a excité des plaintes ; et en effet les restrictions arbitraires portent atteinte à l'industrie, dont l'exercice, sous les conditions déterminées par les lois, doit être libre d'un bout du royaume à l'autre pour tous les Français, et au droit que chacun a de travailler dans sa propre commune, et de pourvoir par là aux besoins de son existence.

Le gouvernement étant obligé de veiller à ce que les précautions prises dans chaque localité ne contrarient pas les lois générales, son examen et son autorisation sont ici indispensables, et le ministre a en conséquence demandé le dépôt de ces actes. Il est d'ailleurs à remarquer que la loi de 1791 ne voulait pas même que les actes municipaux relatifs à la police pussent porter le nom de *règlemens*. Celui de *délibération*, qu'elle permettait, ne convient plus à une ordonnance qui émane aujourd'hui d'un maire seul, et cette observation suffit pour avertir que des règles permanentes, limitant ou dirigeant l'industrie des citoyens, ne doivent pas être imposées dans une commune sans le concours et l'approbation de l'autorité supérieure.

D'ailleurs ce n'est pas aux maires, mais au tribunal de police, c'est-à-dire aux juges de paix, que le Code d'instruction criminelle, art. 139, défère le jugement des contraventions commises dans les communes chefs-lieux de canton ; et d'après cela les règlemens par lesquels les maires s'attribuent le droit de juger et de prononcer des peines judiciaires ou administratives étant en opposition avec la loi, leur exécution les rendrait passibles des peines portées par l'art. 131 du Code pénal contre l'empiétement sur l'autorité des tribunaux.

On fait en outre observer, par la même circulaire, que dans certaines occasions quelques autorités municipales ont cru pouvoir admettre les contrevenans à une composition, en exigeant d'eux, en faveur des pauvres ou autrement, des amendes ou aumônes prétendues volontaires, abus d'autorité que la bonne intention évidente ne suffirait pas toujours pour empêcher de qualifier de concussion.

Les maires peuvent faire des règlemens de police locale, pourvu que leurs arrêtés soient conformes aux lois et aux décisions des autorités supérieures, et alors le préambule est à peu près conçu en ces termes :

Nous (nom et prénoms du maire ou de l'adjoint), vu l'article 3 du titre 11 de la loi du 24 août 1790, ou le nº de l'article 471 du Code pénal), attendu la nécessité de (énoncer l'objet) arrêtons que . Le présent arrêté sera publié au son du tambour, et affiché dans l'étendue de la municipalité, afin que personne n'en ignore.

Fait à la mairie , le

Il convient de soumettre ces sortes d'arrêtés à l'approbation de l'autorité supérieure avant d'en suivre l'exécution.

Voyez POLICE, SUBORDINATION.

RÉHABILITATION. L'art. 620 du Code d'instruction criminelle (B. 214 *bis*) oblige les condamnés à une peine afflictive ou infamante qui demandent leur réhabilitation à rapporter des attestations de bonne conduite à eux données par les conseils municipaux et par les municipalités dans le territoire desquelles ils ont demeuré ou résidé. Ces attestations, qui ne peuvent être délivrées qu'à l'instant où le condamné quitte son domicile ou son habitation, doivent être approuvées par le sous-préfet et le procureur du roi ou son substitut, et par les juges de paix des lieux où il a demeuré.

RÉJOUISSANCES PUBLIQUES. L'ordre à observer pour prévenir les accidens dans les réunions de citoyens qu'occasionent les fêtes et réjouissances publiques doit être réglé et surveillé par les maires et les commissaires de police.

RELAIS DE LA MER. *Voyez*, sous le mot REMPARTS, un extrait de la loi du 18 juin 1793.

RELIGION. Il y a liberté d'opinions religieuses en France. *Voyez* les articles 5 à 7 de la Charte sous ce mot. *Voyez* aussi CULTES.

REMBOURSEMENS. *Voyez* BIENS COMMUNAUX, DÉPENSES ET RECETTES DES COMMUNES, RENTES.

REMÈDES. *Voyez* MÉDICAMENS.

REMÈDES SECRETS. On trouvera sous le mot PHARMACIE un extrait de la loi du 21 germinal an 11, dont l'art. 86 porte défense d'annoncer et de vendre des remèdes secrets. D'après différentes réclamations faites à ce sujet, il a été déclaré, par un décret du 2 prairial an 13 (B. 48), 1° que cette défense ne concernait pas les préparations et remèdes qui, d'après l'avis des écoles ou sociétés de médecine, ou de médecins commis à cet effet depuis la loi du 21 germinal, avaient été ou seraient approuvés, et dont la distribution avait été ou serait permise par le gouvernement, quoique leur composition ne fût pas divulguée; 2° que les auteurs et propriétaires de ces remèdes pouvaient les vendre par eux-mêmes; 3° qu'ils pouvaient aussi les faire vendre et distribuer par un ou plusieurs préposés dans les lieux où ils jugeraient convenable d'en établir, à la charge de les faire agréer, à Paris, par le préfet de police, et dans les autres villes par le préfet, le sous-préfet, ou à défaut par le maire, qui pourraient, en cas d'abus, retirer leur agrément.

Un décret du 18 août 1810 (B. 308) portait que les permissions accordées aux inventeurs ou propriétaires de remèdes ou compositions dont ils avaient seuls la recette, pour débiter et vendre ces remèdes, cesseraient d'avoir leur effet à compter du 1er janvier 1811; mais ce délai a été prorogé jusqu'au 1er avril suivant par un autre décret du 26 décembre (B. 338). Le premier de ces décrets a aussi ordonné l'examen des remèdes, et le second en a dispensé ceux qui avaient été examinés antérieurement. Du reste l'art. 8 du décret du 18 août a chargé les officiers de police de poursuivre les contrevenans par-devant les tribunaux, et de faire prononcer contre eux les peines portées par les lois et règlemens.

REMISES. *Voyez*, sous le mot CONTRIBUTIONS DIRECTES, la loi du 24 floréal an 8.

REMPARTS. D'après l'article 5 de la loi du 18 juin 1793, les fossés, les remparts, les édifices et terrains destinés au service public dans les communes, les rivages, lais et relais de la mer, les ports, hâvres et rades, et en général toutes les portions du territoire qui, n'étant pas susceptibles d'une propriété privée, sont considérées comme une dépendance du domaine public, ne sont pas compris au nombre des biens communaux.

REMPLACEMENT. Lorsque le maire est absent, malade, ou autrement empêché de remplir ses fonctions, l'adjoint le remplace de droit; et s'il y a plusieurs adjoints, c'est à celui dont la nomination est la plus ancienne que les fonctions sont déférées. Dans le cas où les adjoints auraient été nommés par le même arrêté, c'est le rang d'inscription qui désigne le remplacement. Les adjoints sont remplacés respectivement de la même manière dans les mêmes circonstances. L'autorité n'étant exercée qu'au nom du maire, les adjoints doivent toujours mettre ces mots : *en l'absence* ou *vu l'empêchement du maire*, *l'adjoint de la commune de....* avant leur signature.

Pour le remplacement des commissaires de police en cas d'empêchement, *voyez*, sous le mot POLICE JUDICIAIRE, les art. 13 et 14 du Code d'instruction criminelle.

Pour les *remplacemens* dans le *service militaire*, on peut consulter, sous le mot ARMÉE, les articles 18 et suivans de la loi du 10 mars 1818. Le remplacement de celui qui aurait été déclaré le premier à marcher, pour avoir négligé de se faire inscrire sur les tableaux de sa classe, ne saurait être autorisé. La punition qu'il a encourue le prive de tout droit aux faveurs que la loi accorde aux jeunes gens qui montrent de la soumission et de la bonne conduite. *Voyez* ARMÉE.

La loi du 10 mars 1818 ne contenant aucune disposition relative à l'intervention des sociétés formées pour les remplacemens et les substitutions dans l'armée, le roi d'après un avis du conseil d'état en date du 23 octobre 1821, a rendu le 14 novembre suivant (B. 491) une ordonnance ainsi conçue :

Art. 1er. Aucune entreprise ayant pour objet le remplacement des jeunes gens appelés à l'armée, en vertu de la loi du 10 mars 1818, ne pourra exister qu'avec notre autorisation.

2. Les autorisations seront accordées, par nous, sur le rapport de notre ministre secrétaire d'état de l'intérieur.

Notre ministre de la guerre donnera préalablement son avis.

3. Les préfets prendront toutes les mesures administratives et de police autorisées par les lois, à l'effet de prémunir nos sujets contre les actes irréguliers ou les entreprises illicites.

Ils déféreront à nos procureurs généraux et procureurs près les tribunaux ceux desdits actes qui auraient les caractères d'un délit ou d'une contravention prévus par les lois.

Dans une circulaire aux maires, concernant les remplaçans, le préfet du département de la Côte-d'Or a fait observer à ces magistrats que les certificats de vie et mœurs qu'ils leur délivrent devaient exprimer que les remplaçans résident depuis 6 mois au moins sans interruption dans la commune ; que les attestans de ces certificats, outre les qualités exigées, devaient être domiciliés depuis plus d'un an dans la commune ; et enfin que ces certificats ne devaient pas avoir plus de deux mois de date, à partir du jour de leur délivrance par le maire, jusqu'au jour où ils sont présentés au conseil de révision.

RENSEIGNEMENS. Si dans une assemblée du conseil municipal, convoquée pour délibérée sur une affaire, il se présentait une difficulté, la délibération pourrait être ajournée jusqu'à l'arrivée de la réponse qui serait sollicitée du préfet par l'intermédiaire du sous-préfet.

RENARDS. *Voyez* Chasse, Loups.

RENTES. Les principes relatifs au rachat des rentes foncières appartenant à des communes sont consignés dans la loi du 18-29 décembre 1790. *Voyez* surtout l'art. 5 du titre 2.

Un arrêté du 5 nivose an 12 (B. 333) a déclaré valables les remboursemens de rentes dues aux communes, et effectués dans les caisses publiques, en vertu d'autorisation de l'autorité compétente, dans l'intervalle qui s'était écoulé entre la loi du 24 août 1793, d'après laquelle elles pouvaient aliéner leurs biens, et celle du 2 prairial an 5 (B. 125), qui leur a ôté cette faculté, à moins qu'elle ne leur fût donnée par une loi particulière.

Lorsque des rentes sont offertes aux hospices, l'autorisation pour les accepter est donnée par le gouvernement. Le décret porte que les rentes seront réunies aux autres biens et revenus de l'hospice, et administrées conformément aux lois et règlemens relatifs aux établissemens de charité. Il est enjoint à la commission administrative de faire faire et renouveler sur les biens des débiteurs des rentes, et sous leur responsabilité, les actes conservatoires des droits des hospices, d'après les dispositions du Code civil sur les hypothèques. Dans les cas où il serait nécessaire de faire des poursuites pour assurer le paiement de la rente et des arrérages échus, on se conforme aux articles 11, 12, 13, 14 et 15 de l'arrêté du 7 messidor an 9.

Quand on offre à des établissemens de charité, en conformité de la loi du 4 ventose an 9, la prestation de rentes celées à la régie du domaine, le gouvernement, qui en autorise l'acceptation, est dans l'usage de faire la remise des arrérages échus.

Quand les hospices ont des dettes, ils obtiennent du gouvernement un décret qui, pour les acquitter, les autorise à aliéner jusqu'à concurrence les capitaux de rentes à eux accordés par l'arrêté du 15 brumaire an 9. Cette aliénation se fait par transfert, au profit des créanciers de mille francs et au-dessus, d'un capital en inscriptions égal au montant nominal de la créance; et à l'égard des dettes d'une somme inférieure à mille francs, par aliénation des capitaux au taux commun du département, lequel est indiqué à la commission administrative par le directeur de la caisse d'amortissement à Paris. Une autorisation de ce genre a été donnée par décret du 30 frimaire an 13 (B. 25) à la commission administrative des hospices du Puy (Haute-Loire).

Toutes les fois qu'un preneur à rente veut l'amortir, il en a la faculté en payant vingt années du montant de la rente.

Lorsqu'une commune ou un hospice ont à leur disposition une somme provenant de remboursement, aliénation ou soulte d'échange, laquelle somme n'a pas d'affectation spéciale, et peut suffire à acquérir cinquante francs de rente sur l'état, cette acquisition est faite sous la surveillance du préfet, à moins qu'il n'y ait autorisation contraire et spéciale. Lorsque la somme n'est pas suffisante pour acheter cinquante francs de rente, le préfet en règle l'emploi. (*Lois des* 24 *pluviose* 16 *et* 29 *ventose an* 12.) (B. 356.) *Voyez* Hospices.

La loi du 4 ventose an 9 et l'arrêté du 7 messidor suivant, qui ont affecté des rentes aux *hospices civils*, se trouvent sous ce mot. L'administration des hospices d'Anvers avait constitué des rentes au profit de divers corps, confréries et communautés d'arts et métiers supprimés; la régie du domaine n'ayant point eu connaissance de ces rentes, le préfet du département des Deux-Nèthes l'en a envoyée en possession en vertu des lois ci-dessus relatées; et, comme l'administration des hospices d'Anvers ne pouvait se servir à elle-même ces rentes, dont l'extinction devait lui procurer le même avantage qu'un envoi en possession, le gouvernement a, par un décret du 20 juillet 1807 (B. 154), déclaré les capitaux et les arrérages des rentes dont il s'agit éteints et supprimés, sans préjudice des droits à exercer par le domaine, dans le cas où il justifierait en avoir eu connaissance avant la demande de leur extinction.

L'administration des domaines ayant réclamé 1° contre un arrêté du conseil de préfecture de l'Aisne du 7 messidor an 12, qui avait autorisé la commission des hospices de Château-Thierry à poursuivre devant les tribunaux les détenteurs d'une maison, en paiement d'une rente créée sur cette maison par les ci-devant religieuses trinitaires de Cerfroid, et pour laquelle l'administration avait décerné une contrainte; 2° contre le jugement du tribunal de première instance de l'arrondissement de Château-Thierry, du 2 floréal an 13, qui avait condamné ces détenteurs à passer titre-nouvel de la rente dont il s'agit à la commission des hospices, et à lui payer cinq années d'arrérages de cette rente; comme ces arrêtés et jugement étaient contraires aux dispositions de la loi du 4 ventose an 9 et aux arrêtés et décrets du gouvernement relatifs à l'abandon aux hospices des rentes par eux découvertes et inconnues à l'administration des domaines, le gouvernement a rendu, le 11 janvier 1808 (B. 177), un décret par lequel il a annulé l'arrêté du conseil de préfecture de l'Aisne du 7 messidor an 12, et le jugement précité du 2 floréal an 13. L'administration des domaines a en conséquence été autorisée à reprendre la possession de cette rente, néanmoins sans restitution des arrérages.

Le préfet de la Charente ayant exposé par un mémoire que les *bancs des halles* de la plupart des communes de ce département avaient été aliénés par les propriétaires du bâtiment à des particuliers, moyennant une redevance annuelle, et que les preneurs avaient cessé de servir cette rente, sous prétexte qu'elle avait été supprimée par la loi du 28 mars 1790, le conseil d'état, considérant que cette loi n'a prononcé la suppression que des droits féodaux et de ceux de hallage, qui étaient perçus à raison de l'apport et du dépôt de marchandises dans les halles; qu'elle a maintenu les droits mentionnés dans l'art. 13, qui dans l'origine avaient été établis pour frais de construction, et qu'il n'a point été dérogé à cette disposition par les lois subséquentes, a donné, le 4 août 1807, un avis, approuvé le 18 (B. 156), portant 1° que les rentes pour concession de bancs sous les halles ne sont pas féodales par elles-mêmes; 2° que la question de savoir si elles sont dues dans les cas particuliers est du ressort des tribunaux qui jugeront sur le vu des titres et le dire des parties, et que les communes doivent être autorisées à poursuivre les débiteurs.

Aux termes de l'art. 2277 du Code civil, les arrérages des rentes perpétuelles, foncières ou constituées, se prescrivent par cinq ans. Cette disposition est étendue, par l'art. suivant, aux rentes appartenant à des mineurs, et le recours autorisé par cet article contre les tuteurs pourrait être également exercé contre les fonctionnaires par la négligence desquels les intérêts de la commune auraient été compromis.

L'avis du conseil d'état du 22 novembre 1808, approuvé le 21 décembre suivant (B. 221), porte:

1° Que le remboursement des capitaux dus aux hospices, communes et fabriques, et aux autres établissemens dont les propriétés sont administrées et régies sous la surveillance du gouvernement, peut toujours avoir lieu quand les débiteurs se présentent pour se libérer; mais qu'ils doivent avertir les administrateurs un mois d'avance, pour que ceux-ci avisent, pendant ce temps, aux moyens de placement, et requièrent les autorisations nécessaires de l'autorité supérieure;

2° Que l'emploi des capitaux en rentes sur l'état n'a pas besoin d'être autorisé, et l'est d'abord par la règle générale déjà établie;

3° Que l'emploi en biens-fonds ou de toute autre manière doit être autorisé par un décret rendu en conseil d'état, sur l'avis du ministre de l'intérieur, pour les communes et les hospices; et du même ministre et de celui des cultes, pour les fabriques.

Un décret rendu sur le même objet le 16 juillet 1810 (B. 302) est ainsi conçu:

Art. 1er. Les communes, les hospices et les fabriques, pourront, sur l'autorisation des préfets, effectuer le remploi en rentes, soit sur l'état, soit sur les particuliers, du produit des capitaux qui leur seront remboursés, toutes les fois que ces capitaux n'excéderont pas 500 francs.

2. L'emploi du produit de ces remboursemens, quand ils s'élèveront au-dessus de 500 francs et jusqu'à 2,000 francs, sera soumis à l'approbation de notre ministre de l'intérieur pour le même genre de placement.

3. Quant au placement des sommes au-delà de 2,000 francs, provenant de la même source, il ne pourra avoir lieu qu'en vertu de notre décision spéciale, rendue en notre conseil d'état.

4. Le placement en biens-fonds, quel que soit le montant de la somme, ne pourra s'effectuer sans autorisation donnée par nous en notre conseil d'état.

Lorsque les maires autorisaient un remboursement de fonds par la caisse de service à leurs communes, ils faisaient quittancer par le receveur municipal la minute du mandat d'autorisation, et l'on envoyait deux ampliations de ce mandat non quittancées au sous-préfet pour les transmettre au préfet, qui en gardait une dans ses bureaux, et adressait l'autre au ministre des finances; mais depuis 1820, et d'après une décision du même ministre, les deux ampliations doivent être quittancées par *duplicata*.

Voyez Certificats, Confréries, Grand-livre.

RENVOI A LA COUR D'ASSISES. Le procureur-général donne avis de l'arrêt de renvoi d'un accusé à la cour d'assises ou à la cour spéciale, tant au maire du lieu du domicile de cet accusé, si on le connaît, qu'à celui du lieu où le délit a été commis. (*Code d'instruction criminelle*, art. 245.)

Quand le maire reçoit de nouvelles charges, c'est-à-dire des déclarations de témoins, pièces et procès-verbaux relatifs aux faits pour lesquels était poursuivi un prévenu que la cour royale n'avait pas renvoyé à la cour d'assises ou à la cour spéciale, vu que celles qui lui étaient soumises lui avaient paru trop faibles, le maire doit s'empresser de les adresser au procureur général. (*Ibid.*, art. 246 à 248.)

RÉPARATIONS DE BATIMENS. Lorsque des bâtimens, des digues, des eaux, des ponts, le pavé et autres objets dont l'entretien est à la charge de la commune, ont besoin de réparation, si la commune a des revenus suffisans, le maire les emploie à l'acquit de ces dépenses; autrement il a recours, pour se procurer des fonds, à l'un des moyens indiqués sous le mot DETTES.

Dans tous les cas, pour peu que ces dépenses forment un objet considérable, il est prudent d'en faire constater la nécessité par des experts, qui évalueront en même temps les *dépenses*.

Voyez ce mot et TRAVAUX PUBLICS.

Sous le rapport de la voirie, quand il s'agit de faire à des bâtimens de grosses réparations sur rue, les propriétaires sont obligés d'en faire leur déclaration aux officiers chargés de cette partie, à l'effet par ceux-ci d'en donner la permission, après s'être assurés que ce n'est pas le cas d'ordonner une démolition, à laquelle il y a lieu 1° lorsque c'est par vétusté qu'une ou plusieurs des jambes étrières, des trumeaux ou les pieds-droits sont en mauvais état;

2° Lorsque le mur de face sur rue est en sur-plomb de moitié de son épaisseur, dans quelque état que se trouvent les jambes étrières, les trumeaux et les pieds-droits;

3° Si le mur sur rue est à fruit, et a occasioné sur la face opposée un sur-plomb égal au fruit de la face sur rue;

4° Si les fondations sont mauvaises, quand il ne se serait manifesté dans la hauteur du bâtiment aucun fruit ou sur-plomb;

5° S'il y a un bombement égal au sur-plomb.

Néanmoins, si ce bombement ne se manifeste que dans les étages supérieurs, de manière qu'on puisse les réparer en conservant moitié des étages inférieurs, et sans toucher à ces derniers, on peut permettre le rétablissement des étages supérieurs.

Les réparations à faire aux églises paroissiales et succursales sont à la charge des communes où les édifices sont situés.

Voyez BATIMENS, FABRIQUES, PONTS, RECONSTRUCTION DE BATIMENS.

RÉPARTEMENT. On appelle ainsi la répartition des contributions d'un département entre les arrondissemens dont il est composé. Cette opération se fait par le conseil général du département.

RÉPARTITION. Ce terme est plus particulièrement employé pour désigner la distribution que le conseil d'arrondissement fait, entre les communes, du montant des contributions dont l'arrondissement communal a été chargé par le répartement du conseil général.

La répartition entre les contribuables est ensuite faite par des *répartiteurs*.

Le titre 1er de la loi du 3 frimaire an 7 expose les principes d'après lesquels se fait cette répartition. Les deux titres suivans indiquent le mode de nomination et les fonctions des répartiteurs.

L'art. 1er de la loi du 3 nivose suivant (B. 250) a chargé les répartiteurs de la contribution foncière d'opérer également la répartition de la contribution personnelle et mobilière. *Voyez* CONTRIBUTIONS DIRECTES.

RÉPERTOIRE. Les maires doivent tenir un répertoire à colonnes pour y inscrire, jour par jour, sans blanc ni interligne, et par ordre de numéros, tous les actes de leur administration qui doivent être enregistrés sur les minutes, à peine de dix francs d'amende pour chaque omission. (*Loi du 22 frimaire an 7*, art. 49.)

Chaque article du répertoire doit contenir 1° son numéro ; 2° la date de l'acte ; 3° sa nature ; 4° les noms et prénoms des parties et leur domicile. (Art. 50.)

Exemple :

N°.	DATES.	NATURE.	NOMS.
1		Passe-port.	
2		Certificat de résidence.	

Ces répertoires doivent être représentés chaque année pour le *visa* aux receveurs de l'enregistrement, et la communication n'en peut être refusée aux préposés de l'administration qui la demandent. (Art. 52 et 53.)

Plusieurs maires, ayant vu dans l'application personnelle à eux faite de l'art. 49 de la loi du 22 frimaire de nouvelles obligations peu conciliables avec la dignité de leurs fonctions publiques, ont demandé à jouir, pour la tenue du répertoire, de la faculté accordée aux sous-préfets; et le ministre de l'intérieur a, par une circulaire du 16 avril 1807, fait connaître aux préfets qu'ils pouvaient autoriser, par un arrêté particulier, les maires de leur département dont l'administration salariait un ou plusieurs employés, et notamment les maires nommés par le chef du gouvernement, à déléguer la tenue du répertoire à l'un de ces employés qui accepterait la délégation par écrit à la suite de l'arrêté du maire, et se soumettrait, sous sa responsabilité personnelle, à l'exécution des obligations imposées par la loi. La même circulaire porte que deux expéditions de ces actes seront adressées au sous-préfet de l'arrondissement, qui prendra note de la délégation et de la soumission, en adressera copie au préfet aux époques par lui indiquées, et enverra les expéditions l'une au directeur de l'enregistrement, et l'autre au procureur du roi près le tribunal de première instance. Elle ajoute que, lors du renouvellement des répertoires, les maires qui en auront délégué la tenue les coteront et parafcront eux-mêmes, comme remplaçant les présidens des anciennes administrations municipales de canton. *Voyez* REGISTRES.

REPOS. Celui des fonctionnaires publics est fixé au dimanche. (*Loi du* 18 *germinal an* 10, art. 57.)

RÉQUISITION. Les maires peuvent user du droit de réquisition dans plusieurs circonstances, comme celle où l'on aurait besoin de secours pour prévenir les dévastations à raison d'incendie, d'inondation, de débâcle; de chevaux et voitures pour le service militaire; de grains pour l'approvisionnement des marchés. Toujours ces réquisitions doivent être faites avec beaucoup de prudence et de réserve. Lorsqu'il est question de recourir à la force publique pour assurer la liberté des personnes, le maintien de l'ordre et l'exécution des lois et actes de l'autorité publique, les fonctionnaires peuvent, ainsi que les commissaires de police, adresser des réquisitions à la gendarmerie, à la troupe de ligne, à la garde nationale. L'art. 22 de la loi du 5 août 1791 prescrit à cet égard la forme suivante:

Nous requérons, en vertu de la loi, N commandant, etc., de prêter le secours de troupes de ligne (ou de la gendarmerie nationale, ou de la garde nationale) nécessaire pour repousser les brigands, prévenir ou dissiper les attroupemens, etc., ou pour assurer le paiement de ou pour procurer l'exécution de tel jugement, ou telle ordonnance de police, etc.

Pour la garantie du ou des commandans, nous apposons notre signature.

Lorsqu'on requiert la gendarmerie, il faut de plus énoncer la loi ou l'arrêté qui autorise cette réquisition. *Voyez* à cet égard les articles 50 et 58 de l'ordonnance royale du 29 novembre 1820 (B. 419), sous le mot GENDARMERIE. *Voyez* aussi ATTROUPEMENS, GARDE NATIONALE, SECOURS PUBLICS.

RÉSIDENCE. La loi du 12 septembre 1791 contient, sous le titre *de la Résidence des fonctionnaires publics*, les dispositions suivantes:

ART. 1er. Les fonctionnaires publics seront tenus de résider, pendant toute la durée de leurs fonctions, dans les lieux où ils les exercent, s'ils n'en sont dispensés pour causes approuvées.

2. Les causes ne pourront être approuvées et les dispenses leur être accordées que par le corps dont ils sont membres, ou par leurs supérieurs s'ils ne tiennent pas à un corps, ou par les directoires administratifs dans les cas spécifiés par la loi.

3. Les fonctionnaires publics dont il est parlé dans les articles ci-dessus, qui contreviendront aux dispositions de ces deux articles, seront censés, par le seul fait de leur contravention, avoir renoncé sans retour à leurs fonctions, et devront être remplacés. *Voyez* CERTIFICATS.

RESPECT. *Voyez* AUTORITÉS, PERTURBATEURS.

RESPONSABILITÉ. L'art. 60 de la loi du 14 décembre 1789 a

autorisé tout citoyen qui se croirait personnellement lésé par quelque acte du corps municipal à exposer ses sujets de plaintes à l'administration supérieure, qui y ferait droit après vérification des faits. L'article suivant a également autorisé tout citoyen à signer et présenter contre les officiers municipaux la dénonciation des délits d'administration dont il prétendrait qu'ils se seraient rendus coupables ; mais avant de porter cette dénonciation dans les tribunaux, il lui a été enjoint de la soumettre à l'administration supérieure, par laquelle la dénonciation est renvoyée, s'il y a lieu, devant les juges qui en doivent connaître.

Les principes de la responsabilité à laquelle les maires et adjoints sont soumis se trouvent posés dans la loi en forme d'instruction sur l'exercice des fonctions administratives et municipales du 12-20 août 1790.

On trouvera sous les mots AMENDES, ARMÉE, DÉSERTEURS, DESTITUTIONS, DOMMAGES-INTÉRÊTS, EMPRISONNEMENT, SCIENCES ET ARTS, SUSPENSION, le détail de divers cas qui donnent ouverture à la responsabilité des maires ; et sous le mot ETAT CIVIL, l'art. 31 du Code civil, concernant les dépositaires des registres.

Ce qui concerne la responsabilité des communes fait l'objet de la loi du 10 vendémiaire an 4, insérée sous le mot COMMUNES.

RESTITUTION. *Voyez* PEINES.

REVENDEURS. L'art. 3 d'une ordonnance de police du 8 novembre 1780 a assujetti toutes les personnes dont le commerce consistait à acheter de vieux passemens d'or et d'argent, les brocanteurs, les crieurs de vieux chapeaux, revendeurs et revendeuses, à avoir un registre coté et parafé par le commissaire de police, et à y inscrire régulièrement toutes les opérations de leur commerce.

REVENUS. La répartition de la contribution foncière se fait à raison du revenu net et imposable. Le titre 1er de la loi du 3 frimaire an 7 contient à cet égard des dispositions que l'on pourra consulter sous le mot CONTRIBUTION FONCIÈRE.

Pour les revenus des communes, *voyez* COMPTABILITÉ MUNICIPALE, DÉPENSES ET RECETTES COMMUNALES, OCTROIS MUNICIPAUX.

RÉVOLTE. Le titre 4 de la loi du 10 vendémiaire an 4, insérée sous le mot COMMUNES, expose les délits dont sont responsables les communes dans lesquelles les troubles ont eu lieu.

Des excès ayant été commis dans plusieurs cantons des départemens réunis le 9 vendémiare an 4, le directoire exécutif a, par un arrêté du 14 brumaire an 7 (B. 235), ordonné 1° qu'en conséquence de la loi du 10 vendémiaire, les communes sur le territoire desquelles des attentats avaient été commis par des attroupemens ou rassemblemens, soit envers les personnes, soit contre les propriétés publiques ou privées, étaient responsables de ces délits, et des dommages-intérêts auxquels ils donneraient lieu ; 2° que les citoyens qui avaient été maltraités par suite de ces attroupemens avaient droit à des dommages-intérêts de même que les veuves et enfans de ceux qui auraient été assassinés dans ces circonstances. *Voyez* Rassemblemens.

RÉUNIONS PUBLIQUES. On ne peut sans la permission de l'autorité municipale accorder ou consentir l'usage de sa maison ou de son appartement, en tout ou en partie, pour la réunion des membres d'une association même autorisée, ou pour l'exercice d'un culte, sans encourir une amende de 16 à 200 fr. (*Code pénal*, art. 294.)

RÉUNIONS TERRITORIALES. *Voyez* Territoire.

RIVAGES. *Voyez* Remparts.

RIVIÈRES. Il est défendu par l'ordonnance de 1669 de construire sur les rivières navigables et flottables des moulins et batardeaux, écluses, etc.; de planter des arbres, de faire des amas de pierres ou de terres nuisibles au cours de l'eau; de jeter des ordures dans les rivières, d'y pratiquer des tranchées, d'anticiper sur les chemins de halage; et d'après les dispositions des lois des 12-20 août 1790 et 6 octobre 1791, il ne peut, sans permission, être établi d'usines sur les rivières même non navigables. Les maires doivent avoir soin de prévenir les sous-préfets de toutes les entreprises qui se commettraient dans l'étendue de leur territoire, et même en dresser procès-verbal, qui s'envoie au procureur du roi.

Voyez Bacs, Bateliers, Location, Navigation intérieure, Ports de mer.

RIXES. *Voyez* Disputes.

ROLES. Les titres 4 et 5 de la loi du 3 frimaire an 7 prescrivent les règles à suivre pour former ou renouveler les matrices des rôles de la contribution foncière.

Quand les rôles sont clos et arrêtés, et que la mise en recouvrement a été publiée et affichée dans les communes, les percepteurs en poursuivent l'exécution contre chacun des contribuables. *Voyez* Contributions directes.

ROUES A LARGES JANTES. *Voyez* Voitures.

ROUISSAGE. *Voyez* Chanvre.

ROULAGE. *Voyez*, sous le mot Délits, les articles 475, 476, 479 et 480 du Code pénal de 1810; *voyez* aussi les mots Charretiers, Voirie, Voitures.

ROUTES. La taxe d'entretien des routes a été supprimée, à compter du 21 septembre 1806, par l'art. 60 de la loi du 24 avril de la même année sur le budget de l'an 14 — 1806 (B. 88). Cette loi a spécialement affecté à l'entretien des routes et aux travaux des ponts et chaussées le produit d'un droit additionnel de deux décimes par kilogramme sur le sel, à l'extraction des marais salans.

Un décret du 4 août 1811 (B. 384) renferme des dispositions relatives aux travaux d'entretien et de réparation des routes et des chemins vicinaux à la charge des communes, qui traversent les fortifications, des rues qui aboutissent aux remparts, et à l'exécution des routes qui traversent les frontières.

Celui du 16 décembre suivant (B. 418), contenant règlement sur la construction, la réparation et l'entretien des routes, divise toutes celles du royaume en routes royales et routes départementales. Les routes royales se subdivisent en trois classes. Les frais de construction et entretien des routes des deux premières classes sont à la charge du trésor royal, et ceux des routes de la troisième sont supportés concurremment par le trésor royal et par le département qu'elles traversent. La construction, la reconstruction et l'entretien des routes départementales, demeurent à la charge des départemens, arrondissemens et communes qui sont reconnus participer plus particulièrement à leur usage.

Le même décret indique le mode de répartition des dépenses sur lesquelles les conseils généraux de département, les conseils d'arrondissement et les conseils municipaux, sont appelés à délibérer.

Les maires sont spécialement chargés, pour la surveillance des travaux et la conservation des routes, de fonctions dont les principales sont indiquées aux art. 49, 50, et 55 à 59.

Il y a sur la même matière plusieurs ordonnances royales, et notamment celles des 10 janvier, 30 mai, 20 juin et 8 août 1821 (B. 437, 455, 460, 471).

Voyez ARBRES, IMPOSITIONS EXTRAORDINAIRES, PLANTATIONS.

ROUTES DES MILITAIRES. Les maires ou adjoints doivent viser les feuilles de route des militaires, et délivrer ou faire délivrer des routes, ou faire suivre les routes déjà données aux prisonniers de guerre français ou étrangers dont l'échange a été fait.

Dans les lieux ou il n'y pas de commissaires des guerres, les maires ou adjoints tiennent même les registres de routes, et délivrent des bons sur les feuilles de route qui leur sont présentées.

RUES. Les arbres existans sur les chemins publics autres que les grandes routes nationales, et sur les rues des villes, bourgs et villages, sont censés appartenir aux propriétaires riverains, à moins que les communes ne justifient en avoir acquis la propriété par titre ou possession.

Voyez, à cet égard, sous le mot ARBRES, un extrait de la loi du 24 août 1792.

L'alignement des rues a pour principal objet de borner l'espace, déterminer la largeur de superficie que chacune doit avoir, de régulariser cette même largeur dans l'espace qui doit se trouver de la superficie jusqu'à la hauteur des bâtimens qui la circonscrivent, de procurer l'écoulement des eaux par le moyen du nivellement.

Une déclaration du 10 avril 1743 exigeait, pour l'ouverture de rues nouvelles, l'obtention de lettres-patentes. Actuellement ces ouvertures ne peuvent s'exécuter légalement sans l'intervention de la municipalité, du sous-préfet et du préfet, qui confirme l'avis donné par la première autorité et approuvé par la seconde. *Voyez* VOIRIE.

Le nettoiement des rues est un objet très-essentiel à la salubrité; les officiers de police ne doivent pas surveiller cette partie avec moins de soin que tout ce qui concerne la sûreté des passans. Un arrêt du ci-devant parlement de Paris, du 30 avril 1663, contient à ce sujet des mesures applicables aux grandes communes.

Pour maintenir la propreté des rues, il est nécessaire de faire défense de jeter par les fenêtres des eaux croupies, de faire des amas de fumier le long des maisons, de brûler de la paille ou autre chose sur le pavé, de nourrir chez soi des porcs, lièvres, lapins, pigeons, poules, etc. Cette propreté s'entretient par un balayage journalier, à des heures marquées, de la part de chaque habitant des rez-de-chaussée, ou fait par des ouvriers employés exprès dans les places publiques, les marchés et les halles; par l'entassement régulier des boues et ordures qu'on rassemble au moyen de ce balayage, ou qu'on apporte de l'intérieur des maisons, et qu'on ne doit sortir et déposer, pour leur enlèvement, qu'à ces mêmes heures; par des moyens sûrs et prompts d'enlèvement de toutes ces ordures, aussitôt après le balayage. Elle s'entretient surtout par l'obligation sévèrement imposée à tous propriétaires de maisons d'y avoir des latrines, par des défenses de laisser séjourner les fumiers dans les cours, et d'avoir des fenêtres ou d'autres ouvertures sur rue pour vider les écuries; par des défenses de transporter les fumiers dans des charrettes sans les couvrir d'une banne; par la précaution de fermer ou faire fermer aux deux bouts les rues ou ruelles sans bâtimens ou avec bâtimens n'y laissant ni jours ni entrées, afin d'empêcher qu'elles deviennent des cloaques, par l'habitude que pourraient contracter les plus voisins d'y pousser les ordures.

La propreté des rues s'entretient aussi par les défenses les plus formelles aux bouchers, charcutiers, rôtisseurs, cabaretiers, cuisiniers, harangères, tripiers, mégissiers, tanneurs, teinturiers, amidonniers, jardiniers fréquentant les halles, et autres personnes de tous états, dont l'exercice donne des résidus de préparations ou de confections sales et susceptibles de corruption, de les jeter, déposer ou laisser séjourner dans les rues; par une surveillance exacte sur les gens qui exercent ces différens états, pour les forcer à observer les règlemens qui peuvent leur être prescrits, et auxquels ils doivent être assujétis pour ne pas augmenter l'embarras du nettoiement journalier. On procure ou on entretient encore la propreté des rues en ne permettant pas que les entrepreneurs de bâtimens, maçons, sculpteurs, tailleurs de pierres, couvreurs, affineurs, orfèvres, maréchaux, serruriers, couteliers, taillandiers, armuriers, selliers, bourreliers, et autres, laissent ou déposent dans les rues des plâtres, des terres, des gravois, recoupes, pierres, tuiles, cendres, machefers, ou toutes autres matières propres à rendre le nettoiement plus pénible.

Pour l'amende encourue par le défaut de nettoyage des rues, *voyez*, sous le mot DÉLITS, l'art. 471 du Code pénal de 1810; *voyez* aussi ANIMAUX MALFAISANS, BALAYAGE, CAVE, CHEMINS, ECLAIRAGE, MATÉRIAUX, PAVÉ, ROUTES, SAILLIES, VOIRIE.

RUINE. Pour les bâtimens menaçant ruine, *voyez* le mot DÉMOLITION.

RUISSEAUX. Les maires doivent avoir soin de faire curer les ruisseaux, les fosses dont pourraient s'exhaler des miasmes insalubres, et qui, en cas d'inondation, pourraient occasioner des dégâts. Ils prennent l'avis du conseil municipal lorsqu'il s'agit d'opérations d'une certaine importance.

SABLE DE MER. Une ordonnance du roi du 19 juin 1816 avait interdit l'enlèvement du sable de mer connu sous le nom de *sablon*, et propre à la fabrication du sel. Celle du 10 mars 1817 (B. 149) a autorisé, par l'art. 1er, cet enlèvement de la part des individus auxquels les maires auraient délivré un certificat constatant qu'ils en ont besoin pour l'engrais des terres. L'article 2 porte que ce certificat, valable pour une année, doit être représenté à toute réquisition des employés des douanes, sous peine d'une amende de 10 francs, et double en cas de récidive. Un modèle du certificat se trouve à la suite de l'ordonnance.

SAGES-FEMMES. En cas d'absence du mari dont la femme est accouchée, ou dans le cas où la mère ne serait pas mariée, la sage-femme qui a fait l'accouchement est tenue de faire la déclaration de la naissance de l'enfant devant le commissaire de police, ou, à son défaut, devant le maire ou l'adjoint.

Voyez, sous le mot ÉTAT CIVIL, l'art. 56 du Code civil; *voyez* aussi ACCOUCHEMENT, HOSPICE DE LA MATERNITÉ.

SAILLIE. Il n'est pas permis aux propriétaires de faire construire sur rue, le long des murs de leurs maisons, des bancs de pierre ou de bois, des escaliers, marches, ou seuils de porte.

Une ordonnance du 22 septembre 1600 a fait défenses à tous maçons, charpentiers, menuisiers, etc., de rien pratiquer au devant des maisons et qui fasse saillie sur rue, sans la permission du voyer, à peine d'amende et de démolition de ce qui aurait été entrepris.

Un règlement du 14 décembre 1725, rendu en conformité d'une ordonnance du 19 novembre 1666, d'autres ordonnances de 1683 et 1697, et un règlement du 14 décembre 1725, ont aussi fait défenses à tous marchands et artisans de pratiquer à leurs maisons aucune espèce de saillies fixes de plus de huit pouces (22 centimètres). Si des avances d'une plus grande étendue étaient nécessaires, il faudrait requérir la visite des lieux par les officiers de police, et obtenir leur permission.

Le Bulletin des lois n° 651 contient une ordonnance du roi du 24 décembre 1823, en 26 articles, portant règlement sur les saillies, auvents et constructions semblables à permettre dans la ville de Paris, où cette ordonnance a été affichée au mois de juin suivant.

Voyez Alignement.

SAISIE. L'officier de police judiciaire qui dresse un procès-verbal en cas de flagrant délit doit se saisir des armes, et de tout ce qui paraît avoir servi ou avoir été destiné à commettre le crime ou délit, et pourrait contribuer à la manifestation de la vérité. On fait aussi saisir les prévenus présens contre lesquels il existe des indices graves. (*Code d'instruction criminelle*, art. 35 et 40.)

Voyez, pour plusieurs cas de saisie et confiscation en matière de police, les art. 286, 287, 314, 318, 410, 427, du Code pénal (B. 277 *bis*).

Aux termes de l'art. 101 de la loi du 19 brumaire an 6, les maires doivent être présens à la saisie de faux poinçons chez les marchands ou fabricans d'ouvrages d'or ou d'argent.

Il est plusieurs autres cas où les maires coopèrent à des saisies. *Voyez* Mesures, Marchandises prohibées.

SAISIE-ARRÊT. *Voyez* Opposition.

SAISIE-BRANDON. On nomme ainsi la saisie des fruits pendans par racines.

Hors les cas de parenté ou de domesticité que relate l'art. 598 du Code de procédure civile, c'est le garde champêtre qui est établi gardien d'une saisie-brandon. Lorsqu'il n'est pas présent, la saisie lui est signifiée; il en est aussi laissé copie au maire de la commune de la situation des fruits, lequel vise l'original.

Lorsque les communes de la situation des biens sont contiguës ou voisines, il est établi un seul gardien, autre qu'un garde champêtre : le visa est donné par le maire de la commune du chef-lieu de l'exploitation ; et s'il n'y en a point, par le maire de la commune où est située la majeure partie des biens. (*Code de procédure civile*, art. 628.)

SAISIE IMMOBILIÈRE. *Voyez* Visa.

SAISON. Pour les indemnités en cas de pertes causées par l'intempérie des saisons, *voyez* Grêle.

SALAIRES. *Voyez* Coalition, Ouvriers, Traitement.

SALLES DE DISSECTION. *Voyez* Dissection.

SALPÊTRE. Le titre 1er de la loi du 13 fructidor an 5 (B. 141) renferme sur l'exploitation du salpêtre les dispositions suivantes :

Art. 1er. L'exploitation des salpêtres continuera d'être faite pour le compte de l'état, et ne pourra l'être que sous l'inspection et avec l'autorisation du gouvernement.

2. Les salpêtriers commissionnés en vertu des lois précédentes, ou qui le seront à l'avenir, continueront d'enlever, dans les arrondissemens qui leur sont ou seront déterminés, les matériaux de démolitions salpêtrés. A cet effet, les propriétaires qui voudront faire démolir, ou ceux qui en seront chargés par eux, ne le pourront qu'après en avoir prévenu leur municipalité

ou l'agent municipal de leur commune, afin que le salpêtrier puisse en prendre connaissance.

7. Les municipalités protégeront ce service, et veilleront en même temps à ce qu'il ne soit exercé aucune vexation contre les citoyens.

10. Si le citoyen chez lequel on aura fouillé a quelque plainte à porter contre le salpêtrier, pour cause de dégradation ou autre abus, il s'adressera au juge de paix, qui connaîtra des contestations, et ordonnera les réparations et indemnités convenables, sauf le recours de droit aux tribunaux supérieurs.

22. L'importation et l'exportation des salpêtres sont prohibées.

Le maire de Bordeaux, informé que des salpêtriers s'introduisaient dans les caves pour en extraire les terres salpêtrées, a rappelé les dispositions de l'art. 2 de la loi du 10 mars 1819 qui porte : « La fouille provisoirement maintenue par l'art. 4 de la loi du 13 fructidor an 5, cessera d'avoir lieu, si ce n'est en traitant de gré à gré avec les propriétaires. »

Ainsi aucun salpêtrier ne peut faire de fouilles chez qui que ce soit sans en avoir préalablement obtenu l'exprès consentement. (*Journal du commerce du 14 janvier 1822.*)

Voyez Poudres.

SALUBRITÉ. L'autorité municipale doit assurer la salubrité de la commune en prenant des mesures pour prévenir et arrêter les épidémies, les épizooties, les maladies contagieuses; en faisant observer les règlemens de police sur les inhumations et proscrivant sévèrement l'usage de remplir les rues de fumier et d'immondices, et d'y laisser croupir des eaux qui, comme dans les terrains marécageux, répandent au loin des exhalaisons malfaisantes et des miasmes putrides; en faisant enfouir les cadavres d'animaux morts, et surveiller les fosses vétérinaires, la construction, l'entretien et la vidange des fosses d'aisances; en faisant arrêter, visiter les animaux suspects de mal contagieux, et mettre à mort ceux qui en sont atteints; en surveillant les échaudoirs, salles de dissection et lieux d'exposition des cadavres; en empêchant d'établir dans l'intérieur des communes les manufactures, laboratoires et maisons de santé que la loi défend d'y tolérer; en faisant saisir ou détruire dans les halles, marchés et boutiques, chez les bouchers, les boulangers, marchands de vin, brasseurs, limonadiers, épiciers-droguistes, apothicaires ou tous autres, les comestibles ou médicamens gâtés, corrompus ou nuisibles.

La police doit aussi veiller à ce que dans chaque maison il y ait des latrines suffisantes pour le nombre de personnes qui les habitent; à ce que les fosses en soient bien entretenues et bien closes, exactement et sûrement vidées toutes les fois qu'il en est besoin, et avec le moins de danger ou d'incommodité pour les voisins et le public en général; à ce qu'il y ait dans toutes les maisons les conduits nécessaires et sainement établis pour l'écoulement des eaux salies dans l'intérieur : elle doit assujétir tous les propriétaires à en faire exactement curer les puits; indiquer dans les rues des lieux de dépôt de ces sortes de résidus de cuisines ou autres, en fixant les heures auxquelles ils doivent être faits, pour être enlevés de suite ou le plus tôt possible.

Une des causes de malpropreté et de fétidité que la police doit surtout écarter de l'intérieur des habitations dans les grandes villes est l'entretien d'animaux de quelque espèce que ce soit, dont l'odeur naturelle ou la fiente donnent des infections locales et habituelles, et qui ne permettent pas, quelle que puisse être leur utilité générale, de les nourrir et faire habiter sans danger ailleurs que dans les lieux exposés au grand air; tels sont les volailles, les lapins, les pigeons, les porcs, les vaches, les chèvres, les moutons. L'existence de ces sortes d'animaux doit être rigoureusement défendue dans les grandes villes.

Si des blés étaient reconnus avoir souffert de l'altération dans leur principe, par l'humidité ou autrement, le magistrat de police doit, sur le rapport de deux officiers de santé, faire défense de les mettre en vente, aux meuniers d'en moudre, aux boulangers d'en acheter.

A l'égard de la viande, l'officier de police, en cas de suspicion de maladie, fait constater par des experts si l'animal est sain. Il agit de même pour les boissons qu'il soupçonne falsifiées.

Il est défendu de vendre du poisson de mer corrompu, ou qui l'aurait été avant d'avoir été séché, sauré et salé, et de se servir de trempis falsifié pour les dessécher. Le poisson d'eau douce défectueux doit être coupé et jeté à la rivière.

En général, ceux qui exposent en vente des comestibls gâtés, corrompus ou nuisibles, ainsi que des boissons falsifiées, doivent être cités devant le tribunal de simple police, et condamnés à l'amende, même à l'emprisonnement avec confiscation et destruction des marchandises, sans préjudice aux peines plus graves à prononcer par les tribunaux de police correctionnelle, dans le cas où les mixtions contiendraient des substances nuisibles à la santé. (*Loi des* 19-22 *juillet* 1791, *et* 3 *brumaire an* 4; et Code pénal de 1810, art. 475, 476 et 477.)

Un décret du 15 octobre 1810 (B. 323) contient les dispositions suivantes sur les manufactures et ateliers qui répandent une odeur insalubre ou incommode:

Art. 1er. A compter de la publication du présent décret, les manufactures et ateliers qui répandent une odeur insalubre ou incommode ne pourront être formés sans une permission de l'autorité administrative: ces établissemens seront divisés en trois classes.

La première classe comprendra ceux qui doivent être éloignés des habitations particulières;

La seconde, les manufactures et ateliers dont l'éloignement des habitations n'est pas rigoureusement nécessaire, mais dont il importe néanmoins de ne permettre la formation qu'après avoir acquis la certitude que les opérations qu'on y pratique sont exécutées de manière à ne pas incommoder les propriétaires du voisinage, ni à leur causer des dommages;

Dans la troisième classe seront placés les établissemens qui peuvent rester sans inconvéniens auprès des habitations, mais doivent être soumis à la surveillance de la police.

2. La permission nécessaire pour la formation des manufactures et ateliers compris dans la première classe sera accordée avec les formalités ci-après, par un décret rendu en notre conseil d'état.

Celle qu'exigera la mise en activité des établissemens compris dans la seconde classe le sera par les préfets, sur l'avis des sous-préfets.

Les permissions pour l'exploitation des établissemens placés dans la dernière classe seront délivrées par les sous-préfets, qui prendront préalablement l'avis des maires.

3. La permission pour les manufactures et fabriques de première classe ne sera accordée qu'avec les formalités suivantes :

La demande en autorisation sera présentée au préfet, et affichée par son ordre dans toutes les communes, à cinq kilomètres de rayon.

Dans ce délai, tout particulier sera admis à présenter ses moyens d'opposition.

Les maires des communes auront la même faculté.

4. S'il y a des oppositions, le conseil de préfecture donnera son avis, sauf la décision du conseil d'état.

5. S'il n'y a pas d'opposition, la permission sera accordée, s'il y a lieu, sur l'avis du préfet et le rapport de notre ministre de l'intérieur.

6. S'il s'agit de fabriques de soude, ou si la fabrique doit être établie dans la ligne des douanes, notre directeur général des douanes sera consulté.

7. L'autorisation de former des manufactures et ateliers compris dans la seconde classe ne sera accordée qu'après que les formalités suivantes auront été remplies.

L'entrepreneur adressera d'abord sa demande au sous-préfet de son arrondissement, qui la transmettra au maire de la commune dans laquelle on projette de former l'établissement, en le chargeant de procéder à des informations *de commodo et incommodo*. Ces informations terminées, le sous-préfet prendra sur le tout un arrêté qu'il transmettra au préfet. Celui-ci statuera, sauf le recours à notre conseil d'état par toutes parties intéressées.

S'il y a opposition, il y sera statué par le conseil de préfecture, sauf le recours au conseil d'état.

8. Les manufactures et ateliers ou établissemens portés dans la troisième classe ne pourront se former que sur la permission du préfet de police à Paris, et sur celle du maire dans les autres villes.

S'il s'élève des réclamations contre la décision prise par le préfet de police ou les maires, sur une demande en formation de manufacture ou d'atelier compris dans la troisième classe, elles seront jugées au conseil de préfecture.

9. L'autorité locale indiquera le lieu où les manufactures et ateliers compris dans la première classe pourront s'établir, et exprimera sa distance des habitations particulières. Tout individu qui ferait des constructions dans le voisinage de ces manufactures et ateliers, après que la formation en aura été permise, ne sera plus admis à en solliciter l'éloignement.

10. La division en trois classes des établissemens qui répandent une odeur insalubre ou incommode aura lieu conformément au tableau annexé au présent décret. Elle servira de règle toutes les fois qu'il sera question de prononcer sur des demandes en formation de ces établissemens.

11. Les dispositions du présent décret n'auront point d'effet rétroactif : en conséquence, tous les établissemens qui sont aujourd'hui en activité continueront à être exploités librement, sauf les dommages dont

pourront être passibles les entrepreneurs de ceux qui préjudicient aux propriétés de leurs voisins ; les dommages seront arbitrés par les tribunaux.

12. Toutefois, en cas de graves inconvéniens pour la salubrité publique, la culture, ou l'intérêt général, les fabriques et les ateliers de première classe qui les causent pourront être supprimés, en vertu d'un décret rendu en notre conseil d'état, après avoir entendu la police locale, pris l'avis des préfets, et reçu la défense des manufacturiers ou fabricans.

13. Les établissemens maintenus par l'article 11 cesseront de jouir de cet avantage dès qu'ils seront transférés dans un autre emplacement, ou qu'il y aura une interruption de six mois dans leurs travaux. Dans l'un et l'autre cas, ils rentreront dans la catégorie des établissemens à former, et ils ne pourront être mis en activité qu'après avoir obtenu, s'il y a lieu, une nouvelle permission.

Il y avait à la suite de ce décret un tableau des manufactures, établissemens et ateliers répandant une odeur insalubre ; mais il a été nécessaire d'y former un supplément, et plusieurs préfets ayant d'ailleurs adressé au gouvernement des demandes sur la nécessité de faire connaître les fonctionnaires par qui devraient être délivrées les permissions, suivant la nature des établissemens divers, le roi a rendu, le 14 janvier 1815 (B. 76), une ordonnance ainsi conçue :

Art. 1er. A compter de ce jour, la nomenclature jointe à la présente ordonnance servira seule de règle pour la formation des établissemens répandant une odeur insalubre ou incommode.

2. Le procès-verbal d'information *de commodo et incommodo*, exigé par l'article 7 du décret du 15 octobre 1810 pour la formation des établissemens compris dans la seconde classe de la nomenclature, sera pareillement exigible, en outre de l'affiche de demande, pour la formation de ceux compris dans la première classe.

Il n'est rien innové aux autres dispositions de ce décret.

3. Les permissions nécessaires pour la formation des établissemens compris dans la troisième classe seront délivrées dans les départemens, conformément aux articles 2 et 8 du décret du 15 octobre 1810, par les sous-préfets, après avoir pris préalablement l'avis des maires et de la police locale.

4. Les attributions données aux préfets et aux sous-préfets par le décret du 15 octobre 1810, relativement à la formation des établissemens répandant une odeur insalubre ou incommode, seront exercées par notre directeur général de la police dans toute l'étendue du département de la Seine, et dans les communes de Saint-Cloud, de Meudon et de Sèvres, du département de Seine-et-Oise.

5. Les préfets sont autorisés à faire suspendre la formation ou l'exercice des établissemens nouveaux qui, n'ayant pu être compris dans la nomenclature précitée, seraient cependant de nature à y être placés. Ils pourront accorder l'autorisation d'établissement pour tous ceux qu'ils jugeront devoir appartenir aux deux dernières classes de la nomenclature, en remplissant les formalités prescrites par le décret du 15 octobre 1810, sauf, dans les deux cas, à en rendre compte à notre directeur général des manufactures et du commerce.

Nomenclature des manufactures, établissemens et ateliers répandant une odeur insalubre ou incommode, dont la formation ne pourra avoir lieu sans une permission de l'autorité administrative.

PREMIÈRE CLASSE.

Établissemens et ateliers qui ne pourront plus être formés dans le voisinage des habitations particulières, et pour la création desquels il sera nécessaire de se pourvoir d'une autorisation de sa majesté accordée en conseil d'état.

Acide nitrique [eau forte] (fabrication de l').
Acide pyroligneux (fabriques d'), lorsque les gaz se répandent dans l'air sans être brûlés.
Acide sulfurique (fabrication de l').
Affinage de métaux au fourneau à manche, au fourneau à coupelle, ou au fourneau à réverbère.
Amidonniers.
Artificiers.
Bleu de Prusse (fabriques de), lorsqu'on n'y brûlera pas la fumée et le gaz hydrogène sulfuré.
Boyaudiers.
Cendres gravelées (fabriques de), lorsqu'on laisse répandre la fumée au dehors.
Cendres d'orfèvre (traitement des) par le plomb.
Chanvre (rouissage du) en grand, par son séjour dans l'eau.
Charbon de terre (épurage du) à vases ouverts.
Chaux (fours à) permanens.

(D'après une ordonnance du 29 juillet 1818 (Bulletin 229) les fours à plâtre et les fours à chaux permanens ne font plus partie des établissemens insalubres; ils ont été reportés à la 2e classe.)

Indépendamment des formalités prescrites par le décret du 15 octobre 1810, la formation des établissemens de ce genre ne pourra avoir lieu qu'après que les agens forestiers en résidence sur les lieux auront donné leur avis sur la question de savoir si la reproduction des bois dans le canton, et les besoins des communes environnantes, permettent d'accorder la permission.

Colle-forte (fabriques de).
Cordes à instrumens (fabriques de).
Cretonniers.
Cuirs vernis (fabriques de).
Ecarrissage.
Echaudoirs.
Encre d'imprimerie (fabriques d').
Fourneaux (hauts).

Les établissemens de ce genre ne seront autorisés qu'autant que les entrepreneurs auront rempli les formalités prescrites par la loi du 21 avril 1810 et par les instructions du ministre de l'intérieur.

Glaces (fabriques de).

Indépendamment des formalités prescrites par le décret du 15 octobre 1810, la formation des fabriques de ce genre ne pourra avoir lieu qu'après que les agens forestiers en résidence sur les lieux auront donné leur avis sur la question de savoir si la reproduction des bois dans le canton, et les besoins des communes environnantes, permettent d'accorder la permission.

Goudron (fabrication du).
Huile de pied de bœuf (fabriques d').
Huile de poisson (fabriques d').
Huile de térébenthine et huile d'aspic (distillerie en grand d').
Huile rousse (fabrique d').

Litharge (fabrication de la).
Massicot (fabriques de).
Ménageries.
Minium (fabrication du).
Noir d'ivoire et noir d'os (fabriques de), lorsqu'on n'y brûle pas la fumée.
Orseille (fabrication de l').
Plâtre (fours à) permanens.

Indépendamment des formalités prescrites par le décret du 15 octobre 1810, la formation des fabriques de ce genre ne pourra avoir lieu qu'après que les agens forestiers en résidence sur les lieux auront donné leur avis sur la question de savoir si la reproduction des bois dans le canton, et les besoins des communes environnantes, permettent d'accorder la permission.

Pompes à feu ne brûlant pas la fumée.
Porcheries.
Poudrette.
Rouge de Prusse (fabriques de) à vasses ouverts.
Sel ammoniac [ou muriate d'ammoniac] (fabrication du) par le moyen de la distillation des matières animales.
Soufre (distillation du).
Suif brun (fabrication du).
Suif en branche (fonderie du) à feu nu.
Suif d'os (fabrication du).
Sulfate d'ammoniac (fabrication du) par le moyen de la distillation des matières animales.
Sulfate de cuivre (fabrication du) au moyen du soufre et du grillage.
Sulfate de soude (fabrication du) à vases ouverts.
Sulfures métalliques (grillage des) en plein air.
Tabac (combustion des côtes du) en plein air.
Taffetas cirés (fabriques de).
Taffetas et toiles vernis (fabrication des).
Tourbe (carbonisation de la) à vases ouverts.
Tripiers.
Tueries, dans les villes dont la population excède dix mille âmes.
Vernis (fabriques de).
Verre, cristaux et émaux (fabriques de).

Indépendamment des formalités prescrites par le décret du 15 octobre 1810, la formation des fabriques de ce genre ne pourra avoir lieu qu'après que les agens forestiers en résidence sur les lieux auront donné leur avis sur la question de savoir si la reproduction des bois dans le canton, et les besoins des communes environnantes, permettent d'accorder la permission.

DEUXIÈME CLASSE.

Etablissemens et ateliers dont l'éloignement des habitations n'est pas rigoureusement nécessaire, mais dont il importe néanmoins de ne permettre la formation qu'après avoir acquis la certitude que les opérations qu'on y pratique seront exécutées de manière à ne pas incommoder les propriétaires du voisinage, ni à leur causer des dommages.

Pour former ces établissemens, l'autorisation du préfet sera nécessaire, sauf, en cas de difficulté, ou en cas d'opposition de la part des voisins, le recours à notre conseil d'état.

Acier (fabriques d').
Acide muriatique (fabrication de l') à vases clos.
Acide muriatique oxygéné (fabrication de l').
Acide pyroligneux (fabriques d'), lorsque les gaz sont brûlés.
Ateliers à enfumer les lards.
Blanc de plomb ou de céruse (fabriques de).
Bleu de Prusse (fabriques de), lorsqu'elles brûlent leur fumée et le gaz hydrogène sulfuré, etc.
Cartonniers.

Cendres d'orfèvre (traitement des) par le mercure et la distillation des amalgames.
Cendres gravelées fabrication des), lorsqu'on brûle la fumée, etc.
Chamoiseurs.
Chandeliers.
Chapeaux (fabriques de).
Charbon de bois fait à vases clos.
Charbon de terre épuré, lorsqu'on travaille à vases clos.
Châtaignes (dessiccation et conservation des).
Chiffonniers.
Cires à cacheter (fabriques de).
Corroyeurs.
Couverturiers.
Cuirs verts (dépôts de).
Cuivre (fonte et laminage de).
Eau-de-vie (distillerie d').
Faïence (fabriques de).
Fondeurs en grand au fourneau à réverbère.
Galons et tissus d'or et d'argent (brûleries en grand des).
Genièvre (distillerie de).
Goudron (fabriques de) à vases clos.
Hareng (saurage du).
Hongroyeurs.
Huiles (épuration des) au moyen de l'acide sulfurique.
Indigoteries.
Liqueurs (fabrication des).
Maroquiniers.
Mégissiers.
Noir de fumée (fabrication du).
Noir d'ivoire et noir d'os (fabrication des), lorsqu'on brûle la fumée.
Or et argent (affinage de l'), au moyen du départ et du fourneau à vent.
Os (blanchiment des) pour les éventaillistes et les boutonniers.
Papiers (fabriques de).
Parcheminiers.
Pipes à fumer (fabrication des).
Plomb (fonte du), et laminage de ce métal.
Poêliers-fournalistes.
Porcelaine (fabrication de la).
Potiers de terre.
Rouge de Prusse (fabriques de) à vases clos.
Salaisons (dépôts de).
Sel ou muriate d'étain (fabrication du).
Sucre (raffineries de).
Suif (fonderies de) au bain-marie ou à la vapeur.
Sulfate de soude (fabrication du) à vases clos.
Sulfates de fer et de zinc (fabrication des), lorsqu'on forme ces sels de toutes pièces avec l'acide sulfurique et les substances métalliques.
Sulfures métalliques (grillage des) dans les appareils propres à retirer le soufre ou à utiliser l'acide sulfureux qui se dégage.
Tabac (fabriques de).
Tabatières en carton (fabrication des).
Tanneries.
Toiles (blanchiment des) par l'acide muriatique oxygéné.
Tourbe (carbonisation de la) à vases clos.
Tuileries et briqueteries.
Voyez Gaz hydrogène.

TROISIÈME CLASSE.

Etablissemens et ateliers qui peuvent rester sans inconvéniens auprès des habitations particulières, et pour la formation desquels il sera néanmoins nécessaire de se munir d'une permission, aux termes des articles 2 et 8 du décret du 15 octobre 1810 et de l'article 3 de la présente ordonnance.

Acétate de plomb [sel de Saturne] (fabrication de l').
Batteurs d'or et d'argent.
Blanc d'Espagne (fabriques de).
Bois dorés (brûleries des).
Boutons métalliques (fabrication des).
Borax (Raffinage du).
Brasseries.
Briqueteries ne faisant qu'une seule fournée en plein air, comme on le fait en Flandre.
Buanderies.
Camphre (préparation et raffinage du).
Caractères d'imprimerie (fonderies de).

Cendres (laveurs de).
Cendres bleues et autres précipités du cuivre (fabrication des).
Chaux (fours à) ne travaillant pas plus d'un mois par année.
Ciriers.
Colle de parchemin et d'amidon (fabriques de).
Corne (travail de la) pour la réduire en feuilles).
Cristaux de soude (fabriques de) [sous-carbonate de soude cristallisé].
Doreurs sur métaux.
Eau seconde (fabrication de l') des peintres en bâtimens, alcalis caustiques et dissolutions.
Encre à écrire (fabriques d').
Essayeurs.
Fer-blanc (fabriques de).
Feuilles d'étain (fabrication des).
Fondeurs au creuset.
Fromages (dépôts de).
Glaces (étamage des).
Laques (fabrication des).
Moulins à huile.
Ocre jaune (calcination de l') pour la convertir en ocre rouge.
Papiers peints et papiers marbrés (fabriques de).
Plâtre (fours à) ne travaillant pas plus d'un mois par année.
Plombiers et fontainiers.
Plomb de chasse (fabrication du).
Pompes à feu brûlant leur fumée.
Potasse (fabriques de).
Potiers d'étain.
Sabots (ateliers à enfumer les).
Salpêtre (fabrication et raffinage du).
Savonneries.
Sel de soude sec (fabrication du) [sous-carbonate de soude sec].
Sel (raffineries de).
Soude (fabrication de la) ou décomposition du sulfate de soude.
Sulfate de cuivre (fabrication du) au moyen de l'acide sulfurique et de l'oxide de cuivre ou du carbonate de cuivre.
Sulfate de potasse (raffinage du).
Sulfates de fer et d'alumine. Extraction de ces sels des matériaux qui les contiennent tout formés, et transformation du sulfate d'alumine en alun.
Tartre (raffinage du).
Teinturiers.
Teinturiers-dégraisseurs.
Tueries, dans les communes dont la population est au-dessous de dix mille habitans.
Vacheries, dans les villes dont la population excède cinq mille habitans.
Vert-de-gris et verdet (fabrication du).
Viandes (salaison et préparation des).
Vinaigre (fabrication du).

L'accomplissement des formalités établies par le décret du 15 octobre 1810 et par la présente ordonnance ne dispense pas de celles qui sont prescrites pour la formation des établissemens qui seront placés dans le rayon des douanes, ou sur une rivière, qu'elle soit navigable ou non : les réglemens à ce sujet continueront à être en vigueur.

Voyez Dissection, Machines, Ouvriers.

SANCTION. *Voyez* Promulgation.

SANTÉ. Les officiers de police sont chargés de veiller à tout ce qui intéresse la santé des citoyens, comme la salubrité de l'air, la pureté des eaux, la bonne qualité des vivres, boissons et remèdes. Leurs précautions doivent être plus grandes dans les temps de contagion ; et ceux qui habitent des ports de mer doivent particulièrement s'assurer de l'exécution des règlemens relatifs à la quarantaine dans les lieux qui y sont destinés, et d'où une sortie prématurée pourrait apporter dans l'intérieur le germe de maladies pestilentielles.

La fièvre jaune s'étant manifestée en Catalogne, le roi a, par une ordonnance du 27 septembre 1821 (B. 478), prescrit dans les départemens limitrophes des mesures sanitaires, dont une, art. 15, consiste dans la formation, par les préfets, de commissions composées de trois ou de cinq membres et présidées par le maire de la commune où elles siégeraient. L'art. 16 fait défenses d'introduire des animaux ou des marchandises en contravention, et enjoint de tuer les premiers et de les enfouir, de détruire et brûler les autres. L'art. 19 autorise les préfets à transférer les foires et marchés dans des communes éloignées de 5 lieues du cordon sanitaire; et l'art. 24 ordonne la réimpression des ordonnances, règlemens et déclaration des 25 août 1683, 26 novembre 1729, 28 janvier 1748 et 27 août 1786, qui se trouvent en effet dans le Bulletin ci-dessus indiqué.

Voyez ÉPIDÉMIE, POLICE SANITAIRE, SALUBRITÉ.

SAUF-CONDUIT. *Voyez* PASSE-PORT.

SAUTERELLES. Afin de prévenir les ravages que les sauterelles causaient dans les états romains, le préfet de Rome a, en 1811, employé pendant environ 2 mois près de 6,000 hommes à les détruire. Pour y réussir, dans les premiers jours, où les sauterelles sont privées d'ailes, on les brûle avec de la paille; plus tard on les prend avec des toiles, et on les enterre à une grande profondeur.

SAUVETAGE. *Voyez* NAUFRAGE.

SCEAU. *Voyez* ARMOIRIES, TIMBRE MUNICIPAL, VILLES.

SCELLÉS. Les commissaires de police et les maires, autorisés, par l'art. 2 de la loi du 1er brumaire an 2, à apposer les scellés sur les papiers, meubles et effets d'un prévenu de fabrication ou distribution de fausse monnaie, doivent, aux termes de l'art. 3 de la même loi, donner sur-le-champ avis de cette apposition au procureur du roi ou à son substitut.

Hors ce cas, l'apposition des scellés est du ressort du juge de paix; mais *voyez*, sous le mot DÉFENSEURS DE LA PATRIE, les dispositions de l'art. 2 de la loi du 11 ventose an 2, relatives aux scellés apposés après le décès des personnes dont les défenseurs de la patrie sont héritiers. *Voyez* aussi l'art. 911 du Code de procédure civile.

SCIENCES ET ARTS. L'art. 1er de la loi du 8 brumaire an 3 (B. 78) a rendu les administrations responsables des destructions et dégradations commises dans leurs arrondissemens respectifs sur les livres, les antiques et les autres monumens des sciences et d'arts, à moins que les membres ne justifiassent de l'impossibilité réelle où ils avaient été d'empêcher ces dégradations.

Il a été défendu, par l'art. 1er d'une loi du 9 frimaire suivant (B. 94), d'établir aucun atelier d'armes, de salpêtre, ou magasin de fourrage et autres matières combustibles dans les bâtimens où il y aurait des bibliothèques, muséum, cabinets d'histoire naturelle, et autres collections précieuses d'objets de sciences et d'arts.

Voyez MONUMENS, PRIX DÉCENNAUX, RÉCOMPENSES NATIONALES.

SECOURS PUBLICS. Les maires sont dans le cas de requérir le

secours de leurs concitoyens pour enfouir les animaux morts, pour éteindre les incendies, pour cultiver les terres des absens, etc. *Voyez* ces mots. *Voyez* aussi, sous le mot DÉLITS, les peines portées par l'art 475 du Code pénal contre ceux qui refusent des secours en cas de naufrages, incendies, etc.

La délivrance des secours accordés aux colons des îles de Saint-Domingue, de Saint-Pierre et de Miquelon, exige la confection, par les maires, d'un certificat dont voici le modèle.

Nous maire de la ville ou commune de sur la déclaration et attestation de et de , témoins d'âge requis, domiciliés de cette et que nous déclarons bien connaître, certifions que n'a en France ni propriétés ni emploi ; que, dépourvu de moyens industriels d'existence, il a absolument besoin des services du gouvernement.

Certifions, de plus, que sa famille, actuellement à sa charge, est composée comme il suit ; savoir

Fait en mairie le

Le maire d

Vu par nous, préfet du département de pour servir de légalisation de la signature de maire de

A

La convention nationale a décrété, le 19 mars 1793, qu'il serait attribué annuellement à chaque département une somme qui serait employée en secours en faveur de l'indigence. Il devait être formé dans chaque canton une agence chargée, sous la surveillance des corps administratifs et du pouvoir exécutif, de la distribution du travail et des secours aux pauvres valides et non valides domiciliés, inscrits sur un registre : les fonds de secours devaient être ainsi divisés :

Travaux de secours pour les pauvres valides dans les temps morts au travail ou de calamités ;

Secours à domicile pour les pauvres infirmes, leurs enfans, les viellards et les malades;

Maisons de santé pour les malades qui n'ont point de domicile, ou qui ne pourraient y recevoir des secours ;

Hospices pour les enfans abandonnés, pour les vieillards et infirmes non domiciliés ;

Secours pour les accidens imprévus.

Il devait être établi, partout où il en serait besoin, des officiers de santé pour les pauvres secourus à domicile, pour les enfans abandonnés et pour les enfans inscrits sur l'état des pauvres.

Les accoucheurs et accoucheuses établis dans les villes et dans les campagnes devaient être chargés d'accoucher les femmes inscrites sur les états des pauvres ; il devait être formé de nouveaux établissemens pour les noyés.

D'après toutes ces mesures, la mendicité devait être réprimée ; les distributions de pain et d'argent aux portes et dans les rues devaient cesser, et être remplacées par des souscriptions volontaires versées dans la caisse de secours du canton ; mais cette loi a été rapportée, en ce qui concernait les secours, par l'art. 12 de celle du 7 frimaire an 5 (B. 94), qui a ordonné la perception, au profit des indigens, d'un droit sur les billets d'entrée aux spectacles.

Le titre 5 de la loi du 24 vendémiaire an 2 explique les conditions exigées pour l'établissement du domicile de secours :

Art. 1er. Le domicile de secours est le lieu où l'homme nécessiteux a droit aux secours publics.

2. Le lieu de la naissance est le lieu naturel du domicile de secours.

3. Le lieu-de naissance, pour les enfans, est le domicile habituel de la mère au moment où ils sont nés.

4. Pour acquérir le domicile de secours, il faut un séjour d'un an dans une commune.

5. Le séjour ne comptera, pour l'avenir, que du jour de l'inscription au greffe de la municipalité.

6. La municipalité pourra refuser le domicile de secours, si le domicilié n'est pas pourvu d'un passe-port et certificat qui constatent qu'il n'est point homme sans aveu.

7. Jusqu'à l'âge de vingt et un ans, tout citoyen pourra réclamer, sans formalité, le droit de domicile de secours dans le lieu de sa naissance.

8. Après l'âge de vingt et un ans, il sera astreint à un séjour de six mois avant d'obtenir le droit de domicile, et à se conformer aux formes prescrites aux articles 4, 5 et 6.

9. Celui qui quittera son domicile pour en avoir un second sera tenu aux mêmes formalités que pour le premier.

10. Il en sera de même pour celui qui, après avoir quitté un domicile, voudra y revenir.

11. Nul ne pourra exercer en même temps dans deux communes le droit de domicile de secours.

12. On sera censé conserver son dernier domicile tant que le délai exigé pour le nouveau ne sera pas échu, pourvu qu'on ait été exact à se faire inscrire au greffe de la nouvelle municipalité.

13. Ceux qui se marieront dans une commune, et qui l'habiteront pendant six mois, acquerront le droit de domicile de secours.

14. Ceux qui seront restés deux ans dans la même commune, en louant leurs services à un ou plusieurs particuliers, obtiendront le même droit.

15. Tout soldat qui aura combattu un temps quelconque pour la liberté, avec des certificats honorables, jouira de suite du droit de domicile de secours dans le lieu où il voudra se fixer.

16. Tout vieillard âgé de soixante-dix ans, sans avoir acquis de domicile, ou reconnu infirme avant cette époque, recevra les secours de stricte nécessité, dans l'hospice le plus voisin.

17. Celui qui, dans l'intervalle du délai prescrit pour requérir le domicile de secours, se trouvera, par quelque infirmité, suite de son travail, hors d'état de gagner sa vie, sera reçu à tout âge dans l'hospice le plus voisin.

18. Tout malade, domicilié de droit ou non, qui sera sans ressources, sera secouru ou à son domicile de fait, ou dans l'hospice le plus voisin.

Le ministre de l'intérieur a écrit à ce sujet, le 29 frimaire an 10, aux préfets, une circulaire ainsi conçue :

La société ne doit des secours qu'à ceux qui, par la force des circonstances, se trouvent dans l'impossibilité de fournir à leurs premiers besoins.

Distribuer des secours dans tout autre cas, c'est créer la mendicité, nourrir la paresse et produire des vices.

Ainsi, le premier soin qui doit occuper une administration chargée de répartir des aumônes consiste à constater l'état de besoin. Ce soin est à la fois le plus important et le plus difficile à remplir.

Les besoins qui provoquent les secours publics sont de trois genres :

L'état de pauvreté ;

L'état d'infirmité ;

L'état d'abandon ;

Pour constater ces trois états, qui donnent droit à des secours publics, il suffit d'organiser dans chaque ville un ou plusieurs *bureaux de bienfaisance*, conformément à la loi du 7 frimaire an 5.

Ces bureaux doivent être composés de personnes riches et considérées.

Ces personnes seront aidées dans leurs utiles fonctions par la charité douce et active des sœurs hospitalières attachées aux comités.

Nul ne peut avoir droit à des secours publics qu'après avoir fait la déclaration de ses besoins au bureau de son arrondissement, qui seul prononce sur le besoin, et détermine le genre de secours qui convient à l'individu.

Le bureau classe dans l'*état de pauvreté*, avec droit à la distribution des secours à domicile, tous ceux qui manquent de travail par la force des circonstances, ou qui sont chargés d'une famille trop nombreuse pour que le chef puisse fournir à ses premiers besoins.

Il classe dans l'*état d'infirmité*, avec droit à leur admission dans les hôpitaux, tous ceux que des infirmités passagères empêchent de se livrer au travail, et qui n'ont aucun moyen d'existence ;

Et dans l'*état d'abandon*, avec droit à une retraite ou à une place dans un hospice, tous ceux que l'âge ou des infirmités incurables rendent inhabiles à un travail capable de les faire vivre.

Un médecin attaché au bureau peut constater l'*état d'infirmité*.

Le témoignage de quelques hommes probes et le rapport des sœurs hospitalières peuvent garantir et éclairer sur tous les autres.

1° Dans le premier état, se trouvent les individus vivant habituellement du travail de leurs mains, et privés momentanément de ce travail ; 2° les familles à qui des malheurs imprévus viennent d'enlever leurs moyens d'existence.

Il s'agit, pour le premier cas, de s'assurer que l'abandon du travail n'est pas un prétexte pour le repos : l'administration doit craindre par-dessus tout de faire contracter à l'ouvrier une vie oisive ; elle n'accordera des secours qu'après avoir acquis la conviction que le besoin est réel, et qu'il est impossible de procurer du travail pour y satisfaire ; elle les rendra provisoires, pour que l'individu qui en est l'objet conserve le désir du travail et le recherche.

Le genre de secours qu'on peut administrer n'est pas indifférent ; il doit être borné à la seule distribution en nature des objets qui peuvent remplir les besoins : le pain, la soupe, les vêtemens et les combustibles sont seuls dans ce cas.

Les soupes aux légumes forment aujourd'hui une ressource aussi facile qu'économique. On ne saurait trop les multiplier ; elles peuvent faire la moitié de la nourriture du pauvre. Le pain est devenu la base de notre nourriture ; il doit être le fonds des secours publics.

La distribution des vêtemens et des combustibles est peut-être une des plus utiles. Le dénûment de ces objets, dans la saison rigoureuse de l'hiver, éteint le courage et paralyse les forces.

Ainsi les bureaux de bienfaisance distribueront à la première classe du pain, des soupes, des vêtemens et des combustibles : ils emploieront à ces dépenses les revenus que la loi, la charité individuelle ou la bienfaisance nationale consacrent pour ces sortes de secours ; ils inviteront les particuliers à les enrichir de leurs aumônes, et à centraliser, par ce moyen, l'administration des secours publics. On concevra sans peine que tous les besoins arrivant à un centre commun, et tous les secours partant du même centre, la vigilance doit être plus sévère, les vrais besoins mieux satisfaits, le vice ou la paresse flétris ou signalés.

2° La seconde classe d'individus qui réclament des secours publics est composée de tous ceux qui sont atteints d'infirmités passagères, auxquelles l'état de leur fortune ne permet pas d'appliquer les soins et les remèdes convenables.

Presque tous ceux qui sont dans cet état ne trouvent de ressources que dans des secours qu'on peut leur administrer dans les hôpitaux; mais ces asiles ne devraient être ouverts qu'à ceux qui n'ont point de famille; une administration paternelle doit les fermer à tous les malades qui peuvent recevoir des soins domestiques dans leur demeure.

Ainsi le premier soin de l'administration, après avoir constaté l'état d'infirmité, doit être de s'assurer si le malade doit être soigné dans sa maison; et, dans ce cas, on le confiera à la charité douce des filles consacrées à ce genre de service, et on aura soin de lui procurer les secours de l'art, les remèdes et les alimens nécessaires. Ce genre de secours à domicile, dont on retire de si grands avantages partout où il est établi, présente encore une grande économie pour les hôpitaux; car, dans une famille dont le chef est malade, la femme ou les enfans s'estiment heureux d'être allégés d'une partie de la dépense. Si l'on ajoute à ces avantages la consolation que doivent éprouver des pères et mères, lorsqu'ils peuvent être soignés dans leur propre lit par la main de leurs propres enfans, l'on n'hésitera pas à penser qu'on ne doit admettre dans les hôpitaux que les êtres qui sont assez malheureux pour n'avoir ni feu, ni lieu, ni parens.

Organiser et multiplier les secours à domicile est donc le complément d'une charité bien entendue.

3° Il se présente une troisième classe de malheureux qui réclament des secours publics; ce sont ceux qui se trouvent abandonnés et privés de tout appui dans la société.

C'est dans les deux extrémités de la vie que nous trouvons des individus de cette classe. L'enfant qui vient de naître n'est déjà très souvent avoué par personne; il est confié à la charité publique, c'est la société qui doit en prendre soin. Le vieillard, parvenu au bout de sa carrière, a vu disparaître tous ses appuis, et s'anéantir avec ses forces sa modique fortune, ainsi que les moyens de pourvoir par ses mains à sa subsistance; la société ne peut pas rejeter les restes d'une vie qui lui a été utile. Souvent encore des infirmités viennent assiéger un homme au milieu d'une carrière pénible: elles le rendent incapable de travail, et la société doit y pourvoir.

Cette troisième classe comprend donc les *enfans trouvés*, les *vieillards* et les *incurables*.

De tout temps et chez tous les peuples, la société a donné des secours à ces infortunés; mais elle doit prendre des moyens pour n'y faire participer que ceux qui en ont un besoin absolu: elle rejettera l'enfant dont les parens sont connus; elle refusera le vieillard dont la famille peut soutenir les dernières années; elle n'adoptera que ceux qui se trouvent sans appui comme sans secours. Le droit qu'a seul le vrai besoin aux aumônes publiques fait un devoir à l'administration de la plus inflexible sévérité.

Le régime et l'éducation qui conviennent à des enfans ne permettent pas de les confondre avec les vieillards et les incurables; il faut les séparer avec soin.

Les enfans doivent être élevés de manière à devenir utiles à la société qui les adopte; il faut donc leur faire contracter de bonne heure l'habitude du travail: il est seul capable de faire de leur hospice une école de mœurs et une pépinière de citoyens utiles.

Les vieillards et les incurables ne demandant que du repos, il ne s'agit que de leur fournir une habitation saine et spacieuse, pour qu'ils terminent dans une heureuse tranquillité leur vie laborieuse.

Les soins que prend une sage administration, pour ne faire participer aux secours publics que ceux qui y ont des droits positifs, commencent par en réduire le nombre de plus de moitié, et permettent alors à la société de pouvoir soulager les véritables nécessiteux.

Donner à tous indistinctement, ce serait doter la profession de mendiant. Donner aux seuls nécessiteux, c'est s'acquitter d'un devoir envers l'humanité; c'est payer la dette de la société.

Porter des consolations dans le sein des familles, y distribuer les secours de la bienfaisance, c'est la perfection de la charité publique.

Pour le secours de 3 sous par lieue aux indigens qui voyagent, *voyez* Mendicité, Passe-ports.

Voyez aussi Accidens, Bureaux de bienfaisance, Certificats, Enfans abandonnés, Hospices, Mendicité, Octrois municipaux, Passe-ports, Pertes, Soupes économiques, Spectacles.

SECRÉTAIRES DE MAIRIES. La loi du 14-18 décembre 1789, sur la constitution des municipalités, avait institué près d'elles un secrétaire. Celle du 19 vendémiaire an 4 en avait établi un près de chaque administration municipale; mais la loi du 28 pluviose an 8 a gardé le silence à ce sujet.

Cependant il est des communes dont les affaires municipales sont aussi multipliées que difficiles et variées; aussi, dans celles dont la population s'élève au-dessus de 5,000 habitans, les maires ont le droit d'avoir un secrétaire, qu'ils nomment et révoquent à leur gré, et dont le traitement annuel est payé sur les revenus communaux. A l'égard des communes d'une population inférieure, pour lesquelles le traitement particulier d'un secrétaire aurait été un fardeau trop onéreux, et où ce secrétaire n'aurait pas trouvé une occupation suffisante, le ministre de l'intérieur a, par une circulaire du 6 nivose an 9, proposé aux préfets d'y réunir les fonctions de secrétaire et celles de maître d'école dans les mêmes mains, en alliant ainsi deux intérêts bien précieux à chaque commune. Il les a en conséquence invités à organiser l'un par l'autre, et à profiter du besoin où sont les municipalités d'avoir un secrétaire pour établir les maîtres d'école. Par ce moyen, la dépense sera supportée avec d'autant moins de peine que l'utilité en sera mieux sentie.

Le préfet du département du Gers ayant consulté le ministre de de l'intérieur sur la question de savoir si le costume affecté aux secrétaires des mairies de première classe ne leur imprimait pas un caractère public, le ministre a répondu négativement, le 22 janvier 1807, et il a ajouté que ces secrétaires ne pouvaient remplir aucune des fonctions qu'exigeait ce caractère.

Le même principe a été consacré par un avis du conseil d'état, en date du 6 juin suivant. Cet avis, approuvé le 2 juillet (B. 150), porte, 1° que les extraits des registres des actes de l'état civil délivrés depuis la loi du 28 pluviose an 8, sous le certificat et la signature des employés dits *secrétaires* ou *secrétaires-généraux* de mairie, jusqu'au jour de la publication du présent avis, doivent être considérés comme authentiques, si cette signature a été, avant cette dernière époque, légalisée soit par les maires et les préfets de département avant la loi du 20 ventose an 9, soit depuis par les présidens des tribunaux de première instance, ou par les fonctionnaires publics qui remplissaient momentanément les fonctions des uns et des autres, sauf les inscriptions en faux en cas de droit;

2° Que le ministre de l'intérieur doit rappeler de nouveau, par une instruction, que les employés des mairies qui se qualifient de *secrétaires* et de *secrétaires-généraux* n'ont point de caractère public : qu'ils ne peuvent rendre authentiques aucun acte, aucune expédition ni aucun extrait des actes des autorités; que notamment les extraits des actes de l'état civil ne peuvent être délivrés que par le fonctionnaire public dépositaire des registres;

3° Qu'en général, et pour prévenir toute équivoque à l'avenir, le ministre doit rappeler aux maires que, dans les actes où l'administrateur est le seul responsable, sa signature seule est nécessaire, et qu'il ne doit point y en être apposé d'autres.

Le ministre de l'intérieur a écrit à ce sujet, le 30 juillet 1807, une circulaire par laquelle il a recommandé aux préfets de faire cesser l'usage abusif qui s'était introduit de délivrer, sous d'autres signatures que celle du maire, des expéditions ou extraits que lui seul pouvait certifier. Il a rappelé en même temps que les adjoints ne pouvaient, sans la délégation spéciale du maire, seul administrateur et officier de l'état civil, ni remplir ce genre de fonctions, ni signer les extraits qui devaient faire mention de cette délégation. Le ministre de la justice a aussi, par une circulaire du 27 août suivant, prévenu les présidens et procureurs près les tribunaux de première instance qu'ils ne devaient plus légaliser aucun acte de de l'état civil délivré par des employés des mairies; qu'ils s'exposeraient même, en signant à l'avenir des actes quelconques d'administration, à être poursuivis d'office ou par des parties.

Les administrations publiques expliquaient diversement le vœu de la loi en ce qui doit constituer les archives publiques, ainsi que relativement à la nature des actes dont les expéditions ou extraits doivent être passibles de la taxe; le ministre de l'intérieur a en conséquence soumis sur cet objet un rapport au conseil d'état, qui, vu l'art. 37 de la loi du 7 messidor an 2, ainsi conçu :

Tout citoyen pourra demander, dans tous les dépôts, aux jours et heures qui seront fixés, communication des pièces qu'ils renferment : elle leur sera donnée sans frais et sans déplacement, et avec les précautions convenables de surveillance.

Les expéditions ou extraits qui en seront demandés seront délivrés à raison de quinze sous du rôle;

a donné, le 4 août 1807, un avis, approuvé le 18 du même mois (B. 156), et qui porte, 1° que toutes les premières expéditions des décisions des autorités administratives de préfectures, de sous-préfectures ou de municipalités, doivent être, aux termes des lois, délivrées gratuitement; 2° que les secondes ou ultérieures expéditions de ces décisions, ou les expéditions de titres, pièces ou renseignemens déposés dans les bureaux des administrations, doivent être payées au taux fixé par l'art. 37 de la loi du 7 messidor an 2.

Voyez Greffiers des maires.

SECTION. Ce terme était employé pour désigner les arrondissemens qui formaient les divisions des grandes communes. Il est encore d'usage en matière de contributions.

Voyez État de section.

SÉDITION. *Voyez* Attroupemens, Révolte.

SEL. Aux termes de l'article 32 du titre 4 de la loi sur les douanes du 17 décembre 1814 (B. 62), l'assistance d'un officier municipal est nécessaire pour les recherches et visites dans les maisons où l'on soupçonne des fraudes, et où l'on ne peut toutefois s'introduire après le coucher et avant le lever du soleil.

Il faut un certificat du maire attestant qu'il n'y a point de danger à recaquer la morue, pour que l'opération puisse être faite avec de nouveau sel en exemption de droits, aux termes de l'art. 10 de l'ordonnance du 30 octobre 1816 (B. 120).

SÉMINAIRES. L'établissement des séminaires a été ordonné par une loi du 23 ventose an 12 (B. 355).

Un décret du 30 septembre 1807 (B. 165) a ordonné 1° qu'à dater du 1er janvier 1808, il serait entretenu aux frais du gouvernement, dans chaque séminaire diocésain, un nombre de bourses et demi-bourses, conformément au tableau joint à ce décret;

2° Que ces bourses et demi-bourses seraient accordées par le gouvernement, sur la présentation des évêques;

3° Que le trésor public paierait annuellement, pour cet objet, quatre cents francs par bourse et deux cents francs par demi-bourse.

Voyez Cultes, Fabriques d'églises, Instruction publique.

SÉPARATION DE BIENS. Aux termes de l'art. 872 du Code de procédure, lorsqu'il n'y a pas de tribunaux de première instance ni de commerce dans la commune du domicile du mari, un extrait du jugement qui a prononcé la *séparation de biens* doit être exposé pendant un an dans la principale salle de la maison commune. L'acte destiné à constater le dépôt de cet extrait au secrétariat de la commune, et le certificat délivré par le maire pour en attester l'affiche pendant un an, ne sont sujets qu'au droit fixe d'enregistrement d'un franc.

SÉPULTURE. Les règles à observer pour les sépultures sont contenues dans un décret du 23 prairial an 12 (B. 5).

Titre Ier. *Des sépultures, et des lieux qui leur sont consacrés.*

Art. 1er. Aucune inhumation n'aura lieu dans les églises, temples, synagogues, hôpitaux, chapelles publiques, et généralement dans aucun des édifices clos et fermés où les citoyens se réunissent pour la célébration de leur culte, ni dans l'enceinte des villes et bourgs.

2. Il y aura, hors de chacune de ces villes ou bourgs, à la distance de

trente-cinq à quarante mètres au moins de leur enceinte, des terrains spécialement consacrés à l'inhumation des morts.

3. Les terrains les plus élevés et exposés au nord seront choisis de préférence; ils y seront clos de murs de deux mètres au moins d'élévation. On y fera des plantations, en prenant les précautions convenables pour ne point gêner la circulation de l'air.

4. Chaque inhumation aura lieu dans une fosse séparée; chaque fosse qui sera ouverte aura un mètre cinq décimètres à deux mètres de profondeur, sur huit décimètres de largeur, et sera ensuite remplie de terre bien foulée.

5. Les fosses seront distantes les unes des autres de trois à quatre décimètres sur les côtés, et de trois à cinq décimètres à la tête et aux pieds.

6. Pour éviter le danger qu'entraîne le renouvellement trop rapproché des fosses, l'ouverture des fosses pour de nouvelles sépultures n'aura lieu que de cinq années en cinq années : en conséquence, les terrains destinés à former les lieux de sépulture seront cinq fois plus étendus que l'espace nécessaire pour y déposer le nombre présumé des morts qui peuvent y être enterrés chaque année.

Titre II. — *De l'établissement des nouveaux cimetières.*

7. Les communes qui seront obligées, en vertu des articles 1 et 2 du titre 1er, d'abandonner les cimetières actuels, et de s'en procurer de nouveaux hors de l'enceinte de leurs habitations, pourront, sans autre autorisation que celle qui leur est accordée par la déclaration du 10 mars 1776, acquérir les terrains qui leur seront nécessaires, en remplissant les formes voulues par l'arrêté du 5 germinal an 9.

8. Aussitôt que les nouveaux emplacemens seront disposés à recevoir les inhumations, les cimetières existans seront fermés, et resteront dans l'état où ils se trouveront, sans que l'on en puisse faire usage pendant cinq ans.

9. A partir de cette époque, les terrains servant maintenant de cimetières pourront être affermés par les communes auxquelles ils appartiennent; mais à condition qu'ils ne seront qu'ensemencés ou plantés, sans qu'il puisse y être fait aucune fouille ou fondation pour des constructions de bâtimens, jusqu'à ce qu'il en soit autrement ordonné.

Titre III. — *Des concessions de terrains dans les cimetières.*

10. Lorsque l'étendue des lieux consacrés aux inhumations le permettra, il pourra y être fait des concessions de terrains aux personnes qui désireront y posséder une place distincte et séparée, pour y fonder leur sépulture et celle de leurs parens ou successeurs, et y construire des caveaux, monumens ou tombeaux.

11. Les concessions ne seront néanmoins accordées qu'à ceux qui offriront de faire des fondations ou donations en faveur des pauvres et des hôpitaux, indépendamment d'une somme qui sera donnée à la commune, et lorsque ces fondations ou donations auront été autorisées par le gouvernement dans les formes accoutumées, sur l'avis des conseils municipaux et la proposition des préfets.

12. Il n'est point dérogé, par les deux articles précédens, au droit qu'a chaque particulier, sans besoin d'autorisation, de faire placer sur la fosse de son parent ou de son ami une pierre sépulcrale ou autre signe indicatif de sépulture, ainsi qu'il a été pratiqué jusqu'à présent.

13. Les maires pourront également, sur l'avis des administrations des hôpitaux, permettre que l'on construise dans l'enceinte de ces hôpitaux des monumens pour les fondateurs et bienfaiteurs de ces établissemens, lorsqu'ils en auront déposé le désir dans leurs actes de donation, de fondation ou de dernière volonté.

14. Toute personne pourra être enterrée sur sa propriété, pourvu que la propriété soit hors et à la distance prescrite de l'enceinte des villes et bourgs.

TITRE IV. — *De la police des lieux de sépulture.*

15. Dans les communes où l'on professe plusieurs cultes, chaque culte doit avoir un lieu d'inhumation particulier; et, dans le cas où il n'y aurait qu'un seul cimetière, on le partagera par des murs, haies ou fossés, en autant de parties qu'il y a de cultes différens, avec une entrée particulière pour chacune, et en proportionnant cet espace au nombre d'habitans de chaque culte.

16. Les lieux de sépulture, soit qu'ils appartiennent aux communes, soit qu'ils appartiennent à des particuliers, seront soumis à l'autorité, police et surveillance des administrations municipales.

17. Les autorités locales sont spécialement chargées de maintenir l'exécution des lois et règlemens qui prohibent les exhumations non autorisées, et d'empêcher qu'il ne se commette dans les lieux de sépulture aucun désordre ou qu'on s'y permette aucun acte contraire au respect dû à la mémoire des morts.

TITRE V. — *Des pompes funèbres.*

18. Les cérémonies précédemment usitées pour les convois, suivant les différens cultes, seront rétablies, et il sera libre aux familles d'en régler la dépense selon leurs moyens et facultés; mais hors de l'enceinte des églises et des lieux de sépulture, les cérémonies religieuses ne seront permises que dans les communes où l'on ne professe qu'un seul culte, conformément à l'art. 45 de la loi du 18 germinal an 10.

19. Lorsque le ministre d'un culte, sous quelque prétexte que ce soit, se permettra de refuser son ministère pour l'inhumation d'un corps, l'officier civil, soit d'office, soit sur la réquisition de la famille, commettra un autre ministre du même culte pour remplir ces fonctions; dans tous les cas l'autorité civile est chargée de faire porter, présenter, déposer et inhumer les corps.

20. Les frais et rétributions à payer aux ministres des cultes et autres individus attachés aux églises et temples, tant pour leur assistance aux convois que pour les services requis par les familles, seront réglés par le gouvernement, sur l'avis des évêques, des consistoires et des préfets, et sur la proposition du conseiller d'état chargé des affaires concernant les cultes. Il ne sera rien alloué pour leur assistance à l'inhumation des individus inscrits aux rôles des indigens.

21. Le mode le plus convenable pour le transport des corps sera réglé suivant les localités par les maires, sauf l'approbation des préfets.

22. Les fabriques des églises et les consistoires jouiront seuls du droit de fournir les voitures, tentures, ornemens, et de faire généralement toutes les fournitures quelconques nécessaires pour les enterremens, et pour la décence ou la pompe des funérailles.

Les fabriques et consistoires pourront faire exercer ou affermer ce droit d'après l'approbation des autorités civiles sous la surveillance desquelles ils sont placés.

23. L'emploi des sommes provenant de l'exercice et de l'affermage de ce droit sera consacré à l'entretien des églises, des lieux d'inhumation, et au paiement des desservans : cet emploi sera réglé et réparti sur la proposition du conseiller d'état chargé des affaires concernant les cultes, et d'après l'avis des évêques et des préfets.

24. Il est expressément défendu à toutes autres personnes, quelles que soient leurs fonctions, d'exercer le droit susmentionné, sous telle peine qu'il appartiendra, sans préjudice des droits résultant des marchés existans,

et qui ont été passés entre quelques entrepreneurs et les préfets ou autres autorités civiles relativement aux convois et pompes funèbres.

25. Les frais à payer par les successions des personnes décédées, pour les billets d'enterrement, le prix des tentures, les bières et le transport des corps, seront fixés par un tarif proposé par les administrations municipales et arrêté par les préfets.

26. Dans les villages et autres lieux où le droit précité ne pourra être exercé par les fabriques, les autorités locales y pourvoiront, sauf l'approbation des préfets.

Si la peste régnait dans une contrée, il y aurait des précautions à prendre pour l'inhumation : elle devrait se faire seulement la nuit avec une torche allumée, pour que le public pût s'éloigner, et les corps devraient être déposés dans des lieux distincts des cimetières ordinaires, hors des communes et loin des chemins publics.

Lorsqu'on veut faire usage de la faculté accordée par l'art. 14 du décret ci-dessus, on doit, au moment de la déclaration du décès, en instruire l'officier public de l'état civil, qui dresse un procès-verbal de l'état du corps, et délivre un passe-port motivé au conducteur, à la charge par lui, si l'inhumation a lieu dans une autre commune, de représenter le corps au maire de cette commune, auquel même il convient que l'officier public fasse passer une copie du rapport.

A l'égard des art. 22 et 24 du même décret, il a été déclaré, par celui du 10 février 1806 (B. 74), que les articles concernant les fabriques et les consistoires n'étaient pas applicables aux personnes qui professaient en France la religion juive.

Voyez, sous le mot ÉGLISES, le décret du 18 mai 1806, qui contient règlement pour le service des morts dans les églises, et le transport des corps.

Voyez aussi CIMETIÈRES, INHUMATIONS.

SÉQUESTRE *Voyez* FOURRIÈRE.

SÉRÉNADE. Un arrêté de la mairie de Dijon porte qu'à l'avenir il ne pourra être donné aucune sérénade, soit pour fête patronale, soit pour corps d'état ou tout autre motif, sans avoir une permission signée du maire et enregistrée au bureau de la police, et que les contrevenans seront poursuivis conformément au n° 8 de l'art. 479 du Code pénal. (*Journal du Commerce du* 15 *octobre* 1821.)

SERMENT. Les maires prêtent serment entre les mains de leur prédécesseur. S'il n'en existe pas, ou s'il est destitué, le préfet ou le sous-préfet commettent le maire d'une commune voisine pour le recevoir. Le maire reçoit le serment des adjoints; et le procès-verbal, signé des fonctionnaires municipaux présens, est envoyé, par expédition, ou sous-préfet, qui en donne connaissance au préfet le jour de leur installation. Les prédécesseurs remettent à leurs successeurs tous les papiers et registres relatifs à leur administration, et ceux qui concernent l'état civil. On dresse de cette remise un procès-verbal, dont le double sert de décharge au prédécesseur. Il en est de même du mobilier. (*Loi du 19 floréal an 8.*) (B. 26.)

Pour le serment des greffiers de maires, *voyez*, sous le mot Tribunaux de police, l'art. 168 du Code d'instruction criminelle.

Le ministre de l'intérieur, informé qu'en plusieurs lieux l'autorité administrative recevait le serment des gardes champêtres et forestiers, et que cette contravention, en empêchant que les procès-verbaux de ces officiers de police judiciaire pussent faire foi en justice, privaient encore le trésor public des droits de timbre et d'enregistrement dont la loi du 15 mai 1818 a, par l'art. 80, affranchi tous les actes administratifs non dénommés dans l'art. 78, a rappelé, par une circulaire du 25 juillet de la même année, qu'aux termes de la loi du 6 octobre 1791, les gardes champêtres devaient, en leur qualité d'officiers de police judiciaire, prêter serment entre les mains du juge de paix de leur canton, et que, d'après celle du 9 floréal an 11, ce serment devait être prêté au tribunal civil de l'arrondissement par les gardes des bois et forêts, soit du domaine, soit des communes, soit de particuliers.

Voyez Citoyen, Fonctionnaires publics, Police administrative.

SERRURIERS. L'art. 8 d'une ordonnance de police du 8 novembre 1780 fait défenses aux serruriers, ferrailleurs, etc., d'exposer en vente des clefs neuves ou vieilles, séparément de leur serrure. Les articles suivans prescrivent des mesures pour empêcher les ouvriers et ferrailleurs de travailler à la dérobée aux ouvrages de la serrurerie, objets pour lesquels les anciens règlemens ont été conservés en vigueur par l'art. 29 du tit. 1er de la loi du 19-22 juillet 1791.

Voyez Police.

SERVICE MILITAIRE. Une ordonnance du roi du 11 octobre 1820 (B. 409) porte que les jeunes soldats faisant partie des contingens mis en activité, qui se sont mutilés pour se soustraire au service militaire, seront envoyés dans une des compagnies de pionniers créées ou à créer en vertu de l'ordonnance du 1er avril 1818 (B. 205) sur la formation de compagnies détachées. *Voyez* Armée, Garde nationale.

SERVITUDE. Les servitudes établies par la loi pour l'utilité publique ou communale ont pour objet le marche-pied le long des rivières navigables ou flottables, la construction ou réparation des chemins, et autres ouvrages publics ou communaux. (*Code civil*, art. 650.) *Voyez* Places de guerre.

SESSIONS DES CONSEILS MUNICIPAUX. D'après l'art. 1er d'une ordonnance du roi du 28 janvier 1815 (B. 82), les sessions ordinaires ont lieu du 1er au 15 mai de chaque année; et, aux termes de l'art. 15 de la loi du 28 pluviose an 8 (B. 17), la durée de cette session ne peut excéder 15 jours.

SETIER. *Voyez* DÉCALITRE, HECTOLITRE, MESURES.

SEUIL. Les propriétaires qui bâtissent dans une rue non encore pavée sont tenus, avant de poser les seuils des portes, de demander le règlement des pentes du pavé. Un arrêt du conseil d'état du 22 mai 1725 prononce, pour inexécution de cette formalité, une amende de 50 fr. contre le propriétaire, contre l'architecte et les maçons, outre l'injonction de rétablir les seuils selon le niveau, s'ils sont plus hauts ou plus bas.

SEXE. Les actes de naissance doivent énoncer le sexe de l'enfant. (*Code civil*, art. 57.)

Lorsqu'on trouve un enfant, le procès-verbal dressé à cette occasion doit faire mention de son sexe. (Art. 58.)

SEXTILE. On appelle ainsi l'année qui, sur quatre, est composée de 366 jours, au lieu de 365.

SIÉGES. *Voyez* PLACES DE GUERRE.

SIGNALEMENT. *Voyez* GENDARMERIE, PASSE-PORTS.

SIGNATURES. Les actes de l'état civil sont signés par l'officier de l'état civil, par les comparans et par les témoins. (*Code civil*, art. 39.)

Les actes d'opposition au mariage doivent être signés sur l'original et sur la copie par les opposans ou par leurs fondés de procuration spéciale ou authentique. L'officier de l'état civil auquel ils sont signifiés y met son visa, et les porte sur le registre des publications. (Art. 66 et 67.)

Les actes de l'état civil et tous les actes d'administration, dont les signatures doivent être certifiées véritables, sont légalisées par les maires, les sous-préfets, les préfets et le ministre de l'intérieur.

Pour mettre à portée de donner ces légalisations, les maires et adjoints doivent envoyer un tableau de leur signature au sous-préfet de leur arrondissement, avec l'empreinte du sceau de la municipalité. De pareils envois se font par les sous-préfets aux préfets, et par ceux-ci au ministre de l'intérieur.

Aucune de ces signatures ne doit être faite à la griffe.

Voici la formule d'une légalisation :

Nous , maire de la commune d département d arrondissement d , certifions que la signature apposée au bas de l'acte ci-dessus est celle de (énoncer la qualité), et que foi doit y être ajoutée.

Fait à le

Voyez LÉGALISATION, SECRÉTAIRES DE MAIRIES.

SIGNES DES CULTES. L'art. 2 de la loi du 7 vendémiaire an 4 (B. 186) a défendu d'outrager les objets d'un culte quelconque, dans les lieux destinés à son exercice, à peine d'amende de 50 à 500 liv.

SIGNIFICATION D'ACTES MUNICIPAUX. On doit, pour

l'original et pour la copie de ces actes, employer du papier timbré ; et ces notifications doivent être enregistrées dans les quatre jours de leur date, conformément au second alinéa de l'art. 20 de la loi du 22 frimaire an 7.

SOCIÉTÉ DE LA CHARITÉ MATERNELLE. *Voyez* la fin du mot BIENFAISANCE.

SOCIÉTÉS. *Voyez* RÉUNIONS PUBLIQUES.

SOLDE DE RETRAITE. *Voyez* MILITAIRES.

SOLIDARITÉ. L'indemnité et l'amende pour délits ruraux sont dues solidairement par les délinquans. *Voyez*, sous le mot DÉLITS, l'art. 3 du titre 2 de la loi du 28 septembre---6 octobre 1791.

SOLIVE. *Voyez* MESURES.

SOMMATIONS RESPECTUEUSES. *Voyez*, sous le mot ÉTAT CIVIL, les art. 155 à 158 du Code civil.

SORCIERS. L'action contre les gens qui font le métier de deviner ou d'expliquer les songes est une de celles dont les maires ne peuvent connaître aux termes de l'art. 166 du Code d'instruction criminelle, et dont la connaissance est exclusivement attribuée aux juges de paix par l'art. 139 du même Code.

Voyez MAGIE, et les art. 479 à 481 du Code pénal.

SOUPES ÉCONOMIQUES. On a formé à Paris et dans plusieurs grandes communes de France des établissemens qu'il serait bien intéressant de voir se multiplier. C'est Rumfort qui, par son zèle philanthropique, a provoqué ces institutions bienfaisantes en Europe. Elles consistent dans une soupe très-nourrissante qui peut, à fort peu de frais, alimenter l'indigence, et dont le goût ne répugnerait même point à des palais plus délicats. Ce potage est composé de légumes, de beurre ou de sain-doux, de pois, de farine d'orge, d'herbes potagères. Chacune de ces substances, bonne et savoureuse par elle-même, le devient encore davantage par le mélange et l'assaisonnement ; et au moyen de cette soupe, le pauvre peut dîner avec un décime.

La construction des fourneaux à la Rumfort économisant beaucoup le combustible, ces établissemens, déjà si utiles, ont encore l'avantage de diminuer la consommation du bois, si rare en France ; et les maires, animés du désir de contribuer au bonheur de leurs concitoyens, doivent s'appliquer à en faire sentir tous les avantages.

Voici la proportion des substances propres à former trois cents soupes pendant l'été.

Riz, *un décalitre*, ou, à sa place, orge mondée, *un décalitre et demi ;* fèves, lentilles, haricots ou pois entiers, c'est-à-dire en substance, *un décalitre ;* farine de lentilles, pois, haricots ou fèves, *un décalitre ;* choux, oseille, carottes, poireaux, oignons, céleri, ou toutes autres plantes potagères, *dix livres ;* girofle *deux gros* ; persil, *trois poignées ;* poivre, *une demi-once ;* sel, *trois livres et demie;* graisse, *trois livres et demie;* thym, laurier, sarriette ou autres plantes aromatiques, *deux gros;* eau, *sept voies et demie*, ou *quinze seaux;* pain, coupé et séché au soleil, *seize livres.*

On prépare ainsi les soupes :

Le matin, à cinq heures au plus tard, on met dans la marmite les légumes entiers avec quatre voies d'eau, ou huit seaux; on met le feu dessous; on l'entretient avec soin, en ajoutant peu à peu le reste de l'eau. A huit heures et demie ou neuf heures au plus tard, on délaie, dans une partie de l'eau qui a cuit les légumes, les substances réduites en farine; on les projette ensuite dans la marmite en les versant sur une passoire pour éviter les grumeaux qui pourraient exister sans cette précaution. On agite le tout pendant une heure, ayant soin que la liqueur soit en ébullition forte; alors on laisse tomber le feu graduellement et au point nécessaire pour avoir plutôt un petit frémissement qu'une ébullition. Les pois verts et nouveaux, ainsi que les fêves vertes, donnent une saveur très-agréable à la soupe. Les oignons ou poireaux doivent toujours être roussis séparément avec de la graisse.

Cette soupe ne revient guère qu'à 6 ou 7 centimes la portion, et à 21 francs la totalité. Une lettre ministérielle du 14 octobre 1815 en a recommandé l'usage.

Pour la soupe des détenus, *Voyez* DÉTENTION.

Pour le pain de la soupe des troupes, *voyez* la fin du mot OCTROIS MUNICIPAUX.

SOURCES. *Voyez* EAU.

SOURDS-MUETS. La loi du 8 germinal an 2 porte que l'élève proposé pour entrer dans l'établissement des sourds-muets ne doit pas avoir moins de 12 ans ni plus de 16, et qu'on doit produire un certificat du maire qui atteste, d'après le rapport d'un médecin ou chirurgien, que l'élève est vraiment sourd-muet, qu'il n'a aucune infirmité contagieuse, et que la fortune des parens ne leur permet pas de le soutenir à leurs frais dans l'école.

Le ministre de l'intérieur a été chargé par une loi du 8 ventose an 4 de pourvoir, sur les fonds mis à sa disposition, et sur le vu d'états dûment vérifiés, aux dépenses des établissemens formés pour l'instruction des sourds-muets et des aveugles-nés.

Les sourds-muets, incapables de manifester leur volonté d'une manière ostensible, et par des signes infaillibles et certains à l'officier public, aux témoins et aux parties intéressées, ne doivent point être mariés; mais quand ils savent écrire, l'obstacle disparaît. Il doit en être dans ce cas pour le mariage comme pour les dons qu'ils peuvent accepter par écrit, aux termes de l'article 936 du Code civil. *Voyez* AVEUGLES.

SOUS-PRÉFETS. Il y a dans chaque arrondissement communal un sous-préfet nommé par le roi.

D'après les termes d'un arrêté du 17 pluviose an 5 (B. 105) les maires ne peuvent correspondre qu'avec les sous-préfets, et c'est à eux qu'ils doivent soumettre leurs opérations administratives pour les transmettre aux préfets avec leur avis.

Voyez les mots ADMINISTRATION et NOMINATION.

SPECTACLES. Le maintien du bon ordre dans les spectacles a été confié, par l'article 3 du titre 11 de la loi du 16-24 août 1790, à la vigilance et à l'autorité des corps municipaux.

Un arrêté du 25 pluviose an 4 (B. 27) contient à cet égard les dispositions suivantes :

ART. 1er. En exécution des lois qui attribuent aux officiers municipaux des communes la police et la direction des spectacles, le bureau central de police, dans les cantons où il en est établi, et les administrations municipales dans les autres cantons, tiendront sévèrement la main à l'exécution des lois et règlemens de police sur le fait des spectacles, notamment des lois rendues les 16 et 24 août 1790, 2 et 14 août 1793 : en conséquence, ils veilleront à ce qu'il ne soit représenté, sur les théâtres établis dans les communes de leur arrondissement, aucune pièce dont le contenu puisse servir de prétexte à la malveillance et occasioner du désordre, et ils arrêteront la représentation de toutes celles par lesquelles l'ordre public aurait été troublé d'une manière quelconque.

Le ministre de l'intérieur a, par une circulaire du 22 germinal an 8, prévenu les préfets que les pièces, tant anciennes que nouvelles, dont la représentation était autorisée à Paris, pouvaient seules être jouées dans les départemens, et que les pièces composées pour les départemens devaient lui être envoyées pour être examinées à Paris.

Une loi du 7 frimaire an 5 (B. 94) a ordonné qu'il serait perçu pendant six mois, au profit des hôpitaux, un décime par franc en sus du prix de chaque billet d'entrée dans tous les spectacles où se donnent des pièces de théâtre, des bals, des feux d'artifices, etc.

Ces droits ont été annuellement prorogés. L'arrêté du 8 thermidor an 5 (B. 135) a même porté au quart de la recette ceux qui sont établis à l'entrée des bals, des feux d'artifice, des concerts, des courses et exercices de chevaux et autres fêtes où l'on est admis en payant.

L'arrêté du 7 thermidor an 8 (B. 40), qui a prorogé les droits pour l'an 9, est conçu en ces termes :

ART. 1er. Les droits établis sur les spectacles, bals, feux d'artifice, concerts, courses et exercices de chevaux et autres fêtes où l'on est admis en payant, continueront d'être perçus pendant l'an 9, suivant le mode établi par les lois.

2. Le produit de ces droits continuera d'être affecté aux besoins des hôpitaux et aux secours à domicile de chaque commune, d'après la répartition qui en sera faite par le préfet, sur l'avis du sous-préfet.

L'arrêté du 10 thermidor an 11 (B. 301), contenant prorogation des droits pour l'an 12, a assimilé les établissemens connus sous la dénomination de *panorama* et de *théâtre pittoresque et mécanique*, aux spectacles, pour la quotité du droit à percevoir, et a ordonné que les contestations qui pourraient s'élever seraient décidées par les préfets, en conseil de préfecture, sur l'avis motivé des comités consultatifs établis en exécution de l'arrêté du 7 messidor an 9, dans chaque arrondissement communal, pour le contentieux de l'administration des pauvres et des hospices, sauf, en cas de réclamation, le recours au gouvernement.

Celui du 8 fructidor an 13 (B. 53), qui proroge la perception des mêmes droits pour l'an 14, porte, art. 2, que les poursuites à faire pour en assurer le recouvrement seront désormais dirigées suivant le mode fixé par l'arrêté du 16 thermidor an 8, et autres lois et règlemens relatifs au recouvrement des contributions directes et indirectes; et l'art. 3, que les décisions rendues par les conseils de préfecture, dans les cas prévus par l'art. 3 de l'arrêté du 10 thermidor an 11, seront au surplus exécutées provisoirement, et sauf le recours au gouvernement, réservé par cet article.

L'art. 2 du décret du 21 août 1806 (B. 113), contenant la même prorogation pour 1807, porte aussi que les administrations de charité sont autorisées à percevoir, pendant le même espace de temps, le droit d'un quart de la recette brute pour les bals, les feux d'artifice; les concerts, les courses, les exercices de chevaux, et généralement pour toutes les danses et fêtes publiques ou par la voie des cachets, ou par billets, ou par abonnement, et, art. 3, que les dispositions de l'arrêté du 10 thermidor an 11, en ce qui concerne la perception des droits mentionnés aux articles qui précédent, et les contestations auxquelles les recettes et les droits à percevoir pourraient donner lieu, ensemble les art. 2 et 3 du décret du 8 fructidor an 13, continueront de recevoir leur exécution.

Un décret du 9 décembre 1809 (B. 421) a prorogé indéfiniment la perception 1° du droit d'un décime par franc établi en sus des billets d'entrée et d'abonnement dans tous les spectacles où se donnent des pièces de théâtre; 2° du droit d'un quart de la recette brute établi sur les bals, feux d'artifice, concerts et autres fêtes où l'on est admis en payant, par les lois des 7 frimaire, 2 floréal et 8 thermidor an 5, etc.

Celui du 13 août 1811 (B. 385) a assujéti les théâtres du second ordre, petits théâtres, spectacles de tout genre, et ceux qui donnent dans la ville de Paris des bals masqués ou des concerts, à payer une redevance à l'académie royale de musique.

Voyez Bureaux de bienfaisance.

Les incendies auxquels les salles de spectacles sont fréquemment exposées ont déterminé le gouvernement à prescrire, par un arrêté du 1er germinal an 7 (B. 269), des mesures de sûreté, au nombre desquelles sont des visites à la fin des spectacles, en présence d'un commissaire de police ou d'un administrateur municipal, pour s'assurer que personne n'est resté caché dans l'intérieur, et qu'il ne subsiste aucun indice propre à faire craindre un incendie.

Voyez Théâtres.

STATUES. *Voyez* Arts, Monumens.

STÈRE. Solide, égal à un mètre cube, destiné particulièrement à la mesure du bois de chauffage.

Si les bûches avaient la longueur du mètre, on obtiendrait le stère en les rangeant dans une membrure ou châssis carré d'un mètre de côté. Quand les bûches ont plus d'un mètre de longueur, il faut par compensation diminuer la hauteur des montans de la membrure. Ainsi, pour le bois de 114 centimètres de long (3 pieds et demi suivant l'ordonnance), les montans doivent avoir 88 centimètres seulement au-dessus de la semelle, toujours d'un mètre de long dans œuvre.

Le double stère remplace la voie ou demi-corde, qu'il ne surpasse que d'un vingt-troisième environ.

Le mètre cube, sous le nom de stère, peut servir d'unité pour l'évaluation des grands volumes de pierre, de terre, de bois, etc.

STÉRILITÉ. *Voyez* GRÊLE.

SUBORDINATION. Les maires sont entièrement subordonnés aux préfets et aux sous-préfets, pour ce qui concerne les fonctions qu'ils ont à exercer par délégation, mais ils peuvent agir d'eux-mêmes et sans prendre l'attache préalable d'autres autorités, lorsqu'il est question de publier de nouveau les lois et règlemens de police, ou de rappeler les habitans de la commune à leur observation, et d'ordonner des précautions locales sur les objets confiés à leur vigilance personnelle. *Voyez* ATTRIBUTIONS, RÈGLEMENS DE POLICE, SURVEILLANCE.

SUBSISTANCES. Les maires doivent assurer par tous les moyens indiqués, et dans tous les cas prévus par les lois, la libre circulation des subsistances.

Les municipalités qui sont dans l'étendue de deux myriamètres des frontières ou des bords de la mer doivent en outre veiller à l'exécution des lois qui prohibent les entrepôts de grains dans cette distance, et à ce qu'il n'en soit pas transporté sans les permissions, autorisations ou acquits à caution prescrits par les lois.

Voyez GRAINS, MARCHÉS, MERCURIALES, TAXES.

SUBSISTANCES MILITAIRES. *Voyez* CONVOIS MILITAIRES.

SUBSTANCES VÉNÉNEUSES. Les pharmaciens et les épiciers qui en vendent doivent, sous peine de 3,000 fr. d'amende, les déposer dans un lieu sûr dont ils ont seuls la clef; et il est défendu, sous la même peine, d'en vendre à d'autres personnes que celles qui sont domiciliées et connues, en inscrivant leurs noms, qualités et demeures, sur un registre qui fait aussi mention de la nature, de la qualité des substances achetées, et de l'emploi qu'on a déclaré en vouloir faire.

SUBVENTION DE GUERRE. Les dix centimes imposés en sus de la contribution foncière de 1807, pour subvention de guerre, ont été supprimés pour 1808 par l'art. 10 de la loi du 15 septembre 1807 sur les finances.

SUCCURSALES. *Voyez* CULTES, FABRIQUES D'ÉGLISES, VICAIRES.

SUPPLÉANS. Le premier adjoint remplace le maire en cas de maladie, d'absence ou de tout autre empêchement momentané. L'adjoint ou les adjoints, lorsqu'il y en a plusieurs, peuvent concourir avec le maire, sur son invitation, à tous les actes de police qui intéressent particulièrement la commune. (*Loi du 1er fructidor an* 3.) (B. 185.)

SUIF. *Voyez* FONDERIE DE SUIF, SALUBRITÉ.

SURCHARGE. *Voyez* CONTRIBUTIONS DIRECTES, RÔLES.

SURETÉ. La sûreté résulte du concours de tous pour assurer les droits de chacun.

Outre les mesures de sûreté publique exposées sous le mot POLICE, et sous plusieurs autres, on pourrait consulter avec avantage diverses ordonnances de police, et notamment celle du 8 novembre 1780.

Tout ce qui intéresse la sûreté publique est de la compétence des maires et des commissaires de police.

SURFACE. Quatre mètres ou Quatre centiares } répondent à une toise carrée.

Un are. . . . . à 2 perches carrées de 22 pieds.
Un hectare. . . . . à 2 arpens des eaux et fôrets.
Un myriamètre carré. . . . à 5 lieues carrées.

L'opération de calcul appelée ci-devant *toisé des surfaces* est appelée maintenant *quadrature*. De même, au lieu de *toisé des solides*, on dit *cubature*. Les mots *quadrature* et *cubature* ne sont point nouveaux; ils étaient déjà consacrés par la géométrie.

De là les verbes *carrer*, *cuber* et *arer*, pour remplacer ceux de *toiser* et *arpenter*. Aux dénominations d'*arpenteur* et *arpentage* il conviendrait de substituer celles de *géomètre rural* et *aréage*.

SURNOMS. *Voyez* PRÉNOMS.

SURTAXE. *Voyez* CONTRIBUTIONS DIRECTES, RÉCLAMATIONS, RÔLES.

SURVEILLANCE. Les fonctions de surveillance qu'exercent les maires et adjoints et les commissaires de police sont détaillées sous les mots ATTRIBUTIONS, COMPÉTENCE, POLICE, etc.

Les maires et adjoints, le commissaires de police, les gardes champêtres et forestiers, sont, comme officiers de police administrative, soumis à la surveillance et à l'autorité immédiate du sous-préfet; mais, comme officiers de police judiciaire, ils sont sous la surveillance du procureur du roi près le tribunal de première instance, et du procureur général près la cour royale.

Il a été ordonné, par une loi du 3 nivose an 8 (B. 339), que tout individu nominativement condamné à la déportation, sans jugement préalable, par un acte du corps législatif, ne pourrait rentrer sur le territoire français, sous peine d'être considéré comme émigré, à moins qu'il n'y fût autorisé par une permission expresse du gouvernement, qui pourrait le soumettre à tel mode de surveillance qui lui paraîtrait convenable.

Des individus rappelés ont en conséquence été placés, par plusieurs arrêtés particuliers, sous la surveillance des municipalités, qui correspondent à cet égard avec le ministre de la police.

Voyez Gens sans aveu.

SURVEILLANCE DE LA HAUTE POLICE. Le renvoi sous cette surveillance est une peine commune aux matières criminelle et correctionnelle. (*Code pénal de* 1810, art. 11.)

L'effet du renvoi sous cette surveillance est de donner au gouvernement et à la partie intéressée le droit d'exiger de l'individu placé dans cet état, après qu'il a subi sa peine, une caution solvable de bonne conduite, faute de quoi le condamné demeure à la disposition du gouvernement.

SUSPENSION. Les préfets sont autorisés à suspendre de leurs fonctions les maires et adjoints des villes dont la population est au-dessous de 5,000 habitans. (*Loi du* 28 *pluviose an* 8 (B. 17), art. 20.)

Il y a divers cas où les maires encourent cette peine.

Voyez les mots Absens, Assistance, Colporteurs, Prévarication.

TABAC. Suivant l'art. 23 de la loi du 22 brumaire an 7 (B. 240), les maires doivent viser les certificats d'origine de la manufacture où les tabacs ont été fabriqués.

Les art. 13 et 14 de la loi du 29 floréal an 10 (B. 192) ont autorisé les préposés de la régie à requérir les maires et adjoints de les accompagner lorsque, présumant l'existence de fabrications clandestines, ils veulent se transporter avec eux dans les maisons suspectes; et ils dressent ensemble procès-verbal de leurs perquisitions et des contraventions qu'ils auraient découvertes.

La loi du 24 décembre 1814 (B. 65) renferme sur la culture, la fabrication et la vente des tabacs, plusieurs dispositions dont les sous-préfets sont chargés de surveiller l'exécution; l'art. 46 renouvelle celles de la loi du 29 floréal an 10, qu'on vient de citer, et il porte, au sujet de la réquisition à faire par les préposés aux maires et adjoints, qu'elle doit être transcrite en tête du procès-verbal; mais, d'après l'art. 54, cette loi, qui rapportait les précédentes, ne devait elle-même avoir d'effet que jusqu'au 1er janvier 1816; et la dernière qui soit intervenue sur la même matière est la loi sur les finances du 28 avril 1816 (B. 81), laquelle porte, art. 172 de la 2e partie, que l'achat, la fabrication et la vente des tabacs continueront d'avoir lieu, par la régie des contributions indirectes exclusivement, au profit de l'état, jusqu'au 1er janvier 1826; et art. 222, que les gardes champêtres, forestiers, et tout employé assermenté, peuvent constater la vente des tabacs en contravention et constituer prisonniers les fraudeurs et colporteurs; aux termes des art. 223 et 224, les conduire sur-le-champ devant un officier de police judiciaire, ou les remettre à la force armée, qui les conduit devant le juge de paix.

Les planteurs de tabacs sont admis par l'art. 197 de la même loi à faire constater par les employés de la régie, en présence du maire, et de concert avec lui, les accidens que leur récolte, encore sur pied, aurait éprouvés par suite de l'intempérie des saisons.

Le tit. 5 de la loi du 28 avril 1816, qui attribue exclusivement à la régie des contributions indirectes l'achat, la fabrication et la vente des tabacs dans toute l'étendue du royaume, et dont l'effet avait été continué par la loi du 28 avril 1819, jusqu'au 1er janvier 1826, a été de nouveau prorogé jusqu'au 1er janvier 1831, par celle du 17 juin 1824.

TABAGIES. Les tabagies, les estaminets, les cafés, les cabarets et autres endroits de ce genre où l'on donne à boire, doivent, d'après les dispositions d'un édit du mois de décembre 1666, et d'un arrêt du conseil d'état du 4 janvier 1724, être fermés à dix heures du soir depuis le 1er septembre jusqu'au 1er avril, à onze heures, depuis le 1er avril jusqu'au 1er septembre, à peine de 100 fr. d'amende pour la première fois, et de 200 fr. en cas de récidive. Il y a à cet égard plusieurs règlemens particuliers à la ville de Paris. *Voyez* CABARETS.

TABLES DE L'ÉTAT CIVIL. *Voyez* ETAT CIVIL.

TABLEAUX DE POPULATION. L'art. 2 du tit. 2 de la loi du 10 vendémiaire an 4 ordonne la confection, dans chaque commune, d'un tableau annuel contenant les noms, âge, état ou profession des habitans au-dessous de l'âge de douze ans. C'est le maire qui est chargé de la formation de ce tableau. *Voyez* POPULATION.

D'après les dispositions de l'art. 27 de la loi du 19 fructidor an 6, les maires doivent chaque année, à l'époque correspondante aux dix premiers jours de vendémiaire, dresser le tableau des Français de leurs arrondissemens respectifs, qui dans le courant de l'année précédente auront terminé leur vingtième année. *Voyez* ARMÉE.

Une ordonnance du roi du 16 janvier 1822 (B. 501) a approuvé le tableau de la population du royaume par département qui y est annexé, et elle a ordonné qu'il serait ultérieurement statué sur l'état des villes et bourgs renfermant une population agglomérée de 1600 âmes et au-dessus.

TAMBOUR. Les annonces au son du tambour ne doivent être faites que par l'ordre ou avec la permission des autorités constituées. *Voyez* LOI, PUBLICATION.

TANNEURS. Une ordonnance de police du 20 octobre 1702 a fait défense aux tanneurs et mégissiers de porter sur la rivière de Seine leurs bourres pour y être lavées, ni leurs cuirs avant qu'ils eussent été écharnés, et de jeter dans la rivière les immondices, qui, aux termes d'un arrêt du conseil d'état du 26 février 1732, doivent être voiturées journellement dans la campagne.

L'art. 32 des statuts des tanneurs leur défendait aussi de passer en mégie les peaux de moutons qui avaient péri par des maladies contagieuses.

Voyez Salubrité, Tripiers.

TAVERNES. *Voyez* Cabarets, Traiteurs.

TAXE. Aux termes de l'art. 30 du tit. 1er de la loi du 22 juillet 1791, le pain et la viande de boucherie sont les seuls objets qui puissent être assujétis à une taxe, qu'il n'est pas permis d'étendre au vin, au blé, aux autres grains, ni à aucune autre espèce de denrées, sous peine de destitution.

On fait observer, dans une circulaire du 13 septembre 1817, que dans la taxe du prix du pain les maires se tromperaient au préjudice des consommateurs s'ils se bornaient à prendre les mercuriales pour unique base; qu'ils doivent savoir ce que pèsent habituellement les grains que l'on consomme dans le pays, et ce qu'ils pèsent l'année courante, pour établir la taxe du pain sur la base combinée du prix et du poids du grain. Le poids indiquant d'une manière certaine ce que la mesure produira de farine, et par conséquent de pain, il est indispensable à connaître pour pouvoir être juste envers le boulanger et le consommateur. *Voyez* Pain.

TAXE D'ENTRETIEN DES ROUTES. Elle est supprimée. *Voyez* Routes.

TAXES MUNICIPALES. *Voyez*, sous le mot Dépenses, le tit. 5 de la première loi du 11 frimaire an 7 (B. 247). *Voyez* aussi Octrois municipaux.

TEINTURIERS. *Voyez* Perches.

TÉMOINS. Les témoins produits aux actes de l'état civil ne peuvent être que du sexe masculin, âgés de vingt-un ans au moins. (*Code civil*, art. 37.)

L'acte de naissance est rédigé en présence de deux témoins. (Art. 56.)

Lorsqu'on est dans l'impossibilité de justifier d'un acte de naissance, on y supplée par un acte de notoriété que rédige un juge de paix, sur la déclaration de sept témoins de l'un ou de l'autre sexe. (Art. 71 et 72.)

Le mariage exige, pour sa célébration, la présence de quatre témoins de l'un ou de l'autre sexe. (Art. 75.)

Il n'en faut pour un acte de décès que deux, qui doivent être les plus proches parens ou voisins. (Art. 78.)

Aux termes de l'art. 2 de l'arrêté du gouvernement du 7 thermidor an 11 (B. 92), les préfets, sous-préfets et maires ne peuvent, à raison des actes qu'ils auront signés comme administrateurs, être traduits hors de leur arrondissement, soit pour reconnaître leurs signatures, soit pour servir de témoins. (Art. 1er.)

Lorsque leur reconnaissance ou leur déposition sera jugée nécessaire à raison de ces actes, ils feront leur déclaration devant le directeur du jury (juge d'instruction) de leur arrondissement en matière criminelle, et devant un juge commis à cet effet par le tribunal de l'arrondissement en matière civile. (Art. 2.)

Néanmoins, dans les contestations où la présence des fonctionnaires ci-dessus désignés est regardée comme indispensable, le juge doit s'adresser au ministre de la justice, qui, d'après l'examen de l'affaire, autorise, s'il y a lieu, le déplacement de ces fonctionnaires.

Les témoins qui doivent être entendus dans les *tribunaux de police simple*, quand les contraventions ne sont pas constatées par des rapports de fonctionnaires autorisés à cet effet, sont mandés par une cédule du maire, qui peut leur être portée sans employer le ministère d'un huissier. Cette citation doit indiquer le nom du plaignant, l'objet de la plainte, le nom du témoin, sa qualité, le jour et l'heure de l'audience. Les témoins arrivés déclarent leur noms, leur profession, et prêtent serment de dire la vérité. Il a été décidé, par un arrêt de la cour de cassation en date du 3 décembre 1812, que l'on peut entendre les enfans au-dessous de quinze ans, mais sans leur faire prêter serment, et seulement par forme de déclaration.

Comme en matière de contravention on n'a souvent pas le choix des témoins, il faut, pour admettre des reproches contre eux, qu'ils puissent bien visiblement être suspects ; et ces reproches ne devant être tirés que de la parenté, de l'alliance ou de motifs d'intérêt, ils ne sont applicables qu'aux ascendans ou descendans du prévenu, à des frères ou sœurs, beau-père, belle-mère, beaux-frères ou belles-sœurs.

Les témoins qui ne comparaissent pas, sans avoir des excuses légitimes, comme maladies, voyages, etc., peuvent être condamnés à l'amende, pour la première fois, et contraints par corps pour la seconde.

Il n'y a lieu à accorder un salaire aux témoins comparans que dans le cas où l'audition leur aurait causé une perte de temps considérable ; mais, comme il faut que ces témoins soient de la commune ou aient été présens à la contravention pour être appelés, leur déplacement n'est, en général, pas dans le cas de leur devenir onéreux. Ce salaire est, au surplus, à la charge de la partie qui les a fait citer. *Voyez*, sous le mot TRIBUNAUX DE POLICE, des formules d'avertissement et cédule pour appeler les témoins.

Dans le procès-verbal que dresse le maire pour l'audition des témoins, il leur demande 1° leur nom ; 2° leur âge ; 3° leur profession ; 4° leur domicile. Il les interroge sur leur parenté ou alliance des parties, leur fait lever la main et jurer de dire la vérité, toute la vérité, rien que la vérité ; après quoi il leur demande ce qu'ils savent sur l'objet pour lequel on les a fait paraître, et quand la déposition est finie il les fait retirer.

TEMPLES. *Voyez* CULTES, QUÊTES.

TENTURES. Les fabriques des églises et les consistoires jouissent seuls du droit de fournir les tentures, les voitures, et de faire toutes les fournitures quelconques nécessaires aux enterremens. (*Décret du* 12 *prairial an* 12 (B. 5), art. 22.)

Nul ne peut être contraint à tapisser le devant de sa maison dans les solennités où cet usage était autrefois établi.

Le sieur Romans ayant été cité devant le tribunal de police du canton de Cadenet pour refus d'obéir à un arrêté du maire de Lourmarin, qui ordonnait à tous les habitans de tapisser leurs maisons pour la procession de la Fête-Dieu, ce tribunal l'a condamné à l'amende, et le tribunal correctionnel d'Aix, saisi de l'appel de ce jugement, en a prononcé la confirmation, en violant les règles de compétence qui dérivent des articles 2, 3 et 4 du titre 11 de la loi du 24 août 1790, et des articles 29 et 46 de celle du 22 juillet 1791. Le sieur Romans s'est pourvu à la cour de cassation, qui par un arrêt du 26 novembre 1819, rendu les chambres réunies, attendu que l'ordre de tapisser l'extérieur des maisons pour les cérémonies du culte n'était relatif à aucun des objets de police spécifiés dans les articles 3 et 4 de la loi de 1790; que cet ordre ne pouvait particulièrement être considéré comme une mesure de police propre à prévenir les troubles dans les lieux où il pourrait se faire de grands rassemblemens d'hommes; que les tribunaux de police ne pouvant donc connaître des désobéissances à l'ordre dont il s'agit, ni leur infliger des peines, parce qu'ils n'avaient aucune mission déterminée par la loi pour prononcer sur les contraventions aux arrêtés des corps municipaux, que relativement à ceux de ces arrêtés qui auraient été rendus sur des objets de police confiés à la surveillance de l'autorité municipale par les art. 3 et 4 de la loi du 24 août 1790, a cassé et annulé le jugement du tribunal de Cadenet, et pour être statué de nouveau, a renvoyé les parties devant le tribunal de police de Marseille, lequel par un jugement du mai 1820, annoncé dans le *Courrier* du 3 juin suivant, a acquitté et libéré le sieur Romans de toute poursuite.

Il y a eu aussi sur le même sujet un deuxième arrêt de la cour de cassation du 27 janvier 1820.

TERRAINS. *Voyez* REMPARTS, TRANSACTION.

TERRE. *Voyez* ABSENS, AGRICULTURE, GAZON.

TERRES VAINES ET VAGUES. *Voyez* BIENS COMMUNAUX.

TERRITOIRE. Le territoire européen de la France est divisé en départemnes et en arrondissemens communaux. La loi du 28 pluviose an 8 (B. 17) contient les tableaux de cette division.

Les cantons formant l'étendue des justices de paix ont été réduits, d'après une loi du 8 pluviose an 9 (B. 67), qui a ordonné que, pour tout le territoire français, il en resterait trois mille au moins et trois mille six cents au plus.

Aux termes de l'art. 2 de la loi du 4 mars 1790, les villes et les communautés de campagne comprennent tout le territoire, tous les hameaux, toutes les maisons isolées dont les habitans sont cotisés sur les rôles d'imposition du chef-lieu.

La loi du 2 messidor an 7 (B. 292) contient sur les *réunions ou distractions* de territoires les dispositions suivantes :

Art. 91. Toutes les fois que le corps législatif aura distrait une commune ou portion de commune d'un canton pour l'incorporer à un autre dans le même département, l'administration centrale du département sera tenue de changer ses mandemens de contribution foncière, d'après les rôles existans.

92. Toutes les fois que le corps législatif aura distrait une portion de commune pour l'incorporer à une autre commune, ou qu'il aura réuni plusieurs communes en une seule, ou que de plusieurs portions de communes il en aura formé une commune nouvelle, le tout dans le même canton, l'administration municipale de ce canton sera pareillement tenue de changer ses mandemens d'après les rôles et cotisations existans.

93. Si une distraction quelconque de territoire ordonnée par le corps législatif a opéré une réunion à un autre département, le gouvernement transportera, par un arrêté, le montant de la contribution foncière, d'après les rôles existans, sur le département auquel la réunion aura été faite.

94. Quand le corps législatif aura réuni à un département un territoire qui ne faisait partie d'aucun autre département, le gouvernement recueillera tous les renseignemens propres à faire connaître le revenu imposable de ce territoire, et les transmettra dans le plus court délai au corps législatif.

Le corps législatif déterminera ensuite l'augmentation de contribution foncière que le département auquel la réunion aura été faite devra supporter.

95. En toute réunion de nouveau territoire à celui du territoire français, le gouvernement adressera de même au corps législatif tous les actes et renseignemens nécessaires pour régler la portion contributive de ce nouveau territoire dans les charges publiques.

L'art. 2 du titre 1er de la loi du 4 mars 1790 porte que dans toutes les démarcations fixées entre les départemens et les districts (aujourd'hui arrondissemens communaux) les villes emportent le territoire soumis à l'administration directe de leurs municipalités, et que les communautés de campagne comprennent de même tout le territoire, tous les hameaux, toutes les maisons isolées dont les habitans sont cotisés sur les rôles d'imposition du chef-lieu ; et suivant l'art. 3 de la même loi, lorsqu'une rivière est indiquée comme limite entre deux départemens ou deux arrondissemens, les deux départemens et les deux arrondissemens ne sont bornés que par le milieu du lit de la rivière ; les deux autorités doivent alors concourir à l'administration de la rivière.

Quand il y a contestation sur les limites entre deux communes de divers départemens, les préfets nomment des commissaires qui font leur rapport sur les moyens de faire cesser les difficultés. Les procès-verbaux s'envoient, avec les observations des préfets, au ministre de l'intérieur ; et, d'après l'examen du conseil d'état, il intervint une décision qui statue sur les contestations.

C'est ainsi qu'ont été fixées les démarcations de limites par des arrêtés des 13 ventose an 10 (B. 167), 14 nivose an 11 (B. 241), 15 germinal suivant (B. 168), 1er ventose an 12 (B. 342).

Le conseil d'état, sur un rapport tendant à la réunion de la partie haute du faubourg de la Barre à la ville et commune de Mâcon, a considéré

1° Qu'il n'était pas dans les principes d'une sage administration de permettre aux villes de s'agrandir aux dépens des communes de villages, à moins que de très-fortes raisons ne se présentassent pour en démontrer l'urgence ;

2° Que la raison, alléguée par le préfet, de l'impossibilité où se trouvait la commune de Charnay d'exercer la surveillance de la police sur la partie haute du faubourg de la Barre avec la même activité que pourrait le faire celle de Mâcon à cause de sa proximité, pouvait être détruite, en accordant à la police de cette ville les facultés nécessaires pour veiller à la partie haute du faubourg, quoiqu'elle ne fût pas réunie à Mâcon ; et son avis, en date du 8 décembre 1807, qui a été approuvé le 11 janvier suivant (B. 174), porte que l'arrêté du préfet confirmatif de la réunion doit être rejeté, sauf à déléguer, de la part du ministre de l'intérieur, au maire de Mâcon, des pouvoirs nécessaires pour administrer la police au-delà des barrières de la ville jusqu'à l'extrémité du faubourg de la Barre.

Le ministre de l'intérieur ayant mis sous les yeux du gouvernement les principes suivis dans la limitation des communes pour la confection du cadastre, il a été pris le 10 mars 1806 par le gouvernement, sur l'avis du conseil d'état, un décision portant 1° qu'on ne devait poser des bornes aux frais des communes que sur les limites de celles qui avaient des contestations entre elles, conformément aux dispositions de l'arrêté du 12 brumaire an 11 ; 2° que les changemens de limites et les réunions de territoires ne pouvaient être opérés que de l'autorité du gouvernement, sur l'avis des conseils municipaux respectifs, des sous-préfets et des préfets ; 3° que les changemens opérés jusqu'alors sur les plans ne pouvaient avoir d'exécution qu'après l'approbation du gouvernement donnée par les avis indiqués ci-dessus ; 4° que si l'on trouvait convenable de supprimer des enclaves, on devait y procéder comme pour les réunions de territoires.

Le ministre de l'intérieur, en donnant connaissance de cette décision aux préfets, leur a, par une circulaire du 13 mars 1806, donné les développemens dont elle lui a paru susceptible.

Voyez CADASTRE.

TESTAMENT. Lorsque la personne qui veut faire son testament est dans un lieu avec lequel toute communication est interceptée à cause de la peste ou d'une autre maladie contagieuse, le testament peut être fait devant le juge de paix ou devant l'un des officiers municipaux de la commune, en présence de deux témoins. (*Code civil*, art. 985.)

THÉATRES. Les maires sont chargés par les lois des 16-24 août 1790, 13-19 janvier 1791, 1er septembre 1793, et par un décret du 21 frimaire an 14 (B. 71), de la police des théâtres; ils permettent en conséquence ou défendent l'ouverture des théâtres dans leur commune; ils prennent et ordonnent toutes les mesures propres à prévenir les accidens, à garantir la sûreté des personnes et à assurer le bon ordre au dedans et au dehors : ils n'exercent aucune censure sur les ouvrages dramatiques, et peuvent seulement, en rendant sur-le-champ compte de leurs motifs au sous-préfet, empêcher provisoirement de jouer les pièces dont ils croiraient la représentation capable de troubler la tranquillité publique.

Le décret du 8 juin 1806 (B. 101) contient les dispositions suivantes sur les théâtres :

Art. 1er. Aucun théâtre ne pourra s'établir dans la capitale sans notre autorisation spéciale, sur le rapport qui nous en sera fait par notre ministre de l'intérieur.

7. Dans les grandes villes du royaume les théâtres seront réduits au nombre de deux; dans les autres villes il n'en pourra subsister qu'un. Tous devront être munis de l'autorisation du préfet, qui rendra compte de leur situation au ministre de l'intérieur.

8. Aucune troupe ambulante ne pourra subsister sans l'autorisation des ministres de l'intérieur et de la police. Le ministre de l'intérieur désignera les arrondissemens qui leur seront destinés, et en préviendra les préfets.

9. Dans chaque chef-lieu de département le théâtre principal jouira seul du droit de donner des bals masqués.

10. Les auteurs et les entrepreneurs seront libres de déterminer entre eux, par des conventions mutuelles, les rétributions dues aux premiers par sommes fixes ou autrement.

11. Les autorités locales veilleront strictement à l'exécution de ces conventions.

14. Aucune pièce ne pourra être jouée sans l'autorisation du ministre de la police générale.

15. Les spectacles de curiosité seront soumis à des règlemens particuliers, et ne porteront plus le titre de *théâtre.*

L'art. 2 du décret du 29 juillet 1807, (B. 157) sur les théâtres, enjoint aux préfets, aux sous-préfets et aux maires, de ne pas souffrir que, sous aucun prétexte, les acteurs des quatre grands théâtres de Paris, qui auront obtenu un congé pour aller dans les départemens, y prolongent leur séjour au-delà du temps fixé par le congé.

L'ordonnance du roi du 8 décembre 1824, relative à l'organisation des théâtres dans les départemens (B. 11, série 8) porte, art. 1er, qu'il y aura dans les départemens des troupes de *comédiens sédentaires*, des troupes de *comédiens d'arrondissement*, et des troupes de *comédiens ambulans*. La même ordonnance contient les dispositions suivantes :

Les pièces nouvelles, et celles qui sont représentées à Paris, ne pourront être jouées dans les départemens que d'après manuscrit ou exemplaire visé au ministère de l'intérieur, conformément à l'art. 14 du décret du 8 juin 1806, et à la circulaire du 29 octobre 1822. Le titre sous lequel elles auront été jouées ne pourra être changé.

Art. 11. Les directeurs continueront à jouir de l'indemnité qui leur est allouée sur les spectacles de curiosité, de quelque nature qu'ils soient. Toute exception qui aurait pu être accordée à cet égard est révoquée. En conséquence aucun spectacle de ce genre ne pourra être autorisé par les maires qu'avec la réserve du prélèvement établi en faveur des directeurs privilégiés, qui sera fixé au cinquième sur la recette brute, défalcation faite du droit des pauvres, ainsi que cela est indiqué par l'article 21 du règlement de 1815, et conformément à l'art. 15 du décret du 8 juin 1806.

13. Au temps du carnaval les directeurs jouiront du droit de donner des bals masqués dans les théâtres dont l'exploitation leur est confiée.

14. Les maires veilleront, dans l'intérêt des pauvres, à ce qu'il ne soit accordé d'entrée gratuite qu'à ceux des agens de l'autorité dont la présence est jugée indispensable pour le maintien de l'ordre et de la sûreté publique.

15. Les préfets et maires veilleront à la stricte exécution des lois, décrets et instructions relatifs aux droits des auteurs et compositeurs dramatiques.

17. Sur la demande des autorités locales, le ministre de l'intérieur pourra autoriser la formation de troupes sédentaires dans les villes où il n'en existe point, et qui, désirant avoir un spectacle permanent, assureront aux directeurs les moyens de s'y maintenir en leur accordant la jouissance gratuite de la salle, et, si cela est jugé nécessaire, une allocation annuelle sur les fonds communaux.

18. Lorsqu'une de ces villes ne pourra entretenir une troupe sédentaire, le théâtre de cette ville sera du domaine du directeur de la troupe d'arrondissement qui exploite le département.

L'autorité a renouvelé au mois de juillet 1824 la défense aux acteurs de reparaître lorsqu'ils sont demandés après la représentation.

Depuis 1816 l'année théâtrale finit le dimanche avant Pâques, et recommence le dimanche après cette fête. Les maires sont, par une lettre ministérielle du 20 février 1815, chargés de tenir la main à ce que les directeurs de théâtre se conforment à ces dispositions.

Voyez Spectacles.

TIERCE-OPPOSITION. *Voyez* Jugement.

TIERS CONSOLIDÉ. *Voyez* Grand-livre.

TIMBRE. La loi du 13 brumaire an 7 (B. 237) contient les dispositions suivantes :

Art. 12. Sont assujétis au droit du timbre, établi à raison de la dimension, les actes et les procès-verbaux des gardes et de tous autres employés ou agens ayant droit de verbaliser, et les copies qui en sont délivrées ;

Les actes et jugemens de la justice de paix, des bureaux de paix et de conciliation, de la police ordinaire, des tribunaux et des arbitres, et les extraits, copies et expéditions qui en sont délivrés ;

Les actes des autorités constituées administratives qui sont assujétis à l'enregistrement, ou qui se délivrent aux citoyens, et toutes les expéditions et extraits des actes, arrêtés et délibérations desdites autorités qui sont délivrés aux citoyens;

Les pétitions et mémoires, même en forme de lettres, présentés au gouvernement, aux ministres, à toutes autorités constituées, aux commissaires de la trésorerie nationale, à ceux de la comptabilité nationale, aux directeurs de la liquidation générale et aux administrations ou établissemens publics;

Les registres des administrations centrales et municipales (préfectures et sous-préfectures), tenus pour objets qui leur sont particuliers, et n'ayant point de rapport à l'administration générale, et les répertoires de leurs secrétaires;

Ceux des receveurs des droits et des revenus des communes et des établissemens publics;

Ceux des banquiers, négocians, armateurs, marchands, fabricans, commissionnaires, agens-de-change, courtiers, ouvriers et artisans;

Ceux des aubergistes, maîtres d'hôtels garnis et logeurs, sur lesquels ils doivent inscrire les noms des personnes qu'ils logent; et généralement tous livres, registres et minutes de lettres qui sont de nature à être produits en justice et dans le cas d'y faire foi, ainsi que les extraits, copies et expéditions qui sont délivrés desdits livres et registres.

16. Sont exceptés du droit et de la formalité du timbre:

Les minutes de tous les actes, arrêtés, décisions et délibérations de l'administration publique en général, et de tous les établissemens publics, dans tous les cas où aucun de ces actes n'est sujet à l'enregistrement sur la minute, et les extraits, copies et expéditions qui s'expédient ou se délivrent par une administration ou un fonctionnaire public à une autre administration publique ou à un fonctionnaire public, lorsqu'il y est fait mention de cette destination;

Les quittances de traitemens et émolumens des fonctionnaires et employés salariés par l'état;

Les quittances ou récépissés délivrés aux collecteurs et receveurs de deniers publics, celles que les collecteurs de contributions directes peuvent délivrer aux contribuables, celles des contributions indirectes qui s'expédient sur les actes, et celles de toutes autres contributions qui se délivrent sur feuilles particulières et qui n'excèdent pas 10 francs;

Les quittances des secours payés aux indigens, et des indemnités pour incendies, inondations, épizooties et autres cas fortuits;

Les engagemens, enrôlemens, congés, certificats, cartouches, passe-ports, quittances pour prêt et fournitures, billets d'étape, de subsistance et de logement, et autres pièces ou écritures concernant les gens de guerre, tant pour le service de terre que pour le service de mer;

Les pétitions présentées au corps législatif; celles qui ont pour objet des demandes de congés absolus et limités et de secours, et les pétitions des déportés et réfugiés des colonies, tendant à obtenir des certificats de résidence, passe-ports et passages pour retourner dans leur pays;

Les certificats d'indigence;

Les actes de police générale et de vindicte publique; les registres de toutes les administrations publiques et des établissemens publics pour ordre et administration générale;

Ceux des receveurs des contributions publiques et autres préposés publics.

17. Les notaires, huissiers, secrétaires des administrations centrales et municipales, et autres officiers et fonctionnaires publics, ne pourront employer pour les actes qu'ils rédigeront, et leurs copies et expéditions, d'autre papier que celui timbré du département où ils exercent leurs fonctions.

18. La faculté d'employer d'autre papier que celui fourni par la régie en le faisant timbrer avant d'en faire usage est interdite aux notaires, huis-

siers, etc. Les administrations publiques seulement conserveront cette faculté.

19. Les notaires, greffiers, arbitres et secrétaires des administrations, ne pourront employer, pour les expéditions qu'ils délivreront des actes retenus en minute, et de ceux déposés ou annexés, de papier timbré d'un format inférieur à celui appelé *moyen papier*, et dont le prix est fixé à 75 centimes la feuille par l'art. 8 de la présente. Ce prix sera aussi celui du timbre du parchemin que l'on voudra employer pour expédition, sans égard à la dimension, si toutefois elle est au-dessous de celle de ce papier.

24. Il est fait défenses aux notaires, huissiers, greffiers, arbitres et experts d'agir, aux juges de prononcer aucun jugement, et aux administrations publiques de rendre aucun arrêté sur un acte, registre ou effet de commerce non écrit sur papier timbré du timbre prescrit, ou non visé pour timbre.

Aucun juge ou officier public ne pourra non plus coter et parafer un registre assujéti au timbre, si les feuilles n'en sont timbrées.

Il est prononcé par la présente une amende de 100 francs pour chaque acte public ou expédition écrit sur papier non timbré, et pour contravention aux art. 17, 18 et 24, pour les officiers et fonctionnaires publics.

Une décision du ministre des finances, en date du 6 nivose de la même année, porte que les affiches de publication de promesses de mariage sont sujettes au timbre.

Le décret du 9 décembre 1810 (B. 330) assujétit au timbre de 25 centimes les *certificats* que les officiers de l'état civil délivrent aux parties pour justifier au ministre des cultes de l'accomplissement préalable des formalités civiles avant d'être admises à la célébration religieuse de leur mariage.

Les actes et procès-verbaux des huissiers, gendarmes, préposés, gardes champêtres ou forestiers (autres que ceux des particuliers) et généralement tous actes et procès-verbaux concernant la police ordinaire, et qui ont pour objet la poursuite et la répression des délits et contraventions aux règlemens généraux de police ou d'impositions, doivent, aux termes de l'art. 5 d'une ordonnance du roi du 22 mai 1816 (B. 88), continuer d'être visés pour timbre et enregistrés en débet lorsqu'il n'y a pas de parties civiles poursuivantes, ou qu'elle a négligé ou refusé de consigner les frais de poursuites, sauf à poursuivre le recouvrement des droits contre qui il appartiendra.

Voyez les art. 78, 79 et 80 de la loi sur les finances du 15 mai 1818 (B. 145), et les mots Actes, Enregistrement, Procès-verbaux, Registres.

TIMBRE MUNICIPAL. Le ministre de l'intérieur a fait, en 1815, envoyer aux préfets des timbres et cachets aux armes royales pour toutes les communes, et par une circulaire du 15 février de la même année il a prescrit des mesures pour leur paiement sur les fonds communaux, ou, en cas d'impossibilité, sur ceux des dépenses imprévues du département, en recommandant la remise et la fonte des anciens timbres et cachets, pour employer le produit de cette opération en déduction de ce qui serait dû à la monnaie des médailles.

TISSUS DE COTON. L'art. 3 de l'ordonnance du 2 janvier 1817

(B. 132) porte que lorsqu'on ne veut exporter qu'une partie des tissus décrits en un certificat de fabrique, les receveurs des douanes, et, à leur défaut, les maires ou les prud'hommes délivrent des extraits de ce certificat, en ayant soin de mentionner sur l'original les quantités pour lesquelles il cessera d'être valable.

TITRE DES MATIÈRES D'OR ET D'ARGENT. Il s'exprime par les dixièmes, centièmes ou millièmes de fin qu'elles contiennent. *Voyez* GARANTIE, MONNAIE.

TOISE. *Voyez* MÈTRE, POIDS ET MESURES.

TOMBEAUX. *Voyez*, sous le mot SÉPULTURE, l'article 10 du décret du 12 prairial an 12.

TONNES. *Voyez* BALISES.

TONTINES. Le décret du 18 novembre 1810 (B. 327), relatif aux associations de la nature des tontines qui ont existé à Paris et dans les autres villes de France, et sur lesquelles il n'avait pas encore été statué, porte, art. 3, que dans le cas où il serait nécessaire de pourvoir à l'administration d'un de ces établissemens, le ministre de l'intérieur nommera provisoirement un ou plusieurs commissaires choisis parmi les membres du corps municipal.

TOURBIÈRES. Aux termes des art. 84 à 86 de la loi du 21 avril 1810 (B. 285), les propriétaires de tourbières, soit particuliers, soit communautés d'habitans, ne peuvent, sous peine de 200 fr. d'amende, en entreprende ni continuer l'exploitation avant d'en avoir fait la déclaration à la sous-préfecture et avoir obtenu l'autorisation nécessaire. L'art. 48 d'un décret du 16 décembre 1811 (B. 410) veut que l'annonce de cette exploitation soit affichée dans la commune où l'exécution doit avoir lieu.

Des réclamations étant survenues au sujet des tourbières affectées au chauffage gratuit des communes, il a été statué par une ordonnance du 26 décembre 1814 (B. 69), 1° que les tourbières communales en exploitation pour l'usage commun des habitans étaient comprises dans les exceptions de la loi du 29 mars 1813; 2° que l'exception comprenait aussi non-seulement les entailles tourbées, mais les parties non encore atteintes par l'exploitation, lors même qu'elles seraient louées ou réservées à d'autres usages, en attendant leur tour d'exploitation dans l'ordre du règlement prescrit par l'art. 85 de la loi du 21 avril 1810 sur l'exploitation des tourbières; 3° que dans les communes qui, en exécution de cette dernière loi, n'auraient pas fait déterminer par règlement d'administration publique l'étendue de ces tourbières et l'ordre de leur exploitation, il y serait procédé dans le plus court délai, après avoir entendu le conseil municipal.

Voyez BIENS COMMUNAUX, PARTAGE DE BIENS COMMUNAUX, POLDERS.

TRAITEMENS. Celui des commissaires de police a été réglé par l'arrêté du 23 fructidor an 9 qui se trouve sous le mot COMMISSAIRES DE POLICE.

D'après les dispositions de l'art. 68 de la loi du 15 mai 1818 (B. 211), le traitement des préfets, des sous-préfets et des conseillers de préfecture, est payé sur les 6 centimes additionnels versés au trésor royal pour être tenus en totalité à la disposition du gouvernement, et être employés sur ses ordonnances.

Les traitemens des fonctionnaires publics et employés civils ont, par une loi du 21 ventose an 9 (B. 74), été déclarés saisissables jusqu'à concurrence du cinquième sur les premiers mille francs et toutes les sommes au-dessous, du quart sur les cinq mille francs suivans, et du tiers sur la portion excédant six mille francs, à quelque somme qu'elle s'élève, et ce jusqu'à l'entier acquittement des créances.

Ceux des ecclésiastiques sont insaisissables dans leur totalité, aux termes d'un arrêté du 18 nivose an 11 (B. 241).

Voyez, pour ces traitemens, les mots CULTES, FABRIQUES D'ÉGLISES, VICAIRES.

TRAITEURS. L'art. 20 d'une ordonnance de police du 26 juillet 1717 a fait défenses aux marchands de vin, traiteurs, limonadiers, etc., de donner à jouer ni souffrir qu'on joue chez eux des jeux de hasard; et par un arrêté du conseil du 28 juin 1786, il a été défendu aux traiteurs ou restaurateurs de recevoir chez eux et de donner à manger après onze heures du soir, depuis le premier septembre jusqu'au premier avril, et après minuit, depuis le premier avril jusqu'au premier septembre, à peine de 100 francs d'amende pour la première fois, et de 200 francs en cas de récidive.

TRANQUILLITÉ PUBLIQUE. Toute contravention aux lois qui ont pour objet le maintien de la tranquillité publique, est un délit.

Les maires, leurs adjoints et les commissaires de police, spécialement chargés de maintenir le bon ordre et la tranquillité dans les lieux publics et dans toutes les maisons où il se fait des rassemblemens, tels que cafés, cabarets, etc., ont en tout temps la faculté d'y faire des visites. (*Lois du 24 août* 1790, tit. 2, art. 3, *et du* 22 *juillet* 1791, tit. 1, art. 8, 9 *et* 10.)

TRANSACTIONS. Aux termes de l'art. 2045 du Code civil, les communes et établissemens publics ne peuvent transiger qu'avec l'autorisation expresse du gouvernement.

L'arrêté du 21 frimaire an 12 (B. 331) contient à cet égard les dispositions suivantes :

ART. 1er. Dans tous les procès nés ou à naître qui auraient lieu entre des communes et des particuliers sur des droits de propriété, les communes ne pourront transiger qu'après une délibération du conseil municipal prise sur la consultation de trois jurisconsultes désignés par le préfet du département, et sur l'autorisation de ce même préfet donnée d'après l'avis du conseil de préfecture.

2. Cette transaction, pour être définitivement valable, devra être homologuée par un arrêté du gouvernement rendu dans la forme prescrite pour les règlemens d'administration publique.

Les administrations charitables, qui ne peuvent intenter ni soutenir aucun procès devant les tribunaux sans y avoir été autorisées, ont besoin de la même autorisation pour transiger.

Voyez, sous le mot PARTAGE DE BIENS COMMUNAUX, un avis du conseil d'état du 28 juin 1808, approuvé le 17 juillet suivant, au sujet d'une transaction passée entre une commune et le ci-devant seigneur.

TRANSCRIPTION. *Voyez* HYPOTHÈQUE.

TRANSIT. *Voyez* INDEMNITÉ.

TRANSPORT DE CONTRIBUTION. *Voyez*, sous le mot TERRITOIRE, la manière dont on procède pour le transport des contributions en cas de réunion ou de distraction de communes.

TRANSPORT DE PRÉVENUS OU DE CONDAMNÉS. L'article 6 du décret du 18 juin 1811 (B. 377), qui charge les entrepreneurs généraux des transports et convois militaires de la translation des prévenus ou accusés, porte que, dans les localités où ce service n'est point organisé, les réquisitions doivent être adressées aux officiers municipaux, qui y pourvoient par les moyens ordinaires et aux prix les plus modérés. *Voyez* CONVOIS MILITAIRES, ETAPES, TRANSPORTS MILITAIRES.

TRANSPORTATION. La transportation est comprise au nombre des mesures prescrites par la loi du 24 vendémiaire an 2, pour l'extinction de la mendicité ; mais le Code pénal (B. 277 *bis*) n'a prononcé cette peine que contre les étrangers qui auraient été déclarés vagabonds par jugement. (Art. 272.)

TRANSPORTS MILITAIRES. Un décret du 3 août 1808 (B. 199) a ordonné que les individus qui, ayant à leur disposition des voitures et des chevaux, refuseraient de les fournir pour les transports militaires, lorsqu'ils en seraient requis par le maire dans la forme prescrite par le décret du 10 avril 1806, seraient condamnés, par les tribunaux compétens, à payer, au profit du trésor public, une amende égale au prix qu'aurait coûté la fourniture qu'ils auraient refusé d'effectuer. Le décret du 10 avril n'a pas été inséré au Bulletin des lois.

TRAVAUX CORRECTIONNELS. Les individus condamnés à la peine de l'emprisonnement et renfermés dans une maison de correction y sont employés à l'un des travaux établis dans cette maison, à leur choix, et dont le produit sert à leur procurer des adoucissemens, et à former un fonds de réserve au moment de leur sortie. (*Code pénal* (B. 277 *bis*), art. 40 et 41.)

TRAVAUX MILITAIRES. Les municipalités interviennent dans les adjudications des travaux militaires ou des baux des propriétés nationales dépendantes de la guerre, tels que les fossés des villes et autres du même genre.

Suivant l'art. 27 du titre 6 de la loi du 10 juillet 1791, lorsque les travaux des fortifications, ou tous autres objets de service militaire exigent soit l'interruption momentanée de communications publiques, soit quelques manœuvres d'eaux extraordinaires, ou toute autre disposition non usitée, intéressant les habitans, les agens militaires ne peuvent les ordonner qu'après en avoir prévenu la municipalité, et pris avec elle les mesures convenables pour que le service public n'en reçoive aucun dommage. La même loi contient encore les dispositions suivantes :

Titre 1er. Art. 25. Toutes dégradations faites aux fortifications ou à leurs dépendances, telles que portes, passages d'entrée de villes, barrières, ponts-levis, ponts-dormans, etc., seront dénoncées par les agens militaires aux officiers civils chargés de la police, lesquels seront tenus de faire droit suivant les circonstances et le caractère du délit.

39. Dans les places et postes de troisième classe, où il y a des municipalités, il ne sera fourni aucuns fonds par le trésor public pour l'entretien des ponts, portes et barrières, ces diverses dépenses devant être à la charge des municipalités, si elles désirent conserver lesdits ponts, portes et barrières.

40. Les municipalités des places et postes de troisième classe pourront, si elles le jugent convenable, supprimer les ponts sur les fossés, et leur substituer des levées en terre, avec des pontaux pour la circulation des eaux dont lesdits fossés peuvent être remplis, à la charge par elles de déposer dans les magasins militaires les matériaux susceptibles de service, tels que les plombs, les fers et les bois sains provenant de la démolition desdits ponts; et à la charge encore de ne pas dégrader les piles et les culées de maçonnerie sur lesquelles ces ponts seront portés.

Titre 6. Art. 4. Lorsqu'il s'agira de passer les marchés pour des travaux militaires, le ministre adressera au commissaire des guerres,

1° L'ordre de procéder à l'adjudication;

2° Un état par aperçu des travaux à exécuter pendant la durée du marché;

3° Les devis et conditions qui auront été fournis par les agens militaires préposés à cet effet.

5. Suivant que les travaux, objets d'un marché, intéresseront toute l'étendue d'un département, ou seulement celle d'un district, ou enfin qu'ils se borneront à l'étendue d'une municipalité, le commissaire des guerres informera le directoire du département ou celui du district, ou les officiers municipaux, des ordres qu'il aura reçus, et les requerra de procéder, dans un délai dont ils conviendront, à l'adjudication du marché.

6. D'après l'époque convenue entre les corps administratifs et le commissaire des guerres, celui-ci fera poser dans la place et dans les lieux circonvoisins des affiches signées de lui et indicatives de l'objet, de la durée du devis et des conditions du marché, ainsi que du jour et du lieu où il sera passé, de manière que les particuliers puissent être informés à temps et se mettre en état de concourir à l'adjudication qui sera faite.

7. Le commissaire des guerres sera tenu de donner, à ceux qui se présenteront à cet effet, connaissance des devis et conditions du marché et tous autres renseignemens qui dépendront de lui. On pourra, pour se procurer les mêmes indications, s'adresser au secrétariat du département, du district ou de la municipalité.

8. Le jour fixé pour l'adjudication, les membres du directoire du département ou de celui du district, ou de la municipalité, conformément à l'art. 5 ci-dessus, se rendront, ainsi que le commissaire des guerres, au lieu d'assemblée de celui desdits corps administratifs pardevant lequel devra se passer le marché, et là, en leur présence et en celle des agens mili-

taires préposés à cet effet par le ministre de la guerre, l'adjudication sera faite par le commissaire des guerres, au rabais, publiquement, et passée à celui qui fera les meilleures conditions avec les formalités qui seront prescrites.

Un décret du 16 septembre 1811 (B. 389) a réglé le mode d'administration des *bâtimens militaires* appartenant aux communes dans les places de guerre, et celle des bâtimens appartenant aux communes ou à l'état dans les villes non fortifiées, conformément aux bases posées dans le décret du 23 avril 1810. Le maire doit, entre autres fonctions, visiter chaque année, avec le commandant du génie, les divers établissemens militaires : c'est devant lui que doivent se passer les adjudications des travaux ; en cas de vols ou de dégradations, c'est lui qui fait poursuivre les délits ; nomme les *portiers-concierges*, *les conservateurs des bâtimens militaires*, etc.

Voyez ces mots et Places de guerre.

TRAVAUX PUBLICS. Les maires et les adjoints sont chargés de veiller à la construction et à l'entretien du pavé dans tous les lieux qui ne sont pas grandes routes ;

A la construction et à l'entretien des chemins vicinaux dans l'étendue de la commune ;

A l'entretien des horloges, fontaines, halles et autres édifices publics appartenant particulièrement à la commune ;

A l'entretien des fossés, aquéducs et ponts à l'usage particulier de la commune, et non rangés dans les travaux publics ;

A l'entretien des corps-de-garde de la force armée sédentaire, et de ceux des pompiers, s'il y en a ;

A l'entretien des maisons et hospices de charité appartenant aux communes ;

Des murs de clôture qui ne sont pas sous la surveillance des ingénieurs des fortifications ;

Des ports, quais, abreuvoirs ;

De la bourse, dans les villes où il y en a ;

De la maison commune et de celle des bureaux de l'octroi municipal ;

Des salles d'audience des juges de paix ;

Des salles d'audience du tribunal de police ;

A l'entretien des fossés et clôtures des prés, bois et propriétés communes ;

Enfin, à l'entretien des réverbères, lanternes, et autres objets servant à procurer la sûreté et la salubrité.

On comprend sous la dénomination de *travaux publics* ceux qui se font aux établissemens et lieux d'utilité publique, tels que la maison commune, les salles d'audience, les églises, les hôpitaux, les halles, les abreuvoirs, les puits, les fontaines, les corps-de-garde, les pavés des rues, des quais, des ports, etc. Ces travaux sont évalués par devis, adjugés au rabais, et ensuite faits, reçus et payés comme les travaux publics nationaux, sous l'inspection gratuite d'un ingénieur du département et sous la surveillance du préfet. (*Lois des 24 pluviose*, 16 *et* 29 *ventose an* 12.) (B. 356.)

Le ministre de l'intérieur, informé que, pendant l'exécution des travaux relatifs aux réparations ou constructions d'édifices publics, il arrivait souvent que des ouvrages non prévus d'abord étaient reconnus absolument nécessaires, et que les préfets, considérant ces dépenses comme étrangères à celles qui avaient été permises, croyaient devoir demander pour ces travaux additionnels une autorisation particulière, quand même le prix des augmentations n'excéderait pas le montant de la diminution obtenue par l'adjudication des ouvrages principaux au rabais, a, par une circulaire du 5 décembre 1809, autorisé les préfets à faire exécuter ceux des ouvrages qui leur seraient proposés dans les formes légales par addition aux travaux dont il aurait permis l'exécution, pourvu que la dépense ne dût pas excéder la somme allouée en total, ni celle de 1,000 fr.

Un décret du 21 mars 1806 a ordonné, pour la formation d'un fonds commun de travaux publics, un prélèvement sur le produit des coupes des quarts en réserve des bois communaux. *Voyez* cet arrêté sous le mot Bois.

Le titre VII de la loi du 16 septembre 1807 (B. 162) contient des dispositions relatives à la proportion dans laquelle les communes doivent contribuer aux frais des travaux publics de navigation, de chemins, de ponts, de rues, places, digues, quais, et de toute autre sorte de travaux d'embellissemens et de salubrité, pour l'avantage des communes.

Les dépenses relatives aux travaux faits dans une commune sans l'avis du conseil municipal et sans l'observation des formes voulues par la loi, resteraient à la charge du receveur de la ville, qui aurait seulement la faculté de recourir devant les tribunaux contre les ordonnateurs de la dépense, sur l'autorisation desquels il aurait payé. (*Décret du* 11 *janvier* 1811.)

C'est aux ingénieurs des ponts-et-chaussées qu'appartiennent exclusivement la direction et la surveillance des travaux concernant les grandes routes, et dont les frais sont à la charge du trésor public; mais, quoique les maires soient étrangers à cette partie, ils doivent indiquer au préfet les lieux où les routes et ponts dégradés auraient besoin de réparations urgentes, et lui indiquer les abus qu'ils pourraient remarquer à cet égard.

Il en est de même des travaux aux rivières et canaux navigables et aux chemins de halage.

TRAVAUX DE SECOURS. La loi du 24 vendémiaire an 2, sur l'extinction de la mendicité, a placé les travaux de secours au premier rang des moyens de répression. Elle a enjoint aux municipalités de former chaque année un état de leurs indigens valides, qui seuls seraient admis aux travaux qu'on entreprend par adjudication au rabais ; et elle a ordonné que le salaire des indigens employés à ces travaux serait fixé aux trois quarts du prix moyen de la journée de travail déterminée pour le canton. *Voyez* MENDICITÉ.

TRAVESTISSEMENS. Les ordonnances et règlemens de police veulent que les personnes déguisées que l'on trouve armées soient arrêtées.

L'ordonnance du 11 décembre 1742 défend à toutes personnes masquées ou non masquées, qui n'ont pas été invitées aux repas, festins de noces et assemblées qui se font chez les traiteurs, soit de jour, soit de nuit, de s'y introduire avec violence, à peine d'être arrêtées et punies comme perturbatrices du repos public. *Voyez* MASQUES.

TRÉSOR ROYAL. *Voyez* ABSENCE.

TRIAGE. Quoique le droit de triage, établi par l'art. 4 du titre 25 de l'ordonnance des eaux et forêts de 1669, ait été aboli par l'art. 30 de la loi du 15-28 mars 1790, d'après l'art. 8 de la loi du 20-27 septembre 1790, cette abolition n'a pu préjudicier aux actions en cantonnement de la part des propriétaires contre les usagers de bois, prés, marais, et terrains vains ou vagues, lesquelles ont dû continuer d'être exercées dans les cas de droit, et être portées devant les tribunaux. *Voyez* COMMUNES, USAGES.

TRIBUNAUX. Ils doivent appliquer les règlemens émanés de l'autorité municipale, et ils ne peuvent citer devant eux les maires et adjoints à raison de leurs fonctions.

TRIBUNAUX DE POLICE. Le Code d'instruction criminelle renferme les dispositions suivantes sur les tribunaux de police tenus par les juges de paix, et sur ceux qui le sont par les maires ou par leurs adjoints.

ART. 137. Sont considérés comme contraventions de police simple les faits qui, d'après les dispositions du quatrième livre du Code pénal, peuvent donner lieu soit à 15 francs d'amende ou au-dessous, soit à cinq jours d'emprisonnement ou au-dessous, qu'il y ait ou non confiscation des choses saisies, et quelle qu'en soit la valeur.

138. La connaissance des contraventions de police est attribuée au juge de paix et au maire, suivant les règles et les distinctions qui seront ci-après établies.

Du tribunal du juge de paix comme juge de police.

139. Les juges de paix connaîtront exclusivement,

1° Des contraventions commises dans l'étendue de la commune chef-lieu du canton ;

2° Des contraventions dans les autres communes de leur arrondissement, lorsque, hors le cas où les coupables auront été pris en flagrant délit, les contraventions auront été commises par des personnes non domiciliées ou non présentes dans la commune, ou lorsque les témoins qui doivent déposer n'y sont pas résidans ou présens ;

3° Des contraventions à raison desquelles la partie qui réclame conclut pour ses dommages intérêts à une somme indéterminée, ou à une somme excédant 15 francs ;

4° Des contraventions forestières poursuivies à la requête des particuliers ;

5° Des injures verbales ;

6° Des affiches, annonces, ventes, distributions ou débits d'ouvrages, écrits ou gravures contraires aux mœurs ;

7° De l'action contre les gens qui font le métier de deviner ou pronostiquer ou d'expliquer les songes.

140. Les juges de paix connaîtront aussi, mais concurremment avec les maires, de toutes autres contraventions commises dans leur arrondissement.

144. Les fonctions du ministère public, pour les faits de police, seront remplies par le commissaire du lieu où siégera le tribunal, en cas d'empêchement du commissaire de police; ou s'il n'y en a point, elles seront remplies par le maire, qui pourra se faire remplacer par son adjoint.

S'il y a plusieurs commissaires de police, le procureur général près la cour royale nommera celui ou ceux d'entre eux qui feront le service.

145. Les citations pour contraventions de police seront faites à la requête du ministère public ou de la partie qui réclame.

Elles seront notifiées par un huissier ; il en sera laissé copie au prévenu ou à la personne civilement responsable.

146. La citation ne pourra être donnée à un délai moindre que vingt-quatre heures, outre un jour par trois myriamètres, à peine de nullité, tant de la citation que du jugement qui serait rendu par défaut. Néanmoins cette nullité ne pourra être proposée qu'à la première audience avant toute exception et défense.

Dans les cas urgens les délais pourront être abrégés et les parties citées à comparaître même dans le jour et à heures indiquées, en vertu d'une cédule délivrée par le juge de paix.

147. Les parties pourront comparaître volontairement et sur un simple avertissement, sans qu'il soit besoin de citation.

148. Avant le jour de l'audience le juge de paix pourra, sur la réquisition du ministère public ou de la partie civile, estimer ou faire estimer les dommages, dresser ou faire dresser des procès-verbaux, faire ou ordonner tous actes requérant célérité.

149. Si la personne citée ne comparaît pas au jour et à l'heure fixés par la citation, elle sera jugée par défaut.

150. La personne condamnée par défaut ne sera plus recevable à s'opposer à l'exécution du jugement, si elle ne se présente à l'audience indiquée par l'article suivant ; sauf ce qui sera ci-après réglé sur l'appel et le recours en cassation.

151. L'opposition au jugement par défaut pourra être faite par déclaration en réponse au bas de l'acte de signification, ou par acte notifié dans les trois jours de la signification, outre un jour par trois myriamètres.

L'opposition emportera de droit citation à la première audience, après l'expiration des délais, et sera réputée non avenue si l'opposant ne comparaît pas.

152. La personne citée comparaîtra par elle ou par un fondé de procuration spéciale.

153. L'instruction de chaque affaire sera publique, à peine de nullité.

Elle se fera dans l'ordre suivant :

Les procès-verbaux, s'il y en a, seront lus par le greffier ;

Les témoins, s'il en a été appelé par le ministère public ou la partie civile, seront entendus s'il y a lieu ; la partie civile prendra ses conclusions ;

La personne citée proposera sa défense et fera entendre ses témoins si, elle en a amené ou fait citer, et si, aux termes de l'article suivant, elle est recevable à les produire ;

Le ministère public résumera l'affaire et donnera ses conclusions : la partie citée pourra proposer des observations.

Le tribunal de police prononcera le jugement dans l'audience où l'instruction aura été terminée, et au plus tard dans l'audience suivante.

154. Les contraventions seront prouvées, soit par procès-verbaux ou rapports, soit par témoins à défaut de rapports et procès-verbaux, ou à leur appui.

Nul ne sera admis, à peine de nullité, à faire preuve par témoins outre ou contre le contenu aux procès-verbaux ou rapports des officiers de police ayant reçu de la loi le pouvoir de constater les délits ou les contraventions jusqu'à inscription de faux. Quant aux procès-verbaux et rapports faits par des agens, préposés ou officiers auxquels la loi n'a pas accordé le droit d'en être crus jusqu'à inscription de faux, ils pourront être débattus par des preuves contraires, soit écrites, soit testimoniales, si le tribunal juge à propos de les admettre.

155. Les témoins feront à l'audience, sous peine de nullité, le serment de dire toute la vérité, rien que la vérité; et le greffier en tiendra note, ainsi que de leurs noms, prénoms, âge, profession et demeure, et de leurs principales déclarations.

156. Les ascendans ou descendans de la personne prévenue, ses frères et sœurs ou alliés en pareil degré, la femme ou son mari, même après le divorce prononcé, ne seront ni appelés ni reçus en témoignage, sans néanmoins que l'audition des personnes ci-dessus désignées puisse opérer une nullité, lorsque soit le ministère public, soit la partie civile, soit le prévenu, ne se sont pas opposés à ce qu'elles soient entendues.

157. Les témoins qui ne satisferont pas à la citation pourront y être contraints par le tribunal, qui, à cet effet et sur la réquisition du ministère public, prononcera dans la même audience, sur le premier défaut, l'amende, et en cas d'un second défaut, la contrainte par corps.

158. Le témoin ainsi condamné à l'amende sur le premier défaut, et qui sur la seconde citation produira devant le tribunal des excuses légitimes, pourra, sur les conclusions du ministère public, être déchargé de l'amende.

Si le témoin n'est pas cité de nouveau, il pourra volontairement comparaître par lui ou par un fondé de procuration spéciale à l'audience suivante pour présenter ses excuses et obtenir, s'il y a lieu, décharge de l'amende.

159. Si le fait ne présente ni délit ni contravention de police, le tribunal annulera la citation et tout ce qui aura suivi, et statuera par le même jugement sur les demandes en dommages-intérêts.

160. Si le fait est un délit qui emporte une peine correctionnelle ou plus grave, le tribunal renverra les parties devant le procureur du roi.

De la juridiction des maires comme commissaires de police.

166. Les maires des communes non chefs-lieux de canton connaitront, concurremment avec les juges de paix, des contraventions commises dans l'étendue de leurs communes par les personnes prises en flagrant délit, ou par des personnes qui résident dans la commune ou qui y sont présentes, lorsque les témoins y seront aussi résidans ou présens, et lorsque la partie réclamante conclura pour ses dommages-intérêts à une somme déterminée qui n'excédera pas celle de 15 fr.

Ils ne pourront jamais connaitre des contraventions attribuées exclusivement au juge de paix par l'article 139, ni d'aucune des matières dont la connaissance est attribuée aux juges de paix considérés comme juges civils.

167. Le ministère public sera exercé auprès du maire dans les matières de police par l'adjoint; en l'absence de l'adjoint, ou lorsque l'adjoint remplacera le maire comme juge de police, le ministère public sera exercé par un membre du conseil municipal qui sera désigné à cet effet par le procureur du roi pour une année entière.

168. Les fonctions de greffier du maire, dans les affaires de police, seront exercées par un citoyen que le maire proposera, et qui prêtera serment en

cette qualité au tribunal de police correctionnelle. Il recevra pour ses expéditions les émolumens attribués au greffier du juge de paix.

169. Le ministère des huissiers ne sera pas nécessaire pour les citations aux parties; elles pourront être faites par un avertissement du maire qui annoncera au défendeur le fait dont il est inculpé, le jour et l'heure où il doit se présenter.

170. Il en sera de même des citations aux témoins; elles pourront être faites par un avertissement qui indiquera le moment où leur déposition sera reçue.

171. Le maire donnera son audience dans la maison commune; il entendra publiquement les parties et les témoins.

Seront au surplus observées les dispositions des articles 149, 150, 151, 153, 154, 155, 156, 157, 158, 159 et 160, concernant l'instruction et les jugemens au tribunal du juge de paix.

De l'appel des jugemens de police.

172. Les jugemens rendus en matière de police pourront être attaqués par la voie de l'appel lorsqu'ils prononceront un emprisonnement, ou lorsque les amendes, restitutions et autres réparations civiles excéderont la somme de 5 francs outre les dépens.

173. L'appel sera suspensif.

174. L'appel des jugemens rendus par le tribunal de police sera porté au tribunal correctionnel : cet appel sera interjeté dans les dix jours de la signification de la sentence à personne ou à domicile; il sera suivi et jugé dans la même forme que les appels des sentences de justices de paix.

177. Le ministère public et les parties pourront, s'il y a lieu, se pourvoir en cassation contre les jugemens rendus en dernier ressort par le tribunal de police, ou contre les jugemens rendus par le tribunal correctionnel sur l'appel des jugemens de police.

178. Au commencement de chaque trimestre, les juges de paix et les maires transmettront au procureur du roi l'extrait des jugemens de police qui auront été rendus dans le trimestre précédent, et qui auront prononcé la peine d'emprisonnement. Cet extrait sera délivré sans frais par le greffier.

Des tribunaux en matière correctionnelle.

179. Les tribunaux de première instance en matière civile connaîtront en outre, sous le titre de tribunaux correctionnels, de tous les *délits forestiers* poursuivis à la requête de l'administration, et de tous les délits dont la peine excède cinq jours d'emprisonnement et 15 francs d'amende.

182. Le tribunal sera saisi, en matière correctionnelle, de la connaissance des délits de sa compétence, soit par le renvoi qui lui en sera fait d'après les articles 138 et 160 ci-dessus, soit par la citation donnée directement au prévenu et aux personnes civilement responsables du délit, par la partie civile, et à l'égard des délits forestiers par le conservateur, inspecteur et sous-inspecteur forestier ou par les gardes généraux, et dans tous les cas par le procureur du roi.

190. L'instruction sera publique, à peine de nullité.

Le procureur du roi, la partie civile ou son défenseur, et à l'égard des délits forestiers, le conservateur, inspecteur ou sous-inspecteur forestier, ou à leur défaut le garde général, exposeront l'affaire ; les procès-verbaux ou rapports, s'il en a été dressé, seront lus par le greffier; les témoins pour et contre seront entendus, s'il y a lieu, et les reproches proposés et jugés ; les pièces pouvant servir à conviction ou à décharge seront représentées aux témoins et aux parties; le prévenu sera interrogé ; le prévenu et les personnes civilement responsables proposeront leur défense ; le procureur du roi résumera l'affaire et donnera ses conclusions; le prévenu et les personnes civilement responsables du délit pourront répliquer.

Le décret du 18 juin 1821 (B. 377), portant règlement pour l'administration de la justice en matière criminelle, de police correctionnelle et de simple police, et tarif général des frais, contient les dispositions suivantes :

Art. 10. Dans les lieux où il n'y a point de prisons, les officiers municipaux feront faire la fourniture des alimens et autres aux prévenus ou accusés transférés; le remboursement en sera fait aux fournisseurs comme frais généraux de justice.

56. En matière correctionnelle et de simple police, aucune expédition ou copie des pièces de la procédure ne pourra être délivrée aux parties sans une autorisation expresse du procureur général; mais il leur sera délivré, sur leur seule demande, expédition de la dénonciation, des ordonnances et des jugemens définitifs. Toutes ces expéditions sont à leurs frais.

Voyez, pour la compétence des tribunaux de police, les articles 464 et suivans du Code pénal, sous le mot Peines.

Voyez aussi Délits, Ministère public, Police judiciaire.

Il résulte des dispositions d'un arrêt rendu au mois de juillet 1823 par la section criminelle de la cour de cassation, à l'occasion d'un arrêté pris par le préfet de l'Aine le 17 avril précédent, que les tribunaux de police, etc., ne sont tenus d'appliquer les peines portées par les arrêtés de l'autorité administrative que dans le cas où ces arrêtés se réfèrent à l'exécution des lois, et que hors de là les dispositions pénales de ces arrêtés n'ont rien d'obligatoire pour les tribunaux.

Voici quelques modèles d'actes pour les procédures qui se font dans les tribunaux de police.

Citation.

L'an le à la requête de J demeurant à pour lequel domicile est élu j'ai huissier, immatriculé à demeurant à soussigné, cité L demeurant à en son domicile, en parlant à à comparaître le heure d devant M. le maire de la commune de pour répondre sur les faits relatés dans la plainte contre lui rendue le par et se voir condamner à et je lui ai laissé copie de la présente citation, dont le coût est de

La citation peut être donnée d'office, par le maire, par son adjoint ou par le commissaire de police, et alors elle est susceptible des changemens suivans :

L'an le à la requête de M. le maire de la commune de qui fait élection de domicile en sa demeure, j'ai etc., cité à se trouver le heures de à l'audience du tribunal de police, pour répondre sur les faits énoncés au procès-verbal contre lui dressé le par à peine d'adjudication par défaut des conclusions qui ont été prises contre lui ; et pour que n'en ignore, je lui ai laissé copie, etc.

Aux termes de l'art. 169, les citations peuvent être faites sans employer le ministère des huissiers. On peut même leur substituer un simple avertissement du maire ; ainsi conçu :

Avertissement.

M.

Vous êtes averti qu'il est nécessaire de vous rendre le heure de à la maison commune pour répondre sur les faits énoncés au procès-verbal de contravention dressé contre vous le *ou* en la plainte contre vous rendue le par sous peine d'être condamné par défaut.

Fait à le

Les citations aux témoins peuvent aussi se faire par un simple avertissement en ces termes :

M.

Vous êtes averti que le vous devez vous rendre au tribunal de police séant à pour donner votre déclaration sur faute de quoi vous y serez contraint par les voies de droit.

Si la citation se fait par le ministère des huissiers, elle est ainsi conçue :

L'an à la requête de M. le maire de la commune de pour lequel domicile est élu, etc. ; j'ai, etc. cité demeurant à à se trouver le au tribunal de police de pour faire sa déclaration sur les faits énoncés dans la plainte rendue par le ou au procès-verbal de contravention dressé le contre lui déclarant qu'il sera payé de son salaire, s'il le requiert, mais que, faute de comparaître, il y sera contraint par les voies du droit; et je lui ai laissé copie du présent.

Si plusieurs témoins sont assignés par le même acte, l'huissier, le gendarme ou autre agent de la force publique qui le fait, termine par *et je leur ai laissé à chacun séparément copie de la présente citation*.

Jugement par défaut.

Le tribunal de police, tenu par le maire de la commune de canton de département de a rendu le jugement qui suit :

Entre demandeur suivant la citation donnée à sa requête le par enregistré à le d'une part, et défendeur, d'autre part.

La cause ayant été appelée à l'audience, défendeur, n'ayant pas comparu en personne, ni par fondé de pouvoir, et demandeur, ayant requis défaut et demandé l'adjudication des conclusions portées en la citation faite à sa requête le

Lecture faite par le greffier, ou par adjoint de M. le maire, exerçant les fonctions du ministère public, de la plainte rendue le par *ou* du procès-verbal dressé le contre le défaillant, de laquelle plainte, *ou* duquel procès-verbal il résulte que

Ouï le réquisitoire de M.

Le tribunal donne défaut contre non-comparant en personne, ni par fondé de pouvoir, et pour le profit, attendu que est coupable de la contravention prévue par l'article du Code pénal ainsi conçu, le condamne à (l'amende, la prison ou les dommages-intérêts, suivant le cas) et aux dépens; lui faisant en outre défenses de récidiver, sous telle peine qu'il appartiendra.

Fait à le (Le maire signe.)

Le greffier qui délivre une expédition de ce jugement doit, pour lui donner la forme exécutoire, le commencer par :

Louis, roi de France et de Navarre, à tous présens et à venir, salut :

Et le termine ainsi :

Mandons et ordonnons à tous huissiers, sur ce requis, de mettre le présent jugement à exécution, et à tous commandans et officiers de la force publique de prêter main-forte lorsqu'ils en sont requis. En foi de quoi le présent jugement a été signé par le président du tribunal et par le greffier.

Pour expédition conforme à la minute.

(Le greffier signe.)

Les jugemens par défaut se notifient par un acte ainsi conçu :

L'an à la requête de (voir la formule pour la citation) je huissier, immatriculé à le demeurant à soussigné, déclare avoir signifié et donné copie à demeurant à en son domicile, en parlant à du jugement contre lui rendu le par défaut au tribunal de police de à ce que de son contenu il n'ignore et ait à y satisfaire; et je lui ai en outre laissé copie du présent.

Quand on veut former *opposition* au jugement, c'est par un acte conçu en ces termes :

L'an le à la requête de G pour lequel domicile est élu chez j'ai huissier, etc., soussigné, déclaré à F en son domicile, en parlant à que G s'oppose formellement à l'exécution du jugement contre lui rendu le au tribunal de police de attendu que et pour voir dire que G sera reçu opposant au jugement dont il s'agit, lequel sera réformé, j'ai cité F à comparaître le au tribunal de police de et je lui ai laissé copie du présent.

Cette opposition, qui peut être déclarée à l'huissier chargé de signifier le jugement, peut être également notifiée au commissaire de police ou à l'adjoint de maire faisant les fonctions du ministère public, avec déclaration que G.......... *comparaîtra à la première audience du tribunal de police pour faire recevoir son opposition.*

Il intervient à cette audience un jugement qui reçoit la partie opposante, et, statuant sur l'opposition, la condamne ou l'acquitte; on met alors dans la rédaction, après les motifs :

Reçoit N opposant au jugement par défaut rendu contre lui le et, statuant sur son opposition, le condamne à *ou*

Attendu que le fait à lui imputé n'est pas suffisamment prouvé, décharge N de la condamnation contre lui prononcée, et condamne Q aux dépens liquidés à les frais de l'opposition restant à la charge de N pour avoir fait défaut et occasioné des frais frustratoires et inutiles.

Lorsque dès la première audience les deux parties ont comparu, le jugement *contradictoire* qui est rendu peut être ainsi rédigé :

Entre F demeurant à demandeur, suivant la citation donnée à sa requête le par enregistrée à le tendant à ce que d'une part, et G demeurant à d'autre part ; le tribunal, après avoir entendu les témoins respectivement produits (*ou* produits par s'il n'y en a que d'un côté), et les sieurs F et G et M. remplissant les fonctions du ministère public, en son réquisitoire, attendu qu'il résulte du procès-verbal du dont lecture a été faite, que et que la preuve de ces faits est acquise par les déclarations des témoins; vu l'article du Code pénal qui prononce la peine de pour cette contravention, condamne G à l'amende de à jours d'emprisonnement et au paiement de la somme de à titre de restitution, et celle de à titre de réparation civile, indemnité ou dommages-intérêts, et en tous les dépens, même envers la partie publique, lesquels dépens sont liquidés à

Fait et jugé en l'audience publique du tribunal de police de le

Le maire et le greffier signent, et lorsqu'on veut rendre le jugement exécutoire, on ajoute à l'expédition les formules qui se trouvent ci-dessus, après le modèle du jugement par défaut.

Dans les cas où le jugement contradictoire n'est pas rendu en dernier ressort, la partie condamnée peut en interjeter *appel* en cette forme :

L'an le à la requête de H pour lequel domicile est élu en la maison de M^e avoué, demeurant à

J'ai (le nom, la matricule et la demeure de l'huissier) signifié à D demeurant à que B est appelant du jugement en premier ressort rendu contre lui le par le tribunal de police de et à lui signifié le en conséquence de quoi j'ai sommé D de comparaître dans les délais de la loi, à l'audience du tribunal de police correctionnelle de pour procéder sur cet appel et voir adjuger au requérant ses conclusions tendant à

Et j'ai laissé à copie du présent exploit.

Les délits prévus par l'art. 37 du tit. 2 de la loi du 28 septembre—6 octobre 1791, sur la police rurale, ne sont point de la compétence des tribunaux de police, tant à raison de la durée de la détention qu'à raison de l'amende d'une valeur indéterminée. (*Arrêts des* 30 *août et* 2 *novembre* 1810.)

Les tribunaux de police sont également incompétens pour statuer sur une question incidente de propriété. (*Même arrêt.*)

Ils ont le droit de prononcer sur les dommages-intérêts, mais ils ne le peuvent qu'accessoirement à la peine principale déterminée par la loi. (*Arrêt du* 31 *du même mois d'août.*)

Ils doivent insérer dans leurs jugemens les termes des lois pénales dont ils font l'application. (*Arrêt du* 11 *octobre* 1811.)

Ils sont incompétens pour connaître des outrages et menaces faites aux fonctionnaires publics dans l'exercice de leurs fonctions. (*Arrêts du* 9 *du même mois de novembre.*)

La cour de cassation a décidé, par arrêt du 17 mars 1811, qu'en matière de police, c'est par le prononcé du jugement, et non par les conclusions des parties, qu'on reconnaît s'il est susceptible du recours en cassation; et par arrêt du 3 septembre suivant, qu'un jugement de police doit être réputé en dernier ressort et non susceptible d'appel, s'il ne prononce pas d'emprisonnement ni de condamnations pécuniaires au-dessus de 5 fr. quel qu'ait été l'objet de la demande.

Aucune loi n'autorise les tribunaux de police à ordonner au maire de tenir la main à l'exécution des jugemens. (*Arrêt de la cour de cassation du* 23 *août* 1810.)

Les parties ne peuvent se faire assister ou représenter en matière de police par un avocat, un avoué ou un huissier, qu'en lui donnant une procuration spéciale.

Voyez CONTRAVENTIONS, DÉLITS, GREFFIERS, INCOMPÉTENCE, INTERVENTION, JUGEMENT, JURIDICTION DES MAIRES, MAIRES, MINISTÈRE PUBLIC, OPPOSITION, PEINE, POLICE JUDICIAIRE, PRESCRIPTION, RÈGLEMENS DE JUGES, RÈGLEMENS DE POLICE, TÉMOINS.

TRIPERIES. L'art. 7 d'un arrêt du parlement de Paris, en date du 30 avril 1663, a défendu aux bouchers, tueurs de porcs, harengères, vendeurs de poisson frais, sec et salé, de jeter aucunes tripailles, boyaux, sang de bestiaux, rognures de moules, ni autre chose dans les rues, ni dans les égouts, et leur a enjoint de les porter ou faire porter dans les voiries à ce destinées, sous peine de dix francs d'amende.

TRONCS. *Voyez* QUÊTES.

TROUBLES. *Voyez* ATTROUPEMENS, RASSEMBLEMENS, RÉVOLTE.

TROUPEAUX. Les maires annoncent, par une affiche particulière, qu'il est défendu aux bergers et propriétaires de troupeaux de mener ou laisser mener, dans les champs ouverts, les boucs et les chèvres, qui causent des dommages considérables aux arbres fruitiers.

A chaque ordonnance, ils recommandent aux gardes champêtres de leur commune de faire des rondes pour s'assurer si elles sont suivies; et en cas d'infraction, de dresser des procès-verbaux pour être ensuite poursuivis par l'adjoint devant le tribunal de police.

Enfin les gardes champêtres sont directement chargés de la surveillance de tous les délits; ils les constatent par des procès-verbaux que les maires ou adjoints reçoivent ou rédigent.

Le décret du 8 mars 1811 (B. 355), qui contient des mesures relatives à l'amélioration des bêtes à laine, enjoint aux propriétaires de troupeaux métis qui seraient à portée d'un dépôt de béliers mérinos, et à qui ce dépôt pourrait fournir des béliers pour la monte, de faire châtrer tous leurs mâles; et il ordonne que les contraventions seront constatées par les inspecteurs des troupeaux, ou, à leur réquisition, par les officiers de police. (Art. 8 et 9.)

Le roi a, par une ordonnance du 7 octobre 1818 (B. 329), autorisé à mettre en ferme ceux des biens communaux qui ne seraient pas jugés nécessaires à la dépaissance des troupeaux.

Voyez Epizootie, Paturage, Police rurale, Vaine pature.

TROUPES. Le ministre de la guerre ayant prescrit aux villes de fournir un champ de manœuvre pour les troupes, un décret du 7 août 1807 (B. 307) a ordonné qu'il serait fait un rapport pour régler la manière dont ce champ serait assigné, et dont le loyer ou l'indemnité serait payée aux particuliers.

Voyez Armée, Casernement, Convois militaires, Enrôlement volontaire, Etapes, Logement de troupes, Octrois municipaux, Passage des troupes, Places de guerre.

TUERIES. Les tueries doivent être placées hors des villes et tenues propres par le prompt enlèvement des immondices.

Voyez Boucheries.

TUMULTES. *Voyez* Attroupemens, Rixes.

TUTELLE. Lorsque l'enfant dont on veut être tuteur officieux n'a point de parens connus, on doit préalablement obtenir le consentement des administrateurs de l'hospice où l'enfant a été recueilli, ou de la municipalité du lieu de sa résidence. (*Code civil*, art. 361.)

La loi du 15 pluviose an 13 (B. 31) contient les dispositions suivantes sur la tutelle des enfans admis dans les hospices :

Art. 1er. Les enfans admis dans les hospices, à quelque titre et sous quelque dénomination que ce soit, seront sous la tutelle des commissions administratives de ces maisons, lesquelles désigneront un de leurs membres pour exercer, le cas advenant, les fonctions de tuteur, et les autres formeront le conseil de tutelle.

2. Quand l'enfant sortira de l'hospice pour être placé comme ouvrier, serviteur ou apprenti dans un lieu éloigné de l'hospice où il avait été placé d'abord, la commission de cet hospice pourra, par un seul acte administratif, visé du préfet ou du sous-préfet, déférer la tutelle à la commission administrative de l'hospice du lieu le plus voisin de la résidence actuelle de l'enfant.

3. La tutelle des enfans admis dans les hospices durera jusqu'à leur mariage ou émancipation par mariage ou autrement.

4. Les commissions administratives des hospices jouiront, relativement à l'émancipation des mineurs qui sont sous leur tutelle, des droits attribués aux pères et mères par le Code civil.

L'émancipation sera faite, sur l'avis des membres de la commission administrative, par celui d'entre eux qui aura été désigné tuteur, et qui seul sera tenu de comparaître à cet effet devant le juge de paix.

L'acte d'émancipation sera délivré sans autres frais que ceux d'enregistrement et de papier timbré.

5. Si les enfans admis dans les hospices ont des biens, le receveur de l'hospice remplira à cet égard les mêmes fonctions que pour les biens des hospices.

Toutefois les biens des administrateurs tuteurs ne pourront, à raison de leurs fonctions, être passibles d'aucune hypothèque. La garantie de la tutelle résidera dans le cautionnement du procureur chargé de la manutention des deniers et de la gestion des biens.

En cas d'émancipation, il remplira les fonctions de curateur.

6. Les capitaux qui appartiendront ou écherront aux enfans admis dans les hospices seront placés dans les monts-de-piété; dans les communes où il n'y aura point de monts-de-piété, ces capitaux seront placés à la caisse d'amortissement, pourvu que chaque somme ne soit pas au-dessous de 150 fr., auquel cas il en sera déposé selon que règlera la commission administrative.

7. Les revenus des biens et capitaux appartenant aux enfans admis dans les hospices seront perçus jusqu'à leur sortie desdits hospices, à titre d'indemnité des frais de leur nourriture et entretien.

8. Si l'enfant décède avant sa sortie de l'hospice, son émancipation ou sa majorité, et qu'aucun héritier ne se présente, ses biens appartiendront en propriété à l'hospice, lequel en pourra être envoyé en possession à la diligence du receveur et sur les conclusions du ministère public.

S'il se présente ensuite des héritiers, ils ne pourront répéter les fruits que du jour de la demande.

9. Les héritiers qui se présenteront pour recueillir la succession d'un enfant décédé avant sa sortie de l'hospice, son émancipation ou sa majorité, seront tenus d'indemniser l'hospice des alimens fournis et des dépenses faites pour l'enfant décédé pendant le temps qu'il sera resté à la charge de l'administration, sauf à faire entrer en compensation, jusqu'à due concurrence, les revenus perçus par l'hospice.

Voyez, sous le mot Enfans abandonnés, la loi du 27 frimaire an 5, et le décret du 19 janvier 1811.

TUYAUX DE POÊLE. Il ne peut en être légalement posé avec saillie sur rue, sans une permission des officiers chargés de la voirie.

Voyez Permission, Saillie.

UNIVERSITÉ. *Voyez* Instruction publique.

USAGE. Les droits d'usage se divisent en deux classes: l'une comprend le droit de prendre dans les forêts les bois convenables pour tout ou partie de ses besoins; l'autre celui d'y introduire et faire paître ses bestiaux.

Le tit. 19 de l'ordonnance de 1669 contient, sur l'exercice du droit d'usage de la seconde espèce, les dispositions suivantes:

Art. 2. Les habitans usagers donneront déclaration du nombre des bestiaux qu'ils possèdent ou tiennent à louage, dont sera fait rôle, contenant le nom de ceux à qui ils appartiennent, lequel sera porté au greffe du tribunal de police correctionnelle, pour être transcrit en un registre qui sera tenu au greffe, et parafé du président et du procureur du roi près ledit tribunal.

3. Les inspecteurs forestiers assigneront à chaque hameau, village ou

communauté usagère, une contrée particulière, la plus commode qu'il se pourra; en laquelle, ès lieux défensables seulement, les bestiaux puissent être menés et gardés séparément, sans mélange de troupeaux d'autres lieux; le tout à peine de confiscation des bestiaux, d'amende arbitraire contre les pâtres, et de destitution des officiers et gardes forestiers qui permettront ou souffriront le contraire; et seront toutes les délivrances faites sans frais ni droit, à peine de concussion.

4. La déclaration des contrées et de la liberté d'y envoyer au pâturage sera publiée l'un des dimanches du mois de février (à la diligence du maire), avec défense aux usagers et à tous autres d'envoyer paitre leurs bestiaux ès autres lieux, à peine de confiscation et de privation de leurs usages.

6. Tous les bestiaux appartenant aux usagers d'une même commune ou hameau ayant droit d'usage seront marqués d'une même marque, dont l'empreinte sera mise au greffe avant que de pouvoir les envoyer au pâturage, et chaque jour assemblés en un lieu destiné pour chaque commune ou hameau en un seul troupeau, et conduits par un seul chemin qui sera indiqué par les officiers forestiers, le plus commode et le mieux défendu, sans qu'il soit permis de prendre une autre route, en allant et retournant, à peine de confiscation des bestiaux, d'amende arbitraire contre les propriétaires, et de punition exemplaire contre les pâtres et les gardes.

7. Les particuliers seront tenus de mettre au cou de leurs bestiaux des clochettes dont le son puisse avertir des lieux où ils pourront s'échapper et faire dégât, afin que les pâtres y courent et que les gardes se saisissent des bêtes écartées et trouvées en dommage hors les cantons désignés et publiés défensables.

Il est défendu à tout habitant de mener ses bestiaux à garde séparée, et de les envoyer dans la forêt par sa femme, ses enfans ou domestiques, à peine de 10 francs d'amende pour la première fois, de confiscation pour la seconde, et de privation du tout usage pour la troisième fois, ce qui sera pareillement observé à l'égard des personnes qui jouiront du droit comme habitans, nonobstant les droits de troupeau à part, et toutes coutumes ou possessions contraires.

10. Ne peuvent les particuliers usagers prêter leurs noms et maisons aux marchands et habitans des villes et autres lieux voisins, pour y retirer leurs bestiaux; et s'il s'y en trouvait qui fussent ainsi retirés ou donnés frauduleusement par déclaration, ils seront confisqués, et l'usager condamné pour la première fois à l'amende de 30 francs, et en cas de récidive, privé de tout usage.

Il est défendu à tous particuliers d'envoyer leurs bestiaux en pâturage sous prétexte de baux et permissions des officiers, receveurs ou administrateurs et fermiers du domaine, même des engagistes ou usufruitiers, à peine de confiscation des bestiaux et de 100 francs d'amende.

12. S'il y avait de jeunes rejets en futaie ou taillis le long des routes ou chemins où les bestiaux passeront pour aller ès lieux destinés au pâturage, en sorte que le brout ne se pût sûrement empêcher, les officiers forestiers tiendront la main à ce qu'il soit fait des fossés suffisamment larges et profonds pour leur conservation, ou les anciens relevés et entretenus aux frais et dépens des communes usagères, par contribution, à proportion du nombre des bêtes que chaque habitant enverra en pâturage.

13. Il est défendu aux habitans des communes usagères et à toutes les personnes ayant droit de panage dans les forêts nationales, communales et de particuliers, d'y mener ou envoyer bêtes à laine, chèvres, brebis et moutons; ni même ès landes et bruyères, places vaines et vagues; aux rives des bois et forêts, à peine de confiscation des bestiaux, et de trois francs d'amende pour chaque tête de bétail; et seront les bergers et gardes de telles bêtes condamnés à l'amende de 10 francs pour la première fois, fustigés et bannis en cas de récidive; et demeureront les propriétaires des

bestiaux responsables civilement des condamnations rendues contre les bergers.

14. Les habitans des maisons usagères jouiront du droit de pâturage et panage pour les bestiaux de leur nourriture seulement, et non pour ceux dont ils feront trafic et commerce, à peine d'amende et de confiscation.

L'art. 8 de la loi du 27 septembre 1790 porte que, par l'abolition du triage, il n'est nullement préjudicié aux actions en cantonnement de la part des propriétaires contre les usagers de bois, prés, marais et terrains vagues.

L'art. 9 du tit. 6 de la loi du 29 septembre 1791, sur l'administration forestière, charge les agens forestiers de vérifier et indiquer les cantons défensables dans les pâturages, et d'en faire publier la déclaration dans les communes usagères.

Un arrêté du 5 vendémiaire an 6 (B. 147) a astreint les mêmes usagers aux règles suivantes, pour l'exercice de cette faculté :

Art. 1er. Le pâturage des bestiaux dans les forêts nationales de l'ancien domaine est interdit à tous particuliers riverains qui ne justifieront pas être du nombre des usagers reconnus et conservés dans les états anciennement arrêtés par le ci-devant conseil.

2. Il est également interdit dans toutes les forêts devenues nationales, excepté aux usagers qui auront justifié de leurs droits par-devant les administrations centrales des départemens, contradictoirement avec les agens nationaux forestiers et les préposés de la régie de l'enregistrement.

3. Ceux qui auront été reconnus usagers ne pourront user de cette faculté qu'en se conformant strictement aux dispositions contenues dans le titre 19 de l'ordonnance du mois d'août 1669.

4. Leurs bestiaux ne pourront être conduits que dans les parties de bois qui auront été déclarées défensables par les agens forestiers, sous les peines prescrites par les ordonnances et règlemens.

5. Il ne sera déclaré de bois défensables que ceux qui seront reconnus être assez forts et élevés, sans avoir égard à leur plus ou moins d'âge, pour n'avoir rien à craindre de la dent des bestiaux.

La cour de cassation a, par un arrêt du mois d'octobre 1821, statué, conformément aux dispositions de l'art. 4 de cet arrêté, en faveur des sieurs Perrin, propriétaires d'une forêt où quatre communes usagères prétendaient avoir la faculté de faire paître leurs troupeaux quoique le jeune bois n'eût pas encore été déclaré défensable. (*Journal du Commerce du* 19 *octobre* 1821.)

Le droit d'usage, toujours fort nuisible aux forêts dans lesquelles il est exercé, l'est devenu encore beaucoup davantage par les abus qui se sont introduits dans le cours de la révolution ; et les administrateurs, dans la vue de le faire généralement interdire, ont exposé 1° que ceux qui n'étaient pas fondés en titre n'avaient pour eux qu'une jouissance précaire ; 2° que ceux qui étaient assujettis à quelques redevances féodales, en étant dégagés par la suppression des droits féodaux, n'avaient, pour réclamer l'exercice de cette servitude, que des titres anéantis ; 3° que ceux enfin dont les droits d'usage avaient été acquis à titre onéreux devaient en abandonner l'exercice si l'intérêt général le commandait, et qu'en leur affectant un cantonnement, ou leur payant autrement une indemnité, ils n'auraient aucun motif de se plaindre.

Malgré ces considérations, le gouvernement à cru devoir provisoirement se borner à des mesures propres à mettre un terme aux entreprises faites sans aucun droit par les riverains de plusieurs forêts, et à faire reconnaître la nature et l'étendue des droits d'usage qui étaient légitimes. C'est dans cet esprit qu'a été rendue la loi du 28 ventose an 11 (B. 262), qui est ainsi conçue :

Art. 1er. Les communes et particuliers qui se prétendront fondés par titres ou possession en droit de pâturage, pacage, chauffage et autres usages de bois, tant pour bâtimens que pour réparations, dans les forêts nationales, seront tenus, dans les six mois qui suivront la publication de la présente loi, de produire sous récépissé, aux secrétariats des préfectures et sous-préfectures dans l'arrondissement desquelles les forêts prétendues grevées desdits droits se trouvent situées, les titres ou actes possessoires dont ils infèrent l'existence; sinon, et ce délai passé, défenses leur sont faites d'en continuer l'exercice, à peine d'être poursuivis et punis comme délinquans.

2. Les communes et particuliers dont les droits d'usage ont été reconnus et fixés par les états arrêtés au ci-devant conseil sont dispensés de la formalité établie par l'article précédent.

Le droit d'usage peut, aux termes des art. 618 et 625 du Code civil, se perdre par l'abus dans la jouissance, c'est-à-dire en laissant dépérir la chose, ou en y commettant des dégradations. Cette disposition est applicable aux communes.

USINES. Ce terme, qui s'applique en général aux manufactures et fabriques dans lesquelles s'exécutent des travaux qui exigent l'emploi de combustibles, désigne plus spécialement les fourneaux où se fondent des substances métalliques, les forges et martinets pour ouvrer le fer et le cuivre, pour traiter les minerais et les pyrites, les verreries, etc. L'établissement des diverses usines ne peut se faire qu'avec l'autorisation du gouvernement, qui consulte, avant de la donner, les administrations locales.

Il est défendu par l'art. 9 d'un arrêté du 19 ventose an 6, qui se trouve sous le mot Navigation intérieure, d'établir aucune usine sur les rivières navigables ou flottables, et dans les canaux d'irrigation ou de dessèchemens généraux, sans en avoir préalablement obtenu l'autorisation du gouvernement. Le ministre de l'intérieur a publié à ce sujet, le 19 thermidor suivant, une instruction qui se trouve sous le même mot.

Une usine ayant été construite sans ces formalités sur un cours d'eau qui provenait de la rivière de Juines et se rendait à la Seine, le gouvernement, considérant que ce cours d'eau dérivait d'une rivière placée sous la surveillance spéciale de l'administration générale et se rendait à une autre de la même nature, a, par un arrêté du 30 frimaire an 11 (B. 233), ordonné 1° que les constructions faites seraient démolies par le propriétaire ou à ses frais; 2° qu'il serait statué par le préfet, sauf le recours au conseil d'état, sur les contestations nées ou à naître relativement à la force de prise d'eau dans la Juines, et aux constructions à faire à l'entrée de cette prise d'eau, pour en régler toutes les dimensions.

Un décret du 21 brumaire an 13, en accordant la permission de construire, au bas de la cascade d'un ruisseau situé dans la commune de Muret, une usine à traiter le fer, y a imposé la condition 1° de faire usage de la houille pour les onze douzièmes au moins du combustible nécessaire au roulement de l'usine;

2° De se conformer aux lois et règlemens et aux instructions du conseil des mines;

3° De planter tous les ans, en temps convenable, et en essences de bois indiquées par le conservateur des forêts du département, un hectare de terrain dans les vacans qui ne seraient pas à plus de 5000 mètres de l'établissement.

Des conditions de la même nature sont, en général, imposées pour ces sortes de concessions.

Voyez Manufactures, Mines, Salubrité.

VACANCES. *Voyez* Repos.

VACCINE. Dans plusieurs contrées de l'Angleterre les vaches sont sujettes, en certains temps, à une maladie qu'on nomme en anglais *cowpox*, et qui existait depuis long-temps dans le Holstein. Le docteur Jenner, médecin anglais, s'étant assuré que cette maladie se transmettait aux gens occupés à traire les vaches, et que ces personnes n'étaient jamais attaquées de la petite-vérole, a conçu le projet de l'inoculer; et toutes les expériences et contre-épreuves qui ont eu lieu jusqu'à ce jour doivent faire regarder cette inoculation, qui s'appelle *vaccine*, comme un préservatif de la petite-vérole.

Cette méthode, qui n'offre aucun danger par elle-même, et n'occasione aucune maladie, doit être adoptée généralement et sans crainte. Les maires peuvent efficacement contribuer, par leurs conseils, à la propagation de ce moyen propre à détruire le cruel fléau qui enlève, année commune, le sixième ou le septième des personnes qu'il attaque, et même en moissonne souvent le tiers dans les épidémies.

Aussi cette découverte, bien supérieure à l'inoculation de la petite-vérole, dont elle réunit tous les avantages sans présenter aucun de ses inconvéniens, a-t-elle fixé l'attention du gouvernement, qui s'est appliqué à détruire les préjugés que l'ignorance oppose à tout ce qui s'écarte de la routine, et porte avec soi l'idée d'une innovation. Un comité central a été établi à Paris, et il a rédigé une instruction dans laquelle il a exposé le mode de développement de la vaccine, les signes auxquels se reconnaît la vaccine fausse et non préservative, le moment convenable pour prendre le vaccin, et les procédés à employer pour l'obtenir, le conserver et l'envoyer au loin. On voit, par cette instruction, que si la personne qu'on se propose de vacciner est saine et bien portante, la vaccination n'exige aucune espèce de préparation, et l'enfant peut être vacciné depuis deux mois de sa naissance jusqu'au travail de la première dentition. Quoiqu'un seul bouton suffise pour constituer la vaccine et préserver de la petite-vérole, on pratique ordinairement deux piqûres sur chaque bras. Il ne vient de boutons vaccins qu'au lieu même des insertions. La vaccine n'est contagieuse ni par l'air, ni par le simple contact; elle ne peut se communiquer que par l'insertion du fluide vaccin. Les parties vaccinées n'offrent aucun travail bien sensible du premier au troisième jour. Du quatrième au cinquième, il se manifeste de la rougeur et un peu d'élévation; quelquefois ces signes ne paraissent qu'au sixième, septième ou huitième jour; mais en général, sur la fin du septième jour, le bouton s'étend et présente un bourrelet rond, qui contient une matière limpide, et c'est alors qu'on peut prendre le vaccin: chaque bouton est entouré d'un cercle dont le rouge est plus vif; l'inflammation s'étend ensuite, et vers la fin du dixième jour il se forme, au milieu de chaque bouton, une croûte jaunâtre qui noircit du douzième au treizième, et tombe du vingt-cinquième au trentième.

Le rapport du comité central a été transmis aux préfets par le ministre de l'intérieur, qui leur a annoncé, par sa circulaire du 6 prairial an 11, que l'inoculation de la vaccine n'avait, depuis trois années, procuré que des résultats satisfaisans, sans qu'aucun accident eût déposé contre la bonté de cette méthode, et leur a recommandé de l'introduire d'abord dans les hospices d'enfans; de faire ensuite disposer, dans l'un des hospices de chaque chef-lieu de sous-préfecture, une salle particulière où les familles pauvres pourraient faire vacciner gratuitement leurs enfans; et d'employer enfin tous les moyens propres à la faire adopter dans les différentes classes de la société, tels que l'influence des ministres du culte, des comités de bienfaisance, des sœurs de charité, des chefs de grandes manufactures et de nombreux ateliers. Les mêmes recommandations ont été renouvelées par une autre circulaire de l'année suivante, où le ministre annonce l'espoir de parvenir ainsi, en peu d'années, à faire disparaître de France la petite-vérole, comme on a déjà obtenu l'anéantissement de la lèpre et de plusieurs autres calamités de cette espèce, dont on ne retrouve plus de traces que dans des cantons obscurs et isolés, ou dans l'histoire.

Il résulte des rapports faits par le comité de vaccine de Paris qu'aucun accident funeste, aucune petite-vérole bien constatée, n'ont été observés après la vaccine regulièrement développée.

VAGABONDAGE. Lorsqu'un individu est trouvé hors de son arrondissement sans passe-port, l'art. 6 de la loi du 10 vendémiaire an 4 (B. 148) autorise à le mettre en état d'arrestation jusqu'à ce qu'il ait justifié de son inscription sur le tableau de la commune de son domicile. Cette arrestation se fait en vertu de la loi du 22 juillet 1791, et de celle du 28 germinal an 9, par les officiers de police des communes, ou par la gendarmerie ; le maire doit faire conduire l'individu arrêté devant le juge de paix, qui délivre un mandat de dépôt pour le garder jusqu'à ce qu'on ait obtenu les renseignemens nécessaires sur son compte.

Voyez les art. 269 et suiv. du Code pénal (B. 277 *bis*), et les mots Délits, Gens sans aveu, Mendicité, Passe-ports, Port d'armes.

VAINE PATURE. Ce droit consiste dans la faculté accordée aux habitans d'une commune d'envoyer sur les terres non ensemencées et non closes de cette commune une quantité de bestiaux proportionnelle à celle des terres que chaque cultivateur exploite.

Voyez Parcours, et, sous le mot Police rurale, la quatrième section du titre premier de la loi du 28 septembre--6 octobre 1791.

VASES DE CUIVRE. Il a été défendu, par une déclaration du roi du 13 juin 1777, aux marchands de vin, de lait, etc., de se servir de vases de cuivre et de plomb pour mesurer ces boissons, qui doivent être contenues dans des vases de fer-blanc ou d'étain au titre. Les autres doivent être saisis, et c'est un des objets de la surveillance recommandée aux maires comme aux commissaires de police.

VENDANGE. Dans les communes où le ban de vendange est en usage, les maires font, à cet égard, un règlement qui toutefois ne peut s'appliquer qu'aux vignes non closes. A l'époque de la vendange, ils nomment par cantonnement deux commissaires, qui se transportent sur les lieux pour juger de la maturité du raisin. Les maires, d'après leur rapport, fixe le jour où la vendange s'ouvrira ; ils font afficher et publier leur ordonnance vingt-quatre heures auparavant, et enjoignent aux gardes champêtres de dresser des procès-verbaux contre les contrevenans.

Il est d'usage qu'aux approches de la maturité des raisins, des gardes champêtres auxiliaires veillent à la conservation des vignes jusqu'à l'ouverture de la vendange. Dans ce cas, les maires doivent fixer le nombre de ces gardes, et désigner les individus destinés à exercer cette surveillance extraordinaire et momentanée ; ils adressent au sous-préfet de l'arrondissement les noms de ces individus assez tôt pour qu'ils puissent recevoir leur commission et remplir les formalités exigées par la loi.

Voyez, sous le mot Délits, l'art. 475 du Code pénal de 1810.

VENTES ET ADJUDICATIONS. L'art. 1er de la loi du 22 pluviose an 7 (B. 258) a ordonné que les ventes de *meubles*, *effets* et *marchandises*, ne pourraient être faites que publiquement et aux enchères, en présence et par le ministère d'officiers publics ayant qualité pour y procéder.

Les préposés de la régie de l'enregistrement, qui sont chargés de dresser des procès-verbaux des contraventions par eux reconnues et constatées, sont autorisés, par l'art. 8 de la même loi, à requérir l'assistance du maire ou de l'adjoint de la commune dans laquelle se fait la vente.

La vente des *arbres* épars sur les terrains communaux, ainsi que des arbres morts, des fruits et herbes des cimetières, des autres fruits communaux, des bottures d'arbres appartenant à la commune, fait partie des attributions des maires. Ils ne peuvent y procéder sans autorisation : à cet effet, ils s'adressent au sous-préfet de leur arrondissement, qui, selon l'importance de l'objet, leur prescrit les formalités à remplir. Il est indispensable qu'immédiatement après la vente ils lui transmettent copie du procès-verbal; l'adjudication n'étant définitive qu'après son approbation. Le produit de ces adjudications doit être versé dans les mains des maires: les arbres abattus sont remplacés par de jeunes arbres de la même espèce.

Avant d'annoncer une vente ou adjudication, les maires doivent toujours en établir les conditions ou charges. Les principales consistent, pour les objets ci-dessus, 1° à payer comptant ou dans un délai fixé le prix de la vente;

2° A payer aussi comptant les frais d'adjudication;

3° A enlever les objets vendus à une époque déterminée.

Ces charges, et autres que les circonstances indiqueront aux maires, sont consignées sur le registre de la mairie.

D'après les art. 39 et 40 du § 1er d'une instruction de l'administration forestière, approuvée par le ministre des finances le 7 prairial an 9, la vente des arbres plantés sur les promenades, places publiques et chemins vicinaux, et celle de leur élagage, doit être faite par-devant les préfets ou leurs délégués, sur l'avis du conservateur de l'arrondissement, et en présenee de l'inspecteur, ou lui dûment appelé.

Une vente ne peut avoir lieu que sur affiches et publications faites dix jours au moins à l'avance, et, autant qu'il est possible, à l'enchère des feux. Voici des modèles pour les différens actes que les maires ont à rédiger.

Affiche pour annoncer une vente par adjudication.

Le maire de la commune d   fait savoir qu'il sera procédé, dans les formes prescrites par les lois et règlemens, le   heure de   (désigner le local), à la vente et adjudication de   (désigner les objets, d'où ils proviennent, et leur quantité). On ne recevra les enchères que des personnes dont la solvabilité sera notoire. On donnera connaissance à la mairie des charges et conditions.

Fait à la mairie de   le   an

(Le maire signe.)

Ces affiches doivent être sur papier timbré.

Procès-verbal d'adjudication.

Le   an   heure de   nous soussigné, maire de   en vertu de l'autorisation du préfet, et sur l'affiche qui a été apposée le de ce mois, à l'endroit accoutumé, avons procédé (si l'inspecteur forestier de l'arrondissement est présent, ajouter : en présence de l'inspecteur de l'administration forestière de l'arrondissement) à la vente et adjudication des objets ci-après (désigner comme dans l'affiche), aux charges et conditions suivantes :

1° De payer comptant ou dans le délai de le prix de la vente;

2° D'enlever les objets vendus dans le délai de . (et autres conditions que les maires indiqueront selon les lieux et les circonstances.)

Après avoir reçu les enchères des personnes présentes, et nous être assuré qu'on ne voulait plus enchérir, nous avons adjugé les objets ci-dessus désignés à B (nom, domicile et profession), moyennant la somme de B , ayant déclaré se soumettre aux charges et conditions de la vente, nous avons clos le présent procès-verbal, qu'il a signé avec nous les jour, mois et an ci-dessus. (Si l'adjudicataire ne sait signer, ajouter : que nous avons signé les jours, mois et an ci-dessus, B ayant déclaré ne savoir signer.)

Ces sortes d'actes sont sujets, outre le timbre de vingt-cinq centimes, à l'enregistrement dans les vingt jours, et ces frais doivent faire partie des charges de l'adjudication.

Quand une commune se trouve dans le cas de vendre des *immeubles*, soit pour acquitter des dettes, soit pour construire un bâtiment public, une halle, par exemple, soit pour faire des réparations à des édifices, au pavé, à des ponts, des digues, des canaux, etc., le maire, après avoir dressé l'état des dettes, ou fait procéder à l'estimation et au devis des ouvrages, présente la demande et les pièces au sous-préfet, et l'on suit, pour obtenir l'autorisation et parvenir à la vente des biens, la marche tracée sous les mots, Aliénation, Autorisation, Dettes. Cette autorisation n'est définitivement accordée que sous la condition qu'on emploiera exclusivement le prix de la vente aux objets qui l'ont motivée, et que le maire rendra ensuite un compte exact de l'emploi au sous-préfet, chargé de l'arrêter et de le soumettre à l'approbation du préfet.

La loi du 14 frimaire an 10 (B. 138), qui a autorisé la ville de Bar-sur-Aube à acquérir une maison pour servir aux séances du tribunal d'arrondissement, du juge paix et de la municipalité, a également autorisé cette ville à vendre pièce par pièce, et à la chaleur des enchères, diverses parties du domaine communal, estimées par un procès-verbal, à la charge d'employer le prix en provenant au paiement du domaine national acquis, et le surplus aux réparations qu'il serait jugé convenable d'y faire. La même loi portait qu'en cas d'insuffisance, il y serait pourvu, d'après l'autorisation du gouvernement, de la manière qui serait jugée la plus convenable, d'après le vœu du conseil municipal et l'avis du préfet, et même, s'il était besoin, par une imposition au marc le franc des contributions foncière et mobilière.

Quelquefois des immeubles sont donnés à *rente*, au lieu d'être vendus moyennant un prix payable sur-le-champ en totalité. Alors ces rentes sont déclarées franches et quittes de toutes impositions présentes et futures, et susceptibles d'amortissement sur le pied de vingt fois le montant annuel de la rente, dont le capital est, dans ce cas, employé en acquisition de rentes sur l'état. C'est ainsi que, par une loi du même jour 14 frimaire (B. 138), le maire de Sedan a été autorisé à transporter à rente une pièce de pré appartenant à la commune et préalablement estimée.

Les maires ont aussi des *adjudications* à faire au *rabais* lorsqu'il s'agit d'ordonner des constructions ou des réparations de bâtimens communaux, de chemins, mares, fontaines et ponts de la commune. Ils doivent, dans ces occasions, demander au préfet une autorisation pour convoquer le conseil municipal, qui délibère sur la nécessité des réparations ou reconstructions, et sur les moyens les plus convenables de les faire. Le conseil charge en conséquence des hommes de l'art de dresser un devis, qu'il approuve ou réforme.

Une copie de la délibération du conseil et du devis adopté est envoyée au sous-préfet de l'arrondissement, qui donne son avis; et le préfet autorise, s'il y a lieu, les réparations ou reconstructions.

Ces adjudications se font au rabais, après affiches.

Affiche pour annoncer l'adjudication au rabais.

Le maire de la commune d   fait savoir qu'il sera procédé le   heure de   (désigner le local) à l'adjudication au rabais de   conformément au devis qui a été dressé et arrêté, lequel est déposé à la mairie. On ne recevra les sous-enchères que des personnes dont la solvabilité sera suffisamment connue.

Fait à   le   an

Procès-verbal d'adjudication au rabais.

L'an   le   heure de   nous soussigné, maire de   en vertu de l'autorisation du préfet et sur les affiches qui ont été apposées le   de ce mois, aux endroits accoutumés, avons procédé à l'adjudication au rabais de   ainsi qu'il est porté au devis qui a été dressé par   (relater les noms des personnes de l'art), et dont copie a été déposée à la mairie, pour être communiquée; lecture faite du devis et des clauses et conditions y portées, nous avons annoncé le montant de l'estimation à la somme de   . Après avoir reçu toutes les sous-enchères des personnes présentes, et nous être assuré qu'on n'en voulait plus faire, nous avons adjugé les objets ci-dessus à G   (prénoms, nom, domicile et profession), pour la somme de   laquelle somme sera payable   (indiquer les époques), après la reception des ouvrages, et à la charge 1° de payer comptant ou dans le délai de   les frais de la confection du devis montant à

Les frais de l'adjudication, montant à

Ceux pour la réception de l'ouvrage, montant à

2° De commencer les travaux assez tôt pour qu'ils soient finis (désigner l'époque), lesquels travaux seront visités par des personnes de l'art, et admis ou rejetés.

G   ayant déclaré se soumettre aux charges et conditions de l'adjudication, nous avons clos le présent procès-verbal, qu'il a signé avec nous, les jours, mois et an ci-dessus.

Ces actes sont sujets aux mêmes droits et formalités que ceux qui concernent les autres ventes et adjudications.

VERGE. Cette ancienne mesure est remplacée par le décamètre. *Voyez* ce mot.

VERGERS. *Voyez* FEU.

VERGLAS. *Voyez* BALAYAGE; et, sous le mot COMMISSAIRES GÉNÉRAUX DE POLICE, l'article 17 de l'arrêté du 5 brumaire an 9.

VERRES CASSÉS. L'art. 7 d'une ordonnanee de police du 8 novembre 1780, a enjoint à ceux qui auraient chez eux des bouteilles cassées, des verres à vitres, des morceaux de glaces, poteries, vieilles férailles, de les rassembler dans des paniers ou autres ustensiles, pour les porter dans la rue et les mettre dans un tas séparé de celui des boues, sans pouvoir les mêler avec ces boues ni les jeter par les fenêtres. L'amende de cent francs prononcée par cette ordonnance est maintenant réduite à celle de simple police.

VERS A SOIE. Ces insectes sont insaisissables pendant leur travail, ainsi que la feuille de mûrier qui leur est nécessaire pendant leur éducation.

Voyez, au mot POLICE RURALE, l'art. 4 de la 3e section du titre 1er de la loi du 2 septembre—6 octobre 1791.

VÉTÉRINAIRE. Le décret du 15 janvier 1813 (B. 475) porte, art. 15, 16 et 17, qu'il pourra y avoir un médecin vétérinaire dans les chefs-lieux de département, un maréchal vétérinaire dans les villes chefs-lieux d'arrondissemens avec une indemnité annuelle prise sur les fonds du département; et dans les villes non chefs-lieux de département ni d'arrondissement, un maréchal dont l'indemnité sera prise sur les fonds communaux.

VEUVES ET ENFANS DE MILITAIRES. La loi du 14 fructidor an 6 (B. 221) porte qu'une pension alimentaire est accordée aux veuves des militaires et marins de tout grade, 1° lorsque leur mari a été tué sur le champ de bataille, ou que sa mort a été la suite de blessures reçues dans les combats;

2° Quand il est mort de maladie en temps de guerre, et en activité de service;

3° Lorsqu'il est mort de maladie en temps de paix, ayant vingt années de service et étant encore en activité;

4° Quand, sans avoir vingt années de service, il est mort, pendant la paix, d'une blessure ou d'un accident occasioné par un service requis ou commandé au nom du souverain.

Les enfans de militaires et marins ont, dans les mêmes cas, droit à des secours lorsqu'ils sont orphelins ou que des infirmités les mettent hors d'état de gagner leur vie; mais ces secours ne sont accordés que quand la veuve n'a pas un revenu net de 300 francs et 50 francs de plus par chaque enfant dont elle est chargée. (Art. 1 et 2.)

La même loi trace la marche à suivre pour obtenir la pension ou les secours. Il faut, pour les troupes de terre, un certificat du conseil d'administration du corps où le militaire est décédé, constatant le lieu, le genre, l'époque de la mort et la durée du service; et pour les marins, un certificat soit des administrateurs de la marine à bord des vaisseaux ou dans les ports, soit du bureau des armemens du lieu du départ, ou, à défaut d'autres renseignemens, un certificat du dernier débarquement constatant que depuis cinq ans on n'a pas eu de nouvelles du vaisseau.

On doit joindre à ce certificat une pétition adressée au ministre de la guerre ou de la marine, dans laquelle on indique l'objet de la demande, un extrait de l'acte de naissance de la personne qui réclame, et de l'acte de mariage du décédé, attestation qu'il n'y a pas eu de divorce, et un certificat de défaut de patrimoine appuyé d'extraits en forme des rôles des contributions foncière, personnelle et mobilière. Le dernier de ces certificats est délivré par le percepteur, dont le maire et le sous-préfet légalisent la signature, et les autres sont délivrés par le maire, avec le visa du sous-préfet. Celui-ci fait passer toutes les pièces au préfet, qui les adresse au ministre de la guerre.

Voyez Pension.

VIANDE. L'art. 13 du titre 1 de la loi du 19-22 juillet 1791 autorise les officiers de police à entrer dans les maisons des charcutiers, assistés de personnes de l'art, pour y faire la vérification des chairs qu'ils débitent et s'assurer s'il n'y en a point de gâtées ou provenant d'animaux infectés de maladie; et l'art. 605 du Code des délits et des peines prononce l'amende et l'emprisonnement contre ceux qui mettent en vente des comestibles gâtés et corrompus.

Voyez Boucheries, Porcs, Taxe.

VICAIRES. Le conseil d'état a donné, le 17 mai 1811, un avis sur le mode de paiement des vicaires des cures ou succursales, lequel a été approuvé le 19 du même mois (B. 372), et ainsi conçu :

La quotité du traitement des vicaires est réglée par l'article 40 du décret du 30 décembre 1809, qui en fixe le *maximum* à 500 francs, et le *minimum* à 300 francs.

Le mode de paiement est réglé par le même décret, attendu 1° que l'article 39, en cas d'insuffisance des revenus de la fabrique pour effectuer ce paiement, renvoie à procéder comme il est dit article 49; 2° que l'article 49 porte qu'en cas d'insuffisance des revenus de la fabrique, on établira ce qui doit être demandé aux paroissiens qui y pourvoiront dans les formes réglées au chapitre 4; 3° que dans le chapitre 4 la manière de procéder est en effet réglée, et que l'article 99 dit *qu'en cas d'insuffisance des revenus communaux, le conseil délibérera sur les moyens de subvenir* aux dépenses *selon les règles prescrites par la loi.*

Dans les dépenses le traitement des vicaires se trouve compris, d'après le renvoi de l'article 39, à l'article 49, et de l'article 49, au chapitre 4 et à l'article 99.

Conséquemment, si la nécessité y oblige, et si les communes le peuvent, les conseils municipaux ont la faculté de voter une imposition pour le paiement des vicaires.

Ce vote toutefois doit, avant qu'on l'exécute, être autorisé en conseil d'état, sur le rapport du ministre de l'intérieur.

Voyez CULTES, DÉPENSES ET RECETTES DES COMMUNES, SUCCURSALES.

VIDANGES. Une ordonnance du 18 octobre 1771 a prescrit des mesures de police pour la vidange des fosses d'aisance. Elle a fait défense aux vidangeurs de laisser couler aucunes matières ni eaux claires provenant des fosses et puisards, dans les ruisseaux, et d'en jeter dans les rues, les égouts et le lit de la rivière, sous peine d'être poursuivis extraordinairement, et même d'être envoyés sur-le-champ en prison. La même ordonnance leur a enjoint de transporter les matières fluides dans des tonneaux bondonnés, et les autres dans des tonneaux à guichets bien clos, et de ne pas commencer leur travail avant dix heures du soir.

Voyez FOSSES D'AISANCE.

VIE. Une ordonnance du roi du 12 juillet 1820 a autorisé la formation d'une société d'assurances mutuelles sur la vie des hommes, et cette société a, par une autre ordonnance du 17 juillet 1822 (B. 547), été autorisée à commencer ses opérations.

Voyez CERTIFICATS.

VIEILLARDS. Il a été ordonné, par un arrêté du 4 messidor an 10 (B. 198), que deux cents places seraient exclusivement affectées dans les hospices établis à Paris, pour secourir la vieillesse et les infirmités incurables, aux hommes et femmes dont les enfans servaient l'état ou étaient morts en le défendant. Le défaut de moyens d'existence, à raison de l'âge et des infirmités, doit, pour cet effet, être justifié, ainsi que le service actuel ou le genre de mort des enfans. Les places sont accordées par le ministre de l'intérieur, au nom du gouvernement.

VIGNES. L'art. 24 du titre 2 de la loi du 28 septembre—6 octobre 1791 prononce des peines contre ceux qui feraient paître des bestiaux dans les vignes. *Voyez* DÉLITS, VENDANGE.

VILLES. Il a été décidé par une circulaire ministérielle du 1er avril 1816 que toutes les ordonnances relatives aux armoiries des villes devaient être adressées par l'intermédiaire des préfets, et appuyées 1° de la délibération du corps municipal; 2° d'un dessin des armoiries; 3° de copies certifiées des chartes ou patentes en vertu desquelles la concession primitive avait eu lieu; que les fonds nécessaires pour payer les droits de sceau et ceux des référendaires dans les proportions déterminées par les ordonnances des 26 septembre et 26 décembre 1814 devaient être envoyés en même temps; qu'il fallait y ajouter 2 francs par chaque ordonnance pour le timbre des requêtes, et qu'on devait renvoyer les armoiries obtenues de l'ancien gouvernement.

Il y a de plus un droit d'enregistrement de 20 pour cent du montant des droits du sceau. *Voyez* ARMOIRIES.

L'ordre dans lequel les *bonnes villes* du royaume doivent prendre rang dans les cérémonies a été déterminé par une ordonnance du roi du 23 avril 1821 (B. 448).

1. Paris,	21. Tours,
2. Lyon,	22. Bourges,
3. Marseille,	23. Grenoble,
4. Bordeaux,	24. La Rochelle,
5. Rouen,	25. Dijon,
6. Nantes,	26. Reims,
7. Lille,	27. Montauban,
8. Toulouse,	28. Troyes,
9. Strasbourg,	29. Nîmes,
10. Orléans,	30. Antibes,
11. Amiens,	31. Cette,
12. Angers,	32. Carcassonne,
13. Montpellier,	33. Avignon,
14. Metz,	34. Aix,
15. Caen,	35. Pau,
16. Clermont-Ferrand,	36. Vesoul,
17. Besançon,	37. Toulon,
18. Nancy,	38. Colmar,
19. Versailles,	39. Cambrai,
20. Rennes,	40. Abbeville.

VIN. Les vapeurs qui s'élèvent des cuves pendant la fabrication du vin occasionent souvent des asphyxies. Voici les moyens qu'on doit employer pour rappeler à la vie les personnes qui viennent d'éprouver ce malheur :

Il faut retirer l'individu du lieu où il a été asphyxié ; le mettre nu ; l'exposer à l'air libre ; le placer sur un fauteuil ; asperger le visage d'eau froide ; frotter tour à tour la totalité de la surface du corps avec des flanelles trempées dans de l'eau salée, dans du vinaigre, dans de l'eau-de-vie camphrée ; lui frotter les tempes avec des eaux spiritueuses, de l'eau-de-vie camphrée, de l'eau de mélisse ; lui porter au fond des narines des mèches de papier imbibées dans l'alkali volatil, de l'éther, du vinaigre fort, de l'eau de mélisse ; irriter les intestins avec un lavement d'eau, auquel on ajoutera du tabac en poudre : s'il est possible d'introduire quelque liquide dans la bouche, malgré le resserrement des dents, ce sera de l'éther ou du sel en poudre. Surtout il faut continuer, sans se décourager, les frictions avec la flanelle.

Souvent l'état d'asphyxie dure quatre ou cinq heures : aussi quelle satisfaction de voir ses soins couronnés par une véritable résurrection ! L'asphyxié passait de cet état de mort apparente à une mort réelle, s'il n'eût pas été secouru ; il revient une seconde fois à la vie.

L'ordonnance de police du 27 décembre 1697 fait défense aux marchands de vin de mêler dans leurs vins de la litharge, du bois des Indes, de la colle de poisson, et autres drogues capables de nuire à la santé.

Suivant l'art. 38 de la loi du 19-22 juillet 1791, toute personne convaincue de falsification de ce genre doit être condamnée à une amende qui ne peut excéder 1,000 f., et à un emprisonnement qui ne peut excéder un an.

Voyez ALUN, BOISSONS, SALUBRITÉ.

VINAIGRE. Un décret du 22 décembre 1809 défend aux fabricans et marchands de vinaigre d'ajouter, sous quelque prétexte que ce soit, des acides minéraux, et spécialement de l'acide sulfurique, aux vinaigres, ou d'y introduire des mèches soufrées. Le ministre de l'intérieur a fait publier à ce sujet une instruction de laquelle il résulte que les contraventions se reconnaissent facilement en versant 20 gouttes d'une solution aqueuse de muriate de baryte dans environ 4 onces de vinaigre, auparavant filtré s'il n'était pas clair. Cette épreuve doit être faite dans un vase de verre bien transparent. Si le mélange ne se trouble pas, on peut croire qu'il ne contient pas d'acide sulfurique; si, au contraire, il se trouble, et que peu de temps après il se forme un précipité au fond du vase, on en conclut la présence de cet acide, et la quantité plus au moins grande du précipité qui se forme suffit pour donner une idée approximative de la quantité d'acide sulfurique que le vinaigre contenait. Ce genre d'essai ne peut être confié qu'à des personnes habituées à en faire de semblables. Pour empêcher que le vinaigre ainsi falsifié soit employé dans la préparation des alimens, on le saisit et on l'infecte avec de l'essence de térébenthine. Les vinaigriers pris en contravention sont poursuivis comme falsificateurs de boissons, conformément à la loi du 22 juillet 1791.

VIOLATION DE DOMICILE. Tout officier de justice ou de police qui se serait introduit dans le domicile d'un citoyen hors les cas prévus par la loi, et sans les formalités qu'elle a prescrites, encourrait la peine d'une amende de 16 francs au moins, et de 200 fr. au plus. (*Code pénal de* 1810, art. 184.)

Voyez VISITES DOMICILIAIRES.

VIOLENCE. Tout officier public ou agent de police qui aurait usé de violences envers les personnes dans l'exercice, ou à l'occasion de l'exercice de ses fonctions, serait puni selon la nature et la gravité de ces violences, et subirait le *maximum* de la peine attachée à l'espèce de délit. (*Code pénal*, art. 186.)

Voyez ATELIERS, ENCHÈRES, OUTRAGES, OUVRIERS, RIXES, ROUTES.

VISA. Plusieurs actes doivent être revêtus du *visa* des maires. Tels sont, par exemple, les procès-verbaux de perquisitions faites en vertu de mandats d'arrêt; les passe-ports pendant l'année durant laquelle ils n'ont pas besoin d'être renouvelés, mais seulement visés. Le maire met au bas de ces pièces : *vu à le* Il signe et applique le cachet de la mairie en marge.

Quand il ne s'agit pas d'un *visa* simple, mais d'une attestation de fait, elle a lieu ainsi : *Le maire de vu atteste les faits y énoncés sincères et véritables.*

Les maires visent et certifient les affiches de vente des biens des mineurs. (*Code civil*, art. 459.)

Quand l'huissier ne trouve pas la partie en son domicile, il laisse copie de la citation ou de l'exploit au maire ou à l'adjoint de la commune, lequel vise l'original. (*Code de procédure civile*, art. 4 et 68.)

Lorsque la partie sur laquelle on procède à une saisie-exécution est absente, la copie du procès-verbal se remet au maire ou adjoint, ou au magistrat qui, en cas de refus de portes, aura fait l'ouververture, et qui vise l'original. (Art. 601.)

On remet aussi au maire de la commune sur le territoire de laquelle sont situés les biens, copie du procès-verbal de saisie-brandon, et l'original est visé par le maire. (Art. 628.)

Lorsque les communes sur lesquelles ces biens sont situés sont contiguës aux voisines, le visa est donné par le maire du chef-lieu de l'exploitation; et, s'il n'y en a point, par le maire de la commune où est située la majeure partie des biens. (*Ibid.*)

Pareil visa est donné par le maire ou l'adjoint du domicile, sur les originaux des procès-verbaux de saisie immobilière. (Art. 673, 676 et 681.)

Les originaux des placards sont visés par les maires de chacune des communes dans lesquelles l'apposition est faite. (Art. 687.)

Les affiches de vente de biens des mineurs sont également visées et certifiées par les maires. (*Code civil*, art. 459.)

Lorsqu'un débiteur, admis au bénéfice de cession, réside dans une commune où il n'y a pas de tribunal de commerce, la déclaration par laquelle il réitère sa cession se fait à la maison commune, un jour de séance, et le procès-verbal qui la constate est signé par le maire. (*Code de procédure*, art. 901.)

Les procès-verbaux que dressent les employés des droits réunis pour refus d'exercice doivent être présentés, dans les vingt-quatre heures, au maire de la commune, qui, d'après les dispositions de l'art. 170 de la loi du 8 décembre 1814 et l'art. 68 de celle du 28 avril 1816, est tenu de viser l'original.

Enfin toutes significations faites à des personnes publiques préposées pour les recevoir doivent être par elles visées sans frais sur l'original. (*Code de procédure civile*, art. 1039.)

Le Code de commerce astreint aussi les négocians à faire coter, parafer et viser certains registres par les tribunaux de commerce ou par les maires.

Art. 8. Tout commerçant est tenu d'avoir un livre-journal qui présente, jour par jour, ses dettes actives et passives, les opérations de son commerce, ses négociations, acceptations ou endossemens d'effets, et généralement tout ce qu'il reçoit et paie, à quelque titre que ce soit; et qui énonce, mois par mois, les sommes employées à la dépense de sa maison, le tout indépendamment des autres livres usités dans le commerce, mais qui ne sont pas indispensables.

Il est tenu de mettre en liasse les lettres missives qu'il reçoit, et de copier sur un registre celles qu'il envoie.

9. Il est tenu de faire tous les ans, sous seing-privé, un inventaire de ses effets mobiliers et immobiliers, et de ses dettes actives et passives, et de les copier, année par année, sur un registre spécial à ce destiné.

10. Le livre-journal et le livre des inventaires seront parafés et visés une fois par année.

Le livre de copie de lettres ne sera pas soumis à cette formalité.

Tous seront tenus par ordre de dates, sans blancs, lacunes ni transport en marge.

11. Les livres dont la tenue est ordonnée par les articles 8 et 9 ci-dessus seront cotés, parafés et visés, soit par un des juges des tribunaux de commerce, soit par le maire ou un adjoint, dans la forme ordinaire et sans frais. Les commerçans seront tenus de conserver ces livres pendant dix ans.

24. Le capitaine tient un registre coté et parafé par l'un des juges du tribunal de commerce, ou par le maire ou son adjoint, dans les lieux où il n'y a pas de tribunal de commerce.

Les maires et adjoints visent aussi les congés des soldats et des marins qui en sont porteurs.

Pour les *légalisations*, *Voyez* ce mot. *Voyez* aussi les mots Mandats, Passe-port, Tabac; et, sous le mot Police judiciaire, les art. 98 et 105 du Code d'instruction criminelle.

VISITES DOMICILIAIRES. La maison de chaque citoyen est un asile inviolable : pendant la nuit, nul n'a le droit d'y entrer que dans les cas d'incendie, d'inondation, ou de réclamation venant de l'intérieur de la maison.

Pendant le jour, on peut y exécuter les ordres des autorités constituées.

Aucune visite domiciliaire ne peut avoir lieu qu'en vertu d'une loi et pour la personne et l'objet expressément désigné dans l'acte qui ordonne la visite.

Tout commissaire spécial de l'autorité municipale chargé de faire des visites, perquisitions ou actes d'autorité publique dans les maisons, doit être muni de l'ordre, et l'exhiber au citoyen chez lequel il remplit sa mission. (*Loi du* 16 *septembre* 1792, art. 4.)

L'art. 9 du tit. 2 de loi du 6 octobre 1791 enjoint aux maires de faire, au moins une fois par an, la visite des fours et cheminées.

Ces visites doivent être annoncées huit jours d'avance. Les maires se transportent, accompagnés d'un ou de deux maçons et du garde champêtre, chez les habitans de leur commune; ils font la visite prescrite par la loi, et notent les fours et cheminées que les maçons ont reconnus dans un état de dégradation qui pourrait faire craindre un incendie ou d'autres accidens. Ils ordonnent la réparation ou la démolition des fours et cheminées reconnus en mauvais état; ils fixent en conséquence un délai convenable, passé lequel ils font une contre-visite des fours et cheminées qu'ils ont notés.

En cas de refus ou de négligence de la part des propriétaires, ils dressent contre eux un procès-verbal, et ils le remettent au procureur du roi près le tribunal de première instance, qui fait toutes les poursuites nécessaires.

Ils doivent aussi se faire représenter les lanternes, pour vérifier si elles sont garnies de leurs cornes.

Les administrateurs, officiers de justice et de police qui s'introduiraient dans le domicile d'un citoyen hors les cas prévus par la loi, et sans les formalités qu'elle a prescrites, seraient, aux termes de l'art. 184 du Code pénal, punis d'une amende de 16 fr. à 200 fr.

Voyez CHEMINÉES, DÉCORATION, MESURES, POUDRES; sous le mot POLICE MUNICIPALE, les art. 8 et suivans du titre 1er de la loi du 19-22 juillet 1791; sous le mot POLICE JUDICIAIRE, l'art. 16 du Code d'instruction criminelle; et, sous le mot GENDARMERIE, les art. 184 et 185 de l'ordonnance du roi du 29 octobre 1820.

Avant de se transporter dans une maison pour y faire une visite domiciliaire, le maire dresse un procès-verbal conçu à peu près en ces termes :

Cejourd'hui du mois de heure de nous maire de la commune de arrondissement de département de sur la plainte à nous présentée par et attendu que le crime est flagrant, disons que nous allons nous transporter (indiquer le lieu) assisté de gendarmes, à l'effet de faire les recherches, et d'y prendre les renseignemens nécessaires, arrêter les coupables, s'il y a lieu, et ordonner ce qui conviendra.

La suite du procès-verbal doit en constater le résultat, et on le termine par ces mots :

Les perquisitions étant achevées, les témoins entendus et les prévenus interrogés, nous avons clos le présent procès-verbal, que les sieurs (les officiers de santé, gendarmes, témoins, etc.) ont signé avec nous, à l'exception de qui a déclaré ne savoir signer les jours et an ci-dessus énoncés.

Voyez PERQUISITION.

VIVRES. *Voyez* MARCHÉS, SUBSISTANCES.

VIVRES-PAIN. *Voyez* CONVOIS MILITAIRES.

VOEUX. La loi ne reconnaît ni vœux religieux ni aucun engagement contraire aux droits naturels de l'homme.

Voyez CULTES.

VOIE. Ce terme, qu'on employait comme celui de *corde* pour désigner une mesure de bois, est remplacé par le mot *stère*.

VOIE PUBLIQUE. Ceux qui contreviennent à la sûreté de la voie publique en négligeant d'éclairer ou de nettoyer les rues devant leurs maisons, ceux qui embarrassent le passage ou le dégradent, ceux qui exposent sur leurs fenêtres ou devant leurs maisons des objets qui peuvent nuire par leur chute, ceux qui jettent dans la voie publique des immondices et autres matières qui peuvent causer des exhalaisons nuisibles, ceux qui laissent divaguer des insensés ou furieux et des animaux malfaisans, etc., encourent les peines de simple police. *Voyez*, pour la dégradation ou l'usurpation des chemins publics, l'art. 40 du titre 2 de la loi du 28 septembre — 6 octobre 1791, et l'art. 471 du Code pénal, sous le mot DÉLITS. *Voyez* aussi RUES, SALUBRITÉ, VOIRIE.

VOIES DE FAIT. *Voyez* VIOLENCE.

VOIRIE. La voirie se divise en grande et petite voirie, et chacune de ces branches comprend l'administration et la police de conservation.

La grande voirie est administrée par les corps administratifs, sous l'autorité et la direction immédiate du gouvernement ; les dépenses qu'elle occasione sont à la charge de l'état.

La petite voirie est administrée par les corps municipaux, sous l'autorité et la direction des préfets, sauf le recours au gouvernement : la dépense est à la charge des communes.

Cette seconde espèce de voirie se divise en police urbaine et en police vicinale.

La police urbaine comprend les objets concentrés dans les communes, et qu'on trouve spécifiés dans les lois des 14 décembre 1789, 24 août 1790 et 22 juillet 1791.

Les objets concernant la police vicinale, ou relative au territoire extérieur, sont détaillés dans la loi du 26 septembre — 6 octobre 1791.

D'après les lois des 22 décembre 1789, 11 septembre et 7 octobre 1790, la *grande voirie* comprend les grandes routes, les canaux, les fleuves et les rivières navigables, et les rues des communes qui servent de grandes routes ; elle appartient aux préfets, et les seules fonctions que les maires et adjoints aient à remplir à cet égard se bornent à instruire le sous-préfet des dégradations qu'on pourrait faire aux pavés, aux chaussées, aux arbres, et à rechercher les auteurs des délits.

La loi du 29 floréal an 10 (B. 192) contient, relativement aux contraventions en matière de grande voirie, les dispositions suivantes :

ART. 1er. Les contraventions en matière de grande voirie, telles qu'anticipations, dépôts de fumier ou d'autres objets, et toutes espèces de détériorations commises sur les grandes routes, sur les arbres qui les bordent, sur les fossés, ouvrages d'art et matériaux destinés à leur entretien, sur les canaux, fleuves et rivières navigables ; leurs chemins de halage, francs bords, fossés et ouvrages d'art, seront constatées, réprimées et poursuivies par voie administrative.

2. Les contraventions seront constatées concurremment par les maires et adjoints, les ingénieurs des ponts et chaussées, leurs conducteurs, les agens de la navigation, les commissaires de police, et par la gendarmerie : à cet effet, ceux des fonctionnaires publics ci-dessus désignés qui n'ont pas prêté serment en justice le prêteront devant le préfet.

3. Les procès-verbaux sur les contraventions seront adressés au sous-préfet, qui ordonnera, par provision, et sauf le recours au préfet; ce que de droit, pour faire cesser les dommages.

4. Il sera statué définitivement en conseil de préfecture : les arrêtés seront exécutés sans *visa* ni mandement des tribunaux, nonobstant et sauf tout recours, et les individus condamnés seront contraints par l'envoi de garnisaires et saisie de meubles, en vertu desdits arrêtés, qui seront exécutoires et emporteront hypothèque.

Le conseiller d'état chargé spécialement des ponts et chaussées, s'étant adressé au ministre de la justice pour avoir la solution de plusieurs questions relatives à l'exécution de la loi ci-dessus, a mandé, le 13 frimaire an 11, aux préfets, que, d'après la décision contenue dans la lettre de ce ministre, en date du 28 vendémiaire précédent, les sous-préfets devaient ordonner, par provision, la répression des contraventions en matière de grande voirie, sur le vu des procès-verbaux, et sauf le recours au préfet; qu'en cas de réclamation, c'était au préfet à statuer en conseil de préfecture; que les conseils de préfecture jugeaient définitivement, qu'ils décidaient s'il y avait eu contravention, et prenaient les mesures nécessaires pour la poursuite des contrevenans, qui pouvaient se pourvoir devant l'autorité supérieure, après s'être conformés à la décision du conseil de préfecture; qu'ainsi la police de conservation des routes, qui consistait dans l'application des peines et la répression des contraventions en matière de grande voirie, n'appartenait plus aux tribunaux; que dans le cas où les contraventions de voirie constituaient un délit soumis à la peine corporelle et d'emprisonnement, comme dans ceux qui sont prévus par les articles 43 et 44 de la loi du 28 septembre—6 octobre 1791, sur les biens et usages ruraux, ces circonstances ne pouvaient empêcher l'autorité administrative de connaître de la contravention, et qu'alors elle ne devait pas moins prononcer les dispositions de sa compétence, c'est-à-dire en ce qui concernait la peine pécuniaire, sauf à renvoyer les contrevenans ou délinquans devant le tribunal correctionnel pour l'application de la peine corporelle.

D'autres questions ayant encore été soumises au ministre de l'intérieur sur l'exécution de la même loi, il les a résolues par une circulaire du 31 décembre 1808.

1° La loi du 13 brumaire an 7 assujétissant au *timbre* tous les papiers destinés aux écritures qui peuvent être produites en justice et y faire foi, les procès-verbaux rapportés par les fonctionnaires ou agens désignés en l'art. 2 de la loi du 29 floréal an 10 doivent, comme tous les procès-verbaux sans distinction ni exception, être visés pour timbre et enregistrés en débet, sauf le recours sur les parties condamnées, pour le paiement du droit.

2° Les contraventions à la loi du 29 floréal an 10 doivent être distinguées des délits qui sont commis sur les grandes routes. Les premières sont réprimées par les conseils de préfecture; les seconds sont jugés par les tribunaux correctionnels ou par les cours d'assises. Les *frais* des procédures faites devant les tribunaux doivent être payés sur les fonds de justice ; les frais et les amendes qui sont prononcés par arrêtés des conseils de préfecture sont recouvrés par les préposés de l'enregistrement. Les expéditions de ces arrêtés doivent être faites sur papier visé pour timbre, enregistrées en débet, et l'extrait de chaque arrêté portant condamnation doit être remis à ces préposés, en y indiquant les noms, prénoms, profession et domicile des condamnés, et le montant distinct de l'amende et des frais, s'il y en a.

Le recouvrement de ces frais et amendes ne doit pas avoir lieu par poursuites d'huissiers, les arrêtés des conseils de préfecture n'ayant besoin, pour leur exécution, ni de visa ni de mandement des tribunaux, nonobstant et sauf tout recours, et les individus condamnés pouvant être contraints, comme en matière de contributions, par l'envoi de garnisaires et saisie de meubles, en vertu des arrêtés dont il s'agit, lesquels sont exécutoires et emportent hypothèque.

3° La portion attribuée aux *hospices* sur les *amendes* par la loi du 22 juillet 1791 ne portant que sur celles qui seraient prononcées par les tribunaux de police, les amendes auxquelles les conseils de préfecture condamnent doivent être versées en entier dans le trésor public, ainsi que le décime par franc.

4° L'intervention des *huissiers* n'étant pas nécessaire pour l'exécution des arrêtés des conseils de préfecture relatifs aux contraventions sur les routes, ceux qu'ils rendent en vertu de la loi du 9 ventose an 13, pour usurpations ou empiétemens vicinaux, sont de même exécutoires par voie de contrainte et de garnisaires, et ils ne peuvent donner lieu à des *frais d'huissiers*.

Un décret du 18 août 1810 (B. 308) a ordonné 1° que les préposés aux droits-réunis seraient, à l'avenir, appelés concurremment avec les fonctionnaires publics désignés en l'article 9 de la loi du 29 floréal an 10, à constater les contraventions en matière de grande voirie, de poids de voitures et de police sur le roulage ;

2° Que les préposés et fonctionnaires publics ci-dessus désignés seraient tenus d'affirmer devant le juge de paix les procès-verbaux qu'ils seraient dans le cas de rédiger, lesquels ne pourraient autrement faire foi et motiver une condamnation.

La *petite voirie* appartenant à l'autorité municipale, c'est elle qui donne les alignemens, permet les constructions, empêche les empiétemens dans les rues ou sur les chemins vicinaux dépendans de la commune. Dans les villes, les maires et adjoints sont tenus de se conformer, pour la délivrance des permissions de bâtir ou des alignemens, aux plans arrêtés par l'administration supérieure pour l'embellissement ou la salubrité de la cité.

Ils surveillent, permettent ou défendent l'ouverture des boutiques, étaux de boucherie et de charcuterie, l'établissement des, auvents et constructions du même genre, celui des échoppes ou étalages mobiles;

Ordonnent la démolition ou réparation des bâtimens menaçant ruine;

Font des visites pour s'assurer que les cheminées ou fours sont construits de manière à ne point occasioner d'accidens ou d'incendies, et à une distance des granges et écuries telle que les règlemens la prescrivent.

L'autorité municipale procure la liberté et la sûreté de la voie publique, et est chargée à cet effet d'empêcher qu'on ne dégrade les rues et les chemins vicinaux;

De faire effectuer le balayage auquel les citoyens sont tenus devant leurs maisons, et de le faire faire, aux frais de la commune, dans les places, et autour des jardins ou édifices publics;

D'ordonner l'enlèvement des décombres, et de faire délivrer aux salpêtriers ceux qui sont chargés de nitre, lesquels ils ont droit de prendre suivant les lois et règlemens;

D'empêcher qu'on n'expose rien sur les toits ou fenêtres qui puisse blesser les passans, en tombant;

Qu'on dépose aucune substance malsaine dans les rues;

Qu'on y laisse vaguer des furieux, des insensés, des animaux malfaisans ou dangereux;

Qu'on blesse les citoyens par la marche trop rapide des chevaux ou voitures;

Qu'on obstrue la circulation d'aucune manière;

De procurer l'éclairage et l'arrosage des villes, quand le conseil municipal a arrêté qu'il aurait lieu; et de faire enlever les boues, les matières malsaines, les neiges, les glaces et la vase déposées sur le bord des rivières par la crue des eaux.

Les règlemens existans sur la voirie ont été provisoirement confirmés par l'article 29 du titre 1er de la loi du 22 juillet 1791.

Par un arrêté du 23 brumaire an 12, le préfet de la Seine a ordonné que les habitans de Paris seraient tenus de faire visiter par les architectes de la ville, et sous le rapport de la sûreté et de la solidité, les projets de construction dans l'intérieur des habitations comme à l'extérieur. Cet arrêté a été réaffiché au mois de juillet 1821.

Les droits dûs dans la ville de Paris, d'après les anciens règlemens sur le fait de la voirie, pour les délivrances d'alignemens, permissions de construire ou réparer, et autres de toute espèce, qui se requièrent en grande et en petite voirie, ont été fixés par un nouveau tarif annexé au décret du 27 octobre 1808 (B. 212).

Voyez, sous le mot Délits, l'art. 471 du Code pénal de 1810. *Voyez* aussi Constructions, Places de guerre, Routes, et la fin du mot Dépenses et revenus communaux.

VOITURES. Ceux qui seraient entrés en voiture dans un champ ensemencé, ou qui, par la rapidité de leurs voitures, auraient tué ou blessé des bestiaux sur les chemins, sont condamnés aux amendes et dédommagemens prononcés par les art. 27 et 52 du titre 2 de la loi du 28 septembre—6 octobre 1791.

Voyez DÉLITS.

Tout conducteur de voiture qui transporterait plus de cinq kilogrammes de poudre à feu, sans pouvoir justifier leur destination par un passe-port de l'autorité compétente, revêtu du *visa* de la municipalité du lieu du départ, encourt la peine d'une amende de 20 francs 44 centimes par kilogramme de poudre saisie, avec confiscation de la poudre, chevaux et voitures. (*Loi du 7 fructidor an* 5, art. 30.) *Voyez* POUDRE.

Tout propriétaire de voiture de roulage est tenu de faire peindre sur une plaque de métal, en caractères apparens, son nom et son domicile. *Voyez* PLAQUE.

Les nombreux accidens qui arrivent dans les rues de Paris ont aussi déterminé le ci-devant bureau central à enjoindre aux propriétaires de cabriolets, carrosses, etc., de faire peindre ou graver sur une plaque le numéro qui leur serait fourni par ordre d'enregistrement.

L'art. 5 d'une ordonnance de police du 21 décembre 1787 avait précédemment enjoint aux plâtriers, brasseurs, bouchers, et généralement à tous ceux qui se servent de charrettes, haquets ou tombereaux, d'y faire apposer des plaques de fer, peintes en blanc, portant en lettres et chiffres noirs les noms et surnoms des propriétaires avec un numéro.

L'art. 1er de la même ordonnance a enjoint aux charretiers d'avoir des charrettes et tombereaux d'une construction assez solide pour supporter les fardeaux, avec défense de confier leurs voitures à des enfans, de s'éloigner de leurs chevaux, et de conduire les voitures autrement qu'à pied; et l'art. 3 a exigé que les charretiers conduisant des pierres fissent garnir leurs voitures de ridelles, devant, derrière, et des deux côtés, de manière que rien ne pût tomber sur les passans.

Aux termes de trois arrêtés des 2 nivose an 6 (B. 170), 7 fructidor suivant (B. 220), et 26 ventose an 7 (B. 267), qui ont renouvelé les dispositions des réglemens des 18 juin et 29 novembre 1681, les entrepreneurs des voitures libres et les voituriers ne peuvent se charger du transport des lettres et journaux, ni même d'aucun paquet au-dessous du poids de deux livres.

Les cabriolets occasionant, par leur course rapide, de fréquens accidens dans une commune aussi populeuse que Paris, le préfet de police a rendu, le 16 pluviose an 9, une ordonnance par laquelle il a défendu d'en faire circuler pendant la nuit sans qu'ils fussent garnis de deux lanternes allumées, et qu'on eût adapté au cou du cheval, le jour comme la nuit, un fort grelot mobile, destiné à avertir les passans. La même ordonnance a défendu à toute personne menant un cabriolet dans les rues d'une commune, de conduire son cheval plus vite qu'au petit trot, et même autrement qu'au pas dans les marchés et dans les rues étroites où deux voitures ne pouvaient passer de front.

Une loi du 29 floréal an 10 (B. 192) a fixé provisoirement, et jusqu'à l'établissement des ponts à bascule, les poids que ne devaient pas outre-passer les voitures employées au roulage et aux messageries, pour ne pas trop dégrader les routes, et a ordonné que les contraventions seraient décidées par voie administrative; tout voiturier ou conducteur pris en contravention devant être empêché de continuer sa route jusqu'à ce qu'il eût réalisé le paiement des dommages, et déchargé sa voiture de l'excédant du poids.

Le préfet de police de Paris, voulant prévenir les accidens causés par la surcharge des voitures ou l'imprudence des conducteurs, et informé d'ailleurs que les rouliers, voituriers et charretiers commettaient des désordres sur les routes du département de la Seine, a rendu, le 28 vendémiaire an 10, une ordonnance où sont relatés les anciens règlemens de police toujours en vigueur, et qui, sous ce rapport, est applicable aux autres départemens. La voici :

Art. 1er. Les charrettes, chariots et autres voitures dont se servent les rouliers, voituriers et conducteurs, doivent être bien conditionnés et entretenus en bon état.

Les commissaires de police à Paris, et les maires dans les arrondissemens communaux, assistés de gens de l'art, pourront en faire la visite toutes les fois que les circonstances l'exigeront. (*Article 1er de l'ordonnance du 21 décembre 1787.*)

2. Toute voiture de charge doit être garnie de ridelles ou planches de clôture pour contenir les objets composant le chargement, à peine de 100 francs d'amende et de confiscation des matériaux, voitures et chevaux. (*Article 3 de l'ordonnance du 21 décembre 1787.*)

3. Les voitures qui transportent du bois, des planches, des pierres, moellons et tous autres objets qui peuvent facilement se détacher, et par leur chute occasioner des accidens, ne pourront être chargées au-dessus des ridelles. (*Ibid.*)

4. Les voitures qui transportent des moellons ou des pierres de meulière, ne peuvent être chargées au-delà d'un mètre et demi cube (43 à 45 pieds cubes), à peine de 100 francs d'amende et de confiscation des matériaux, voitures et chevaux. (*Ibid.*)

5. Il est défendu aux carriers et autres qui conduisent ou font voiturer des pierres dures, de faire charger sur une voiture ordinaire à deux roues plus d'un mètre cube de pierres (28 à 30 pieds cubes), sous peine de 100 francs d'amende et de confiscation des matériaux, voitures et chevaux.

Ceux qui chargent sur des *pinards* sont seuls exceptés de cette disposition. (*Ordonnance du 5 décembre 1738; arrêt du 19 décembre 1747; ordonnance du 21 décembre 1787.*)

6. Les gravatiers, et ceux qui enlèvent les décombres et démolitions des bâtimens, ne peuvent surcharger leurs tombereaux en excédant le débord des planches. (*Ordonnance du 5 octobre 1738; arrêt du 29 septembre 1747; ordonnance du 21 décembre 1781.*)

7. Il est défendu aux voituriers et charretiers de monter dans leurs voitures, ou de s'en éloigner, ils se tiendront à la tête de leurs chevaux, à peine de 30 francs d'amende. (*Ordonnance du 4 février 1786.*)

8. Il est également défendu aux rouliers, voituriers, charretiers et autres, de retarder la marche des courriers de la malle et des voitures de poste.

En conséquence, ils seront tenus *de leur céder le pavé*, à peine de 30 francs d'amende. (*Ibid.*)

Les rouliers, voituriers et charretiers sont tenus *de céder la moitié du pavé*, aux voitures des voyageurs, à peine de 50 francs d'amende. (*Ordonnance du 17 juillet* 1781.)

10. Aucune voiture attelée ou non attelée ne pourra stationner sur la voie publique. (*Ibid.*)

Néanmoins sont provisoirement maintenues les dispositions de l'ordonnance de police du 1er messidor an 8, concernant les voitures des marchands forains, ainsi que l'article 13 de l'ordonnance du deuxième jour complémentaire an 9, relatif aux baquets et autres voitures vides et non attelées qu'il est d'usage de placer sur les ports.

11. Lorsque dans les communes rurales les cours des aubergistes ne seront pas assez spacieuses pour contenir toutes les voitures des rouliers qui logeront chez eux, ils pourront les laisser stationner sur le bord des routes; mais il leur est enjoint de les faire ranger de manière que la circulation soit entièrement libre. (*Ibid.*)

Dans ce dernier cas, une lanterne sera placée de manière que les voitures restées sur la voie publique soient aperçues des voyageurs, à peine de cinquante francs d'amende, et de toutes pertes, dépens, dommages et intérêts. (*Ibid.*)

Il est défendu de faire circuler des charrettes, tombereaux, baquets et autres voitures de charge, même lorsqu'elles sont vides, sur les boulevarts *intrà muros*. (*Ordonnance du 19 février* 1790.)

Les propriétaires de charrettes, chariots, tombereaux, carrioles, et de toutes autres voitures de charrois ou transports, sont tenus, conformément à la loi du 3 nivose an 6, de faire peindre leurs noms et demeures, en caractères apparens, sur une plaque de métal, placée en avant de la roue, et au côté gauche de leurs voitures, à peine de 25 francs d'amende.

Cette peine sera double si la plaque porte soit un nom, soit un domicile supposé.

14. Les aubergistes, rouliers, voituriers, charretiers et autres, sont tenus d'avoir dans leurs écuries des lanternes, pour prévenir les accidens du feu.

Il leur est défendu de porter de la lumière dans lesdites écuries ou autres lieux renfermant des matières combustibles, à moins qu'elle ne soit dans une lanterne bien fermée.

Le tout à peine de 200 francs d'amende. (*Ordonnance du 10 février* 1735.)

15. Les propriétaires de charrettes, voitures et chevaux, seront civilement garans et responsables des faits de leurs commis, préposés ou domestiques. (*Art. 9 de l'ordonnance du* 21 *décembre* 1787.)

16. Les contrevenans aux dispositions ci-dessus seront poursuivis et punis conformément aux lois.

17. Pour assurer l'exécution des mesures énoncées en l'article précédent, les voitures et chevaux seront, par voie de police administrative, arrêtés et mis en fourrière jusqu'après le jugement de l'affaire, pour sûreté de l'amende encourue, si mieux n'aiment les contrevenans consigner l'équivalent de l'amende à laquelle ils pourraient être condamnés.

Le décret du 23 juin 1806 (B. 102) renferme des dispositions fort étendues sur le poids des voitures et la police du roulage; en voici l'extrait :

TITRE 1er. — *Dispositions générales.*

ART. 1er. Au 20 juin 1807, et en conséquence de l'article 4 de la loi du

7 ventose an 12, et du décret du 4 prairial an 13, toute voiture de roulage dont la circulation est interdite par la loi du 7 ventose an 12, et par le présent décret, sera arrêtée au premier pont à bascule où la contravention sera constatée, ou par le premier officier de police.

Si ce pont est placé, ou si la voiture est arrêtée aux portes d'une ville, les roues seront brisées, d'après un arrêté pris à cet effet par le sous-préfet de l'arrondissement; et le voiturier paiera les dommages stipulés dans l'article 3 de cette loi, et dans l'article 27 du présent décret.

2. Dans le cas où le pont à bascule sera placé, ou la voiture arrêtée dans un lieu isolé, le voiturier pris en contravention pourra consigner les dommages entre les mains du préposé saisissant et continuer sa route, mais seulement jusqu'à la ville la plus voisine, qui lui sera désignée par un passavant délivré par ledit préposé : dans cette ville, ses roues seront brisées, conformément à ce qui a été dit ci-dessus.

Titre VII. — *Des amendes.*

27. Les contraventions relatives au poids des voitures, pour excès de chargement au-delà des quantités réglées par le présent décret, seront punies des amendes prononcées par la loi du 27 floréal an 10, art. 4, ainsi qu'il suit :

Pour excès de chargement :	
De 20 à 60 miryagrammes	25 fr.
De 60 à 120.	50
De 120 à 180	75
De 180 à 240	100
De 240 à 300	150
Et au-dessus de 300	300

(Cet article a, par une ordonnance du 21 mai 1823 (B. 608), été rectifié en ce sens que les surcharges des voitures mentionnées aux art. 3 et 4 du décret, commenceront au point où le poids de ces voitures excédera celui qui est fixé par ces articles, et la tolérance accordée par l'art. 5.)

Le maire de Châteauroux ayant, par arrêté du 19 mars 1823, enjoint au sieur *Besse* de payer une amende 1° pour défaut de plaque, 2° pour défaut de largeur des bandes des roues de sa voiture, le conseil de préfecture, devant lequel ce particulier s'était pourvu, a confirmé la décision du maire quant au défaut de plaque; mais il l'a infirmée relativement au second point, sur le fondement que la largeur des bandes n'avait pas été vérifiée par les seules jauges reconnues légales et déposées dans les bureaux des ponts à bascule aux termes de l'art. 19 du décret du 23 juin 1806. L'affaire ayant été soumise à l'examen du conseil d'état, il a été reconnu que le décret n'interdisait pas sous peine de nullité tout autre moyen de vérification pendant le trajet parcouru et sur des points éloignés des bureaux, puisque ç'aurait été interdire aux maires, adjoints, ingénieurs, conducteurs, commissaires de police, gendarmes et préposés aux contributions indirectes et aux octrois, leur droit de constater les contraventions en l'absence des préposés aux ponts à bascule, et sur tous les points de la route; qu'ainsi le conseil de préfecture, en faisant une fausse application de l'art. 19 du décret, avait mal à propos modifié la décision provisoire du maire de

Châteauroux, le roi a par une ordonnance du 4 janvier 1824 (B. 657), annulé sous ce rapport l'arrêté dont il s'agit.

28. Les contraventions à la longueur des essieux seront punies de l'amende de 15 francs, conformément à ce qui est ordonné par le règlement du 4 mai 1624.

29. Les contraventions sur le fait des clous des bandes seront punies de l'amende de 15 francs, conformément à l'article 7 de l'arrêt du conseil d'état du 28 décembre 1783.

30. L'époque fixée par la loi pour le paiement du double droit de taxe des routes est prorogée jusqu'au 22 septembre prochain.

31. Attendu que la loi du 24 avril dernier a supprimé les barrières et la perception de la taxe d'entretien des routes, à compter du 22 septembre prochain, la peine de la double taxe mentionnée en l'article précédent sera, à partir dudit jour 22 septembre, remplacée par une amende de 30 francs pour chaque contravention constatée par procès-verbaux, rédigés soit au passage sur les ponts à bascule, soit sur tout autre point des grandes routes parcourues par les rouliers en fraude.

L'amende sera encourue et répétée toutes les fois que la contravention aura été constatée, pourvu qu'il se soit écoulé quatre jours entre le précédent procès-verbal et le suivant.

32. Il appartiendra un quart dans les amendes à celui des agens qui l'aura constatée, et qui aura affirmé et déposé son procès-verbal. L'amende sera versée dans la caisse de la commune où la contravention aura été constatée. Les trois quarts seront versés par le receveur de la commune au receveur de l'enregistrement, et le dernier quart sera payé à l'agent qui aura constaté la contravention, sur le mandat du préfet, et sans autre forme.

Titre VIII. — *Police.*

33. Les dispositions de la loi du 3 nivose an 6, titre 2, seront applicables au service des ponts à bascule, ainsi qu'il suit.

34. Tout propriétaire de voiture de roulage sera tenu de faire peindre sur une plaque de métal, en caractères apparens, son nom et son domicile; cette plaque sera clouée en avant de la roue et au côté gauche de la voiture, et ce à peine de 25 francs d'amende. L'amende sera double, si la plaque portait soit un nom, soit un domicile faux ou supposé.

35. Toute insulte ou mauvais traitement envers les préposés au service des ponts à bascule sera puni, selon ladite loi, de 100 francs d'amende, sans préjudice des dommages-intérêts et de poursuites extraordinaires, s'il y a lieu.

36. Il est défendu aux préposés au service des ponts à bascule de recevoir eux-mêmes les amendes, ni d'exiger des contrevenans rien au-dessus de l'amende; à peine de destitution et d'être poursuivis comme concussionnaires.

37. Il est défendu aux mêmes préposés de faire aucune remise du montant de l'amende, ni de traiter ou de transiger avec les contrevenans, sous peine de destitution et d'une amende égale à celle qui aurait été encourue.

Titre IX. — *Du contentieux.*

38. Les contestations qui pourraient s'élever sur l'exécution du présent règlement, et notamment sur le poids des voitures, sur l'amende et sur sa quotité, seront portées devant le maire de la commune, et par lui jugées sommairement sans frais et sans formalités; ces décisions seront exécutées provisoirement, sauf le recours au conseil de préfecture, comme pour les

matières de voirie, selon la loi du 29 floréal an 10, et celle du 20 novembre 1822.

(Voyez plus loin l'*ordonnance du 22 novembre 1820.*)

39. Néanmoins les préposés ne pourront être distraits ni déplacés de leur bureau pour suivre lesdites contestations; ils ne seront tenus que d'adresser au maire ou à son adjoint un procès-verbal de contravention; et cependant ils devront retenir la voiture jusqu'au paiement ou à la consignation de l'amende.

40. Le maire ou son adjoint pourra se transporter au bureau lorsqu'il croira nécessaire, pour reconnaître les faits.

41. Les autorités civiles et militaires seront tenues de protéger les préposés, de leur prêter main-forte, de poursuivre et faire poursuivre, suivant la rigueur des lois, les auteurs et complices de violences commises envers eux, et ce tant sur la clameur publique que sur les procès-verbaux dressés par lesdits préposés, par eux affirmés, et remis par eux à la gendarmerie.

42. Il est en conséquence ordonné à tout gendarme en fonctions de s'arrêter dans sa tournée à chaque pont à bascule qui se trouvera sur sa route, de recevoir les déclarations que les préposés auraient à lui faire, et de se charger des procès-verbaux des délits qui auraient été commis contre eux, pour les déposer au greffe.

43. Tout voiturier ou conducteur qui, pour éviter de passer au pont à bascule, se détournerait de la route qu'il parcourait, sera tenu, sur la réquisition des préposés, de la gendarmerie ou autres agens qui surveillent le service des ponts à bascule, de conduire sa voiture pour être pesée sur ce pont à bascule.

44. Tout voiturier ou conducteur, pris en contravention pour excédant du poids fixé par le présent décret, ne pourra continuer sa route qu'après avoir réalisé le paiement des dommages, et déchargé sa voiture de l'excédant du poids qui aura été constaté : jusque-là, ses chevaux seront tenus en fourrière à ses frais, ou il fournira caution.

Le conseiller d'état directeur général des ponts et chaussées a donné, au mois de juin 1807, une instruction en 44 articles sur la manière d'exécuter cette loi. En voici un extrait :

Les contraventions peuvent être constatées non-seulement par les préposés aux ponts à bascule, mais encore par tous les fonctionnaires nommés dans l'article 2 de la loi du 29 floréal an 10 (voyez le mot Voirie), par les préposés aux droits-réunis et aux octrois, et par tous officiers de police. (Art. 1.)

L'article 2 de la loi du 23 juin 1806 a accordé, pour l'exécution de la dernière disposition de l'article 39, des facilités qui font exception à la règle générale. (Art. 39.)

Le voiturier pris en contravention est admissible à fournir caution, et dans le cas où il en présenterait une solvable, il peut lui être permis de continuer sa route avant d'avoir payé les dommages; mais, dans aucun cas, il ne peut être exempté du déchargement de l'excès de poids, et il ne doit continuer sa route qu'après l'avoir effectué. (Art. 44.)

Le conseiller d'état directeur général de l'enregistrement et des domaines a donné, sur la partie fiscale du décret du 23 juin 1806, une instruction qui indique la marche à suivre pour la perception des droits sur les amendes, la portion attribuée aux préposés saisissans, la remise allouée aux receveurs des communes, celle du préposé de l'administration, les frais qui seront tombés en non-valeur, les restitutions ordonnées, la somme à verser pour le compte de l'administration des ponts et chaussées. On y trouve aussi ce qui concerne 1° le décime par franc et les cas où il doit être perçu; 2° le recouvrement des dommages et des amendes fixées par les art. 34 et 35 du décret du 23 juin 1806, et de celles qui le sont par les articles composant le titre 7; 3° l'attribution au préposé ou à l'officier public saisissant dans le produit des dommages de 50 francs et des amendes, et la distinction à faire entre ces deux espèces; 4° la portion qui doit revenir au trésor public dans toutes ces amendes; 5° les actes qui sont soumis au timbre et à l'enregistrement et ceux qui ne doivent point être assujétis à cette formalité; 6° la marche à suivre par les maires, les receveurs des communes et les préposés des ponts à bascule pour constater les contraventions et dresser les procès-verbaux.

Enfin le conseiller d'état directeur général des ponts et chaussées a écrit, dans le mois d'avril 1808, aux préfets, une circulaire dont le principal objet était de faire concorder son instruction avec celle du conseiller d'état directeur des domaines dans des points qui ont paru avoir besoin de développement.

Par une ordonnance du roi du 24 décembre 1814 (B. 71), l'article 27 du décret du 23 juin 1806 a été rectifié en ce sens que les contraventions des voitures publiques, diligences, messageries, fourgons et berlines, doivent être punies des peines portées en cet article à partir d'un excédant de cent kilogrammes sur les chargemens fixés par l'art. 6 du même décret; et l'ordonnance a d'ailleurs renouvelé, en tant que de besoin, les dispositions des lois, décrets et règlemens relatifs aux voitures publiques, notamment la défense contenue en l'art. 6 du décret du 28 août 1808, d'admettre dans les voitures ci-dessus énoncées un plus grand nombre de voyageurs que celui qui est porté dans les délibérations et d'en placer aucun sur l'impériale, le conducteur ne pouvant à cet égard prétendre aucun droit d'exception; le tout sous les peines portées aux lois, décrets, règlemens et anciennes ordonnances.

Des doutes s'étant élevés sur le sens de l'art. 38 du décret du 23 juin 1806, portant règlement sur la police du roulage, relativement à la nature du jugement sommaire que cet article charge les maires de prononcer, le roi, considérant que cet article n'a pu vouloir donner aux maires une juridiction administrative en matière de grande voirie, laquelle leur est étrangère; qu'il n'a entendu les charger que d'un acte d'exécution provisoire, à l'effet de pourvoir à la consignation de l'amende sur laquelle il appartient au conseil de préfecture, en vertu de ses attributions légales, de statuer, soit que le contrevenant exerce devant ce conseil le recours qui lui est réservé par ledit article, soit qu'il ne réclame pas, et, voulant régler pour l'avenir la marche générale à suivre sur l'application de cet article, a, par une ordonnance du 22 novembre 1820 (B. 428), ordonné 1° que les contraventions au règlement dont il s'agit seraient dénoncées, dans Paris au préfet de police, et dans les autres communes du royaume aux maires, qui rendraient sans frais et sans formalités une décision provisoirement exécutoire, et feraient, s'il y avait lieu, consigner l'amende encourue; 2° qu'il serait statué ultérieurement sur toutes ces contraventions par le conseil de préfecture du département, soit que les contrevenans exercent ou n'exercent par leur recours.

D'un autre côté, un arrêté du conseil de préfecture du département de l'Indre, en date du 16 août 1820, a été annulé par ordonnance du roi du 20 novembre 1822 (B. 571), parce que, malgré les dispositions de cet article, il s'était déclaré incompétent pour prononcer sur les contraventions.

Une ordonnance du roi du 19 mars 1823 (B. 597) a annulé plusieurs arrêtés du conseil de préfecture du département de l'Aisne, dans la disposition qui a étendu aux voitures dont les jantes ont onze centimètres et plus de largeur une règle que les mêmes arrêtés ont justement appliquée à d'autres voitures dont les jantes n'avaient pas cette largeur.

D'après une ordonnance du roi du 9 juillet de la même année (B. 616), le délai pour former opposition aux jugemens non contradictoires des conseils de préfecture en matière de roulage est de trois mois à dater de la signification, qui doit être faite, à la diligence du préfet, au domicile du roulier ou conducteur saisi en contravention.

Les entreprises de voitures publiques s'étant extrêmement multipliées, les mesures de police n'étant pas exécutées avec soin, et des accidens graves et fréquens en étant résultés, le roi a rendu, pour les prévenir, une ordonnance du 4 février 1820 (B. 344), par l'article 13 de laquelle les maires sont chargés des poursuites de répression. En voici le texte :

Art. 1er. Les propriétaires ou entrepreneurs de diligences, de messageries ou autres voitures publiques allant à destination fixe, se présenteront, dans la quinzaine de la publication de la présente ordonnance, dans le département de la Seine, devant le préfet de police, et, dans les autres départemens, devant les préfets ou sous-préfets, pour faire la déclaration du nombre de places qu'elles contiennent, du lieu de leur destination, du jour et de l'heure de leur départ, de leur arrivée et de leur retour, à peine de l'amende portée à l'article 3 du titre 3 de la loi du 29 août 1790.

Lorsqu'ils augmenteront ou diminueront le nombre de leurs voitures, qu'ils changeront le lieu de leur résidence ou transféreront leur entreprise dans une autre commune, ils en feront également la déclaration.

2. Aussitôt après ces déclarations, les préfets ou sous-préfets ordonneront la visite desdites voitures par des experts nommés par eux, afin de constater si elles sont entièrement conformes à ce qui est prescrit par la présente ordonnance, et si elles n'offrent aucun vice susceptible de compromettre la sûreté des voyageurs. Aucune voiture nouvelle ne pourra être mise en circulation avant la décision du préfet, rendue sur le rapport des experts. Celles qui existent cesseront de circuler après la visite qui en sera faite, si elles sont reconnues défectueuses, jusqu'à ce que les défectuosités aient été corrigées et que le préfet ait levé la défense.

Les entrepreneurs auront la faculté de nommer de leur côté des experts qui opéreront conjointement avec ceux indiqués ci-dessus. Dans ce cas, les préfets ou sous-préfets prononceront sur les rapports contradictoires des experts respectifs.

Les visites d'experts ne pourront être faites qu'au chef-lieu de chaque établissement de voitures publiques.

3. Chaque voiture portera, à l'extérieur, le nom du propriétaire ou de l'entrepreneur, et l'estampille prescrite par l'article 117 de la loi du 25 mars 1817.

4. Elle portera dans l'intérieur l'indication du nombre de places qu'elle contient, ainsi que le numéro et le prix de chaque place, du lieu du départ au lieu de la destination.

5. Les propriétaires et entrepreneurs de voitures publiques tiendront registre du nom des voyageurs qu'ils transporteront.

Ils enregistreront également les ballots, malles et paquets dont le transport leur sera confié ; ils donneront extrait de cet enregistrement aux voyageurs avec le numéro de leur place.

Les registres seront sur papier timbré, cotés et parafés.

6. Les conducteurs ne pourront prendre en route aucun voyageur, ni recevoir aucun paquet, sans en faire mention sur leur feuille en la forme indiquée par l'article précédent.

7. Il est défendu d'admettre dans les voitures un plus grand nombre de voyageurs que celui qui est énoncé dans la déclaration. Le conducteur aura seul la faculté de se placer dans le panier situé sur l'impériale, lorsque cela sera nécessaire pour surveiller le chargement de la voiture.

8. Le poids des paquets, ballots ou autres fardeaux placés sur l'impériale pourra être d'autant de fois vingt-cinq kilogrammes qu'il y aura de places dans les voitures à quatre roues ; ce poids sera réduit à dix kilogrammes par place pour les voitures à deux roues. Jamais ces poids ne devront être dépassés.

L'élévation de la charge sera au plus de quarante centimètres sur les voitures à quatre roues, et de vingt-sept centimètres sur les voitures à deux roues.

9. Les voitures seront d'une construction solide, et pourvues de tout ce qui est nécessaire à la sûreté des voyageurs. Elles ne pourront avoir d'autres places extérieures, outre celles du cabriolet, que celles dites *banquettes d'impériale de devant :* ces places n'excéderont pas le nombre de trois. On ne pourra les adapter qu'aux voitures établies d'après le nouveau système avec des ressorts en acier et sans soupentes de cuir. Lorsqu'il y aura une banquette d'impériale, le poids des objets placés dans le panier, conformément à l'article précédent, sera diminué d'un cinquième. Toutes places d'impériale, autres que celles indiquées au présent article et dans l'article 7, sont rigoureusement défendues.

Les places de galeries situées derrière la caisse et au même niveau qu'elle ne sont point considérées comme places extérieures, même quand elles ne sont fermées que par des rideaux.

Les voitures auront au moins un mètre soixante-deux centimètres de voie entre les jantes de la partie des roues passant sur le sol. La voie des roues de devant ne pourra être moindre d'un mètre cinquante-neuf centimètres.

Les essieux seront en fer corroyé, et fermés, à chaque extrémité, d'un écrou assujéti au moyen d'une clavette.

10. Les propriétaires ou les entrepreneurs sont garans de tous les accidens qui pourraient arriver par leur négligence.

La conduite des voitures ne pourra être confiée qu'à des hommes pourvus de livrets.

Elles seront dirigées par deux postillons ou par un cocher et un postillon, toutes les fois qu'elles seront attelées de plus de cinq chevaux, ou de cinq chevaux dont le cinquième en arbalète.

Les voitures seront enrayées toutes les fois qu'elles parcourront une descente rapide. Le sabot d'enrayage sera placé par le conducteur. Les postillons ne pourront, sous aucun prétexte, descendre de leurs chevaux.

Il leur est expressément défendu de conduire les voitures au galop sur les routes, et autrement qu'au petit trot dans les villes ou communes rurales, et au pas dans les rues étroites.

11. Les employés aux ponts à bascule, soit aux barrières de Paris, soit ailleurs, seront tenus, sous peine de destitution, de peser, au moins une fois par trimestre, une des voitures publiques par chaque route desservie, pour assurer l'exécution de l'article 6 du décret du 23 juin 1806, et d'en justifier auprès des fonctionnaires désignés en l'article 1er, qui en rendront compte à nos ministres de l'intérieur et des finances.

En cas de contravention, ils en dresseront procès-verbal, et il y sera statué par le maire du lieu où le procès-verbal aura été dressé, et à Paris par le préfet de police, conformément aux articles 7, 8 et 9 du même décret du 23 juin.

12. Conformément aux dispositions contenues dans l'article 16 du décret du 28 août 1808, les rouliers, voituriers, charretiers, continueront à être tenus de céder la moitié du pavé aux voitures des voyageurs, à peine de 50 francs d'amende, et du double en cas de récidive, sans préjudice des peines personnelles portées aux règlemens de police. Les conducteurs des diligences et postillons feront, en cas de contravention, leurs déclarations à l'officier de police du lieu le plus voisin, en faisant connaître le nom du roulier ou du voiturier d'après la plaque; et nos procureurs généraux, sur l'envoi des procès-verbaux, seront tenus de poursuivre les délinquans.

13. Les maires et adjoints, la gendarmerie et tous les officiers de police sont chargés spécialement de veiller à l'exécution de la présente ordonnance, de constater les contraventions et d'exercer les poursuites nécessaires à leur répression.

14. Les règlemens existans continueront d'être exécutés en tout ce qui n'est pas contraire à la présente ordonnance, qui sera insérée au Bulletin des lois et affichée dans tous les chefs-lieux et bureaux de voitures publiques.

Il résulte d'une ordonnance du roi du 30 décembre 1822 (B. 578) que les préposés aux ponts à bascule ne sont astreints qu'à l'affirmation de leurs procès-verbaux, lesquels ne sont pas assujétis aux droits de timbre et d'enregistrement.

Voyez Barrières de dégel, Voirie; et, sous le mot Délits, les art. 475 et 476 du Code pénal.

VOL. Les maires et adjoints doivent, comme officiers de police judiciaire, et d'après les dispositions de l'art. 29 du Code d'instruction criminelle, recevoir les plaintes et dénonciations relatives aux vols, et en constater les circonstances quand on les en requiert ou qu'elles sont l'objet de la clameur publique. Ils doivent également renvoyer au procureur du roi les prévenus ou les objets qui auraient été saisis.

VOLAILLES. L'art. 12 du titre 2 de la loi du 28 septembre—6 octobre 1791 permet aux propriétaires détenteurs ou fermiers de tuer les volailles d'autrui qui leur causeraient du dommage, mais seulement sur le lieu et à l'instant du dégât.

Le bureau central du canton de Paris a pris, le 3 fructidor an 6, un arrêté dont l'objet était de renouveler, pour la vente de la volaille et du gibier, les dispositions des anciens règlemens qui pouvaient se concilier avec la législation nouvelle. Cet arrêté fixe l'emplacement du marché, défend aux marchands forains qui l'approvisionnent de vendre leur gibier ou volaille en d'autres endroits, aux revendeurs d'aller au-devant des voitures; enjoint aux marchands forains de faire peindre en caractères apparens leur nom et domicile sur une plaque attachée au-devant de la roue et au côté gauche de la voiture; leur défend d'exposer en vente des volailles défectueuses, vidées, dégraissées, écrêtées, écourtées et soufflées, et leur enjoint de vider le carreau de leurs cages et paniers aussitôt après la vente. Le même arrêté porte que les feuilles de registres de vente devront être sur papier timbré, cotées et parafées; que toute marchandise achetée en gros ne pourra être vendue qu'au détail et sur l'emplacement à ce affecté; qu'on ne peut tuer sur le carreau des agneaux, des cochons de lait, ni toute autre volaille que des pigeons; qu'on ne peut porter ni allumer du feu sur le marché, et que le carreau doit être régulièrement balayé. *Voyez* COMESTIBLES.

VOTES. L'art. 11 de la Charte a interdit la recherche de ceux qui avaient été émis avant la restauration.

VOYAGEURS. *Voyez* PASSE-PORTS, POSTE AUX CHEVAUX, ROUTES, VOITURES; et, sous le mot DÉLITS, les art. 41 et 42 du titre 2 de la loi du 28 septembre—6 octobre 1791.

FIN.

EXTRAIT DU CATALOGUE DU MÊME LIBRAIRE.

Manuel complet, théorique et pratique du Jardinier, ou l'Art de cultiver et de composer toutes sortes de Jardins, ouvrage divisé en deux parties : la première contient la culture des jardins potagers et fruitiers, et la seconde la culture des fleurs, et tout ce qui a rapport aux jardins d'agrément ; *dédié à M. Thouin*, ex-professeur de culture au Muséum d'Histoire naturelle, membre de l'Institut, etc., etc. ; par M. *Bailly*, son élève, membre de la Société linnéenne, et de plusieurs autres sociétés savantes ; *seconde édition*, revue, corrigée et considérablement augmentée ; précédée de l'*Annuaire des travaux du Jardinier pour l'année* 1825 ; deux gros vol. in-18 de près de 900 pages, ornés de planches. 5 fr.

Cet ouvrage peut être considéré comme une analyse complète des savantes leçons de M. Thouin, sur la science du jardinage. L'auteur n'a pas négligé pour cela les autres sources où il a pu puiser d'utiles observations, et en fondant toutes ces notions dans un ordre systématique, il les a exposées avec une méthode qui en rend la connaissance plus facile, plus sûre et plus profitable. M. Bailly n'a voulu faire qu'un livre élémentaire, qu'un *Manuel*; mais sous ce titre modeste il a composé un traité complet qui peut dispenser ceux qui le prendront pour guide de chercher ailleurs les connaissances théoriques et pratiques nécessaires pour diriger soi-même les travaux de ses jardins. (*Bulletin des Sciences de M. de Férussac*, *octobre* 1824.)

Il est le plus complet de ceux qui ont paru dans ce genre, et il se fait remarquer par la modicité de son prix.

Mémoires sur la Guerre de 1809 *en Allemagne*, avec les opérations particulières des corps d'Italie, de Pologne, de Saxe, de Naples et de Walcheren ; par le *général Pelet*, d'après son journal fort détaillé de la campagne d'Allemagne, ses reconnaissances et ses divers travaux, la correspondance de Napoléon avec le major général, les maréchaux, les commandans en chef, etc. ; accompagnés de pièces justificatives et inédites ; 4 vol. in-8 ; prix, 7 fr. chaque volume.

Œuvres poétiques de Boileau, nouvelle édition, accompagnée de notes faites sur Boileau, par les commentateurs ou littérateurs les plus distingués, tels que La Harpe, Marmontel, Lebrun, Daunou, etc. etc., de tous les passages que l'auteur français a imités des auteurs grecs et latins ; par M. *J. Planche*, professeur de rhétorique au collége royal de Bourbon, et M. *Noël*, inspecteur-général de l'Université ; un gros vol. in-12, 1825. 3 fr.

Pensées et Maximes de Fénélon ; 2 vol. in-18, portrait, 1821. 3 fr.

Pensées et Maximes de J. J. Rousseau ; 2 vol. in-18, portr. 3 fr.

Pensées et Maximes de Voltaire, 2 vol. in-18, portrait. 3 fr.

Pensées et Maximes de Bossuet ; 2 vol. in-18. (*sous presse.*) 3 fr.

Précis Historique sur les révolutions des royaumes de Naples et de Piémont, en 1820, et 1821 ; suivi de documens authentiques sur ces événemens ; par M. *le comte D*... ; *seconde édition* ; 1 vol. in-8, 1821. 4 fr. 50 c.

Sermons du père Lenfant, prédicateur du roi Louis XVI ; 8 gros vol. in-12, ornés de son portrait. 28 fr.

Glaires (des), de leurs causes, de leurs effets, et des indications à remplir pour les combattre ; *neuvième édition* ; par M. *Doussin-Dubreuil*, in-8. 4 fr.

Nouveaux Aperçus sur les causes et les effets des glaires ; par le même, un vol. in-8. 2 fr.

De l'emploi du Remède contre les glaires, par le même, in-8. 75 c.

Lettres persanes, par Montesquieu, *nouvelle édition*, 1822. 3 fr.

Ministre (le) de Wakefield, 2 vol. in-12, *nouvelle édition*, 1821. 4 fr.

Cours complet, ou Dictionnaire universel d'Agriculture, par l'abbé Rozier, revu, corrigé et augmenté par MM. *Sonnini*, *Tollard*, *Lamarck*, *Chabert*, etc., etc.; orné des portraits de Rozier et de Parmentier, et de 50 pl., 7 vol. in-8. 48 fr.

Esprit (de l') des Lois, par Montesquieu, nouvelle édition, ornée du portrait de l'auteur, 4 gros volumes in-12, 1822. 12 fr.

Grammaire française de Restaut, gros vol. in-12, 1821. 2 fr. 50 c.

Grandeur (la) des Romains, par Montesquieu, un vol. in-12, 1822. 2 fr.

Dictionnaire de poche, latin et français, ou Nomenclature générale des mots de la langue latine, avec leur interprétation française; à l'usage de ceux qui veulent lire ou traduire les auteurs latins de tous les âges; par M. *l'Ecuy*, docteur de Sorbonne. *Seconde édition*. 1 v. in-12 obl., 1822. 5 fr.

Roman comique de Scarron; 4 vol. in-12, 1821. 8 fr.

Grassinet (M.), ou Qu'est-il donc? histoire comique, satirique et véridique, publiée par *Duval*; 4 vol. in-12, 1823. 10 fr.

Ce roman, écrit dans le genre de ceux de Pigault, est un des plus amusans que nous ayons.

Théorie des Signes, par l'*abbé Sicard*, 2e *édition*; 2 vol. in-8, 1823. 10 fr.

Traité sur la Poudre la plus convenable aux armes à piston; procédés pour la faire à peu de frais et sans danger, ainsi que diverses préparations d'utilité et d'agrément dont ces poudres sont la base, comme briquets oxygénés, pétards, bonbons fulminans, etc.; par M. *C. F. Vergnaud* aîné; un vol. in-18, 1823. 75 c.

Ouvrages sous presse.

Manuel Biographique, ou Dictionnaire historique universel abrégé des grands hommes, depuis les temps les plus reculés jusqu'à nos jours, composé sur le plan du Dictionnaire de la Fable de Chompré; par M. *Jacquelin*; 1 gros vol. in-18.

Manuel complet, théorique et pratique du Teinturier, comprenant l'Art de teindre la laine, le coton, la soie, le fil, etc., ainsi que tout de qui concerne l'Art du teinturier-dégraisseur, etc., etc., traité rédigé d'après les meilleurs ouvrages et rendu d'une exécution facile pour toute personne qui désirerait s'occuper utilement de ces arts; par M. *Riffault*, ex-régisseur des poudres et salpêtres, etc., etc. un gros vol. in-18. 3 fr.

Manuel du Pâtissier et de la pâtisserie, par madame *Gacon-Dufour*, un vol. in-18. 2 fr. 50. c.

Manuel du Parfumeur, par mad. *Gacon-Dufour*, 1 v. in-18. 2 fr. 50 c.

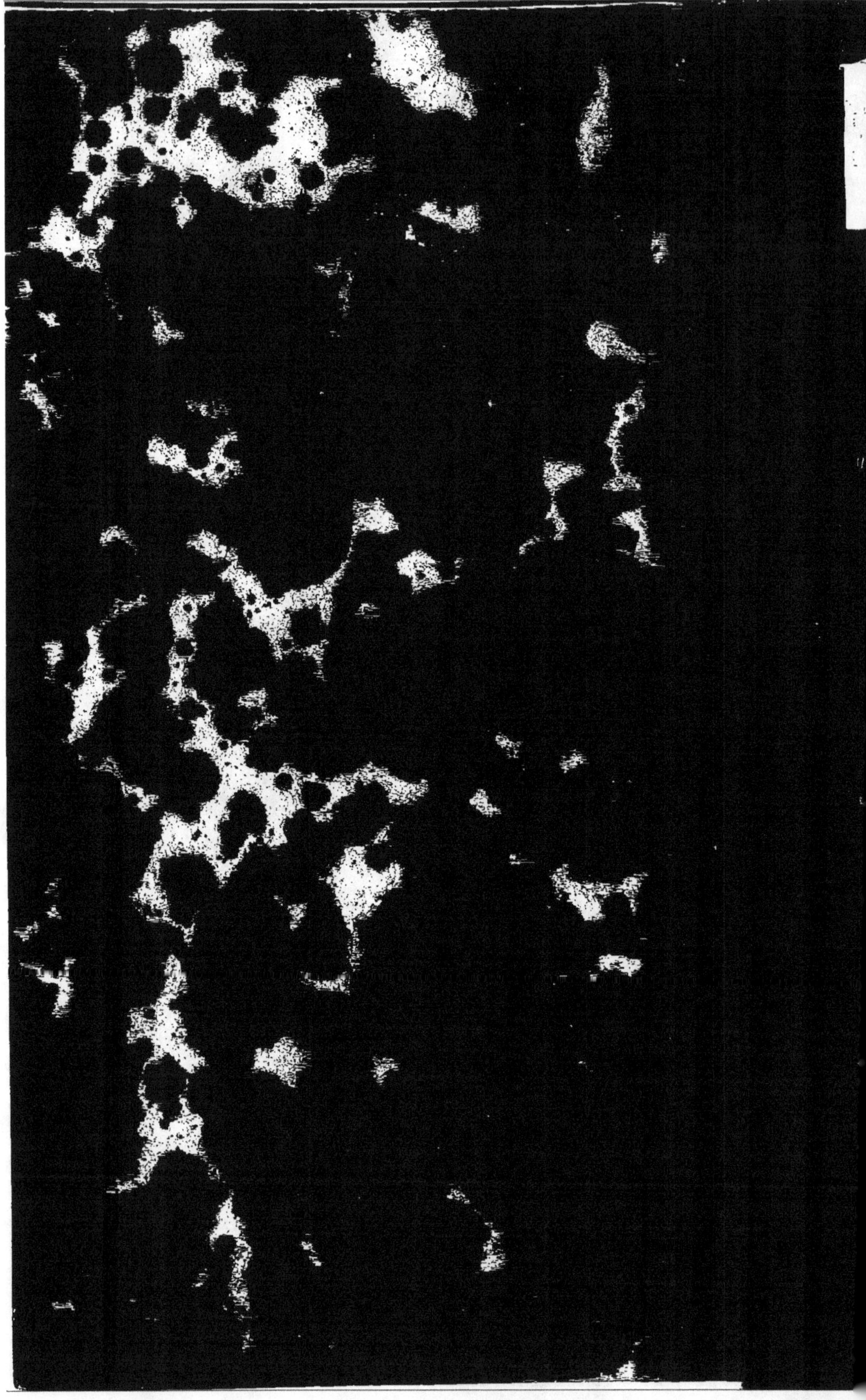